suhrkamp taschenbuch 5076

Michael Cox
UMSCHALTSPIEL

**Die Evolution des
modernen europäischen Fußballs**

Aus dem Englischen von
Stephan Gebauer

Suhrkamp

Die englische Originalausgabe erschien 2019 unter dem Titel
Zonal Marking. The Making of Modern European Football
HarperCollins*Publishers* (London).
Der Autor hat den Text für das deutschsprachige Lesepublikum
an einigen Stellen minimal modifiziert.

2. Auflage 2021

Erste Auflage 2020
suhrkamp taschenbuch 5076
Deutsche Erstausgabe
© Suhrkamp Verlag Berlin 2020
© 2019, Michael Cox
Suhrkamp Taschenbuch Verlag
Alle Rechte vorbehalten, insbesondere das
des öffentlichen Vortrags sowie der Übertragung
durch Rundfunk und Fernsehen, auch einzelner Teile.
Kein Teil des Werkes darf in irgendeiner Form
(durch Fotografie, Mikrofilm oder andere Verfahren)
ohne schriftliche Genehmigung des Verlages reproduziert
oder unter Verwendung elektronischer Systeme verarbeitet,
vervielfältigt oder verbreitet werden.
Umschlagillustration: © Shutterstock.com
Umschlaggestaltung nach Entwürfen von Sim Greenaway
© HarperCollins*Publishers* Ltd 2019
Satz: Greiner & Reichel, Köln
Druck und Bindung: CPI books GmbH, Leck
Printed in Germany
ISBN 978-3-518-47076-3

Inhalt

Einleitung 7

1 VOETBAL (1992-96)

1 **Individuum oder Kollektiv?** 13
2 **Raum** 38
3 **Von hinten herausspielen** 55
   Umschaltmoment: Niederlande → Italien 78

2 CALCIO (1996-2000)

4 **Flexibilität** 85
5 **Der dritte Angreifer** 111
6 **Catenaccio** 141
   Umschaltmoment: Italien → Frankreich 163

3 FOOT (2000-04)

7 **Tempo** 169
8 **Der Zehner** 188
9 **Der Wasserträger** 214
   Umschaltmoment: Frankreich → Portugal 234

4 FUTEBOL (2004-08)

10 **Struktur** 239
11 **Der erste Anlaufhafen** 260
12 **Sturm über die Flügel** 279
   Umschaltmoment: Portugal → Spanien 303

5 FÚTBOL (2008-12)

13 **Tiki-Taka** 309
14 **Falsche Neunen und Argentinier** 339
15 **El Clásico** 366
    Umschaltmoment: Spanien → Deutschland 394

6 FUSSBALL (2012-16)

16 **Vertikalität** 399
17 **Gegenpressing** 427
18 **Neuerfindung** 450
    Umschaltmoment: Deutschland → England 475

7 FOOTBALL (2016-20)

19 **Der Mixer** 481

Nachwort 519

Ausgewählte Literatur 522
Dank 526
Namenregister 529

Einleitung

Auch wenn es nun eine chronologische Ordnung hat, war dieses Buch ursprünglich nicht als Geschichte des modernen europäischen Fußballs gedacht. Ich wollte die unterschiedlichen Stile analysieren, die in den wichtigsten Fußballnationen Europas – in den Niederlanden, in Italien, Frankreich, Portugal, Spanien, Deutschland und England – entwickelt wurden. (Berücksichtigt man die internationalen Erfolge dieser Länder in der jüngeren Vergangenheit und die gegenwärtige Stärke ihrer Ligen, so ist klar, dass sich dieses Septett von den übrigen europäischen Fußballnationen abhebt.)

Der fußballerische Stil eines Landes hat verschiedene Facetten. Er hängt nicht nur von den Eigenschaften der Nationalmannschaft ab, sondern auch vom stilistischen Zugang, der in den maßgeblichen Klubs gewählt wird, sowie vom Charakter der besten Spieler und der Philosophie der Trainer. Er wird davon geprägt, welche Erfahrungen Spieler im Ausland machen und wie erfolgreich ausländische Spieler in der heimischen Liga sind. Er wird davon beeinflusst, wie die Schiedsrichter pfeifen und welche Art von Spiel den Fans gefällt. Darum sollte es in diesem Buch gehen.

Aber dann musste ich entscheiden, welche Struktur ich dem Buch geben wollte: In welcher Reihenfolge sollte ich die einzelnen Länder behandeln? Nach geografischen oder nach thematischen Gesichtspunkten? Sollte ich Kugeln aus einem Lostopf ziehen wie in der Zentrale der Uefa? Es wurde rasch klar, dass es in dieser Geschichte nicht nur um die fußballerischen Stile der einzelnen Länder gehen würde. Sie handelt auch davon, dass die Vormachtstellung im europäischen Fußball regelmäßig wechselt und dass sich der dominante Stil laufend ändert.

Das Jahr 1992 war ein naheliegender Ausgangspunkt für diese Geschichte: Die Rückpassregel wurde eingeführt, der Europapokal der Landesmeister wurde reformiert und in Champions League umgetauft, und die Premier League wurde gegründet. Ausgehend von diesem Moment konnte ich die Länder nacheinander behandeln und mich jeweils auf einen vierjährigen Zeitraum großer Erfolge konzentrieren.

Anfang der neunziger Jahre wurde die niederländische Fußballphilosophie überall auf dem Kontinent bewundert, doch nach dem Bosman-Urteil 1995 schwand der Einfluss der Niederlande. Die Vormachtstellung ging auf Italien über, das in jenem Jahrzehnt die mit Abstand stärkste Liga Europas hatte. Aber dann begannen die Franzosen, mit ihrer Nationalmannschaft bei den großen Turnieren zu triumphieren, und ihr nationales Ausbildungszentrum wurde zum Vorbild für die Nachwuchsförderung in anderen Ländern. In der ersten Hälfte der nuller Jahre tauchten scheinbar aus dem Nichts in Portugal der spektakulärste Spieler und der taktisch maßgebliche Trainer auf. Als Nächstes gewannen Barcelona und Spanien mit dem Tiki-Taka in einem klar abgegrenzten Zeitraum von vier Jahren die wichtigen Titel, bevor Bayern München und die deutsche Nationalmannschaft das Zepter übernahmen. Schließlich folgten die erfolgreichsten Trainer Europas dem Lockruf der Premier League und brachten die von ihnen entwickelten Spielstile mit auf die Insel.

In Wahrheit war natürlich keine der in diesem Buch beschriebenen Phasen auf exakt vier Jahre beschränkt. Man kann den holländischen Fußball Mitte der neunziger Jahre nicht verstehen, ohne seine Wurzeln im *Voetbal totaal* der siebziger Jahre zu kennen, und man kann den Wert von Didier Deschamps für Frankreich um die Jahrtausendwende nicht analysieren, ohne zu berücksichtigen, dass er die Équipe Tricolore im Jahr 2018 als Trainer zum WM-Titel führte. Keines der Kapitel ist nach bestimmten Spielern oder Mannschaften aus der entsprechenden Phase benannt; stattdessen werden die allgemeineren Ansätze untersucht, die sich über einen längeren Zeitpunkt hinweg im fußballerischen Stil eines Landes niederschlagen.

Die sieben Abschnitte unterscheiden sich, was ihren inhaltlichen Fokus angeht. Der Abschnitt über die Niederlande handelt davon, wie die Holländer das Wesen des modernen europäischen Fußballs prägten, während es in den Italien-Kapiteln um spezifische taktische Debatten und in der Analyse der französischen Phase darum geht, wie Frankreich bestimmte Spielertypen hervorbrachte. In dem Teil, der sich mit Portugal beschäftigt, untersuche ich, wie sich dieses Land in eine ernstzunehmende fußballerische Macht verwandelte, während es im folgenden Abschnitt um das Bekenntnis Spaniens zu einer bestimmten Spielphilosophie, im Abschnitt über Deutschland um seine fußballerische Neuerfindung und im England-Teil um die Aufnahme verschiedener Einflüsse aus anderen Ländern geht.

Die Struktur des Buchs bedingt, dass einige durchaus erwähnenswerte Mannschaften und Ereignisse hier nicht eingehend behandelt werden können: Der sensationelle Triumph Griechenlands bei der EM 2004, der WM-Sieg Italiens zwei Jahre später und die drei Champions-League-Erfolge von Real Madrid in den Jahren 2016-18 werden nur am Rand erwähnt. Die seit 1992 einflussreichsten Spieler, Trainer und Mannschaften werden jedoch ausführlich erörtert, weshalb dieses Buch, obwohl das ursprünglich nicht beabsichtigt war, hoffentlich einen Wert als Geschichte des modernen europäischen Fußballs hat, in der die wichtigsten taktischen Innovationen einschließlich der Raumdeckung, des Herausspielens aus der Abwehr, der taktischen Periodisierung, des Tiki-Taka und natürlich des Gegenpressing sowie des Umschaltspiels untersucht werden.

1
VOETBAL
(1992-96)

1
Individuum oder Kollektiv?

Als im Sommer 1992 die fußballerische Moderne anbrach, beherrschte der niederländische Stil den europäischen Fußball. Unter der Leitung von Johan Cruyff, der die Schule des *Voetbal totaal* wie kein anderer verkörperte, hatte der FC Barcelona gerade den Europapokal der Landesmeister gewonnen, und Ajax Amsterdam hatte im Pokal der Pokalsieger triumphiert. Obendrein hatte Ajax in der niederländischen Liga starke Konkurrenz: Der Meistertitel war an PSV Eindhoven gegangen, den Pokal hatte Feyenoord Rotterdam geholt.

Bei der EM 1992 gelang es Holland zwar nicht, den vier Jahre früher errungenen Europameistertitel zu verteidigen, aber Oranje spielte bei der ansonsten bedrückend defensiven Endrunde einen mitreißenden, schön anzusehenden Offensivfußball. Auch der herausragende Spieler Europas kam aus den Niederlanden – der Goldene Ball ging an Marco van Basten, und sein Angriffspartner in der Nationalmannschaft, Dennis Bergkamp, belegte bei der Wahl den dritten Platz.

Die Niederlande verdankten ihre fußballerische Vormachtstellung jedoch nicht bestimmten Mannschaften oder einzelnen Spielern, sondern einer eigenen Vorstellung vom Spiel, und die niederländischen Mannschaften – oder die von niederländischen Trainern wie Cruyff betreuten Mannschaften – warben derart erfolgreich für diese Philosophie, dass die klassische niederländische Interpretation des Spiels allgemein als Ausgangspunkt des modernen Fußballs gilt.

Als der »totale Fußball« das Spiel in den siebziger Jahren revolutionierte, wurde der neue Stil oft als Ausdruck der Amsterdamer Lebensart dargestellt. Die niederländische Hauptstadt war ein Zentrum der gesellschaftlichen Toleranz, ein Mekka für Hippies aus ganz Europa, und die Amsterdamer Mentalität schien sich auch im Fußball niederzuschlagen, der in dieser Stadt und darüber hinaus gespielt wurde. Die Spieler von Ajax und der Elftal waren auf dem Platz anscheinend nicht an eine bestimmte Position gebunden und durften offenbar nach Lust über das Feld schweifen, um frei von taktischen Fesseln einen mitreißenden, attraktiven Fußball darzubieten.

In Wahrheit war das niederländische System vollkommen durchorganisiert: Die Spieler tauschten die Positionen ausschließlich vertikal; wenn sich ein Verteidiger in den Angriff einschaltete, musste sich ein Mittelfeldspieler oder ein Stürmer in diesem Streifen des Spielfelds zurückfallen lassen, um ihn abzusichern. Während die Spieler also theoretisch Bewegungsfreiheit hatten, hatten sie in der Praxis ständig über die Pflichten nachzudenken, die sich aus den variierenden Positionen ihrer Mitspieler ergaben. In einer Zeit, in der die Stürmer in anderen europäischen Ländern oft von taktischen Zwängen befreit waren, hatten die Angreifer von Ajax Amsterdam und der Elftal stets ihre Funktion im taktischen Schema im Hinterkopf. Arrigo Sacchi, dessen AC Mailand Ende der achtziger Jahre den Europapokal beherrschte, beschrieb es treffend: »Es hat in Wahrheit nur eine taktische Revolution stattgefunden, und zwar als sich der Fußball von einem individuellen zu einem kollektiven Spiel wandelte. Das geschah bei Ajax.« Seit damals tobt im niederländischen Fußball eine philosophische Debatte: Soll der Fußball entsprechend der stereotypischen Vorstellung von der niederländischen Kultur individualistisch sein, oder soll er systematisch sein wie in der Interpretation der klassischen Vertreter des »totalen Fußballs«?

Mitte der Neunziger kamen diese beiden Positionen in der Rivalität zwischen Johan Cruyff, dem Aushängeschild des *Voet-*

bal totaal und Trainer des FC Barcelona, und Ajax-Coach Louis van Gaal zum Ausdruck, der einen eher prosaischen Weg zum Erfolg suchte. Beide Trainer waren Verfechter des klassischen Ajax-Modells, was Ballbesitz und die technische Ausbildung der Spieler anbelangte, aber während Cruyff davon überzeugt war, dass man den Stars die Möglichkeit geben musste, sich auf dem Feld frei zu entfalten, predigte van Gaal den Vorrang des Kollektivs. »Van Gaal arbeitet noch strukturierter als Cruyff«, beobachtete ihr gemeinsamer Mentor Rinus Michels, der in den siebziger Jahren das legendäre Ajax-Team und die holländische Nationalmannschaft betreut hatte. »In van Gaals System ist weniger Spielraum für Positionswechsel und die spontane Nutzung von Möglichkeiten. Der Spielaufbau wird bis ins kleinste Detail perfektioniert.«

Die niederländische Interpretation von Führung ist ein bisschen komplex. Die Niederländer sind stolz auf ihre Offenheit und ihre Diskussionskultur, was, übertragen auf das Fußballfeld, bedeutet, dass die Spieler manchmal ein Mitspracherecht in Fragen haben, die anderswo dem Trainer vorbehalten bleiben. Beispielsweise sorgte Cruyff im Jahr 1973 mit seiner Entscheidung für Aufsehen, von Ajax Amsterdam zum FC Barcelona zu wechseln. Bei Ajax wurde der Mannschaftskapitän nicht vom Verein bestimmt, sondern von den Spielern gewählt, und Cruyff war zutiefst gekränkt, als seine Mitspieler ihn abwählten. In Anbetracht des gewaltigen Einflusses, den Cruyffs Ankunft auf das Spiel von Barça haben sollte, stellte dies eine umwälzende Entscheidung dar, die aus der Anwendung klassischer niederländischer Prinzipien resultierte.

Niederländische Spieler sind daran gewöhnt, Einfluss auf die taktischen Entscheidungen des Trainers zu nehmen. Louis van Gaal erklärte das Ajax-System so: »Wir bringen den Spielern bei, das Spiel zu lesen, wir bringen ihnen bei, wie Trainer zu denken [...]. Trainer und Spieler diskutieren und kommunizieren miteinander. Hat der Trainer der Gegenseite eine gute Taktik gewählt, so sehen sich die Spieler auf dem Feld an, wie die gegnerische Mannschaft vorgeht, und finden eine Antwort.« Während die Spieler in vielen anderen Ländern instinktiv die Anweisungen des Trainers befolgen, gibt es in einer niederländischen Mannschaft unter Umständen elf unterschiedliche Meinungen über die beste Taktik, was teilweise erklärt, warum es in der holländischen Nationalmannschaft bei Turnieren regelmäßig zu Streitereien kommt: Die Spieler werden stets ermutigt, ihre Meinung zur Taktik zu sagen. Das führt zwangsläufig zu Meinungsverschiedenheiten, und einig werden sich die Spieler der Elftal am ehesten, wenn es darum geht, den Trainer zu stürzen.

Michels, der Vater des »totalen Fußballs«, entwickelte ein »Konfliktmodell« und förderte abweichende Meinungen, indem er in der Kabine Diskussionen zwischen den Spielern provozierte. »Ich wandte manchmal bewusst eine Konfrontationsstrategie an«, gestand er nach dem Ende seiner Trainerkarriere. »Ich wollte ein Spannungsfeld erzeugen, um den Teamgeist zu fördern.« Michels räumte vor allem ein, dass er stets die »Schlüsselspieler« provozierte, und wenn der berühmteste Trainer eines Landes offen zugibt, dass er Streit zwischen seinen besten Spielern schürte, kann es kaum überraschen, dass spätere Spielergenerationen der Meinung waren, Streitlust sei durchaus begrüßenswert.

Diese Neigung zum Verfechten der eigenen Meinung führt dazu, dass niederländische Spieler auf Außenstehende oft arrogant wirken, und das ist eine weitere Vorstellung, die mit der Stadt Amsterdam verbunden wird. Cruyff bezeichnete die ursprünglichen Vertreter des *Voetbal totaal* in der Ajax-Mannschaft der siebziger Jahre als »Amsterdamer von Natur«, und seine Landsleute werden unmittelbar verstehen, was er damit meint. Ruud Krol, der beste Verteidiger der Mannschaft, erklärte es so: »Unsere Art zu spielen war typisch für Amsterdam – arrogant, aber eigentlich nicht wirklich arrogant, dieses großspurige Auftreten und die Art, die Gegenseite herunterzumachen und zu zeigen, dass wir besser waren als sie.« Dennis Bergkamp hingegen erklärt, in den Niederlanden sei es »verpönt, eingebildet zu sein«, und beschreibt den für sein ungeheures Selbstbewusstsein berüchtigten Cruyff als »nicht arrogant – das ist einfach die niederländische Art, die Amsterdamer Art«.

Van Gaal war vielleicht noch arroganter als Cruyff und wurde allgemein als »starrsinnig« bezeichnet. Nach seiner Ernennung zum Cheftrainer von Ajax verkündete er vor dem versammelten Vorstand: »Ich gratuliere Ihnen zur Ernennung des besten Trainers der Welt«, und in seiner ersten Pressekonferenz präsentierte Vorstandschef Ton Harmsen ihn mit folgenden Worten: »Louis ist verdammt arrogant, und hier mögen wir arrogante Leute.« Van Gaal stellte ebenfalls eine Verbindung zwischen der Spielkultur von Ajax und der Kultur der Stadt her: »Das Ajax-Modell hat etwas mit unserer Mentalität zu tun, mit der Arroganz der Hauptstadt und der Disziplin der kleinen Niederlande.« Alle Amsterdamer räumen ihren kollektiven Hochmut bereitwillig ein, aber kein Amsterdamer scheint sich persönlich für hochmütig zu halten. Das trägt zur Verwirrung bei.

Van Gaals langjähriger Rivale Johan Cruyff war nicht ohne Grund arrogant: Er war einer der besten Fußballer der siebziger Jahre und zweifellos der größte niederländische Fußballer aller Zeiten. Seine Karriere war mit Erfolgen gespickt: Er wurde dreimal mit dem Goldenen Ball ausgezeichnet und gewann mit Ajax Amsterdam dreimal in Folge den Europapokal. Er errang mit Ajax sechs holländische Meistertitel und anschließend mit Barcelona die spanische Meisterschaft. Nachdem er eine Weile in den Vereinigten Staaten gespielt hatte, kehrte er in seine Heimat zurück und gewann mit Ajax zwei weitere Meistertitel. Als er 1983 keinen neuen Vertrag in Amsterdam erhielt, rächte er sich mit einem Wechsel zum Erzrivalen Feyenoord Rotterdam, wo er noch einen Meistertitel gewann und zu Hollands Fußballer des Jahres gewählt wurde, bevor er seinen Rücktritt bekannt gab. Cruyff machte, was er wollte, und bekam, was er wollte. Er feierte große Erfolge – und erklärte, der Erfolg sei weniger wichtig als der Stil. Er verkörperte den »totalen Fußball«, was ihm einen sehr eigentümlichen Status verlieh: Er war der einzige wirkliche Individualist in einer Mannschaft, die ihre Stärke aus der Unterordnung des Individuums unter das Kollektiv bezog. 1985, nur ein Jahr nach dem Ende seiner Spielerkarriere, wurde er zur Freude der Fans Trainer von Ajax und gewann zwei Jahre später mit der Mannschaft den Europapokal der Pokalsieger. Nach diesen Erfolgen wurde er 1988 erneut mit offenen Armen in Barcelona aufgenommen, wo er im Jahr 1989 erneut den Europapokal der Pokalsieger gewann. Unter seiner Führung holte Barça zum ersten Mal überhaupt den Landesmeister-Cup und gewann erstmals in der Geschichte des Vereins vier spanische Meistertitel in Serie. Aus einem legendären Spieler war ein legendärer Trainer geworden.

Louis van Gaal wehte ein sehr viel rauerer Wind entgegen, als er im Jahr 1991 den Trainerposten bei Ajax Amsterdam übernahm, nachdem mehrere seiner Vorgänger die Hoffnungen des Vereins enttäuscht hatten. Die Fans waren unglücklich über die Wahl. Viele hatten auf Cruyffs Rückkehr gehofft, und in den ersten Spielen, in denen van Gaal auf der Bank saß, skandierten die Fans den Namen seines berühmten Vorgängers. *De Telegraaf*, die auflagenstärkste Tageszeitung des Landes, setzte sich an die Spitze einer Kampagne für eine Rückkehr Cruyffs. Einige Leute glaubten, van Gaal sei lediglich eine Übergangslösung und werde nur so lange bleiben, bis man Cruyff zur Rückkehr bewegt hätte. Es wäre durchaus nachvollziehbar gewesen, wenn diese Umtriebe bei van Gaal Groll auf Cruyff geweckt hätten. Doch der Ursprung der Spannungen zwischen den beiden lag bereits zwei Jahrzehnte zurück.

Van Gaal war ein durchaus talentierter Fußballer gewesen, ein hochaufgeschossener und etwas unbeweglicher Spieler, der als Stürmer begonnen hatte – er war eher ein Vorbereiter als ein Torjäger – und später ins Mittelfeld gewechselt war. Er war vor allem bei Sparta Rotterdam erfolgreich, empfand seine Laufbahn als Spieler jedoch als enttäuschend, was vor allem daran lag, dass es ihm nicht gelang, sich bei Ajax Amsterdam durchzusetzen. Er kam 1972 mit zwanzig Jahren zum Verein seiner Heimatstadt und spielte regelmäßig in der zweiten Mannschaft, wurde jedoch verkauft, ohne ein einziges Mal in der ersten Mannschaft zum Einsatz gekommen zu sein. Der Spieler, der seine Position besetzte, war natürlich Cruyff, in dessen Schatten van Gaal seine gesamte Zeit bei Ajax verbrachte: erst als Ersatzmann als Spieler und später als ungeliebte zweite Wahl als Trainer.

Anfang der neunziger Jahre trainierte Cruyff den FC Barcelona und van Gaal Ajax Amsterdam. Die beiden waren keine guten Freunde. »Die Chemie zwischen uns stimmte nicht«, erklärte Cruyff später. Als Trainer kamen sie anfangs durchaus gut miteinander aus. Im Jahr 1989 nahm van Gaal, der damals Assistenztrainer bei Ajax war, über Weihnachten an einem Lehrgang in Barcelona teil und war oft im Haus der Familie Cruyff zu Gast. Er verstand sich besonders gut mit Cruyffs Sohn Jordi, der zu jener Zeit im Nachwuchs von Barça spielte. In diesen Tagen begann angeblich der Zwist zwischen den beiden Männern. Van Gaal erhielt einen Anruf aus der Heimat und erfuhr, dass seine Schwester schwer erkrankt war und im Sterben lag. Er brach sofort nach Amsterdam auf, um sie vor ihrem Tod noch einmal zu sehen. Jahre später behauptete van Gaal, Cruyff habe ihm nicht verziehen, dass er damals abgereist war, ohne sich für die Gastfreundschaft der Cruyffs zu bedanken. Cruyff bestritt das und erklärte, es sei kurze Zeit später in Amsterdam zu einem freundschaftlichen Wiedersehen mit van Gaal gekommen. Es klingt nicht sehr plausibel, dass Cruyff die tragischen Erlebnisse van Gaals genutzt haben soll, um einen Streit vom Zaun zu brechen; wahrscheinlicher ist, dass es in einem Moment, in dem van Gaal emotional verwundbar war, zu einem Missverständnis kam.

Am Ende dürfte die Wahrheit sehr viel einfacher sein: Hier prallten zwei Fußballphilosophien aufeinander – und zwei große Egos.

Cruyff tat sein Bestes, um van Gaal zu ärgern, und musste sich selbst immer öfter ärgern. Im Jahr 1992 verglichen die Sportreporter mit unübersehbarem Vergnügen Cruyffs Barcelona mit van Gaals Ajax, den Sieger im Landesmeister-Cup mit dem Gewinner des Pokals der Pokalsieger – was Cruyff zu einer wütenden Reaktion bewegte. »Wenn er glaubt, Ajax sei viel besser als Barcelona, dann ist er auf dem Holzweg«, zürnte er. »Wenn man sich das gegenwärtige Ajax anschaut, sieht man, dass die Qualität sinkt.« Cruyff verhielt sich zusehends kleinlich. Im Jahr 1993 wünschte er nicht van Gaals Ajax, sondern Feyenoord den Meistertitel. Im Jahr darauf wurde er gefragt, welche europäischen Mannschaften er bewundere, und nannte AJ Auxerre und den AC Parma – die beiden Vereine, die Ajax in den vorangegangenen Spielzeiten aus dem Europapokal geworfen hatten. Als im Februar 1995 ein Journalist zu behaupten wagte, Ajax sei stärker als Barcelona, reagierte Cruyff harsch: »Warum hören Sie nicht auf, Mist zu reden?« Doch wenige Monate später bewies van Gaals Ajax mit dem Gewinn der Champions League, dass es tatsächlich überlegen war.

Van Gaal predigte unermüdlich die Bedeutung des Kollektivs. »Fußball ist ein Mannschaftssport, die Spieler einer Mannschaft sind aufeinander angewiesen«, erklärte er. »Wenn einzelne Spieler ihre Aufgaben auf dem Feld nicht richtig erfüllen, werden ihre Mitspieler darunter leiden. Daher muss jeder Spieler seine grundlegenden Aufgaben so gut wie möglich erfüllen.« Das war unanfechtbar, aber Cruyff hätte den Fußball nie derart funktional und freudlos beschrieben. Cruyff wollte, dass die Spieler ihre Fähigkeiten zum Ausdruck brachten, dass sie Freude am Spiel hatten, während es für van Gaal darum ging, »die grundlegenden Aufgaben zu erfüllen«. Niederlagen seiner Mannschaft erklärte er üblicherweise damit, dass sich seine Spieler »nicht an den Plan gehalten« hätten, womit er sie im Grunde beschuldigte, durch eigensinniges Verhalten das Vertrauen ihrer Mannschaftskameraden enttäuscht zu haben. Aber van Gaals Mannschaften waren nicht einfach ergebnisorientierte Maschinen: Sie spielten einen extrem angriffslustigen, wenn auch mechanischen Fußball. »Vermutlich ist mir das gute Spiel wichtiger als der Sieg«, sagte er einmal.

Ein gutes Beispiel für seine Abneigung gegen den Individualismus lieferte van Gaal im Jahr 1992 mit der umstrittenen Entscheidung, den unterhaltsamen Außenstürmer Bryan Roy zu verkaufen, was Cruyff einen Grund gab, seinem Rivalen mangelndes Verständnis für individuelle Brillanz vorzuwerfen. Van Gaals Begründung für den Verzicht auf den Spieler war faszinierend: Er habe Roy aussortiert, obwohl dieser »durchaus bereit war, für die Mannschaft zu laufen« – aber »er konnte nicht für die Mannschaft denken«. Er war keineswegs der erste autokratische Trainer, der an einem unsteten Flügelspieler verzweifelte, aber während manche seiner Kollegen im Interesse der Kompaktheit vollkommen auf Außenstürmer verzichteten, funktionierte der Ansatz von Ajax nur, wenn es gelang, das Spiel in die Breite zu ziehen, weshalb van Gaal zwei echte Flügelstürmer brauchte.

Seinem Linksaußen Marc Overmars und dem Rechtsaußen Finidi George war es streng verboten zu versuchen, mehrere Gegner auszuspielen: Im Eins-gegen-eins durften sie ins Dribbling gehen, aber wenn sie zwei Verteidigern gegenüberstanden, hatten sie Anweisung, nach innen zu ziehen und das Spiel zu verlagern. Das Amsterdamer Publikum, das an unvorhersehbare und aufregende Aktionen der Außenstürmer gewöhnt war, reagierte enttäuscht auf die mangelnde Bewegungsfreiheit der Stürmer, und dasselbe galt für die Spieler. Finidi wechselte schließlich zu Betis Sevilla, wo er keinen Hehl daraus machte, dass er glücklich war, sich endlich wieder auf dem Platz austoben zu dürfen. Aber van Gaal verabscheute das Dribbling: In seinen Augen war es nicht nur ineffizient, sondern das beste Beispiel für egoistisches Verhalten auf dem Platz. »Wir leben in einer Laisser-faire-Gesellschaft«, erklärte er. »Aber in einer Mannschaft braucht man Disziplin.«

Van Gaals schulmeisterliche Grundhaltung passte zu seinem Lebenslauf: Er hatte in seiner aktiven Laufbahn zwölf Jahre lang neben dem Fußball an einer Schule unterrichtet, womit er in die Fußstapfen seines Idols Rinus Michels getreten war, der ebenfalls als Lehrer gearbeitet hatte. Nach allem, was über diese Zeit bekannt ist, war van Gaal ein strenger Zuchtmeister, der in einer Schule in einem problematischen Viertel mit schwierigen Schülern arbeitete, die oft aus armen Familien stammten. Diese Erfahrung prägte seinen Zugang zur Führung einer Mannschaft. »Die Spieler sind eigentlich große Kinder, weshalb es zwischen der Tätigkeit des Lehrers und des Trainers Parallelen gibt«, erklärte er. »In der Arbeit mit Schülern schlägt man, gestützt auf eine bestimmte Philosophie, einen bestimmten Weg ein, und bei Fußballern geht man genauso vor. Sowohl in einer Schule als auch in einem Fußballverein findet man eine Hackordnung und verschiedene Kulturen vor.« Bevor er die erste Mannschaft von Ajax Amsterdam übernahm, leitete van Gaal die Nachwuchsabteilung des Vereins, wo er eine Gruppe herausragender Talente betreute, darunter Edgar Davids, Clarence Seedorf und Patrick Kluivert. Nicht in der Arbeit mit der Mannschaft eines kleineren Vereins der Eredivisie, sondern in dieser Tätigkeit im Nachwuchsbereich schlug van Gaal die Brücke zwischen der Arbeit eines Lehrers und der eines Trainers von Fußballprofis. Er arbeitete gerne mit Jugendlichen, weil sie formbar waren: Er war überzeugt, dass man keinen Einfluss mehr auf die Spielweise eines Fußballers nehmen konnte, wenn dieser einmal 25 Jahre alt war. Die einzigen Veteranen in der Ajax-Mannschaft, die im Jahr 1995 in der Champions League triumphierte, waren die Verteidiger Danny Blind, der seit neun Jahren für Ajax spielte, und Frank Rijkaard der in den achtziger Jahren im Nachwuchszentrum von Ajax ausgebildet worden war und nun aus dem Ausland zurückkehrte. Van Gaal hätte den Kauf eines außerhalb der Ajax-Akademie ausgebildeten Superstars nicht gutgeheißen, selbst wenn dieser Spieler dem gegenwärtigen Inhaber der Position individuell überlegen gewesen wäre. »Ich brauche nicht die elf Besten«, sagte er. »Ich brauche die beste Elf.«

Während van Gaal ein Lehrer war, ging Cruyff nicht einmal in die Schule: Er wurde 1985 zum Cheftrainer von Ajax Amsterdam ernannt, ohne den erforderlichen Trainerschein zu besitzen. Cruyff war eben Cruyff, weshalb für ihn wie üblich eine Ausnahme gemacht wurde. Und während van Gaal dem herausragenden Individuum mit Misstrauen begegnete, verwöhnte Cruyff seine Superstars, und seine Barça-Mannschaft bewies im letzten Drittel des Spielfelds sehr viel größere individuelle Klasse, weil er in seinen Jahren bei Barcelona phasenweise auf vier gefeierte Superstars zurückgreifen konnte: Michael Laudrup, Hristo Stoitschkow, Romário und Gheorghe Hagi. Aufstieg und Fall von Cruyffs Barcelona hingen eng damit zusammen, wie er mit diesen Spielern zurechtkam.

Der Faszinierendste unter ihnen war Laudrup, der in Cruyffs Dream Team die Rolle Cruyffs spielte. Der Niederländer war Laudrups Kindheitsidol gewesen, und bei der Weltmeisterschaft 1986 (für die sich Holland nicht qualifizieren konnte) war Laudrup die herausragende Figur in der großartigen »Danish Dynamite«-Mannschaft, die oft mit dem niederländischen Team der siebziger Jahre verglichen wurde. Laudrup stieß im Jahr 1989 zu Barça und verwandelte sich sofort in den spielerischen Bezugspunkt der Mannschaft. Er ließ sich aus der Position im Sturmzentrum tief zurückfallen, um den Mittelfeldspielern Vorstöße zu ermöglichen. Er konnte mit beiden Füßen tödliche Pässe in die Schnittstellen der Abwehr spielen und besaß eine verblüffende Fähigkeit, bei Läufen nach links mit dem rechten Außenrist blinde Pässe in die Gasse zu spielen, womit er die Verteidiger regelmäßig auf dem falschen Fuß erwischte. Wie es der Zufall wollte, beendete er seine Karriere in der Saison 1997/98 bei Ajax Amsterdam.

Cruyff bewunderte Laudrups angeborenes Talent. In der Saison 1991/92 erzielte Laudrup im Spiel gegen Real Burgos in der letzten Spielminute ein fantastisches Ausgleichstor, indem er den Ball mit links hochlupfte und mit rechts in den rechten Winkel des gegnerischen Tors hämmerte. Anschließend lief er zu seinem entzückten Trainer und umarmte ihn so innig, wie man es selten zwischen Spieler und Trainer sieht. Cruyff bezeichnete ihn allerdings auch als »einen der schwierigsten Spieler«, mit denen er je zusammengearbeitet habe. Er war überzeugt, dass Laudrup sein Talent nicht vollkommen ausschöpfe, und beklagte sich immer wieder über die mangelnden Führungsqualitäten des Dänen. Cruyff versuchte es mit Michels' »Konflikt-Methode«, was Laudrup jedoch nur aus dem Gleichgewicht brachte. Er war ein sensibler, zurückhaltender Spieler, dem man mit Einfühlungsvermögen begegnen musste.

Der Nutznießer von Laudrups perfekt getimten Schnittstellenpässen war ein weiterer außergewöhnlich begabter Fußballer, der legendäre Hristo Stoitschkow. »Ich bin sicher, dass mir Michael bei mehr als der Hälfte meiner über hundert Tore den entscheidenden Pass gab«, berichtete der Bulgare über seine Zeit bei den Blaugrana. »Mit ihm zu spielen, war extrem leicht – wir fanden einander intuitiv.« Eine aufschlussreiche Beschreibung: Bei den Angriffen einer Van-Gaal-Mannschaft waren die Bewegungen im Voraus festgelegt, bei einer Cruyff-Mannschaft hing die Koordination von organischen Beziehungen ab.

Wie Laudrup war auch Stoitschkow ein Bewunderer Cruyffs und hatte bei seiner Ankunft in Barcelona alte Videos von Spielen des Holländers im Gepäck. Aber der Bulgare hatte eine vollkommen andere Persönlichkeit als Laudrup: Er war aggressiv, hitzig und unberechenbar. In seiner Heimat hatte man ihn wegen einer Schlägerei im Pokalfinale mit einer lebenslangen Sperre belegt (die später auf ein Jahr verringert wurde). Cruyff hatte er im Spiel seines Heimatvereins CSKA Sofia gegen Barcelona im Europapokal der Pokalsieger mit einem wunderschönen Heber über Barças Torhüter Andoni Zubizarreta begeistert, 1990 gab er dann sein Debüt im Camp Nou. »Er war schnell, hatte einen ausgezeichneten Abschluss und besaß Charakter«, erinnerte sich Cruyff. »Wir hatten zu viele nette Jungs in der Mannschaft, wir brauchten jemanden wie ihn.« Aber gleich in seinem ersten Clásico gegen Real Madrid wurde Stoitschkow vom Platz gestellt und trat im Vorbeigehen noch dem Schiedsrichter auf den Fuß, womit er sich eine Sperre für zehn Spiele einhandelte. Bei einem anderen Klub wäre er möglicherweise ausgemustert worden, aber Cruyff hielt ihm die Treue, und im ersten Spiel nach Ablauf der Sperre erzielte er den Siegtreffer, um in der folgenden Woche vier Tore zu einem 6:0-Auswärtssieg in der »Kathedrale« von Athletic Bilbao beizusteuern. Es machte sich bezahlt, diesem Spieler gegenüber Nachsicht walten zu lassen, selbst wenn er sich in seiner Zeit bei den Blaugrana zehn rote Karten einhandelte, was eine verblüffend hohe Zahl für einen Stürmer ist.

Im Gegensatz zu Laudrup sprach Stoitschkow gut auf Cruyffs »Konflikt-Methode« an. Er verstand sehr gut, was der Trainer mit seinen Attacken bezweckte. »Er sagte mir vor versammelter

Mannschaft ins Gesicht, ich sei eine Katastrophe, ich werde im nächsten Spiel auf der Bank sitzen und er werde mich verkaufen«, erinnert sich Stoitschkow. »Aber nach dem Training gingen wir zusammen essen.« Stoitschkow machte nie einen Hehl aus seinem Hass auf Real Madrid, wofür ihn die Barça-Anhänger liebten. Er weigerte sich, Autogramme zu geben, aber die Fans fanden sein anarchisches Verhalten amüsant. »Er mischte den Klub gehörig auf«, erinnert sich Zubizarreta. »Manchmal ging er zu weit, aber mir gefällt es, wenn Menschen wie er die Monotonie des Alltags durchbrechen.«

Doch in der Saison 1993/94, als Barça den letzten Meistertitel unter Cruyff errang, war Stoitschkow nicht einmal der arroganteste Stürmer der Blaugrana, denn Cruyff hatte dem PSV Eindhoven, dem größten heimischen Rivalen von Ajax Amsterdam, den brasilianischen Torjäger Romário abspenstig gemacht, einen außergewöhnlich talentierten Spieler, der allerdings in dem Ruf stand, nur zum Training zu erscheinen, wenn ihm danach zumute war. »Es heißt, er habe eine sehr schwierige Persönlichkeit«, hielt ein Journalist Cruyff nach Romários Ankunft in Barcelona entgegen. »Dasselbe kann man über mich sagen«, erwiderte Cruyff, der sich darüber freute, einen Fußballer in seinen Reihen zu haben, der ebenso individualistisch war wie er. Romário sagte von sich selbst, er sei der beste Stürmer aller Zeiten, kündigte an, er werde in dieser Saison dreißig Tore in der Liga schießen (er schaffte es tatsächlich und wurde *Pichichi*, das heißt Torschützenkönig), und versprach, die WM 1994 werde »Romários Turnier« werden (es kam tatsächlich so, woraufhin er zum Fifa-Weltfußballer des Jahres gewählt wurde). In Eindhoven hatte sich Romário oft am Spielaufbau beteiligt, aber in Barcelona tauchte er immer wieder für längere Phasen, nur um im richtigen Moment erbarmungslos zuzuschlagen und ein entscheidendes Tor zu schießen. Er hatte einen famosen Antritt, verstand es, den gegnerischen Torwart mit Schüssen mit der Pieke zu überraschen, und ließ sich für seine Tore vorzugsweise alleine feiern, selbst wenn er den Ball nur ins leere Tor schieben musste, nachdem ein Mitspieler die Vorarbeit geleistet hatte.

Mit Stoitschkow verband Romário in ihren anderthalb gemeinsamen Jahren bei Barça eine intensive Hassliebe. Cruyff erklärte, die beiden Stürmer hätten »dasselbe Problem« – sie glaubten beide, die Mannschaft sei rund um sie errichtet worden. Das führte dazu, dass sie manchmal einen Wettbewerb um die Torjägerkrone führten, anstatt eine herkömmliche Sturmpartnerschaft zu bilden. Doch der Wettbewerb spornte beide zu neuen Höchstleistungen an, und überraschenderweise wurden sie sogar Freunde. »Es scheint absonderlich, und ich frage mich noch heute, wie es möglich war«, sagte Stoitschkow später, »aber wir verstanden uns auf Anhieb sehr gut. Wir waren unzertrennlich.« Ihre Ehefrauen freundeten sich ebenfalls an, ihre Kinder besuchten dieselbe Schule, Stoitschkow wurde Pate eines der Söhne Romários und betätigte sich als Leibwächter, als sein Freund im Krankenhaus sein neugeborenes Kind besuchte, wobei er einen aufdringlichen Fotografen mit einem Fausthieb abwehrte.

Ihren denkwürdigsten Auftritt auf der europäischen Bühne hatten die beiden im November 1994, als Barça im Camp Nou Manchester United zerlegte und mit einem 4:0 nach Hause schickte. Stoitschkow erzielte das erste Tor, Romário das zweite. Dann spielte Stoitschkow nach einem Lauf über das halbe Feld Romário frei, der mit der Hacke auf Stoitschkow ablegte, der das 3:0 machte. Der Außenverteidiger Albert Ferrer stellte den Endstand her. »Wir hatten dem Tempo von Stoitschkow und Romário einfach nichts entgegenzusetzen«, gestand United-Trainer Alex Ferguson anschließend. »Diese überfallartigen Angriffe waren eine neue Erfahrung für uns.«

Größere Bedeutung für die Barça-Anhänger hatte der 5:0-Sieg gegen Real Madrid in der Meisterschaft. Romário erzielte in diesem Spiel drei Treffer und ließ beim ersten Tor Reals Innenverteidiger Rafael Alkorta mit einem unglaublichen Trick stehen, der als »cola de vaca« (»Kuhschwanz«) bekannt wurde: Er nahm den Ball mit dem Rücken zum Tor mit rechts an, drehte sich auf der Stelle, wobei er den Ball in derselben Bewegung ein zweites Mal mit dem rechten Fuß berührte, um ihn am Verteidiger vorbeizuführen und abzuschließen. »Das wird in die Geschichte eingehen«, sagte Stoitschkow, womit er nicht das Resultat, sondern Románios Trick meinte. Insgesamt war das Spiel von Barcelona zu dieser Zeit jedoch ausgesprochen instabil, und es gelang der Mannschaft nur dank eines exzellenten Schlussspurts, sich dank der besseren Tordifferenz vor Deportivo La Coruña die Meisterschaft zu sichern. Zum zweiten Mal in Folge verdankte Barça den Titel einem Ausrutscher des stärksten Rivalen am letzten Spieltag. Das war keine Katastrophe – aber das 0:4 gegen den AC Mailand im Champions-League-Finale 1994 war sehr wohl eine.

Es traten Auflösungserscheinungen auf. Die Beziehung zwischen Cruyff und Laudrup war so zerrüttet, dass der Däne für das Endspiel gegen Milan nicht aufgestellt und sein Vertrag nicht verlängert wurde. Prompt ahmte er Cruyffs provokanten Wechsel zu Feyenoord im Jahr 1983 nach, ging zu Real Madrid und hatte wesentlichen Anteil am Triumph der Königlichen in der Meisterschaft. Nun stellte Cruyff die verblüffende Behauptung auf, Laudrup sei zu individualistisch geworden. »Es mangelte ihm an Disziplin«, sagte Cruyff. »Wenn du viele Stars im Team hast, muss es eine Grenze dafür geben, was jeder individuell tun darf.« Das war eine etwas sonderbare Erklärung, denn Laudrup war offenkundig ein uneigennütziger Spieler, der es liebte, andere freizuspielen. In Wahrheit hatte Barcelona mittlerweile einfach größere Stars in seinen Reihen, und zu jener Zeit war die Zahl der Ausländer noch auf drei Spieler pro Mannschaft begrenzt. Laudrup war nur noch der vierte Mann hinter Romário, Stoitschkow und dem Innenverteidiger Ronald Koeman gewesen.

Romário wiederum wurde zu einem immer größeren Problem für Cruyff. Seine Freundschaft mit Stoitschkow war zerbrochen, nachdem sich der Bulgare wiederholt über den zunehmend hedonistischen Lebenswandel des Brasilianers beklagt hatte. Auch andere Mannschaftskameraden waren mit ihrer Geduld am Ende. Nach dem Gewinn des Weltmeistertitels im Jahr 1994 ließ Romário es sich nicht nehmen, einen Monat lang in Rio zu feiern, und kam zu spät zum Trainingsauftakt in Barcelona. Das bereitete Cruyff kein allzu großes Kopfzerbrechen, aber der Spielerrat, dem Koeman, Zubizarreta, José Bakero und Txiki Begiristain angehörten, verlangte eine Aussprache mit dem Trainerstab. Cruyff erklärte sich widerwillig einverstanden und setzte sich mit den Spielern zusammen, damit sie ihre Klagen vorbringen konnten. Romário hörte aufmerksam zu, bevor er zu einer Wutrede ansetzte: »Du, du und du, ihr seid frühzeitig ausgeschieden«, hielt er den spanischen Spielern vor, bevor er sich an Koeman wandte und ihm in Erinnerung rief: »Und du wurdest von mir hinausgeworfen. Ihr habt verloren! Ich bin der Sieger! Ich dachte, dies wäre eine Begrüßungsfeier, ihr wolltet mir gratulieren und mir eine Trophäe überreichen. Warum rede ich überhaupt mit euch? Leckt mich doch am Arsch!« Cruyffs Antwort war typisch: »Alles klar, zurück zum Training.«

In Reaktion auf Laudrups Weggang hatte Cruyff einen weiteren unglaublich talentierten Stürmer engagiert: Gheorghe Hagi war ein großartiger Spieler, der wie Stoitschkow einen herausragenden Zehner abgab und die Auswahl Rumäniens Mitte der neunziger Jahre zu großen Erfolgen führte. Nur Cruyff konnte verrückt genug sein, zwei so ähnliche Spieler zusammen auf den Platz zu bringen, und er verglich Hagi bei dessen Ankunft direkt mit Laudrup: »Wenn man Laudrup durch Hagi ersetzt, darf man annehmen, dass man sich nicht verschlechtert. […]

Ich wette, dass Hagi mindestens doppelt so viele Tore schießen wird wie Laudrup und zumindest genauso viele Vorlagen geben wird.« Cruyff war im Irrtum, und es war ungewöhnlich, dass ein Trainer die Leistungsfähigkeit zweier Fußballer derart direkt verglich, vor allem mit Blick auf die Tatsache, dass er damit die Leistungen eines Spieler kleinredete, der eine tragende Rolle in seinem Dream Team gespielt hatte.

Hagi war aufgrund seiner starken Auftritte bei der WM in den USA engagiert worden. Cruyff hatte nun drei Spieler aus dem All-Star-Team des Turniers in seiner Mannschaft: Romário, Stoitschkow und Hagi. Der Rumäne hatte einen unbändigen Charakter: Er war individualistisch, aggressiv, unbeständig, arrogant und faul. Aber er war auch imstande, auf dem Feld für magische Augenblicke zu sorgen. Sein von zahlreichen Verletzungen unterbrochenes Gastspiel in Barcelona verlief enttäuschend, aber Hagi empfand es als eine erfolgreiche Zeit, da er große Freiheit genossen hatte. »Es gab einige Gerüchte und Diskussionen über mich, aber Johan Cruyff vertraute mir und gab mir die Chance zu zeigen, was ich konnte. Ich bewies ihm, dass sein Vertrauen begründet war«, erklärte er. Hagi hatte einen genialen Augenblick bei einem 4:2-Sieg über Celta Vigo, als er direkt nach dem Anstoß im dichten Nebel aus dem Anstoßkreis ein Tor erzielte – ein gutes Beispiel für seinen Individualismus.

Doch Cruyffs Liebe zu individualistischen Spielern führte zum Kontrollverlust. Romários Verhalten nach der Rückkehr von der WM gab einen Vorgeschmack auf die kommenden Ereignisse. Auch zurück in Barcelona verbrachte der Brasilianer die meiste Zeit mit Partys und mietete auf Dauer zwei Hotelsuiten, in denen er seine Gäste bewirtete. Sein Motto lautete: »Du musst täglich Sex haben, aber höchstens dreimal.« In seiner zweiten Saison erschien er nach Berichten mehrerer Mitspieler wiederholt fast bewegungsunfähig zum Training, da er die ganze Nacht kein Auge zugetan hatte. An solchen Tagen sah sich

Cruyff gezwungen, ihn nach Hause zu schicken. Romário tauchte auch häufig verspätet zu Mannschaftsbesprechungen auf, da er verschlafen hatte. »Romário kam nach der Weltmeisterschaft nie wirklich zurück«, seufzte Stoitschkow. »Sein Körper war da, aber sein Kopf war immer noch in Rio.« Cruyff seinerseits beklagte sich über die »mangelnde Disziplin« des Brasilianers; genau so hatte er Laudrup beschrieben. Der Anfang vom Ende kam genau ein Jahr nach dem 5:0 über Real Madrid. Diesmal verlor Barcelona 0:5 gegen den Erzrivalen, und der herausragende Spieler der Madrilenen war Laudrup. Stoitschkow sah in der ersten Hälfte die rote Karte, und der vollkommen abgemeldete Romário wurde in der Pause ausgewechselt. Es war sein letztes Spiel für Barcelona. Cruyff hatte den falschen Individualisten vertraut.

In der folgenden Woche wurde Romário zum Fifa-Weltfußballer des Jahres gewählt. Stoitschkow belegte den zweiten Rang und gewann außerdem den Ballon d'Or, der zu jener Zeit noch bei europäischen Klubs aktiven Fußballern aus Europa vorbehalten war. Das zeigte sehr schön, wo Cruyffs Problem lag: Offiziell hatte Barcelona die beiden besten Spieler der Welt in seinen Reihen, die jedoch kaum noch miteinander oder mit ihrem Trainer sprachen und im Spiel gegen den Erzrivalen Real Madrid nach desolaten Leistungen in der zweiten Hälfte nicht mehr auf dem Platz gestanden hatten. Cruyff war wütend darüber, dass Stoitschkow an der Preisverleihung teilnehmen wollte, und zwang den Bulgaren, am Tag der Zeremonie zum Training zu erscheinen, weshalb der Spieler zu spät zu der Veranstaltung kam. »Zwischen mir und dem Trainer stimmt etwas nicht«, klagte er, als er schließlich bei der Preisverleihung eintraf, um dann erneut auf das Problem von Individuum und Kollektiv zu sprechen zu kommen. »Wenn wir verlieren, bin immer ich allein verantwortlich. Wenn wir gewinnen, ist es ein Verdienst der ganzen Mannschaft.« Später äußerte er sich erneut in dieser Richtung, nur dass er diesmal den Trainer direkt attackierte: »Wenn wir gewinnen, ist es Cruyff zu verdanken. Wenn wir verlieren, sind die Spieler schuld.« Cruyff war seinem Konfliktmodell zum Opfer gefallen.

Im Sommer verließ Stoitschkow den Verein. Romário kehrte nach Brasilien zurück, Laudrup feierte den Meistertitel mit Real Madrid. Übrig war nur noch Hagi, der bis dahin unter seinen Möglichkeiten geblieben war. Die Auseinandersetzungen mit den Superstars hatten Cruyffs Autorität untergraben. Vielleicht hatte er eifersüchtig verfolgt, wie van Gaal bei Ajax Amsterdam triumphierte, jedenfalls bestand seine Reaktion darin, zusätzlich zu seinem Sohn Jordi weitere Spieler aus dem eigenen Nachwuchs – Iván de la Peña, die Brüder Roger und Óscar García – in die erste Mannschaft zu befördern. Keiner von ihnen wurde den Erwartungen gerecht. Der Neuzugang Luís Figo war noch nicht so weit, die Mannschaft zu führen, und in der Spitze spielte der unspektakuläre Bosnier Meho Kodro, der so gar nicht zu Barça passen wollte und in der gesamten Saison lediglich auf neun Tore kam. Der Auslöser für Cruyffs Entlassung am Ende der Saison 1995/96 war ein Streit mit Klubpräsident José Luis Núñez, aber die Konflikte mit den Stars hatten entscheidenden Anteil an seinem Scheitern gehabt.

Die stilistische Auseinandersetzung zwischen Cruyff und van Gaal wurde fortgesetzt, als dieser nur ein Jahr nach Cruyffs Weggang zum FC Barcelona wechselte. Bei seiner Vorstellung verkündete er voller Stolz: »Jetzt ist Louis van Gaal der Star.« Er versuchte, sein bei Ajax entwickeltes Modell in Barcelona anzuwenden, und brachte sogar einige Spieler aus Amsterdam mit. Anfangs funktionierte es: In seiner ersten Saison gewann Barça das Double, und in der folgenden Saison konnte die Mannschaft den Meistertitel verteidigen. Aber wie nicht anders zu erwarten, kam van Gaal mit den Schwergewichten der Mannschaft nicht zurecht, vor allem nicht mit Rivaldo, dem krummbeinigen brasilianischen Genie, das für kurze Zeit als weltbester Spieler galt. Dabei war Rivaldo verglichen mit Stoitschkow und Romário ausgesprochen professionell, und während es bei Cruyffs Streitigkeiten mit den Stars im Wesentlichen um die Disziplin abseits des Platzes gegangen war, betrafen van Gaals Probleme mit Rivaldo die taktische Disziplin auf dem Spielfeld.

In ihrer dritten gemeinsamen Saison bei Barça konnte van Gaal nicht länger ertragen, dass sich Rivaldo nicht davon abbringen ließ, ins Dribbling zu gehen, eine Neigung, die im Dream Team und nicht zuletzt von Cruyff hoch geschätzt worden war. In einer Konfrontation, die an Stoitschkows Streit mit Cruyff erinnerte, übte Rivaldo an dem Tag, an dem er den Ballon d'Or erhielt, offene Kritik an seinem Trainer und erklärte, er sei nicht länger bereit, auf der linken Seite zu spielen. »In Brasilien ist es anders. Dort reden die Leute nicht über Taktik, und das bedeutet Freiheit«, erklärte er. »Hier ist es ein bisschen kompliziert, es ist taktischer ... Ich habe jahrelang für das Team gearbeitet und nichts für mich selbst getan. Ich will mehr Spaß haben. Ich habe eine Weile auf dem Flügel gespielt, und jetzt will ich im Zentrum spielen, und zwar nicht nur mit der Nummer 10 auf dem Rücken, sondern *als* die Nummer 10.«

Dass sich ein Spieler derart wichtig nahm, konnte van Gaal nicht dulden. Also strich er Europas Fußballer des Jahres für das Auswärtsspiel bei Rayo Vallecano zwei Tage später aus dem 18-köpfigen Kader. Barça kam über ein Unentschieden bei dem kleinen Madrider Klub nicht hinaus. Auch beim 3:1 über Real Sociedad stand Rivaldo nicht auf dem Platz. Erst im Spiel gegen Celta Vigo gab van Gaal nach und wechselte den Brasilianer in der zweiten Hälfte ein; Rivaldo steuerte das zweite Tor zum 2:0-Sieg bei. In den folgenden sieben Begegnungen spielte er jedes Mal durch. Rivaldo hatte den Machtkampf gewonnen, und das war der Anfang vom Ende der Ära van Gaal. »Ich habe ihm zu viele Chancen gegeben«, urteilte der Niederländer im Nachhinein. »Das Gleichgewicht in der Kabine ist zerstört – das war mein größter Fehler in dieser Saison. Diese Kultur ist auf Stars angewiesen. Hier habe ich zwei Spieler, die zu den besten zehn der Welt gezählt werden [der andere war Figo]. Bei Ajax hatte ich im Jahr 1995, als ich kein einziges Spiel verlor, keinen Spieler in dieser Liste.« Eine Mannschaft ohne Stars behagte van Gaal sehr viel eher.

Der Niederländer geriet auch mit Sonny Anderson und Geovanni aneinander, die bezeichnenderweise ebenfalls Brasilianer waren. Die brasilianische Fußballkultur kreiste um die individuelle Inspiration der Angreifer, was für van Gaal einfach nicht akzeptabel war. Am Ende der Saison wurde er entlassen.

Wenn man bedenkt, dass Cruyff und van Gaal gleichermaßen besessen von der Verbreitung des klassischen Ajax-Stils waren, waren diese herausragenden Trainer doch bemerkenswert verschieden. Man nehme beispielsweise ihren Zugang zur Matchvorbereitung. Cruyff ermutigte seine Spieler, jeden Gegner an die Wand zu spielen, und verschwendete keinen Gedanken an die Taktik des gegnerischen Trainers. Ganz anders van Gaal: Er studierte Videobänder des nächsten Kontrahenten und erklärte seinen Spielern bis ins kleinste Detail, wie die andere Mannschaft ihr Spiel aufbaute und wie man ihren Spielfluss stören konnte.

Es war eine Auseinandersetzung zwischen Cruyffs Kunst und van Gaals Wissenschaft. Van Gaal saß mit einem Notizblock im Schoß auf der Bank, studierte taktische Varianten, kontrollierte die Leistungsdaten seiner Spieler und beschäftigte lange vor dem Siegeszug der statistischen Analyse einen »Computercrack« namens Max Reckers. Jedes Mal, wenn van Gaal den Verein wechselte, musste sein »Archiv«, das ungezählte Dossiers und Videokassetten enthielt, zu beträchtlichen Kosten quer über den Kontinent bewegt werden. So etwas war für Cruyff undenkbar; einmal sagte er, seine großen fußballerischen Qualitäten seien »für einen Computer unergründlich«. Sein Verständnis des Spiels entsprang einem »sechsten Sinn«, und er gab bereitwillig zu, ein miserables Gedächtnis zu haben und selten die Details zu kennen. Er war ein Instinktmensch und verkörperte eine Philosophie im wahrsten Sinn des Wortes. Van Gaal hingegen glaubte an einen wissenschaftlichen Zugang zum Fußball und entwickelte roboterartige Spieler, denen er jegliches Flair abgewöhnte.

Die Saga der Feindschaft zwischen van Gaal und Cruyff setzte sich in den folgenden fünfzehn Jahren fort. Im Jahr 2000 wurde van Gaal niederländischer Nationaltrainer und durchkreuzte als Erstes Cruyffs Pläne für die Nachwuchsförderung. Doch die Elftal scheiterte in der Qualifikation für die WM 2002. Nach einer katastrophalen Amtszeit als Bondscoach kehrte van Gaal im Jahr 2004 als Technischer Direktor zu Ajax Amsterdam zurück, wo er sich mit einem jungen Stürmer überwarf, der die für Amsterdam erforderliche Arroganz an den Tag legte. »Er wollte ein Diktator sein«, schreibt Zlatan Ibrahimović in seiner Autobiografie über van Gaal. »Van Gaal liebte es, über Spielsysteme zu reden. Er war einer von denen im Verein, die von den [Spielern] als Nummern redeten. Also die Fünf geht hierhin, und die Sechs geht dorthin … Es war die übliche Geschichte, dass die Nummer neun, also ich, nach rechts verteidigt, wenn die Zehn nach links geht, und umgekehrt. ›Wir wissen das, und wir wissen auch, dass du es erfunden hast.‹« Zu diesem Zeitpunkt arbeitete Cruyff seit acht Jahren nicht mehr als Trainer, was ihn jedoch nicht daran hinderte, in Interviews weiter eine vertraute Botschaft zu verbreiten: »Mir fällt vor allem auf, dass sich die Leute, die im Fußball die Richtung vorgeben, eigentlich nie für die individuellen Spieler interessieren, sondern nur für das Team als Ganzes. Aber ein Team besteht aus elf Individuen, und jedes einzelne braucht Aufmerksamkeit.«

Im Jahr 2009 übernahm van Gaal den Trainerposten bei Bayern München und führte die Mannschaft zum Double und ins Endspiel der Champions League. »Ich habe noch nie mit einer Mannschaft gearbeitet, die eine so starke Bindung an mich und so großes Vertrauen zu mir hatte«, schwelgte er – und er erntete ein seltenes Lob von Cruyff. Aber eine Spitze konnte sich sein alter Rivale nicht verkneifen: »Bayern München und van Gaal passen besonders gut zusammen – Vereinsführung und Spieler waren darauf vorbereitet, seine Art zu denken und zu arbeiten zu akzeptieren.« Was aus Cruyffs Mund ein kaum verschleierter Vorwurf war, van Gaal habe eher eine deutsche als eine niederländische Mentalität und passe eher zu Bayern als zu Ajax (was wiederum diejenigen Bayern-Fans überraschen mag, die sich an die heftigen Konflikte zwischen dem neuen Trainer und den Vereinsoberen erinnern, die bereits im Herbst nach seiner Ernennung ausbrachen).

Van Gaal brachte sich später sogar als deutscher Nationaltrainer ins Gespräch: »Ich träume vom Gewinn der Weltmeisterschaft mit einer Mannschaft, die das schaffen kann, und die deutsche ist eine dieser Mannschaften.« Das passte zu den in niederländischen Medien häufig zu hörenden Vorwürfen, van Gaal sei nicht sehr niederländisch, sondern entspreche eher der freudlos effizienten Art des Erzrivalen Deutschland. Van Gaal wurde wiederholt als »Diktator« bezeichnet, und der Journalist Hugo Borst verglich van Gaal in einem Kapitel seiner faszinierenden Biografie sogar mit Hitler. In diesem etwas verstörenden Teil des Buchs wird der ehemalige Barça-Spielmacher Geovanni mit den Worten zitiert, van Gaal sei »gestört«, »verrückt« und »ein Hitler«, und Borst erzählt, eine rumänische Zeitung habe einmal berichtet, in den Niederlanden habe van Gaal den Spitznamen »van Hitler«. Das stimmte nicht, aber die Tatsache, dass es plausibel klang, spricht Bände über seinen Ruf.

Das letzte Gefecht lieferten sich die Intimfeinde im Jahr 2011, nachdem van Gaal zum Sportdirektor von Ajax Amsterdam ernannt worden war. Cruyff saß zu dieser Zeit im Aufsichtsrat des Vereins. Die Ernennung van Gaals wurde durchgedrückt, während er in Barcelona Urlaub machte. Cruyff leistete erbitterten Widerstand gegen die Berufung seines Gegners und verklagte den Verein sogar. Er unterlag vor Gericht, doch in gewissem Sinn behielt er die Oberhand, denn van Gaal trat den Job nie an, sondern übernahm stattdessen zum zweiten Mal die Elftal, was eine weitere Schlammschlacht zwischen den alten Rivalen auslöste.

»Gegen van Gaals Vorstellungen vom Fußball ist nichts einzuwenden«, sagte Cruyff. »Aber ich habe andere Vorstellungen. Er will Siegerteams aufbauen und verfolgt eine militaristische Taktik. Ich will das nicht. Ich will, dass die Spieler selbstständig denken und auf dem Platz die in der jeweiligen Situation beste Option wählen. Er will sämtliche Situationen von der Bank aus kontrollieren. Wir müssen den Verein einschließlich der Nachwuchsakademie erfolgreich machen, und dazu brauchen wir keine taktische Zwangsjacke, sondern eine individuelle Förderung. Wenn Louis zu Ajax kommt, werde ich mich bald verabschieden. Wir denken über alles im Leben unterschiedlich.«

Van Gaal beurteilte den Konflikt pragmatischer, obwohl er der Versuchung nicht widerstehen konnte, noch einen letzten Giftpfeil in Richtung seines Widersachers zu schicken. »Es gibt genauso wenig eine ›Cruyff-Linie‹, wie es eine ›Van-Gaal-Linie‹ gibt«, erklärte er. »Es gibt nur eine Ajax-Linie, an der sich seit 25 Jahren nichts geändert hat. Cruyff und ich haben beide dazu beigetragen – nur dass ich länger dabei war.«

2
Raum

Es liegt in der geografischen Natur ihres Landes begründet, dass der Raum im Denken und Handeln der Niederländer einen zentralen Platz einnimmt. Das Land, dessen Name seine Tieflage verrät, ist ein bemerkenswertes Gebilde, das teilweise durch den revolutionären Einsatz von Deichen schrittweise dem Meer abgetrotzt wurde. Siebzehn Prozent des niederländischen Territoriums würden ohne Deiche unter Wasser liegen, und nur etwa die Hälfte des Landes erhebt sich mehr als einen Meter über Meereshöhe.

Die Niederlande sind auch das am dichtesten besiedelte Land Europas (wenn man Kleinstaaten wie Malta, San Marino und Monaco nicht einrechnet), und weltweit weisen unter den Ländern mit ähnlich vielen oder mehr Einwohnern lediglich Südkorea, Bangladesch und Taiwan eine höhere Bevölkerungsdichte auf. Daher bemühen sich die Niederländer seit je, die Grenzen des Landes hinauszuschieben, um anschließend innerhalb dieser Grenzen Raum zu finden.

Dieses Bestreben schlägt sich auch im niederländischen Fußballstil nieder. In seinem bahnbrechenden Buch *Oranje brillant* betrachtet David Winner den *Voetbal totaal* durch das Prisma der Geografie: »Der [*Voetball totaal*] wurde auf einer neuen Theorie des flexiblen Raums gegründet«, erklärt Winner. »So wie im 19. Jahrhundert Cornelis Lely die Idee entwickelte und umsetzte, riesige neue Polder zu schaffen und damit die räumliche Ausdehnung Hollands durch Deichbau und die Ausnutzung der neuen Technologie der Dampfmaschine zu verändern, so nutzten Rinus Michels und Johan Cruyff die Fähigkeiten eines neuen Typus von Fußballer, um die Dimensionen des Fußballfeldes zu erweitern.«

Michels war derjenige, der diese Konzepte einführte, und Cruyff verkörperte sie und gab ihnen den poetischsten Ausdruck. Er erläuterte die Bedeutung des Raums in zwei verschiedenen Situationen: mit Ball und ohne Ball. »Michels prägte mein Verständnis des Spiels nachhaltig«, sagte Cruyff. »Wenn du den Ball hast, musst du dir so viel Raum wie möglich verschaffen, und wenn du den Ball verlierst, musst du den Raum deines Gegners möglichst stark einengen. Tatsächlich hängt im Fußball alles von der Distanz ab.« Diese Vorstellung wurde zu einem festen Bestandteil des niederländischen Fußballverständnisses, in dem sich alles um Positionen und die Form dreht. Manche Länder hielten die individuellen Eigenschaften der Fußballer für besonders wichtig (»kräftig und schnell«), andere konzentrierten sich auf bestimmte Aspekte des Spiels (»Zweikämpfe gewinnen«), wieder andere interessierten sich nur dafür, was mit dem Ball geschehen sollte (»Man muss ihn schnell nach vorne bringen«). Im niederländischen Fußball ging es ab der Erfindung des *Voetbal totaal* nur noch um den Raum, und im Lauf der Zeit übernahmen andere europäische Länder diese Denkweise.

So wie Michels den »totalen Fußball« verstand, ging es darin um zwei verschiedene Dinge: Positionswechsel und Pressing. Bei Ajax war Johan Neeskens mit seinen aggressiven Attacken auf den gegnerischen Spielmacher der Vorreiter der Vorwärtsverteidigung, und Abwehrchef Velibor Vasović gab in der Abwehrkette die Kommandos, damit sie im richtigen Moment vorrückte, um die gegnerischen Stürmer ins Abseits laufen zu lassen. Dies wurde später das Hauptmerkmal des holländischen Spiels bei der WM 1974.

»Das Hauptziel der Vorwärtsverteidigung, der ›Jagd‹, ist es, nach Ballverlust in der gegnerischen Hälfte so schnell wie möglich wieder in Ballbesitz zu gelangen«, erklärte Michels. »Man kann dem Gegner nur eine ›Falle‹ stellen, wenn alle Linien vorrücken und nahe beieinander spielen.« Unter Michels spielte Holland mit einer verblüffenden Abseitsfalle, die funktionierte, weil die gesamte Mannschaft im selben Moment vorrückte und fünf oder sechs gegnerische Spieler gleichzeitig ins Abseits stellte, bevor dieses extreme Vorgehen gefährlich wurde, als die Unterscheidung zwischen »aktivem« und »passivem« Abseits eingeführt wurde (so dass nur noch jene Spieler der angreifenden Mannschaft berücksichtigt wurden, die »ins Spiel eingriffen«).

Trotz der veränderten Auslegung der Abseitsregel hatte das Pressing für Cruyff und van Gaal in der Zeit der niederländischen Vormachtstellung in den Neunzigern besondere Bedeutung, und beide Trainer ermutigten ihre Spieler, in der Verteidigung extrem hoch zu stehen und den Raum schon vorne eng zu machen. Cruyffs Barcelona und van Gaals Ajax bestimmten, in welchem Teil des Feldes gespielt wurde, sie drängten die gegnerische Mannschaft in ihre eigene Hälfte, und beide Trainer setzten auf umgeschulte Mittelfeldspieler als Verteidiger, da sie das ganze Spiel in der Nähe der Mittellinie verbrachten.

»Ich stelle die herkömmlichen Ideen gerne auf den Kopf und schärfe den Stürmern ein, dass sie die ersten Verteidiger sind«, erläuterte Cruyff. »Und ich erkläre den Verteidigern, dass es von ihnen abhängt, wie lang das Spielfeld ist. Sie müssen verstehen, dass die Entfernung zwischen den Linien nie größer als zehn bis fünfzehn Meter sein darf. Und alle Spieler müssen dafür sorgen, bei Ballbesitz Raum zu schaffen, während sie ohne Ball enger zusammenrücken müssen.«

Van Gaal wählte einen ähnlichen Zugang. Er setzte schnelle Verteidiger ein, die in einer hohen Linie standen und ein intensives Pressing in der gegnerischen Hälfte betrieben. »Der Zehner bei Ajax ist Jari Litmanen, und er muss mit gutem Beispiel vorangehen, indem er seinen Gegenspieler unter Druck setzt. Vergleichen Sie das mit den Aufgaben des Spielmachers vor zehn Jahren!«

Ihren besten Ausdruck fand die niederländische Fixierung auf den Raum in der Spielweise von Cruyffs Barcelona, van Gaals Ajax und der Elftal. Das klassische holländische Muster war das 4-3-3, aber in der Praxis nahm diese Grundaufstellung zwei sehr unterschiedliche Formen an.

In der modernen Auslegung des 4-3-3, die ihren höchsten Ausdruck in der Spielweise des FC Barcelona unter Pep Guardiola fand, steht ein defensiver Mittelfeldspieler hinter den beiden anderen, wodurch sich ein 4-1-2-3 ergibt; die Niederländer drehen das Dreieck oft um, so dass ein 4-2-1-3 entsteht, aber sie betrachten diese Anordnung ebenfalls als ein 4-3-3. Heute wirkt es sonderbar, dass die beiden Varianten in derselben Formel notiert werden können, vor allem wenn man bedenkt, dass das 4-2-1-3 im Grunde dem 4-2-3-1 entspricht, dem neben dem 4-3-3 vorherrschenden taktischen Schema der zehner Jahre. Aber in jener früheren Periode war das 4-3-3 ebenso eine Philosophie wie ein System, und in Anbetracht der Tatsache, dass in anderen europäischen Ländern im Allgemeinen ein robustes 4-4-2 und manchmal ein extrem defensiv ausgerichtetes 5-3-2 bevorzugt wurde, galt es als gewagte Idee, mit einem über die ganze Breite des Spielfelds verteilten Dreimannsturm anzugreifen. Die genaue Raumaufteilung zwischen den Mittelfeldspielern war ein untergeordnetes Detail.

Cruyff und van Gaal trieben den Wagemut allerdings noch ein wenig weiter. Als Trainer von Ajax Amsterdam verringerte Cruyff die vierköpfige Verteidigung auf eine Dreierkette und erklärte das mit der Tatsache, dass die Mehrheit der Mannschaften in der niederländischen Liga mit zwei Spitzen spielten, weshalb drei Verteidiger genügten. Er ersetzte im Grunde einen Verteidiger durch einen Zehner, womit er im Mittelfeld eine Raute konstruierte, die eine dreiköpfige Abwehr mit einem dreiköpfigen

Angriff verband. Dies war das holländische 3-4-3, das etwas ganz anderes war als das italienische 3-4-3 mit Flügelverteidigern (die je nach Auslegung defensive äußere Mittelfeldspieler oder offensive Außenverteidiger waren), das später etwa von Antonio Conte bei Chelsea eingeführt wurde. Cruyffs defensiver Mittelfeldspieler bewegte sich zwischen Verteidigung und Mittelfeld, und der Zehner wechselte zwischen Mittelfeld und Angriff, während auf den Achterpositionen laufstarke Box-to-Box-Mittelfeldspieler eingesetzt wurden. »Cruyff nahm die damit verbundenen Risiken in Kauf«, erklärte Michels. »Der Erfolg des 3-4-3 hängt von der individuellen Klasse der Spieler ab, die dieses spektakuläre, aber riskante System umsetzen sollen, [...] es stellt hohe Anforderungen an die taktische Disziplin der zentralen Spieler und verlangt ein hohes Maß an Spielintelligenz.«

Van Gaal war in vielen Dingen anderer Meinung als Cruyff, aber gegen Cruyffs Grundformation hatte er nichts einzuwenden. Er ließ während seiner gesamten Zeit bei Ajax im 3-4-3-Schema spielen. Cruyffs alter Mentor Rinus Michels ließ sich ebenfalls zu diesem System bekehren, als er das niederländische Team bei der Europameisterschaft 1992 betreute, obwohl er es lediglich als Abwandlung seines alten 4-3-3 betrachtete. Bei diesem Turnier verwirrte die Wandlungsfähigkeit des niederländischen Systems die ausländischen Experten, die es teilweise als 4-3-3, teilweise als 3-4-3 und manchmal sogar als 3-3-4 betrachteten, ein Schema, das auf dem Papier, verglichen mit den damals vorherrschenden Systemen 4-4-2 und 5-3-2 bzw. 3-5-2, verrückt wirkte. Doch die Niederländer verstanden das Spiel eben vollkommen anders als Deutsche, Italiener und Skandinavier.

Das zentrale, unantastbare Element der niederländischen Systeme war Breite. Unabhängig von der Zahl der Verteidiger, der Gewichtung im Mittelfeld oder der Frage, ob der Mittelstürmer von einem Zehner unterstützt werden sollte, hielten die niederländischen Trainer an zwei an den Seitenlinien klebenden Flügelspielern fest. Auch das entsprach nicht der Mode jener Zeit, denn im 4-4-2 hatten die Mittelfeldspieler die Aufgabe, das Zentrum zu halten, und im 5-3-2 sollten die Außenverteidiger das Feld mit überlappenden Vorstößen öffnen. Die Niederländer hingegen bestanden darauf, das Spiel müsse in die Breite gezogen werden, um Lücken in der gegnerischen Verteidigung zu öffnen. Michels hielt »wirkliche Flügelspieler mit hoher Geschwindigkeit und guter Technik«, die »in sehr jungem Alter ausgewählt und geschult« werden müssten, für unverzichtbar. »Die Niederlande gehören zu den wenigen Ländern, die im 4-3-3-System tatsächlich solche Spieler ausbilden.«

Die von van Gaal trainierte Ajax-Mannschaft, die im Jahr 1992 den Uefa-Pokal gewann, hing vom Rechtsaußen John van 't Schip ab, einem Flügelstürmer der alten Schule, der die drei klassischen Merkmale eines solchen Spielers aufwies: einen rasanten Antritt, Wendigkeit und gute Flanken. Van 't Schip bewegte sich nie zwischen den Linien und zog auch nicht nach innen: Der Rechtsfuß war ein reiner Flügelspieler, der an der Seitenlinie blieb. Bryan Roy, sein Pendant auf dem linken Flügel, war ein ähnlicher, dabei aber schnellerer Spieler, der überdies weniger flankte. Er hatte dieselbe Aufgabe wie van 't Schip, stellte van Gaals Geduld jedoch auf eine harte Probe, indem er zu oft nach innen zog. Der Gegensatz der Systeme trat beim Finalsieg 1992 über den AC Turin besonders deutlich zutage: Die Italiener agierten in einem 5-3-2, die Niederländer im 3-4-3.

Roy spielte auch bei der EM 1992 unter Michels auf dem linken Flügel. Sein Gegenstück auf der rechten Seite war jedoch Ruud Gullit, eigentlich ein zentraler Spieler, für den aber eine Position gefunden werden musste, weil er zu wichtig für die Mannschaft war, um ihn nicht aufzustellen. Dick Advocaat, der die Nationalmannschaft bei der WM 1994 betreute, setzte links weiter auf Roy, entdeckte jedoch auch den aufregenden Gaston Taument – und Marc Overmars von Ajax Amsterdam.

Overmars war der typischste und erfolgreichste niederländische Außenstürmer jener Zeit. Er war extrem antrittsschnell, fühlte sich dank seiner Beidfüßigkeit auf beiden Flügeln gleich wohl, entzog sich problemlos Abwehrspielern im direkten Duell, schlug vorzügliche Flanken und hatte einen sehr guten Schuss. Er war spektakulär und zugleich effizient, ein Flügelspieler, der nicht das Dribbling, sondern das Endprodukt des Dribblings im Sinn hatte, was ihn für van Gaal zum idealen Spieler machte.

»Ich wollte über die Flügel angreifen«, erinnert sich van Gaal. »Es gibt nicht viele gute Außenstürmer, und Overmars war einer der besten. Er war gut im Dribbling und konnte Verteidiger im Eins-gegen-eins ausschalten, was in unserem System wichtig war, aber er war auch ein ausgezeichneter Vorlagengeber und obendrein torgefährlich. Er erzielte zehn bis fünfzehn Tore pro Saison, und zwar fast immer wichtige Tore. Solche Spieler brauchen wir, um ein attraktives Spektakel bieten zu können.« Hätte van Gaal auf beiden Flügeln einen Overmars aufstellen können, so hätte er es getan. Aber da es diesen Spieler nur einmal gab, ließ er Overmars links außen spielen und besetzte den anderen Flügel mit dem schnellen Nigerianer Finidi George.

Das Eigentümliche an van Gaals Verwendung der Außenstürmer war jedoch, dass sie fast immer als Köder dienten, dass sie vor allem Teil des Gesamtplans waren und nicht individuell brillieren sollten. Ähnliches galt für die Mittelstürmer: Angreifer wie Stefan Pettersson und Ronald de Boer (der auch im Mittelfeld eingesetzt wurde) waren nicht unbedingt für das Toreschießen zuständig, sondern sollten in erster Linie die Sturmlinie führen. Sie hatten Anweisung, das Spielfeld in die Länge zu ziehen und die gegnerischen Innenverteidiger zu beschäftigen. Van Gaals Überlegung war einfach: Wenn die Flügelstürmer die gegnerischen Außenverteidiger an der Außenlinie festpinnten und der Mittelstürmer die Innenverteidiger zwang, sich zurückzuziehen, gab es mehr Platz für den wichtigsten Spieler: den Zehner.

Sowohl bei Ajax Amsterdam als auch in der Elftal konnte das zu jener Zeit nur ein Mann sein: Dennis Bergkamp. Er war nicht unbedingt der beste niederländische Fußballer – Marco van Basten gewann 1992 den Ballon d'Or, während Bergkamp den dritten Platz belegte und im Jahr darauf Zweiter wurde –, aber er war zweifellos der *typische* holländische Fußballer der neunziger Jahre, denn seine Denkweise beruhte auf dem vertrauten Konzept: »Meine größte Fähigkeit auf dem Platz war, dass ich den Raum sah und erkannte, wo man Raum schaffen konnte«, sagt er. In seiner Autobiografie erklärt Bergkamp den Fußball und seine eigene Laufbahn gestützt auf dieses eine Wort: Raum. Warum war er derart darauf versessen, beim Torschuss den Keeper zu überlupfen? »Es ist die beste Methode – über dem Torhüter ist viel Raum.« Warum fiel es ihm in seiner Zeit bei Inter Mailand schwer, sich in das Spiel seiner Mannschaft zu integrieren? »Es klaffte ein gewaltiger Raum zwischen uns, und dieser Raum war tot.« Warum wechselte er in die Premier League? »Ich wusste, dass man sich in England Raum verschaffen konnte.« Was war der Schlüssel zu seinem berühmten Siegtor gegen Argentinien bei der WM 1998? »Es kam darauf an, mir diesen kleinen Raum zu verschaffen.« Und warum hatte er so große Angst vor dem Fliegen? »Da war fast kein Raum – es war so beengt, dass ich unter Klaustrophobie litt.«

Bergkamp stammte aus Amsterdam und war im Nachwuchszentrum von Ajax aufgewachsen, obwohl sein Weg zum Zehner in seinem Heimatverein nicht geradlinig verlief. Als Jugendlicher galt er als reiner Mittelstürmer, und Cruyff setzte ihn in der Saison 1986/87 ursprünglich auf der rechten Außenbahn ein. »Das Spiel der Flügelstürmer war damals einfacher«, erinnert sich Bergkamp an die zu jener Zeit akzeptierte Art des Flügelspiels. »Es wurde nicht von dir erwartet, dass du in den Strafraum eindrangst, um den Abschluss zu suchen. Du solltest an der Außenlinie bleiben und die Kreide unter den Schuhen spüren. Deine Aufgabe war es, die gegnerische Verteidigung auseinanderzuziehen, deinen Gegenspieler zu überlaufen und den Ball scharf in die Mitte zu spielen.«

Nach Cruyffs Ausscheiden wurde Bergkamp von dem Deutschen Kurt Linder, der die Ajax-Mentalität nicht verstand und ein rigides 4-4-2 vorzog, in die zweite Mannschaft verbannt. Das Reserveteam wurde allerdings von van Gaal trainiert, der Bergkamps Talent erkannte und ihn als Zehner aufstellte. Als Linder entlassen wurde, übernahm Antoine Kohn vorübergehend die erste Mannschaft, aber für die Taktik war sein neuer Assistent van Gaal zuständig. Van Gaal bestand darauf, Bergkamp als Zehner spielen zu lassen, und dieser rechtfertigte das in ihn gesetzte Vertrauen, indem er in zehn aufeinanderfolgenden Spielen traf und damit einen neuen Rekord in der Eredivisie aufstellte. Doch dann übernahm Leo Beenhakker den Trainerposten, der Bergkamps Fähigkeiten auf dieser Position nicht nutzte, sondern ihn erneut als Mittelstürmer oder auf dem Flügel einsetzte. Erst als van Gaal 1991 Cheftrainer wurde, durfte Bergkamp wieder auf die Position zurückkehren, die am besten zu ihm passte. Die niederländischen Medien waren so begeistert von seinen Auftritten als Zehner, dass sie einen neuen Begriff prägten: Sie nannten ihn »schaduwspits«, die »Schattenspitze«.

In dieser Rolle war Bergkamp eine Augenweide. Bei Ajax bildete er eine wunderbare Sturmpartnerschaft mit dem Schweden Pettersson, einem klassischen Mittelstürmer, der jedoch intelligente Laufwege fand, um Raum für seinen Sturmpartner zu schaffen. In dieser Zeit wurde Bergkamp dreimal in Folge bester Torschütze der Eredivisie: In der Saison 1990/91 teilte er sich die Krone mit Romário, aber in den beiden folgenden Spielzeiten wurde er unangefochtener Torschützenkönig, obwohl er kein Neuner war – oder entsprechend der niederländischen

Philosophie eben *weil* er kein Neuner war. Das beste Beispiel für einen torgefährlichen Stürmer, der sich weit zurückfallen ließ, anstatt im Strafraum zu bleiben, war Johan Cruyff, aber der erfolgreichste Torjäger in der Geschichte der Eredivisie, Willy van der Kuijlen, war ebenfalls kein Mittelstürmer, sondern eine hängende Spitze. Van der Kuijlen, der fast seine gesamte Karriere bei PSV Eindhoven verbrachte, hatte das Pech, ein Zeitgenosse von Cruyff zu sein, und wegen Konflikten zwischen den Spielern von Ajax und PSV kam er in der Nationalmannschaft kaum zum Einsatz. In der Liga war er jedoch sehr erfolgreich und hatte im Verein ebenfalls einen schwedischen Sturmpartner, den Mittelstürmer Ralf Edström. Diese Partnerschaft ähnelte auch im Spielstil der von Bergkamp und Pettersson: Der Schwede gab den Zielspieler, der Niederländer den hängenden, aber effektiven zweiten Torjäger.

Das war die niederländische Methode: Der Neuner opferte sich für den Zehner. Dieser Grundsatz galt selbst im Nationalteam, wo die Position des Mittelstürmers vom großartigen Marco van Basten besetzt wurde. Bei der EM 1992 glänzte die niederländische Mannschaft, obwohl sie im Halbfinale den Dänen unterlag. Ihren besten Auftritt hatte die Elftal bei einem überzeugenden 3:1-Sieg über den Erzrivalen Deutschland. Das dritte Tor war bezeichnend: Mittelfeldspieler Aron Winter brach auf der rechten Seite durch und suchte nach einem Ziel für eine Flanke. Van Basten drang in den Strafraum ein, offenbar mit der Absicht, ein Zuspiel auf den kurzen Pfosten zu verwerten. Aber als Winter den Kopf hob, hatte van Basten gerade über die Schulter geschaut, um sich zu versichern, dass Bergkamp in seinem Rücken aufgerückt war. Genau das hatte der Zehner getan. Während van Basten Richtung kurzen Pfosten ging und die beiden deutschen Innenverteidiger auf sich zog, deutete er mit dem rechten Arm auf den hinter ihm heranstürmenden Sturmpartner. Winter sah van Bastens Signal und hob den Ball in den Rücken der Abwehr zu Bergkamp, der ins lange Eck köpfte. Es war ein wunderbares Anschauungsbeispiel dafür, wie der niederländische Neuner Raum für den niederländischen Zehner schuf.

Bergkamp teilte sich die Torjägerkrone mit drei anderen Spielern, während van Basten torlos blieb, jedoch großes Lob für seine Selbstlosigkeit erhielt, und beide wurden in die Elf des Turniers gewählt. Ihre Partnerschaft funktionierte ausgezeichnet. »Marco war ein Killer, ein echter Mittelstürmer, der immer in der Angriffsspitze spielte, während ich eher ein ›nachrückender‹ Torjäger war«, erklärt Bergkamp. »Würde man die Statistiken ansehen, so würde man sehen, dass Marco oft aus neun Metern oder weniger traf. Ich kam eher aus vierzehn Metern zum Abschluss.«

Bergkamp hatte eine eigentümliche Beziehung zu van Gaal, der anfangs großes Vertrauen in ihn gesetzt und die Rolle des »Schattentorjägers« für ihn »erfunden« hatte. Nachdem Bergkamp das Rückspiel des Uefa-Pokalfinales gegen den AC Turin wegen einer Grippe verpasst hatte, machte der Ajax-Bus bei der Siegesparade einen Umweg, um mit dem Pokal an seinem Haus vorbeizufahren, und beim anschließenden Empfang ergriff van Gaal das Mikrofon und bellte den Fans vom Balkon des Stadsschouwburg-Theaters aus Bergkamps Namen zu, womit er den größten Jubel des Tages erntete. In Bergkamps letzter Ajax-Saison vor seinem Wechsel nach Italien im Jahr 1993 lagen sich die beiden allerdings unentwegt in den Haaren. Nachdem Bergkamp seinen Wechselwunsch bekundet hatte, begann der Trainer, die Leistungen seines Lieblingsspielers zu bemängeln und wechselte ihn in entscheidenden Momenten aus, obwohl Ajax im Titelkampf unbedingt Tore brauchte. In van Gaals Augen hatte Bergkamp die Bodenhaftung verloren. Mit der harschen Behandlung seines Stars schickte er eine klare Botschaft an die jungen Spieler: Superstars würden nicht toleriert, denn die Mannschaft und das System waren sehr viel wichtiger.

Bergkamp musste zwei unglückliche Jahre bei Inter überstehen, bevor er zu Arsenal London wechselte und den Anstoß zur Verwandlung der Gunners in die unterhaltsamste Truppe der Premier League gab. Sein Scheitern in Italien und der Erfolg in England hatten offenkundig damit zu tun, wie viel Raum ihm zugestanden wurde. »Die englischen Verteidigungen spielten immer in einer Viererkette, was bedeutete, dass sie den Raum in ihrem Rücken verteidigen mussten«, erklärt er. »In Italien hatten sie den Libero, aber in England spielten zwei Innenverteidiger gegen zwei Spitzen, weshalb sie einander kaum gegenseitig absichern konnten. Mir als Angreifer kam das entgegen, denn so konnte ich zwischen den Linien spielen.« In dieser Zone des Feldes wurde Bergkamp zur gefeierten hängenden Spitze, wobei er eher als Vorlagengeber denn als Torjäger herausragte.

Doch bei Ajax vermisste man ihn nicht allzu sehr. In den drei Spielzeiten, in denen Bergkamp Torschützenkönig in der Eredivisie geworden war, hatten die Amsterdamer den Meistertitel nicht gewinnen können – dieser ging zweimal an PSV Eindhoven und einmal an Feyenoord Rotterdam –, aber in den drei auf seinen Weggang folgenden Jahren krönte sich Ajax jeweils zum Meister. Außerdem gewann der Verein 1995 die Champions League und erreichte in den Folgejahren das Endspiel und das Halbfinale. Das war natürlich nicht allein Bergkamps Weggang zu verdanken, sondern hatte eher mit einer außergewöhnlichen neuen Spielergeneration zu tun. Aber es erwies sich durchaus als vorteilhaft, dass Bergkamp durch einen gleichermaßen begabten Spieler ersetzt wurde, den Finnen Jari Litmanen. »Dennis Bergkamp brachte großartige Leistungen bei Ajax, aber der beste Zehner, den wir je gehabt haben, ist Jari«, urteilt Frank Rijkaard. Litmanen war kein Niederländer, weshalb seine Qualitäten eigentlich nicht in diesen Kontext gehören, aber er verkörperte die in Amsterdam entwickelte Vorstellung von einem

Zehner besser als jeder andere. Er war ein Meister darin, Räume zu finden, hatte eine ausgezeichnete Ballannahme und war vollkommen beidfüßig. Van Gaal sagte es so: Während Bergkamp ein zweiter Torjäger sei, sei Litmanen der vierte Mittelfeldspieler.

Als er nach dem Ende seiner aktiven Laufbahn von der Zeitschrift *FourFourTwo* gebeten wurde, aus seinen ehemaligen Mannschaftskameraden eine »ideale Elf« zusammenzustellen, nahm sich Litmanen zwei Tage Zeit, um die Optionen abzuwägen – er hatte mit Ballon-d'Or-Gewinnern wie Luís Figo, Michael Owen und Rivaldo sowie mit zahlreichen anderen Weltklassespielern wie Michael Laudrup, Steven Gerrard, Zlatan Ibrahimović und Pep Guardiola zusammengespielt –, um anschließend einfach die Ajax-Mannschaft von 1995 aufzulisten. Das war ein Beleg für die Harmonie in dem Team, das van Gaal zusammengestellt hatte. Litmanen wollte seine ideale Mannschaft nicht durch individuelle Klasse verbessern, da die Qualität des Kollektivs möglicherweise darunter gelitten hätte.

Die Saison 1994/95 verlief besonders erfolgreich für Ajax: Der Verein sicherte sich nicht nur den wichtigsten europäischen Titel auf Klubebene, sondern gewann auch die Eredivisie, ohne eine einzige Niederlage hinnehmen zu müssen. Van Gaal stützte sich auf eine außergewöhnlich talentierte Generation, aber er baute auch die am besten strukturierte und organisierte Mannschaft dieser Zeit auf.

Die taktische Organisation wurde damals vielerorts nur im Spiel ohne Ball als wichtig betrachtet: Die Mannschaften verteidigten als Einheit, aber im Ballbesitz genossen die Stürmer Bewegungsfreiheit. Van Gaal jedoch war besessen von der Idee, auch dem Ballbesitzspiel eine feste Struktur zu geben, wodurch er die Angriffe seiner Mannschaft beinahe jeder Spontaneität beraubte. Der entscheidende Unterschied zwischen van Gaals System und dem Zugang seiner Vorläufer Michels und Cruyff bestand darin, dass er seinen Spielern die klassischen Positionswechsel auf den Flügeln, die das wesentliche Merkmal des *Voetbal totaal* gewesen waren, im Grunde verbot. In der Vergangenheit hatten zum Beispiel der Rechtsverteidiger, der rechte Mittelfeldspieler und der Rechtsaußen von Ajax oft die Rollen getauscht, aber van Gaal wies seine Mittelfeldspieler an, sich stets hinter den Außenstürmern zu halten. Das lag nicht daran, dass er etwas gegen die Universalität hatte, sondern daran, dass dies die Struktur seiner Mannschaft gefährdet hätte. Die Spieler sollten sich gleichmäßig, effizient und den festen Vorgaben des Trainers entsprechend über den Raum verteilen. »Viele Trainer verbringen ihre Zeit damit herauszufinden, wie ihre Spieler auf dem Feld möglichst viel laufen können«, spottete er. »Bei Ajax bringen wir den Spielern bei, möglichst wenig zu laufen, und deshalb ist das Positionsspiel immer ein zentraler Bestandteil der Trainingseinheiten bei Ajax.«

In der klassischen Startelf standen Michael Reiziger, Danny Blind und Frank de Boer, drei technisch beschlagene Verteidiger, in einer Dreierkette vor Torhüter Edwin van der Sar. Die Position vor der Abwehrreihe nahm Frank Rijkaard ein, ein herausragender Allrounder, der teils in der Verteidigung und teils im Mittelfeld spielte, was es Ajax ermöglichte, zwischen einer Dreier- und einer Viererkette hin- und herzuwechseln. Die beiden Außenspieler in der Raute waren Clarence Seedorf und Edgar Davids, die beide aus Surinam stammten, zwei ausgezeichnete Techniker, die jedoch auch athletisch genug waren, um im Mittelfeld den Ball zu erobern, bevor sie vorstießen, um den Zehner und die zentrale Spitze zu unterstützen; die Außenstürmer Finidi George und Marc Overmars wiederum waren auf sich gestellt und hatten die Aufgabe, die gegnerischen Außenverteidiger zu isolieren. Litmanen bewegte sich zwischen den Linien und ließ sich weit zurückfallen, um das Mittelfeld zu verstärken, bevor er in den Strafraum vorstieß und den Stoßstürmer unterstützte, bei dem es sich normalerweise um Ronald de Boer handelte, der jedoch auch ins Mittelfeld rücken konnte, wenn Patrick Kluivert oder Nwankwo Kanu in der Spitze spielte.

Die Ajax-Mannschaft von 1995 kann mit Pep Guardiolas Barça verglichen werden, das anderthalb Jahrzehnte später den europäischen Fußball beherrschte – beide Mannschaften spielten einen taktisch flexiblen Ballbesitzfußball und waren stark im Pressing –, aber während Barcelona den Weg zum Tor über komplexe Passstafetten im Zentrum suchte, erzielte Ajax seine Tore zumeist auf sehr viel einfachere Art. Die Mittelfeldspieler schickten mit einem Steilpass einen der Flügelstürmer, der den gegnerischen Außenverteidiger ausspielte und die Stürmer mit einer Flanke bediente. Wenn Ajax es mit einer tief stehenden Abwehr zu tun bekam, bestand die Hauptaufgabe der Mannschaft im statischen Angriffsspiel darin, eine Attacke über einen Flügel vorzutragen und für den Fall, dass es nicht gelang, den ballnahen Außenstürmer in eine Eins-gegen-eins-Situation zu bringen, das Spiel rasch auf die andere Seite zu verlagern, wo es mehr Raum gab, um so den anderen Außenstürmer freizuspielen. Das wurde normalerweise nicht mit einem langen Seitenwechsel, sondern mit zwei oder drei schnellen Pässen über Davids, Rijkaard und Seedorf bewerkstelligt. Auf diese Art wurde die gegnerische Abwehr kurzzeitig von den zentralen Mittelfeldspielern gebunden, was dem Außenstürmer auf dem anderen Flügel ein wenig zusätzlichen Raum verschaffte.

Ihren größten Erfolg feierte van Gaals Ajax-Mannschaft mit dem Champions-League-Triumph über Fabio Capellos AC Mailand im Jahr 1995. Capello ließ seine Mannschaft fast immer im 4-4-2 auflaufen, aber für das Finale zog er sein Mittelfeldquartett zusammen, um die Raute von Ajax zu neutralisieren. Er gab seinem kreativen Zehner Zvonimir Boban den Auftrag, Rijkaard am Spielaufbau zu hindern und sich anschließend auf der linken Seite zurückfallen zu lassen, während der defensive

Mittelfeldspieler Marcel Desailly Litmanen in Manndeckung nahm. Die fleißigen Stürmer Marco Simone und Daniele Massaro positionierten sich so, dass sie Blind und de Boer bei der Ballannahme stören konnten, wodurch sie Ajax zwangen, den Ball über den weniger talentierten Reiziger laufen zu lassen. So gelang es Milan, die Niederländer in der ersten Halbzeit in Schwierigkeiten zu bringen.

Nach der Pause nahm van Gaal drei entscheidende Veränderungen vor, die es ermöglichten, die normalerweise extrem kompakte Milan-Formation auseinanderzuziehen, was Ajax Raum für eigene Angriffe verschaffte. Erstens wies der niederländische Trainer Rijkaard an, sich in die Verteidigung zurückfallen zu lassen, da er wusste, dass das Mittelfeld der Italiener nicht weit genug aufrücken würde, um ihn in dieser Position unter Druck zu setzen. So konnte Rijkaard beginnen, den Spielaufbau seiner Mannschaft zu diktieren. Zweitens wechselte van Gaal Seedorf aus, zog Mittelstürmer Ronald de Boer ins Mittelfeld zurück und schickte Kanu aufs Feld, vor dessen Schnelligkeit sich die Italiener fürchteten, was sie dazu bewegte, ihre Abwehrreihe weiter zurückzuziehen. Drittens beschleunigte er das Spiel in der Spitze zusätzlich, indem er Litmanen, der allgemein als bester Spieler von Ajax galt, opferte und durch den extrem schnellen, erst achtzehn Jahre alten Patrick Kluivert ersetzte.

Auf typisch niederländische Art hatte Ajax das Spielfeld vergrößert, indem es den Mailänder Angriff weiter nach vorne lockte und die Verteidiger weiter zurückdrängte, wodurch sich im Mittelfeld größere Räume öffneten. Fünf Minuten vor Spielende fiel das Siegtor: Der eingewechselte Kluivert nutzte einen Abstimmungsfehler in der italienischen Hintermannschaft und verwertete eine Vorlage des an den gegnerischen Strafraum aufgerückten Rijkaard. Das klingt möglicherweise sonderbar: Der defensive Mittelfeldspieler von Ajax, der die Anweisung erhal ten hatte, sich in die Verteidigung zurückfallen zu lassen, spielte im letzten Drittel des Feldes den spielentscheidenden Pass. Aber Verteidiger mit ausgezeichneter Technik waren ein weiterer wichtiger Bestandteil des niederländischen Fußballs jener Zeit.

3
Von hinten herausspielen

Das bedeutsamste Ereignis im europäischen Fußball im Jahr 1992 war weder die Gründung der Premier League noch die Reform des Europapokals der Landesmeister und seine Umbenennung in Champions League, sondern die Einführung der Rückpassregel. Nach der von der Defensivtaktik geprägten WM 1990 und angesichts der wachsenden Beliebtheit der Zeitschinderei mittels Ballgeschiebe in der Verteidigung, das unter Druck der gegnerischen Mannschaft einfach mit einem Rückpass zum Torwart beendet wurde, führte die Fifa eine neue Regel ein: Der Torhüter durfte den Ball nicht mehr mit den Händen aufnehmen, wenn er ihm von einem Mitspieler mit dem Fuß absichtlich zugespielt wurde. Das letzte große Turnier, in dem die alte Regel galt, war die EM 1992, bei der Dänemark mit einer Defensivstrategie triumphierte, die häufige Rückpässe zu Torwart Peter Schmeichel einschloss, um die Angriffsbemühungen des Gegners zu bremsen.

Die Regeländerung wirkte sich positiv aus: Da Torhüter und Verteidiger von nun an gezwungen waren, sich spielerisch aus der Bedrängnis zu befreien, lernten sie, sich am Passspiel zu beteiligen, und das Spieltempo nahm deutlich zu. Das erste Turnier, das nach den neuen Regeln gespielt wurde, war das olympische Fußballturnier im Jahr 1992, ein sehr unterhaltsamer Wettbewerb, in dem die spanische Mannschaft um Pep Guardiola im Camp Nou die Goldmedaille gewann.

Die ersten Reaktionen auf die Regeländerung waren jedoch überwiegend negativ. Die Zeitschrift *World Soccer* startete eine Kampagne unter dem Titel »Rettet unseren Rückpass«, und überraschenderweise schloss sich auch Johan Cruyff, normalerweise ein leidenschaftlicher Verfechter eines technisch geprägten, schnellen Spiels, den Gegnern der neuen Regel an. »Ich kann den Sinn der Reveländerung nicht erkennen«, schimpfte er. »Sie macht nur den Schiedsrichtern, Trainern und Spielern das Leben schwer. Das ist eine typische Erfindung von Leuten, die am Schreibtisch Fußball spielen und in ihrem Leben nie auf dem Platz gestanden haben.« Doch gerade die Niederländer und die Verfechter des cruyffschen Stils profitierten von der neuen Regel. In den meisten anderen europäischen Ländern mussten sich die Torhüter über Nacht anpassen und ihre Ballkontrolle sowie Passtechnik verbessern, und die hölzernen Verteidiger der alten Schule starben rasch aus, aber die Niederlande produzierten eben schon seit geraumer Zeit technisch beschlagene Torhüter und Verteidiger.

Was das Torwartspiel anbelangte, hatte Cruyff die vielleicht eigentümlichsten und einflussreichsten Vorstellungen überhaupt, was verblüffend ist, da er selbst kein Torhüter war – wenn man davon absieht, dass er sehr wohl einer war. Cruyff besaß als Fußballer so umfassende Allround-Fähigkeiten, dass er noch nach seinem Debüt in der ersten Mannschaft von Ajax das Tor der dritten Mannschaft hütete. Es fiel ihm nicht schwer, Schüsse zu parieren, den Ball festzuhalten und zu werfen, denn er war als Junge ein ausgezeichneter Baseballspieler gewesen, und zwar sowohl als Werfer als auch als Fänger. Aber in seinen Augen kam es beim Torwartspiel nicht auf den Einsatz der Hände an, sondern es war »eine Frage der Vision«, und diesbezüglich bewies niemand so großen Weitblick wie er: Er sah im Torhüter einen elften Feldspieler, der Angriffe einleiten und hinter einer weit aufgerückten Abwehrreihe als Ausputzer fungieren sollte. Als nachdenklicher und kommunikativer Spieler übte er beträchtlichen Einfluss auf die taktischen Grundvorstellungen seiner Trainer aus und trieb die Entwicklung des Torwartspiels voran.

Als der »totale Fußball« das Spiel bei der WM 1974 veränderte, war ein ausgezeichnetes Beispiel für den neuen Zugang der Niederländer zur Rolle des Torwarts zu beobachten. Die eigentliche Nummer eins im Tor, Jan van Beveren vom PSV Eindhoven, war in ganz Europa für seine Paraden bekannt, aber er war kein mitspielender Torhüter. »Ich konnte nicht Fußball spielen!«, gestand er. »Ich war ein geborener Torwart: Reflexe, Sprünge, Kraft.« Aber Cruyff ging es vor allem um Geschwindigkeit, Spielverständnis und Passtechnik, weshalb er Trainer Rinus Michels dazu überredete, van Beveren fallen zu lassen und auch auf den allgemein als zweitbesten holländischen Keeper betrachteten Piet Schrijvers von Twente Enschede zu verzichten. Stattdessen wurde bei dem Turnier in Deutschland Jan Jongbloed zwischen die Pfosten gestellt, der Torhüter des relativ unbekannten FC Amsterdam, dessen bis dahin einziger Auftritt in der Nationalmannschaft zwölf Jahre zurücklag. Jongbloed war schnell, verstand sich darauf, hinter der Abwehr abzuräumen, und hatte eine gute Ballbeherrschung. Das machte ihn zum perfekten Torwart für den *Voetbal totaal*. Damit war das Modell des niederländischen Torhüters etabliert, und nach Beginn der modernen Ära des Fußballs im Jahr 1992 passten sich die Niederländer den neuen Erfordernissen am schnellsten an. Die holländischen Torhüter waren ihren europäischen Gegenstücken buchstäblich immer einige Schritte voraus.

Im Jahr 1992 stand bei Ajax Stanley Menzo im Tor, ein typischer Vertreter jener Ajax-Generation: Er stammte aus der ehemaligen niederländischen Kolonie Surinam, war in der Nachwuchsakademie des Klubs ausgebildet worden und eher ein Allrounder als ein Spezialist mit den Fähigkeiten, die traditionell von einem Torwart erwartet wurden. Menzo war ein spielender Torhüter in einer der besten Mannschaft Europas, und bei Ajax war er erfolgreich, weil er eine ausgezeichnete Ballbeherrschung hatte. Zum Stammtorhüter wurde er im Jahr

1985 unter Cruyff, und seine Zeit im Tor von Ajax endete unter van Gaal im Jahr 1994 – unter beiden Trainern gewann er die Eredivisie und je einen Europapokal, und es überrascht nicht, dass er sie als die beiden besten Trainer bezeichnet, mit denen er zusammengearbeitet hat. Beide waren begeistert von seinen fußballerischen Fähigkeiten. Tatsächlich hatte Menzo einige Erfahrung auf einer anderen Position: »Ich fing als Libero im Abwehrzentrum an, aber nach weniger als einem Jahr entschloss ich mich, Torwart zu werden«, erzählt er. »Ich konnte zwischen den Pfosten stehen, aber ich konnte auch Fußball spielen. Ich war beides, ich konnte beides. Und am Ende … Ich *entschloss* mich nicht, Torwart zu werden, sondern ich *verwandelte* mich in einen Torwart.«

Das entsprach der von Cruyff in seiner Zeit als Spieler eingeführten, vorwärts ausgerichteten Vorstellung vom Torwartspiel, und als Cruyff 1985 das Traineramt bei Ajax übernahm, wurde der athletische, schnelle Menzo, der bis dahin zweiter Torhüter hinter Hans Galjé gewesen war, zur Nummer eins befördert. Menzo wurde berühmt dafür, dass er sehr weit vor dem Tor Stellung bezog und mit großer Präzision abwarf. Cruyff überhäufte ihn unentwegt mit Lob und bezeichnete ihn wegen seiner Qualität als Ballverteiler als wichtigsten Spieler von Ajax beim Gewinn des Pokalsieger-Cups 1987. Cruyff war überzeugt, dass Menzo das Zeug zum Feldspieler hatte.

Aber obwohl Cruyff kategorische Vorstellungen bezüglich der Rolle des Torwarts hatte, war er sich der Tatsache bewusst, dass zwischen den Pfosten ein echter Spezialist gebraucht wurde. Daher stellte er als Erster in den Niederlanden einen Torwarttrainer ein. Frans Hoek wurde zum einflussreichsten modernen Vertreter dieser Zunft. Hoek betrieb am Stadtrand von Amsterdam einen Sportartikelladen, in dem er ausschließlich Torwartausrüstung verkaufte, und Menzo war sein erster Schützling. Die beiden arbeiteten Ende der achtziger Jahre und während van Gaals Zeit als Cheftrainer zusammen. Das Problem war, dass Menzo gemessen an den Maßstäben, die traditionell bei Torhütern angelegt werden, etwas unbeständig war. Der halsstarrige Ideologe Cruyff verzieh ihm alle Fehler und erklärte, Menzos fußballerische Fähigkeiten wögen seine gelegentlichen Fehler im Tor auf, aber van Gaal war pragmatischer. Seine Geduld war erschöpft, als Ajax als amtierender Uefa-Pokalsieger im März 1993 überraschend von AJ Auxerre aus dem Wettbewerb geworfen wurde, wobei Menzo ein verhängnisvoller Fehler unterlief: Er faustete sich einen von Pascal Vahirua geschossenen Eckball ins eigene Netz. Van Gaal ließ Menzo fallen und ersetzte ihn durch den zweiten Torhüter, den kaum bekannten Edwin van der Sar.

So wie Menzo hatte auch van der Sar in der Ajax-Jugend Erfahrung als Feldspieler gesammelt: Er agierte anfangs in der Verteidigung. Als der Stammtorhüter seiner Nachwuchsmannschaft nicht zu einem Spiel erschien, wurden die Torwarthandschuhe an van der Sar weitergereicht – weil er der größte Spieler war. Er wurde schließlich 1,97 Meter groß, womit er selbst für einen Niederländer – die Holländer sind das Volk mit der größten durchschnittlichen Körpergröße – riesig war. Dank seiner Grundausbildung als Feldspieler revolutionierte er das Torwartspiel und passte sich instinktiv an die Regeländerung von 1992 an. »Die Rückpassregel änderte mein Leben, weil ich bereits gut mit den Füßen war«, erinnerte er sich nach dem Ende seiner aktiven Laufbahn.

»Wir sahen uns an, welche Qualitäten ein Ajax-Keeper haben musste, und Edwin besaß fast alle«, berichtet Torwarttrainer Hoek. »Er hatte ein gutes Gefühl für den Raum vor dem Tor und konnte sichere Pässe spielen. Vielen Torhütern fiel das schwer, da die meisten von ihnen ›Linientorhüter‹ waren, die im Tor blieben und vor allem gelernt hatten, Schüsse zu parieren. Dank seiner Größe hatte er auch eine enorme Reichweite.

Er besaß eine unerschütterliche Ruhe, was ihn zu einem ausgezeichneten Ausgangspunkt für den Spielaufbau machte. Und er war ehrgeizig und nahm die Ratschläge der Trainer an.« Wie Jonathan Wilson in seiner Biografie (*Der Outsider*) schreibt, war van der Sar der erste wirklich mitspielende Torwart.

Das klingt vielleicht überraschend für jene, die van der Sar nur am Ende seiner Karriere spielen sahen – er war noch jenseits der vierzig aktiv, als er bereits weniger beweglich war. Er errang mit Ajax Amsterdam und Manchester United insgesamt acht Meistertitel, gewann zweimal die Champions League und war zu jener Zeit mit 130 Auftritten in der Elftal Rekordnationalspieler. In seinen letzten aktiven Jahren verlor van der Sar an Mobilität und verwandelte sich in einen eher klassischen Torhüter. Während seines kurzen, wenig erfolgreichen Gastspiels bei Juventus wurde er vom Trainerstab dazu angehalten, auf der Torlinie zu bleiben, und bei Manchester United passte er sich dem englischen Spiel an und beteiligte sich ebenfalls kaum am Spielaufbau. Aber in seinen Jahren bei Ajax war der junge van der Sar berühmt für seinen Wagemut sowie die Selbstsicherheit, die er bei der Ballverteilung an den Tag legte, und verwandelte sich zum wichtigsten Rollenmodell für eine neue Generation von Torhütern. Sein Einfluss war so groß, dass das, was in seiner Zeit bei Ajax als außergewöhnlich gegolten hatte, vollkommen normal war, als er die Handschuhe an den Nagel hängte.

»Einer der ersten Neuerer war Edwin van der Sar, der viel mit den Füßen spielte und die Position auf ein neues Niveau hob«, erklärte der deutsche Weltmeister Manuel Neuer später. »Seine Spielweise inspirierte mich, und die Philosophie von Ajax gefiel mir.« Thibaut Courtois, David de Gea und Vincent Enyema bezeichnen ihn ebenfalls als wichtiges Vorbild. Natürlich versuchten auch andere Torhüter, sich aktiv am Spiel ihrer Mannschaft zu beteiligen, darunter der exzentrische Kolumbianer René Higuita, der sich bei der WM 1990 vom Kameruner Roger Milla außerhalb seines Strafraums den Ball abluchsen ließ. Aber solche Torhüter galten als Verrückte – Higuita, der vor allem für seine Fallrückzieher berühmt war, trug den bezeichnenden Spitznamen »El Loco«.

Van der Sar hingegen war alles andere als verrückt. Im Gegenteil, er war langweilig, effizient und geschäftsmäßig. Als er seinen Abschied nahm, wurde er weder Trainer noch Fußballexperte, sondern Geschäftsführer von Ajax Amsterdam. Als der Vorschlag an ihn herangetragen wurde, eine Autobiografie zu schreiben, äußerte er die Sorge, er hätte nicht genug Material, um ein Buch zu füllen. »Es tut mir leid, ich bin einfach nicht sehr rock and roll«, sagte er. Mit seiner zurückhaltenden Ruhe war er jedoch das ideale Aushängeschild für den Typus des mitspielenden Torhüters, denn er bewies, dass dies kein selbstverliebtes Experiment, sondern eine vernünftige, nützliche Spielweise war. Ajax band seinen Torhüter sehr viel enger in den Spielaufbau ein als andere europäische Spitzenmannschaften. Aber die Feldspieler von Ajax behandelten van der Sar wie einen weiteren Feldspieler, da sie sicher sein konnten, dass er den Ball in den eigenen Reihen halten würde.

Gemessen an den traditionellen Qualitäten eines Torwarts war van der Sar zweifellos besser als sein Vorgänger Menzo, aber anders als zum Beispiel Peter Schmeichel und David de Gea, die beiden anderen gefeierten United-Torhüter der Premier-League-Ära, glänzte er eher selten mit spektakuläre Paraden. Van der Sar sah seine Aufgabe einfach darin, »die Bälle zu halten, die man halten sollte«. Der einzige Luxus, den er sich erlaubte, bestand darin, bei Ajax hin und wieder einen Elfmeter zu schießen, wenn die Mannschaft gegen einen unterlegenen Gegner in der Eredivisie deutlich vorne lag. In einem Spiel gegen Sparta Rotterdam parierte der gegnerische Torwart einen von ihm geschossenen Strafstoß; gegen De Graafschap verwandelte er zwar, musste sich anschließend aber trotzdem ärgern, weil er seinen

Kasten nicht sauber halten konnte und in der letzten Spielminute einen Gegentreffer hinnehmen musste – das Endergebnis lautete 8:1 für Ajax.

Eine beeindruckende Demonstration seines fußballerischen Könnens gab van der Sar als Vorbereiter eines berühmten Tores, das Ajax kurz vor dem Gewinn der Champions League im Mai 1995 in einem Auswärtsspiel gegen die MVV Maastricht erzielte. Der Verteidiger Michael Reiziger war im rechten Rückraum in Bedrängnis geraten und spielte einen zu schwachen Rückpass zu seinem Torwart, weshalb van der Sar an der Torauslinie entlang sprinten musste, um den Ball zu erreichen. Die übliche Praxis in einer solchen Situation besteht für einen Torhüter darin, den Ball in die Zuschauerränge zu befördern, den verantwortlichen Verteidiger zu beschimpfen und wutschnaubend ins Tor zurückzulaufen. Nicht so van der Sar: Er ließ den attackierenden gegnerischen Stürmer aussteigen und spielte den Ball ruhig zu Reiziger zurück, der sich in Richtung Eckfahne freigelaufen hatte. Was als Nächstes geschah, zeigt, wie wichtig ein Torhüter ist, der sich nicht aus der Ruhe bringen lässt.

Reiziger ging an einem Gegenspieler vorbei und passte zu Litmanen, der Ronald de Boer bediente. Dieser wich einem Tackling aus und spielte nach links zum mitgelaufenen Edgar Davids, der seinerseits einen Gegenspieler aussteigen ließ, um anschließend den heranrauschenden Verteidiger Danny Blind steil zu schicken, der vom rechten Strafraumrand aus einen Querpass auf den Linksaußen Marc Overmars spielte, der am zweiten Pfosten verwandelte. Es war eine bemerkenswerte Mannschaftsleistung, der höchste Ausdruck des von Ajax unter van Gaal gepflegten Spielstils – und seinen Ursprung hatte das Tor in van der Sars umsichtigem Spiel. Die Stürmer umringten nicht den Torschützen Overmars, der ein wenig verwirrt wirkte und sich etwas unbeholfen den Fans zuwandte, sondern liefen zum eigenen Tor zurück, wo der Angriff seinen Anfang genommen hatte. Der entzückte van Gaal sprang von der Trainerbank auf, um eine wunderbare kollektive Produktion seines Teams zu feiern. Das war Ajax-Fußball in Reinkultur: Stürmer, die sich weit zurückfallen ließen, Verteidiger, die durchbrachen, um das gegnerische Tor anzugreifen, rasche Passstafetten und vor allem ein mitspielender Torwart.

Als Ajax kurz darauf die Champions League gewann, bezeichnete Johan Cruyff van der Sar als Schlüsselspieler der Mannschaft. Cruyff hatte das niederländische Torwartspiel auch bei Barcelona einführen wollen, verzweifelte jedoch an Andoni Zubizarreta. Charakterlich hatte »Zubi« durchaus Ähnlichkeit mit van der Sar: Er war sehr professionell und staatsmännisch, stellte mit 126 Länderspielen einen Rekord auf und wurde später Barças Sportdirektor. Aber zwischen den Pfosten war er ein typischer Vertreter der alten Schule: Er blieb lieber auf der Linie, und Cruyff kritisierte ihn häufig wegen seiner mangelhaften Technik am Ball, die nach der Einführung der Rückpassregel ein ernstes Problem wurde. »Cruyff hat mich als Torhüter nicht geändert, aber er hat meine Position geändert«, erklärte der Baske Zubizarreta, was eine treffende Beschreibung war. Cruyff wies ihn an, mitzuspielen, aber er blieb im Grunde auf die Verteidigung seines Kastens fixiert, ein »seriöser, zuverlässiger Keeper«, wie er selbst es ausdrückte. Cruyff ließ ihn im Training im Mittelfeld spielen, um sein Selbstvertrauen im Passspiel zu fördern.

Zubizarreta hielt sich bis 1994 im Tor von Barcelona. Dann ersetzte Cruyff ihn durch seinen langjährigen Ersatzmann Carles Busquets, den Vater des späteren Mittelfeldorganisators Sergio Busquets. Dieser war offener für Cruyffs taktische Wünsche und spielte mit typisch durchwachsenen Ergebnissen weit vor dem eigenen Tor. Seinen ersten wichtigen Auftritt im Tor der Blaugrana hatte Busquets im Finale des Europapokals der Cupsieger im Jahr 1991, für das Zubizarreta gesperrt war. Beim 1:2 ge gen Manchester United beging er drei schwere Fehler. Mitte der zweiten Halbzeit verließ er den Strafraum, um einen weiten Pass abzufangen, kam jedoch zu spät – Lee Sharpe war vor ihm am Ball, schoss jedoch knapp am leeren Tor vorbei. Kurz darauf lief Busquets bei einem hoch in den Strafraum geschlagenen Freistoß aus dem Tor, um den Ball abzufangen, überlegte es sich jedoch auf halbem Weg und blieb stehen, so dass Steve Bruce den Ball über ihn hinweg zum ehemaligen Barça-Stürmer Mark Hughes köpfen konnte, der für United traf. Sieben Minuten später erhöhte Hughes auf 2:0: Er nahm einen Steilpass an, überlief etwa sechs Meter außerhalb des Strafraums den weit aus dem Tor geeilten Busquets, der vergeblich versuchte, ihn mit einer Grätsche am Durchbruch zu hindern, und beförderte den Ball ins verwaiste Tor.

Cruyff setzte großes Vertrauen in Busquets, der mit 1,81 Metern relativ klein für einen Torhüter war, am Ball jedoch großes Selbstvertrauen bewies und die gegnerischen Angreifer mit Vorliebe überlupfte. Aber in den Augen der meisten Beobachter war er viel zu fehleranfällig. Kurz nachdem er Zubizarreta verdrängt hatte, unterlief ihm ein typischer Lapsus, der Barças schockierende Niederlage in einem Europapokalspiel in Göteborg besiegelte: Er stürmte aus dem Tor, um einen langen Ball abzufangen, konnte sich an der Strafraumgrenze jedoch nicht entscheiden, ob er den Ball mit dem Kopf spielen oder wegfausten sollte. Da er weder das eine noch das andere tat und den Ball stattdessen passieren ließ, konnte Jesper Blomqvist, ein Außenstürmer, der kaum für seine Kopfballstärke bekannt war, ins leere Tor köpfen. Dieser Fehler war typisch für den Stil von Busquets, und das Malheur war einer jener Fehler, die der große Zubizarreta nie begangen hätte. Obendrein waren Busquets' fußballerische Fähigkeiten keineswegs überragend, und er verlor häufig den Ball im Eins-gegen-eins. Sogar seine Ausrüstung störte viele Anhänger, da er darauf beharrte, im Spiel lange Trainingshosen zu tragen, die ihm aufgrund der zu jener Zeit oft schlammigen Fünfmeterräume ein wenig vertrauenerweckendes Aussehen verliehen.

Die Presse spekulierte unentwegt darüber, dass Cruyff bald van der Sar nach Barcelona lotsen würde, worauf Cruyff immer wieder diplomatisch antwortete, Barça habe sein Ausländerkontingent bereits ausgeschöpft. Abgesehen davon verzieh er mitspielenden Torhütern bereitwillig Fehler, da er überzeugt war, der Nutzen des Ausputzens und Ballverteilens wiege die Nachteile gelegentlicher Geschenke an den Gegner auf. Dies wurde das Mantra bei Barcelona, und die Spielweise von Busquets galt im Klub als so wichtig, dass er später zum Torwarttrainer ernannt wurde. Er trainierte Keeper wie Pepe Reina und Víctor Valdés und sorgte dafür, dass Cruyffs Vorstellung vom mitspielenden Torwart ein fester Bestandteil des Stils der Blaugrana blieb.

Es gibt noch einen weiteren, weitgehend vergessenen Barça-Torwart aus dieser Zeit, der eine verspätete Würdigung verdient. Barcelonas Nachwuchszentrum La Masía brachte auch den mitspielenden Torhüter Jesús Angoy hervor, der als Ersatzmann von Zubizarreta und anschließend Busquets zwischen 1991 und 1996 lediglich neunmal in der Liga zum Einsatz kam, ohne sich besonders auszeichnen zu können. Er ist jedoch aus zwei Gründen in Erinnerung geblieben, die nur indirekt mit dem Fußball zu tun haben: Erstens war er mit Cruyffs Tochter Chantal verheiratet, was darauf hindeutet, dass die Vorliebe für mitspielende Torhüter bei den Cruyffs in der Familie lag. Als Chantal einen Sohn zur Welt brachte, erklärte ihr stolzer Vater vor versammelter Presse, sein neugeborener Enkel habe »große Füße und große Hände – die Füße wird er zum Fußballspielen brauchen, und die Hände wird er brauchen, um sein Gehalt entgegenzunehmen«. Er kam nicht auf den Gedanken, dass sein Enkel die großen Hände einsetzen könnte, um wie sein Vater

Torwart zu werden. Zweitens verließ Angoy den Verein im Jahr 1996, also zur selben Zeit wie sein Schwiegervater, blieb jedoch in der Stadt, um von nun an im Olympiastadion zu spielen. Angoy ging jedoch nicht zum Stadtrivalen Espanyol Barcelona, sondern wechselte gleich die Sportart: Er unterschrieb einen Vertrag bei dem Football-Klub Barcelona Dragons. Man könnte meinen, das sei ein natürlicher Schritt für einen Torhüter gewesen, da es im American Football ums Fangen und Werfen geht – aber Angoy übernahm bei den Dragons die Rolle des Kickers. Und er war ein sehr guter Schütze: Er beendete seine Karriere als Kicker mit der zweithöchsten Punktezahl in der Geschichte der NFL Europe und erhielt sogar ein Angebot von den Denver Broncos, das er jedoch ablehnte, weil er in Barcelona bleiben wollte. Sogar in einem Sport, in dem vor allem die Hände gebraucht werden, spezialisierte sich der ehemalige Torhüter von Barça auf die Position, in der es auf die Füße ankam. Es ist anzunehmen, dass sein Schwiegervater einverstanden war.

Das Spiel von hintenheraus hing natürlich nicht nur davon ab, dass der Torwart ballsicher war. In den Niederlanden wurde großer Wert auf die Ausbildung von Abwehrspielern gelegt, die »mehr als nur Abwehrqualitäten« besaßen, wie es van Gaal ausdrückte. Die englischen Fußballanhänger waren verblüfft, als der offensive Weltklassespieler und Ballon-d'Or-Gewinner Ruud Gullit im Jahr 1995 bei Glenn Hoddles Chelsea anheuerte und die Absicht bekundete, als Libero hinter der Abwehr zu agieren; auf dieser Position hatte er als Jugendlicher gespielt. »Als zentraler Verteidiger konnte ich ins Mittelfeld vorrücken und von dort in eine Position im Angriff vorstoßen«, erklärte er später. Aber das Experiment dauerte nur wenige Monate, denn Gullits Mitspieler waren nicht auf derselben Wellenlänge. »Ich brachte einen schwierigen Ball unter Kontrolle und spielte einen guten Pass in den Raum für den rechten Außenverteidiger«, erinnerte er sich. »Nur wollte er diesen Pass nicht. Schließlich sagte Glenn zu mir: ›Ruud, diese Dinge machst du besser im Mittelfeld.‹« Die Niederländer waren den Engländern um mehr als eine Nasenlänge voraus.

Dies war bereits in den siebziger Jahren ein wesentlicher Bestandteil des *Voetbal totaal* gewesen: Die Verteidiger schalteten sich bei jeder geeigneten Gelegenheit in den Angriff ein, wobei sich die Mittelfeldspieler und Stürmer zurückfallen ließen, um sie abzusichern. Aber das funktionierte nur mit technisch guten Verteidigern, die in der Lage waren, den Freiraum zu nutzen und im letzten Drittel des Feldes entscheidend zu den Angriffsbemühungen beizutragen. Aufgrund der wachsenden Bedeutung des Pressings mussten sie zudem schnell sein, denn nur so konnten sie in einer hoch stehenden Abwehrkette spielen und den Raum in ihrem Rücken bei Bedarf rasch schließen.

Als die Niederländer dieses System in den siebziger Jahren eingeführt hatten, war es eine revolutionäre Neuerung gewesen. Der Abwehrchef von Oranje war damals Ruud Krol von Ajax Amsterdam, ein kompletter Fußballer, der die drei Eigenschaften besaß, die zu Markenzeichen des idealen niederländischen Abwehrspielers wurden: Spielintelligenz, Schnelligkeit und Ballsicherheit. Er verstand es, das Spiel zu deuten, räumte hinter seinen Abwehrkollegen auf und schlug lange Diagonalpässe auf die Außenstürmer – und manchmal tat er alle drei Dinge in einem Atemzug. Er war neben den Legenden Bobby Moore und Franz Beckenbauer der einzige Abwehrspieler, der in den siebziger Jahren bei der Wahl zum Ballon d'Or einen der ersten drei Plätze belegte. Sein Einfluss auf die Spielweise seines Vereins und der Nationalmannschaft war gewaltig, und er lieferte auch die prägnanteste Zusammenfassung der niederländischen Vorstellung vom Abwehrverhalten: »Wir versuchten, den Gegner hinter die Mittellinie zurückzudrängen. Die Idee war, nicht unser Tor zu verteidigen, sondern die Mittellinie anzugreifen.«

Krol spielte bei der WM 1974, bei der Holland im Finale gegen Deutschland verlor, auf der linken Abwehrseite. Seine drei Kollegen in der Abwehr waren ebenso offensiv ausgerichtet wie er. Der rechte Außenverteidiger Wim Suurbier, der ebenfalls bei Ajax spielte, war eher für seine Schnelligkeit und Ausdauer als für seine defensiven Fähigkeiten bekannt und stieß immer wieder auf dem Flügel vor. Im Abwehrzentrum spielte Wim Rijsbergen von Feyenoord Rotterdam, der eigentlich auf der rechten Abwehrseite zu Hause war. Vor allem aber hatte Trainer Michels den zuverlässigen Mittelfeldmann Arie Haan, einen weiteren Ajax-Spieler, auf die vierte Position in der Abwehr gestellt, obwohl Haan nie zuvor dort gespielt hatte. Aufschlussreich ist auch, dass die beiden wichtigen Ausländer, die in dieser Zeit für Ajax spielten, der Jugoslawe Velibor Vasović und der Deutsche Horst Blankenburg, beide als körperbetonte, harte Innenverteidiger zum Einsatz kamen, weil Ajax solche Verteidiger nicht selbst ausbildete. »Die ausländischen Spieler brachten etwas anderes mit«, sagte Cruyff über die Ajax-Mannschaft der siebziger Jahre. In England oder Italien wäre damit gemeint gewesen, dass die Ausländer spielerische Finesse mitbrachten, aber in den Niederlanden bedeutete es, dass die Ausländer Kämpferqualitäten besaßen.

In den neunziger Jahren, als die von Cruyff und van Gaal trainierten Mannschaften den europäischen Fußball beherrschten, waren beide entschlossen, dem ballsicheren und spielfreudigen Abwehrspieler zum Durchbruch zu verhelfen, und die Einführung der Rückpassregel half ihnen dabei. Cruyff sprach auch nach seinem Rückzug weiter davon, dass die Mittellinie angegriffen werden müsse, anstatt das eigene Tor zu verteidigen, und beklagte sich darüber, dass »die Verteidiger bei Ballverlust zum eigenen Tor zurücklaufen, anstatt vorzurücken und die ballführenden Spieler unter Druck zu setzen«. Seine Barça-Mannschaft versuchte mehr als jede andere in den neunziger Jahren, in der gegnerischen Hälfte zu spielen.

Die Bedeutung der spielstarken Verteidiger war so groß, dass van Gaal sie mit einem Wort beschrieb, das bis dahin den offensiven Mittelfeldspielern vorbehalten gewesen war: »Im modernen Fußball sind die Spieler im Zentrum der Abwehrreihe – der Dreier und der Vierer – die eigentlichen Spielmacher. Deshalb waren Danny Blind und Frank Rijkaard so wichtig für Ajax. Der Zehner kann unmöglich als Spielgestalter bezeichnet werden, denn der Raum, in dem er sich bewegt, ist zu beschränkt. [...] Die heutigen Spielgestalter findet man im Zentrum der Abwehrreihe. Das bedeutet natürlich, dass man diese Position nicht länger mit Spielern des altmodischen, soliden Typs besetzen kann. Man braucht technisch und taktisch gute Spieler wie Blind und Rijkaard.« Ajax-Kapitän Blind, der sieben Jahre lang an van Gaals Seite bei Sparta Rotterdam gespielt hatte, war ein ruhiger, technisch beschlagener Fußballer. Der eigentliche Star war jedoch sein Partner in der Innenverteidigung, Frank Rijkaard, den Cruyff in seiner Autobiografie als einen der besten Allroundfußballer bezeichnete, die er je gesehen habe: »Er konnte verteidigen wie die Besten, organisierte das Mittelfeld und hatte auch noch die Fähigkeit, Tore zu machen. Das alles vereinigte er in einer Person, die darüber hinaus auch noch mit der richtigen Mentalität ausgestattet war und ein funktionstüchtiges Gehirn besaß.«

Rijkaard hatte eine eigenwillige, reservierte Persönlichkeit und schien mit einer ständigen Identitätskrise zu kämpfen. Viele Leute hielten ihn für einen schmutzigen Spieler, der mit seiner Spuckattacke auf Rudi Völler bei der WM 1990 für weltweites Aufsehen gesorgt hatte, aber tatsächlich war er einer der freundlichsten Fußballer überhaupt. Er schien ein geborener Anführer zu sein, aber als ihn Cruyff bei Ajax dazu bewegen wollte, außerhalb des Feldes größere Verantwortung zu übernehmen, zog sich Rijkaard zurück und weigerte sich, weiter unter Cruyff zu spielen. 1987 wechselte er zu Sporting Lissabon.

Sein fußballerisches Können machte ihn berühmt, aber er empfand den Ruhm als erdrückend. Nach dem Ende seiner Spielerlaufbahn wurde er ein erfolgreicher Trainer und gewann 2006 mit dem FC Barcelona die Champions League, aber im Alter von fünfzig Jahren gab er den Trainerjob mit folgender Begründung auf: »Ich habe mich nicht als richtigen Trainer betrachtet. Ich habe sechzehn Jahre lang etwas getan, das nicht zu mir passt.« Im Kontext dieses Kapitels ist jedoch vor allem wichtig, dass Rijkaard ein herausragender Verteidiger war, der nicht nur verteidigen wollte.

Das war bei einem niederländischen Verteidiger nicht ungewöhnlich, aber Rijkaards offensive Berufung war besonders ausgeprägt. Er stammte aus dem Nachwuchszentrum von Ajax Amsterdam und war ein herausragender, offensiv denkender Verteidiger, der bei der EM 1988 an der Seite von Ronald Koeman in der holländischen Innenverteidigung spielte und in jenem Jahr den dritten Platz bei der Wahl zum Ballon d'Or belegte. Während die Niederländer an Rijkaards offensive Qualität gewöhnt waren, wirkten ausländische Trainer überrascht. »Das ist der beste Innenverteidiger, den ich seit Jahren gesehen habe«, schwärmte der argentinische Nationaltrainer Carlos Bilardo. »Er gewinnt jedes Kopfballduell, macht im Deckungsspiel keinen Fehler, deutet das Spiel richtig, hat einen ausgezeichneten langen Pass und einen großartigen Schuss. Er ist der perfekte Verteidiger, geboren für das moderne Spiel.« Irlands Trainer Jack Charlton äußerte sich ähnlich: »Er kann alles! In England wäre er Gold wert. Wir haben kaum jemanden wie ihn, einen Spieler, der sowohl brillant verteidigen als auch angreifen kann.«

Nach der Europameisterschaft wechselte Rijkaard zum AC Mailand, und da Arrigo Sacchi dort die beste Abwehrreihe jener Zeit zusammengestellt hatte – sie bestand aus Mauro Tassotti, Franco Baresi, Alessandro Costacurta und Paolo Maldini –, nahm Rijkaard einen Platz im defensiven Mittelfeld neben Carlo Ancelotti ein, der später ebenfalls als Trainer die Champions League gewinnen sollte. Dies wurde Rijkaards ständige Position: Den Europapokal im Jahr 1989 gewann er als Mittelfeldspieler (er belegte in diesem Jahr erneut den dritten Platz beim Ballon d'Or), und im Jahr darauf trug er wesentlich zur Titelverteidigung bei, indem er im Finale gegen Benfica Lissabon das einzige Tor für Milan erzielte: Er stieß aus dem Mittelfeld vor, wurde von Marco van Basten in die Gasse geschickt und vollstreckte eiskalt. Nun war Rijkaard ein Mittelfeldspieler, der auf dem ganzen Platz aktiv war. Aber bei der Weltmeisterschaft 1990 spielte er für Oranje erneut im Abwehrzentrum. Die zentrale Position im Mittelfeld nahm sein Kindheitsfreund Ruud Gullit ein, der bei Milan mit ihm zusammen spielte, beim Turnier jedoch unter seinen Möglichkeiten blieb. Die Rückversetzung in die Innenverteidigung frustrierte Rijkaard und trug zu seiner Entscheidung bei, seinen Rücktritt aus der Elftal bekannt zu geben. Er wollte kein Manndecker, sondern ein Spielgestalter sein, und erklärte sich erst bereit, wieder für die Niederlande zu spielen, als man ihm einen Platz im Mittelfeld versprach.

Als Rijkaard 1993 zu Ajax Amsterdam zurückkehrte, hatte er an Beweglichkeit eingebüßt. Er war nun reifer und eher bereit, wieder eine defensive Rolle zu übernehmen, weshalb die Position, die van Gaal für ihn vorgesehen hatte, perfekt war. Im 3-4-3-System von Ajax spielte er vor Mannschaftskapitän Blind auf der Viererposition und gab dem Mittelfeld Rückhalt, um sich bei Bedarf in die Abwehrkette zurückfallen zu lassen. Da er das Spiel gestalten wollte, war für ihn jedoch entscheidend, dass van Gaal genau das von ihm verlangte, und obwohl er die gegnerischen Stürmer bekämpfen musste, stand es Rijkaard bei Ballbesitz frei, sich in den Angriff einzuschalten.

Rijkaard trug mit seinem Pass auf Patrick Kluivert wesentlich zum Sieg von Ajax über Milan im Europapokalfinale 1995 bei, aber noch wichtiger dürfte gewesen sein, dass er in der Halbzeitpause die Zügel in die Hand genommen, Clarence Seedorf zurechtgewiesen und seine Mannschaftskameraden aufgerüttelt hatte, ein Verhalten, das van Gaal später immer wieder als Beispiel für einen Spieler anführte, der vortrat und Verantwortung übernahm. Unmittelbar nach diesem Finalsieg beendete Rijkaard seine aktive Karriere. Sein erster Abschied von Ajax im Jahr 1987 war eine Reaktion auf Cruyffs Vorwurf gewesen, es mangle ihm an Führungsqualitäten; sein zweiter Abschied im Jahr 1995 folgte auf van Gaals überschwängliche Lobrede auf seine Führungsqualitäten.

Neben Blind und Rijkaard spielte Frank de Boer, der sowohl auf der linken Außenverteidigerposition als auch links in der Innenverteidigung spielen konnte und daher der ideale Spieler für die flexible Abwehr von Ajax war. Er war ein ausgezeichneter Ballverteiler und spielte vor allem lange Diagonalpässe auf eine Spitze, die auf die gegenüberliegende Außenbahn ausgewichen war. Das klassische Beispiel dafür war der berühmteste niederländische Pass der neunziger Jahre, jener punktgenaue hohe Ball, mit dem de Boer bei der WM 1998 in der letzten Spielminute des Viertelfinals gegen Argentinien den 55 Meter entfernten Dennis Bergkamp fand. Es war ein ausgezeichneter Pass, den Bergkamp veredelte, indem er mit drei schnellen Berührungen den Ball in der Luft stoppte, gegen die Laufrichtung von Roberto Ayala nach innen zog und die Kugel mit dem Spann ins Netz beförderte. Bergkamps Lieblingstor war das Ergebnis seiner Beziehung zu de Boer, die er beschrieb, als er erklärte, wie er den Pass erhalten hatte: »Du hast Blickkontakt [...]. Frank weiß genau, was er tun wird. Es gibt Kontakt, du siehst ihm zu. Er sieht dich an, du kennst seine Körpersprache: Er wird dir den Ball zuspielen.«

Das wusste Bergkamp, weil de Boer diesen Pass auf ihn im Verein schon oft geschlagen hatte. Das beste Beispiel stammt aus einem Auswärtsspiel in Eindhoven am Valentinstag 1993. De

Boer stieß in der Hälfte von Ajax auf der linken Seite vor und schlug einen perfekten Bogenpass auf Bergkamp auf der rechten Seite. Der nahm den Ball mit dem rechten Oberschenkel an, zog ihn mit links am Verteidiger vorbei und hob ihn mit rechts über den Torwart in den Winkel. »Es war nicht einfach, aber ich hatte das bei Ajax so oft mit Dennis gemacht«, erinnert sich de Boer an das Tor gegen Argentinien. »Wenn man sich die Aufnahmen von Dennis in seiner Zeit bei Ajax ansieht, stellt man fest, dass ich ihm drei- oder viermal einen solchen Pass gab. Wir verstanden einander gut – wenn er loslief, wusste ich, dass er bis in den Strafraum vordringen würde, und umgekehrt, [...] alles funktionierte, und der Pass war sehr schön. Aber das war eine meiner Stärken, und die Chance, dass der Pass ankommt, ist bei mir größer als bei anderen Spielern.« Der Grund war einfach, dass de Boer ein ausgezeichneter Passgeber war, und insbesondere dieser Diagonalball auf den Stürmer wurde unter van Gaal zu einem festen Bestandteil des Angriffsspiels von Ajax.

Der vierte Abwehrmann in der legendären Ajax-Mannschaft, der rechte Außenverteidiger Michael Reiziger, war ein vollkommen anderer Fußballer: weniger kreativ, aber extrem schnell, weshalb er den Raum hinter der Kette am besten verteidigen konnte. Außerdem war er wendig und trickreich im Angriff. Reiziger, der ebenfalls aus dem Ajax-Nachwuchs stammte, wurde eine Zeit lang an Groningen verliehen, wo man ihn als Rechtsaußen einsetzte, was viel über seine offensiven Fähigkeiten verrät. »Er ist schnell, hat eine gute Antizipation und besitzt eine ausreichend gute Technik, um am Spielaufbau teilzunehmen«, erklärte van Gaal. Die Wahl des Wortes »ausreichend gut« ist bezeichnend. »Anfangs war sein Abwehrverhalten nicht so gut, aber das ist etwas, was man einem Spieler rasch beibringen kann – einem Spieler wie ihm gebe ich mehr Zeit, sich in die Mannschaft zu spielen. Es ist kein allzu großes Risiko, denn wir spielen in der Nähe der Mittellinie, weshalb Reiziger Zeit hat, seine Grundschnelligkeit zu nutzen, um Fehler zu korrigieren.« (Eine ähnliche Logik mag später hinter der Verpflichtung des schnellen niederländischen Linksverteidigers Edson Braafheid gesteckt haben, welche die Bayern-Fans im Jahr 2009 erheblich verblüffte.)

Es ist aufschlussreich, dass van Gaal glaubte, das Abwehrverhalten könne einem Spieler »rasch beigebracht« werden, während es länger dauerte, die offensiven Bewegungsmuster und Passfolgen von Ajax zu verinnerlichen. Daher konnte ein Angreifer sehr viel leichter zum Verteidiger gemacht werden als umgekehrt. Tatsächlich wirkte Reiziger manchmal wie das schwächste Glied von Ajax, aber der Wert seiner Schnelligkeit in Kombination mit der Raffiniertheit seiner Abwehrkollegen darf nicht unterschätzt werden, und dank seiner Athletik und Anpassungsfähigkeit bezeichnete van Gaal ihn einmal als »Symbol dieser Ajax-Mannschaft«. Alles in allem war dies die technisch beste Viererabwehrkette in der Geschichte des Fußballs. Es ist bezeichnend, dass drei dieser vier Spieler später bei Barcelona landeten: Reiziger im Jahr 1997, de Boer im Jahr 1999 und Rijkaard als Trainer im Jahr 2003.

Aber der niederländische Verteidigungsstil war im Camp Nou bereits Anfang der neunziger Jahre von Cruyff eingeführt worden, und natürlich wurde er am besten von einem Niederländer verkörpert. Der vorzügliche Innenverteidiger Ronald Koeman hatte einen außergewöhnlichen Hang zur Offensive. Sein bemerkenswertester Erfolg – neben acht Meistertiteln, zwei Europapokalen, einem EM-Titel und 78 Spielen für die Niederlande – war seine außergewöhnlich hohe Trefferquote: Er erzielte auf Klubebene insgesamt 239 Tore. In der Champions-League-Saison 1993/94 teilte er sich mit acht Treffern sogar die Torjägerkrone mit Wynton Rufer von Werder Bremen. Drei dieser Tore erzielte er per Elfmeter, und Koeman schoss im Lauf seiner Karriere auch zahlreiche Freistoßtore – das wichtigste entschied 1992 das Europapokalfinale gegen Sampdoria Genua –, aber 239 Treffer sind in jedem Fall eine verblüffende Zahl für einen Spieler auf seiner Position. Damit schoss er 39 Tore mehr als Kluivert und nur 25 weniger als Bergkamp. Koeman gilt als torgefährlichster Innenverteidiger aller Zeiten.

»Ich war ein Verteidiger, der eigentlich kein Verteidiger war«, erklärt Koeman. »Ich erzielte so viele Tore, weil ich oft aus der Abwehr vorstieß, und meine Trainer erwarteten das von mir. Die Standards waren ebenfalls eine Stärke von mir, aber auch im Spiel bewegte ich mich in Positionen, aus denen ich Distanzschüsse abgeben konnte.« Sein wichtigster Mentor war offenkundig Cruyff, unter dem er 1985/86 bei Ajax gespielt hatte und mit dem er nach einem umstrittenen Intermezzo bei PSV Eindhoven ab 1989 beim FC Barcelona zusammenarbeitete. Seine weiten Diagonalpässe wurden zu einem festen Bestandteil des Spiels von Barça, vor allem die Pässe auf den Linksaußen Hristo Stoitschkow. Cruyff setzte besonderes Vertrauen in Koeman, das vermutlich nur mit seiner Zuneigung für Pep Guardiola vergleichbar ist. »Koeman mag den Fußball, den ich predige«, sagte Cruyff. »Er ist der ideale Mann in der letzten Reihe, ein Verteidiger, der jede Saison für fünfzehn Tore gut ist. Er kann in dieser Position leben, weil ich Spieler wie ihn will, die auf geringstem Raum zu entscheidenden Bewegungen fähig sind.«

»Koeman war einer der ersten Innenverteidiger, deren Qualitäten nicht auf die Verteidigung beschränkt waren«, sagt Guardiola, den Koeman bei Barça unter seine Fittiche nahm. »Ich denke, Johan Cruyff holte Ronald Koeman, um uns zu zeigen, um uns beizubringen, warum wir einen solchen Innenverteidiger brauchten, [...] seine wichtigste Qualität war der Spielaufbau, die ausgezeichneten langen Pässe über vierzig Meter, schnelle Pässe. Er ist einer der besten Innenverteidiger, die ich in meinem Leben gesehen habe.« Koemans regelmäßige Vorstöße führten nur selten zu einer defensiven Entblößung, da sich die Mannschaft auf Guardiolas selbstloses, intelligentes Spiel im defensiven Mittelfeld verlassen konnte. Das war besonders wichtig, wenn Cruyff das Team im 3-4-3 spielen ließ, wobei Koeman die Position im Abwehrzentrum und Guardiola die defensive Mittelfeldposition übernahm. Guardiola, der oft mit der Rückennummer 3 auflief, verwandelte sich dann in der Praxis in den wichtigsten Verteidiger und sicherte seinen angriffslustigen Innenverteidiger im ursprünglichen Sinn des *Voetbal totaal* ab.

Während Guardiola im Allgemeinen als tief stehender Mittelfeldmann betrachtet wird, bezeichnete Cruyff ihn oft als Verteidiger. »Er war ein taktisch perfekter Spieler, aber er behauptete, nicht verteidigen zu können«, sagte Cruyff über Guardiola. »Ich sagte zu ihm: ›Du hast recht – mit Einschränkungen. Du bist ein schlechter Verteidiger, wenn du die ganze Zone absichern musst. Aber wenn du nur diese eine kleine Zone verteidigen musst, bist du der Beste. Sorge dafür, dass jemand die anderen Zonen übernimmt. Wenn du das tust, kannst du ein sehr guter Verteidiger sein.‹ Und er wurde ein sehr guter.« Cruyff stellte Guardiola manchmal als herkömmlichen Innenverteidiger auf, und Ende 1991 übertrug er ihm sogar die Aufgabe, Real Madrids herausragenden Stürmer Emilio Butragueño, den amtierenden Torschützenkönig der spanischen Liga, in Manndeckung zu nehmen. Eines der besten Beispiele für seine Fähigkeiten lieferte er beim 2:2 im Halbfinalhinspiel des Uefa-Cups im April 1996 in München (die Bayern gewannen dann allerdings in Barcelona mit 2:1 und holten anschließend gegen Girondins Bordeaux den Titel). Die Idee, den Mittelfeldspieler Guardiola in der Verteidigung einzusetzen, erwies sich als sehr vorausschauend, wenn man sich ansieht, wie Guardiola später als Trainer die Mittelfeldspieler Javier Mascherano bei Barça und Javi Martínez bei Bayern einsetzte.

Cruyff bestand darauf, dass Koeman und Guardiola, zwei Spieler, die er in erster Linie wegen ihres Passspiels schätzte, aufgrund ihrer Positionsdisziplin und Spielintelligenz perfekt zusammenpassten. »Als Innenverteidigerpaar waren sie nicht schnell, und sie waren keine echten Verteidiger«, räumte Cruyff ein. Aber er war überzeugt, dass Barça für alle drei Arten gefährlicher gegnerischer Pässe und Aktionen gewappnet war: Lange Bälle würde der Torwart, der aggressive Busquets, abfangen; um Diagonalpässe würden sich die schnellen Außenverteidiger Albert Ferrer und Sergi Barjuán kümmern, die beide aus La Masía stammten und umgeschulte Flügelstürmer waren; und Pässe durch die Mitte stellten kein Problem dar, weil Koeman und Guardiola gut miteinander kommunizierten und im Positionsspiel fehlerfrei agierten. Er bezeichnete das Duo manchmal als seine beiden »Mittelfeldverteidiger«, was die niederländische Interpretation des Abwehrverhaltens zusammenfasste: Die Verteidiger waren eigentlich keine Verteidiger.

Umschaltmoment:
Niederlande → Italien

Juventus Turin konnte sich im Champions-League-Finale 1996 erst im Elfmeterschießen gegen Ajax Amsterdam durchsetzen, aber man hatte trotzdem den Eindruck, dass im europäischen Fußball ein Wachwechsel stattfand und die Niederlande ihre beherrschende Stellung an die Italiener abtreten mussten. Ajax, das im Jahr zuvor den wichtigsten Titel für Vereinsmannschaften geholt hatte, hatte der Schnelligkeit und Durchschlagskraft der italienischen Stürmer wenig entgegenzusetzen, und Juventus hätte das Spiel eigentlich schon vor der Pause für sich entscheiden müssen.

Das Problem für die Amsterdamer war nicht einfach, dass sie ein Spiel verloren hatten und nicht in der Lage gewesen waren, den Titel zu verteidigen. Vielmehr war klar, dass eine Ära endete. In der Saison 1995/96 war der europäische Fußball durch das Bosman-Urteil in seinen Grundfesten erschüttert worden, das zwei bedeutsame Konsequenzen hatte: Von nun an konnte ein Spieler nach Ablauf seines Vertrags ablösefrei den Verein wechseln, vor allem aber war es nicht länger zulässig, die Zahl der Ausländer in den Mannschaften auf drei zu beschränken, weshalb die Vereine elf Ausländer auf den Platz bringen konnten, wenn sie wollten – sofern diese Bürger eines EU-Mitgliedstaats waren.

Keinen Verein traf das schwerer als Ajax Amsterdam. 1995 bzw. 1996 wechselten mit Clarence Seedorf und Edgar Davids zwei der begehrtesten Mittelfeldspieler Europas ablösefrei zu Sampdoria Genua bzw. AC Mailand – früher hätte Ajax Einnahmen generiert und reinvestieren können. Schlimmer noch: Innerhalb von drei Jahren wanderte fast der gesamte Stamm der

Mannschaft, die 1995 die Champions League gewonnen hatte, ab. Während Frank de Boer zu Barça gewechselt war und Marc Overmars zu Arsenal, hatten Davids, Winston Bogarde, Edwin van der Sar, Michael Reiziger, Nwankwo Kanu, Seedorf und Patrick Kluivert in der Serie A angeheuert – ein klarer Beleg für die Machtverschiebung. Das Bosman-Urteil hatte die Position der Spieler und der wirtschaftlich potentesten Ligen deutlich gestärkt, und Ajax gehörte nicht länger der europäischen Elite an.

Im Jahr 1996 gab der Verein auch das geliebte De Meer Stadion auf und zog in die (mittlerweile in Johan-Cruyff-Arena umbenannte) Amsterdam-Arena im Süden der Hauptstadt um. Es fiel dem Verein schwer, sich in seiner neuen Heimat einzuleben, denn dies war kein reines Fußballstadion, sondern eine Mehrzweckarena, die auch für Konzerte genutzt wurde. Das Gras wuchs nicht richtig, und das Passspiel litt unter dem schlechten Rasen. Außerdem fühlten sich viele Fans im neuen Stadion nicht zu Hause. Louis van Gaal hatte den Verein ursprünglich 1996 verlassen wollen, blieb jedoch aus persönlichen Gründen ein weiteres Jahr. Cruyff verabschiedete sich im selben Jahr in Barcelona endgültig von der Trainerbank, und die Elftal spielte eine sehr enttäuschende EM, bei der sie in der Gruppenphase im Spiel gegen England mit 1:4 unter die Räder kam und im Viertelfinale an Frankreich scheiterte. Das übliche Gezänk in der Nationalmannschaft nahm dabei ein besonders besorgniserregendes Ausmaß an, da es offenbar zu einem Bruch zwischen den schwarzen und den weißen Spielern gekommen war.

Während das Ansehen des niederländischen Voetbal schwand, verwandelte sich Italien in das Zentrum des europäischen Fußballs. Die Serie A war bereits in der ersten Hälfte der Neunziger die stärkste Liga des Kontinents gewesen, was in der Vormachtstellung der italienischen Klubs in den europäischen Wettbewerben zum Ausdruck gekommen war (zwischen 1990/91 und 1994/95 hatten vier Serie-A-Teams das Champions-League-Finale erreicht, Ajax war die einzige nichtitalienische Mannschaft, die in dieser Phase den Uefa-Cup gewann), aber erst jetzt, da Ajax Amsterdam mit seinem attraktiven Offensivspiel von der Bildfläche verschwand, war ihre Überlegenheit unanfechtbar.

Während Ajax von seiner ausgezeichneten Nachwuchsarbeit lebte, stützten sich die italienischen Vereine auf ihre Finanzkraft. Die größten Klubs gehörten allesamt schwerreichen Unternehmern – zumindest waren sie theoretisch schwerreich, denn viele dieser Männer schlitterten später in den finanziellen Ruin –, die sich mit den talentiertesten Fußballern der Welt schmücken wollten. Die sogenannten »sieben Schwestern« des italienischen Fußballs – Juventus, Milan, Inter, die Roma, Lazio, Parma (später von Neapel verdrängt) und der AC Florenz – hatten alle Weltklassespieler in ihren Reihen und zählten vor jeder Saison zu den Anwärtern auf alle wichtigen Titel. Was Stärke und Wettbewerbsfähigkeit in der Breite anbelangte, gab es vielleicht nie eine bessere Liga als die Serie A in der zweiten Hälfte der neunziger Jahre.

Stilistisch war die Serie A schwer einzuordnen. Der italienische Fußball galt seit je als entschieden defensiv, und der berüchtigte Catenaccio aus den sechziger Jahren hatte immer noch großen Einfluss auf die taktische Grundhaltung. Der offensiv denkende Arrigo Sacchi hatte den Stil von Milan, angeregt durch den Fußball von Ajax Amsterdam, Ende der achtziger Jahre revolutioniert und den ultradefensiven Catenaccio durch ein hohes Pressing ersetzt, aber das war in Italien ein ungewöhnlicher Zugang.

In dieser Zeit wurde die taktische Debatte in Italien von der Auseinandersetzung zwischen den Anhängern Sacchis und den italienischen Traditionalisten geprägt. Sacchi befürwortete eine aktive Spielweise in einem unveränderlichen 4-4-2-System, in dem auf einen *trequartista* (Zehner) und auf einen Libero verzichtet wurde. Die italienischen Trainer waren daran gewöhnt, ihr Spielsystem dem des Gegners anzupassen, die meisten liebten ihren *trequartista*, und viele hielten am Libero fest. Die Hauptströmung im italienischen Fußball dieser Zeit übernahm nicht Sacchis am niederländischen Stil orientierte Philosophie, sondern strebte eine Rückbesinnung der Serie A auf den klassischen italienischen Stil an.

2
CALCIO
(1996-2000)

4
Flexibilität

In der Schlussphase des Champions-League-Finals 1996, in dem sich Juventus Turin gegen Ajax Amsterdam durchsetzte, passierte etwas Ungewöhnliches, das viel über Juventus und den italienischen Fußball verriet.

In der ersten Hälfte hatten die Amsterdamer das Spiel wie gewohnt von der einen auf die andere Außenbahn verlagert, wo rechts Finidi George und links Kiki Musampa spielten. Juventus hatte ein aggressives 4-3-3-System gewählt und mit Alessandro Del Piero, Gianluca Vialli und Fabrizio Ravanelli drei Angreifer aufgeboten. So hatten die an diesem Abend stärksten Turiner Spieler, die Außenverteidiger Gianluca Pessotto und Moreno Torricelli, über die im Vorfeld kaum jemand gesprochen hatte, keinerlei Absicherung gegen die Außenstürmer von Ajax, aber beide Abwehrspieler schlugen sich ausgezeichnet und gaben den Flügelflitzern von Ajax nicht einmal genug Raum, um den Ball in Ruhe anzunehmen. Offenbar gelangte Louis van Gaal in der Halbzeitpause zu der Überzeugung, dass es seiner Mannschaft nicht gelingen würde, den italienischen Rechtsverteidiger Torricelli zu überwinden, und wechselte Musampa aus. Ronald de Boer, der im zentralen Mittelfeld begonnen hatte, wechselte auf die linke Seite.

Gegen Ende der regulären Spielzeit bekam Torricelli Krämpfe, weshalb van Gaal für die Verlängerung mit Nordin Wooter einen weiteren schnellen Außenstürmer brachte in der Hoffnung, der erschöpfte Torricelli werde ihm wehrlos ausgeliefert sein. Juventus-Trainer Marcello Lippi, der sein Auswechselkontingent bereits ausgeschöpft hatte, griff daraufhin zu einer neuartigen Lösung: Er wies seine Außenverteidiger an, die Positionen zu tauschen. Pessotto, der in der regulären Spielzeit auf der linken Seite gespielt hatte, wechselte für die Verlängerung nach rechts – und neutralisierte Wooter. Torricelli musste auf der anderen Seite weiterspielen, hatte dort jedoch weniger Schwierigkeiten mit dem ebenfalls erschöpften Finidi George.

Auf dem Papier war dies eine einfache Lösung, aber zu jener Zeit hätte sich kaum jemand vorstellen können, dass ein Außenverteidigerpaar die Positionen tauschte. Man sah nie, dass Cafu und Roberto Carlos in der *Seleçao* die Seiten wechselten oder dass beim FC Barcelona Albert Ferrer auf die linke und Sergi Barjuán auf die rechte Außenbahn wechselte. Das war undenkbar, denn es hätte den natürlichen Fähigkeiten dieser Spieler widersprochen. Doch italienischen Mannschaften ging es nicht darum, ihre natürlichen Fähigkeiten zu nutzen – es ging ihnen darum, den Gegner daran zu hindern, *seine* Fähigkeiten zu nutzen. Sie waren defensiv ausgerichtet sowie taktisch intelligent und reagierten in erster Linie auf das, was der Gegner tat – und sie spielen noch heute so. Torricelli und Pessotto agierten an jenem Abend nicht außerhalb ihrer richtigen Position, sondern einfach auf einer weiteren Position, für die sie ausgebildet waren.

Juventus Turin hatte in der zweiten Hälfte der neunziger Jahre zahlreiche Superstars in seinen Reihen, aber das Wesen des italienischen Fußballs verkörperten kaum beachtete, vielseitige, mannschaftsdienliche Spieler wie Torricelli und Pessotto. Lippi stützte sich auf vier Spieler, denen es schwergefallen wäre, ihre beste Position zu definieren, etwas, das anderswo als Schwäche betrachtet worden wäre, in Italien jedoch als Vorzug galt: Torricelli, Pessotto, Angelo Di Livio und Alessandro Birindelli konnten allesamt als Außenverteidiger, Flügelverteidiger oder äußerer Mittelfeldspieler spielen, und sie konnten alle links, rechts und manchmal auch im Zentrum agieren. Sie waren nicht die Führungsspieler der Mannschaft. »Wir verkauften jedes Jahr unsere besten Spieler, aber das Rückgrat der Mannschaft blieb unverändert«, erinnerte sich Lippi. »Und wenn neue Spieler die erforderliche Einsatzbereitschaft vermissen ließen, legten ihnen Spieler wie Di Livio oder Torricelli den Arm auf die Schulter und sagten: ›Reiß dich zusammen, hier hören wir nie auf zu rennen!‹ Diese Botschaft kam von den Spielern, die Meistertitel und die Champions League gewonnen hatten und auf dem Platz alles gaben. Sie waren außergewöhnliche Vorbilder.«

Diese vier Spieler waren keine Genies, sondern Arbeitsbienen, die bei ihrer Ankunft in Turin *zusammen* auf lediglich ein Jahr Spielerfahrung in der ersten Liga kamen. Torricelli war direkt aus dem Amateurfußball gekommen und hatte weniger als 25 000 Euro gekostet. Pessotto hatte in fünf seiner sechs Jahre als Profi in unteren Ligen gespielt. Di Livio war seit acht Jahren Profi, besaß aber überhaupt keine Erfahrung in der Serie A, und Birindelli hatte mehr Zeit in der dritten als in der zweiten Liga verbracht. »Es waren nicht nur die Klassespieler wie Zidane oder Del Piero, die Beachtung verdienten«, erinnert sich Roy Keane, der mit Manchester United in der Champions League regelmäßig Juventus gegenüberstand. »Sondern die harten, gerissenen Verteidiger, Spieler, von denen nie jemand gehört hatte, die jedoch den Raum dicht machten, ihre Tacklings perfekt timten, instinktiv die richtigen Positionen zur Absicherung einnahmen und das Spiel sehr gut deuteten.«

Diese Beschreibung traf auf Torricelli, Pessotto und Birindelli perfekt zu: Sie waren Abwehrspieler, die auch im Mittelfeld spielen konnten, während es bei Di Livio andersherum war. Roberto Baggio gab ihm den Spitznamen »Il soldatino«, weil er unermüdlich die Seitenlinien hinauf und hinab sprintete wie ein diensteifriger kleiner Soldat. Dabei war es ihm egal, an welcher Seitenlinie er entlangrannte, und obwohl Di Livio ein Rechtsfuß war, trat er Ecken manchmal mit links. Die Beidfüßigkeit ist normalerweise ein Merkmal technisch besonders guter Spieler, aber der fleißige Arbeiter Di Livio gehört kaum in diese Kategorie. In seinem Fall war sie einfach ein Merkmal eines flexiblen Kickers, der hart gearbeitet hatte, um seine Defizite wettzumachen, und sich jeder Situation anpassen konnte.

Auch die übrigen Bestandteile des Gerüsts der Juve-Mannschaft waren austauschbar. Ciro Ferrara und Mark Iuliano waren Innenverteidiger, aber als sich Juventus in der folgenden Saison erneut gegen Ajax durchsetzte (diesmal im Halbfinale), spielten beide auf den Außenbahnen – und das ausgezeichnet –, während Alessio Tacchinardi, der normalerweise im defensiven Mittelfeld zum Einsatz kam, in der Innenverteidigung aushalf. Und der Inbegriff des italienischen Mittelfeldspielers war Antonio Conte: Ein zuverlässiger Taktgeber, der sich sowohl im Zentrum als auch auf einer der äußeren Positionen wohlfühlte. Diese Spieler konnten überall in der Defensive eingesetzt werden, was es Lippi ermöglichte, sich zum angesehensten Taktiker Europas aufzuschwingen, der die Formation seiner Mannschaft regelmäßig umstellte – sei es zwischen den Spielen oder während der neunzig Minuten. »Wenn du intelligente Spieler mit taktischem Verständnis hast, die sich in komplexen, variablen Systemen wohlfühlen, dann kann es ein großer Vorteil sein, häufig Veränderungen vorzunehmen«, erklärte Lippi. Seine Landsleute teilten seine Einschätzung.

Lippi war der angesehenste Absolvent des technischen Ausbildungszentrums Coverciano. Diese Einrichtung des italienischen Fußballverbands, die ihren Sitz im gleichnamigen Stadtteil von Florenz hat – das Stadio Artemio Franchi, die Heimat der Fiorentina, ist weniger als zwei Kilometer entfernt –, unterschied sich deutlich von anderen derartigen Zentren wie zum Beispiel dem französischen Clairefontaine, das für die Spielerausbildung berühmt war: In Coverciano wurden in ers-

Flexibilität

ter Linie Trainer geschult. Es war so etwas wie eine fußballerische Version von Oxford – Europas beste Traineruniversität.

Um in der Serie A arbeiten zu können, brauchte ein Trainer den höchsten Abschluss von Coverciano. Die Zulassungsbestimmungen waren streng, und jedes Jahr wurden nur zwanzig Anwärter aufgenommen. Man musste italienischer Staatsbürger sein oder mindestens zwei Jahre im Land gelebt haben, man brauchte den Trainerschein der zweithöchsten Stufe, und man musste sich einer Bewertung unterziehen: Der Bewerber erhielt Punkte für seine Resultate als Spieler (maximal 35 Punkte), Trainer (40 Punkte), akademische Leistungen (5 Punkte) sowie sein Auftreten in einem Bewerbungsgespräch (20 Punkte).

Die Laufbahn als Spieler und Trainer wurde anhand eines absurd komplizierten Punktsystems bewertet, wobei der Bewerber für jeden Einsatz in der ersten, zweiten und dritten Liga 0,06, 0,04 bzw. 0,02 Punkte erhielt; dazu kamen Bonuspunkte für einen Meistertitel sowie für Berufungen in die Nationalmannschaft oder für die Teilnahme an einer WM-Endrunde. Arrigo Sacchi, der nie Profifußballer gewesen war, fand klare Worte für die Bevorzugung ehemaliger Spieler: »Man muss kein Pferd gewesen sein, um Jockey werden zu können.«

Insgesamt musste man mehr als 550 Stunden in Lehrgängen sitzen, um in Coverciano einen Abschluss erwerben zu können, und da dieser Trainerschein Voraussetzung für eine Tätigkeit in der Serie A war, reagierten die italienischen Trainer empört, als Sampdoria Genua die Regeln umging und den Engländer David Platt engagierte, der keinen Trainerschein besaß und auf dem Papier lediglich Assistenztrainer war. »Das ist so, als würde man einer Schwesternschülerin erlauben, eine Herzoperation durchzuführen«, schimpfte Bari-Trainer Eugenio Fascetti. Die italienische Trainergemeinde reagierte mit Spott, als Platt nach nur zwei Monaten wegen Erfolglosigkeit wieder entlassen wurde. Ein weiterer Kollege, Luciano Spalletti, fand sich ohne ausreichende Qualifikation in der Serie A wieder, nachdem er Empoli innerhalb von zwei Jahren aus der dritten Liga ins Oberhaus geführt hatte; als seine Eignung für die Serie A öffentlich in Zweifel gezogen wurde, versuchte er, seine Arbeit als Trainer mit der Ausbildung unter einen Hut zu bringen, was ihm zum Glück nicht allzu schwerfiel, da Empoli nicht weit von Florenz entfernt ist. Der akademische Zugang erwies sich für zahlreiche italienische Trainer als sehr hilfreich. In Modulen wie »Fußballtechnik«, »Trainingstheorie«, »Medizin«, »Kommunikation«, »Psychologie« und »Daten« wurden sie gründlich auf die Erfordernisse der Serie A vorbereitet. Die zukünftigen Trainer mussten auch eine Dissertation schreiben. Carlo Ancelotti beschäftigte sich mit »Angriffsbewegungen in der 4-4-2-Formation«, Alberto Zaccheronis Abschlussarbeit trug den prägnanten Titel »Die Zone«, und Alberto Malesani stellte »Allgemeine Schlussfolgerungen aus der EM '96« vor. In der Bibliothek von Coverciano werden rund fünftausend solche Abschlussarbeiten aufbewahrt.

Lippi zählt zu den entschiedensten Befürwortern der Coverciano-Methode: »Ich begann zu verstehen, warum man als Spieler aufgefordert wird, bestimmte Dinge zu tun«, erklärt er in Gianluca Viallis Buch *The Italian Job*. »Es öffnete mir die Augen und bewegte mich dazu, alles zu hinterfragen und neu zu bewerten, was wir im Fußball als selbstverständlich betrachten. Das ist, was mir in Coverciano wichtig schien: der Gedankenaustausch zwischen mir und meinen Kollegen. Mir ist nicht nur das Programm an sich, sondern die Atmosphäre, die herausfordernde, zum Denken anregende Umgebung in schöner Erinnerung geblieben. […] In Coverciano findest du keine Wahrheiten. Du findest dort Möglichkeiten.«

Über diese Offenheit sprach auch Gianni Leali, der das Ausbildungszentrum Mitte der neunziger Jahre leitete. »Wir lehren nicht ein bestimmtes System«, sagte er. »Wir lehren sie alle und erklären die Vor- und Nachteile von jedem einzelnen. Diese Vielfalt macht die Serie A sehr viel interessanter.« Während es im niederländischen Fußball nichts anderes als das 4-3-3 oder 3-4-3 gab, bekam man in den italienischen Stadien fast alle denkbaren Systeme zu sehen. So wie die vielseitigen Defensivspieler von Juventus keine feste Position hatten, legten sich Lippi und andere italienische Trainer nicht auf ein bestimmtes System fest. Mit ihren Aufstellungen reagierten sie stärker als ihre Kollegen in anderen Ländern auf die Taktik des Gegners, und sie waren jederzeit bereit, Stürmerstars durch zusätzliche Verteidiger zu ersetzen.

Lippis Juventus prägte den italienischen Fußball jener Zeit. Im Jahr 1996 holte der Verein den Europa- und Weltpokal, und in den beiden folgenden Jahren gewann er die Meisterschaft und drang jeweils bis in Finale der Champions League vor, wo er Borussia Dortmund bzw. Real Madrid unterlag. Juventus stand seit Langem in dem Ruf, immer wieder Superstars zu verlieren und sich trotzdem an der Spitze zu halten: In den achtziger Jahre hatte der Verein den Verlust der Weltmeister Paolo Rossi und Marco Tardelli problemlos verkraftet (während diese Spieler nach ihrem Weggang in der Versenkung verschwanden). Nach dem Europapokalfinale von 1996 litt Juventus wie sein Gegner Ajax Amsterdam unter dem Bosman-Urteil und verlor Fabrizio Ravanelli und Gianluca Vialli an finanzstarke englische Klubs. Ravanelli war in der abgelaufenen Saison der erfolgreichste Torjäger der Turiner gewesen, und Vialli war von *World Soccer* zum Spieler des Jahres gewählt worden; die Redaktion der Zeitschrift beschrieb ihn als Spieler, »der sich links, rechts und im Zentrum des Sturms gleichermaßen wohlfühlt – er verteidigt wie ein Tiger und greift an wie ein Löwe«. Mit anderen Worten, er war ein typischer Juve-Spieler und konnte jede Funktion erfüllen, die ihm Lippi übertrug.

Nach dem Verlust von Ravanelli und Vialli blieb Juventus

noch Publikumsliebling Alessandro Del Piero, und um die beiden Abgänge zu kompensieren, wurden drei neue Spieler geholt: Alen Bokšić führte die Sturmlinie an, erzielte jedoch nur wenige Tore. Christian Vieri war ein kompletter Torjäger, der praktisch jeden Sommer den Verein wechselte. Der junge Nicola Amoruso schöpfte seine Möglichkeiten nicht aus, aber Del Piero profitierte trotzdem von seiner Ankunft: Er heiratete Amorusos Schwester. Der Veteran Michele Padovano war ebenfalls noch im Verein und erwies sich als wertvoller Joker.

Lippi hatte also fünf gute Optionen in der Offensive, und die Art und Weise, wie seine Mannschaft in der Meistersaison 1996/97 ihre Tore erzielte, entsprach seiner Methode, in verschiedenen Situationen auf verschiedene Stürmer zurückzugreifen. Es war ungewöhnlich für eine Meistermannschaft, dass keiner ihrer fünf Stürmer in dieser Saison mehr als acht Tore schoss – Sandro Tovalieri, der je eine halbe Saison für die Absteiger Reggiana und Cagliari spielte, traf doppelt so oft. Lippi war ein Anhänger der Rotation, und seine fünf Sturmspitzen standen alle ähnlich oft auf dem Platz: Bokšić spielte 51 Prozent der Spielminuten und erzielte lediglich 3 Tore, der häufig verletzte Del Piero stand 48 Prozent der Zeit auf dem Platz und kam auf 8 Treffer, Vieri traf in 43 Prozent der möglichen Minuten ebenso oft, und Padovano schaffte das gleiche in 39 Prozent der Spielzeit. Amoruso stand in 36 Prozent der Spielminuten auf dem Platz und erzielte 4 Tore. Es war keine klare Hierarchie zu erkennen, keine große Kluft zwischen unantastbaren Stammkräften und frustrierten Ersatzspielern, und jeder dieser Akteure brachte unterschiedliche Vorzüge ein. Bokšić verstand es, den Ball in den eigenen Reihen zu halten, Del Piero war einfallsreich, Vieri verstand es, seine Körperkraft in Kopfballduellen einzusetzen, Padovano war ein Knipser, der im richtigen Moment am richtigen Ort war, und Amoruso konnte der Mannschaft mit seiner Schnelligkeit helfen.

Flexibilität

Es ist bezeichnend, dass ausgerechnet Bokšić, der vor dem Tor am wenigsten Gefahr ausstrahlte, auf die meisten Einsatzminuten kam. Der Grund war, dass er unermüdlich arbeitete und das Beste in seinen Mitspielern zum Vorschein brachte. »Keine Primadonnen, keine Privilegien«, erklärte Lippi. »Wenn ein Spieler damit nicht einverstanden ist, kann er gehen. Manche mögen die Eskapaden und das exzentrische Verhalten eines Stars, aber ich glaube, die Fans wissen Dinge wie Demut und Intelligenz zu schätzen.« Lippis Neigung, die Stürmer rotieren zu lassen und abhängig von der Taktik einzusetzen, blieb in seiner gesamten Trainerlaufbahn eines seiner Markenzeichen. Als er Italien im Jahr 2006 zum WM-Sieg führte, berief Lippi sechs Stürmer in sein 23-köpfiges Aufgebot: Francesco Totti, Filippo Inzaghi, Luca Toni, Alberto Gilardino, Vincenzo Iaquinta sowie seinen alten Lieblingsspieler Del Piero. Alle sechs trugen sich bei dem Turnier in die Torschützenliste ein.

Als der Brasilianer Ronaldo, der zu jener Zeit aufregendste Stürmer der Welt, seine Absicht bekundete, den FC Barcelona zu verlassen und nach Italien zu gehen, verzichtete Juventus darauf, sich am Wettbieten zu beteiligen. Der Grund war nicht etwa, dass die Ablösesumme zu hoch schien. Stattdessen glaubte Vereinspräsident Umberto Agnelli, ein über dem Rest der Mannschaft stehender Superstar werde den Zusammenhalt des Klubs stören. Sogar Zinédine Zidane, der 1996 nach Turin kam und sich rasch in den meistbewunderten Spieler Europas verwandelte, war bei Juventus pflichtbewusst, introvertiert und arbeitsam – seine Spielweise hatte wenig mit der des selbstverliebten Galáctico zu tun, den er später bei Real Madrid geben sollte.

Zidane war schockiert von der Intensität des vom berüchtigten Giampiero Ventrone geleiteten Konditionstrainings in Turin. »Didier Deschamps hatte mir von den Trainingseinheiten erzählt, aber ich hatte nicht gedacht, dass sie so schlimm sein würden«, erzählte er später. »Ich war am Ende oft so erschöpft, dass ich mich fast übergeben musste.« Ventrone, den die Spieler nur »den Marine« nannten, hatte drei furchteinflößende Mottos: 1.) »Arbeite heute, um morgen rennen zu können.« 2.) »Du kannst sterben, aber erst nach dem Ende des Trainings.« 3.) »Der Sieg gehört dem Starken.« Die Spieler empfanden eine Hassliebe für ihn: Ravanelli erklärte, ohne Ventrones Training hätte er die Anforderungen nicht erfüllen können, während Vialli einmal so wütend über die Methoden dieses Trainers wurde, dass er ihn in einer Kommode einschloss und die Polizei rief; es sollte nicht das letzte Mal gewesen sein, dass die Carabinieri die Trainingsmethoden von Juventus genauer unter Lupe nahmen.

Entscheidend für die Erfolge von Juventus war jedoch Lippi. »Für mich war er wie ein Lichtschalter«, erklärte Zidane. »Er schaltete mich ein, und ich verstand, was es bedeutete, mich für etwas Bedeutsames einzusetzen. Bevor ich nach Italien kam, war der Fußball zwar mein Job, aber in diesem Job ging es vor allem darum, Spaß zu haben. Erst in Turin entwickelte ich den Wunsch, Titel zu gewinnen.«

Das ist der entscheidende Wesenszug des italienischen Fußballs: Nur der Sieg zählt. In anderen großen Fußballnationen geht es in unterschiedlichem Maß um das Spektakel; überall wird der Offensivfußball bevorzugt, und mancherorts ist er sogar ein Selbstzweck. In Italien hingegen wird alles dem Resultat untergeordnet. Der Zweck heiligt die Mittel, was erklärt, warum die Italiener gerne bereit sind, sich mit allein über die Taktik erzielten Siegen zufriedenzugeben. Spielfreude und Angriffslust sind von untergeordneter Bedeutung. Natürlich genießen bestimmte Spieler mit Stil Wertschätzung, insbesondere Liberos mit Klasse und begabte *trequartisti*, aber von italienischen Mannschaften wird nicht erwartet, dass sie mitreißende Spiele wie Ajax Amsterdam oder der FC Barcelona zeigen. Im italienischen Fußball werden einsatzfreudige, funktionale Spieler gebraucht.

Flexibilität

»Für die italienischen Spieler ist es eine Arbeit. Es ist kein Spaß, kein Spiel«, erklärte Fabio Capello. »Als ich Real Madrid trainierte, blieben die Spieler nach dem Training noch da, aßen etwas, ließen sich massieren und gingen zusammen in den Kraftraum. [...] In Italien bleiben sie so lange, wie sie müssen, und gehen nach Hause. Wir haben diese Freude nicht in uns. Es ist fast so, als gefiele es uns nicht, Fußballer zu sein.« Capello war ein weiterer gefeierter italienischer Taktiker, und seine Erfahrungen in Madrid in der Saison 1996/97 waren besonders erhellend.

Capello hatte 1992 beim AC Mailand die Nachfolge von Arrigo Sacchi angetreten und mit der Mannschaft in fünf Spielzeiten vier Meistertitel gewonnen, wobei Milan eine beispiellose Serie von 58 Spielen ohne Niederlage hingelegt hatte. Im Jahr 1994 hatten die Rossoneri unter seiner Führung in einem denkwürdigen Champions-League-Finale den FC Barcelona mit 4:0 geschlagen. Capello war kein Offensivideologe wie der Revolutionär Sacchi, aber er gestand den kreativen Spielern, die im von ihm bevorzugten 4-4-2 normalerweise auf den Außenpositionen agierten, mehr Freiraum zur individuellen Entfaltung zu. Nachdem Real Madrid in der Saison 1995/96 in der spanischen Meisterschaft auf den sechsten Platz abgerutscht war, was das schlechteste Ergebnis der Königlichen seit fast zwei Jahrzehnten bedeutete, wandte sich der Klub an Capello. Als Capello in Madrid eintraf, bezeichnete Klubpräsident Lorenzo Sanz ihn als »besten Trainer der Welt«. Doch nachdem Capello die Madrilenen in seiner ersten Saison zum Meistertitel geführt hatte, musste er wieder gehen.

Capello brachte zwar den Erfolg zurück ins Bernabéu-Stadion, aber in Madrid genügte das weder dem Publikum noch dem Präsidenten. Den Spaniern gefiel der neue Stil – oder der fehlende Stil – von Real nicht. Während der FC Barcelona in Ronaldos einziger, unvergesslicher Saison im Camp Nou mit Tempo und Spielwitz begeisterte, war Real langweilig, funktional und taktisch – Capello hatte aus den Königlichen eine italienische Mannschaft gemacht. Raúl González, der aufstrebende spanische Stürmerstar, musste auf den linken Flügel ausweichen, weil Capello im Zentrum den Neuverpflichtungen Davor Šuker und Predrag Mijatović den Vorzug gab. Der typische Spielzug von Capellos Madrid bestand darin, dass Innenverteidiger Fernando Hierro lange Pässe auf den vorstoßenden Linksverteidiger Roberto Carlos schlug, ein durchaus legitimes Manöver, das in den Augen des Madrider Publikums jedoch zu direkt, zu simpel war. Die Vereinsführung hatte darauf bestanden, eine Klausel in Capellos Vertrag zu setzen, die es ihm in den ersten drei Jahren nach einer Trennung von den Königlichen verbot, in Barcelona anzuheuern. Wenn Real freilich mit dem attraktiven Fußball von Barça mithalten wollte, hätte ein Wechsel des Italieners in die katalanische Metropole sicher nicht geschadet. »Ich glaube, das Wichtigste ist der Sieg«, sagte Capello einmal. »Nichts anderes zählt.«

»In Spanien wird alles, was aus Italien kommt, in einem negativen Licht betrachtet«, erklärte der Abwehrspieler José Amavisca, der in Gabriele Marcottis Capello-Biografie zitiert wird. »Weil er Italiener war, galt alles, was Capello tat, als hässlich, schmutzig, gemein oder langweilig.« Capellos Methoden waren typisch italienisch: Die Viererabwehrkette wurde in langen Trainingseinheiten darauf gedrillt, die richtigen Positionen zu halten, und Capello hielt ein hartes Konditionstraining für unverzichtbar. Fast die ganze Saison lag er im Streit mit dem Klubpräsidenten, was teilweise damit zu tun hatte, dass sich der Trainer hartnäckig weigerte, den Nachwuchsspieler Fernando Sanz, der nebenbei auch der Sohn des Präsidenten war, in der ersten Mannschaft aufzustellen. Capello geriet auch mit den Stürmern Mijatović und Šuker aneinander, die er häufig auswechselte, um die Abwehr zu verstärken. »Meine Spiele dauern immer nur 75 Minuten«, beklagte sich Šuker. In mehr als der Hälfte seiner Ligaspiele wurde der Kroate ausgewechselt, eine Praxis, die kaum mit der Vorzugsbehandlung vereinbar war, die Stürmerstars normalerweise bei Real Madrid genossen. Capello ersetzte Šuker immer durch einen Verteidiger oder einen defensiven Mittelfeldspieler.

Die Ergebnisse bewiesen, dass Capello ein gewiefter Taktiker war und gut daran tat, immer wieder Stars zu opfern. In der Saison 1996/97 hatte Real in vielen Spielen Startschwierigkeiten und geriet oft früh in Rückstand, bevor Capello die Mannschaft umstellte, was ihr schließlich zum Sieg verhalf. Die Königlichen drehten mit verblüffender Regelmäßigkeit verloren geglaubte Spiele: gegen Real Sociedad San Sebastian, den FC Valencia, Atlético Madrid, Deportivo La Coruña, Hercules Alicante, Racing Santander, den FC Sevilla und Sporting Gijón.

Das Comeback im Spiel gegen Sevilla Mitte April war besonders aufschlussreich. Capello hatte wie gewohnt eine 4-4-2-Formation gewählt, in der Raúl vom linken Flügel nach innen zog, aber Real wurde von einem wild anstürmenden Sevilla überrannt, das den Königlichen vor allem über die Außenbahnen zusetzte. In der ersten Spielminute flankte Tarik Oulida, ein bei Ajax Amsterdam ausgebildeter Linksaußen, auf den Rechtsaußen José Mari, der per Kopf den Führungstreffer für Sevilla erzielte. Kurz darauf stellte Oulida auf 2:0, und Mitte der ersten Hälfte konnte sich Real glücklich schätzen, noch nicht mit vier Toren zurückzuliegen. In dieser Situation nahm Capello zwei taktische Änderungen vor: Erst ersetzte er den überforderten Rechtsverteidiger Chendo durch den erfahrenen Abwehrspieler Manuel Sanchís, dann nahm er Šuker vom Feld und brachte an seiner Stelle den vielseitigen brasilianischen Mittelfeldspieler Zé Roberto (der später in Leverkusen und bei Bayern München reüssieren sollte). Das Publikum in Sevilla verstand nicht, was da geschah: Real Madrid lag 0:2 zurück und brauchte Tore, doch Capello wechselte eine Sturmspitze aus.

Capello hatte verstanden, dass seine Mannschaft vor allem defensive Stabilität brauchte. Raúl rückte ins Zentrum, Zé Roberto nahm die linke Position in einer Mittelfeldraute ein und stand bei gegnerischem Ballbesitz Roberto Carlos zur Seite. So gelang es Real, die gegnerische Flügelzange unter Kontrolle zu bringen, und die Mannschaft fand langsam ins Spiel. Kurz vor dem Pausenpfiff erzielte Clarence Seedorf den Anschlusstreffer, und in der zweiten Hälfte gelang Raúl der Ausgleich. Sieben Minuten vor Schluss traf Hierro per Kopf, und schließlich legte Seedorf noch ein Tor für Mijatović auf. Als die Königlichen mit zwei Toren in Rückstand waren, hatte Capello noch in der ersten Hälfte zwei ausschließlich taktisch motivierte Umstellungen vorgenommen und seinen erfolgreichsten Torjäger ausgewechselt. Das Ergebnis war ein 4:2-Sieg.

In Capellos Heimatland wäre ein solcher Erfolg gefeiert worden, aber von den Königlichen wurden spektakulärere Auftritte erwartet. Trotz des Meistertitels war die Verbindung zwischen Capello und Real Madrid eine Ehe ohne Liebe, die nur ein Jahr dauerte. Es wirkt geradezu komisch, dass Capello zehn Jahre später erneut bei Real landete und dass diese Etappe genauso verlief wie die erste: Er führte den Klub zum Meistertitel – und wurde entlassen. »Wir müssen einen Trainer finden, der uns ein bisschen mehr gibt«, erklärte Reals Sportdirektor nach Capellos zweitem Abschied. »Wir brauchen jemanden, der nicht nur Resultate liefert – was sehr wichtig ist –, sondern uns auch wieder Freude am Fußball bringt.« Der Name des sportlichen Leiters war Predrag Mijatović. Es war derselbe Mijatović, den Capello in seiner ersten Etappe regelmäßig ausgewechselt hatte. Zwei Spielzeiten, zwei Meistertitel, zwei bittere Abschiede. Die italienischen Methoden waren außerhalb Italiens nicht populär.

Aber sie führten offenkundig zum Erfolg, denn die drei angesehensten italienischen Trainer jener Zeit feierten in der Saison 1996/97 einen bemerkenswerten Dreifacherfolg: Lippi triumphierte in der Serie A mit Juventus, Capello sicherte sich mit Real Madrid den Titel in Spanien, und Giovanni Trapattoni führte Bayern München zur deutschen Meisterschaft.

Es war Trapattonis zweite Amtszeit in München. Die erste, in der Saison 1994/95, war enttäuschend verlaufen, was der Italiener auf seine mangelnden Deutschkenntnisse zurückführte (allerdings waren seine Kommunikationsfähigkeiten zwei Jahre später kaum besser). Trapattoni verordnete den Bayern anfangs eine Viererkette in der Abwehr, kehrte nach einigen enttäuschenden Ergebnissen jedoch zu der in Deutschland üblichen Variante mit Libero zurück, die auch seiner eigenen Philosophie eher entsprach. »Zu viele Veränderungen haben sie aus dem Rhythmus gebracht«, erklärte Trapattonis Vorgänger Otto Rehhagel, nachdem die Bayern als Titelverteidiger vom FC Valencia aus dem Uefa-Pokal geworfen worden waren. »Die Bayern zahlen den Preis für eine falsche Transferpolitik und dafür, dass sie nicht bei einem bestimmten taktischen System bleiben.« Aber Trapattonis Plan war es gerade, sich nicht auf ein bestimmtes taktisches System festzulegen.

Seine taktischen Experimente machten seinen Schlüsselspielern zu schaffen und beschworen Streitigkeiten zwischen ihnen herauf. Ende November führte Bayern München gegen den Abstiegskandidaten Hansa Rostock zur Halbzeit mit 2:0, und Trapattoni wies seine Spieler an, sich darauf zu konzentrieren, zu null zu spielen. Mittelstürmer Jürgen Klinsmann ermutigte seine Mitspieler jedoch, weiter anzugreifen. Die Mannschaft war im Zwiespalt, kassierte nach 65 Minuten einen Gegentreffer und rettete den knappen Vorsprung nur mit Mühe über die Zeit. »Wir verloren die Ordnung, weil einer der Abwehrspieler vorstieß und alle anderen stehen blieben, um zuzusehen, wie er in der Ferne verschwand«, klagte Linksverteidiger Christian Ziege nachher. »Sehr verwirrend.« Aber Trapattonis Konzentration auf taktische Disziplin und seine Weigerung, den Superstars des »FC Hollywood« nachzugeben, erwies sich durchaus als nützlich: Die Bayern erzielten zwar nur zwei Tore mehr als in der Vorsaison, kassierten jedoch zwölf Gegentreffer weniger. »Unter ihm lernte ich verteidigen«, erklärte Mehmet Scholl. »Aber ich lernte auch, dass ich bei einem einzigen Fehlpass ausgewechselt werden würde.«

So wie Capellos taktische Wechsel in Madrid waren auch Trapattonis Auswechslungen in München sehr umstritten, insbesondere sein Umgang mit Klinsmann, der die Dauerfehde mit seinem Intimfeind Lothar Matthäus ruhen ließ und sich stattdessen mit Trapattoni anlegte. Klinsmann wusste genau, was ihn erwartete, denn er hatte schon bei Inter Mailand unter Trapattoni gespielt. Trotzdem beklagte er sich häufig über die defensive Taktik des Italieners und darüber, dass er regelmäßig in der Mitte der zweiten Halbzeit ausgewechselt wurde – normalerweise, damit Trapattoni einen Defensivspieler bringen konnte. Das Fass lief über, als Trapattoni Klinsmann am drittletzten Spieltag gegen den SC Freiburg beim Stand von 0:0 kurz vor Schluss durch den Vertragsamateur Carsten Lakies ersetzte, der an diesem Tag zu seinem ersten – und letzten – Bundesligaeinsatz für die Bayern kam. Auf dem Weg in die Kabine schrie Klinsmann seinen Trainer an, machte eine Geste, die »Aus, Schluss« bedeutete, und trat ein Loch in eine mannshohe Werbetonne neben der Bayern-Bank. »Ich wollte nur das Spiel ein wenig öffnen«, erklärte Trapattoni, wobei er mit den Händen zu verdeutlichen versuchte, dass er sich mehr Flügelläufe gewünscht hatte.

Die batterieförmige Werbetonne erhielt einen Ehrenplatz im Vereinsmuseum des FC Bayern, ein Denkmal für Klinsmanns Temperament und Trapattonis sehr italienische Neigung, spektakuläre Spieler den taktischen Erfordernissen unterzuordnen. Die Bayern gewannen schließlich die Meisterschaft, und nach der Siegesparade beglückte Trapattoni in Lederhose die auf dem Marienplatz versammelten Fans mit seiner Interpretation einiger italienischer Volkslieder. Für den Weltmeister Klinsmann war nach seinem einzigen Meistertitel in einer europäischen Liga tatsächlich Schluss bei Bayern: Er kehrte nach Italien zurück, wo er bei Sampdoria Genua anheuerte. »Ich wollte bei einem Verein spielen, dessen Fußballphilosophie zu mir passt«, erklärte er. »Sampdoria ist so ein Verein, und César Menotti ist so ein Trainer.« Klarer hätte er seine Geringschätzung für die von Trapattoni vertretene Spielweise nicht ausdrücken können.

»Ich versuchte als italienischer Trainer, die Denkweise der Deutschen zu ändern«, erklärte Trapattoni später. »Ich stieß auf Widerstand, denn man kann die Mentalität eines Menschen nicht in zwei oder drei Monaten ändern. Ich wollte, dass sie sich daran gewöhnten, taktisch zu denken, das Spiel zu entwickeln und Optionen zu suchen. Ich musste sie auf ihre Art spielen lassen und Schritt für Schritt meine Taktiken einflechten. Nach meinem ersten Jahr begannen sie, sich ein wenig zu ändern, aber es war ein Kulturschock. In Deutschland folgen sie einem festen Plan. In Italien sind wir flexibler.«

Die zweite Saison von Trapattonis zweiter Amtszeit in München verlief weniger erfolgreich und ist vor allem wegen eines Wutanfalls in Erinnerung geblieben, bei dem er in gebrochenem Deutsch ins Mikrofon schrie, um sich dafür zu rechtfertigen, dass er auf den hochbegabten Spielmacher Scholl sowie auf den unberechenbaren Flügelspieler Mario Basler verzichtet hatte, weil sie sich nicht genug an der Defensivarbeit beteiligt hatten. Trapattoni wollte unbedingt klarstellen, dass die Mannschaft unter seiner Führung sehr wohl einen angriffslustigen Fußball spielte. »Es gibt keine deutsche Mannschaft spielt offensiv und die Namen offensiv wie Bayern!«, verkündete er. »Letzte Spiel hatten wir in Platz drei Spitzen: Elber, Jancker und dann Zickler. Wir mussen nicht vergessen Zickler! Zickler ist eine Spitzen mehr Mehmet e mehr Basler!« Obwohl er sehr gereizt war, hatte Trapattoni das Bedürfnis zu beweisen, dass seine Aufstellung nicht zu defensiv, nicht zu italienisch gewesen war.

In seiner Heimat hatte natürlich niemand ein Problem mit defensivem Fußball, und Lippis Juventus sicherte sich den Meistertitel in der Saison 1996/97 auf eine stereotypisch unspektakuläre Art. Drei Mannschaften hatten mehr Tore erzielt als Lippis Schützlinge, aber die Turiner hatten am wenigsten Gegentore hinnehmen müssen. Juventus gewann weniger Spiele als der zweitplatzierte AC Parma, aber Parma verlor vier Partien mehr. Lippi ging es nicht darum, Tore zu schießen und Spiele zu gewinnen, sondern darum, keine Gegentore zuzulassen und Spiele nicht zu verlieren.

Juves Innenverteidigerpaar Ciro Ferrara und Paolo Montero beherrschte den Strafraum, hatte jedoch oft Ärger mit den Schiedsrichtern. Montero wurde in Auswärtsspielen in Neapel und Cagliari vom Platz gestellt, und für das Heimspiel gegen Milan Mitte November waren beide Spieler gesperrt. Dieses heftig umkämpfte Match konnte aufgrund schwerer Regenfälle erst mit Verspätung angepfiffen werden, da erst noch die Seitenlinien nachgezogen werden mussten. Dass Juventus auf zwei Schlüsselspieler verzichten musste, machte sich wie gewohnt kaum bemerkbar: Die Aushilfsinnenverteidiger Sergio Porrini und Alessio Tacchinardi – der erste eigentlich ein Rechtsverteidiger, der andere ein zentraler Mittelfeldspieler – machten ihre Sache gegen Roberto Baggio und George Weah sehr gut. Das Spiel endete torlos.

In dieser Saison hatten Zidane, der nach einer schwierigen Eingewöhnung das Offensivspiel von Juventus zu bestimmen begann, und Del Piero, der trotz zahlreicher Verletzungen einige entscheidende Tore schoss (darunter der Siegtreffer im Weltpokal gegen River Plate), einige brillante Auftritte. Lippi ersetzte sein aus der Vorsaison vertrautes Standardsystem 4-3-3 durch ein 4-4-2, das er im Lauf der Zeit zu einem 4-3-1-2 weiterentwickelte, in dem Zidane in die Position des Zehners vorrückte. Wie immer machte Lippi guten Gebrauch von seinen funktionalen Spielern. Die äußeren Mittelfeldspieler, oft Di Livio und Vladimir Jugović, waren vielbeschäftigt und rückten nach innen, um Didier Deschamps zu unterstützen, der nach Paulo Sousas Wechsel zu Borussia Dortmund der wichtigste defensive Mittelfeldspieler von Lippi wurde. Der Linksverteidiger – normalerweise Pessotto – sorgte durch seine Vorstöße für Breite in der Offensive, und bei Ballbesitz ging Juventus zu einer Dreierkette in der Abwehr über, wobei der Rechtsverteidiger – Porrini oder Torricelli – nach innen rückte, ein Standardmanöver aus dem Handbuch des Catenaccio.

Lippis Methode, die Außenverteidiger die Positionen tauschen zu lassen, kam bei einem 2:1-Sieg über den AC Perugia im Februar erneut zur Anwendung. Nach zwanzig Minuten musste Porrini, der an der Seite von Ferrara als rechter Innenverteidiger spielte, verletzt das Feld verlassen. Ersetzt wurde er jedoch durch Iuliano, der linksfüßig war und daher links von Ferrara spielen musste. Lippi glaubte, dass Iuliano eine Absicherung brauchte, weshalb er den Rechtsverteidiger Torricelli auf die linke Seite schickte, während Pessotto auf die rechte Außenbahn wechselte. Nur in einer italienischen Mannschaft konnten die Außenverteidiger derart problemlos die Positionen tauschen.

Lippi schreckte nie vor frühen Eingriffen in die Defensivstruktur seiner Mannschaft zurück. Im Spiel gegen ein ungestüm angreifendes Udinese opferte er Pessotto nach einer halben Stunde, weil er mehr Tempo im Spiel brauchte. Di Livio, der in der vorangegangenen Begegnung im rechten Mittelfeld gespielt hatte, kam als Linksverteidiger ins Spiel. Die Umfunktionierung dynamischer rechter Mittelfeldspieler in offensive Linksverteidiger wurde so etwas wie eine Spezialität von Lippi: In seiner zweiten Etappe bei Juventus machte er etwas Ähnliches mit Gianluca Zambrotta, der sich zum weltweit besten

Spieler auf dieser Position mauserte und bei der WM 2006 unter Lippi sowohl rechts als auch links hinten spielte.

Selbst wenn Lippis Juventus einen Gegner auseinandernahm, tat die Mannschaft das oft eher effizient als spielfreudig. Beim 6:1 gegen Paris Saint-Germain im Hinspiel des europäischen Supercups fielen die ersten vier Tore der Italiener im verschneiten Prinzenparkstadion nach Standards. Fairerweise muss gesagt werden, dass die Turiner auch einen desolaten AC Mailand im San Siro mit diesem Ergebnis schlugen und in diesem Fall ein sehr dominantes Spiel aufzogen, und der beeindruckendste Sieg in jener Saison war ein 4:1 über den mittlerweile vertrauten Gegner Ajax Amsterdam im Halbfinale der Champions League.

Im Vorjahrsfinale war Juventus überlegen gewesen, hatte sich jedoch erst im Elfmeterschießen durchsetzen können. Diesmal überrollten die Turiner Ajax und ließen keinen Zweifel daran, dass der italienische Fußball dem holländischen mittlerweile überlegen war. Lippi hielt in seinem 4-3-1-2 wieder einmal eine taktische Überraschung bereit und setzte die beiden Innenverteidiger Ferrara und Iuliano in einer Linie mit Montero und Tacchinardi als Außenverteidiger ein, womit er einen extrem soliden, körperlich überlegenen Defensivblock errichtete. Vorne störte Juventus aggressiv, und Zidane arbeitete mit Bokšić und Vieri zusammen, um Danny Blind, Mario Melchiot und Frank de Boer die Luft zum Atmen zu nehmen. Der Spielaufbau der Niederländer geriet ins Stocken, weshalb sie auf für sie untypische lange Bälle zurückgriffen, was den vier italienischen Innenverteidigern in die Hände spielte. Die Italiener ihrerseits verstanden sich auf das direkte Spiel und schlugen unentwegt lange Pässe auf ihre Stürmer Vieri und Bokšić, damit diese die Ajax-Abwehr unter Druck setzten.

Zidane gestaltete das Spiel. Unterstützt von Deschamps, der die für ihn charakteristische Positionsdisziplin bewies, und den dynamischen Mittelfeldaußen Di Livio und Attilio Lombardo –

die in der Mitte der ersten Hälfte die Positionen tauschten –, zeigte er ein phänomenales Spiel. In der ersten Hälfte kam er 35 Meter vor dem Tor an den Ball, ging ins Dribbling, bremste ab, wich drei Gegnern aus und zog auf die linke Seite hinüber, von wo aus er auf Vieri flankte, dessen Schuss ins Toraus abgelenkt wurde. Zidane schlug den anschließenden Eckball, den Lombardo per Kopf zum Führungstor nutzte. Der Franzose war auch an dem Spielzug beteiligt, der zum zweiten italienischen Treffer durch Vieri führte. Vor dem dritten Tor fing Zidane im Mittelfeld einen Pass ab und startete einen Konter, versetzte Danny Blind mit einem Übersteiger und legte für den eingewechselten Amoruso auf, der den Ball nur noch ins leere Tor schieben musste. Das vierte Tor erzielte Zidane selbst nach einem Pass von Didier Deschamps, wobei er Edwin van der Sar mit einem angetäuschten Schuss zwang, zu Boden zu gehen, und anschließend ins leere Tor traf. »Er ist zweifellos der größte Spieler, den ich je trainiert habe«, sagte Lippi. »Und ich glaube auch, dass er der größte Spieler der nächsten zwanzig Jahre sein wird. In den vergangenen zwanzig Jahren war es Maradona, in den nächsten wird es Zidane sein. Davon bin ich überzeugt.«

Der Erfolg gegen Ajax Amsterdam war der vielleicht größte Sieg, den Juventus unter Lippi feierte, und er machte deutlich, dass der italienische Fußball mittlerweile drei Vorteile gegenüber dem niederländischen hatte: taktische Flexibilität, physische Stärke und die herausragende individuelle Klasse eines Weltstars. »Zidane spielt in einer eigenen Liga, sogar in einer so bemerkenswerten Mannschaft«, erklärte der unterlegene Louis van Gaal. »Sie haben eine großartige Mannschaft mit großem Können, es ist ein Vergnügen, ihnen zuzusehen. Ich wiederhole, was ich nach dem Hinspiel gesagt habe: Ich habe es noch nie mit einem Gegner zu tun gehabt, der uns so besiegt hat wie Juventus.«

Im Finale mussten sich die Italiener überraschend Borussia Dortmund geschlagen geben, das besser mit ihrem körperbetonten Spiel zurechtkam und Zidane aus dem Spiel nahm, was vor allem der ausgezeichneten Manndeckung von Paul Lambert zu verdanken war. Allerdings hätte die Partie auch anders ausgehen können, denn Juventus erspielte sich die besseren Torchancen und traf zweimal den Pfosten; außerdem wurde Bokšić ein Tor möglicherweise zu Unrecht aberkannt. Juventus lag zur Pause 0:2 zurück, worauf Lippi vom 4-3-1-2 auf ein 4-3-3 umstellte und Del Piero für Di Livio brachte. Auf diese Art zwang er Dortmund zum Rückzug, und Del Pieros Hackentor nach Flanke von Bokšić schien die Wende einzuleiten. Doch kurz darauf kam bei Dortmund das zwanzigjährige Nachwuchstalent Lars Ricken für Stéphane Chapuisat ins Spiel und erzielte nach nur sechzehn Sekunden das 3:1: Bei einem Konter sprintete Ricken los und überlistete bei seiner ersten Ballberührung mit einem bemerkenswerten Weitschuss Angelo Peruzzi. Es war ein Schock für die Italiener. »Nachdem ich das Finale von der Tribüne verfolgt habe, empfinde ich nur Wut«, sagte Conte, der wegen einer Verletzung ausgefallen war. »Denn die schwächere Mannschaft hat gewonnen, und man kann nichts tun, um das zu korrigieren – außer im nächsten Jahr wieder an der Champions League teilzunehmen und sie zu gewinnen.«

In der Saison 1997/98 schlug Lippi in der Offensive einen anderen Weg ein. Vieri war zu Atlético Madrid abgewandert, und mit dem Neuankömmling Filippo Inzaghi, dem besten jungen Torjäger Italiens, hatte Juventus jetzt eine unanfechtbare Nummer eins auf der Mittelstürmerposition. Lippi schränkte die Rotation ein, und die drei Offensivspieler kombinierten mehr: »Wir sollen den Ball jetzt am Boden halten, anstatt ihn wie in der vergangenen Situation hoch auf Vieri zu schlagen«, erklärte Del Piero. Zidane, Del Piero und Inzaghi mussten sich kaum noch um die Defensive kümmern, im Team gab es nun eine klare Rollenverteilung: Die sieben für die Sicherheit zuständigen Spieler erfüllten genau definierte Funktionen, während das Offensivtrio kreative Freiheit genoss.»Diesmal haben wir die beste Abwehr *und* den besten Sturm«, verkündete Lippi stolz.

Seine Mannschaft spielte jetzt regelmäßig in einem 4-3-1-2, um die natürlichen Qualitäten der Offensivspieler optimal zu nutzen, konnte dank der Vielseitigkeit der Defensivakteure jedoch auch auf ein 3-4-1-2 umstellen, wenn der Gegner nur zwei Spitzen aufbot. Gelegentlich wies der Trainer Zidane und Del Piero an, in einem 3-4-3 von den Flügeln nach innen zu ziehen. »Es ist kein großer Unterschied zwischen dem 4-3-3 und dem 3-4-3«, erklärte Lippi.»Ich will in Abwehr und Mittelfeld einen Block von sieben Spielern, und im Angriff brauche ich weitere drei Spieler, die nicht gezwungen sein sollten, bei gegnerischem Ballbesitz zurückzueilen. Sie brauchen die Freiheit, um Chancen herauszuspielen.« Das war eine wesentliche Veränderung gegenüber der Vorsaison, in der keiner der Juve-Stürmer in der Liga mehr als acht Treffer erzielt hatte; nun brachte es Del Piero auf 21 und Inzaghi auf 18 Tore.

Im Saisonendspurt blühten Juventus und Lippi dann richtig auf. Im Spiel gegen Parma Mitte März lag die Mannschaft zur Pause 0:2 zurück. Für die zweite Hälfte brachte Lippi Di Livio und Tacchinardi für Deschamps und Pirindelli und opferte später Zidane für eine dritte Spitze, Marcelo Zalayeta. Aus dem 4-3-1-2 wurde ein 3-4-3, und Juventus gelang noch der Ausgleich. Am folgenden Wochenende zerlegten die Turiner mit Zidane auf der Bank den AC Mailand mit 4:1. Del Piero traf per Elfmeter und Freistoß, Inzaghi verwertete zweimal frei stehend vor dem gegnerischen Torwart.

Der imponierendste Sieg gelang jedoch im April im Duell mit dem Titelkonkurrenten Inter, das die Turiner dank einer sehr italienischen Kombination von Faktoren für sich entschieden: taktisches Geschick des Trainers, Magie des Zehners und eine sehr umstrittene Entscheidung des Schiedsrichters.

Lippi hatte seinen Spielern die Anweisung mitgegeben, Del Piero und Inzaghi in den Räumen seitlich der Mailänder Dreierkette mit langen Bällen anzuspielen, und als Inter-Verteidiger Taribo West in der 20. Spielminute den Ball bei einem Vorstoß verlor, nutzten die Turiner den Raum in seinem Rücken sofort: Edgar Davids schickte Del Piero halblinks in die Gasse. Dieser drang mit Tempo in den Strafraum ein und ging gegen Inter-Libero Salvatore Fresi, der auf der Position aushelfen wollte, ins Dribbling. Del Piero täuschte im Strafraum zweimal einen Richtungswechsel an und suchte dann vom Eck des Fünfmeterraums mit links den Abschluss; nachdem der Ball zunächst an Fresis Bein hängenblieb, drehte Del Piero sich auf der Stelle und schlenzte den Abpraller mit rechts neben den langen Pfosten.

Inter reagierte mit wütenden Angriffen. Das Spiel wurde hitziger, die Spieler lieferten sich zahlreiche persönliche Scharmützel – und dann kam die 69. Minute. Die Juve-Verteidiger konnten einen hohen Ball auf Inter-Star Ronaldo nicht richtig klären, und das Leder fiel Iván Zamorano vor die Füße, der in den Strafraum eindrang. Birindelli spitzelte ihm den Ball weg, aber Ronaldo erwischte das wegspringende Leder und legte es sich in Richtung Strafraummitte vor, um von dort abzuschließen. Während dieser Aktion wurde er jedoch von Juve-Verteidiger Iuliano mit einem Bodycheck zu Fall gebracht. Zur Empörung der Inter-Spieler zeigte Schiedsrichter Piero Ceccarini nicht auf den Elfmeterpunkt. Stattdessen leiteten die Hausherren einen blitzschnellen Konter über Davids und Zidane ein. Der Franzose spielte Del Piero im Strafraum an, der sich, vom übereifrigen West stürmisch bedrängt, bereitwillig fallen ließ. Diesmal entschied der Schiedsrichter auf Strafstoß.

Die folgenden Geschehnisse waren selbst in der Serie A der neunziger Jahre, wo sich die Spieler keinen Zwang antaten, wenn es darum ging, den Schiedsrichter unter Druck zu setzen, außergewöhnlich. Innerhalb weniger Sekunden sah sich Referee Ceccarini von zehn wütenden Inter-Spielern umringt, zu denen sich rasch auch Ronaldo gesellte, nachdem er sich von seinem Sturz im gegenüberliegenden Strafraum erholt hatte. Inters normalerweise gelassener Trainer Gigi Simoni war noch während des Turiner Konters auf den Platz gestürmt, um zu protestieren. Nun wurde er vom Schiedsrichter auf die Tribüne geschickt und von Polizisten in den Kabinengang begleitet. »Du solltest dich schämen!«, schrie er. Die Elfmeterentscheidung gegen West war durchaus berechtigt, hatte der Verteidiger das Bein bei seinem Abwehrversuch doch so hoch gehabt, dass er Del Piero an der Schulter berührte. Iulianos Foul an Ronaldo war vermutlich ebenfalls elfmeterwürdig gewesen, aber wie der Schiedsrichter später erklärte, hatte er sich auf die Auseinandersetzung zwischen Birindelli und Zamorano – der ebenfalls zu Fall gekommen war – konzentriert, und in dem Augenblick, als er sich dem Zusammenstoß zwischen Iuliano und Ronaldo zuwandte, stand Iuliano dem Brasilianer bereits im Weg – Ceccarini hatte nicht gesehen, dass er sich Ronaldo aktiv in den Weg gestellt hatte, um ihn auflaufen zu lassen.

Aber die Italiener glauben nicht an unschuldige Fehler, wenn es um Schiedsrichterentscheidungen geht, die Juventus Turin zugutekommen, und um Ceccarinis Entscheidung ranken sich seither zahlreiche Verschwörungstheorien. Drei Tage nach dem Spiel erreichte der öffentliche Streit die italienische Volksvertretung: Eine Parlamentssitzung musste abgebrochen werden, nachdem der rechtsextreme Abgeordnete Domenico Gramazio mit der spitzen Bemerkung, zahlreiche italienische Schiedsrichter führen Fiats (Juventus gehört zum Fiat-Konzern), den ehemaligen Juventus-Spieler Massimo Mauro, der mittlerweile für das Mitte-links-Bündnis L'Ulivo im Parlament saß, provoziert hatte. Mauro betitelte Gramazio wiederholt als »Clown«, und die Sicherheitsleute des Parlaments mussten seinen Widersacher mit Gewalt daran hindern, Mauro körperlich zu attackieren.

Del Piero scheiterte übrigens mit seinem Strafstoß an Gianluca Pagliuca, aber dank seines Kunststücks in der ersten Halbzeit siegte Juventus mit 1:0.

Am folgenden Wochenende brachten die Turiner den Meistertitel mit einem 3:2-Sieg über den FC Bologna unter Dach und Fach. Inzaghi erzielte drei Treffer: zwei für ihn typische Tore aus kürzester Distanz sowie ein schöner Abschluss nach einer brillanten Kombination von Zidane und Del Piero zwischen den gegnerischen Linien.

Das eigentliche Ziel von Juventus war freilich der Champions-League-Sieg gewesen – doch zum zweiten Mal in Folge musste sich der Klub im Endspiel geschlagen geben.

Nach der 0:1-Niederlage gegen Real Madrid (Torschütze: Predrag Mijatović) schien Lippi nicht in der Lage zu erklären, was auf dem Spielfeld geschehen war. »Es ist einer jener Abende, an denen ein Großteil der Mannschaft deutlich unter seinen Möglichkeiten geblieben ist«, erklärte er. »Die Wahrheit ist, dass wir über die gesamten neunzig Minuten nie gefährlich waren.« Der eine Champions-League-Erfolg im Jahr 1996 spiegelt die europäische Vormachtstellung von Juventus in dieser Zeit nicht angemessen wider; der Klub hätte eher drei Titel in Serie holen müssen.

5
Der dritte Angreifer

Mitte der neunziger Jahre tummelten sich in der italienischen Liga mehr Weltklassestürmer, als jemals in einem einzigen Land zu bewundern waren. Steinreiche Mäzene investierten gewaltige Summen in verschiedene Spitzenklubs; für die besten Fußballer der Welt führte kein Weg an der Serie A vorbei. Und inmitten dieser verblüffenden Ansammlung von individuellen Talenten gab es einen Stürmer, der den italienischen Fußball besser verkörperte als jeder andere Spieler.

Roberto Baggio war ein legendärer Fußballer, ein offensiver Allrounder, der am Ball fast alles konnte: Gegenspieler austricksen, feine Pässe in die Gasse spielen, aus unmöglichen Winkeln Tore erzielen. Seine brillanten Auftritte bei der Heim-WM im Jahr 1990 kündigten an, dass Italien im kommenden Jahrzehnt der Mittelpunkt der Fußballwelt sein würde: Nach einem Slalomlauf durch die Abwehr der tschechoslowakischen Mannschaft erzielte er eines der schönsten Tore des Turniers. Angesichts seiner Auftritte bei der WM hatte Juventus eine Weltrekordablöse an den Meisterschaftsrivalen AC Florenz gezahlt, um sich Baggios Dienste zu sichern. Der Transfer löste in Florenz Tumulte mit Dutzenden Verletzten aus. Baggio sträubte sich angeblich gegen den Wechsel, und in der folgenden Saison weigerte er sich bei seiner Rückkehr ins Stadio Artemio Franchi, einen Strafstoß gegen seine frühere Mannschaft zu schießen. Bei seiner Auswechslung warf ihm ein Zuschauer einen violetten Fiorentina-Schal zu, den Baggio aufhob und zur Juventus-Bank mitnahm, eine Geste, welche die Juventus-Anhänger erboste, die Baggio nie wirklich ins Herz schlossen. Nach seinem

Weggang aus Florenz wirkte er eher wie ein Nationalspieler, der zufällig auch für einen Verein spielte, nicht wie ein Vereinsidol, das gelegentlich für sein Land spielte; er wurde von den italienischen Fußballanhängern verehrt, nicht jedoch von den Fans seines Klubs.

Baggio war weder ein offensiver Mittelfeldspieler noch ein typischer Stürmer: Er war der archetypische Zehner, der hinter den Spitzen am besten zur Geltung kommt, wo er das Spiel gestalten und seine Kunst zeigen kann. Er gehörte zu jenen Spielern, die zu Recht verlangen, dass eine Mannschaft rund um sie aufgebaut wird, zu jener Art von Spielern, die Italien liebt. Doch der klassische italienische *trequartista* (Dreiviertelspieler), bei dem es sich normalerweise um einen Zehner handelte, der hinter zwei Spitzen spielte, war vom Aussterben bedroht. Im von Arrigo Sacchi eingeführten 4-4-2, dessen Zweck darin bestand, den Gegner mit massivem Pressing zu erdrücken, war kein Platz für einen lässigen *trequartista*, weshalb Spieler wie Baggio ihren Wert für die Mannschaft immer wieder neu unter Beweis stellen mussten.

Trotz seiner reservierten, freundlichen Persönlichkeit schaffte es Baggio immer wieder, sich mit seinen Äußerungen in Schwierigkeiten zu bringen. »Ich bin ein Ballspieler, und ich glaube, zehn desorganisierte Fußballer sind besser als zehn organisierte Dauerläufer«, erklärte er, was eine unmissverständliche Kritik an Sacchis System war. Im Vorfeld der WM 1994 konnte Nationaltrainer Sacchi Baggios Talent nicht ignorieren; nicht umsonst war Baggio Europas Fußballer des Jahres. Aber Sacchi setzte Baggio nicht auf dessen Lieblingsposition hinter den Spitzen ein, sondern als Stürmer in einem 4-4-2. Zur berühmtesten Auseinandersetzung zwischen den beiden kam es während des Gruppenspiels gegen Norwegen, nachdem Torwart Gianluca Pagliuca frühzeitig die rote Karte gesehen hatte. Sacchi entschloss sich, Baggio vom Feld zu nehmen, um die

Abwehr zu verstärken, was seinen Spielmacher dazu veranlasste, den Trainer im Vorbeigehen als »verrückt« zu bezeichnen. Die Fans schlugen sich auf die Seite des genialen Fußballers, aber der autoritäre Trainer hatte vermutlich richtig entschieden, und Italien gewann durch ein Tor des anderen Baggio (Dino) mit 1:0. Unter Sacchis Führung erreichte Italien schließlich das Finale, wo die Mannschaft Brasilien im Elfmeterschießen unterlag – den entscheidenden Elfmeter jagte Roberto Baggio über die Latte. Das änderte nichts an der allgemeinen Einschätzung, dass die Azzurri das Finale nicht aufgrund von Sacchis Taktik, sondern dank Baggios Brillanz erreicht hatten. Bei der EM 1996, die für Italien katastrophal verlief, stand der Star nicht einmal im Kader, was Sacchi mit mangelnder Fitness begründete. Dennoch bestärkte Baggios Fehlen die Öffentlichkeit in der Überzeugung, dass italienische Trainer dem System zu große Bedeutung beimaßen und die Kreativität vernachlässigten.

Für die Saison 1996/97 wechselte Baggio zum von dem Uruguayer Oscar Tabarez trainierten AC Mailand, wo er als Zehner hinter Marco Simone und George Weah spielte. Nach einigen enttäuschenden Resultaten fällten die Klubverantwortlichen jedoch zwei Entscheidungen, die Baggio schadeten. Zunächst wurde das bewährte 4-4-2-System wieder eingeführt, und dann wurde Sacchi nach seinem Rauswurf bei der italienischen Nationalmannschaft zurückgeholt. Zwei Monate später platzte Baggio der Kragen. »Er ist doppelzüngig«, sagte er über Sacchi. »Während der Woche sagt er mir, dass ich gut spiele, aber am Sonntag setzt er mich auf die Bank. Ich fühle mich wie ein Ferrari, der von einem Verkehrspolizisten gefahren wird. Ein Trainer muss vor allem ein guter Psychologe sein. Wenn er den Spielern seine Vorstellungen aufzwingt, unterdrückt er ihre Persönlichkeit und Kreativität.« Mitten in der Saison machte sich Baggio auf die Suche nach einem neuen Arbeitgeber.

Dieser Arbeitgeber hätte Parma Calcio sein sollen, ein Klub, der sich mit großzügiger finanzieller Unterstützung von Calisto Tanzi, dem Gründer und Geschäftsführer des Lebensmittelkonzerns Parmalat, zu einem ernstzunehmenden Titelanwärter aufgeschwungen hatte. Doch wie bei einigen anderen Mäzenen und Klubeigentümern der Serie A stellte sich bei Tanzi später heraus, dass er sein Vermögen durch Betrug angehäuft hatte, und die Geschichte von Parmalat endete 2003 mit dem größten Bankrott Europas. Der vom Konzern finanzierte Klub ging ebenfalls pleite, Tanzi landete im Gefängnis.

Mitte der neunziger Jahre war die Welt von Parmalat allerdings noch in Ordnung, und mit Tanzis Geld wurden zahlreiche Superstars nach Parma gelockt.

Nur wollte nicht jeder Trainer Superstars, und Tanzi hatte im Jahr 1996 einen vielversprechenden Trainer namens Carlo Ancelotti engagiert. Ancelotti hatte als Trainer des AC Reggiana lediglich eine Saison Erfahrung in der zweiten Liga gesammelt, war jedoch Sacchis Assistent bei der Nationalmannschaft gewesen. Er galt als nächster großer italienischer Trainer und hielt sich von Anfang an strikt an die von Sacchi entwickelte Spielweise mit einer kompakt stehenden, aggressiv pressenden Mannschaft in einem 4-4-2-System.

Damit stieß er in Parma nicht auf ungeteilte Zustimmung, wofür es zwei Gründe gab. Erstens hatte er dort den wunderbaren Spielmacher Gianfranco Zola vorgefunden, einen klassischen Zehner, der im Vorjahr bei der Wahl zum Ballon d'Or den sechsten Platz belegt hatte. Doch Ancelotti war nicht bereit, sein System zu ändern, um Zola auf seiner angestammten Position spielen zu lassen, und bezweifelte, dass der Zehner auch eine der beiden Positionen in der Spitze übernehmen konnte, denn die Stürmer hatten die Aufgabe, das Spiel in die Breite zu ziehen und in den Rücken der Abwehr zu gelangen. Stattdessen setzte der neue Trainer Zola im 4-4-2 im linken Mittelfeld ein, eine Position, auf der sich dieser kreative Spieler nicht wohlfühlte. »Wir sind nicht mehr erwünscht«, klagte Zola mit Blick auf die *trequartisti*. »Heute geht es nur noch darum, zu pressen, zu doppeln und eine hohe Laufleistung zu bringen.« Er floh nach London zu Chelsea und rieb den heimischen Trainern unter die Nase, in England dürfe er in der zu ihm passenden Rolle spielen. In der Premier League sorgte er für beträchtliches Aufsehen und wurde in der Saison 1996/97 von den englischen Fußballjournalisten zum Spieler des Jahres gewählt, obwohl er erst Mitte der Saison zu Chelsea gestoßen war. Seine Leistungen fielen dem neuen italienischen Nationaltrainer Cesare Maldini auf, der seine Mannschaft vorübergehend rund um Zola konstruierte. Sein Seelenverwandter Baggio pries ihn in den höchsten Tönen. »Ich bewundere Zola, er rächt sich auf brillante Art an allen Zweiflern«, erklärte er. »Das macht den Fußball so schön. Wenn sie dich abgeschrieben haben, kannst du unvermittelt wieder aufblühen.«

Im Sommer 1997 wollte Vereinspräsident Tanzi unbedingt Baggio nach Parma holen. Tatsächlich einigten sich die beiden Seiten auf einen Vertrag, doch in letzter Minute legte Ancelotti sein Veto ein. »Er wollte einen Stammplatz, und er wollte hinter den Spitzen spielen, eine Rolle, die im 4-4-2 nicht existiert«, erklärte Ancelotti. »Ich hatte die Mannschaft gerade in die Champions League geführt und war nicht bereit, mein Spielsystem zu ändern. Also rief ich ihn an und sagte: ›Ich wäre glücklich, Sie in meiner Mannschaft zu haben, aber ich habe nicht vor, Sie regelmäßig aufzustellen. Sie würden mit Enrico Chiesa und Hernán Crespo um einen Platz in der Mannschaft kämpfen.‹« Davon wollte Baggio nichts wissen und unterschrieb stattdessen beim FC Bologna. Ancelotti hatte offenkundig nichts gegen unvorhersehbare Genies in seiner Mannschaft: Er befürwortete die Rückkehr von Faustino Asprilla mit der Begründung, im Gegensatz zu Baggio spiele der aggressive Kolumbianer bereitwillig in der Spitze, während Baggio und Zola eine hängende

Rolle beansprucht hätten. Ancelotti war einfach nicht an einem *trequartista* interessiert. Nun hatte er nicht nur dem beliebtesten Fußballer des Landes eine sehr öffentliche Abfuhr erteilt, sondern er wirkte auch wie ein unflexibler Trainer, der dem System Vorrang vor dem individuellen Können gab. »Ich galt als ›Ancelotti, der Gegner der Fantasie‹. Alles, nur bitte keinen weiteren Zehner!«, erinnert er sich selbstkritisch. »In Parma glaubte ich noch, dass das 4-4-2 in jedem Fall die ideale Formation sei, aber das ist nicht richtig, und hätte ich eine Zeitmaschine, würde ich zurückkehren und es anders machen. Ich würde Baggio nehmen.«

Zu jener Zeit waren die Notationen der italienischen Systeme ein wenig verwirrend. Da die Kompaktheit der Mannschaft für die Trainer Vorrang hatte, wurde ein Zehner normalerweise als dritte Spitze betrachtet und bekam in der Systemnotierung keine eigene »Stelle«. Daher war ein System, das anderswo als 4-3-1-2 bezeichnet worden wäre, in Italien einfach ein 4-3-3. »Es gibt mehrere Arten von 4-3-3-Formationen«, erklärte Marcello Lipp. »Da gibt es ein 4-3-3 mit Mittelstürmer und zwei Flügelspielern, ein 4-3-3 mit zwei Spitzen und einem hängenden Spieler dahinter und ein 4-3-3 mit drei echten Stürmern.« Für Lippi war die Juventus-Mannschaft seiner letzten Jahre, in der Zinédine Zidane hinter Alessando Del Piero und Filippo Inzaghi spielte, kein 4-3-1-2, sondern ein 4-3-3. Die Debatte kreiste also nicht zwangsläufig um die Frage, ob die Trainer einen Zehner verwenden sollten, sondern um die Frage, ob sie überhaupt eine dritte Spitze aufbieten sollten. Glücklicherweise hielten einige Trainer am Spiel mit drei Stürmern fest.

Ein extremes Beispiel war Zdeněk Zeman, der exzentrischste Trainer der Serie A. Zeman stammte aus der Tschechoslowakei, war jedoch als Teenager nach Italien zu seinem Onkel Čestmir Vycpálek gezogen, der Juventus in den Siebzigern zu zwei Meistertiteln führte. Zeman war in seiner Jugend der italienischen

Fußballkultur ausgesetzt, spielte jedoch selbst nie professionell Fußball. Er ließ sich vom Handball inspirieren und blieb ein rätselhafter Außenseiter. Er studierte gemeinsam mit Sacchi in Coverciano, und die beiden hatten ähnliche Vorstellungen vom Fußball. Zeman wollte beweisen, dass italienische Trainer den schieren Resultaten übermäßige Bedeutung beimaßen. Er erklärte, eine 4:5-Niederlage einem torlosen Unterschieden vorzuziehen, weil die Zuschauer unterhalten werden müssten. Seine Zeitgenossen konnten mit dieser Denkweise wenig anfangen.

Zeman legte großen Wert auf Kurzpassspiel, Raumdeckung und die Nachwuchsförderung. Sein Idol war Ştefan Kovács, der Anfang der siebziger Jahre als Michels' Nachfolger mit Ajax Amsterdam zweimal den Europapokal der Landesmeister gewonnen hatte, und er war ein Anhänger des klassischen Ajax-4-3-3. Aber im Gegensatz zu den niederländischen Trainern, die mit Außenstürmern an den Seitenlinien spielten, bestand Zemans Dreimannsturm normalerweise aus drei Torjägern, die die gegnerischen Innenverteidiger im Zentrum banden und damit auf den Flügeln Raum für angriffslustige Außenverteidiger schufen. Er predigte eine bedingungslose Offensive.

Zeman feierte Anfang der neunziger Jahre große Erfolge mit Foggia Calcio und übernahm 1994 Lazio Rom, das er in der Saison 1994/95 zur Vizemeisterschaft und im Jahr darauf auf den dritten Platz führte. Sein Sturmtrio bildeten drei echte Torjäger: Alen Bokšić, Pierluigi Casiraghi und der großartige Giuseppe Signori, der in der Saison 1995/96 gemeinsam mit Igor Protti vom SSC Bari *capocannoniere* (Torschützenkönig) wurde. Nach dieser Saison wechselte Bokšić zu Juventus, worauf Zeman Protti nach Bari holte. In seinem Sturm spielten jetzt die beiden erfolgreichsten Stürmer der Vorsaison, aber er musste seinen Platz auf der Trainerbank bereits Mitte der Saison 1996/97 räumen. Seine Reaktion war ungewöhnlich: Er saß in der restlichen Saison an jedem Wochenende im Olympiastadion auf der Tribüne und verfolgte die Spiele seiner ehemaligen Mannschaft. Seine scherzhafte Erklärung für diese Treue war, dass er sich nach den häufigen Vorwürfen, die er sich wegen der instabilen Lazio-Abwehr habe anhören müssen, ansehen wolle, wie sein Nachfolger Dino Zoff das Problem löste. Auch in der folgenden Saison war er regelmäßig im Olimpico zu sehen, wenn auch aus einem anderen Grund: Er trainierte jetzt den Stadtrivalen AS Rom.

Bei der Roma konnte Zeman mit einem ausgewogeneren Dreimannsturm arbeiten. Statt eines Trios echter Torjäger bot er mit Abel Balbo nur einen auf, dem der pfeilschnelle Brasilianer Paulo Sérgio und ein junger Spieler namens Francesco Totti zur Seite standen, der regelmäßig vom linken Flügel nach innen zog, um sich mit großem Geschick zwischen den gegnerischen Linien zu bewegen. Aus Zemans 4-3-3 wurde nun so etwas wie ein 4-3-1-2, in dem Totti den Zehner gab.

»Zemanlandia«, wie sein Spielstil bald nur noch genannt wurde, rückte mit einem Paukenschlag ins Rampenlicht: Anfang Oktober 1997 schlug die Roma den SSC Neapel nach einer außergewöhnlich dominanten Vorstellung mit 6:2, und der Sieg der Römer hätte durchaus auch zweistellig ausfallen können. Balbo erzielte drei Treffer, aber die Roma-Spieler standen Schlange, um einen der direkten Spielzüge zu verwerten. In der Folge siegte Zemans Mannschaft mit 4:3 gegen Empoli, mit 4:1 gegen die Fiorentina und jeweils mit 5:0 gegen den AC Mailand und Brescia. Allerdings musste die Roma auch eine Reihe hoher Niederlagen einstecken, und die traditionellen italienischen Trainer hatten großes Vergnügen daran, Zeman in die Schranken zu weisen.

Im Dezember verlor der AS Rom bei Inter Mailand mit 0:3. »Manche Trainer spielen gern Ballbesitzfußball«, sagte Inter-Trainer Gigi Simoni anschließend, wobei er sich ein Grinsen nicht verkneifen konnte. »Ich mag den Konterfußball. Jeder hat recht, solange er siegt.« Doch Zeman beharrte darauf, unabhängig von Sieg oder Niederlage im Recht zu sein. Er stellte sein Team immer offensiver ein, und in den letzten fünf Saisonspielen machte die Roma 17 Tore. Sie schloss die Saison auf dem vierten Tabellenplatz ab und erzielte zusammen mit Meister Juventus Turin die meisten Treffer. Zemans Sturmtrio war nicht nur stilistisch, sondern auch statistisch ausgewogen: Balbo schoss 14 Tore, Totti 13 und Sérgio 12. Totti verbuchte in der Saison, in der er den Durchbruch schaffte, zudem zehn Torvorlagen. Er sollte das Spiel des AS Rom in den folgenden zwei Jahrzehnten prägen.

In der Saison 1998/99 rutschte die Mannschaft in der Meisterschaft auf den sechsten Platz ab, aber Zemans Sturmtrio wusste erneut zu glänzen. Balbo war nach Parma abgewandert und durch den großgewachsenen, ein wenig ungelenken Marco Delvecchio ersetzt worden, der es auf 18 Ligatore brachte; Totti und Paulo Sérgio steuerten jeweils 12 Treffer bei. Doch Zemanlandia verwandelte sich langsam in eine Parodie seiner selbst: Die Roma schoss in dieser Saison zwar 65 Tore, musste aber auch 49 Gegentreffer hinnehmen – mehr als der Absteiger Vicenza.

Am viertletzten Spieltag fand eine Begegnung statt, welche die Spielweise von Zemans Mannschaft sehr gut zusammenfasste. Die Roma empfing Inter Mailand, das auswärts seit 700 Minuten nicht mehr aus dem Spiel heraus getroffen und gerade zum dritten Mal in dieser Saison den Trainer gewechselt hatte. Der ewig vorsichtige Roy Hodgson war nach Mailand zurückgekehrt. An diesem Tag musste seine Mannschaft in Rom vier Tore durch Totti, Sérgio, Delvecchio und Eusebio Di Francesco hinnehmen. Allerdings traf sie auch fünf Mal ins römische Tor. Die Inter-Stürmer Ronaldo und Iván Zamorano durchbrachen ein ums andere Mal die hoch stehende Abwehrreihe der Roma und markierten jeweils zwei Treffer, bevor Diego Simeone kurz vor Schluss per Kopf das Siegtor erzielte. Defensive Horrorshows wie diese sowie ein 2:3 gegen den AC Mailand, ein

2:3 gegen Perugia und ein 3:4 gegen Cagliari zeigten in den Augen der Klubverantwortlichen, dass Zeman nicht pragmatisch genug war, um einen Titel zu gewinnen.

Zeman festigte seinen Ruf als verschrobener Außenseiter, indem er den Spielern von Juventus Turin Doping vorwarf. Tatsächlich wurde Riccardo Agricola, der Mannschaftsarzt von Juventus, im Jahr 2004 zu einer Haftstrafe auf Bewährung verurteilt, später jedoch freigesprochen. Zeman glaubt, seine Bereitschaft, schmutzige Praktiken in der Serie A offenzulegen, habe seine Berufschancen geschmälert, und dürfte damit nicht ganz falsch liegen: In den folgenden zwei Jahrzehnten trainierte er Provinzklubs wie Salernitana, Avellino, Lecce, Brescia, Foggia und Pescara, was einer Verbannung gleichkommt, wenn man bedenkt, dass er Lazio und die Roma deutlich besser gemacht, seine Klubs regelmäßig unter die besten fünf Mannschaften Italiens geführt und die Karrieren von Alessandro Nesta und Francesco Totti in Gang gebracht hatte. Aber während Zeman bei den neutralen Zuschauern sehr beliebt war, hatte er praktisch keinen Einfluss auf seine Trainerkollegen. Er blieb eine randständige Kultfigur.

Der Trainer, der am meisten dazu beitrug, der dritten Spitze zum Durchbruch zu verhelfen, war Alberto Zaccheroni. Er hatte sich seine Sporen in den unteren Ligen verdient und Viert- und Drittligisten zum Aufstieg verholfen, bevor er nach einer Zeit in der Serie B schließlich einen Job im Oberhaus beim Aufsteiger Udinese Calcio fand, mit dem er in der Saison 1995/96 den elften Platz in der Meisterschaft belegte. Zaccheroni war ursprünglich ein Schüler von Sacchi und Anhänger des 4-4-2, weshalb er, als er in seiner zweiten Saison drei gute Stürmer zur Verfügung hatte, nur zwei von ihnen einsetzte. Die drei Optionen waren Oliver Bierhoff, ein klassischer Zielspieler, der nach seiner Einwechslung mit zwei Toren das EM-Finale 1996 für Deutschland entschieden und allgemein eine hohe Trefferquote hatte, Paolo Poggi, ein fleißiger Stürmer, der gute Laufwege in die Spitze fand, sowie Márcio Amoroso, ein explosiver Brasilianer, der wegen seiner Glatze zwangsläufig mit Ronaldo verglichen wurde und in Brasilien, Italien und Deutschland Torschützenkönig wurde. Bierhoff und Poggi bildeten zu Saisonbeginn das Sturmpaar, und Amoroso kam zum Einsatz, wenn Bierhoff verletzt war. Zwei Monate vor Saisonende war Udinese nur noch drei Plätze von der Abstiegszone entfernt und hatte zwei schwierige Auswärtsspiele bei Juventus und Parma vor sich, die sich einen harten Kampf um den Meistertitel lieferten.

Diese Spiele erwiesen sich als wegweisend. Beim amtierenden Meister Juventus, der auf dem Weg zur Titelverteidigung war, feierte Udinese einen unglaublichen 3:0-Sieg, und das, obwohl die Mannschaft nach nur drei Minuten eine rote Karte wegstecken musste. Daraufhin stieg Zaccheroni auf ein 3-4-2 um, was zur Folge hatten, dass seine Stürmer entfesselt aufspielten: Amoroso brachte den Außenseiter per Elfmeter in Führung, Bierhoff traf per Kopf, und schließlich legte der Deutsche für den aus dem Rückraum in den Sechzehner stürmenden Brasilianer das dritte Tor auf. Es war das vielleicht überraschendste Ergebnis des ganzen Jahrzehnts in der Serie A. Nachdem Udinese mit drei Verteidigern und vier Mittelfeldspielern einen derart außergewöhnlichen Sieg gefeiert hatte, hielt Zaccheroni für das Auswärtsspiel in Parma an dieser Defensivstruktur fest und brachte Poggi als dritten Stürmer. Das Ergebnis war ein weiterer verblüffender Sieg des Außenseiters (0:2). Damit war das 3-4-3 etabliert. Mit dem neuen System kletterte Udinese in der Tabelle nach oben; der Klub, der eine Weile gegen den Abstieg gekämpft hatte, landete am Ende auf dem fünften Tabellenplatz und durfte zum ersten Mal in seiner Geschichte an einem internationalen Wettbewerb teilnehmen.

Zaccheroni hielt auch in der Saison 1997/98 am 3-4-3 fest und führte Udinese auf einen historischen dritten Platz in der

Meisterschaft. Bierhoff führte die Sturmreihe an, flankiert von Poggi und Amoroso, die in die Räume auf den Außenbahnen vorstießen. Udinese erzielte in dieser Saison in jedem Spiel ein Tor, und Zaccheroni verwies unablässig auf die Torjäger seiner Mannschaft und bekräftigte seinen Glauben an einen offenen, expansiven Fußball. Udinese schlug Lecce 6:0, Brescia 4:0, Bologna 4:3 und Zemans Roma 4:2. »Mein System war kein 3-5-2, das man anderswo sehen konnte, sondern eine Formation mit vier Mittelfeldspielern«, erinnerte sich Zaccheroni später. »Und das sind zwei sehr verschiedene Dinge. Ich sah mich um, studierte Mannschaften und beobachtete Dinge, die mir nicht gefielen. Oft sah man fünf Spieler im Mittelfeld, was mir überhaupt nicht gefällt, denn daraus wird am Ende ein 5-3-2, womit die Offensive nicht gefährlich genug ist. Ich sah mir Cruyffs Barcelona und Zemans Foggia an, aber das waren nicht die Lösungen, nach denen ich suchte; ich wollte nicht mit drei Spielern im Mittelfeld [in einem 4-3-3] spielen, weil dich das unvermeidlich zwingt, in einem 4-5-1 zu verteidigen. Hingegen kann ein Viererblock im Mittelfeld die Offensive und die Defensive gleichzeitig abdecken. Mein Ziel war es, mit drei Stürmern zu spielen, damit sie sich nicht ständig zurückziehen mussten. Also begann ich, daran zu arbeiten, zuerst mit Stift und Papier, dann auf dem Feld.«

Das 3-4-3 wurde zu Zaccheronis Markenzeichen, und abgesehen von den Zahlenspielen bewies Udinese, dass Underdogs durchaus angreifen konnten. »Früher musste ein Trainer um ein gutes Resultat beten, wenn er mit seiner Mannschaft im San Siro auf Milan oder Inter traf«, sagte Zaccheroni. »Mittlerweile hat sich die Mentalität geändert. Wir können dort unsere eigenen Vorstellungen und unsere eigene Spielweise auf den Platz bringen.«

Zaccheroni brachte seine Spielweise sehr buchstäblich im San Siro auf den Platz, denn im Jahr 1998 heuerte er als Trainer beim AC Mailand an. Das war zumindest in der Theorie ein deutlicher Rückschritt für ihn. Mit Udinese hatte er die Meisterschaft in den vorangegangenen zwei Spielzeiten auf dem fünften bzw. dritten Platz beendet, während Milan zwei katastrophale Jahre mit einem elften und einem zehnten Rang hinter sich hatte. Zaccheroni war ein Trainer mit Zukunft, aber der Versuch, in dem Klub, der den italienischen Fußball mit Sacchis 4-4-2 beherrscht hatte und seitdem im Wesentlichen an diesem System festhielt, ein 3-4-3 einzuführen, schien sehr gewagt. »Erwarten Sie keine Kopie von Udinese«, erklärte Zaccheroni, obwohl er sowohl den Mittelstürmer Bierhoff als auch den defensiven rechten Mittelfeldspieler Thomas Helveg aus Udinese mitgebracht hatte. »Milan wird mit drei Verteidigern, vier Mittelfeldspielern und drei Stürmern spielen, aber das bedeutet nicht, dass es genauso spielen wird wie Udinese. Jedenfalls ist das 3-4-3 keine Zauberformel. Vielleicht werden wir hier eine Neuinterpretation des 3-4-3 sehen.«

Diese Aussage erwies sich als vorausschauend. Zaccheroni begann die Saison mit seinem gewohnten System, in dem es jedoch nur einen Fixstarter im Sturm gab. Sein Lieblingsspieler Bierhoff stand in allen 34 Ligaspielen in der Startelf und erzielte 19 Tore: zwei Strafstöße, drei Tore aus dem Spiel mit dem Fuß, und 14 Kopfballtreffer. Auf den Flügeln fiel es Zaccheroni allerdings schwer, das richtige Gleichgewicht zu finden. George Weah passte nicht gut in die Rolle auf dem linken Flügel, und trotz seines unzweifelhaften Talents war der Ballon-d'Or-Gewinner des Jahres 1995 vor dem Tor nicht sehr effektiv und kam nie näher als zehn Treffer an den Torschützenkönig der Serie A heran. Maurizio Ganz wiederum erzielte einige wichtige späte Tore, war jedoch eher arbeitsam als explosiv. Zaccheroni versuchte, statt Stürmern Spielgestalter in vorderster Reihe einzusetzen. Der hochbegabte Brasilianer Leonardo ließ einige Male sein Können aufblitzen, war jedoch vor allem als Einwechselspieler effektiv.

Die Meisterschaft machten in dieser Saison Milan, Lazio Rom und der AC Florenz untereinander aus. Die Fiorentina galt für kurze Zeit als Favorit, geriet jedoch in eine Krise, nachdem sich der Argentinier Gabriel Batistuta bei einem torlosen Unentschieden gegen Milan am Knie verletzt hatte; später nahm sich sein Sturmpartner Edmundo mitten in der Saison eine Pause, weil er den Karneval in Rio nicht verpassen wollte. Nach einem 0:0 bei Lazio Anfang April lagen Milan und die Römer acht Spieltage vor Saisonende gleichauf an der Tabellenspitze. Aber dann nahm Zaccheroni eine wichtige taktische Veränderung vor.

Bis dahin hatte der Milan-Trainer den hoch talentierten, leidenschaftlichen kroatischen Zehner Zvonimir Boban nur im zentralen Mittelfeld eingesetzt. In der ersten Saisonhälfte sah Boban zweimal die rote Karte, was ihm scharfe Zurechtweisungen seitens seines Trainers einbrachte und Spekulationen über einen Verkauf in der Winterpause auslöste. Doch eine Woche nach dem torlosen Unentschieden gegen Lazio empfing Milan im San Siro Parma, und in diesem Spiel brachte Zaccheroni Boban erstmals als Zehner, der in einem 3-4-1-2 hinter Bierhoff und Weah Bewegungsfreiheit genoss. Der Vorschlag für diese taktische Änderung stammte angeblich von Demetrio Albertini und Alessandro Costacurta, die in der Kabine von Milan den Ton angaben. Die Heimmannschaft begann nervös und geriet in Rückstand. Aber dann riss Boban das Spiel an sich, und nachdem Paolo Maldini mit einem brillanten Schuss von außerhalb des Strafraums Gianluigi Buffon im Parma-Tor bezwungen hatte, baute Milan immer mehr Druck auf.

Der großgewachsene Boban, der durch sein stolzes Gehabe auffiel und als einziger Spieler seiner Mannschaft das Trikot nicht in die Hose gesteckt hatte, führte die Wende herbei. Er wurde in der eigenen Hälfte auf der linken Seite unter Druck angespielt, schob den Ball mit dem Außenrist lässig an Parmas

Diego Fuser vorbei und erreichte ihn, bevor sein eigener Mitspieler Andrés Guglieminpietro zur Stelle war. Noch vor der Mittellinie schlug er einen perfekt getimten langen Pass über die Abwehrkette von Parma hinweg, der Buffon dazu verleitete, aus dem Tor zu eilen, aber der Milan-Stürmer Ganz war vor dem Keeper am Ball und hob diesen über Buffon, erlief ihn vor dem zurückgeeilten Fabio Cannavaro und vollendete ins leere Tor. Nach Bobans Auswechslung begleiteten ihn die Milan-Fans mit Standing Ovations in die Kabine. Am selben Tag unterlag Lazio im römischen Derby 1:3. Plötzlich war Milan wieder im Titelrennen. Noch wichtiger war jedoch, dass die Zehner wieder in Mode waren.

Am folgenden Wochenende kehrten Zaccheroni und Bierhoff mit Milan nach Udine zurück. Beide wurden vom Publikum mit begeistertem Applaus bedacht, als sie aus dem Kabinengang kamen. Zaccheroni setzte seine Sonnenbrille auf, als wollte er Tränen verbergen, und Bierhoff wurde sonderbarerweise zehn Monate nach seinem Abschied vom Stadio Friuli als Udineses Spieler des Jahres ausgezeichnet. Aber beide waren nicht in der Stimmung, die Freundlichkeiten zu erwidern. Milan siegte 5:1, zeigte den dominantesten Auftritt der Saison und stellte das Potenzial seines neuen Sturmtrios unter Beweis. Boban erzielte die ersten zwei Tore, Bierhoff steuerte die nächsten beiden bei – natürlich per Kopf –, und dann kam das Tor, das alles über den Saisonendspurt von Milan sagte. Boban wurde zwischen den Linien angespielt, wich einer gefährlichen beidbeinigen Grätsche des Udinese-Verteidigers Valerio Bertotto lässig aus und sah, dass Weah links und Bierhoff rechts in die Gasse stürmten. Boban wandte sich Weah zu, steckte den Ball jedoch zu Bierhoff durch, der ihn über Torwart Luigi Turci zu Weah hob, der nur noch einnicken musste. Milan war in Fahrt gekommen und übernahm zum ersten Mal in der Saison die Tabellenführung. Zaccheroni hatte das System gefunden, in dem sich die Mitglieder seines Sturmtrios perfekt ergänzten: Boban sorgte für die Einfälle, Weah für die Geschwindigkeit und Bierhoff für die Lufthoheit. »Ein Spieler wie ich ist am besten geeignet, hinter den eigentlichen Spitzen zu spielen«, erklärte Boban. »Ich kann in dieser Rolle nicht in allen 34 Spielen glänzen, aber ich spiele viel lieber im Zentrum, wo ich mehr beitragen kann. [...] Zaccheroni hat es mir ermöglicht, mein Bestes zu geben. Es hat sich vieles verändert.«

Auf dem Weg zum Meistertitel musste Milan noch einige Hürden überwinden. Gegen Sampdoria Genua gelang erst in der letzten Minute der Siegtreffer zum 3:2. Den wichtigsten Auswärtssieg errang die Mannschaft in Turin. Juventus drückte die Mailänder die gesamte erste Halbzeit in die eigene Hälfte, aber nach der Pause nutzte Weah einen hohen Ball, der hinter der Turiner Abwehrreihe aufsprang, um Torwart Angelo Peruzzi mit einem Kopfball zu überlupfen und Milan in Führung zu bringen. Beim zweiten Tor zeigte das Sturmtrio erneut seine vielfältigen Fähigkeiten: Bierhoff erkämpfte einen hohen Ball, Boban nahm den Abpraller auf und hob ihn mit einem gefühlvollen Halbvolley über die Abwehr in den Lauf von Weah, der vor dem Torwart kurz abstoppte und dann abgeklärt vollendete. In der folgenden Woche schlug Milan Empoli mit drei Treffern von Bierhoff mit 4:0, und am letzten Spieltag gelang ein 2:1-Auswärtssieg in Perugia, wobei das Spiel unterbrochen werden musste, weil randalierende Heimfans auf den Platz stürmten, offenbar mit der Absicht, das Spiel zu verzögern und ihrer abstiegsbedrohten Mannschaft durch die Kenntnis der Resultate ihrer direkten Konkurrenten einen Vorteil zu verschaffen. So verzögerte sich auch die Bestätigung von Milans Titelgewinn, aber schließlich durfte Zaccheronis Mannschaft jubeln. Der AC Mailand war einer der weniger überzeugenden Meister jener Zeit, aber Mannschaftskapitän Paolo Maldini bezeichnete diesen Erfolg als den denkwürdigsten seiner sieben *scudet-*

ti, weil er so unerwartet gekommen war (*scudetto* bedeutet so viel wie »kleiner Schild«; der amtierende italienische Meister darf seine Trikots in der Folgesaison mit einem entsprechenden Emblem in den Landesfarben schmücken). Zaccheroni hatte Milan seine Fixierung auf das 4-4-2 ausgetrieben, einen Dreimannsturm eingeführt und die Rossoneri, die die Vorsaison noch in der unteren Tabellenhälfte abgeschlossen hatten, zum Titel geführt.

Es blieb ungeklärt, wer genau die Systemumstellung angeregt hatte, und es war nicht zu vermeiden, dass der Klubeigner Silvio Berlusconi behauptete, er habe die Idee gehabt, Boban als Zehner einzusetzen, was Zaccheroni zutiefst kränkte.

Wie auch immer es in Wirklichkeit gewesen sein mag, fest steht, dass der Zehner wieder aus der Versenkung auftauchte. Und während die Saison 1999/2000 in Italien eine düstere, von Diskussionen über Spielmanipulationen beherrschte Spielzeit war, die am letzten Spieltag auf umstrittene Art entschieden wurde, war es ein wunderbares Jahr für die *trequartisti*.

Ein gutes Beispiel war der von Giovanni Trapattoni trainierte AC Florenz, der unter den »sieben Schwestern« den letzten Platz belegte, aber über das vielleicht harmonischste Sturmtrio verfügte. Gabriel Batistuta, der kompletteste Torjäger seiner Zeit, wurde von Enrico Chiesa unterstützt, einem schnellen, beidfüßigen Angreifer, der auf die Flügel ausweichen und auch aus spitzen Winkeln gefährlich schießen konnte. Hinter den beiden spielte Rui Costa, ein klassischer Zehner, der seine Gegenspieler häufig im Dribbling abschüttelte und feine Pässe in die Schnittstellen der Abwehr spielte.

Besonders eindrucksvoll schien das offensive Potenzial der Fiorentina beim 1:1-Ausgleichstor gegen den Intimfeind Juventus kurz vor Weihnachten auf: Rui Costa führte den Ball durchs Mittelfeld und schob ihn in den Lauf des über den linken Flügel vorstoßenden Chiesa. Dieser flankte auf den kurzen

Pfosten zu Batistuta, der geschickt vollstreckte. Genau so sollte der Sturm-Dreizack funktionieren: Der Zehner leitete den Konter ein, die zweite Spitze lief in die Gasse, der Mittelstürmer verwandelte. Das Führungstor der »Veilchen« bei einem 2:1-Sieg über Inter Mailand war ein weiterer für diesen Sturm typischer Treffer: Rui Costa passte nach links zu Chiesa, dessen tückische halbhohe Flanke Angelo Peruzzi dazu verleitete, herauszulaufen; aber der Juve-Torwart verpasste den sich vom Tor wegdrehenden Ball, und Batistuta nickte in den leeren Kasten ein. Solche Spielzüge konnte die Mannschaft jedoch nicht regelmäßig zeigen, und nach einem enttäuschenden Saisonfinale endete die neunjährige Romanze Batistutas mit der Fiorentina: Er wechselte zum AS Rom.

Die von Fabio Capello trainierte Roma hatte die Saison nur einen Platz vor der Fiorentina abgeschlossen, aber in Rom eröffneten sich faszinierende Möglichkeiten. Capello war bis dahin ein unerschütterlicher Verfechter des 4-4-2 gewesen, weshalb seine Entscheidung, die Mannschaft rund um Totti aufzubauen – den nächsten großen *trequartista* Italiens –, bemerkenswert war und wesentlich zur Wiederauferstehung des Zehners beitrug. Mit Cafu und Vincent Candela verfügte Capello über zwei ideale Flügelverteidiger, weshalb er zu einem 3-4-1-2 übergehen konnte.

Totti zeigte auf der Position hinter den beiden Spitzen sensationelle Leistungen. Er ließ sich tief fallen, um aus dem Mittelfeld die Angriffe zu gestalten, und konnte in den Strafraum nachrücken, um selbst den Abschluss zu suchen. Aber sein natürliches Habitat war der Raum zwischen den Linien und seine Spezialität ein bestimmter Pass: Er zog sich einige Meter zurück, um sich für ein Anspiel aus dem Mittelfeld anzubieten, und leitete den Ball mit der ersten Berührung in den Lauf eines über die rechte Seite vordringenden Mitspielers weiter, bei dem es sich entweder um den in den Rücken der Abwehr vorstoßenden Vincenzo Montella oder um den aus der Tiefe heranstürmenden Cafu handelte.

Ihre beste Leistung zeigte die Mannschaft im November beim 4:1-Sieg im Stadtderby gegen Lazio. Alle vier Tore der Roma fielen in der ersten halben Stunde nach einem ähnlichen Strickmuster: Die Doppeltorschützen Delvecchio und Montella sprinteten in den Rücken der Abwehr, und Totti zog zwischen den Linien die Fäden. Im Herbst kletterte die Roma vorübergehend an die Tabellenspitze, aber im Frühjahr erlitt die Mannschaft einen dramatischen Leistungseinbruch und gewann nur eines von zehn Spielen, wobei sie in fünf Begegnungen ohne Torerfolg blieb. Aber diese Krise erwies sich im Nachhinein als Segen, bewegte sie den Klub doch zur Verpflichtung von Batistuta, dessen Tore der Roma in der Saison 2000/01 zum Titelgewinn verhalfen (für Totti sollte es der einzige Meistertitel bleiben).

Das fünftplatzierte Parma Calcio erlebte ebenfalls eine wechselhafte Saison. Die Mannschaft litt unter der Unbeständigkeit ihrer hängenden Spitze Ariel Ortega. Nachdem der Argentinier Ortega, der in seiner Heimat nur »El Burrito« (der kleine Esel) genannt wurde, bei Sampdoria Genua erfolgreich Juan Sebastián Verón ersetzt hatte, trat er dessen Nachfolge nun mit geringerem Erfolg in Parma an. Bei einem 3:0-Sieg über Hellas Verona im Oktober zeigte sich, dass die Mannschaft mit einem 3-4-1-2 durchaus Potenzial hatte. In diesem Spiel verbuchte Ortega ein Tor, eine Vorlage und einen vorletzten Pass, und die beiden Stürmer Hernán Crespo und Márcio Amoroso trugen sich ebenfalls in die Torschützenliste ein.

Ortega verstand sich besonders gut mit den hängenden Mittelfeldaußen Fuser und Paolo Vanoli, kämpfte jedoch während seiner gesamten Laufbahn mit Alkoholproblemen und konnte nur selten zeigen, warum er als einer der »neuen Maradonas« gehandelt wurde. In der Saison 1999/2000 stand er in weniger als der Hälfte der Spiele in der Startelf. Ohne ihn ließ Trainer Alberto Malesani entweder in einem vorsichtigeren 3-5-2 oder in einem 3-4-3 spielen, wobei Amoroso und Di Vaio Crespo auf den Flügeln begleiteten, aber in beiden Systemen fehlte Parma ein *trequartista*.

Bezeichnend ist jedoch, dass Parma am Ende genauso viele Punkte holte wie Inter, das in der Saison 1999/2000 ein beispielloses Offensivpotenzial auf den Rasen gebracht hatte: Bei Inter spielten Ronaldo, Christian Vieri, Ivan Zamorano, Álvaro Recoba und obendrein Roberto Baggio – der in den Augen von Trainer Marcello Lippi tatsächlich eine Draufgabe war. Baggios vorzügliche Saison beim FC Bologna hatte Inter im Sommer 1998 dazu bewegt, ihn zu holen, aber im ersten Jahr kam der geniale Zehner in einer typisch chaotischen Inter-Saison mit drei Trainerwechseln nicht in Schwung.

So wie es ein schwerer Schlag für Baggio gewesen war, als ihm bei Milan erneut Sacchi vor die Nase gesetzt worden war, litt er nun beim Stadtrivalen Inter unter der Ernennung von Lippi, mit dem er schon bei Juventus nicht zurechtgekommen war. Lippi hatte wenig für Baggio übrig, und er hatte noch weniger Interesse daran, einen Zehner aufzustellen: Von Vieri und Ronaldo wurde erwartet, dass sie ohne zusätzliche offensive Unterstützung zurechtkamen, obwohl sie aufgrund von Verletzungsproblemen in der gesamten Saison nur ein einziges Mal gemeinsam auf dem Platz standen – und in diesem Spiel, einem mit 1:2 verlorenen Derby gegen Milan, hatte Ronaldo zu allem Überfluss bereits nach einer halben Stunde die rote Karte gesehen, nachdem er dem mit allen Wassern gewaschenen Roberto Ayala einen Ellbogencheck verpasst hatte.

Wie Parma hatte auch Inter Schwierigkeiten, Torchancen herauszuspielen, wenn es im 3-5-2 antrat; in den letzten neun Spielen vor dem Transferfenster im Januar sammelte das Team lediglich zehn Punkte. Doch dann gelang dem Klub eine wichtige Neuverpflichtung: Die Italiener holten Clarence Seedorf von Real Madrid. Der Niederländer hatte den Großteil seiner Karriere in einer defensiveren Mittelfeldposition gespielt, aber in Mailand kam er von Anfang an als Zehner zum Einsatz und veränderte das Spiel der Mannschaft vollkommen. Bei seinem Debüt setzte sich Inter mit 5:0 gegen den AC Perugia durch. Seedorf gab die Vorlage zum Führungstor und erzielte den zweiten Treffer selbst: Er zog vom linken Flügel nach innen, zwang Verteidiger Roberto Ripa mit einem Übersteiger zu Boden und lupfte den Ball in den Winkel. Nach weiteren drei Inter-Toren wurde Seedorf unter tosendem Beifall ausgewechselt. Dank seiner Ankunft und des Wechsels vom 3-5-2 zum 3-4-1-2 sammelte Inter in den folgenden zehn Spielen 23 Punkte.

Roberto Baggio hingegen stand bis Mitte Januar nur in einem einzigen Ligaspiel in der Startelf. Lippi zog ihm jeden anderen verfügbaren Spieler vor. Bei einem Auswärtsspiel in Verona im Januar fielen Ronaldo, Vieri und Zamorano aus. Also spielte Seedorf hinter Álvaro Recoba und dem völlig unbekannten 21-jährigen Adrian Mutu, der zu seinem ersten Einsatz in der Serie A kam. Inter geriet 0:1 in Rückstand, und Lippi verbrachte den Rest der ersten Hälfte damit, am Rand der Coaching-Zone auf den verblüfften Baggio einzureden und ihm gestikulierend Anweisungen zu geben. Es war offensichtlich, dass Lippi dem Spieler nicht nur taktische Details erklären, sondern auch seine Autorität demonstrieren wollte. Nach der Pause kam Baggio als Zehner ins Spiel.

Baggio, der nie eine ausgeprägte Neigung gezeigt hatte, Anweisungen zu befolgen, machte natürlich, was er wollte. Zwei Minuten nach Wiederanpfiff schickte er Vladimir Jugović in die Gasse; der Ball wurde abgefangen, kam aber über Umwege zu Recoba, der zum Ausgleich traf. Eine Viertelstunde vor Spielende drang Recoba links in den Strafraum ein und passte von der Grundlinie nach innen zu Baggio, der den Ball in die lange

Ecke lenkte. Baggio feierte sein Tor überschwänglich und nutzte ein Interview nach dem Spiel auf gewohnte Art zu einem Seitenhieb auf den Trainer: Er erklärte, es allen gezeigt zu haben, die seine Fitness angezweifelt hatten.

Das hinderte Lippi nicht daran, Baggio eine Woche später im Heimspiel gegen die Roma von Anfang an zu bringen. Erneut entschied Baggio das Spiel für Inter. Nach acht Minuten wurde er von Seedorf halblinks steil geschickt und dribbelte auf das Tor zu, spielte den Ball dann jedoch in den Lauf von Vieri, der Inter in Führung brachte. Vieri, Baggio und Seedorf fielen sich in die Arme; dies war ein Trio, das sich verstand. Kurz darauf fanden sich die drei erneut, aber Vieri vergab eine klare Torchance. Die Gäste glichen aus, doch Inter wusste wieder eine Antwort: Vieri schoss einen Verteidiger an, der Ball prallte zum heranstürmenden Mittelfeldaußen Francesco Moriero, dessen Schuss Roma-Torwart Francesco Antonioli abwehren konnte. Der Abpraller flog in einem hohen Bogen zum links im Strafraum stehenden Baggio, der den herabfallenden Ball mit dem Rücken zum Tor direkt aus der Luft nahm und gefühlvoll über den zurückgeeilten Cafu ins Tor hob. Baggio feierte erneut überschwänglich, und dasselbe tat Lippi.

Doch am folgenden Wochenende musste Baggio wieder auf der Bank Platz nehmen, da sich die Verletzten zurückgemeldet hatten. An den verbleibenden Spieltagen wurde er nur noch gelegentlich eingesetzt. Einmal mehr zeigte ihm ein autoritärer Trainer die kalte Schulter.

Der Stadtrivale AC Mailand war der amtierende Meister, litt in dieser Saison jedoch unter zahlreichen Verletzungen seines Spielmachers Boban, der die ersten beiden sowie die letzten beiden Monate ausfiel. Sein Fehlen bewegte Zaccheroni dazu, in einigen Spielen auf ein 3-4-3 zurückzugreifen. Mit Boban war Milan offenkundig besser: Bei einem 2:1-Sieg über Parma erzielte er beide Tore per Freistoß, was zwangsläufig dazu führte, dass Berlusconi das System guthieß. »Boban war heute brillant, er ist wieder in Bestform«, erklärte er. »Heute ließ Zaccheroni ihn hinter zwei Spitzen spielen, und das ist eine der Formationen, die mir gefallen.«

Bobans Lässigkeit und Launenhaftigkeit waren für seinen Trainer weiterhin schwer zu ertragen, aber der Kroate bewies immer wieder seinen Wert für die Mannschaft. Im Januar 2000 geriet Milan mit drei echten Stürmern in der Startelf im heimischen San-Siro-Stadion mit 0:2 gegen US Lecce in Rückstand. Daraufhin ersetzte Zaccheroni José Mari durch Boban und stellte vom 3-4-3 auf ein 3-4-1-2 um. Kurz darauf erzielte Milan das Anschlusstor. Dann bereitete Boban mit einer Flanke den Ausgleichstreffer durch Bierhoff vor, und der Mittelstürmer zeigte beim Torjubel ostentativ auf den Vorlagengeber. Kurz vor Schluss bekamen die Hausherren einen Freistoß an der Strafraumgrenze zugesprochen. Boban zielte mit viel Effet auf den oberen Torwinkel, traf jedoch nur den Pfosten. Das Spiel endete 2:2, und Boban war der Mann des Spiels, obwohl er nur eine halbe Stunde gespielt hatte.

Er war auch der herausragende Akteur beim 2:1-Sieg über Lazio Rom im Februar und wurde bei seiner Auswechslung vom Publikum mit stehenden Ovationen verabschiedet. Doch dann setzten ihn Verletzungen erneut außer Gefecht, und Milan schlitterte in eine Krise. »Wir hatten uns daran gewöhnt, dass er hinter uns spielte«, erklärte Andrej Schewtschenko, der in seiner ersten Saison in Italien mit 24 Toren *capocannoniere* wurde. »Er bereitete die Tore vor, er war das Gehirn der Mannschaft mit verblüffend kreativen Ideen, die er in Torvorlagen für uns ummünzte. Jetzt müssen wir andere Wege zum Tor finden. Das braucht Zeit.«

Das zweitplatzierte Juventus war eine weitere Mannschaft, die sich in der gesamten Saison 1999/2000 auf das 3-4-1-2 verließ. Das war nicht besonders überraschend, wenn man bedenkt, dass Juventus schon unter Lippi so gespielt hatte, aber es war durchaus bemerkenswert, wenn man bedenkt, wer nun in Turin auf der Trainerbank saß: Carlo Ancelotti war stets ein hartnäckiger Verfechter eines strikten 4-4-2 gewesen und hatte sich geweigert, in seinem taktischen Schema Platz für einen Zehner zu schaffen. Er wollte Zola nicht, er wollte Baggio nicht. Aber bei Juventus konnte auch er Zidane nicht widerstehen.

Nach seiner Ankunft in Turin stellte Ancelotti fest, dass die Mannschaft bereit war, für Zidane hin und wieder eine Ausnahme zu machen. Einmal erschien Zidane vor einem Auswärtsspiel nicht rechtzeitig zur Abfahrt des Busses. Niemand konnte ihn ausfindig machen. Ancelotti geriet in Wut und befahl dem Fahrer, ohne den Franzosen loszufahren, doch da sprang Innenverteidiger Paolo Montero von seinem Sitz auf und eilte nach vorn zum Trainer. Er erklärte Ancelotti, die Mannschaft werde nicht ohne ihren Talisman aufbrechen, und der Trainer gab nach. Zehn Minuten später tauchte Zidane auf. Er spielte an diesem Tag gut und Juventus kehrte mit einem Auswärtssieg heim.

»Ich hätte mit Baggio arbeiten und eine Lösung finden müssen«, gestand Ancelotti Jahre später. »Ich lernte meine Lektion, und als ich zu Juventus kam, wurde mir klar, dass es hilfreich war, die Spielsysteme flexibler zu betrachten. Ich musste meine Vorstellung vom Fußball ändern, um Zidane einzubauen, und das System um ihn herum errichten, anstatt ihn in das von mir bevorzugte 4-4-2 zu pressen. Ich wollte Zidane nicht auf der linken Seite in einem 4-4-2 einsetzen, weil er sich dort nicht wohlfühlte. Stattdessen gingen wir zu einem 3-4-1-2 über, in dem er zwischen den Linien spielte.« Ancelottis Kehrtwende war der deutlichste Beleg für die Rückkehr der Zehner.

Zidane zeigte einige brillante Leistungen und krönte seine besten Spiele oft mit Freistoßtoren, so zum Beispiel gegen den AS Rom, den AC Perugia und US Lecce. Aber vor dem Tor war Juventus in der Saison 1999/2000 erschreckend schwach: In 34 Ligaspielen gelangen der Mannschaft lediglich 46 Tore, die schlechteste Bilanz aller »sieben Schwestern«. Die Leistungen des Sturmtrios waren nicht überzeugend: Zidane traf in 32 Spielen nur ein einziges Mal aus dem Spiel heraus und gab eine Torvorlage. Für die Kreativität war eher Del Piero zuständig, der 14 Tore vorbereitete, was der höchste Wert in der Liga war. Aber auch Del Piero konnte als Torjäger nicht glänzen: Er traf achtmal vom Elfmeterpunkt, musste jedoch bis zum vorletzten Spieltag auf sein erstes Tor aus dem Spiel heraus warten. Inzaghi kam auf akzeptable 15 Tore, aber die drei Juve-Stürmer waren keine Einheit. Das lag vor allem daran, dass sich Del Piero und Inzaghi nicht verstanden.

Der Konflikt eskalierte im Februar bei einem 4:0-Auswärtssieg beim FC Venedig. In der Schlussphase des Spiels wurde unübersehbar, dass die beiden Stürmer nicht miteinander auskamen. Del Piero brachte Juventus per Strafstoß in Führung, lief jedoch weiterhin seinem ersten Tor aus dem Spiel heraus hinterher, ein Problem, das in den Medien bereits intensiv diskutiert wurde. Zehn Minuten vor Schluss luchste Inzaghi den gegnerischen Verteidigern den Ball ab und spitzelte ihn vor Torwart Fabrizio Casazza in die Mitte, wo Del Piero angelaufen kam, um den Ball ins leere Tor zu schieben. Aber Inzaghi erlief den Ball und machte das Tor selbst. Daran war an sich nichts auszusetzen: Er hatte die Chance kreiert, weshalb er es verdient hatte, sie auch zu nutzen.

In der Nachspielzeit liefen Inzaghi und Del Piero dann jedoch bei einem Konter auf den gegnerischen Torwart zu. Inzaghi hätte seinen in der Mitte frei stehenden Mitspieler bedienen können, zog es jedoch vor, selbst zu schießen. Casazza parierte seinen Schuss, und der Ball sprang zu Inzaghi zurück. Ein anderer Spieler hätte bei der zweiten Gelegenheit vielleicht schuldbewusst zu Del Piero gepasst, aber Inzaghi schoss erneut aus spitzem Winkel. Diesmal traf er und drehte alleine zum Jubel ab, während Del Piero regungslos im Fünfmeterraum stehen blieb.

Zu guter Letzt sicherte sich Inzaghi noch seinen Hattrick, indem er dem verzweifelt bemühten Del Piero eine scharfe Hereingabe im Fünfmeterraum vor der Nase wegschnappte und den Ball ins leere Tor schob. Und dann war noch Zeit für eine allerletzte Torchance, als der Ball genau zwischen die beiden Stürmer fiel. Inzaghi holte mit dem rechten Fuß zum Schuss aus, aber Del Piero war mit dem linken Fuß vor ihm am Ball und schoss; Casazza lenkte den Schuss an den Pfosten. Juventus hatte einen deutlichen Sieg eingefahren und stand an der Tabellenspitze, aber es war endgültig klar, dass seine beiden Spitzen keine harmonische Sturmpartnerschaft bildeten.

»Inzaghi und Del Piero waren ein gutes Paar, aber sie passten nur theoretisch zusammen«, gab Ancelotti später zu. »Es war das übliche Problem zwischen Spielern. Einer der beiden war der eigennützigste Spieler der Geschichte – und ich spreche nicht von Alessandro.« Für das schlechte Verhältnis zwischen den beiden musste Juventus in den letzten acht Spielen einen hohen Preis bezahlen: Die Mannschaft blieb in vier Spielen torlos, und Inzaghi traf in diesen acht Begegnungen überhaupt nicht mehr. Nachdem Juventus dreizehn Wochen die Tabelle angeführt hatte, verlor es am letzten Spieltag die Meisterschaft.

Der letzte Spieltag der Saison 1999/2000 verlief chaotisch. Juventus hatte zwei Punkte Vorsprung auf das zweitplatzierte Lazio Rom und brauchte einen Auswärtssieg beim Mittelfeldteam AC Perugia, für das es nur noch um die Goldene Ananas ging. Die Turiner kamen gut ins Spiel und vergaben eine klare Torchance, als Zidane verschoss, anstatt auf den frei stehenden Inzaghi abzulegen. Doch kurz vor der Pause ging ein Wolkenbruch über der Hauptstadt Umbriens nieder, und hinterher hätte Mark Spitz in diesem Stadion bessere Bedingungen

Der dritte Angreifer 137

vorgefunden als Marco Materazzi. Die Halbzeitpause zog sich eine Stunde hin, während die Spieler in der Kabine im Fernsehen verfolgten, wie Schiedsrichter Pierluigi Collina unter einem Regenschirm den Platz inspizierte und den Ball in große Pfützen plumpsen ließ. Normalerweise wäre das Spiel abgebrochen worden, um es zu einem späteren Zeitpunkt zu wiederholen, aber an diesem Tag endete die Saison, weshalb eine Verschiebung nicht infrage kam. Nach der Fortsetzung fiel nur ein einziges Tor, und das erzielte Perugias Innenverteidiger Alessandro Calori. Juventus und seine eigennützigen Stürmer hatten es verbockt.

Das von Sven-Göran Eriksson trainierte Lazio Rom ließ sich die Chance nicht entgehen, schlug Reggina Calcio mit 3:0 (ein Tor erzielte Filippo Inzaghis jüngerer Bruder Simone) und holte sich zum ersten Mal seit 1974 den Meistertitel. Eriksson hatte nicht allzu viel für die Figur des *trequartista* übrig und ließ seine Mannschaft zumeist in einem 4-4-2 spielen, wobei Inzaghi, Marcelo Salas, Alen Bokšić, Fabrizio Ravanelli und Roberto Mancini einander in der Spitze abwechselten.

In jener Saison hatte der Schwede jedoch im Frühjahr auf ein 4-5-1 umgestellt, was bedeutete, dass Salas alleine in der Spitze spielte und ein zusätzlicher Mittelfeldspieler in die Mannschaft kam. So erhielten Juan Verón und Pavel Nedvěd größere Freiheit. Verón war in zwei entscheidenden Spielen Lazios bester Mann: Im römischen Stadtderby erzielte er das Siegtor mit einem spektakulären Freistoß aus großer Distanz, und eine Woche später gab er Diego Simeone die Vorlage zum einzigen Tor gegen den direkten Titelrivalen Juventus.

Dann kehrte Eriksson zum 4-4-2 zurück, fand im entscheidenden letzten Spiel gegen Reggina jedoch Platz für drei geborene Zehner: Verón, Nedvěd und Mancini, der sein 541. und letztes Spiel in der Serie A absolvierte. In dieser Partie dauerte die Halbzeitpause 35 Minuten, da der Verband wollte, dass Lazio und Juventus die zweite Hälfte gleichzeitig begannen, aber schließlich gaben die Verantwortlichen auf und ließen Lazio sein Spiel beenden. In gewohnt nüchternem Ton sagte Eriksson nachher: »Es wäre schwierig, einen besseren Thriller als diesen zu schreiben.« Eine bemerkenswerte Saison hatte ein außergewöhnliches Ende gefunden.

Nur war sie noch nicht zu Ende. Alle Mannschaften hatten ihre 34 Spiele absolviert, Lazio war Meister. Aber die Regeln der Serie A sahen zu jener Zeit vor, dass im Kampf um wichtige Tabellenplätze, die über den Meister, die Startplätze in den europäischen Wettbewerben und den Abstieg entschieden, bei Punktgleichheit weder die Tordifferenz noch die Resultate in den direkten Duellen entschieden. Stattdessen mussten die betroffenen Mannschaften zu einem Entscheidungsspiel antreten. Inter Mailand und Parma Calcio lagen mit jeweils 58 Punkten gleichauf hinter Lazio, Juventus und dem AC Mailand auf dem vierten Rang, weshalb ein Spiel auf neutralem Boden über den letzten Startplatz in der Champions League entscheiden musste.

Bei einer Niederlage von Inter würde Trainer Lippi seinen Job verlieren. Angesichts einer langen Verletztenliste sah sich Lippi gezwungen, Roberto Baggio erneut in die Mannschaft zu nehmen. An den letzten vier Spieltagen hatte Baggio mit Recoba die Spitze gebildet, eine Partnerschaft, der es an der physischen Stärke mangelte, die Lippi bevorzugte. Aber Baggio hatte gegen Bari mit einem Weitschuss getroffen, gegen Cagliari einen Elfmeter verwandelt und gegen Perugia mit einem herrlichen langen Pass ein Tor von Seedorf vorbereitet. Im vierten Spiel hatte Inter zu Hause mit 0:4 gegen den AC Florenz verloren, die höchste Heimniederlage in der Klubgeschichte, und Baggio war nach seiner Auswechslung in der 55. Spielminute wutentbrannt in der Kabine verschwunden. Lippi reagierte mit Unverständnis. »Wenn ein Spieler nicht ausgewechselt werden will, sollte er zu einem Klub gehen, der nur dreizehn Spieler im Kader hat«, erklärte er sichtlich gereizt. »Auf diese Art kann er immer spielen.«

Doch jetzt brauchte er Baggio ein letztes Mal.

Parma beherrschte die Anfangsminuten des Entscheidungsspiels und traf bei einer großen Chance nur den Pfosten. Vieri, der zum ersten Mal nach einer dreimonatigen Verletzungspause auf dem Platz stand und offenkundig nicht in bester körperlicher Verfassung war, gab nach einer halben Stunde auf. Inter war in Schwierigkeiten. Aber dann provozierte Baggio am rechten Strafraumrand ein Foul von Lilian Thuram. Aus dieser schwierigen Position hätte es nur ein Linksfuß mit einem direkten Torschuss versuchen können. Ein Linksfuß oder Roberto Baggio. Der Großteil der Spieler drängte sich in Erwartung einer Flanke im Strafraum, doch Baggio schnitt den Ball mit dem rechten Fuß ins kurze Eck des von Gianluigi Buffon gehüteten Tors, und der beste Torwart der Welt war chancenlos.

Parma glich durch einen Kopfball von Mario Stanić nach einer Ecke aus. Doch sieben Minuten später schlug Baggio von der linken Seite eine hohe Flanke in den gegnerischen Strafraum; dort kam der für Vieri eingewechselte Iván Zamorano an den Ball und legte ihn mit dem Kopf an die Strafraumgrenze zurück, wo mittlerweile Baggio angekommen war, der den Ball einmal aufspringen ließ und anschließend volley neben den rechten Pfosten setzte. Zwei Baggio-Tore von außerhalb des Strafraums: das eine ein Kunstschuss mit dem rechten Fuß, das zweite ein technisch anspruchsvoller Gewaltschuss mit dem linken.

In der Nachspielzeit traf auch noch Zamorano, aber es war zweifellos Baggios Tag – und in gewisser Hinsicht war es auch sein letzter großer Tag. Anschließend verbrachte er noch vier glückliche Jahre in Brescia, wo er sich mit Pep Guardiola anfreundete, und fünf Jahre nach seinem letzten Spiel im Nationaltrikot wurde er mit einem feierlichen Abschiedsspiel in der Squadra Azzurra geehrt. Aber dies war Baggios letztes Spiel für einen großen Klub. Er hatte den Kopf des Trainers gerettet, der ihn so oft ignoriert hatte, doch vor allem hatte er anderen Trainern gezeigt, wie wertvoll ein *trequartista* sein konnte.

6
Catenaccio

Keine andere Fußballnation bringt so viele erstklassige Abwehrspieler hervor wie Italien, und in den Jahren der italienischen Vormachtstellung wurde eine herausragende Generation von Verteidigern von der nächsten abgelöst. Spieler wie Franco Baresi und Giuseppe Bergomi näherten sich dem Ende ihrer Karriere, während Alessandro Nesta und Fabio Cannavaro andeuteten, dass sie bald die besten Innenverteidiger Europas sein würden. Der bemerkenswerte Paolo Maldini, der zu jener Zeit die Hälfte seiner 647 Spiele in der Serie A hinter sich hatte, fungierte als Bindeglied zwischen den beiden Generationen.

Gleichzeitig tobte im italienischen Fußball jedoch eine erbitterte Auseinandersetzung über die grundlegende Frage, was es eigentlich bedeutete, zu verteidigen. Sollte ein Abwehrspieler einen bestimmten Gegenspieler neutralisieren oder sollte er Gefahren in einer bestimmten Zone unterbinden? Es ging nicht bloß um die Frage, welcher der beiden Zugänge der effektivere war, sondern auch darum, welcher der italienischere war.

Seit dem Zweiten Weltkrieg wurde der italienische Fußball mit der meistgehassten Taktik in diesem Sport gleichgesetzt: dem Catenaccio. Der »Riegel«, so die deutsche Übersetzung des Begriffs, wurde oft einfach als Synonym für »zerstörerischen Fußball« verwendet, aber in Wahrheit bezog sich der Terminus auf eine ganz spezifische Defensivtaktik: Im Zentrum der Abwehr spielte dabei ein Libero – mit dem hier noch ein reiner Ausputzer gemeint war – zur Absicherung hinter zwei »Vorstoppern«, die ausschließlich für die Manndeckung der gegnerischen Stürmer zuständig waren. Die Verwendung eines zusätzlichen freien Verteidigers, der im Raum spielte, war eine relativ neue Idee und führte zwangsläufig zu einem Personalmangel auf den offensiven Positionen, was im Allgemeinen eine defensive Spielweise hervorbrachte.

Der Catenaccio wurde in den sechziger Jahren in erster Linie von den beiden Mailänder Klubs praktiziert, die mit dieser Taktik im Europapokal triumphierten, der zuvor von Real Madrid und Benfica Lissabon mit attraktivem Offensivfußball beherrscht worden war. Der Kontrast war stark, und die italienische Spielweise stieß in ganz Europa auf Ablehnung. Der berühmteste Vertreter des Catenaccio war der argentinisch-französische Inter-Trainer Helenio Herrera, der einräumte, dass seine Variante dieser Taktik einfach darin bestand, auf einen Mittelfeldspieler zu verzichten, um einen zusätzlichen Verteidiger – den Ausputzer – aufbieten zu können. Herrera bestand darauf, dass auf diese Art der legendäre defensive Mittelfeldaußen Giacinto Facchetti mehr Freiheiten für offensive Vorstöße erhalten und dass andere Trainer den Ausputzer kopiert hätten, ohne die Positionen der übrigen Abwehrspieler entsprechend anzupassen, was dazu geführt habe, dass der Catenaccio defensiver geworden sei als von ihm beabsichtigt. Nereo Rocco gewann mit dem AC Mailand dank dieser Defensivtaktik ebenfalls zweimal den Europapokal der Landesmeister, aber anders als Herrero wehrte er sich nie dagegen, dass seiner Mannschaft das Etikett einer ultradefensiven Spielweise angeheftet wurde. Er hatte ein ebenso geistreiches wie aufschlussreiches Motto: »Hoffentlich wird es ein gutes Spiel, und hoffentlich gewinnt die bessere Mannschaft nicht.« Er hatte nichts dagegen, im Mittelfeld unterlegen zu sein, solange die Stabilität der Abwehr gewährleistet war.

Um das Problem der Unterzahl im Mittelfeld zu lösen, wurden im Lauf der Zeit technisch bessere Ausputzer eingesetzt, die sich nun in Liberos verwandelten. Sie stießen ins Mittelfeld vor und leiteten Angriffe ein, ohne dass sich etwas am grundlegenden System änderte. In Italien wurde der Catenaccio in »Il gioco all'Italiana« (Das Spiel nach italienischer Art) umbenannt, aber anderswo hielt sich die ursprüngliche Bezeichnung. Doch wie auch immer es genannt wurde, das System prägte den italienischen Fußball dauerhaft. Sein bekanntester moderner Vertreter war Giovanni Trapattoni, mit sieben Meistertiteln der erfolgreichste Trainer in der Geschichte der Serie A, der sein Handwerk bei Rocco gelernt hatte, unter dessen Ägide er in den sechziger Jahren als defensiver Mittelfeldspieler bei Milan gespielt hatte. »Dank der Erfolge von Inter, Milan und der italienischen Nationalmannschaft zwischen 1960 und 1980 wurde Italien eines der taktisch vielgestaltigsten Länder«, erklärt Trapattoni stolz in der Einleitung seines Buchs über Fußballtaktik. »Das Spiel nach italienischer Art macht einen Spieler hinter der Abwehrreihe erforderlich, den *Libero*.« Trapattoni hielt unerschütterlicher als die meisten anderen Trainer an diesem Ansatz fest.

Das von Trapattoni trainierte Juventus Turin, das zwischen 1977 und 1986 sechsmal italienischer Meister wurde, spielte eine Mischform aus 3-5-2 und 4-4-2 mit Raumdeckung im Mittelfeld und strikter Manndeckung in der Abwehr. Trapattoni war fest davon überzeugt, dass der Libero und der Vorstopper sehr unterschiedliche Spielertypen waren: Der Libero musste »imstande sein, das Spiel zu lesen und die Situation vorwegzunehmen«, während der Vorstopper »Körperkraft, Kopfballstärke, Entschlossenheit im Zweikampf und intelligente Aggression« mitbringen musste. Die Italiener bewunderten beide Spielertypen: elegante Liberos wie Gaetano Scirea und aggressive Manndecker wie Claudio Gentile. Florett und Axt.

Dann tauchte Ende der achtziger Jahre Arrigo Sacchi auf. Anders als die meisten italienischen Trainer war er nie Profifußballer gewesen, sondern hatte als junger Mann Schuhe verkauft. Er entwickelte seine Vorstellungen vom Fußball unabhängig von den ehemaligen Spielern, die an den Catenaccio gewöhnt waren. Sacchi hatte wenig für Roccos Milan, Herreras Inter oder Trapattonis Juve übrig. Er verabscheute den Catenaccio und war ein Anhänger der niederländischen Schule des *Voetbal totaal*. Er war fest entschlossen, Mannschaften zu formen, die einen konstruktiven Fußball spielen sollten, und schulte seine Verteidiger gemäß den Prinzipien der Raumdeckung um.

Beim AC Parma und beim AC Mailand, mit dem er 1989 und 1990 den Europapokal der Landesmeister gewann, überwand Sacchi die italienische Fixierung auf Liberos und Vorstopper und führte eine »flache« Viererkette ein. Während die typische italienische Mannschaft stets tief stand, rückte Sacchis Abwehrkette weit auf und spielte aggressiv auf Abseits, um das Spiel in die gegnerische Hälfte zu verlagern, was es Milan erlaubte, seine Gegner zu beherrschen. Das war eine echte Revolution in Italien, vor allem weil Sacchis Mannschaft auch auswärts offensiv agierte. »Früher versuchten italienische Mannschaften, sich an ihrem Gegner vorbeizuschleichen«, erinnerte sich Carlo Ancelotti, der unter Sacchi gespielt hatte und sein Kotrainer gewesen war. »Sie versuchten, nicht zu zeigen, dass sie besser waren, sondern sie wollten beweisen, dass sie gerissener waren. Sacchi änderte das. Seine Mannschaften liefen auf den Platz, um zu gewinnen und den Gegner zu beherrschen.« Sacchi genießt noch heute allgemeine Bewunderung für seine revolutionären Vorstellungen und hatte großen Einfluss auf Trainer wie Pep Guardiola, Rafael Benítez und natürlich Ancelotti.

Aber Italien ist ein sehr konservatives Land, und während Sacchis Methode überall in Europa begeisterte Zustimmung fand, wurde sie in seinem Heimatland als Affront gegen die italienischen Traditionen betrachtet – schließlich versuchte er ein System umzukrempeln, das für seine Landsleute »das Spiel nach italienischer Art« war. Er hatte den AC Mailand in eine Mannschaft mit niederländischem Stil verwandelt, samt den drei Niederländern Frank Rijkaard, Ruud Gullit und Marco van Basten, und als er das neue System nach seiner Ernennung zum Nationaltrainer im Jahr 1991 auch auf die Squadra Azzurra übertrug, wurde er beinahe als Verräter betrachtet. Obwohl Italien bei der WM 1994 das Endspiel erreichte und dort erst im Elfmeterschießen Brasilien unterlag, stieß Sacchis Besessenheit von frühem Stören, 4-4-2 und Raumdeckung auf allgemeine Ablehnung. Zu Beginn der Ära des *Calcio* im Jahr 1996 hielt sich Sacchi trotz einer katastrophal verlaufenen EM, bei der die Italiener schon in der Gruppenphase ausgeschieden waren, noch im Amt des Nationaltrainers. Er war überzeugt, dass Italien den besten Fußball des Turniers gespielt hatte, aber die meisten Fans forderten seine Entlassung.

Sacchis lautstärkster und einflussreichster Kritiker war erwartungsgemäß Trapattoni. »Sacchis Italien hat in vielleicht fünf Spielen überzeugt«, klagte er. »Sacchis Milan hat nur eine von vier Meisterschaften gewonnen, aber der Spielstil der Mannschaft wurde von einer effektiven Propagandamaschine verherrlicht. Ich hatte dieses Milan gerne ohne die drei Holländer und all die italienischen Nationalspieler gesehen. Man kann versuchen, dieselben taktischen Systeme elf gewöhnlichen Spielern zu erklären, und sie werden trotzdem gewöhnliche Spieler bleiben. Die Vorstellung, die Raumdeckung sei gleichbedeutend mit Spektakel, ist ein kolossaler Irrtum, aber der Köder wurde dem Fernsehpublikum so lange hingehalten, bis es ihn schluckte: Haken, Schnur und Senkblei.«

Trapattoni war offenkundig voreingenommen, denn Sacchis Neuerungen bedrohten sein Lebenswerk. Nachdem der Altmeister jahrelang mit den traditionellen italienischen Methoden Erfolg gehabt hatte, galt er nun in Teilen der Fachwelt als anachronistische Figur, weil er daran festhielt, nach italienischer Art zu spielen. Er warf Sacchi vor, dieser habe sich das Spiel in Zonen beim Basketball abgeschaut, und lobte Fabio Capello,

Sacchis Nachfolger beim AC Mailand, der defensiver spielen ließ und mehr Titel holte.

Trapattoni war keineswegs ein einsamer Rufer in der Wüste: Im italienischen Fußball gab es viele Leute, die seine Meinung teilten. In Wahrheit war trotz Trapattonis Klagen über Sacchis »Propaganda« die Mehrheit der italienischen Medien nicht auf Sacchis, sondern auf seiner Seite.

Das beste Beispiel für diese Strömung war Gianni Brera, der angesehene Chefredakteur der *Gazzetta dello Sport*, der den Begriff »Libero« geprägt und die berühmte These aufgestellt hatte, das perfekte Fußballspiel würde 0:0 enden, und sich stolz als Anhänger eines »defensivistischen« Fußballs bezeichnete. Brera war ein enger Freund Roccos und ein Fürsprecher von dessen Erben Trapattoni. »Wenn du ein Haus bauen willst, beginne nicht mit dem Dach, sondern mit dem Fundament«, erklärte Brera. »Rocco und später Trapattoni haben ihre Mannschaften stets ausgehend von einem einfachen Prinzip aufgebaut: Ein Tor weniger als dein Gegner zuzulassen, ist leichter, als ein Tor mehr als dein Gegner zu schießen. Das ist vollkommen vernünftig.« Ein Teil der italienischen Fußballöffentlichkeit befürwortete Sacchis Revolution, aber die Vorstellungen von Leuten wie Brera entsprachen immer noch der Mehrheitsmeinung.

Ende 1996 entließ der italienische Verband Sacchi, nachdem dieser ein halbes Jahrzehnt lang versucht hatte, den Azzurri ihren Hang zum traditionellen Defensivfußball auszutreiben. Er ließ ein Land zurück, das gespalten war zwischen den Befürwortern seines Stils und den Anhängern der klassischen italienischen Spielweise.

Sacchis Nachfolger wurde Cesare Maldini. Während sein Sohn Paolo sowohl bei Milan als auch in der italienischen Auswahl ein unverzichtbarer Bestandteil von Sacchis Raumdeckung war, war der ältere Maldini ein Traditionalist. Er war in seiner Zeit als Spieler selbst ein Libero mit Stil gewesen, hatte unter Rocco bei Milan im klassischen Catenaccio gespielt und war später zuerst Roccos Kotrainer und dann sein Nachfolger geworden. Beim WM-Sieg Italiens im Jahr 1982 hatte er Enzo Bearzot als Assistent zur Seite gestanden, und anschließend hatte er ein Jahrzehnt lang die italienische U-21 betreut. Mit Maldinis Ernennung vollzog der Verband eine Kehrtwende, und obwohl der neue Nationaltrainer selbst versuchte, die Bedeutung seiner Ernennung mit dem Hinweis herunterzuspielen, es gebe »im Fußball kein Neu und Alt«, wurde die Personalie allgemein als Rückkehr zu einer typisch italienischen Spielweise gedeutet. Nachdem die Abwehrspieler jahrelang Sacchis System einstudiert hatten, kehrte die Nationalmannschaft nun zum Spiel mit Libero zurück. Selbst Maldinis Sohn schien verwundert über die Rückkehr zum Catenaccio. »Wenn mir Papa zeigt, wie man das macht, habe ich nichts dagegen«, scherzte er nach der Ernennung seines Vaters. »Aber bevor ich als Libero auf den Platz gehe, wird er mir ein paar Dinge erklären müssen.«

Maldini der Jüngere war Kapitän der Nationalmannschaft und der angesehenste Abwehrspieler seiner Generation. Er zeichnete sich durch die typische Vielseitigkeit der italienischen Verteidiger aus: Er war der beste Linksverteidiger der Welt, hatte seinen Durchbruch jedoch auf der anderen Seite gefeiert und war nur nach links gewechselt, weil auf der rechten Abwehrseite Mauro Tassotti unantastbar war. Da er vollkommen beidfüßig war, war es für ihn gleichgültig, auf welcher Seite er spielte. Maldini konnte auch in die Innenverteidigung rücken, was er zum Beispiel im Halbfinale der WM 1994 tat, und wurde für seine ruhige, beherrschte Spielweise bekannt, in der Grätschen keinen Platz hatten: Er sah nur sehr selten eine gelbe Karte und machte sich kaum einmal das Trikot schmutzig. Er wäre ein ausgezeichneter Libero gewesen.

Stattdessen stellte sein Vater ihn auf der gewohnten Position auf der linken Abwehrseite auf. Von der Ernennung von Maldini senior profitierten andere. Der herausragende Innenverteidiger Fabio Cannavaro wurde Stammspieler und bewies sein Können, als er in einem WM-Qualifikationsspiel im Jahr 1997 den englischen Mittelstürmer Alan Shearer ausschaltete. Der Veteran Giuseppe Bergomi, der schon der Weltmeistermannschaft von 1982 angehört und die Azzurri bei der Heim-WM im Jahr 1990 als Kapitän angeführt hatte, wurde nach sechsjähriger Abwesenheit überraschend wieder ins Nationalteam berufen – der klassische Manndecker war von Sacchi aussortiert worden, weil er nicht für die auf einer Linie spielende Viererkette geeignet war. Alessandro Costacurta, der ebenfalls bei Milan spielte, war wie Maldini junior flexibel genug, um sich der neuen alten Taktik anzupassen, und wurde Italiens Libero.

Die italienische Fußballöffentlichkeit und insbesondere die Medien waren begeistert von der neuen Ordnung. »Nach Sacchi wünschten wir uns einen einfacheren Fußball, einen sehr italienischen Fußball, der so oft seinen Wert bewiesen hatte, und genau das bekamen wir«, kommentierte der *Corriere dello Sport* nach dem ersten Spiel unter dem neuen Nationaltrainer, einem 2:0 gegen Nordirland. Auf Gianni Mura von *La Repubblica* wirkte Maldinis System wie »Brot und Salami nach Jahren der Nouvelle Cuisine«. Viele Feinschmecker würden das als Rückschritt betrachten, doch Mura wollte seiner Freude über die Besinnung auf eine vertraute italienische Köstlichkeit Ausdruck verleihen.

Aber nicht jedermann war begeistert von der Rückkehr der Nationalmannschaft zum Catenaccio, und zahlreiche Erstligatrainer zogen weiterhin Sacchis Zonenverteidigung vor. Ein weiterer Fürsprecher der Raumdeckung war Roy Hodgson, der zu jener Zeit seine erste Etappe bei Inter Mailand erlebte und den Klub 1997 ins Finale des Uefa-Cups führte. Hodgson hatte in den siebziger Jahren auf sich aufmerksam gemacht, als er in Schweden »einen Sacchi zum Besten gegeben« und in einem

Land, das bis dahin nur die Manndeckung gekannt hatte, die Raumdeckung eingeführt hatte. Mit dem neuen System hatte er den Provinzverein Halmstads BK, der in der Saison vor seinem Amtsantritt nur dank der Tordifferenz dem Abstieg entgangen war, auf Anhieb zum ersten Meistertitel seiner Geschichte geführt. Ein Vierteljahrhundert später versuchte Hodgson, dieses Kunststück in Italien zu wiederholen. »Die besten Mannschaften in Italien spielen allesamt mit einer Viererabwehrkette«, erklärte er. »Wird es so bleiben? Nein. Die Italiener versuchen es zu ändern. Die Mitglieder der neuen Strömung, die Arrigo Sacchi bekämpfen, sprechen von einer Rückkehr zum Catenaccio. Gegenwärtig spielt die Nationalmannschaft mit fünf Mann in der Abwehr. Tatsächlich haben sie einfach einen Abwehrspieler hinzugefügt und spielen mit einem 5-3-2.« Das war natürlich genau die Änderung, die Herrera in den sechziger Jahren bei Inter eingeführt hatte.

Zu Hodgsons Verbündeten zählte ein weiterer zukünftiger englischer Nationaltrainer, Sven-Göran Eriksson, der zu jener Zeit Sampdoria Genua und anschließend Lazio Rom trainierte und ein überzeugter Anhänger der Viererkette war. Tatsächlich hatte sich Eriksson in seinen Lehrjahren in Schweden vieles bei Hodgson abgeschaut und bezeichnete die umstrittene Einführung der Raumdeckung in seinem Heimatland als »größte ideologische Schlacht in der Geschichte der schwedischen Fußballtaktik«. Eriksson hatte seine Trainerausbildung – für die er seine Hochzeit verschob, was nicht die letzte Gelegenheit war, bei der sein Berufs- und Privatleben miteinander kollidierten – mit einer Arbeit über die Vorteile des 4-4-2, des hohen Pressings und einer hoch stehenden Abwehrreihe abgeschlossen.

Zu Beginn seiner Trainerlaufbahn ging Eriksson überall, wo er hinkam, nach demselben Schema vor: Er ging zum IFK Göteborg, schaffte die Manndeckung ab, führte die Raumdeckung ein und gewann die schwedische Meisterschaft. Er ging zu Benfica Lissabon, schaffte die Manndeckung ab, führte die Raumdeckung ein und gewann zwei portugiesische Meistertitel. Er ging zum AS Rom, der unter seinem Landsmann Nils Liedholm bereits weitgehend auf die Raumdeckung umgestellt hatte, weshalb es ihm schwerfiel, die Mannschaft besser zu machen, war aber anschließend beim AC Florenz erneut erfolgreich, weil er dort einmal mehr die Manndeckung abschaffen konnte. Nach einer zweiten Etappe bei Benfica wechselte er zu Sampdoria Genua, wo er anfangs durchwachsene Resultate erntete, obwohl er darauf beharrte, dass seine Mannschaft den attraktivsten Fußball in der Serie A spiele. Das lag teilweise daran, dass Eriksson eine Vorliebe für Abwehrspieler mit offensiven Neigungen hatte, was eine unterschätzte Konsequenz der Raumdeckung war: Da sich die Verteidiger nicht länger in zahlreichen direkten Duellen mit den gegnerischen Stürmern behaupten mussten, konnten in der Abwehrreihe technisch bessere, intelligente Spieler eingesetzt werden.

Ein Beispiel für diese Entwicklung war Siniša Mihajlović, der 1991 beim Europapokalsieg von Roter Stern Belgrad als Taktgeber im zentralen Mittelfeld auf sich aufmerksam gemacht hatte. Mihajlović verbrachte zwei unglückliche Jahre beim AS Rom, wo er widerstrebend als Linksverteidiger spielte, und musste nach seinem Wechsel zu Sampdoria zu seiner Enttäuschung feststellen, dass er auch dort für die ungeliebte Position vorgesehen war. Doch nachdem Eriksson ihn anfangs als Linksverteidiger gebracht hatte, versetzte er ihn schließlich ins Abwehrzentrum. Mihajlović war diese Position so fremd, dass er sich anfangs weigerte, dort zu spielen.

Die Maßnahme erwies sich jedoch als Glücksgriff, denn die von Eriksson organisierte Raumdeckung ermöglichte es Mihajlović, seine defensiven Aufgaben trotz seiner offensiven Neigungen zu bewältigen. Er wurde der kreativste Innenverteidiger der Serie A und bewies, dass ein Abwehrspieler auch in einer

Viererkette durchaus wie ein Libero das Spiel gestalten konnte. Mihajlović beeindruckte an der Seite von Juan Verón und Roberto Mancini und folgte Eriksson später zu Lazio Rom, wo die beiden im Jahr 2000 gemeinsam die Meisterschaft gewannen. Bei Lazio gelang Mihajlović das einzigartige Kunststück, mit seinem unglaublichen linken Fuß drei Freistoßtreffer in einem einzigen Spiel zu erzielen. Allerdings war seine Karriere von Kontroversen über rassistische Äußerungen und Spuckattacken überschattet, und seine Neigung zu übertriebener Härte in Zweikämpfen brachte ihn wiederholt in Schwierigkeiten. Aber Mihajlović war in jener Zeit der vielleicht beste mitspielende Verteidiger der Serie A und verdiente sich mit seiner Kreativität das Trikot mit der Rückennummer 11.

Bei Lazio bildete Mihajlović ein außergewöhnliches Innenverteidigergespann mit Alessandro Nesta, dem elegantesten italienischen Abwehrspieler dieser Jahre. Nesta feierte zur selben Zeit wie Francesco Totti seinen Durchbruch in Rom, wenn auch beim Stadtrivalen Lazio, in dessen Nachwuchsmannschaften er stets im Mittelfeld gespielt hatte, bevor er zum Außenverteidiger umgeschult wurde. Schließlich rückte er unter Zdeněk Zeman ins Abwehrzentrum, wo er anfangs nur für mehrere durch Verletzung ausgefallene Stammspieler einspringen sollte. Nesta, der von Natur aus eher ein Libero als ein Vorstopper war, wurde regelmäßig mit Franco Baresi verglichen, obwohl er auch sehr gut in einer Viererkette spielen konnte. (Dasselbe galt übrigens für Baresi.) »Es ist etwas Tolles, einen Stürmer aus dem Spiel zu nehmen, ohne mit harten Bandagen arbeiten zu müssen«, erklärte Nesta. »Das gibt mir den größten Kick.«

Nesta war nicht auf Kopfballstärke angewiesen und erzielte in fast 200 Ligaspielen für Lazio nur ein einziges Tor – das allerdings auf eine für einen Innenverteidiger eher ungewöhnliche Art, nämlich mit einem akrobatischen Volleyschuss (in einem Spiel gegen Salernitana im Jahr 1999). Er war beidfüßig, überließ die Spielgestaltung jedoch anderen. Er war nonchalant, ohne angeberisch zu wirken, und seine Spielweise entsprach seiner Mentalität abseits des Platzes: Einmal kaufte er sich einen Porsche, nur um ihn rasch wieder abzustoßen, weil ihm das Auto zu prätentiös schien. Zeman hatte großen Anteil an Nestas Entwicklung, aber Eriksson machte ihn zu einem Weltklasseinnenverteidiger. »Meine zwei Wünsche sind, ewig für Lazio zu spielen und ewig für Eriksson zu spielen«, sagte Nesta in der Saison, in der Lazio den Titel holte. Eriksson wurde manchmal dafür kritisiert, dass er in einem langweiligen 4-4-2 spielen ließ, während andere einen *trequartista* einsetzten, aber in der Viererkette setzte er zwei spielstarke Innenverteidiger ein, was in einem Catenaccio-System eher sonderbar gewirkt hätte.

Es wäre jedoch nicht richtig zu behaupten, dass alle Trainer, die in Zonen spielen ließen, ebenfalls diese Neigung hatten, und das war vermutlich der Grund für Hodgsons Sturz bei Inter. Er beharrte darauf, dass der offensive Linksverteidiger Roberto Carlos eher ein Linksaußen als ein Abwehrspieler sei, und war gerne bereit, den Brasilianer zu Real Madrid ziehen zu lassen. Fairerweise muss gesagt werden, dass das Abwehrverhalten von Roberto Carlos oft zu wünschen übrig ließ, und seine besten Leistungen zeigte er nicht als klassischer Außenverteidiger, sondern als hängender Mittelfeldaußen. Das beste Beispiel für den Verlauf der italienischen Defensivdebatte war allerdings Salvatore Fresi.

Mitte der neunziger Jahre glaubten die Italiener, mit Fresi den nächsten großen Libero entdeckt zu haben. Nachdem er die von Cesare Maldini betreute U-21-Nationalmannschaft als Kapitän zum EM-Titel geführt hatte, galt Fresi als der neue Baresi. Er war ein eleganter, unerschütterlicher Ausputzer, der Gefahren gut vorhersah und den Ball sicher nach vorn brachte. Nach ausgezeichneten Leistungen bei Salernitana wurde er von Ottavio Bianchi, einem Anhänger des Catenaccio, zu Inter Mailand geholt. Aber die Ankunft Hodgsons schadete Fresi sehr: Der Engländer zog nicht nur die Viererkette vor, sondern war überzeugt, dass ein Spieler, der am Ball so gut war wie Fresi, ins Mittelfeld gehörte. Das hemmte die defensive Entwicklung Fresis. »Ich spielte ein paar Monate in der Abwehr«, erinnert der sich an seine Zeit bei Inter. »Aber nachdem sie mich ins Mittelfeld gestellt hatten, war ich weder Fisch noch Fleisch.«

Fresi wurde das Aushängeschild für die Anhänger der italienischen Spielweise, und Hodgson musste sich in fast jeder Pressekonferenz Fragen nach der richtigen Position für diesen Spieler anhören. Fresi äußerte wiederholt den Wunsch, als Libero zu spielen, und wurde zum Sprachrohr für die Anhänger dieser Taktik. »Ich würde lügen, würde ich sagen, dass ich mich in der Rolle, die mir Hodgson übertragen hat, wohlfühle«, erklärte er im Jahr 1997, kurz nachdem Cesare Maldini zum Nationaltrainer ernannt worden war. »Die Rolle des Libero ist meine natürliche Position. Die Zukunft liegt in der Vergangenheit, besser gesagt, in der Wiederentdeckung der Rolle des Libero. Maldinis Nationalteam könnte sehr wichtig werden, sowohl für mich als auch für die Wiederbelebung des Liberos im italienischen Fußball.« Tatsächlich war Fresi der einzige Neuling im ersten Kader, den Maldini nominierte, aber obwohl er sechsmal im Aufgebot stand, kam er nie in der Nationalmannschaft zum Einsatz.

Als Hodgson Mailand 1998 verließ, um zu den Blackburn Rovers zu gehen – dieser Wechsel kam zustande, nachdem Eriksson, der diese Mannschaft eigentlich hatte übernehmen sollen, seine Zusage gebrochen hatte –, wurde er bei Inter durch Gigi Simoni ersetzt, einen weiteren altmodischen Anhänger des Catenaccio, der unter Rocco gespielt hatte und ihn als Vorbild betrachtete. Simoni löste sofort die Viererkette auf und ging zu einer traditionellen, defensiven und auf Konter ausgelegten Spielweise über. »Fresi wird der Libero sein, Paganin und Sartor übernehmen die Innenverteidigung, und Zanetti und Tarantino werden als Außenverteidiger spielen«, erklärte er in seiner ersten Pressekonferenz. Es gab keinen Zweifel daran, dass er wieder nach italienischer Art spielen lassen wollte.

Und die italienische Spielweise konnte immer noch zum Erfolg führen, wie Simonis Mannschaft im Jahr 1998 im Uefa-Pokalfinale gegen Lazio Rom bewies. Simonis Catenaccio setzte sich mit 3:0 gegen Erikssons Viererkette durch. In Erinnerung geblieben ist das wunderbare Tor Ronaldos, der Lazios Torwart Luca Marchegiani mit mehreren Übersteigern ausspielte, um den Ball anschließend ins leere Tor zu schieben. Vor dem eigenen Kasten spielte Inter einen italienischen Fußball der alten Schule. Taribo West bekämpfte als Manndecker Pierluigi Casiraghi, und Francesco Colonnese neutralisierte Roberto Mancini, wobei beide Inter-Akteure ihren Gegenspielern auf Schritt und Tritt folgten, selbst wenn diese auf den gegenüberliegenden Flügel wechselten. Rechtsverteidiger Aron Winter verfolgte Lazios Pavel Nedvěd auch, wenn der Tscheche nach innen zog, und Linksverteidiger Javier Zanetti ließ Diego Fuser keinen Raum zur Entfaltung. Wenn es doch einmal einem Lazio-Stürmer gelang, sich seinem Manndecker zu entziehen, bereinigte Fresi in seiner geliebten Libero-Rolle nervenstark die Gefahr. Es war der Höhepunkt seiner Karriere.

Gianfranco Zola, der wie Fresi aus Sardinien stammte, sagte einmal zu ihm, er habe einfach das Pech, in die falsche Zeit hineingeboren worden zu sein. Fresi wurde gerade deshalb zur geheimnisumwitterten Kultfigur, weil er nie für Italien spielen durfte. Als Erick Thohir im Jahr 2013 Inter Mailand kaufte, hatte der Indonesier einige freundliche Worte für Fresi übrig. »Es ist leicht, über die drei Deutschen [Jürgen Klinsmann, Lothar Matthäus und Andreas Brehme], über Roberto Baggio und Ronaldo zu sprechen«, sagte er. »Aber Salvatore Fresi … Die meisten Leute haben ihn vielleicht vergessen, aber ich erinnere mich an ihn.« Thohir präsentierte sich als Fußball-Hipster und berief sich auf den Außenseiter, der in einer anderen Zeit nicht die verdiente Wertschätzung genossen hatte.

Gigi Simoni fiel letzten Endes seiner Liebe zum Catenaccio zum Opfer. Wenige Stunden nach einem 2:1-Sieg über Salernitana und nur vier Tage nach einem 3:1-Sieg über Real Madrid in der Champions League wurde er entlassen, weil Inter-Präsident Massimo Moratti nicht verstehen konnte, was die Mannschaft in der Offensive eigentlich vorhatte. »Ich und viele andere haben den Eindruck, dass Inter einfach keinen Plan hat und dass wir seit Beginn der Saison nicht gut spielen. Ich glaube, das ist ein ausreichender Grund für diese Entscheidung.« Auf die Frage nach dem eigenartigen Zeitpunkt der Entlassung erwiderte Moratti sarkastisch: »Es ist einfach zu banal, einen Trainer nach einer Niederlagenserie zu entlassen.«

Cesare Maldini setzte Fresi in der Nationalmannschaft nicht als Libero ein, und in der Defensive wählte er eher ein Hybridsystem als eine strikte Manndeckung, aber im Grunde kehrte er zur guten alten italienischen Spielweise zurück – mit vorhersehbaren Resultaten. In sechs WM-Qualifikationsspielen unter Maldinis Leitung musste Italien nicht ein einziges Gegentor hinnehmen. Das Problem war, dass die Azzurri in der Hälfte dieser Spiele – gegen Polen, Georgien und fatalerweise gegen England – ebenfalls nicht trafen, und das, obwohl die Italiener die vielleicht beste Sturmreihe Europas hatten. Maldinis Italien war einfach zu defensiv. Die Mannschaft musste sich über die Playoffs für die Endrunde qualifizieren und setzte sich gegen Russland nicht zuletzt dank der herausragenden Paraden eines 19-jährigen Torwarts namens Gianluigi Buffon durch.

Auch bei der WM-Endrunde 1998 hielt Maldini an seinem traditionellen italienischen System fest, einer Mischung aus 4-4-2 und 3-5-2, wobei die Italiener mit einem derart offenkundig »freien Verteidiger« spielten, dass das System von manchen

Beobachtern als 1-3-4-2 bezeichnet wurde, was an Trapattonis Juventus-Mannschaft der siebziger Jahre und Italiens Spielweise bei der WM 1982 erinnerte, als Maldini Kotrainer gewesen war. Costacurta fungierte als Libero hinter Cannavaro und Nesta oder Bergomi. Maldini junior spielte wie gehabt als Linksverteidiger, während Angelo Di Livio oder Francesco Moriero als hängende Mittelfeldaußen eingesetzt wurden und im Grunde als klassische Flügelverteidiger in eine Fünferabwehrkette einrückten. Natürlich konnte Italien defensiv überzeugen und spielte in drei von fünf Spielen zu null, aber einmal mehr musste es für seine Offensivschwäche bezahlen und schied nach einem torlosen Unentschieden gegen Gastgeber Frankreich im Elfmeterschießen aus. Maldini gab seinen Rücktritt bekannt, doch die italienische Öffentlichkeit bewertete die Auftritte seiner Mannschaft deutlich positiver als vier Jahre zuvor die von Sacchis Team, obwohl die Azzurri unter Sacchi zwei Spiele länger im Turnier geblieben waren.

Sacchi seinerseits war zum AC Mailand zurückgekehrt, wo er in der zweiten Hälfte der Saison 1996/97 mit der Mannschaft in eine schwere Krise schlitterte. Milan beendete die Saison auf dem elften Tabellenrang und erlitt die höchste Niederlage seiner Geschichte in der Liga. »Dies ist einer dieser Tage, an denen alles, was du tust, schiefgeht«, sagte Sacchi nach dem 1:6 gegen Juventus. »Diesen Abend sollten wir schnell vergessen.« Sacchi war zu optimistisch, denn die italienische Presse war entschlossen, dafür zu sorgen, dass dieses Spiel niemals vergessen würde. »Noch in hundert Jahren werden die Leute über dieses Ergebnis sprechen, darüber, wie Milan sich sechs Gegentore einfing und seinem historischen Rivalen den Meistertitel überließ«, hieß es auf der Titelseite der *Gazzetta dello Sport*. Damit war Sacchi im italienischen Fußball erledigt. Er überstand noch eine enttäuschende Saison 1998/99 bei Atlético Madrid, mit dem er den 13. Platz in der spanischen Meisterschaft belegte, und im Jahr

2000/01 übernahm er Parma Calcio, ertrug den Stress jedoch nur einen Monat.

Sacchi wurde ein prominenter Fußballexperte und übte in dieser Funktion erwartungsgemäß scharfe Kritik an jedem Versuch, den Catenaccio wiedereinzuführen. Zu Beginn der Saison 1999/2000 waren die meisten Klubs in der Serie A zu einer Dreierkette zurückgekehrt und spielten wieder auf die alte italienische Art. »Wir haben nicht viel Spaß«, klagte Sacchi. »Mein Eindruck ist, dass der italienische Fußball einen Schritt zurück getan hat. Es herrscht verbreiteter Konformismus. Alle Mannschaften spielen auf dieselbe Art; es ist schwierig, eine von der anderen zu unterscheiden, und man sieht kaum etwas Neues. Die meisten Mannschaften, die mit einer Dreierkette spielen, verwenden in Wirklichkeit eine Fünferkette, was es ihnen ermöglicht, den Libero wieder einzuführen. Wir sind zu der Art von Fußball zurückgekehrt, den wir vor fünfzehn Jahren gespielt haben.« In den Augen vieler seiner Kollegen war das ein großer Erfolg.

An diesem Punkt hieß der Nationaltrainer Dino Zoff. Der Torwart der Weltmeistermannschaft von 1982 war eine eigenartige Wahl. Er hatte eine relativ unauffällige Zeit als Trainer von Juventus sowie zwei Etappen bei Lazio hinter sich – in Rom ließ er in einem 4-4-2 spielen, bevor er den Posten des Sportdirektors übernahm und Erikssons Vorgesetzter wurde. Zoff war eine legendäre Figur, aber es war nicht klar, welche Art von Fußball ihm vorschwebte. Er begann mit einem 4-4-2, erklärte jedoch, seine Formation werde »davon abhängen, wie sich die Dinge in der Serie A entwickeln – ich werde mir die Vorschläge der Klubs anhören, und natürlich muss die Nationalmannschaft die taktischen Entwicklungen in der Liga berücksichtigen«. Dies war der »dritte Weg« des italienischen Fußballs: Sacchi hatte für eine Viererkette in der Abwehr geworben, Maldini war vom Libero überzeugt gewesen, und Zoff hatte keine Präferenzen.

Zoffs Azzurri gingen mit einer Viererkette in die Qualifikation für die EM 2000 und gewannen die ersten drei Spiele. Aber dann geriet die Mannschaft ins Stocken: Sie spielte zu Hause unentschieden gegen Weißrussland, ließ einem beeindruckenden 4:0-Sieg über Wales eine miserable Vorstellung bei einem torlosen Remis gegen die Schweiz folgen, brach im Heimspiel gegen Dänemark in Neapel nach einer 2:0-Führung ein und verlor 2:3 und kam in Weißrussland nicht über ein 0:0 hinaus. Zoff hatte bis dahin am 4-4-2 festgehalten, aber nach der enttäuschenden Vorstellung in Minsk musste er sich die Frage anhören, warum er das in der Liga so beliebte 3-4-1-2 nicht übernahm. In der Saison 1999/2000 spielten 69 Prozent der Mannschaften in der Serie A, darunter sechs der »sieben Schwestern«, mit einer Dreierkette. Der Meister Lazio war mit einer Viererkette die Ausnahme, und es war kein Zufall, dass dieser Klub auch als einziger einen ausländischen Trainer beschäftigte.

Andernorts waren die italienischen Trainer scharenweise zur Dreierkette zurückgekehrt. Bei Juventus setzte Carlo Ancelotti auf die Italiener Ciro Ferrara (den Ronaldo als den besten Abwehrspieler der Welt bezeichnete) und Mark Iuliano sowie den harten, zweikampfstarken Uruguayer Paolo Montero. Bei Milan bot Alberto Zaccheroni normalerweise das Trio Maldini, Costacurta und den Argentinier Roberto Ayala auf, der in der Serie A nie glänzen konnte, während er in anderen Ligen sehr erfolgreich war. Bei Inter ließ Marcello Lippi den großartigen Laurent Blanc als Libero hinter einem Innenverteidigerpaar spielen, dem abwechselnd Dario Šimić, Christian Panucci und der Kolumbianer Ivan Cordoba angehörten, der seine geringe Körpergröße mit einer bemerkenswerten Sprungkraft wettmachte. Bei der Roma setzte Fabio Capello die Brasilianer Aldair und Zago neben Amedeo Mangone oder Alessandro Rinaldi ein, während sich Fiorentina-Trainer Giovanni Trapattoni auf Alessandro Pierini sowie den aggressiven Tschechen Tomaš Řepka und Daniele Adani verließ.

Das herausragende Trio war jedoch beim AC Parma zu bewundern, wo Nestor Sensini hinter Fabio Cannavaro und Lilian Thuram aufräumte, zwei der besten Innenverteidiger der Geschichte, die sehr aggressiv spielten und bei Bedarf den Ball nach vorne tragen konnten. Cannavaro war ein echter Allroundverteidiger, der sowohl als Vorstopper als auch als Ausputzer spielen konnte und seine Gegenspieler sauber oder mit hartem Körpereinsatz vom Ball trennte. Thuram war ein ausgezeichneter Fußballer, der von Arsène Wenger beim AS Monaco vom Rechtsaußen zum Verteidiger umgeschult worden war, was ihn zum idealen Spieler für die Position rechts in der Dreierkette machte.

Zoff richtete sich wie versprochen nach den taktischen Trends in der Serie A und stieg im ersten Freundschaftsspiel nach der EM-Qualifikation auf ein 3-4-1-2 um. Das Spiel gegen Belgien ging mit 1:3 verloren. In den weiteren Vorbereitungsspielen hielt Zoff an diesem System fest, obwohl offenbar niemand wusste, wie genau der Plan für die Offensive aussehen sollte. »Es war eine sonderbare Spielweise«, erklärte Paulo Sousa, der zu jener Zeit bei Parma spielte, nach einer 0:2-Niederlage Portugals gegen Italien. »Sie zwangen uns ihren Stil nicht auf, aber sie spielten auch nicht auf Konter. Die Italiener sind die Besten, was die Vorbereitung anbelangt – Taktik, Vorbereitung und das Studium des Gegners. Aber das Nationalteam hat keine Zeit, an alldem zu arbeiten, und das wirkt sich aus.«

Der italienische Fußball, der stets stolz auf seine taktische Raffinesse gewesen war, wirkte mittlerweile so, als hätte er den Anschluss an die Entwicklungen in Europa verpasst. In der Saison 1999/2000 ernteten die italienischen Vereine miserable Ergebnisse in den europäischen Wettbewerben und stellten weder in der Champions League noch im Uefa-Pokal einen Semifinalisten, nachdem sie diese Wettbewerbe in den neunziger Jahren klar beherrscht hatten. Vor der EM 2000 war das Ansehen des italienischen Fußballs angeschlagen. Eine Schlagzeile des *Corriere dello Sport* lautete »Bleibt daheim, Azzurri!«. Die verletzungsbedingten Ausfälle des besten europäischen Torwarts Gigi Buffon und des teuersten Spielers der Welt, Christian Vieri, dämpften die Erwartungen zusätzlich.

Aber Zoff konnte sich auf die beste Abwehr Europas verlassen. Nesta spielte als freier Mann zwischen Cannavaro und Iuliano, während Maldini auf der linken Abwehrseite stand und Gianluca Zambrotta als hängender äußerer Mittelfeldspieler bei gegnerischem Ballbesitz in die Abwehrkette einrückte. Italien gewann seine drei Gruppenspiele gegen die Türkei, Belgien und Schweden – aber eine bekannte Stimme kritisierte die Spielweise der Mannschaft. »Italien gewann auf die italienische Art«, schrieb Sacchi nach dem Sieg über Belgien in *La Stampa*. »Es war ein gutes Italien, in Einklang mit unseren Gewohnheiten und unserer Mentalität. Es war das übliche Italien: defensiv, opportunistisch und zeitweilig vielleicht ein wenig langweilig. Wir waren sehr gut in der Abwehr, obwohl wir mit zu vielen Spielern verteidigten und immer in derselben 3-5-1-1-Formation spielten.« Auf jedes kleine Lob folgte eine Kritik, obwohl der Fairness halber gesagt werden muss, dass Sacchi stets bei der taktischen Analyse blieb, anstatt sich zu jener Art von persönlichen Beleidigungen hinreißen zu lassen, denen er selbst seinerzeit ausgesetzt gewesen war.

Im Viertelfinale setzte sich Italien mit 2:0 gegen Rumänien durch, womit es im Halbfinale in Amsterdam zur Begegnung mit dem Gastgeber Holland kam. Die Niederländer waren in der Favoritenrolle, denn nach einem Last-Minute-1:0 in einem nervösen Auftaktspiel gegen die Tschechische Republik hatten sie Dänemark mit 3:0, Frankreich mit 3:2 und Jugoslawien mit 6:1 geschlagen. Es war eine klassische niederländische Mannschaft, die das Spiel in die Breite zog, und so kam es im Halbfinale zur Auseinandersetzung zwischen italienischer Verteidigung und holländischem Angriff. Die Rollen wurden noch klarer verteilt, als Gianluca Zambrotta bereits nach einer halben Stunde nach dem zweiten harten Foul an Außenstürmer Boudewijn Zenden vom Platz gestellt wurde. Doch Italien verteidigte das stereotypische italienische Resultat von 0:0 und rettete sich ins Elfmeterschießen, wo man sich dank Torhüter Francesco Toldo durchsetzte. Die Abwehrleistung der Azzurri war keineswegs fehlerfrei – die Niederländer verschossen in der regulären Spielzeit zwei Elfmeter –, aber die Mannschaft hielt dem Sturm zwei Stunden lang stand. Die beste Analyse lieferten italienische Fans auf der Tribüne, die ein Spruchband mit einer unmissverständlichen Botschaft hochhielten: »Catenaccio!«

Italien hätte sich fast auch im Endspiel gegen Frankreich durchgesetzt, ging in Führung und musste erst in der letzten Spielminute das Ausgleichstor durch Sylvain Wiltord hinnehmen; in der Verlängerung erzielte der bereits von Juventus Turin verpflichtete David Trezeguet das Golden Goal für Frankreich. Im Anschluss an das Turnier trat Zoff zurück, nachdem ihn Milan-Präsident Silvio Berlusconi scharf angegriffen hatte. »Als Mann, der sein Vaterland liebt, kann ich nicht schweigen«, donnerte der Oppositionsführer im italienischen Parlament. »Warum sorgte Zoff nicht dafür, dass jemand Zidane beschattete? Man darf einem Spieler mit seinen Fähigkeiten nicht erlauben, zu tun, was er will. Es war offensichtlich, dass sich das Finale um ihn drehte, jeder Amateur konnte das sehen. Wir hätten jemanden mit Hirn gebraucht, und Zoff hat keins.«

Die Fachleute konnten wenig mit Berlusconis Kritik anfangen, denn sie waren sich darin einig, dass Zidane in Wahrheit neutralisiert worden war und sein unauffälligstes Spiel im Turnier gemacht hatte. Doch Zoff war so gekränkt, dass er aufgab: »Diese Entscheidung ist ein direktes Ergebnis von Berlusconis beleidigenden Äußerungen«, sagte er. »Ich fühle mich als Mann verletzt, und deshalb trete ich zurück.«

Bedeutsamer als Zoffs Rücktritt war, wer seinen Platz einnahm: Giovanni Trapattoni, der seine italienischen Meistertitel in den siebziger und achtziger Jahren geholt hatte, kehrte zum italienischen Spiel der wirklich alten Schule zurück. »Ich denke, das bei den Europameisterschaften verwendete System funktionierte gut«, erklärte er bei seiner öffentlichen Vorstellung als neuer Nationaltrainer. »Ich werde von der Aufstellung im letzten Spiel ausgehen, mit Zoffs Formation und seinen Spielern. Die Traditionen sind sehr wichtig im Fußball. Wir haben nicht die Charakteristika, um wie Holland oder Frankreich zu spielen.« Diese beiden Fußballnationen waren die perfekten Vergleichsfolien, um diese italienische Phase einzurahmen: Der niederländische Fußball hatte seine Vormachtstellung in den frühen neunziger Jahren an den italienischen verloren, aber die Finalniederlage Italiens gegen Frankreich läutete die nächste Wachablösung ein.

Umschaltmoment:
Italien → Frankreich

Die Serie A hatte den europäischen Fußball in den neunziger Jahren dominiert, aber zu Beginn des 21. Jahrhunderts verlor sie den Anschluss.

Die Herkunft der Champions-League-Viertelfinalisten der Spielzeiten 1999/2000 bis 2001/02 veranschaulicht das: Unter den 24 Teilnehmern waren neun spanische, sieben englische, vier deutsche Klubs und jeweils einer aus Italien, Portugal, Griechenland und der Türkei. Die Serie A, die jahrelang den Ton angegeben hatte, stand jetzt auf einer Stufe mit den zweitrangigen europäischen Ligen. Der italienische Fußball hatte keinen überzeugenden Stil zu bieten, und jetzt blieben obendrein die Erfolge aus. Das Finale der EM 2000 stellte den Wendepunkt dar: Der französische Fußball übernahm das Kommando.

Frankreich hatte die WM 1998 auf heimischem Boden gewonnen. Was den Stil anbelangte, war diese Équipe Tricolore jedoch eine sehr italienische Mannschaft gewesen: »Sie verdanken den Erfolg ihrem Torwart, den vier Abwehrspielern und Zinédine Zidane«, schimpfte Rolland Courbis, der exzentrische Trainer von Olympique Marseille. Dies war eine durchaus zutreffende Beschreibung – die sich auch als Zusammenfassung vieler Auftritte von Juventus Turin geeignet hätte. Frankreich spielte zu jener Zeit im Wesentlichen einen italienischen Fußball, wenn auch mit talentierteren Spielern.

Das Viertelfinalduell zwischen Frankreich und Italien bei der WM 1998 hatte nach Verlängerung 0:0 geendet und wurde von der Zeitschrift *World Soccer* als »Serie-A-Spiel« bezeichnet: »Sieben Akteure in der französischen Startelf haben in der abgelaufenen Saison dort gespielt.« Viele Mitglieder der französischen

Mannschaft führten ihren Erfolg auf den Einfluss der Serie A zurück: »Unsere Generation verdankt dem italienischen Fußball, der uns viel gelehrt hat, alles«, sagte Kapitän Didier Deschamps. Sein Mittelfeldkollege Zidane erklärte, in der Serie A habe er gelernt, die Bedeutung des Siegs zu schätzen.

Der französische Finalsieg über Italien bei der EM 2000 wurde dann jedoch als Sieg des Guten über das Böse dargestellt. »Puristen und Pariser wären gleichermaßen enttäuscht über einen Sieg Italiens gewesen«, hieß es im *Daily Telegraph*. »Die italienische Mannschaft wird zweifellos für ihre Fähigkeit zu Planung und professioneller Ausführung bewundert, aber es fehlt ihr einfach an der *joie de vivre*, die den französischen Fußball erfüllt.« Dies war eine verbreitete Einschätzung. »Am Ende siegte bei der Euro 2000 Magie über Methode«, hieß es im *Guardian*. Der französische Nationaltrainer Roger Lemerre sprach von einem »Sieg des Angriffsfußballs«. Stilistisch begann die französische Epoche nicht 1998, sondern 2000.

Die Titel bei großen Turnieren sind der beste Beleg dafür, wie fruchtbar diese Phase in der Geschichte des französischen Fußballs war. Der Erfolg hatte viel mit der Entwicklung von Weltklassespielern zu tun, die allesamt im Ausland tätig waren, vor allem in Italien, England und Spanien. Der wichtigste »französische« Klub dieser Zeit spielte tatsächlich in der englischen Liga: Der in ganz Europa gefeierte Arsenal-Trainer Arsène Wenger stellte manchmal fünf französische Spieler in seiner Startelf auf. Die Ligue 1 hingegen blieb ein Nebenschauplatz, was auch damit zu tun hatte, dass sich die in Frankreich ausgebildeten Spieler durch einen Wechsel ins Ausland den hohen Steuern in ihrem Heimatland entziehen konnten.

Die Abwanderung zahlreicher Stars schuf in der französischen Liga Platz für die nächste Generation von Spielern, die ausländische Klubs auf sich aufmerksam machen konnten, und kein anderes europäisches Land brachte in dieser Zeit so viele gute Fußballer hervor wie Frankreich, was teilweise mit der berühmten Nachwuchsakademie in Clairefontaine zu tun hatte, die anderen Ländern als Vorbild diente. Frankreich verdankte seine internationalen Erfolge eher seinem unerschöpflichen Talentpool als taktischen Innovationen: Bei der EM 2000 behauptete der Mittelfeldspieler Emmanuel Petit nicht ganz zu Unrecht, Frankreich habe acht der elf besten Spieler Europas in seinen Reihen.

In dieser Zeit spielten mit Zinédine Zidane der talentierteste Spielmacher und mit Thierry Henry der zuverlässigste Torjäger Europas für Frankreich. Zidane trat in die Fußstapfen großer französischen Zehner wie Kopa und Platini, während Henry ein Vertreter einer neuen Art von Mittelstürmer war. Gleichzeitig brachte Frankreich reihenweise solide, unspektakuläre defensive Mittelfeldspieler hervor, die ihre Abwehrreihe schützten und die Offensivspieler in Szene setzten. Nach einer Phase des italienischen Konservatismus führte das französische Flair den Fußball ins 21. Jahrhundert.

3
FOOT
(2000-04)

7
Tempo

Die französischen Triumphe bei der WM 1998 und der EM 2000 stellten ein historisches Double dar (zuvor war das nur Deutschland mit dem Gewinn der EM 1972 und der WM 1974 gelungen), aber die fußballerische Identität der Mannschaft hatte sich in den zwei Jahren, die zwischen den beiden Titelgewinnen verstrichen waren, grundlegend gewandelt. Während sich die französische Elf, die im eigenen Land den WM-Titel holte, auf eine solide Abwehr stützte, aber im letzten Drittel des Feldes nicht sehr einfallsreich war, spielten »les Bleus« bei der Europameisterschaft zwei Jahre später einen mitreißenden, schnellen, fröhlichen Fußball. 1998 sicherten sich die Franzosen den Erfolg, indem sie wie Italiener spielten, aber im Jahr 2000 reicherten sie ihr Spiel mit Fantasie an und besannen sich auf jenen Teil der französischen Fußballidentität, der das technische Spiel betont.

Die Entwicklung der Mannschaft kann man sehr schön anhand eines Vergleichs der Aufstellungen im WM-Finale gegen Brasilien und im EM-Eröffnungsspiel gegen Dänemark verfolgen. Im Tor stand in beiden Spielen Fabien Barthez. Die einzige Veränderung in der Abwehrreihe war Laurent Blanc, der auch bei der WM gesetzt gewesen war, im Endspiel aber durch eine Sperre ausfiel: Er nahm bei der Europameisterschaft wieder seinen Platz an der Seite von Marcel Desailly ein und verdrängte Lebœuf. Auf den defensiven Außenpositionen spielten wie gehabt Lilian Thuram und Bixente Lizarazu. Im defensiven Mittelfeld kam erneut Didier Deschamps zum Einsatz, der dort von Emmanuel Petit unterstützt wurde. Für die Kreativität waren weiterhin Zinédine Zidane und Youri Djorkaeff zuständig. Sieht man vom im WM-Finale gesperrten Blanc ab, war die Mannschaft auf neun Positionen dieselbe wie zwei Jahre früher.

Aber dann war da die Angriffsspitze. Im Jahr 1998 hatte dort Stéphane Guivarc'h gespielt, der sich wegen seiner Schwerfälligkeit und Langsamkeit viel Spott anhören musste und kein einziges Tor zum WM-Triumph seiner Mannschaft beisteuern konnte – dasselbe Kunststück sollte Olivier Giroud übrigens zwanzig Jahre später zustande bringen. Nach dem Titelgewinn wurde Guivarc'h rückblickend für seinen selbstlosen Einsatz, seine Laufbereitschaft und das Stören des gegnerischen Spielaufbaus gelobt, aber dieses schmallippige Lob klang eher wie eine verschleierte Kritik.

Bei der Euro 2000 im eigenen Land stellten die Franzosen zwei rasend schnelle zentrale Stürmer auf: Thierry Henry und Nicolas Anelka. Die beiden stammten aus einem anderen Universum als Guivarc'h, besaßen sie doch Schnelligkeit, Technik und Eleganz. Der andere Spieler aus dem WM-Finale, der den Veränderungen zum Opfer gefallen war, war Christian Karembeu, eine Arbeitsbiene im Mittelfeld. Frankreich wollte die Zahl der defensiven Mittelfeldspieler von drei auf zwei verringern und die Zahl der Offensivakteure von drei auf vier erhöhen.

Der Architekt dieser Neuausrichtung war der neue Trainer Roger Lemerre, der bei der Weltmeisterschaft Aimé Jacquets Assistent gewesen war und unmittelbar nach dem Titelgewinn den Platz seines bisherigen Chefs eingenommen hatte. Allerdings fiel die Bedeutung der von Lemerre vorgenommenen Änderungen kaum jemandem auf, bevor Frankreich die EM gewann. Bis dahin wurde der neue Nationaltrainer nicht ernstgenommen, weil er am Muster seines Vorgängers festhielt; satirische Kommentatoren beschrieben ihn als einen Jasager, der sich durch Unauffälligkeit hochgedient habe und sich bei wichtigen Entscheidungen einfach vorstelle, was Jacquet wohl in dieser Situation getan hätte. Dieses Urteil scheint im Rückblick bemerkenswert, wenn man sich die Entwicklung der Mannschaft ansieht. Es stimmt allerdings, dass Zweifel an Lemerres Eignung für den Job angebracht waren, denn er hatte eigentlich nur in den siebziger und achtziger Jahren als Cheftrainer gearbeitet. Sieht man von einem Intermezzo auf der Bank von Lens im Jahr 1997 ab, war seine Tätigkeit in der jüngeren Vergangenheit auf die Arbeit mit dem französischen Militärteam beschränkt gewesen, mit dem er 1995 die Militär-WM gewonnen hatte (im Endspiel hatte Frankreich die vermutlich hochklassige Mannschaft des Iran besiegt). Lemerres Karriere schien ihn jedenfalls nicht gerade für den Trainerposten bei der Nationalmannschaft zu prädestinieren.

Andererseits war es durchaus normal, dass ein französischer Nationaltrainer eine Hintergrundfigur war. Während holländische Trainer Vorträge über ihre Spielphilosophie hielten und Italiener Taktikexperten waren, wählten die Franzosen oft einen Laisser-faire-Zugang. Sie waren weder Ideologen noch Großmeister, sondern hatten eher die Mentalität von Nachwuchstrainern und sahen ihre vorrangige Aufgabe darin, den Spielern Orientierungshilfen zu geben, um ihr Potenzial richtig auszuschöpfen.

Nicht nur Jacquet und Lemerre, sondern auch die beiden anderen international bekannten französischen Trainer jener Zeit wählten diesen Zugang. Gérard Houllier, der mit dem FC Liverpool im Jahr 2001 nicht weniger als fünf Titel holte, war ein ehemaliger Lehrer, der nach einem katastrophalen Scheitern mit der Équipe Tricolore in der Qualifikation für die WM 1994 drei Jahre lang die U-18 und die U-20 trainiert hatte, wo er mit Spielern wie Anelka, Henry und David Trezeguet gearbeitet hatte. Arsenal-Coach Arsène Wenger verstand sich ebenfalls eher als Lehrer denn als Trainer. Er vermied es, die Spieler in eine taktische Zwangsjacke zu stecken, und bewies großes Geschick darin, talentierte Nachwuchsleute in Weltklassefußballer zu verwandeln. »Ich bin in erster Linie ein Ausbilder«, sagte er einmal. Zu den Spielern, die von Wengers Anleitung profitierten, zählten die Torschützen im Eröffnungsspiel der EM 2000, Anelka und Henry, womit der Arsenal-Trainer großen Anteil am Wandel der Spielphilosophie seit der WM 1998 hatte. Aufschlussreich ist auch, dass Anelka und Henry beide in der nationalen Fußballakademie in Clairefontaine ausgebildet worden waren, die nach den zwei Turniererfolgen Frankreichs internationale Anerkennung fand. Angesichts dieses Erfolgs bauten andere große europäische Fußballnationen ihre Nachwuchsförderung um und orientierten sich am Modell des französischen Ausbildungszentrums. Die Entwicklung von Spielern rückte in den Mittelpunkt.

Es sollte erwähnt werden, dass Henry bereits bei der Heim-WM auf sich aufmerksam gemacht hatte, wo er in der Vorrunde gegen Südafrika und zweimal gegen Saudi-Arabien getroffen hatte; allerdings kam er in der K.-o.-Phase nicht mehr zum Einsatz und galt während seines misslungenen sechsmonatigen Aufenthalts bei Juventus Turin in der Saison 1998/99 immer noch als Außenstürmer. »Ich bin nicht Trezeguet. Von mir dürft ihr nicht haufenweise Tore erwarten«, erklärte er nach seiner Ankunft in Italien mit Blick auf seinen Busenfreund und ehemaligen Sturmpartner beim AS Monaco, der ein reiner Strafraumspieler war. Der Trainerstab von Juventus nahm diesen Einwand buchstäblich und setzte Henry oft als hängenden Mittelfeldaußen ein. Nach sechs Monaten wurde er wieder verkauft und im folgenden Sommer durch Trezeguet ersetzt. Aufgrund seiner schlechten Form wurde Henry trotz seines Beitrags zum Erfolg von 1998 in die U-21-Nationalmannschaft zurückversetzt.

Anelka hingegen war bereits 1997 von Wenger zu Arsenal geholt worden. Sein Wechsel von Paris Saint-Germain nach London war von einer heftigen Polemik begleitet, denn Wenger hatte ein Schlupfloch im französischen System für die Anwerbung von Nachwuchsspielern genutzt, womit er in seiner Heimat großen Unmut auf sich zog. Anelka hatte eine eigenwillige Persönlichkeit und zeigte wenig Interesse daran, Englisch zu lernen oder mit seinen Mannschaftskameraden zu kommunizieren, aber dank seines ungeheuren Tempos setzte er sich fast auf Anhieb durch. Im Finale des FA-Cups 1998 enteilte er der gesamten Abwehr von Newcastle und traf zum entscheidenden Tor; als er bei einem 5:0 über Leicester zum ersten Mal drei Treffer in einem Premier-League-Match erzielte, handelte es sich dabei um drei sehr ähnliche Tore, bei denen er jeweils seine Schnelligkeit nutzte, um von Dennis Bergkamp hinter die Abwehr gespielte Pässe zu erreichen. Er wurde Bergkamps bevorzugter Sturmpartner. »Nicolas' Spielweise passte perfekt zu meiner, denn er versuchte unentwegt, durchzubrechen und aufs Tor zu stürmen«, erklärte Bergkamp. »Er hatte nichts anderes im Sinn als den Torabschluss, er liebte es, den Ball in den Lauf gespielt zu bekommen und das Eins-gegen-eins mit dem Torhüter zu suchen.« Anelka stand im vorläufigen französischen Aufgebot für die WM 1998, wurde jedoch vor dem Turnier aussortiert. Den Vorzug erhielten Henry und Trezeguet.

Während es Henry schwerfiel, sich bei Juventus einzugewöhnen, feierte Anelka bei Arsenal in der Saison 1998/99 den Durchbruch und erzielte 17 Tore. Bald nahm er die zentrale Position im französischen Sturm ein. Nachdem er 1999 beide Tore zu einem 2:0-Sieg über England im Wembley-Stadion erzielt hatte (die englische Abwehrreihe wurde von seinen Vereinskollegen bei Arsenal dominiert), äußerte sich Mannschaftskapitän Didier Deschamps euphorisch: »Wir haben unseren Ronaldo gefunden!« Trotz des Triumphs bei der WM im eigenen Land hatte die Wertschätzung für das französische Offensivspiel gelitten, was nicht zuletzt am Fehlen einer erstklassigen Sturmspitze lag, und nach dem Endspiel hatte sich die Fußballwelt mehr mit Ronaldos mysteriöser Erkrankung als mit dem Sieg der Gastgeber beschäftigt. Doch jetzt hatten die Bleus das Gleichgewicht wiederhergestellt, hatten sie nun doch ebenfalls einen spektakulären Mittelstürmer.

Besser gesagt: zwei. Im Jahr 1999 verließ Anelka Arsenal und wechselte zu Real Madrid. Seinen Platz nahm für den halben Preis Thierry Henry ein. Mit diesem klugen Schachzug erhöhte Arsenal nicht nur die Qualität seines Sturms, sondern profitierte auch finanziell, obwohl Wenger später einräumte, wenige Dinge so sehr zu bereuen wie die entgangene Chance, Anelka und Henry Seite an Seite stürmen zu lassen. Lemerre hingegen kam in den Genuss dieses Vergnügens, und das französische Sturmduo wurde zu einer furchtbaren Bedrohung für langsame Verteidiger. Im Eröffnungsspiel der EM 2000 bereiteten die schnellen Henry und Anelka den Dänen unentwegt Schwierigkeiten. Die Dänen begriffen, was ihnen bevorstand, als Zidane in den Anfangsminuten einen Pass für Anelka durchsteckte, der Peter Schmeichel umspielte, zu Henrys großem Ärger jedoch schlampig abschloss und nur das Außennetz traf. Beim französischen Führungstor wurde Anelka in der Mitte steil geschickt, scheiterte jedoch am herauseilenden Schmeichel, von dem der Ball zum nach vorne geeilten Verteidiger Laurent Blanc prallte, der ihn nur noch ins leere Tor schieben musste.

Das Muster wiederholte sich im Lauf der Partie. Ein ums andere Mal überspielten die Franzosen die dänische Abwehrkette dank der Schnelligkeit ihrer beiden Stoßstürmer. Kurz vor der Halbzeit bekam Henry den Ball auf der linken Außenbahn, zog nach innen, ließ zwei Verteidiger stehen und schoss ans Außennetz. Kurz nach dem Seitenwechsel fand Blanc mit einem langen, hohen Pass Henry, der jedoch frei vorm Tor den Abschluss verpatzte und deutlich verzog. Die überforderten dänischen Verteidiger gestikulierten wild und machten sich gegenseitig Vorwürfe. Nach einem Konter erzielte Henry das zweite französische

Tor: Zidane lupfte ihm in der eigenen Hälfte den Ball zu, Henry nahm ihn kurz vor der Mittellinie auf dem linken Flügel an, sprintete Richtung Tor, ohne dass ihm einer der Verteidiger folgen konnte, und ließ Schmeichel keine Chance. Das Tor war reine Geschwindigkeit: Kein Kombinationsspiel, keine geschickte Vorlage. Dem dritten Tor ging ein weiterer Steilpass voraus, mit dem zwei Franzosen freigespielt wurden. Diesmal waren zwei eingewechselte Spieler am Zug: Henry schickte Patrick Vieira, seinen Mannschaftskameraden von Arsenal, in die Gasse, der auf Sylvain Wiltord (einen weiteren zukünftigen Mitspieler bei Arsenal) ablegte, der den Ball aus wenigen Metern nur noch über die Linie drücken musste. Die wichtigste Zutat aller drei Tore war das Tempo. Das war das neue Gesicht der Équipe Tricolore.

Beim 2:1 gegen Tschechien im zweiten Spiel traf Henry auf die erwartete Art nach einem Pass hinter die Abwehr, obwohl die Aktion ihren Ausgang in einem missratenen Rückpass des tschechischen Verteidigers Petr Gabriel nahm. Beim zweiten Tor hob Djorkaeff den Ball zu Henry, der einen seiner Sprints über links anzog und zu Djorkaeff zurückpasste, der die Kugel versenkte.

Beim 2:3 gegen die Niederlande im letzten Gruppenspiel wechselte Lemerre die halbe Mannschaft durch, da Frankreich bereits für die K.-o.-Phase qualifiziert war. Im Viertelfinale gegen Spanien verloren die Bleus die Orientierung bei dem Versuch, ihr Tempo durch andere Elemente zu ergänzen. Lemerre wählte ein 4-2-3-1 mit Djorkaeff und Christophe Dugarry auf den Flügeln, wobei beide Außenstürmer eher nach innen zogen, anstatt den Rücken der gegnerischen Abwehrspieler zu suchen. Henry lief als einzige Spitze auf, eine Rolle, in der er sich nicht wohlfühlte, und machte beim 2:1-Sieg Frankreichs sein unauffälligstes Spiel im Turnier.

Beim Sieg gegen Portugal im Halbfinale (ebenfalls 2:1) kehrte Lemerre wieder zum ursprünglichen Matchplan zurück. Beim

Studium des Gegners war ihm aufgefallen, dass die Abwehrreihe Portugals nicht besonders schnell war. »Deshalb wollte er das Tempo unseres Spiels erhöhen«, erinnert sich Flügelspieler Robert Pires, ein weiterer Franzose, der bald darauf zu Arsenal wechselte. »Also standen Henry und Anelka in der Startelf. Er wollte, dass wir über die Flügel angriffen, weil ihre Innenverteidiger [Fernando Couto und Jorge Costa] so stark und besonders gut bei hohen Bällen waren.« Das Problem bestand darin, dass Portugal tiefer stand als Frankreichs bisherige Gegner, weshalb Steilpässe nicht besonders wirkungsvoll waren. Dennoch gelang es Anelka, nach einem Vorstoß über die rechte Seite einen Rückpass auf Henry zu spielen, der das Führungstor der Portugiesen ausglich. Zidane entschied das Spiel mit einem verwandelten Elfmeter am Ende der Nachspielzeit. Der Strafstoß war das Ergebnis einer Kombination zwischen Wiltord und Trezeguet, die Anelka und Henry ersetzt hatten: Wiltord zwang den portugiesischen Verteidiger Abel Xavier mit einem Torschuss aus spitzem Winkel zu einem Handspiel auf der Linie.

Diese beiden Ersatzspieler sollten auch am Ende des Finales gegen Italien entscheidend zum Triumph der Bleus beitragen. Lemerre kehrte zum 4-2-3-1 mit Henry als einziger Spitze zurück, was jedoch nicht funktionierte. Nachdem Italien in Führung gegangen war, ersetzte der französische Trainer Djorkaeff und Christophe Dugarry durch Wiltord und Trezeguet. Kurz vor dem Ende der regulären Spielzeit leitete Torwart Barthez mit einem weiten Abschlag den letzten Angriff der Franzosen ein. Trezeguet verlängerte per Kopf in den Strafraum zu Wiltord, der den italienischen Keeper Francesco Toldo mit einem scharfen Flachschuss ins lange Eck bezwang. In der Verlängerung gelang es den durch das späte Tor beflügelten Franzosen, das Tempo zu erhöhen und die geschockten Italiener zurückzudrängen. Lemerres dritte Einwechslung erwies sich ebenfalls als goldrichtig: Pires, der in den letzten Minuten für Lizarazu gekommen war, um die wütende Schlussoffensive der Bleus zu verstärken, setzte sich mit einem Tempowechsel von zwei italienischen Verteidigern ab und spielte einen Pass in den Rücken der Abwehr zu Trezeguet, der den Ball aus elf Metern Entfernung aus der Drehung unter die Latte jagte. Sein Golden Goal entschied die EM.

Zwei Jahre zuvor hatte Frankreich den Weltmeistertitel mit einer beinahe unbezwingbaren Abwehr errungen. Bei der EM 2000 spielten die Bleus nur im Eröffnungsspiel zu null und verließen sich stattdessen auf ihre Fähigkeit, mehr Tore zu schießen als ihre Rivalen. Diese Mannschaft hatte vor allem im Angriff einen extrem tiefen Kader – etwas, was zwei Jahre früher noch undenkbar gewesen war.

Das Quartett Anelka, Henry, Wiltord und Trezeguet brachte nicht nur Schnelligkeit und Torgefährlichkeit mit, sondern eröffnete dem Trainer auch vier verschiedene taktische Möglichkeiten. Anelka galt allgemein als echter Mittelstürmer, obwohl er vorzugsweise etwas hängend spielte. Henry war ein Mittelding zwischen Linksaußen und Mittelstürmer, und Wiltord brachte auf dem anderen Flügel ähnliche Eigenschaften mit. Trezeguet war ein echter Torjäger, der nicht langsam war, sich jedoch besser als die anderen drei Stürmer darauf verstand, Flanken zu verwerten, was ihn zu einem Sonderfall machte. »Die Leute reden unentwegt über die Schnelligkeit von Spielern wie Henry und Anelka«, sagte Trezeguets Vater Jorge, der selbst Profi gewesen war. »Aber David denkt schnell. Seine Geschwindigkeit ist im Kopf. Ich denke, David hat im Endspiel bewiesen, dass er das, was sie mit ihren Beinen tun, innerhalb einer Sekunde mental tun kann.«

Die Hauptfigur im französischen Sturm war jedoch Henry, und bei jener EM-Endrunde zeigte er möglicherweise zum einzigen Mal all das, was ihn bei Arsenal auszeichnete, auch in der Nationalmannschaft. »Thierry tankte bei diesem Turnier sehr viel Selbstvertrauen«, erinnert sich Vieira, der im Verein und in der französischen Auswahl sein Mitspieler war. »Er probierte viel Neues aus. Da ich ihn so gut kannte, spürte ich, dass er sich ein bisschen zurückhielt, wenn er für Frankreich spielte. Bei Arsenal war er imstande, mit dem Ball am Fuß zwei oder drei Kontrahenten auszuspielen, um anschließend zu flanken oder aufs Tor zu schießen. Im Nationalteam fühlte er sich nicht frei genug, um das zu tun – aber bei der Euro 2000 tat er es.«

Bei der WM 2002, bei der Frankreich gemeinsam mit der von Marcelo Bielsa trainierten argentinischen Mannschaft als Topfavorit gehandelt wurde, hatte Lemerre im Angriff ähnliche Optionen wie bei der Europameisterschaft: Er nahm Henry, Trezeguet und Wiltord mit nach Korea und Japan. Anelka hingegen war durch den Rost gefallen, denn Frankreich hatte einen noch schnelleren Torjäger entdeckt: Djibril Cissé.

Cissés rasanter Aufstieg passte zu seinem Tempo auf dem Feld. Er war erst einen Monat nach dem französischen EM-Triumph erstmals in der Ligue 1 zum Einsatz gekommen und brauchte bis zum folgenden Frühjahr, um sich beim von Guy Roux trainierten AJ Auxerre einen Stammplatz zu sichern. Roux war ein weiterer französischer Trainer, der sich einen Namen als Förderer von Talenten gemacht hatte und in seiner beispiellos langen und außerordentlich erfolgreichen Zeit auf der Bank von Auxerre – er trainierte den Klub von 1961 bis 2005 – Stars wie Éric Cantona, Laurent Blanc und Basile Boli zum Durchbruch verholfen hatte. Cissé schoss an der Seite von Guivarc'h in der Saison 2000/01 acht und in der folgenden Spielzeit 22 Tore, womit er sich die Torjägerkrone in der Ligue 1 sicherte. Aber sein Trainer verstand nicht, warum so ein Rummel um den Shootingstar gemacht wurde: »Er hat einen ordentlichen rechten Fuß, einen schwachen linken Fuß und kann nicht köpfen«, erklärte Roux, nachdem Cissé an die Spitze der Torschützenliste gestürmt war. »Warum also das ganze Theater?«

Dass sich Roux derart zurückhaltend über Cissés Qualitäten äußerte, lag vermutlich teilweise daran, dass er wollte, dass sein Schützling die Bodenhaftung nicht verlor, doch die Kritik war nicht ganz unangebracht, denn es gab Zweifel an der natürlichen Begabung Cissés. Aber seine unglaubliche Geschwindigkeit machte ihn in einer Kontermannschaft wie Auxerre zu einer ständigen Gefahr.

Cissé konnte sein Potenzial nie vollkommen ausschöpfen, was teilweise daran lag, dass er nach seinem Wechsel zum FC Liverpool, der ihn auf Betreiben Houlliers verpflichtete, zwei Beinbrüche erlitt. (Houllier warb noch zwei weitere französische Nachwuchsoffensivkräfte an, die Cousins Anthony Le Tallec und Florent Sinama-Pongolle, die beim WM-Sieg der französischen U-17 Furore gemacht hatten. Die Premier League war verrückt nach jungen französischen Stürmern: Arsenal verpflichtete Jérémie Aliadière, Manchester United band David Bellion an sich. Keiner dieser vier Spieler schaffte es in die A-Nationalmannschaft, aber die verzweifelten Bemühungen der europäischen Klubs, sich die Dienste französischer Nachwuchsstürmer zu sichern, verdeutlichen, wie groß die Begeisterung für die Produkte der dortigen Nachwuchsarbeit war.

Frankreich war 1998 ohne einen effektiven Mittelstürmer Weltmeister geworden. Als die Équipe Tricolore vier Jahre später als Titelfavorit nach Japan und Korea reiste, hatte sie nicht weniger als drei Spieler dabei, die gerade Torschützenkönige in wichtigen europäischen Ligen geworden waren: Cissé in Frankreich, Henry in England und Trezeguet in Italien. Und doch brachte Frankreich das Kunststück zuwege, in der Gruppenphase auszuscheiden, ohne ein einziges Tor zu schießen. Noch sonderbarer war, dass die Art des Scheiterns tatsächlich Frankreichs Ruf als Fabrik für schnelle Stürmer festigte.

Der Sturz der Bleus begann im ersten Gruppenspiel, als die Mannschaft eine schockierende 0:1-Niederlage gegen den WM-

Debütanten Senegal erlitt. Die Identität des Gegners war aufschlussreich: Senegal war im Vorfeld herablassend als eine Art französisches B-Team dargestellt worden, da 21 der 23 Spieler im Kader in Frankreich spielten – die zwei Ausnahmen waren die beiden Ersatztorhüter. Die unausgesprochene Annahme lautete, dass sich jeder in Frankreich aufgewachsene Spieler mit senegalesischen Wurzeln, der ausreichende Qualität mitbrachte, zweifellos für die Mannschaft der stärkeren Fußballnation entschieden hätte, wie es zum Beispiel bei Vieira der Fall war. Aber das war eine übermäßig vereinfachte Darstellung, und während die Mehrheit dieser Spieler in ihrer Jugend nach Frankreich gekommen und in französischen Vereinen ausgebildet worden war, waren nur zwei von ihnen tatsächlich in Frankreich geboren worden. Ihr Trainer war ein Franzose, der langhaarige, charismatische Bruno Metsu, der ebenfalls sein Heimatland für den Titelfavoriten hielt, aber darauf beharrte, dass seine Mannschaft konkurrenzfähig sei. »Die Leute sagen, dass wir wie eine französisches Reservemannschaft sind«, erklärte er. »Aber wir haben Spieler, die so gut sind, dass sie auch für Frankreich spielen könnten.«

Die gefährlichste Waffe des Senegal war El-Hadji Diouf vom RC Lens, ein weiterer junger Stürmer, der sich vor allem durch seine Schnelligkeit auszeichnete. Im Verein waren seine Leistungen als Torjäger schwankend, aber er war Afrikas Fußballer des Jahres. Er hatte in der WM-Qualifikation zweimal drei Tore erzielt und entscheidenden Anteil am Einzug des Senegal ins Endspiel des Afrika-Cups gehabt, was der größte Erfolg in der Geschichte der senegalesischen Auswahl war. Später sollte Diouf ein Bad Boy des Fußballs werden und wegen Fehlverhalten auf dem Spielfeld immer wieder in Schwierigkeiten geraten – unter anderem wurde er mehrerer Spuckattacken überführt, des schlimmsten Verbrechens auf dem Platz –, doch zu Beginn der WM 2002 wurde um kaum einen Spieler ein so großer Rummel gemacht wie um ihn, und er hatte bereits einen Vertrag beim FC Liverpool, der rasch zugeschlagen hatte, weil sein Trainer Houllier erwartete, das Turnier werde Dioufs Preis deutlich in die Höhe treiben.

Vor der Auseinandersetzung mit Frankreich zeigte Metsu seinen Spielern zahlreiche Videos von den Auftritten des Gegners – aber er machte sich nicht die Mühe, die Stärken ihrer Stars hervorzuheben, sondern konzentrierte sich auf ihre Schwächen. Der größte Nachteil des Titelverteidigers war ein Mangel an Schnelligkeit in der Abwehr: Thuram war 30, Desailly 33, Lebœuf 34 und Lizarazu 31 Jahre alt. Diouf war 21. »Vielleicht können die Schüler dem Lehrer ja ein oder zwei Dinge beibringen«, sagte Metsu seinen Spielern vor dem Match.

Metsu wählte einen denkbar einfachen Ansatz: Ein dicht bevölkertes Mittelfeld machte die Räume für die kreativen Spieler Frankreichs eng und suchte bei Ballgewinn sofort Diouf mit Pässen hinter die Abwehr. Dass sich die Afrikaner vollkommen auf diese Taktik beschränkten, wird dadurch veranschaulicht, dass ihre einzige Spitze einen Rekord der besonderen Art aufstellte: Diouf war der erste Spieler in der langen Geschichte der Fußballweltmeisterschaften, dem es gelang, innerhalb von 90 Minuten zehnmal wegen Abseits zurückgepfiffen zu werden. Aber bei den wenigen Gelegenheiten, bei denen er im richtigen Moment startete, hatten ihm die französischen Verteidiger nichts entgegenzusetzen. Gleich zu Beginn des Spiels sprintete er auf der rechten Seite los, ließ Desailly ins Leere grätschen und legte für Auxerres Khalilou Fadiga auf. Noch in der ersten Hälfte machte er dasselbe auf der anderen Seite mit Lebœuf, und diesmal nutzte sein Lenser Teamkollege Papa Bouba Diop seine Hereingabe zum Führungstor. Diop vollstreckte aus nächster Nähe, lief zur Eckfahne, breitete sein Trikot auf dem Rasen aus und bat seine Mitspieler zu einem Tänzchen. Dieses Tor war ein brillantes Beispiel für die Wirksamkeit des senegalesischen

Matchplans – Dioufs Schnelligkeit wurde für Konter genutzt, bei denen die laufstarken Mittelfeldspieler nachrückten – und der vielleicht spektakulärste Moment einer ansonsten etwas enttäuschenden WM.

Die Franzosen hingegen hatten kein Glück im Abschluss: Sowohl Trezeguet als auch Henry trafen den Pfosten. Nach dem Spiel gab es trotzdem keine Entschuldigungen. »Es war ein guter Plan von meinem Freund Metsu, das Mittelfeld mit fünf Spielern dicht zu machen«, gestand Lemerre. »Wir konnten weder individuell noch kollektiv eine Lösung finden. Senegal war besser als wir.« Aber diese Niederlage für Frankreich war in gewisser Weise ein Sieg für die Ligue 1: Bei Senegal standen elf Spieler aus der französischen Liga in der Startelf, bei Frankreich nur ein einziger.

Die Franzosen erholten sich nicht mehr von dieser Niederlage. Im zweiten Gruppenspiel gegen Uruguay, das mit einem langweiligen 0:0 endete, handelte sich Henry für eine rücksichtslose Grätsche die rote Karte ein, womit er für das Spiel gegen Dänemark gesperrt war. Zidane kehrte in die Mannschaft zurück, war jedoch offensichtlich in einer schlechten körperlichen Verfassung. Die Bleus verloren klar.

Das frühe Ausscheiden der Franzosen war ein Schock, doch auch der Mitfavorit Argentinien musste in einem von Underdogs dominierten Turnier frühzeitig die Heimreise antreten. Die Schwäche der Favoriten wurde allgemein mit Erschöpfung erklärt, und das französische Team litt mehr als die meisten anderen darunter, nachdem es im vorangegangenen Sommer auch den Confederations Cup bestritten hatte. Zudem schienen die Bleus jedoch außerstande, den Schock der Niederlage gegen die »französische Reserve« zu verkraften, und Metsus Mannschaft erwies sich als die große Entdeckung der Endrunde: Der Senegal zeigte mitreißenden Konterfußball, Salif Diao erzielte im Gruppenspiel gegen Dänemark eines der schönsten Tore des

Turniers. Die Senegalesen erreichten das Viertelfinale und stellten damit das beste Ergebnis einer afrikanischen Mannschaft bei einer WM-Endrunde ein. Diouf war zweifellos der talentierteste Spieler dieser Mannschaft und lieferte vor der Viertelfinalniederlage gegen die Türkei die beste Zusammenfassung des Erfolgs seiner Mannschaft: »Wir vertreten heute den Senegal und Afrika, aber auch Frankreich.«

Für Henry war die WM eine große Enttäuschung, doch er blieb Europas strahlender Stürmerstar. In dieser Zeit konnte ihm kein anderer Torjäger das Wasser reichen. Zwischen der EM 2000 und der EM 2004 erzielte Henry 95 Ligatore. Wenn man von Mateja Kežman absieht, der es in der Eredivisie, wo die Leistungsdichte eher gering ist, auf 105 Tore brachte, findet man als zweitbeste Marke die 83 Treffer des Portugiesen Pauleta, der in dieser Zeit für Bordeaux und PSG spielte. Henry war auch unabhängig von der Position der beständigste Spieler Europas. Zwar gewann er nie den Ballon d'Or, aber kein anderer Spieler wurde zwischen 2000 und 2004 in jedem Jahr unter die besten zehn Fußballer gewählt. Vielleicht fehlte ihm ein wirklich unvergessliches Tor, um die höchste individuelle Auszeichnung des Fußballs zu gewinnen; sieht man vom Confederations Cup 2003 ab, traf Henry nie in einem Finale, was bei einem derart effektiven Torjäger ungewöhnlich war.

Obwohl Henry das Sturmproblem Frankreichs löste und eine zuverlässige Tormaschine war, viermal Torschützenkönig der Premier League wurde und Arsenals Allzeitrekordtorschütze ist, war das entscheidende Merkmal seiner Spielweise gerade, dass er *kein* reiner Torjäger war. Henry hatte sich seinen Vorgänger beim AS Monaco, George Weah, sowie die beiden Brasilianer Romário und Ronaldo zu Vorbildern erkoren, die in seinen Augen die Rolle des Mittelstürmers neu erfunden hatten, indem sie ständig die Position wechselten und »die Verteidiger mit ihren Laufwegen, ihren Antritten und ihren Dribblings aus dem

Konzept brachten«. In der Liga wetteiferte der Franzose ständig mit dem Niederländer Ruud van Nistelrooy von Manchester United um die Torjägerkrone. Obwohl sein Rivale ein klassischer Torjäger war, entschied Henry die Auseinandersetzung in vier der fünf Spielzeiten, in denen die beiden zusammen in England spielten, für sich. In der einzigen Saison, in der van Nistelrooy die Nase vorn hatte (2002/03), stellte Henry einen Vorlagenrekord auf, der bis heute Bestand hat. Er war nicht nur ein Weltklassetorjäger, sondern auch ein Weltklassevorbereiter.

Für die EM 2004 hatte die Équipe Tricolore ihr Reservoir an pfeilschnellen Offensivspielern trotz der Abwesenheit von Cissé und Anelka weiter aufgestockt. Cissé war aus einem bemerkenswerten Grund nicht im Kader: Obwohl er in den vorangegangenen zwei Jahren regelmäßig in der französischen Auswahl gestanden hatte, hatte man ihn in die U-21 zurückversetzt, um dem Nachwuchs im Entscheidungsspiel der Qualifikation für die Junioren-EM gegen Portugal den Erfolg zu sichern. Aber Frankreich schied aus, und obendrein schaffte es Cissé (der in den beiden Duellen alle drei Tore Frankreichs erzielte), wegen rohen Spiels vom Platz gestellt zu werden, was eine Sperre für fünf Spiele nach sich zog, womit er für die EM-Endrunde nicht mehr infrage kam. Anelka seinerseits spielte mittlerweile für Manchester City und war beim neuen Nationaltrainer Jacques Santini in Ungnade gefallen, der erklärte, in der Hackordnung stünden »zehntausend Spieler« über Anelka. Das war leicht übertrieben, aber Santini hatte tatsächlich zahlreiche Optionen und nahm nicht weniger als sechs Stürmer mit zur EM: Neben Henry, Trezeguet und Wiltord standen nun auch Sidney Govou, Steve Marlet und Louis Saha im Aufgebot.

Govou war ein weiterer Stürmer, der eher wie ein Sprinter als wie ein Fußballer wirkte. Der vielleicht schnellste Spieler in der französischen Mannschaft hatte im Jahr 2001 bei Olympique Lyon den Durchbruch geschafft und mit zwei brillanten Toren bei einem denkwürdigen 3:0 über Bayern München auf europäischer Ebene auf sich aufmerksam gemacht (Bayern-Präsident Beckenbauer sagte nach dem Spiel, das Team sei wie eine »Uwe-Seeler-Traditionsmannschaft« aufgetreten – ein heilsamer Schock, schließlich holten die Münchner am Ende den Champions-League-Titel). Bei Lyon spielte Govou an der Seite des brasilianischen Energiebündels Sonny Anderson, der einst mit Henry ein Sturmduo bei Monaco gebildet hatte und die beiden Franzosen daher gut miteinander vergleichen konnte. »Er erinnert mich sehr an Thierry, aber Sidney ist explosiver«, urteilte Anderson. Das sagte einerseits einiges über Govous unglaubliche Geschwindigkeit, andererseits wurde mittlerweile jeder aufstrebende französische Stürmer automatisch an Henry gemessen. So wie die Argentinier seit Jahren davon besessen waren, einen neuen Maradona zu finden, hielten die Franzosen bereits Ausschau nach dem nächsten Henry. Er war das Rollenvorbild für die nächste Generation französischer Stürmer, für Spieler wie Anthony Martial und Kylian Mbappé, der den Durchbruch wie Henry bei Monaco schaffte.

Leider gehörte Govou ebenfalls zu den Spielern, denen es aufgrund zahlreicher Verletzungen schwerfiel, ihre Fähigkeiten beständig abzurufen. Er war unwiderstehlich im Dribbling und hatte einen guten Distanzschuss, aber er war kein geborener Torjäger und agierte in Eins-gegen-eins-Situationen oft überhastet. Daher verwandelte sich der zuvor als vielversprechender Torjäger betrachtete Govou schließlich in einen Rechtsaußen. Das war eine durchaus übliche Entwicklung – Wiltord wich bei Arsenal schließlich auf die rechte Seite aus, Diouf und Cissé wurden bei Liverpool auf den Flügeln eingesetzt, und Marlet, der bei seiner Ankunft in Fulham im Jahr 2001 als Mittelstürmer galt, wurde im französischen Nationalteam auf die rechte Außenbahn versetzt, als sich herausstellte, dass das Toreschießen nicht sein Stärke war.

Bei Fulham hatte Marlet unter Trainer Jean Tigana, einem der besten Mittelfeldspieler der achtziger Jahre, der mit Frankreich 1984 den Europameistertitel gewonnen hatte, an der Seite von Louis Saha in der Spitze gespielt. Saha galt anfangs ebenfalls als Flügelspieler und verdankte es nach eigener Aussage Tigana, dass er ins Sturmzentrum rückte. Seine hohe Torausbeute sicherte ihm einen Vertrag bei Manchester United, wo er später die Champions League gewann. Saha war ein weiterer verletzungsanfälliger Spieler, aber in seiner besten Zeit war er der vielleicht kompletteste französische Stürmer, da er die Geschwindigkeit Henrys mit dem Killerinstinkt Trezeguets verband. Er konnte mit beiden Füßen schießen und war ein weiterer Absolvent der legendären Nachwuchsakademie in Clairefontaine, wo er gemeinsam mit Anelka und Henry ausgebildet worden war.

Die drei wurden enge Freunde, was zum Teil an ihrer gemeinsamen Herkunft lag. »Unsere Familien stammen aus Französisch-Westindien, und wir hingen viel zusammen und sprachen untereinander Kreolisch«, erinnert sich Saha an seine Zeit in Clairefontaine. »Wir verbrachten gemeinsame Urlaube im Haus von Thierrys Eltern auf den Antillen.« Die Familien von Anelka, Wiltord und Marlet kamen aus Martinique, Sahas Eltern aus dem benachbarten Guadeloupe, und Henry hatte je einen Elternteil von beiden Inseln. Guadeloupe und Martinique sind keine unabhängigen Nationen, sondern französische Überseegebiete, weshalb sie auch keine Fifa-Mitglieder sind. Henry erklärte dazu: »Hätten die Antillen eine Nationalmannschaft gehabt, so hätte ich in diesem Team gespielt, so wie viele Spieler senegalesischer Herkunft für dieses Land antreten wollen.« Nach einem Doppelpack bei einem 3:1 über Manchester United, bei dem er von Fehlern seines Nationalmannschaftskollegen Barthez profitierte, zog sich Henry das Trikot über den Kopf; darunter trug er ein Shirt mit der Aufschrift »For the West

Indies«. Govous Eltern stammten aus Benin, die Trezeguets aus Argentinien (sein Vater hatte bei Estudiantes in der Abwehr gespielt) und die von Cissé aus der Elfenbeinküste (sein Vater war Kapitän der Nationalmannschaft dieses Landes gewesen).

Der multikulturelle Charakter der Nationalmannschaft wurde in Frankreich kontrovers diskutiert und stieß angesichts des Vormarschs des von Jean-Marie Le Pen geführten rechtsradikalen Front National auf große mediale Aufmerksamkeit. Le Pen fand keinen Gefallen an der ethnischen Vielfalt der Équipe Tricolore. Der Gewinn der WM 1998 wurde vielerorts als Triumph des Multikulturalismus betrachtet. Bei sämtlichen acht Stürmern, die zwischen 2000 und 2004 bei Turnieren für Frankreich aufliefen – Henry, Anelka, Wiltord, Trezeguet, Saha, Marlet, Govou und Cissé – handelte es sich um in Frankreich geborene Spieler, deren Eltern nicht aus Europa stammten. Le Pen behauptete, diese Spieler repräsentierten Frankreich nicht, aber das Gegenteil war der Fall. Genau diese Spieler verliehen der französischen Nationalmannschaft jene fußballerische Identität, die ihr im Jahr 1998 gefehlt hatte.

8
Der Zehner

Der am meisten verehrte Fußballer der von Frankreich geprägten Ära war naturgemäß ein Franzose. Zinédine Zidane wurde bei der Europameisterschaft 2000 zum besten Spieler des Turniers gewählt, verwandelte sich im folgenden Sommer durch seinen Wechsel von Juventus Turin zu Real Madrid in den teuersten Fußballer der Welt und erzielte mit einem herrlichen Volleyschuss im Champions-League-Finale 2002 gegen Bayer Leverkusen das denkwürdigste Tor dieser Ära.

Zidane war ein geschmeidiger Spielmacher, der für seine unvergleichliche Technik gepriesen wurde. Er kontrollierte den Ball anmutig, war beidfüßig und beherrschte eine Vielzahl von Tricks, die seine Körperbeherrschung und seine Eleganz zum Ausdruck brachten, darunter die »Roulette«, eine nach Zidanes Geburtsstadt auch als »Marseille-Haken« bezeichnete Bewegung, bei der er erst mit der rechten Sohle leicht auf den Ball stieg, sich dabei in der Luft halb um die eigene Achse drehte, dann mit dem rechten Fuß auftrat, den Ball mit der linken Sohle weiterzog und gleichzeitig die Körperdrehung um volle 360 Grad abschloss, so dass er sich wieder in Laufrichtung befand und seinen Gegenspieler um einige Schritte hinter sich gelassen hatte. Er war ein Spieler, der Dichter und Filmschaffende inspirierte, in Biografien als beinahe abstraktes Konzept beschrieben wurde und genau der Fußballer war, nach dem Frankreich sich am meisten gesehnt hatte.

Im französischen Fußball der Nachkriegszeit tobte eine Auseinandersetzung zwischen zwei unvereinbaren Ideologien: Die eine rückte den Körpereinsatz und die Kampfbereitschaft in den

Mittelpunkt, die andere legte Wert auf Technik und Stil. Der typische Verfechter der ersten Denkweise war Georges Boulogne, der ab 1958 die Trainerausbildung in Frankreich gestaltete. Er war überzeugt, im französischen Fußball werde der Spaß am Spiel zu sehr betont, und setzte dieser Vergnügungssucht »Organisation«, »Anstrengung« und »Produktivität« entgegen. Boulogne brachte es zum Nationaltrainer, erntete jedoch sehr schlechte Ergebnisse: Frankreich konnte sich weder für die WM-Endrunden 1970 und 1974 noch für die EM 1972 qualifizieren. Anschließend bekleidete Boulogne ein Jahrzehnt den neu geschaffenen Posten eines nationalen Technischen Direktors. Niemand nahm in dieser Zeit einen vergleichbaren Einfluss auf die Entwicklung des französischen Fußballs. Man muss Boulogne zugutehalten, dass er die französischen Nachwuchszentren aufbaute, aber der von ihm gepredigte Fußball hätte keinen Zidane hervorgebracht.

Der wichtigste Vertreter der Gegenseite war Albert Batteux, der erfolgreichste Trainer in der Geschichte des französischen Fußballs. In den fünfziger und sechziger Jahren errang Batteux fünf Meistertitel mit Stade Reims und drei weitere mit Saint-Étienne; außerdem führte er die Nationalmannschaft zum dritten Platz bei der WM 1958. Zu einer Zeit, als im französischen Fußball eine körperbetonte Spielweise vorherrschte, verfocht Batteux die Ansicht, man müsse den Fans ein Spektakel mit schnellen Passtafetten, Dribblings und individuellem Können bieten. Sein Motto lautete: »Plane das Spiel so, dass sich das Talent entfalten kann.« Die zentrale Figur in der von Batteux betreuten Mannschaft von Stade Reims war der legendäre Raymond Kopa, der später als Rechtsaußen bei Real Madrid glänzte und den Ballon d'Or gewann. Batteux setzte ihn jedoch als Zehner ein, so dass er hinter zwei Sturmspitzen das Angriffsspiel gestalten konnte.

Batteux schickte bei Reims Michel Hidalgo als Rechtsaußen aufs Feld, einen weiteren herausragenden Spieler, der auch noch auf den Rat seines früheren Coachs hörte, als er im Jahr 1978 Nationaltrainer wurde. Hidalgo führte Frankreich ins Halbfinale der WM 1982, wo die Bleus nach einem 3:3 nach Verlängerung erst im Elfmeterschießen Deutschland unterlagen. Das Spiel wird bis heute zu den besten WM-Partien der Geschichte gezählt. Zwei Jahre später führte Hidalgo Frankreich zum Triumph bei der Heim-EM, wobei Michel Platini in fünf Spielen unglaubliche neun Tore erzielte, obwohl er kein Mittelstürmer, sondern ein Zehner war. Dies war die Spielphilosophie, die Zidane hervorbrachte: der von Batteux und Hidalgo verfochtene kreative Stil in Kombination mit der zentralen Rolle des Zehners, wie ihn Kopa und vor allem Platini verkörperten. Zidane eiferte großen Vorbildern nach, wurde ein würdiger Nachfolger seiner Vorgänger und verbrachte jeweils fünf Jahre bei Platinis Ex-Verein Juventus und Kopas ehemaligem Klub Real Madrid.

Platini war sein offenkundiges Rollenmodell. Selbst Trainer, die Zidane nicht in eine Schublade stecken wollten, kamen nicht umhin, ihn mit Platini zu vergleichen. »Man darf die Spieler keineswegs Stereotypen zuordnen, man muss ihren eigentümlichen Reiz und ihr Talent sehen«, warnte Gérard Houllier, der Technische Direktor der Équipe Tricolore, als Zidane zum ersten Mal ins Nationalteam berufen wurde. »Teamwork ist wichtig, und man kann ein anspruchsvolles System haben, aber ein herausragender Spieler kann die Qualität auf einen Schlag beträchtlich erhöhen. Das ist es, was Platini hatte, es ist, was Johan Cruyff auszeichnete, und Zidane kann es ebenfalls.« Als Zidane zum ersten Mal die Umkleidekabine von Juventus betrat, wurde er sofort zum ehemaligen Spind Platinis geführt.

»Das ist eine zu schwere Bürde«, beklagte er sich in seiner Anfangszeit bei Juventus. »Die Leute müssen verstehen, dass ich nie Platini sein werde. Ich bin kein Menschenführer und werde nie einer sein.« Platini war einer der beiden Spieler, die Zidane regelmäßig als seine Idole bezeichnete. Der andere war der

Uruguayer Enzo Francescoli, der in der Saison 1989/90 für Zidanes Kindheitsklub Olympique Marseille gespielt und die Mannschaft zum Meistertitel und ins Halbfinale des Europapokals geführt hatte. »Ich war fasziniert von seiner Eleganz«, erinnert sich Zidane. »Als ich Francescoli spielen sah, wusste ich, dass ich so spielen wollte wie er. Enzo war wie ein Gott für mich.« Zidanes ältester Sohn, der in der französischen U-19-Auswahl gespielt hat, heißt Enzo.

Während Zidane verzweifelt bemüht war, den Vergleichen mit Platini auszuweichen, sprach dieser mit sichtlichem Vergnügen darüber, dass Zidane die Tradition der französischen Zehner fortsetze. Vor Beginn seiner Karriere als Verbandsfunktionär bei Fifa und Uefa war Platini ein bekennender Fußballromantiker, der sich anscheinend für den offiziellen europäischen Sprecher der Zehner hielt. »Die Rückennummer 10 steht seit je für besondere Fähigkeiten eines Spielers«, erklärte er. »Der Zehner ist der Spielmacher, der auch torgefährlich ist, [...] im heutigen Fußball gibt es nur sehr wenige Spieler mit Zidanes Stil. Da gibt es Rui Costa in Italien, und in England war Gary McAllister der letzte Zehner, den ich in Aktion sah. Dieser Spielertyp verschwindet, und ich wünsche mir sehr, dass sich Zidane durchsetzt, damit die Vereine mehr Spieler wie ihn unter Vertrag nehmen. Weder Barcelona noch Real Madrid haben einen echten Zehner. Den letzten kreativen Pass von Rivaldo sah man vermutlich, als er in der Schule Fußball spielte.«

Rui Costa bekamen die Fußballfans bei der WM 1998 nicht zu sehen, weil sich Portugal nicht für die Endrunde qualifiziert hatte, und der Schotte McAllister – es überrascht ein wenig, dass Platini ihn erwähnte – fiel aufgrund einer Verletzung aus. Daher gab es bei dem Turnier, dessen Organisationskomitee Platini vorstand, in seinen Augen nur zwei Zehner, nämlich den Argentinier Ariel Ortega und natürlich Zidane (inwiefern er bei der WM ebenfalls aktiven Offensivspielern wie Baggio, Boban oder Thomas Häßler damit Unrecht tat, ist eine andere Frage). Platini war entzückt, als sein Landsmann in jenem Jahr den Ballon d'Or gewann. »Jeder, der den Fußball liebt, muss glücklich sein, denn Zidanes Beispiel verleiht der Rückennummer 10 Glaubwürdigkeit und haucht einer vom Aussterben bedrohten Spezies von Spielern neues Leben ein«, erklärte er. Es blieb Zidanes einziger Goldener Ball, womit er deutlich hinter dem dreimal ausgezeichneten Platini zurückblieb.

Zidane war Frankreichs Aushängeschild beim WM-Triumph auf heimischem Boden und erzielte beim 3:0-Finalsieg über Brasilien zwei Tore. In Wahrheit war das Turnier für ihn bis dahin allerdings enttäuschend verlaufen: Beim 4:0-Sieg über Saudi-Arabien in der Vorrunde war er wegen einer Tätlichkeit gegen Fuad Amin vom Platz gestellt und für zwei Spiele gesperrt worden. Sein Fehlen überschattete beinahe Frankreichs weitere Erfolge, so groß war die Sehnsucht, der Zehner möge das Spiel der Mannschaft prägen. Beim torlosen Unentschieden gegen Italien im Viertelfinale stand Zidane wieder auf dem Platz, aber es gelang ihm nicht, dem Spiel seinen Stempel aufzudrücken, denn sein Turiner Mannschaftskollege Gianluca Pessotto nahm ihn nach klassischer italienischer Manier weitgehend aus dem Spiel: Pessotto hatte keine andere Aufgabe, als den gefährlichsten Franzosen zu neutralisieren. Auch im Halbfinale gegen Kroatien spielte Zidane relativ unauffällig. Erst im Endspiel kam sein großer Auftritt, aber seine beiden Tore waren charakteristisch für das Spiel Frankreichs: Er erzielte sie beide per Kopfball nach Ecken, was nicht recht zu einem technisch starken Genie passen wollte.

Während der Siegesfeier auf den Champs-Élysées wurde Zidanes Konterfei auf den Arc de Triomphe projiziert, doch er hatte nicht zu den besten Akteuren der Weltmeistermannschaft gehört. Auch bei der EM-Endrunde zwei Jahre zuvor hatte er enttäuscht, nachdem er sich kurz vor dem Turnier bei einem

Autounfall verletzt hatte und nicht mehr rechtzeitig fit geworden war. Obwohl er zwei Tore in einem WM-Finale erzielt und den Ballon d'Or gewonnen hatte, hatte er der Welt bei der EM 2000 also noch etwas zu beweisen.

»Wir sind definitiv besser als vor zwei Jahren«, versprach er vor dem Turnier. »Wir sind alle zwei Jahre älter und haben mehr Erfahrung, und wir spielen in den besten Ligen Europas. Wir haben jetzt fünf Angreifer von immenser Qualität, etwas, das uns bei der Weltmeisterschaft fehlte. Ich persönlich bin mit achtundzwanzig Jahren gereift und auf dem Höhepunkt meiner schöpferischen Fähigkeiten.«

Wenigen Fußballern würde man es durchgehen lassen, dass sie über ihre »schöpferischen« Fähigkeiten sprechen, aber Zidanes technische Qualität rechtfertigte die Verwendung solcher Begriffe, und die EM 2000 stellte die perfekte Bühne für ihn dar. Im Gegensatz zur von Rückpassorgien geprägten EM 1992 und zum Turnier 1996, bei dem nur erbärmliche 2,06 Tore pro Spiel gefallen waren, wurde diese Endrunde zu einem berauschenden Fest mit mitreißendem Angriffsfußball. Die Mannschaften, die Frankreich ins Halbfinale begleiteten, hatten allesamt ebenfalls einen sublimen Zehner in ihren Reihen: Bei Holland war es Dennis Bergkamp, bei Portugal Rui Costa und bei Italien Francesco Totti. Aber dies war Zidanes Turnier. Der Spielmacher der Bleus zeigte imponierende Leistungen in der Gruppenphase, und auch in der K.-o.-Phase spielte er groß auf.

Im Viertelfinale setzten sich die Franzosen knapp mit 2:1 gegen die Spanier durch; Raúl verschoss in der letzten Spielminute einen Elfmeter. Roger Lemerre ließ seine Mannschaft in einem 4-2-3-1 spielen: Thierry Henry war die einzige Spitze, und Zidane hatte mit Youri Djorkaeff und Christophe Dugarry zwei kreative Spieler neben sich. Diese beiden tauschten wiederholt die Positionen und zogen nach innen, um zwischen den Linien zu spielen, was den Spaniern einige Probleme bereitete. Djorkaeff agierte nominell auf der linken Seite, aber bei einem Vorstoß durch die Mitte provozierte er ein entscheidendes Foul: Den Freistoß verwandelte Zidane meisterhaft zum ersten französischen Treffer. Das Siegtor erzielte Djorkaeff, der von Patrick Vieira rechts in den Strafraum geschickt wurde und aus relativ spitzem Winkel mit einem scharfen Schuss unter die Latte traf. Zahlreiche französische Spieler schalteten sich in die Angriffe ein, was die Spanier vor erhebliche Probleme stellte.

Djorkaeff war selbst ein vorzüglicher Zehner und hatte im Lauf der Jahre großen Anteil an den französischen Erfolgen. Seinen wichtigsten Treffer erzielte er 1995 in einem EM-Qualifikationsspiel in Polen, als er seiner Mannschaft mit einem Freistoßtor kurz vor Spielende ein Unentschieden rettete; eine Niederlage hätte seinen Trainer Aimé Jacquet vermutlich den Job gekostet. In den K.-o.-Spielen der EM-Endrunde 1996, bei der Frankreich das Halbfinale erreichte, sowie bei der WM 1998 stellte Jacquet sein Team in einer »Weihnachtsbaumformation« auf, in der sich Zidane und Djorkaeff hinter einer einzigen Spitze bewegten, wobei sich Zidane weiter zurückfallen ließ und Djorkaeff den offensiveren Part übernahm. Djorkaeff behauptete später, dieses Schema sei seine Idee gewesen, da er es sattgehabt habe, dass er und Zidane als Rivalen betrachtet wurden. Gerade in Anbetracht von Frankreichs Mangel an Torjägern sah er keinen Grund, warum sie nicht zusammenspielen konnten. Allerdings hatte er die Kontroverse auch selbst angefacht, indem er nach dem Halbfinalaus bei der EM 1996, wo Frankreich nach einem torlosen Unentschieden gegen die Tschechische Republik im Elfmeterschießen verloren hatte, Zidanes Austausch gefordert hatte.

»Youri ist einer jener Spieler, die man einfach nicht aufhalten kann«, sagte Frankreichs Kapitän Didier Deschamps.«Und obendrein kann er Tore schießen.« In der Saison 1993/94 holte Djorkaeff mit zwanzig Treffern die Torjägerkrone in der französischen Liga, und in jeder seiner drei Spielzeiten bei Inter Mailand war er treffsicherer als Zidane in seinen fünf Jahren bei Juventus. Er timte seine Vorstöße in den Strafraum sehr gut. In dieser Hinsicht war Djorkaeff dem großen Platini wahrscheinlich ähnlicher als Zidane.

»Der Vergleich ehrt mich«, sagte Djorkaeff auf die Frage nach seiner Ähnlichkeit mit Platini, obwohl er die Vorstellung seines Vorgängers von der Funktion der Zehner teilte. »Ohne sie geht im Spiel nichts. Als Alessandro Del Piero auftauchte, bezeichnete Platini ihn nicht als Zehner, sondern als eine Neuneinhalb. Dasselbe gilt für Roberto Baggio. Ich betrachte mich selbst als Achter in der Rückwärtsbewegung und als Zehner im Angriff. Ich habe begriffen, wie wichtig es ist, vielseitig zu sein. Heute kommt ein Fußballer nicht weit, wenn er nur auf einer Position spielen kann.« Djorkaeff hatte im italienischen Fußball viel gelernt, und er kam auf der Außenposition in einem 4-2-3-1 verblüffend gut zurecht.

Als Lemerre jedoch für das Halbfinale gegen Portugal auf eine 4-3-1-2-Formation umstieg und Djorkaeff auf die Bank setzte, um auf den Außenpositionen zwei schnelle Stürmer zu bringen, war Zidane der große Nutznießer. Nachdem seine Bewegungsfreiheit im Spiel gegen Spanien etwas eingeschränkt gewesen war, konnte er nun horizontal über das Feld schweifen, um in freie Räume vorzudringen. Er schien gleichzeitig auf der linken, der rechten Seite sowie in der Mitte zu spielen und zeigte seine vielleicht beste Leistung im Nationaltrikot.

Jedes Mal, wenn Zidane im Spiel gegen Portugal an den Ball kam, tat er etwas, was ein ästhetischer Genuss war. Er erhielt einen Pass von Bixente Lizarazu, der kurzzeitig im zentralen Mittelfeld auftauchte, hielt den Ball gerade lang genug, um Lizarazus Gegenspieler an sich zu binden, und leitete ihn dann mit der Hacke in den Lauf seines vorrückenden Mitspielers weiter. Er bekam im Mittelfeld einen Ball in den Lauf gespielt, löste sich mit einem doppelten Übersteiger von Costinha und Jorge Costa, leitete die Kugel kurz vor dem Strafraum an Henry weiter, erhielt sie zurück und spitzelte sie sofort mit dem rechten Außenrist zum außen mitgelaufenen Thuram. Er leitete einen aufspringenden Ball aus der Luft über die Schulter in den Lauf von Nicolas Anelka; der portugiesische Torwart Vítor Baía konnte gerade noch klären. Er brachte einen Diagonalpass von Emmanuel Petit im rechten Verteidigungsdrittel der Portugiesen mit bemerkenswerter Ruhe unter Kontrolle, wobei er den springenden Ball annahm und gleichzeitig die Richtung wechselte. Er schoss aus 25 Metern knapp über das portugiesische Tor.

Nach der Pause ging die Zidane-Show weiter. Er nahm einen weiteren hohen Diagonalpass von Petit am rechten Strafraumeck rückwärts laufend mit der Brust an, ließ den fallenden Ball mit dem Außenrist gegen die Laufrichtung des portugiesischen Verteidigers Dimas abtropfen und schlug ihn mit dem linken Fuß halbhoch in den Strafraum, wo Anelka einen Flugkopfball versuchte, dabei aber ausrutschte.

Fünf Minuten vor dem Ende der Verlängerung hätte Zidane beim Stand von 1:1 (die Tore hatten Nuno Gomes und Henry erzielt) beinahe seinen größten Moment gehabt: Er erhielt tief in der eigenen Hälfte ein Zuspiel von Robert Pires und ließ mit der ersten Ballberührung Luís Figo und Paulo Bento ins Leere laufen, die daraufhin zusammenstießen. Mit dem zweiten Kontakt schob er den Ball am grätschenden Abel Xavier vorbei und überlief ihn auf der anderen Seite. Er nahm Tempo auf und ließ Jorge Costa mit einer Körpertäuschung aussteigen. Die portugiesische Abwehr war aufgerissen, und Vieira lief los, um sich im Zentrum allein vor dem Torwart anzubieten, doch in dieser Situation schoss Zidane rätselhafterweise den gegnerischen Linksverteidiger Rui Jorge an, der seine Position aufgegeben hatte und nach innen gezogen war. Es ist nicht sicher, dass Vieira getroffen hätte, aber es war bedauerlich, dass die herausragende Einzelleistung bei diesem Turnier nicht mit einer perfekten Vorlage endete.

Selbst für Portugal wäre es besser gewesen, durch ein solches Tor zu verlieren, anstatt das späte Elfmetertor hinnehmen zu müssen, das Xavier mit einem Handspiel auf der Linie verschuldete. Die wilden Proteste der Portugiesen führten nämlich dazu, dass Xavier, Nuno Gomes und João Pinto für sechs Monate und länger für alle Uefa-Bewerbe gesperrt wurden. Zidane trat zum ersten Mal in einem Länderspiel zu einem Elfmeter an und platzierte den Ball im Winkel. Dass er in aller Ruhe schießen konnte, verdankte er der Schlauheit von Pires: Während die Portugiesen gegen den Strafstoß protestierten und versuchten, ihn so lange wie möglich hinauszuzögern, nahm sich Pires den Ball und tat so, als wolle er schießen. So wurde er zum Ziel der gegnerischen Störversuche, während sich Zidane konzentrieren konnte.

Dies war Zidanes bester Auftritt bei einem großen Turnier, doch den Vergleichen mit Platini konnte er sich nicht entziehen: Tatsächlich unterstrichen seine Leistungen nur die Ähnlichkeit mit Platinis großen Auftritten bei der EM 1984. Zidane hatte im Viertelfinale gegen Spanien mit einem Freistoßtor den Bann gebrochen, so wie Platini seinerzeit im Finale gegen denselben Gegner das erste Tor mit einem Freistoß erzielt hatte. Zidane hatte gegen Portugal im Halbfinale in der 117. Spielminute den Siegtreffer geschossen, Platini hatte 1984 gegen ebendiesen Gegner in der 119. Minute die Vorschlussrunde entschieden. Die zweite Übereinstimmung dürfte Zidane vollkommen bewusst gewesen sein, denn an jenem Spiel im Marseiller Stade Vélodrome hatte er an seinem zwölften Geburtstag als Balljunge teilgenommen.

Silvio Berlusconis oben erwähnte Spielanalyse legt etwas anderes nahe, aber im Finale war der französische Zehner unauffällig und ließ sich weit zurückfallen, was zur Folge hatte, dass die französische Offensive in der Luft hing. In der zweiten Halbzeit spielte er ein paar gute Pässe durch die italienische Abwehrkette auf Henry und Wiltord, aber er stand im Schatten von Totti, der Alessandro Del Piero und Marco Delvecchio, den Schützen des italienischen Führungstreffers, wiederholt in Szene setzte.

Doch nachdem die Franzosen das Spiel gedreht hatten, war klar, dass dies Zidanes Turnier war, und seine Mitspieler äußerten sich bemerkenswert überschwänglich über seine Auftritte: »Manchmal möchte man am liebsten aufhören zu spielen, um ihm einfach nur zuzuschauen«, schwärmte Dugarry. »Wenn wir nicht wissen, was wir mit dem Ball machen sollen, überlassen wir ihn ihm«, sagte Lizarazu. »Zidane hat die gesamte Europameisterschaft mit seiner Qualität verzaubert«, schloss Petit. Es hatte den Anschein, als sei im Fußball eine neue Ära angebrochen. Die Schlagzeile des Turnierberichts der BBC lautete: »Euro 2000: Die Wiedergeburt des Fußballs.« Bei diesem Turnier war der Fußball 2.0 erfunden worden, und Zidane führte die Revolution an.

Andere konnten nicht widerstehen und bemühten erneut den alten Vergleich. »Zidane ist kein Platini«, hieß es in *World Soccer*, »aber der Stellenwert des Individuums hat sich geändert, und der Superstar ist heute ein Diener des Teams, nicht umgekehrt.« Doch Lemerre verlangte mehr von seinem Talisman. »Ich glaube, wir dürfen noch viel mehr von Zidane erwarten«, erklärte er. »Er kann sich noch weiter verbessern. Er ist phänomenal, auf dem besten Weg, ein Denkmal des französischen Fußballs zu werden – so wie Kopa und Platini.«

Aber Zidane wurde nicht mehr besser. Bei der EM 2000 hatte er, wie er selbst vor dem Turnier erklärt hatte, den Höhepunkt seiner schöpferischen Kraft erreicht. Tatsächlich litt dieser Spieler trotz seines ungeheuren Talents und seines unzweifelhaften Willens, in den großen Spielen entscheidende Glanzpunkte zu setzen, in seiner gesamten Laufbahn unter seiner Unbeständigkeit.

Taktisch war Zidane schwer einzuordnen. Seine besten Leistungen brachte er normalerweise als klassischer Zehner in einem 4-3-1-2, obwohl er diese Position anders verstand als Platini oder Diego Maradona. Die reinsten Zehner sind immer ein Mittelding zwischen Mittelfeldspieler und Stürmer: Sie können in einer hängenden Position das Spiel beeinflussen, bevor sie sich in den Angriff einschalten, um dort entscheidende Beiträge zu leisten. Zidane sollte beide Aufgaben erfüllen, aber oft tat er keines von beidem, was bei einem Spieler seiner Klasse sonderbar war.

In seiner Jugend galt Zidane eher als Achter denn als Zehner. Die Nachwuchstrainer glaubten, er könne sich aufgrund seiner körperlichen Stärke in den umkämpften Zonen des Mittelfelds behaupten. Zidane selbst betonte komischerweise bei jeder Gelegenheit, dass er keine Präferenz für eine defensive oder aber eine offensive Mittelfeldrolle habe. Obwohl er als offensiver Mittelfeldmann bei Girondins Bordeaux zum Spieler des Jahres in Frankreich gewählt wurde, nahm er nach seinem Wechsel zu Juventus im Jahr 1996 eine sehr viel weiter zurückhängende Position ein, auf der später Andrea Pirlo glänzen sollte. Anfangs fiel es Zidane schwer, sich dort zurechtzufinden, und seine Leistungen wurden erst besser, nachdem Marcello Lippi die defensive Rolle seinem Nationalmannschaftskollegen Didier Deschamps übertragen hatte, womit Zidane die Freiheit erhielt, sich in die Angriffe einzuschalten.

Zidanes offensive Neigungen machten aus dem klassischen 4-4-2 der Juve im Lauf der Zeit ein 4-3-1-2, in dem die äußeren Mittelfeldspieler bei gegnerischem Ballbesitz einrückten, um die Defensive zu stabilisieren. Dieses System passte zu Zidanes Stil, da er im Grunde weniger ein geborener Zehner als vielmehr ein kreativer Mittelfeldspieler war, der beinahe zaghaft vorrückte. Tatsächlich trug er nur in der französischen Nationalmannschaft die Rückennummer 10. Bei Bordeaux trug er die 7, bei Juventus die 21 und bei Real Madrid überraschenderweise die 5. Was die tatsächliche Position auf dem Feld anbelangt, lief er sowohl bei Real als auch in der Équipe Tricolore regelmäßig auf der linken Seite auf, von wo aus er nach innen ziehen sollte; die Mannschaften wurden nicht um ihn herum aufgebaut.

Am meisten litt Zidane unter seinen mangelnden Torjägerqualitäten, ein Defizit, das ihn deutlich von Platini unterschied. Sein Vorgänger war im Lauf seiner Karriere auf verblüffende 0,52 Tore pro Ligaspiel gekommen, und auch wenn es unvernünftig gewesen wäre, von Zidane eine ähnliche Rekordquote zu erwarten, kam er mit 0,19 Toren pro Spiel nicht einmal in die Nähe von Platini. Die Werte in ihren jeweils fünf Spielzeiten bei Juventus sind besonders aufschlussreich: Platini erzielte in 147 Ligaspielen für die Turiner 68 Tore, während Zidane in 151 Spielen nur auf 24 Treffer kam. Zidane ausschließlich an seinen Toren zu messen, würde bedeuten, seine Rolle auf dem Platz falsch zu verstehen, aber eine gründlichere Analyse des Jahrzehnts, das er in den Ligen Italiens und Spaniens verbrachte, fördert zutage, dass er nur zwei wirklich herausragende Spielzeiten vorzuweisen hat, wobei seine Engagements bei Juventus und Real Madrid fast das identische Muster aufwiesen.

Sowohl in Turin als auch in Madrid wurde Zidane ein begeisterter Empfang bereitet. Bei beiden Vereinen hatte er zunächst Anpassungsschwierigkeiten, bevor er sich stabilisierte und eine im Großen und Ganzen beeindruckende erste Saison spielte. Bei beiden Klubs gewann er in der zweiten Saison (1997/98 bei Juventus und 2002/03 bei Real) den Meistertitel und war der vielleicht beste Spieler der Liga. Dann ließen seine Leistungen in beiden Fällen in den folgenden zwei Spielzeiten deutlich nach. Bei Juventus war dies auf eine schwere persönliche Formkrise zurückzuführen, während er bei Real Madrid

Opfer seiner schwindenden Beweglichkeit und der taktischen Schwäche der Mannschaft wurde. Und bei beiden Klubs erlebte er in seiner letzten Saison eine beeindruckende späte Blüte, ohne das Niveau seiner besten Saison zu erreichen. So blieb er den Fans sowohl in Italien als auch in Spanien in guter Erinnerung. Dennoch äußerten sich die Anhänger von Juventus und Real Madrid ähnlich über Zidane: Es war wunderbar, sein Spiel zu verfolgen, aber sie hatten ihn vermutlich nicht auf dem Höhepunkt seines Könnens gesehen. Betrachtet man beide Einschätzungen zusammen, gewinnt man den Eindruck, dass es ihm eigentlich nie gelang, die durch seine Auftritte in der Équipe Tricolore geweckten Erwartungen dauerhaft zu erfüllen. Zidane war eher ein Spieler Frankreichs als ein Spieler seiner Vereine.

Besonders beunruhigend war seine anhaltende Formkrise bei Juventus in den Jahren 1998 bis 2000, hatte er zu dieser Zeit doch theoretisch den Höhepunkt seines Könnens erreicht. Immerhin wurde die Phase von einem WM-Turnier, bei dem er mit seinen Toren entscheidend zum französischen Titelgewinn beitrug, und einer EM-Endrunde eingerahmt, bei der er zum besten Spieler des Turniers gewählt wurde. In den beiden Spielzeiten vor der WM hatte das von Marcello Lippi trainierte Juventus mit einem gut aufgelegten Zidane die Meisterschaft gewonnen und das Champions-League-Finale erreicht, aber als Juves neuer Publikumsliebling Alessandro Del Piero im Herbst 1998 eine schwere Knieverletzung erlitt und Zidane die Führung der Mannschaft übernehmen sollte, stellte sich heraus, dass er der Aufgabe nicht gewachsen war. In einer Saison, in der Juventus auf den sechsten Platz in der Meisterschaft abrutschte, brachte er es lediglich auf zwei Tore und drei Vorlagen.

Auch in der folgenden Spielzeit konnte Zidane nicht an frühere Leistungen anknüpfen, und erst nach einer vieldiskutierten achtmonatigen Durststrecke gelang ihm gegen die Roma ein Freistoßtor. »Das Tor war eine Befreiung«, gestand er später. »Ich wurde geboren, um anderen beim Toreschießen zu helfen, aber meine eigene Torflaute war ein Albtraum geworden. Die Durststrecke, die im Januar begonnen hatte, setzte mich einem gewaltigen Druck aus. Acht torlose Monate waren eine unerklärliche Krise.« Lippis Nachfolger Carlo Ancelotti gab zu, dass Zidane vor dem Tor gegen die Roma »ein schlechtes Jahr« durchgemacht habe, und im vorhergehenden Ligaspiel gegen den abstiegsbedrohten FC Venedig, das Juventus nur dank eines Treffers von Antonio Conte in der letzten Spielminute für sich entscheiden konnte, war Zidane von den Turiner Anhängern ausgepfiffen worden. »Es war nicht angenehm, in jenem Spiel ausgebuht und ausgepfiffen zu werden, aber ich musste es ertragen«, erinnerte sich Zidane später. »Ich glaube nicht, dass ich so schlecht spielte, aber das war nicht derselbe Zidane wie zwei Jahre früher.«

Zidane war eher ein Vorbereiter als ein Torjäger – aber es gab eben Zeiten, da gelangen ihm nicht einmal sonderlich viele Vorlagen. In der Saison 1999/2000 bereitete er das erste Ligator der Juve in dieser Spielzeit vor (der Torschütze war Pippo Inzaghi), es blieb sein einziger Assist in der gesamten Saison. Er schoss drei Freistoßtore, traf jedoch nur einmal aus dem Spiel heraus. Der meistgerühmte Fußballer der Welt, der als Zehner in der beherrschenden Mannschaft Italiens spielte, erzielte ebenso viele Eigentore wie Tore aus dem Spiel heraus (jeweils eins) und brachte es auf ebenso viele rote Karten wie Torvorlagen (jeweils eine). Es ist bemerkenswert, dass er sich beim EM-Turnier am Ende dieser Saison erneut in einen Weltklassespieler verwandelte, aber dieses Auf und Ab deckte sich mit dem Muster seiner gesamten Karriere. Juventus-Eigentümer Gianni Agnelli sagte einmal, Zidane sei »eher unterhaltsam als effektiv«.

Unterhaltung war genau das, was man sich bei Real Madrid von ihm erwartete. Im Anschluss an seine Transfers nach Italien und später nach Spanien veränderte er jeweils seine Spielweise, um sie der neuen Umgebung anzupassen. Bei Juventus verwandelte sich Zidane von einem Trickkünstler in einen ergebnisorientierten Spieler, und in einem frühen Interview beschrieb er, wie er lernte, sich auf eine oder zwei Ballberührungen zu beschränken, möglichst wenig zu dribbeln und im richtigen Augenblick abzuspielen. »Bei Juventus eignete ich mir eine Siegermentalität an«, erinnerte sich Zidane. »Erst dort verstand ich, dass der Sieg eine Verpflichtung ist. Wenn du für einen der größten Vereine der Welt spielst, musst du unbedingt Resultate liefern.« Nach seinem Wechsel zu Real Madrid im Jahr 2001 entwickelte er sich wieder in die entgegengesetzte Richtung. Bei Juventus hatte er unter einem strengen Trainer unermüdlich trainiert, um anschließend in halbleeren Stadien zu spielen. Bei Real Madrid, wo die Stars größere Macht hatten als der Coach, genoss er entspannte Trainingseinheiten, um anschließend im gleißenden Flutlicht des Bernabéu-Stadions vor einem Publikum aufzuspielen, das von seinen fußballerischen Harlem Globetrotters Kunststücke erwartete.

Zidanes Landsmann und Mittelfeldkollege Claude Makélélé klärte ihn darüber auf, wie Real funktionierte: »Da ich die spanische Mentalität verstand, konnte ich es ihm erklären: ›Vergiss Juventus, vergiss den italienischen Stil. Hier musst du dich als wirklicher Spielmacher durchsetzen.‹ Das war es, was Zidane in seinen Kopf bekommen musste: Hier bei Real Madrid fing er wieder bei null an. Das Schlimmste war, dass sein erstes Spiel eine Katastrophe war – wir verloren 2:4 gegen Las Palmas, und die Medien machten ihn für die Niederlage verantwortlich. Ich sah, dass er immer noch italienisch spielte und sich bemühte, defensive Aufgaben zu erfüllen. Aber bei Real Madrid hatte er völlige Freiheit. Die Offensivspieler sollten nicht verteidigen, sondern angreifen.« Also riet Makélélé ihm: »Du machst deinen Job im Angriffsdrittel, ich bleibe hier, um dir den Rücken freizuhalten. Versuche nicht, zu viel auf einmal zu machen. Jeder hat seine Aufgabe.«

Und der teuerste Spieler der Welt nutzte die neue Freiheit nur allzu gerne. »Hier habe ich mehr Freiheit, und es macht sehr viel mehr Spaß«, gestand er, als er nach den Unterschieden zwischen Juventus und Real gefragt wurde. Er besann sich auf das mit Tricks gespickte Spiel aus seiner Jugend in den Straßen von Marseille und verzückte das Publikum mit seiner Kunst. Aber die Zurschaustellung seiner Fähigkeiten wirkte sich negativ auf die Resultate von Real aus. Als der ehemalige spanische Nationaltrainer José Antonio Camacho, der selbst als beinharter Verteidiger bei Real gespielt hatte und Disziplinfanatiker war, im Sommer 2004 auf der Trainerbank im Bernabéu-Stadion Platz nahm, lautete seine erste Anweisung an Zidane, er solle auf die Trickserei verzichten und beginnen, den Ball mit der ersten Berührung weiterzuleiten. Aber damit biss er bei Zidane auf Granit. Nach nur sechs Spielen durfte Camacho wieder gehen.

Zidanes Rückverwandlung von einem effizienten in einen schillernden Spieler wirkte sich auch auf seine Leistungen im Nationalteam und auf seine Beziehung zu Frankreichs anderem Superstar Thierry Henry aus. In dieser Zeit wurde die Équipe Tricolore eher rund um Zidane als um Henry konstruiert. Dabei sprach durchaus einiges dafür, das Spiel der Bleus stärker auf Henry zuzuschneiden, obwohl der Stürmer keine so große Verehrung genoss wie der Spielmacher. Zidanes Leistungen waren manchmal großartig und manchmal mittelmäßig, während Henry eine unvergleichliche Beständigkeit bewies. Daher kann es nicht überraschen, dass Henry fünfmal zu Frankreichs Spieler des Jahres gewählt wurde, während Zidane diesen Titel lediglich zweimal errang.

Eigentlich hätten Zidane und Henry perfekt harmonieren müssen: Der eine war immer gut für einen tödlichen Pass, der andere garantierte schnelle Vorstöße hinter die Abwehr und eiskalte Abschlüsse. Doch obwohl die beiden in ihren besten Jahren regelmäßig gemeinsam für Frankreich aufliefen, gab der Zehner dem Stürmer in dieser ganzen Zeit nur zwei Vorlagen. Obendrein waren beide Tore kaum Ausdruck eines besonders guten Verständnisses zwischen den beiden: Beim ersten Treffer im Spiel gegen Dänemark bei der EM 2000 spielte Zidane den in der eigenen Hälfte startenden Stürmer an, so dass Henry alleine aufs Tor zulaufen konnte, beim zweiten, dem einzigen Tor beim französischen Sieg über Brasilien im WM-Viertelfinale 2006, verwertete Henry eine Freistoßflanke Zidanes.

»Sie wirken wie zwei Talente, die einander abstoßen, weil sie die gleiche Polarität, das gleiche Talent, das gleiche Ego besitzen«, schrieb Vincent Duloc in *L'Équipe*. Zidane wollte das Spiel verlangsamen, während Henry daran interessiert war, es zu beschleunigen. »Vielleicht braucht Titi [Henry] mich einfach nicht«, sagte Zidane, als er nach ihrer Beziehung gefragt wurde. »Er holt sich den Ball von weit hinten und macht außergewöhnliche Dinge damit. Tatsächlich startet er so weit hinten, dass es leichter ist, Doppelpässe mit ihm zu spielen, als ihm eine Vorlage zu geben.«

»Je früher ich den Ball bekomme, desto besser«, erklärte Henry im Jahr 2004, »so wie bei Arsenal, wo wir keinen Spielmacher haben. Damit ziele ich nicht auf eine bestimmte Person, aber manchmal wäre es besser, wenn die Stürmer den Ball bekämen, bevor sich die beiden defensiven Viererketten des Gegners formieren können. Wir sollten den Ball schneller nach vorne bringen.« Henry gab vor, sich nicht über einen bestimmten Mitspieler zu beklagen, aber der Hinweis auf Arsenal, das »ohne Spielmacher« auskam, war wenig subtil.

Als Zidane sowohl 2001 als auch 2003 den Confederations Cup verpasste, spielte Frankreich tatsächlich einen schnelleren Fußball. 2001 war auch Henry nicht im Kader, so dass Pires das Kommando in der Offensive übernahm, aber zwei Jahre spä ter fiel diese Rolle wieder Henry zu. Frankreich gewann beide Titel, wobei Pires bzw. Henry zum besten Spieler des Turniers gewählt wurden. Natürlich war das nur der eher unbedeutende Confederations Cup, aber mit Blick auf die enttäuschenden Auftritte der Équipe Tricolore bei der WM 2002 und der EM 2004 warfen die Resultate Fragen bezüglich der Hierarchie in der Mannschaft auf. Wie Philippe Auclair in seiner Henry-Biografie erklärt, gab es den Verdacht, dass sich die Arsenal-Spieler – Henry, Pires, Vieira und Wiltord – verschworen hatten, um Henry anstelle Zidanes zum Kopf der Mannschaft zu machen, und dass Arsène Wenger ebenfalls nicht akzeptieren konnte, dass das Spiel der Nationalmannschaft nicht auf seinen Stürmerstar ausgerichtet war. Angesichts der Spekulationen über einen Bruch zwischen den beiden sah Henry sich gezwungen, Zidane anzurufen, um die Wogen zu glätten.

Am Ende muss man jedoch festhalten, dass es dem französischen Team nach der EM 2000 nie mehr gelang, den größtmöglichen Nutzen daraus zu ziehen, dass es den besten Spielmacher und den besten Stürmer Europas in seinen Reihen hatte. Frankreich ging als Favorit in die WM-Endrunde 2002 und in das EM-Turnier 2004, was seinen Status als stärkste europäische Fußballnation belegt, aber die Mannschaft schloss oft wenig überzeugende taktische Kompromisse.

Das frühe Aus bei der WM 2002 hatte nichts mit diesen taktischen Problemen zu tun. Henry und Zidane spielten aufgrund einer Sperre und einer Verletzung bei diesem Turnier nicht zusammen. Bei der EM 2004 wiederum geriet das Team unter Trainer Jacques Santini in ein taktisches Durcheinander. Die Mannschaft gewann die Gruppe B, konnte jedoch nicht überzeugen; insbesondere in der ersten Partie gegen England waren die Bleus spielerisch unterlegen und verdankten es nur David Beckhams Fehlschuss vom Elfmeterpunkt und einem rätselhaften kollektiven Blackout der englischen Abwehr, dass sie einen

0:1-Rückstand zur Pause noch in ein 2:1 verwandeln konnten. Zidane erzielte beide Tore, eins per Freistoß und eins per Elfmeter. Im zweiten Spiel kamen die Franzosen nicht über ein Unentschieden gegen Kroatien hinaus – »Es ist ein Wunder, dass wir nicht verloren haben«, gestand Torhüter Fabien Barthez nach der Partie –, und das Spiel gegen die Schweiz konnten die Franzosen erst in der Schlussphase für sich entscheiden.

Dann kam die Viertelfinalniederlage gegen Griechenland. Rückblickend wirkt das nicht unbedingt skandalös, schockten die Griechen doch ganz Europa mit ihrem Turniersieg, aber die Niederlage war eine große Überraschung. »Wir waren erbärmlich«, sagte Makélélé. »Es war eine furchtbare Enttäuschung für das ganze Land.« Santini hatte für das Turnier eine Aufstellung gewählt, die auf Henry zugeschnitten war, ein 4-4-2, in dem Pires und Zidane von den äußeren Mittelfeldpositionen nach innen zogen. Henry spielte links von Trezeguet, was ihm die Möglichkeit gab, mit Pires zu kombinieren, mit dem er bei Arsenal so gut harmonierte. Aber einigen anderen Spielern, darunter Zidane, missfiel das System. Zidane wollte nicht auf der rechten Seite spielen, obwohl er und Pires durchaus manchmal die Positionen tauschten. Nach einigen enttäuschenden Auftritten in Vorbereitungsspielen wandten sich Zidane und Mannschaftskapitän Marcel Desailly an Santini und verlangten eine Rückkehr zum 4-3-1-2, aber der Trainer war nicht bereit, die zweijährige Arbeit am 4-4-2 einfach wegzuwerfen. Da Frankreich keinen Erfolg mit diesem System hatte, wurde Santini gefeuert, und Zidane war so enttäuscht über das Scheitern, dass er seinen Rücktritt aus der Nationalelf bekannt gab. Nach nur einem Jahr kehrte er jedoch zurück, da ihm der neue Nationaltrainer Raymond Domenech garantiert hatte, ihn nur in der zentralen Mittelposition oder auf der linken Seite, jedoch unter keinen Umständen rechts aufzustellen. Henry war nicht unbedingt erfreut über Zidanes Rückkehr.

Zu dieser Zeit begannen Zidanes Leistungen bei Real Madrid schwächer zu werden, obwohl erwähnt werden sollte, dass er auch in Madrid in seinen ersten beiden Spielzeiten oft sein fantastisches Können zeigte. Sein Siegtor im Champions-League-Finale 2002 gegen Bayer Leverkusen war ein bemerkenswertes Kunststück: Der angriffslustige Außenverteidiger Roberto Carlos war über die linke Seite vorgeprescht und hatte auf gut Glück eine Bogenlampe in den Strafraum geschlagen, aber als sich der Ball auf Zidane herabsenkte, fand dieser sich in einem freien Raum von sieben Metern Durchmesser in einer idealen Schussposition wieder und musste dem Ball nicht einmal entgegengehen. Also nahm er die Flanke aus dem Stand direkt aus der Luft. Das machte den Schuss nur schwieriger: Einer solchen Flanke entgegenzugehen, wäre für einen Klassespieler relativ einfach gewesen, aber Zidane musste stattdessen warten, bis der Ball herunterkam. Er traf ihn perfekt mit dem linken Fuß und jagte ihn unter die Latte. Die Tatsache, dass er das Tor mit seinem schwächeren Fuß erzielte, erhöhte den Wert dieses technischen Kunststücks zusätzlich.

Seinen besten Auftritt im Trikot der Blancos hatte Zidane in seiner stärksten Saison, das heißt in der Spielzeit 2002/03. Anfang Januar standen die Königlichen im Bernabéu dem amtierenden Meister Valencia gegenüber, der in der Tabelle nur zwei Punkte hinter den Madrilenen lag. Eigentlich hätte das Spiel überhaupt nicht stattfinden dürfen, da ein Wolkenbruch eine Seite des Spielfelds vollkommen unter Wasser gesetzt hatte. Aber trotz der schwierigen Bedingungen war Zidane nicht zu stoppen. Zum Führungstor trug er mit einer herrlichen Vorlage bei: Bei der Ballannahme befreite er sich mit einem Übersteiger und passte den Ball direkt durch die Abwehrkette zu Ronaldo, der Torwart Andrés Palop umspielte und den Ball ins Tor schob. Nach einem Doppelpass mit Raúl erzielte Zidane das zweite Tor selbst, bevor Guti auf 3:1 stellte.

Aber dies war Zidanes Spiel. In der Nachspielzeit erhielt er ein Zuspiel von der rechten Seite, tat mit dem linken Fuß einen Schritt über den Ball, so dass dieser zwischen seinen Beinen hindurch zu rollen schien, um ihn dann mit dem rechten Fuß über Kreuz in seine Laufrichtung zu spielen, womit er einen Gegenspieler aussteigen ließ. Mit einem Übersteiger und einem plötzlichen Richtungswechsel überspielte er einen weiteren Gegner, und als er sich der Strafraumgrenze näherte, verlangsamte er seine Schritte, um dem Ersatzspieler Javier Portillo Zeit zu geben, in den Strafraum einzudringen. Mit einem weiteren Übersteiger lenkte er von dem folgenden Steilpass durch die Abwehr ab, den Portillo nur noch aus nächster Nähe verwandeln musste. »Er ist ein Zauberer am Ball«, schwärmte Portillo nachher. »Er machte die ganze Arbeit und sagte dann zu mir: ›Hol ihn dir, Junge.‹ Es ist nicht leicht, Zidane zu verstehen, denn er ist so gut, dass er einfach alles mit dem Ball machen kann. Ich dachte, er würde nach rechts zu Figo spielen, aber dann zauberte er diesen brillanten Pass aus dem Hut.« Der Gedanke, Zidane sei derart talentiert, dass es für seine eigenen Mitspieler schwierig wurde zu durchschauen, was er vorhatte, war eine interessante, wenn auch unbeabsichtigte Kritik.

Zidanes Etappen bei Juventus und Real endeten jeweils ein Jahr früher als erwartet. Er hatte sich immer gewünscht, in Spanien zu spielen, dem Heimatland seiner Frau, ging dann jedoch nach Turin, wo er ursprünglich bis 2002 bleiben wollte. Er wechselte ein Jahr vor Ablauf des Vertrags nach Madrid, da Juventus bereits Pavel Nedvěd als Ersatz verpflichtet hatte und den Tschechen unbedingt aufstellen wollte. Bei Real Madrid erhielt Zidane einen Vertrag bis 2007, den er jedoch überraschend ein Jahr früher beendete. »Ich will kein weiteres Jahr in dem Wissen beginnen, dass ich nicht in der Lage sein werde, besser zu spielen als im vorangegangenen«, erklärte er bei der Bekanntgabe seiner Entscheidung. »Ich will kein weiteres Jahr wie dieses, ja nicht einmal eines wie das vor zwei Jahren [...]. Es sind mittlerweile zwei Jahre, in denen ich nicht so gespielt habe, wie ich es mir vorstelle.«

So wie Zidanes Engagements bei Juventus und Real Madrid einem ähnlichen Muster folgten, verbesserten sich auch die Ergebnisse beider Vereine nach seinem Ausscheiden. Juventus konnte in den letzten drei Jahren mit Zidane die Meisterschaft nicht gewinnen; nach seinem Wechsel errangen die Turiner zwei *scudetti* in Folge. Und auch die Madrilenen gewannen in Zidanes drei letzten Jahren keinen Meistertitel – und sicherten ihn sich nach dem Rücktritt des französischen Spielmachers zweimal nacheinander. In seinen insgesamt zehn Spielzeiten in Italien und Spanien gewann Zidane drei Meisterschaften, einmal die Champions League und keinen einzigen nationalen Pokalwettbewerb; das war nicht unbedingt eine enttäuschende Bilanz, aber auch keine herausragende Titelernte für einen Spieler, der als bester Fußballer seiner Zeit galt und sich Juventus Turin und Real Madrid zu einer Zeit angeschlossen hatte, als diese Klubs nicht nur in ihren nationalen Meisterschaften eine Vormachtstellung innehatten, sondern auch den europäischen Fußball dominierten.

Zidane erinnerte an Spielmacher früherer Zeiten, die eher durch ihre Leistungen bei den großen Turnieren als durch ihre Erfolge auf Vereinsebene berühmt geworden waren. Wenn man an Zidane denkt, sieht man ihn im Trikot der Équipe Tricolore, so wie man sich an Pelé im Trikot der Canarinha oder an Maradona in dem der Albiceleste vorstellt, während man die nächste Generation von Stars, zum Beispiel Lionel Messi und Cristiano Ronaldo, eher mit den Vereinsfarben identifiziert. Daher war es durchaus passend, dass Zidane seinen letzten großen Auftritt im französischen Trikot bei der WM 2006 in Deutschland hatte, wo er sich mit einem spektakulären Auftritt von der großen Fußballbühne verabschiedete.

In der Gruppenphase des Turniers mühte Zidane sich als Zehner in einem 4-2-3-1 ab. Bei den torlosen Unentschieden gegen die Schweiz und gegen Südkorea sah er jeweils die gelbe Karte, weshalb er das Spiel gegen Togo (2:0) verpasste. Im Achtelfinale kehrte er zurück und gab mit einer denkwürdigen Vorstellung beim 3:1 gegen Spanien ein kräftiges Lebenszeichen von sich: Er leitete Vieiras Führungstor mit einem Freistoß ein, und in der Nachspielzeit stellte er den Endstand her, wobei er Carles Puyol ausspielte und Torhüter Iker Casillas ins falsche Eck schickte. Auch im Viertelfinale gegen Brasilien war er zweifellos der beste Spieler auf dem Platz und gab Henry die erst zweite Torvorlage in ihrer gemeinsamen Zeit in der Nationalmannschaft. Im Halbfinale gegen Portugal spielte er eher unauffällig, aber wie bereits bei der EM 2000 entschied er das Spiel vom Elfmeterpunkt – genau wie Platini im Jahr 1984.

Dann kam Zidanes letztes Spiel, Zidanes Finale. Er schoss das Führungstor gegen Italien mit einem »Panenka«-Strafstoß, der von der Unterkante der Latte knapp hinter die Linie prallte und wieder aus dem Kasten sprang, wobei Zidane den Arm halb im Jubel, halb zum Reklamieren des Tors hob. »Es sollte als ein schöner Elfmeter in Erinnerung bleiben«, gestand er später. Je nachdem, wie man es betrachtete, war es ein perfekt getimter Moment technischer Brillanz oder das glückliche Resultat eines selbstverliebten Trickschusses. Kurze Zeit später gelang Marco Materazzi nach einem Eckball per Kopf der Ausgleich, und die Partie schleppte sich in die Nachspielzeit. Dort hätte Zidane das Spiel beinahe wie acht Jahre zuvor gegen Brasilien mit einem Kopfball entschieden, aber der italienische Torwart Gianluigi Buffon konnte den zu unplatzierten Ball über die Latte lenken. Und dann setzte Zidane erneut den Kopf ein, um allem ein Ende zu machen.

Von Materazzi vermutlich mit Schmähungen seiner Familie provoziert, versetzte Zidane dem italienischen Verteidiger den berühmten Kopfstoß gegen die Brust und sah die rote Karte. Es war der dreizehnte Platzverweis in seiner Profikarriere, was eine unglaublich hohe Zahl für einen Spieler auf einer Position darstellt, die eigentlich keinen harten Körpereinsatz erfordert. Damit wurde Zidane auch der erst zweite Spieler, der zwei rote Karten bei WM-Endrunden sah. Sein Gang in die Kabine, der ihn am WM-Pokal vorbeiführte, zählt zu den unvergesslichen Szenen der Fußballgeschichte. Es war das letzte Mal, dass Zidane als Spieler auf dem Feld stand – er kehrte nicht einmal auf den Platz zurück, um seine Medaille in Empfang zu nehmen.

Es war ein dramatisches Finale voller Zwischenfälle und symbolischer Bilder. Die Torschützen waren Zidane und Materazzi, die beiden Protagonisten des dritten bedeutsamen Moments dieses Spiels. Zidanes Strafstoß prallte von der Unterkante der Latte hinter die Torlinie; Trezeguets Schuss vom Punkt, der einzige Fehlschuss im Elfmeterschießen, prallte hingegen von der Unterkante der Latte vor die Linie. Trezeguet hatte das Endspiel der EM 2000 gegen Italien mit einem Schuss in den linken oberen Torwinkel entschieden, und nun entschied er das WM-Finale gegen denselben Gegner mit einem wenige Zentimeter höher angesetzten Schuss in Richtung desselben Winkels.

Zidane wurde als bester Spieler des Turniers ausgezeichnet, womit ihm diese Ehre zum zweiten Mal nach der EM 2000 zuteilwurde. Interessant ist, dass er zuvor eingeräumt hatte, es sei ihm nie gelungen, einem ganzen Turnier seinen Stempel aufzudrücken: »Wenn ich mich zurückziehe, sollen sich die Leute an mich erinnern, weil ich einen ganzen Wettbewerb geprägt habe. Ich möchte nicht nur ein gutes Spiel zeigen oder ein wichtiges Tor erzielen, sondern ich möchte ein Turnier von Anfang bis Ende prägen«, erklärte er. »Wir sprechen alle von Pelés WM 1970, von Beckenbauers WM 1974 oder von Maradonas WM 1986. Und wir sprechen von Antonín Panenkas EM 1976, von Michel Platinis EM 1984 oder von Marco van Bastens EM 1988. Ich habe mir diese große Ehre noch nicht verdient – bei der Euro 2000 spielte ich gut, aber nicht brillant. Ich ragte nicht immer heraus.« Die Weltmeisterschaft 2006 wurde Zidanes Turnier. Es endete nicht unbedingt so, wie er sich vorgestellt hatte, aber auch seine Leistungen wurden den Erwartungen nicht immer gerecht.

9

Der Wasserträger

In den zwei Jahren vor einer WM-Endrunde kreisen die Berichte aus dem Gastgeberland normalerweise um die immer gleiche Sorge: Werden die Stadien rechtzeitig fertig? Die Organisatoren der WM 1998 hatten eine andere Sorge: Es gab kaum Probleme mit den Spielstätten, aber es war nicht klar, woher die Fans kommen würden, die sie füllen sollten.

Das französische Publikum zeigte geringes Interesse an der eigenen Mannschaft und damit auch am WM-Turnier. Frankreich hatte sich für die beiden vorangegangenen Endrunden nicht qualifizieren können. Da Frankreich als Gastgeber automatisch qualifiziert war, fehlte es dem Team an Wettkampfpraxis, und in den Freundschaftsspielen konnten die Bleus nicht überzeugen. Die Leistungsdichte in der heimischen Liga war gering, die französischen Stars spielten allesamt im Ausland. Es hieß, im französischen Sport gelte das Gelbe Trikot sehr viel mehr als das blaue: Dieses Land war vom Radsport besessen. Der Erfolg bei der Heim-WM änderte das jedoch, und es ist bezeichnend, dass das Turnier mit der schmutzigsten Tour de France der Geschichte zusammenfiel. 1998 war das Jahr der Festina-Affäre, und der sportliche Wettbewerb wurde von Polizeirazzien in Mannschaftshotels überschattet. Im Jahr, in dem die französische Fußballnationalmannschaft in Paris den größten Erfolg ihrer Geschichte errang, erreichte die Tour ihren historischen Tiefpunkt.

Die Funktionsweise der professionellen Radteams regt zu einem interessanten Vergleich mit dem Aufbau französischer Fußballmannschaften an. Der taktische Reiz des Radsports beruht darauf, dass er ein Mittelding zwischen Mannschafts- und Individualsport ist: Radrennfahrer treten in Teams an, aber als Sieger werden einzelne Fahrer ausgezeichnet. So entsteht eine faszinierende Dynamik, da es stets einen klaren, von der Mannschaftsleitung bestimmten Anführer gibt, dem einige oder alle Teamkollegen als »Domestiken« dienen, die ihre eigenen Ambitionen den taktischen Erfordernissen unterzuordnen haben, die von den Zielen des Mannschaftskapitäns abhängen. Die Domestiken oder Wasserträger ziehen ihren Chef auf den Bergetappen die Steigungen hinauf und machen bei Flachetappen das Tempo für die Sprinter. Sie stellen ihr Rad zur Verfügung, wenn der Kapitän einen Defekt hat, und holen beim Auto des Betreuerstabs Wasserflaschen für ihre Kollegen ab.

Eine ganz ähnliche Struktur findet man in französischen Fußballmannschaften. In keinem anderen Land wird der Star der Mannschaft derart unverhohlen von mehreren unscheinbaren, technisch limitierten, pragmatischen Spielern unterstützt, die seine Vorstöße absichern sollen. In Spanien sind die zentralen Mittelfeldspieler für den Spielaufbau zuständig, in England sollen sie große Räume bearbeiten, in Italien sind sie vielseitige Spieler, die umfassendere Aufgaben erfüllen können. In Frankreich hingegen haben die für die Absicherung zuständigen Mittelfeldspieler rein funktionale Rollen und müssen sich immer in den Dienst des Spielgestalters stellen. Im Fußball wird seit je zwischen kreativen Offensiv- und hart arbeitenden Defensivspielern unterschieden, aber das Bemühen, die beiden Rollen voneinander zu trennen, war in Frankreich zu jener Zeit besonders ausgeprägt, was zum Teil mit der Verehrung für Zidane zu tun hatte.

In Frankreich wurde seit dem Erfolg bei der EM 1984 strikter zwischen den verschiedenen Funktionen im Mittelfeld unterschieden. Die bei jenem Turnier siegreiche Mannschaft besaß ein Mittelfeld, das so große Bewunderung genießt wie vielleicht kein zweites in der Geschichte des europäischen Fußballs. Der Star dieses berühmten »magischen Vierecks« war Michel Platini; Jean Tigana sorgte für gleichermaßen dynamische wie elegante Vorstöße, Alain Giresse zeichnete sich neben seiner Passgenauigkeit durch die Fähigkeit aus, sich in direkten Duellen durchzusetzen, während der gebürtige Spanier Luis Fernández, der letzte Stein des Puzzles, auf einer zurückhängenden Position spielte, wobei er jedoch eher ein tief stehender Spielmacher als ein ausschließlich auf die Absicherung bedachter Mittelfeldspieler war.

Als sich Frankreich den WM-Titel 1998 sicherte und zwei Jahre später auch Europameister wurde, stützte sich die Équipe Tricolore auf einen soliden defensiven Mittelfeldspieler, Didier Deschamps, der schließlich 2018 als erst dritter Fußballer das Kunststück zuwege bringen sollte, den Weltmeistertitel nicht nur als Spieler, sondern auch als Trainer zu erringen. Vor ihm war das nur Mário Zagallo (1958 und 1970) und Franz Beckenbauer (1974 und 1990) gelungen. Doch anders als Zagallo und Beckenbauer galt Deschamps nie als herausragendes Talent: Als Spieler war er ein technisch beschränkter, arbeitsamer defensiver Mittelfeldspieler, als Trainer ist er in erster Linie auf die defensive Absicherung bedacht. Sein Einfluss auf den französischen Fußball darf jedoch nicht unterschätzt werden.

Die Beschreibungen des Spielers Deschamps klangen oft ein wenig herablassend, und im Allgemeinen wurde er wenig schmeichelhaft als das genaue Gegenteil seines illustren Mittelfeldkollegen Zidane dargestellt. »Zidanes Rolle ist schwieriger als meine damals, denn ich hatte das Glück, Spieler an meiner Seite zu haben, die das Spiel genauso verstanden wie ich«, sagte Platini einmal, als er gebeten wurde, das französische Team des Jahres 2000 mit der Mannschaft von 1984 zu vergleichen. »Zwischen Deschamps – der, wie wir alle wissen, nicht gerade die Massen in Entzücken versetzt, aber Anerkennung für das verdient, was er in Anbetracht seiner Fähigkeiten erreicht hat – und Zidane besteht ein grundlegender Unterschied.«

Entscheidend war freilich, dass Deschamps sich keinerlei Illusionen bezüglich seiner Beschränkungen machte: »Ich war nie so talentiert wie Zidane«, gesteht er. »Ich glich das aus, indem ich sehr hart arbeitete und meiner Mannschaft nach besten Kräften half.« Deschamps war auch kein beeindruckender Athlet, sondern ein schmächtiger Fußballer, der sich durch sein Stellungsspiel und seine Uneigennützigkeit hervortat. Man kann nicht behaupten, dass Deschamps der Rolle des defensiven Mittelfeldspielers ein besonderes Flair verliehen hätte, aber zumindest in seinem Heimatland sorgte er dafür, dass diese Funktion als unverzichtbar anerkannt wurde. Gemeinsam mit dem Brasilianer Dunga verkörperte er den Idealtypus des unauffälligen, arbeitsamen, soliden defensiven Mittelfeldmanns der neunziger Jahre, der unermüdlich schuftete, um seine technisch begabteren Mitspieler zu entlasten.

Deschamps hatte eine solide fußballerische Ausbildung in der berühmten Talentschmiede von Nantes erhalten, die auch Marcel Desailly, Christian Karembeu und Claude Makélélé hervorbrachte. Desailly und Deschamps gewannen im Jahr 1993 mit Olympique Marseille die Champions League, und alle vier setzten sich als defensive Mittelfeldspieler im Ausland durch, wo sie mit ihren Vereinen jeweils die Champions League gewannen: Desailly im Jahr 1994 mit dem AC Mailand, Deschamps 1996 mit Juventus, Karembeu 1998 mit Real Madrid und Makélélé vier Jahre später ebenfalls mit den Blancos. Man könnte also sagen, dass der FC Nantes mit seinem Nachwuchszentrum wichtigere Beiträge zur Definition der Rolle des defensiven Mittelfeldspielers im modernen europäischen Fußball leistete als jeder andere Verein, so wie Ajax Amsterdam die Entwicklung des spielstarken Verteidigers oder der FC Barcelona die Entwicklung des tief stehenden Spielmachers prägte.

Der FC Nantes hat keine so große Bedeutung wie diese Klubs, aber es war eine bemerkenswerte Leistung, dass sich dieser kleine Verein in der Saison 2000/01 den französischen Meistertitel sicherte, ein Erfolg, der zu den überraschendsten unseres noch kurzen Jahrhunderts zählt. In der Vorsaison war der Verein nur um einen Punkt an der Abstiegsrelegation vorbeigeschrammt und hatte seinen Star, den offensiven Mittelfeldspieler Antoine Sibierski, verloren, doch dann schaltete sich Nantes unter dem wenig bekannten Trainer Raynald Denoueix, der seine gesamte Laufbahn als Spieler in diesem Verein verbracht und fünfzehn Jahre lang im klubeigenen Nachwuchszentrum gearbeitet hatte, bevor ihm das Traineramt anvertraut wurde, unerwartet ins Titelrennen ein. Kaum ein Trainer wurde in jener Zeit derart unterschätzt wie Denoueix: Später wechselte er in die spanische Liga zu Real Sociedad und führte die Mannschaft in der Saison 2002/03 zu einem beeindruckenden zweiten Platz in der Meisterschaft.

In seiner Zeit auf der Trainerbank von Nantes bewies Denoueix vor allem einen unerschütterlichen Glauben an die Fähigkeiten des Nachwuchses. Die meisten Spieler in seiner Stammelf kamen aus der Nachwuchsabteilung von Nantes. Die Rolle von Deschamps übernahm der ausgezeichnete Mathieu Berson, der gemeinsam mit dem athletischen Salomon Olembé dem eleganten Spielmacher Éric Carrière den Rücken freihielt. Der Erfolg von Nantes war nicht von Dauer, und in der folgenden Saison musste die Mannschaft wieder gegen den Abstieg kämpfen, aber jeder Radsportanhänger, der seine Liebe zum Fußball entdeckt hatte, hätte sich vermutlich gefreut zu sehen, dass die gelben Trikots zumindest vorübergehend erneut an der Spitze des Feldes rollten.

Als Teenager war Didier Deschamps bei Nantes ein offensiver Spielgestalter gewesen, der mit seinem Überblick und seiner Beidfüßigkeit auf sich aufmerksam machte. In den Nachwuchsmannschaften Frankreichs wurde er aufgrund seiner Spielintelligenz manchmal als Ausputzer in der Abwehr eingesetzt, eine Position, die ihm gefiel, weil er so »das Spielgeschehen immer vor Augen hatte«. Doch vor allem war Deschamps ein echter Kapitän. Er war im Alter von elf Jahren Kapitän der U-16-Mannschaft, er wurde mit neunzehn Jahren Kapitän der ersten Mannschaft von Nantes, und bei Olympique Marseille wurde er 1993 mit vierundzwanzig der jüngste Kapitän eines Champions-League-Siegers. Viele Beobachter sahen in ihm ebenso sehr eine Führungspersönlichkeit wie einen guten Fußballer: »Intelligenz ist das Kennzeichen der großen Spieler, die Titel gewinnen«, sagte Christophe Dugarry, einer seiner Teamkollegen in der französischen Nationalmannschaft. »Ich würde Didier als Beispiel nennen. Er hatte trotz seiner beschränkten Technik eine außergewöhnliche Karriere, was er seiner unglaublichen Anpassungsfähigkeit verdankte. Seine herausragenden Eigenschaften waren sein analytisches Denken und seine Fähigkeit zur Selbstanalyse. Er schätzte seine Fähigkeiten richtig ein und versuchte nie, übermäßig komplizierte Dinge zu machen. Er beschränkte sich darauf, die Dinge, die er gut konnte, *sehr gut* zu machen. Er brachte seine Mannschaft nie in Gefahr.«

Das gemeinsame Merkmal solcher defensiver Mittelfeldspieler ist jedoch, dass ihre technischen Fähigkeiten unterschätzt werden. Dass Deschamps nicht so talentiert war wie Zidane und sich damit zufriedengab, eine im Vergleich zu seinem schillernden Mannschaftskollegen unauffällige Rolle zu spielen, bedeutet nicht, dass es ihm an Fähigkeiten mangelte. Daniel Bravo, ein junger Mittelfeldspieler in der Mannschaft, die 1984 den EM-Titel holte, spielte in der Nationalmannschaft für kurze Zeit mit Deschamps zusammen. Er war der Meinung, Deschamps' technische Fähigkeiten würden nicht angemessen gewürdigt: »Er versteht sich darauf, den Ball zu erobern und mit wenigen Finten mehrere Gegenspieler abzuschütteln«, schwärmte Bravo.

»Seine Spielweise wirkt einfach, aber in Wahrheit ist sie es keineswegs, denn er macht technisch unglaublich schwierige Dinge. Das ist der Grund dafür, dass die gegnerischen Mannschaften den Ball nur selten in seine Zone spielen.«

Erst nach seinem Wechsel zu Juventus Turin im Alter von fünfundzwanzig Jahren fand Deschamps wirkliche Anerkennung. Zu seinen Bewunderern zählte sein Trainer Marcello Lippi: »Er war bereits als Spieler ein Trainer«, erinnert sich Lippi. »Er war eine Führungsfigur auf dem Feld, ein Bezugspunkt für seine Mitspieler und auch für mich, und ich zog ihn regelmäßig in technischen und taktischen Fragen zurate.« Bei Juventus spielte Deschamps aufgrund der Anwesenheit von Paulo Sousa anfangs nicht in seiner angestammten Zone, sondern als Box-to-Box-Spieler, aber ab 1996 übernahm er die Führungsrolle im defensiven Mittelfeld. Der Zeitpunkt war entscheidend, denn in jenem Sommer stieß Zidane zu Juve. Deschamps half ihm, sich abseits des Platzes einzugewöhnen, und unterstützte ihn auf dem Feld. Gemeinsam erreichten die beiden mit Juventus zweimal das Champions-League-Finale und gewannen zwei Meistertitel in der Serie A. »Wir verstanden das Spiel des anderen perfekt«, erinnert sich Deschamps. Zidane nannte seinen Kollegen einfach nur »den Chef«.

Sieht man von ihren ersten gemeinsamen Monaten in Turin ab, so spielten Deschamps und Zidane nie Seite an Seite, da normalerweise zwei weitere Spieler in einer Mittelfeldraute zwischen ihnen standen – aber die beiden waren offenkundig aufeinander angewiesen. »Ich habe die beste Taktik gefunden, um auf dem Feld nie in Schwierigkeiten zu geraten«, sagte Deschamps einmal zu Lippi. »Sobald ich den Ball bekomme, leite ich ihn an Zidane weiter.« Das war eine gute Zusammenfassung der Beziehung zwischen den beiden, und es gibt eine schöne Parallele in ihren späteren Trainerkarrieren. In der Zeit, in der Deschamps Frankreich in ein EM-Finale (2016) und zum

WM-Titel (2018) führte, gewann Zidane mit Real Madrid dreimal in Folge die Champions League. Und natürlich spielte das von Deschamps trainierte Nationalteam sehr vorsichtig, während die Spieler der von Zidane geführten Vereinsmannschaft ihrer Kreativität freien Lauf lassen durften.

Es war jedoch ein anderer talentierter französischer Offensivspieler, der das denkwürdigste Urteil über Deschamps abgab. Anfang 1995 war Éric Cantona von Manchester United Kapitän und wichtigster Spielgestalter der französischen Nationalmannschaft, aber nachdem er bei einem Auswärtsspiel gegen Crystal Palace im Selhurst Park einen Fan auf der Tribüne mit einem Kung-Fu-Tritt attackiert hatte, wurde er mit einer weltweiten Sperre von acht Monaten belegt. So fiel er der Achse Deschamps-Zidane zum Opfer: Ersterer setzte sich in Cantonas Abwesenheit als Kapitän der Bleus durch, der zweite verwandelte sich in den Star der Mannschaft. Cantona wurde nie wieder ins Nationalteam berufen und war überzeugt, Deschamps habe gegen ihn intrigiert. Vor einer Champions-League-Begegnung zwischen United und Juventus im Jahr 1996 äußerte sich Cantona nach fast zweijährigem Schweigen erstmals wieder gegenüber Journalisten. Sein einziger Beweggrund war, dass er seinem Landsmann Deschamps eins auswischen wollte.

»Deschamps kann sich behaupten, weil er immer hundert Prozent gibt, aber er wird nie etwas anderes sein als ein Wasserträger«, spottete er. »Spieler wie ihn findet man an jeder Straßenecke. Derzeit gibt sich Didier gerne wie ein Mönch und ein Moralist, aber am Ende wird er jedem Laster nachgeben. Die einzigen ordentlichen französischen Spieler in Italien sind Youri Djorkaeff und Zinédine Zidane. Die übrigen sind nichts Besonderes.«

Deschamps reagierte eher belustigt als gekränkt. »Ich habe in den fünf Jahren, die wir gemeinsam im französischen Team spielten, nie ein Problem mit Éric gehabt, obwohl wir auch nic dicke Kumpel gewesen sind«, erwiderte er. »Wenn ich ihn am Mittwoch treffe, werde ich ihn fragen, was genau er damit sagen wollte. Vielleicht glaubt er, dass ich etwas damit zu tun habe, dass er nicht mehr für die Nationalmannschaft berücksichtigt wird, aber ich habe mich noch nie in die Kaderplanung eingemischt.« Deschamps fand sich widerstrebend mit seinem neuen Spitznamen ab – woran er gut tat, denn er wurde ihn in seiner gesamten Karriere nicht mehr los. »Wie viele Spieler, die zweimal die Champions League gewonnen haben, findet man an einer Straßenecke?«, fragte er. »Abgesehen davon braucht jedes Team seine Wasserträger.« Mit Blick auf den Vergleich mit dem Radsport und die Aufgabe der Domestiken, die Wasserflaschen für ihre Kollegen zu holen, ist die Bezeichnung »Wasserträger« sehr treffend.

Im WM-Finale 1998 spielte Zidane mit drei defensiven Mittelfeldspielern in seinem Rücken. Deschamps nahm die am weitesten zurückgezogene Position ein. Der großgewachsene Linksfuß Emmanuel Petit konnte elegante Pässe schlagen, hatte jedoch zweifellos eine defensive Funktion und war erst relativ spät von einem Verteidiger zu einem Mittelfeldspieler umfunktioniert worden. Bei Arsenal spielte er an der Seite von Patrick Vieira, der ihm im WM-Finale nach seiner Einwechslung auch die Vorlage zum dritten französischen Tor gab. Die Position auf der rechten Seite nahm Christian Karembeu ein, der im Lauf seiner Karriere verschiedene Rollen bekleidete – defensiver Mittelfeldspieler, Box-to-Box-Mittelfeldspieler, rechter Mittelfeldspieler, Rechtsverteidiger – und in erster Linie große physische Stärke mitbrachte, etwas, das Deschamps, Petit und Zidane fehlte. Karembeu besaß ein unglaubliches Durchhaltevermögen, was möglicherweise damit zusammenhing, dass er als Kind auf der Insel Neu-Kaledonien im Südpazifik als eines von vierzehn Geschwistern aufgewachsen war und jeden Tag mehrere Kilometer zur nächsten Ortschaft hatte laufen müssen, um Brot für die Familie zu holen. Im Intervalltraining konnte ihm niemand das Wasser reichen. Betrachtet man nur die Positionen auf dem Feld, so kann das Quartett Deschamps, Petit, Karembeu und Zidane mit dem »magischen Viereck« von 1984 verglichen werden, aber während in jenem Viereck an jeder Ecke ein Stern geleuchtet hatte, gab es in diesem einen Star und drei Wasserträger.

In der Vorbereitung für die EM 2000 sanken Deschamps' Aktien deutlich. So wie Zidane war er nach der anstrengenden WM 1998 bei Juventus in ein Formtief geraten, und nachdem er aus der Presse erfahren hatte, dass er aus dem Kader für ein wichtiges Ligaspiel gestrichen worden war, überwarf er sich mit Lippi. Der Trainer musste kurze Zeit später seinen Hut nehmen, was einiges über Deschamps' Stellenwert im Verein verrät: Wer seine Unterstützung verlor, verlor den Rückhalt in der Kabine. Der Franzose wechselte im folgenden Sommer zu Chelsea, wo er eine einzige unauffällige Saison (1999/2000) verbrachte, in der er zwar den FA Cup gewann, in den wichtigen Spielen jedoch durch mangelnde Beweglichkeit auffiel. Außerdem litt er darunter, dass er sich vom dort zum Trainer aufgestiegenen Gianluca Vialli, mit dem er schon bei Juventus zusammengespielt hatte, herumkommandieren lassen musste.

Im Vorfeld der EM 2000 galt Deschamps allgemein als schwaches Glied in der französischen Mannschaft, vor allem, nachdem Roger Lemerre das 4-3-2-1 durch ein 4-2-3-1 ersetzt hatte, was bedeutete, dass Deschamps nun statt zwei nur noch einen weiteren Wasserträger an seiner Seite hatte. Das französische Team hatte seit der Weltmeisterschaft schlecht gespielt und war sogar kurz in Gefahr gewesen, in der EM-Qualifikation zu scheitern, weshalb in den Medien Druck auf Lemerre ausgeübt wurde, er solle Deschamps durch Vieira ersetzen, den viele mittlerweile für den besten defensiven Mittelfeldspieler Europas hielten und der bei Arsenal sehr gut mit Petit harmonierte. Sein dortiger Trainer Arsène Wenger entschied sich später für einen technisch besseren Regisseur, aber in dieser Zeit war er auf das französische Modell fixiert und stellte am liebsten zwei Mittelfeldspieler auf, welche die Angriffsbemühungen absichern sollten und die Spielgestaltung Dennis Bergkamp überließen, der bei Arsenal im Grunde dieselbe Rolle spielte wie Zidane in der Équipe Tricolore.

Vieira war ein ausgezeichneter defensiver Mittelfeldspieler und hatte eine sehr gute fußballerische Ausbildung genossen. In seinem Heimatverein AS Cannes war er von Trainer Luis Fernández, der seinerzeit im »magischen Viereck« für die Absicherung zuständig gewesen war, im Schnellverfahren in die erste Mannschaft integriert worden, und beim AC Mailand hatte er von Desailly das Positionsspiel gelernt. Im französischen Team schaute er allerdings zu Deschamps auf: »Ich konnte keinen besseren Lehrmeister finden als Dédé«, erinnerte er sich später. »Einige Journalisten forderten, man solle ihn aussortieren und durch mich ersetzen, aber ich war nicht ihrer Meinung. Wir verstanden uns tatsächlich sehr gut. Ich habe großen Respekt vor Dédé, und ich mag ihn als Mensch. Manche Leute beurteilen den Spieler, andere tun es nicht, aber das ist eine andere Sache. [...] Wir sprachen sehr viel über die richtigen Positionen, darüber, wie wir einander auf dem Feld absichern konnten. Er mag das: Ideen austauschen, über Taktik sprechen.« Wie immer enthielt das Lob für Deschamps zahlreiche Hinweise auf die Vorwürfe, die ihm seine Gegner machten.

In Anbetracht der Tatsache, dass Vieira ein extrem laufstarker Spieler war, der sich zwischen den beiden Strafräumen hin- und herbewegte, war sein eigentlicher Rivale im Kampf um einen Platz in der Startelf Alain Boghossian, ein einsatzfreudiger, laufstarker Mittelfeldspieler, der während der gesamten EM-Qualifikation an Deschamps Seite gespielt hatte. »Ich konnte es nicht verstehen, wenn ich durch ›Bogo‹ ersetzt wurde«, gesteht Vieira. »Auf der anderen Seite ist ein Spieler wie Dédé unverzichtbar. Vielleicht hätte ich mehr zum Spiel beitragen können als er, weil ich besser in der Vorwärtsbewegung und im Angriff gefährlicher war, aber ich war nicht der Meinung, dass ich mit Dédé mithalten konnte, wenn es um das Positionsspiel und um die Fähigkeit ging, das Spiel zu lesen.« Letzten Endes setzte sich Vieira gegen Boghossian durch, der die EM-Endrunde aufgrund einer Verletzung ohnehin verpasste, und etablierte sich an der Seite von Deschamps – der seinerseits derart erbost darüber war, dass die Medien seine Fähigkeiten in Zweifel zogen, dass er die Pressekonferenzen vor dem Turnier boykottierte. Seine Teamkollegen schlossen sich ihm an.

Im Verlauf des Turniers war Deschamps' Mangel an Beweglichkeit bei einigen Gelegenheiten nicht zu übersehen. Im Spiel gegen die Tschechische Republik verschuldete er mit einem Foul an Pavel Nedvěd einen Elfmeter, und bei Nuno Gomes' Führungstor im Halbfinale griff er nicht entschlossen genug ein. Aber alles in allem harmonierte er sehr gut mit Vieira, und gegen Portugal profitierte das Paar von der Einwechslung Petits, eines dritten defensiven Mittelfeldspielers. Vieira wurde in die Elf des Turniers gewählt, aber die Zeitschrift *World Soccer* wählte stattdessen Deschamps in ihre ideale Mannschaft. »Deschamps wurde vor dem Turnier als Schwachpunkt der französischen Mannschaft bezeichnet, aber niemand tut die einfachen Dinge so effektiv wie er«, begründete die Redaktion ihre Wahl. »Die offensive *joie de vivre*, mit der Frankreich in der Verlängerung Italien vom Platz fegte, wäre nicht möglich gewesen ohne das unkomplizierte Spiel des Kapitäns.«

Deschamps nutzte den Erfolg bei der EM 2000, um seine Karriere in der Nationalmannschaft mit einem erfreulichen Erlebnis zu beenden. Er hatte nun die Champions League, einen Weltmeister- sowie einen EM-Titel gewonnen und war dabei jeweils Mannschaftskapitän gewesen. Nach der EM spielte er noch eine Saison in Valencia, kam jedoch mit dem Hochgeschwindigkeitspassspiel in der spanischen Liga nicht zurecht und beendete im Jahr 2001 im Alter von nur 32 Jahren seine aktive Laufbahn. So wie er als Spieler sehr jung Mannschaftskapitän geworden war, wurde er nun ein sehr junger Trainer. Seine neue Karriere begann schon im selben Sommer beim AS Monaco, der in der abgelaufenen Saison einen Platz im Tabellenmittelfeld belegt hatte. Innerhalb von drei Jahren führte Deschamps den Verein ins Champions-League-Finale.

Nach seinem Rücktritt aus dem Nationalteam übernahm dort das erfahrene Arsenal-Gespann Petit und Vieira das Kommando im Mittelfeld. Petit war mittlerweile zum FC Barcelona gewechselt, wo er oft als Verteidiger aufgeboten wurde, weil Pep Guardiola, Xavi Hernández und Phillip Cocu im Mittelfeld gesetzt waren. Im Jahr 2001 kehrte Petit nach London zu Chelsea zurück, wo er jedoch aufgrund mangelnder Fitness nicht glänzen konnte. Die erste Saison nach der Rückkehr in die Premier League beendete er als unterlegener Finalist im FA Cup gegen seinen alten Verein Arsenal und seinen engen Freund Vieira. »Ich vermied während des Spiels bewusst jeglichen Blickkontakt mit ihm, und ich bin sicher, dass er dasselbe tat. Ich unterdrückte jede Äußerung der freundschaftlichen Gefühle, die ich für ihn hegte«, gestand Vieira später. »Es war ein eigenartiger Nachmittag für uns, denn wir waren ehemalige Mannschaftskameraden und enge Freunde.«

Vieira hatte sehr unter Petits Weggang gelitten und konnte sich ohne ihn bei Arsenal anfangs kaum behaupten: Zu Beginn der Saison 2000/01 gelang ihm das Kunststück, in den ersten beiden Meisterschaftsspielen vom Platz gestellt zu werden, was ihm eine Sperre für fünf Spiele einbrachte. In den folgenden zwei Jahren spielte er zumeist mit dem Box-to-Box-Mittelfeldmann Ray Parlour zusammen, der im Finale des FA Cups mit einem Fernschuss zur Führung für Arsenal traf, aber Vieira harmonierte besser mit Gilles Grimandi, einem weiteren französischen Mittelfeldspieler, der seine Stärken in der Absicherung hatte. Grimandi war 1997 gleichzeitig mit Petit zu Arsenal gestoßen. Der weder athletisch noch technisch sonderlich auffällige Spieler hatte bis dahin beim AS Monaco gespielt und war eher in der Innenverteidigung als im zentralen Mittelfeld zu Hause. Dennoch spielte Grimandi in der Saison 2000/01 regelmäßig an der Seite Vieiras, und während der Klub keine nennenswerten Erfolge feierte, wurde es für Vieira persönlich die wohl beste Saison bei Arsenal. Sein neuer Kollege hielt ihm bei seinen Vorstößen den Rücken frei. Grimandi hatte nicht dieselbe Klasse wie Petit, aber er war ein echter Wasserträger, der bereitwillig die Schmutzarbeit machte, um die Stars der Mannschaft zu entlasten. Das kam Vieira, der eher ein Allrounder als ein reiner defensiver Mittelfeldspieler war, sehr entgegen.

Nach dem katastrophalen Ausscheiden Frankreichs bei der WM 2002 ging es mit Petits Karriere bergab, erst in der Nationalelf und dann im Verein. Bei Chelsea fiel er nicht durch außergewöhnliches Können auf, obwohl er am Ende der Saison 2002/03 durchaus überzeugte und wesentlich dazu beitrug, dass sich der Verein für die Champions League qualifizieren konnte, was Roman Abramowitsch dazu bewegte, den Londoner Klub zu kaufen. Das wichtigste Einstandsgeschenk, das der russische Magnat dem Verein machte, war ein weiterer französischer Wasserträger: Claude Makélélé.

Makélélé hatte sich seine Sporen beim FC Nantes als schneller Spieler im rechten Mittelfeld verdient und harmonierte gut mit Karembeu, der zu jener Zeit bei Nantes als offensiver rechter Außenverteidiger spielte. Rückblickend war dies ein verblüffendes Gespann auf der rechten Seite, wenn man bedenkt, dass Karembeu beim Gewinn des Weltmeistertitels 1998 und dass Makélélé im WM-Finale 2006 im zentralen Mittelfeld spielte.

So wie Deschamps im Jahr 1989 wechselte Makélélé acht Jahre später von Nantes zu Olympique Marseille, und nach seinem

Wechsel zu Celta Vigo in der folgenden Saison verwandelte er sich an der Seite des brasilianischen Weltmeisters Mazinho, der in der Canarinha neben dem bereits erwähnten Dunga gespielt hatte, in einen erstklassigen Mittelfeldspieler. »Mazinho lehrte mich, wie ich mich bewegen und was ich tun musste, und ihm verdanke ich großes taktisches Wissen über die Gestaltung des Spiels und Bewegungen mit Tempo«, erklärt Makélélé. »Er vermittelte mir den Geist dieser neuen Rolle. Ich arbeitete viele Stunden mit ihm, lernte, die richtige Position einzunehmen. Er brachte mir bei, wann ich mit nur einer Ballberührung spielen und wann ich den Ball stoppen und verzögert weiterleiten musste.« Die beiden bildeten ein vorzügliches Gespann im zentralen Mittelfeld und waren ein wesentlicher Faktor bei einigen bemerkenswerten Erfolgen Celtas auf europäischer Ebene, darunter ein 7:0 gegen Jupp Heynckes' Benfica und ein 4:0 gegen Marcello Lippis Juventus. Makélélé trug sich in beiden Spielen in die Torschützenliste ein, was zeigte, dass er sich noch nicht zu einem rein defensiven Mittelfeldspieler entwickelt hatte. Im Jahr 2000 wechselte er zu Real Madrid, wo er den Platz von Fernando Redondo einnahm. Die Spanier hatten mit Flavio Conceição und Albert Celades zwei weitere defensive Mittelfeldspieler gekauft, aber Makélélé war derjenige, der bald als Madrids wichtigster Akteur galt, was vor allem an der sonstigen taktischen Naivität der Mannschaft lag.

Zu jener Zeit begann bei den Königlichen die Ära der Galácticos. Klubpräsident Florentino Pérez hatte es sich in den Kopf gesetzt, den spektakulärsten Sturm der Welt aufzubauen, und verpflichtete jeden Sommer einen neuen Superstar: Luís Figo im Jahr 2000, Zidane im Jahr 2001, Ronaldo im Jahr 2002. Da der Publikumsliebling Raúl damals noch unantastbar war, wurde die Stammformation von Real immer instabiler, denn es standen zu viele Spieler auf dem Platz, die kreativen Freiraum für sich beanspruchten. Die Abwehr wurde vernachlässigt, denn sogar in der Defensive spielte ein »Galaktischer«: Der Linksverteidiger Roberto Carlos stürmte unentwegt nach vorne.

Angesichts dieser gebündelten Angriffslust verwandelte sich Makélélé in den Schlüsselspieler der Mannschaft. Vicente del Bosque, der Real als Trainer 2002 zum Champions-League-Sieg führte, erklärt, dass Makélélé aufgrund seiner Allrounder-Fähigkeiten »sowohl der erste Verteidiger als auch der erste offensive Mittelfeldspieler« sein konnte. Der Franzose nahm eine Position an der Basis des Mittelfelds ein, hielt allen anderen zentralen Akteuren den Rücken frei und schirmte die Innenverteidiger Fernando Hierro und Iván Helguera ab, die beide umgeschulte zentrale Mittelfeldspieler waren.

»Ich hatte viel Freude an meiner Rolle bei Real«, erklärte Makélélé nach seinem Weggang aus Madrid. »Ich war bereit, die Abwehrarbeit zu machen, ich hatte Spaß daran, meine Gegenspieler am Torschuss zu hindern, und ich genoss es, die Vorstöße meiner Mitspieler zu unterstützen. Das Wichtigste war es, die Spieler vor mir abzusichern. Zidane, Figo, Raúl und Ronaldo waren sensationell und konnten sich in den Angriff einschalten, weil sie wussten, dass ich die Position vor der Abwehr halten würde, um ihnen den Rücken freizuhalten. Manche glaubten, dass ich die Rolle eines Dieners spielte, dass ich die Schmutzarbeit machte, damit sich die ›wirklichen‹ Stars entfalten konnten, aber ich sah es anders. Ich war unverzichtbar für das Gleichgewicht in unserem Spiel. Ich betrachtete mich als wahren Chef des Mittelfelds, ich war derjenige, der den Takt angab und der Gruppe ein Gefühl der Sicherheit vermittelte. Die anderen Spieler dachten genauso.«

Es war nicht zu vermeiden, dass Makélélé oft mit Deschamps verglichen und als neuer Wasserträger des französischen Fußballs bezeichnet wurde, und so wie Deschamps schließlich den Spitznamen akzeptiert hatte, hatte Makélélé nichts gegen den Vergleich einzuwenden. »In mancher Hinsicht sind wir Wasserträger die neuen Zehner. [...] Didier war eine sehr wichtige Figur, und seine Trophäensammlung zeigt, wie erfolgreich er war.«

Dies war der Schlüssel zu Makélélés Erfolg: Er mochte nicht der kreativste oder spektakulärste Spieler sein, aber so wie Deschamps war er ein guter Analytiker, der die gegnerische Mannschaft vor dem Spiel zwei Tage studierte und sich auf die Vorzüge des besten Spielers der Gegenseite konzentrierte, um herauszufinden, wie er ihn neutralisieren konnte. Mit seiner taktischen Intelligenz machte Makélélé Werbung für den um Absicherung bemühten Mittelfeldspieler. »Du weißt, was deine Rolle ist«, sagte er. »Du weißt, wie du dich bewegen musst, wie sich deine Mitspieler bewegen und was sie in jedem Augenblick von dir brauchen. Es ist eine stille Führungsposition, die geschützt werden muss, weil sie wichtig ist [...]. Jeder Trainer hätte gerne einen solchen Spieler, jemanden im Mittelfeld, der in jedem Augenblick über das Gleichgewicht der Mannschaft nachdenkt. Das erfordert eine Qualität, die nicht alle Spieler mitbringen.«

Real Madrids Superstars bezeichneten Makélélé regelmäßig als wichtigsten Spieler der Mannschaft, womit sie seine taktische Bedeutung würdigten – aber vielleicht war dieses Urteil auch teilweise dem Mitgefühl geschuldet, denn Makélélé musste sehr um Vertragsverlängerungen mit Gehältern kämpfen, die seiner Bedeutung für das Team entsprachen. Seine Kollegen formulierten ihre Komplimente gerne metaphorisch: »Wenn die Leute einen Porsche anschauen, bewundern sie die Karosserie des Autos«, sagte Roberto Carlos. »Aber was macht den Porsche wirklich so besonders? Es ist der Motor. Und unser Motor ist Claude.«

Vereinspräsident Pérez war anderer Meinung. Im Jahr 2003 verkaufte er Makélélé an Chelsea und ersetzte ihn durch einen weiteren Galáctico, den Briten David Beckham, der offensivstärker war, jedoch Makélélés Fähigkeiten als Ballerobererer vermissen ließ. In ihrer Kombination zählen die beiden Transfers zu den am heftigsten kritisierten in der Ära des modernen Fußballs, was nicht zuletzt an Pérez' geringschätzigen Kommentaren über den scheidenden Wasserträger lag: »Er war kein Kopfballspieler und spielte selten einen Pass über mehr als drei Meter, [...] aber er wollte die Hälfte von dem, was Zidane verdient, und das war nicht möglich.«

Zidane hingegen verstand sehr gut, wie wichtig ein Spieler war, der ihn absicherte, damit er sein Talent ausspielen konnte, und wiederholte Roberto Carlos' Analogie, als er nach seiner Meinung über die Trennung von Makélélé gefragt wurde: »Warum überzieht man den Bentley mit einer weiteren Schicht Goldlack, wenn der Motor herausfällt?« Auch der neue Trainer Carlos Queiroz wich ein wenig von der offiziellen Vereinslinie ab: »Ich habe beizeiten gesagt, dass ein Ferrari ohne Lenkrad nicht richtig fahren wird.«

Die Fähigkeiten Makélélés im Spielaufbau wurden ähnlich unterschätzt wie die von Deschamps. Petit, der sowohl bei Chelsea als auch im französischen Nationalteam mit ihm zusammenspielte, nannte ihn in einem Atemzug mit zwei Fußballern, die sehr viel größere Verehrung genießen: »Pep Guardiola, Fernando Redondo und Makélélé begannen, die Position des für die Absicherung zuständigen Mittelfeldspielers anders zu interpretieren. Früher ging es in dieser Rolle nur um Kampf und Balleroberungen, aber mit dieser Art von Spieler im zentralen Mittelfeld begann sich der Fußball zu verändern. Natürlich sind Kampfgeist und Balleroberungen wichtig, aber diese Spieler sahen ihre Hauptaufgabe darin, das Spiel zu kontrollieren, und das taten sie, indem sie den Ball kontrollierten.«

Makélélé sah es genauso und war überzeugt, die Rolle des absichernden Mittelfeldspielers nicht aufgrund seiner defensiven Fähigkeiten, sondern aufgrund seiner Beiträge zur Offensive revolutioniert zu haben: »Ich bin vielleicht technisch und taktisch besser als die für die Absicherung zuständigen defensiven Mittelfeldspieler der achtziger und neunziger Jahre, Leute wie Luis Fernández, Franck Sauzée oder Didier Deschamps, aber meine Spielweise unterscheidet sich nicht radikal von ihrer. Ich bin einfach ein kompletterer Fußballer. Ich glaube, das Spiel hat sich verändert, und um auf einer beliebigen Position ein Spitzenspieler werden zu können, muss man heute den Ball halten, präzise Pässe spielen und zu jeder Phase des Spielaufbaus beitragen können.«

Erst nachdem Petit im Jahr 2002 seine internationale Karriere beendet hatte, kam Makélélé regelmäßig in der französischen Nationalmannschaft zum Einsatz. Er war bereits dreißig Jahre alt, aber sein Rückzug in die defensive Position war ein langwieriger, langsamer Prozess gewesen. Makélélé grollt noch immer über die verspätete internationale Anerkennung: »Es fällt mir schwer, mich damit abzufinden, dass ich derselben Generation wie Zidane, Petit, Barthez, Thuram, Pires und Djorkaeff angehöre, aber nie etwas mit den Bleus gewann«. Die EM 1996 verpasste er, weil er gebeten wurde, die französische Mannschaft für das Olympiaturnier zu verstärken, und für die WM zwei Jahre später wurde er nicht berücksichtigt, weil er zu jener Zeit bei Olympique Marseille im äußeren Mittelfeld agierte. Seine Nichtberufung für die EM 2000 führt er darauf zurück, dass er für Celta Vigo spielte, einen nicht unbedingt glamourösen Klub. Er verpasste sogar die Confederation-Cup-Siege in den Jahren 2001 und 2003, weil die spanische Liga spät endete; 2002 gehörte er dem französischen Aufgebot an, stand allerdings nur im letzten Gruppenspiel auf dem Platz. Bei der EM 2004 bildete er dann jedoch mit Vieira ein gefürchtetes Duo im defensiven Mittelfeld, das bis zur überraschenden Viertelfinalniederlage gegen Griechenland sehr überzeugend auftrat. Dasselbe Gespann ragte auch in der Mannschaft heraus, die 2006 das WM-Finale erreichte.

Es war jedoch Makélélés Erfolg in der Premier League, der seinen Ruf als neuer französischer Wasserträger festigte. Er übernahm unter José Mourinho die tiefste Position im 4-3-3 von Chelsea, und der Erfolg der Blues bewegte andere Teams dazu, ebenfalls auf einen Mittelstürmer zu verzichten und stattdessen einen auf Sicherheit bedachten defensiven Mittelfeldspieler aufzubieten. Makélélés Leistungen waren so überzeugend, dass die Rolle des für die Absicherung verantwortlichen Mittelfeldmanns in England als die »Makélélé-Rolle« bekannt wurde.

Sehr viel später wurde klar, dass diese französischen Wasserträger dem modernen Fußball ein bedeutsames Vermächtnis hinterlassen hatten. Als Frankreich bei der Heim-EM 2016 im Finale an Portugal scheiterte, lag das vermutlich daran, dass Deschamps, der mittlerweile das Nationalteam trainierte, keine passende Rolle für den defensiven Mittelfeldspieler N'Golo Kanté finden konnte und stattdessen lieber die beiden laufstarken Box-to-Box-Spieler Paul Pogba und Blaise Matuidi aufbot. Zwei Jahre später rückte Matuidi beim französischen WM-Sieg auf die rechte Seite, und neben Pogba spielte Kanté, der eine dynamischere Version von Deschamps oder Makélélé war, jedoch viele ihrer Qualitäten aufwies: Uneigennützigkeit, Positionsdisziplin und Balleroberung.

»Kanté rennt unermüdlich«, sagte Makélélé. »Er ist zweifellos einer der besten zentralen Mittelfeldspieler der Welt […], manche Spieler sind dafür gemacht, Superstars zu werden, während sich andere wie N'Golo und ich damit zufriedengeben müssen, andere gut aussehen zu lassen.« Das verstand keine europäische Fußballnation besser als Frankreich, das immer das richtige Gleichgewicht zwischen dem verehrten Starspieler und dem bescheidenen Wasserträger fand.

Umschaltmoment:
Frankreich → Portugal

Die französische Nationalelf hatte große Erfolge gefeiert, und Frankreich brachte mehr herausragende Spieler hervor als jedes andere europäische Land. Aber die französischen Vereine konnten sich in Europa weiterhin nicht durchsetzen.

Die Bilanz der französischen Klubs in den europäischen Wettbewerben ist seit je miserabel. Der Champions-League-Sieg von Olympique Marseille im Jahr 1993 war der erste französische Europapokalerfolg überhaupt, und selbst dieser Triumph war durch einen Korruptionsskandal in derselben Saison überschattet, der Olympique den französischen Meistertitel kostete, weil Spiele gekauft worden waren. Der Sieg von Paris Saint-Germain im Pokal der Pokalsieger drei Jahre später ist der bisher einzige andere Erfolg der Ligue 1 auf europäischer Ebene geblieben. Die französischen Klubs haben weniger Europapokale geholt als die Belgiens oder der Ukraine.

Im Jahr 2004 hätten die Franzosen beinahe einen dritten Erfolg gefeiert, und zwar dank eines vertrauten Gesichts. Didier Deschamps hatte unmittelbar nach dem Ende seiner Spielerkarriere das Traineramt beim AS Monaco übernommen, und nach einer schwierigen ersten Saison, in der der Verein gegen den Abstieg kämpfen musste, qualifizierte sich Monaco in der folgenden Spielzeit für die Champions League. In Deschamps' dritter Saison als Trainer erreichte der Klub dann schließlich nach denkwürdigen Siegen über Real Madrid und Chelsea das Champions-League-Finale.

Im Endspiel in Gelsenkirchen traf Deschamps mit Monaco auf den von José Mourinho trainierten FC Porto, der ein Jahr zuvor den Uefa-Pokal geholt hatte. Beide Klubs waren eher überraschend ins Finale vorgestoßen, beide kamen aus weniger bedeutenden Ligen, und beide hatten relativ junge Trainer (Deschamps war 35, Mourinho 41 Jahre alt). Dies war entweder ein einmaliger Ausreißer oder der Beginn einer neuen Ära.

Das Finale galt zugleich als Duell um den Trainerposten bei Europas aufstrebendem Klub, dem mit russischem Oligarchengeld aufgepäppelten FC Chelsea. Für den Posten kamen nur Deschamps und Mourinho infrage, und als ehemaliger Chelsea-Spieler hatte der Franzose nach allgemeiner Einschätzung die Nase vorn. Rückblickend scheint es, als hätte Roman Abramowitsch sich bereits entschieden gehabt, aber Portos Sieg festigte Mourinhos Status als interessantestes Trainertalent Europas und markierte das Ende der französischen Vormachtstellung sowie den Beginn der portugiesischen Phase.

Drei Wochen nach Portos Champions-League-Sieg fand im Stadion dieses Klubs das Eröffnungsspiel der EM 2004 statt. Bereits die Ausrichtung des Turniers war ein großer Erfolg für ein Land mit relativ begrenzten Ressourcen, zumal Portugal sich gegen den großen Nachbarn Spanien durchgesetzt hatte, der das Angebot einer gemeinsamen iberischen Bewerbung ausgeschlagen hatte. Bei der Abstimmung über die Vergabe der EM gab die beinahe einhellige Unterstützung der kleineren Uefa-Mitglieder den Ausschlag: Portugal war der Repräsentant der Kleinen – und nahm das ambitionierte Vorhaben in Angriff, die spektakulärsten Stadien zu bauen, die je eine EM beherbergt hatten. Einige dieser Projekte erwiesen sich relativ schnell als Fehlinvestitionen, aber die Großen Drei, das heißt Benfica, Sporting und Porto, konnten von nun an in Weltklassestadien spielen. »Wir haben in die Modernisierung des portugiesischen Fußballs investiert«, erklärte der für die Organisation des EM-Turniers verantwortliche Verbandspräsident Gilberto Madail. »Wir haben neue Stadien und Trainingsanlagen gebaut, die unsere Mentalität ändern werden. Und all das verdanken wir der Euro 2004.«

Es wurde ein sehr erfolgreiches Turnier für das portugiesische Team, das erst im Finale an Griechenland scheiterte. Zwar musste das Land noch bis 2016 auf seinen ersten Titelgewinn warten, doch es war nun eine ernstzunehmende Macht im europäischen Fußball und erreichte als einziges Land sowohl bei der EM 2004 als auch bei der WM 2006 und der EM 2008 zumindest das Viertelfinale, was ein gewaltiger Fortschritt war, wenn man bedenkt, dass sich Portugal im gesamten 20. Jahrhundert lediglich für vier große Turniere hatte qualifizieren können.

Während Mourinho bei Chelsea einen Stil prägte, wurde sein Landsmann Cristiano Ronaldo zum besten Spieler Europas gewählt und errang im Jahr 2008 den Ballon d'Or. Portugal stellte in dieser Zeit also einen Champions-League-Sieger, die beständigste europäische Nationalelf, den begehrtesten Trainer des Kontinents und den am höchsten geschätzten europäischen Spieler. So wie zuvor die Ligue 1 spielte auch die portugiesische Liga weiterhin nur eine Nebenrolle, aber Portugal prägte in diesen Jahren dennoch den europäischen Fußball.

4
FUTEBOL
(2004-08)

10
Struktur

Selbst José Mourinho glaubte im Jahr 2004 eigentlich nicht, dass der FC Porto eine Chance hatte, den wichtigsten europäischen Klubwettbewerb zu gewinnen.

In der Vorsaison hatte Mourinho den Klub zum Uefa-Cup-Titel geführt, den sich die Portugiesen durch einen dramatischen 3:2-Finalsieg über Celtic Glasgow sicherten, aber seine Erwartungen für die Champions League waren gering. Mourinho gab seiner Mannschaft zwei Ziele vor: Sie sollte die Vorrunde überstehen und einen Sieg gegen einen der großen Klubs landen. Auf diese Art sollte der Verein – oder was wahrscheinlicher ist: sein Trainer – ins Rampenlicht gerückt werden. Das erklärt, warum Mourinho das 2:1 im Achtelfinalhinspiel gegen Manchester United überschwänglicher feierte als jeden der folgenden Siege.

»Wir können einiges erreichen«, sagte Mourinho vor Beginn seines ersten Champions-League-Abenteuers. »Aber ich glaube nicht, dass wir sie gewinnen können. Nur die Haie, die vierzig Millionen Pfund für einen Spieler ausgeben können, sind dazu in der Lage.« Porto hatte sich im Sommer nach dem Uefa-Cup-Erfolg kaum auf dem Transfermarkt verstärkt. Abgesehen davon, dass Mittelstürmer Hélder Postiga nach Tottenham abgewandert und durch den Südafrikaner Benni McCarthy ersetzt worden war, trat in der Champions League dieselbe Mannschaft an, die im Vorjahresfinale Celtic besiegt hatte. Aber gerade der Zusammenhalt dieses über Jahre gewachsenen Teams war einer der Gründe dafür, dass Porto zum überraschendsten Titelträger in der Champions-League-Ära wurde.

Die Saison 2003/04 war die vielleicht spektakulärste in der Geschichte des Wettbewerbs, denn sie wurde vollkommen von den Außenseitern beherrscht. Manche Beobachter erklärten das mit einem Mangel an herausragenden Teams, aber diese These war sehr weit hergeholt: Dies war die Saison, in der Arsenal ohne eine einzige Niederlage englischer Meister wurde. Es war die einzige Saison, in der Milan, das die Champions League Mitte der nuller Jahre dominierte, unter Carlo Ancelotti die italienische Meisterschaft gewann. Und in dieser Saison war Olympique Lyon, das in jener Zeit sieben Meistertitel in Folge holte, stärker denn je.

Doch das Viertelfinale endete mit vier Überraschungen: Arsenal unterlag dem Stadtrivalen Chelsea, der sich mit einem späten Tor von Wayne Bridge in Highbury durchsetzte. Milan schied unter ungewöhnlichen Umständen aus: Nach einem 4:1 im Heimspiel gegen Deportivo La Coruña verloren die Italiener das Rückspiel in Galizien mit 0:4. Porto bezwang Lyon nach zwei packenden Begegnungen mit einem Torverhältnis von 4:2, und der Triumph des AS Monaco über das »galaktische« Real Madrid war noch ereignisreicher: Beide Mannschaften schossen fünf Tore (4:2 und 1:3), aber das von Didier Deschamps trainierte Team setzte sich dank der Auswärtstorregel durch. Alle vier Halbfinalisten wirkten wie Außenseiter, und am Ende triumphierte der größte Außenseiter von allen: das Team aus dem kleinsten Land, das seine Spieler Mittelständlern der portugiesischen Liga abgekauft hatte. Die Erfahrung der Truppe auf europäischer Ebene erwies sich als entscheidend. Außerdem hatte Porto den interessantesten jungen Trainer des Kontinents. José Mourinho gilt heute allgemein als Defensivstratege, aber in seiner Zeit in Portugal ließ er einen temporeichen, offensiv ausgerichteten Ballbesitzfußball spielen.

Mourinho hatte den Spitzenfußball als Dolmetscher von Bobby Robson bei Sporting Lissabon sowie beim FC Porto kennengelernt und war dem Engländer später als Assistenztrainer nach Barcelona gefolgt. Der Portugiese fiel auf, indem er bei Pressekonferenzen die Übersetzungen der Antworten seines Vorgesetzten mit zusätzlichen taktischen Details anreicherte und da er unentwegt Schwierigkeiten am Hals hatte, weil er gegenüber Spielern, Schiedsrichtern und Journalisten aggressiver auftrat als sein Chef. »Mourinho brachte die Leute vom ersten Tag an gegen sich auf«, schrieb der Kolumnist Enric Bañeres in der katalanischen Zeitung *La Vanguardia*. »Es ist eine Sache, hochmütig und arrogant zu sein, wenn du Johan Cruyff bist, aber es ist etwas ganz anderes, wenn du ein Niemand bist. Es wäre Robson sehr viel besser ergangen, wenn er einen Assistenten gehabt hätte, der den Klub und die Spieler kannte, jemanden, der mit Menschen umgehen konnte.« Mourinhos Auftreten in jener Zeit in Barcelona sollte viele Jahre später Folgen haben.

Auch unter Robsons Nachfolger Louis van Gaal blieb Mourinho Kotrainer, aber unter dem neuen Chef spielte er eine ganz andere Rolle als an der Seite Robsons. Robson war ein zupackender Trainer, der intensiv mit den Spielern arbeitete und sich auf das Offensivspiel konzentrierte. Mourinho hatte als sein Assistent zwei Aufgaben: Er sollte den Trainingsaufbau planen und die Spielweise konzipieren. Mourinho selbst drückt es so aus: »Ich versuchte, den Vorrang des offensiven Spiels zu erhalten, es jedoch besser zu organisieren, und die Organisation der Offensive beginnt in der Defensive.«

Van Gaal arbeitete ganz anders als Robson. Er nahm die Planung selbst in die Hand und delegierte die Durchführung der Übungseinheiten an Mourinho und die übrigen Assistenten, deren Aufgabe es war, die typisch niederländischen Trainingsformen zum Einstudieren des Ballbesitzspiels zu überwachen. »Damals sprachen wir dieselbe Sprache, wir glaubten an dieselben Dinge«, sagte Xavi Hernández später über Mourinho. »Wir arbeiteten im Rahmen von Barças Philosophie.«

In Anbetracht dieser Erfahrung können Mourinhos Aussagen bei seiner Ernennung zum Trainer des FC Porto im Jahr 2002 kaum überraschen. »Ich verspreche, dass ich versuchen werde, offensiv spielen zu lassen«, sagte er. »Ich verspreche, dass wir jeden Tag auf dieses Ziel hinarbeiten werden, so lange, bis wir ein vollkommen systematisches und automatisches Modell haben. Wenn es so weit ist, verspreche ich Ihnen Angriffsfußball, und bis dahin verspreche ich, dass ich versuchen werde, offensiv spielen zu lassen. […] Mit Spielern von der Art, wie Porto sie hat, hätte es keinen Sinn, eine offensive Philosophie durch ein defensiveres Modell zu ersetzen. Die Eigenschaften dieser Spieler zwingen uns, einen bestimmten Weg einzuschlagen, der nie zu einer defensiven Spielweise führen wird.«

Die Beschreibung eines »vollkommen systematischen und automatischen Modells« hätte aus dem Mund van Gaals kommen können, aber dieser Zugang ist auch typisch portugiesisch, und der FC Porto war ein typischer Vertreter dieser fußballerischen Identität. In Portugal wird das Spiel seit Langem systematisch analysiert und in seiner Gesamtheit betrachtet, und die Grundprinzipien des Spielaufbaus werden mit wissenschaftlicher Präzision umgesetzt.

Die portugiesische Schule kann bis in die Zwischenkriegszeit und auf den Einfluss von Cândido de Oliveira zurückverfolgt werden, der während seiner langen Karriere (sie begann Mitte der Zwanziger und endete 1958 mit seinem Tod während der WM in Schweden) Sporting Lissabon, den FC Porto sowie dreimal die Nationalmannschaft trainiert hatte. Nach seiner ersten Zeit als Nationalcoach in den zwanziger Jahren ging Oliveira nach London, um einen Trainingslehrgang des englischen Fußballverbands zu besuchen und de facto ein Praktikum bei Arsenal zu absolvieren, wo Herbert Chapman das Spiel mit seiner WM-Formation (einer Art 3-2-2-3 oder 3-4-3) revolutioniert hatte.

Im Jahr 1935 veröffentlichte Oliveira ein einflussreiches Buch mit dem Titel *Football: técnica e tática*, eine Dekonstruktion des WM-Systems, das er während seiner zweiten Amtszeit auf der Trainerbank des portugiesischen Nationalteams eingeführt hatte, lange bevor andere etablierte Fußballnationen es übernahmen. Das Buch fand großen Anklang bei seinen Zeitgenossen und gab den Anstoß zu einer ausgesprochen theoretischen Auseinandersetzung mit dem Fußball. Im Zweiten Weltkrieg beobachtete Oliveira als Geheimagent der Alliierten die deutschen Aktivitäten in Portugal, und nach dem Krieg schrieb er ein weiteres wichtiges Buch, *Evolução táctica no futebol* (Die Entwicklung der Fußballtaktik, 1949). Im Jahr 1945 gehörte er zu den Gründern der Sportzeitung *A Bola*, die noch heute eine große Leserschaft hat. Oliveira war überzeugt, dass die Aufgabe des Sportjournalismus nicht nur in Information und Unterhaltung, sondern auch in der Bildung bestand. Er nahm beträchtlichen Einfluss auf die Entwicklung des portugiesischen Fußballs, und der Supercup des Landes ist nach ihm benannt.

Eine weitere wichtige Figur im *Futebol* war der legendäre Béla Guttmann, der Benfica Lissabon in seiner glorreichen Ära in den sechziger Jahren betreute. Der Ungar ist berühmt für seine Aussage, das dritte Jahr bei einem Verein sei stets fatal für einen Fußballtrainer, sowie für den sogenannten »Guttmann-Fluch«, mit dem er Benfica nach seinem Abgang belegte (er erklärte, der Verein werde in den nächsten hundert Jahren keinen europäischen Titel mehr erringen, was ihm bislang auch tatsächlich nicht gelang), aber sein eigentliches Vermächtnis waren der Angriffsfußball mit direkten Außenstürmern und der Vorrang des Systems vor dem individuellen Können.

Die dritte wichtige Figur war José Maria Pedroto, der gemeinsam mit seinem statistischen Analysten José Neto großen Anteil am Aufstieg des FC Porto Ende der siebziger Jahre hatte. Die beiden lernten sich kennen, als Pedroto Vitória Guimarães trainierte und nebenher an der Universität unterrichtete. Neto besuchte als Student eine von Pedrotos Vorlesungen und stellte ihm eine scheinbar einfache Frage: »Welche Bedeutung hat das Spiel gemessen an der Organisation des Trainings?« Es folgten eine längere Diskussion und eine Besprechung in Pedrotos Büro. Anschließend lieferte Neto Pedroto eine vollständige statistische Analyse eines der letzten Spiele von Vitória, die als erste derartige Studie in Portugal gilt. Nach seiner Rückkehr zum FC Porto holte Pedroto Neto als Analysten in den Klub und wies immer wieder auf die Bedeutung seiner Arbeit hin. »Nicht die Vielzahl von Titeln, die er mit Porto errang«, sagte Neto später über seinen Mentor, »sondern seine Doktrin ist sein größtes Vermächtnis für den portugiesischen Fußball.«

Mourinho war also ein prototypischer portugiesischer Trainers: Er war ein gewissenhafter Taktiker, der an den Vorrang des Systems glaubte. »In meinen Augen ist das Wichtigste ein Spielmodell, eine Reihe von Prinzipien, die das Spiel organisieren«, erklärte er, »und darauf konzentrieren wir uns vom ersten Trainingstag an.« Es wird Mourinho oft vorgeworfen, er habe im Gegensatz zu Zeitgenossen wie Pep Guardiola oder Jürgen Klopp nichts zur taktischen Weiterentwicklung des Fußballs beigetragen, aber dabei wird sein revolutionärer Zugang zur Spielvorbereitung übersehen, von dem sich ein Jahrzehnt lang fast alle Spitzentrainer inspirieren ließen. Mourinho war der wichtigste Vertreter einer als »taktische Periodisierung« bezeichneten Trainingsmethodik, die ihren Ursprung in Porto hat.

Ihr Erfinder war Vitór Frade, der an der Universität Porto Sport und Philosophie unterrichtete. Ende der achtziger Jahre begann Frade mit der Entwicklung eines Programms zur »Universalisierung« des Fußballtrainings, was in der Praxis eine völlige Abkehr von der Idee bedeutete, dass die körperlichen, technischen, taktischen und mentalen Elemente des Spiels getrennt voneinander trainiert werden sollten. Frade wollte in jeder Trainingseinheit alle vier Elemente verschmelzen und überarbeitete daher die bis dahin angewandte Methode, die beispielsweise zermürbende physische Trainingseinheiten, in denen es ausschließlich um die Verbesserung der Kondition der Spieler ging, oder ausschließlich taktische Einheiten vorsah, in denen die defensive Grundordnung ohne Ball im Schritttempo einstudiert wurde. Viele portugiesische Trainer glauben nach wie vor, dass man die taktische Periodisierung – die manchmal auch als »der Trainingsprozess« bezeichnet wird – nur vollkommen verstehen kann, wenn man bei Frade studiert hat, der in Mourinhos Zeit beim FC Porto als »Direktor für Methodologie« engagiert wurde. Nach seiner Ernennung erklärte Mourinho mit Blick auf die Nationalitäten der Spieler, er wolle die Mannschaft »portugiesieren«, und indem er sich auf eine klare Spielstruktur und eine eigene Trainingsmethodologie konzentrierte, »portugiesierte« er auch den Spielstil von Porto.

Mourinho lernte Frade kennen, als er Anfang der neunziger Jahre im Nachwuchszentrum seines Heimatklubs Vitória de Setúbal arbeitete, und im folgenden Jahrzehnt blieben die beiden in engem Kontakt. Als Mourinho im Sommer 2001 das Traineramt bei União Leiria übernahm, teilte ihm der Vereinspräsident mit, dass er für die Saisonvorbereitung einen wunderbaren Ort in einer malerischen Hügellandschaft gefunden habe, die sich sehr gut für Querfeldeinläufe eigne. Mourinhos Antwort lautete, dass es kein Lauftraining geben werde. Die gesamte Arbeit werde auf dem Trainingsplatz stattfinden. Er werde in jedem Training mit dem Ball arbeiten, um die Technik der Spieler zu verbessern, er werde in jedem Training am Positionsspiel arbeiten, um die Strategie zu entwickeln, und er werde alle Übungen so komplex gestalten, dass die Spieler die Konzentration nicht verlieren würden.

»Ich halte nichts davon, die Fähigkeiten separat zu üben, einmal schießen, einmal Dribbling, einmal Balleroberung«, erklärte Mourinho während eines Trainerseminars in Tel Aviv im Jahr 2005. »Ein Junge kann üben, den Ball perfekt zu passen, aber im Spiel ist alles anders. Die ›universelle‹ Aktivität ist unverzichtbar – man muss sämtliche Aspekte einer Spielsituation zusammenfügen. In vielen Klubs wird die Kondition separat trainiert, die Spieler arbeiten 45 Minuten mit einem Konditionstrainer. Davon halte ich nichts, denn es gibt Übungen mit Ball, in denen die körperlichen Fähigkeiten genauso gut trainiert werden können. Ich lasse die Spieler eine Partie mit kleinen Mannschaften spielen, aber sie dürfen die Mittellinie nur im Sprint überqueren. Die Spieler haben keinen Spaß am Training ohne Ball, warum sollten wir ihnen den Ball also wegnehmen? Ein Pianist läuft nicht um das Piano herum oder macht Liegestützen auf den Fingerspitzen. Er spielt das Piano, um sein Spiel zu vervollkommnen. Um ein ausgezeichneter Spieler zu werden, spielt man am besten Fußball.«

Mourinhos Trainingseinheiten dauerten immer neunzig Minuten, aus denen hundertzwanzig Minuten wurden, wenn er die Mannschaft auf ein Spiel vorbereitete, in dem eine Verlängerung möglich war. Er zwang die Spieler auch zur Verwendung von Schienbeinschonern im Training, was wie ein nebensächliches Detail wirken mag, in Wahrheit jedoch sehr viel über seine neue Methode verriet: Bis dahin hatten die Spieler die Technik gesondert geübt, und bei Trainingsspielen mit kleinen Mannschaften hielten sich die Spieler mit dem Körpereinsatz zurück – man fuhr einem Gegenspieler am Spieltag mit einer Grätsche in die Parade, nicht jedoch einem Mannschaftskollegen im Training. In Mourinhos Trainingseinheiten hingegen wurden reale Spielsituationen simuliert, und daher waren Schienbeinschoner nötig. Sein Kotrainer Rui Faria hatte bei Frade Sport studiert und war ein Experte für die taktische Periodisierung. Anderswo wäre er als Konditionstrainer der Mannschaft betrachtet worden, aber da es bei Mourinho kein gesondertes Konditionstraining gab, lehnte er es ab, die Tätigkeit seines Assistenten mit einem so spezifischen Begriff zu beschreiben. »Unsere tägliche Arbeit zielt darauf, unser Spielmodell funktionstüchtig zu machen«, erklärte er. »Aber die Struktur der Trainingseinheit hat nicht nur mit den taktischen Zielen zu tun, sondern auch mit der körperlichen Komponente, die wir betonen wollen.« Einmal mehr machte sich ein portugiesischer Trainer Gedanken über die Struktur.

Die Fitness der Porto-Spieler hatte entscheidenden Anteil am Champions-League-Erfolg, weil die portugiesische Mannschaft sehr viel mehr auf das Pressing angewiesen war als Mourinhos spätere Teams. Porto störte den gegnerischen Spielaufbau sehr früh und spielte mit einer hoch stehenden Abwehrreihe mit den beiden Innenverteidigern Jorge Costa und Ricardo Carvalho. Mannschaftskapitän Costa hatte sich mit Mourinhos Vorgänger Octávio Machado überworfen und war an Charlton Athletic verliehen worden, aber Mourinho war klug genug gewesen, ihn wieder zurückzuholen. Carvalho, der aus dem Nachwuchs von Porto stammte, entwickelte sich unter Mourinho zu einem der besten Innenverteidiger Europas und verband Spielintelligenz mit Härte. Die Außenverteidiger waren Paulo Ferreira, der ursprünglich rechts im Mittelfeld gespielt hatte, von Mourinho jedoch zum Verteidiger umfunktioniert wurde und in der Champions League mit vorzüglichen Leistungen gegen Linksaußen wie Ryan Giggs und Jérôme Rothen auf sich aufmerksam machte, sowie Nuno Valente, der Mourinho von Leiria nach Porto gefolgt war.

Dieses perfekt eingespielte Quartett ließ die gegnerischen Stürmer ein ums andere Mal ins Abseits laufen, obwohl man sich fragen musste, wie es möglich war, dass Portos Matchplan so gut funktionierte: In sämtlichen Champions-League-Spielen der Portugiesen wurden die gegnerischen Angreifer ein ums andere Mal zurückgepfiffen, obwohl die Zeitlupenwiederholungen zeigten, dass sie in Wahrheit nicht im Abseits gestanden hatten. Das bemerkenswerteste Beispiel für die zahlreichen Fehlentscheidungen zugunsten Portos war im Achtelfinalrückspiel gegen Manchester United in Old Trafford zu beobachten, als den Engländern ein Tor von Paul Scholes fälschlicherweise aberkannt wurde. Dies geschah während des gesamten Wettbewerbs mit einer solchen Regelmäßigkeit, dass es kaum mehr mit Glück zu erklären war. Die Verteidiger von Porto wirkten derart überzeugend, wenn sie so taten, als hätten sie gegnerische Spieler ins Abseits gelockt, dass die Linienrichter wiederholt auf ihre Schauspielkunst hereinfielen. Im Halbfinale gegen Deportivo La Coruña entschied das Schiedsrichtergespann viermal zugunsten des FC Porto auf Abseits, wobei eine dieser Entscheidungen offenkundig falsch war und Depor einer klaren Torchance beraubte. Im Finale wurden die Stürmer des AS Monaco sage und schreibe zwölfmal wegen Abseits zurückgepfiffen: Drei dieser Pfiffe waren unbegründet, und in zwei Fällen hätte ein Stürmer von Monaco eine klare Torchance gehabt. Stattdessen gelang dem Team von Deschamps kein einziger Torschuss. Mourinhos Spieler waren auch sehr gut darin, gelbe Karten zu sammeln, ohne eine Sperre zu riskieren. Vor dem Halbfinalrückspiel in La Coruña drohte nicht weniger als sechs portugiesischen Spielern bei einer weiteren gelben Karte eine Zwangspause. In diesem Spiel wurden zwei weitere Porto-Spieler verwarnt – doch alle acht Akteure bewältigten den Balanceakt und konnten im Finale eingesetzt werden.

In diesem Finale hielt Portos hoch stehende Abwehrreihe Monacos Zielspieler Fernando Morientes vom Strafraum fern, so dass die Kopfballverlängerungen des Spaniers keinen Schaden anrichteten. Costa und Carvalho unterbanden durch ihr intelligentes Stellungsspiel Steilpässe in die Gasse, und Torwart Vítor Baía erwies sich als effektiver Ausputzer vor seinem Strafraum. Porto spielte in einem 4-3-1-2, weshalb sich die gegnerischen Außenverteidiger Patrice Evra und Hugo Ibarra (der übrigens von Porto an Monaco verliehen war) theoretisch ins Angriffspiel hätten einschalten können, aber Porto presste auch auf den Flügeln intensiv. Die Spitzen Carlos Alberto und Derlei deckten jeweils eine Flanke ab, während die Spieler auf den Außenpositionen der Mittelfeldraute, Pedro Mendes und Maniche, weit nach außen rückten, um den Raum zusätzlich zu verdichten. Costinha sorgte gekonnt für die Absicherung des Mittelfelds und zog sich bei Bedarf als zusätzlicher Innenverteidiger in die Abwehrkette zurück. Für Mourinho war Costinha sein »Trainer auf dem Feld«, der sich an der Seitenlinie taktische Anweisungen abholte und an seine Mitspieler weitergab.

Porto kam nicht gut ins Spiel und hatte Glück, als Monacos wendiger offensiver Mittelfeldmann Ludovic Giuly in der Mitte der ersten Halbzeit verletzt ausschied. Sein Ersatzmann Dado Pršo war eine zweite Anspielstation für weite Bälle, der gegen die hoch stehende Defensive der Portugiesen jedoch nichts ausrichten konnte. Kurz vor der Pause ging Porto völlig überraschend in Führung: Der im Sturm aufgebotene Mittelfeldspieler Carlos Alberto konnte eine Flanke von Ferreira nicht unter Kontrolle bringen, aber der Ball sprang vom Knie eines Verteidigers zu ihm zurück, und der Brasilianer verwandelte den Abpraller volley zum Führungstor. Es war seine einzige nennenswerte Aktion im ganzen Spiel – und es blieb der einzige denkwürdige Augenblick in seiner Karriere: Der neunzehnjährige brasilianische Nationalspieler hatte große Erwartungen geweckt, scheiterte später jedoch unter anderem bei Werder Bremen und brachte es in seiner gesamten Profikarriere auf weniger als vierzig Tore.

Tatsächlich war es Carlos Albertos Ersatzmann, der wesentlich zu der Aktion beitrug, die Porto den Sieg sicherte. Mourinho brachte den schnellen offensiven Mittelfeldspieler Dmitri Alenitschew, der die linke Position in Portos Raute einnahm, während Maniche vorrückte, um Portos Star, den brasilianischen Zehner Deco, zu unterstützen. Porto verlegte sich auf Konter, wobei Alenitschew eine Schlüsselrolle zukam. In der Mitte der zweiten Hälfte führte Deco den Ball durchs Mittelfeld, schickte Alenitschew auf den linken Flügel und drang anschließend in den Strafraum ein, wo er den Ball von dem Russen zurückbekam. Er täuschte einen Schuss in den rechten Winkel an, um Torwart Flavio Roma in die falsche Ecke zu schicken, und vollendete in den linken Winkel. Es war ein bemerkenswert nervenstarker Abschluss. »Ich atmete ein und isolierte die Situation«, berichtete Deco nach dem Spiel. »Es war eine Sache zwischen mir, dem Torwart und den Innenverteidigern. Ich konnte es zu Ende spielen, ohne darüber nachdenken zu müssen, so als würde ich im Park mit meinen Freunden spielen. Hätte ich an das ganze Drumherum gedacht, daran, dass ich das entscheidende Tor im Finale der Champions League schießen konnte, so hätte die normale Reaktion darin bestanden, so hart wie möglich zu schießen.«

Das dritte Tor schoss Alenitschew, der einen abgelenkten Steilpass erlief und am herauseilenden Monaco-Torwart vorbei ins Netz drosch. Die Entstehung der beiden letzten Tore erweckte den Eindruck, Porto sei eine Kontermannschaft. Doch normalerweise war diese Mannschaft bestrebt, das Spiel zu beherrschen.

Das Pressing hatte im Spiel des FC Porto einen derart hohen Stellenwert, dass Mourinho seine Spieler anhielt, in Ballbesitz Kraft zu sparen. »Ich nenne es ›Ausruhen mit dem Ball‹«, erklärt Mourinho in seiner Biografie. »Aufgrund unseres hohen Spieltempos müssen wir zwischendurch ausruhen, weil sonst keiner unserer Spieler die neunzig Minuten durchhalten wird. Wir müssen Phasen von hoher Intensität und druckvollem Spiel mit Phasen des Ausruhens mit dem Ball abwechseln, was nichts anderes bedeutet als Ballbesitz um des Ballbesitzes willen.«

Dieses »Ausruhen mit dem Ball« führte dazu, dass der FC Porto in jener Saison in zehn seiner dreizehn Champions-League-Spiele mehr Ballbesitz hatte als der Gegner, darunter sowohl daheim als auch auswärts gegen Real Madrid, Manchester United und Deportivo La Coruña. Die drei Ausnahmen waren Spiele gegen französische Mannschaften: der 3:2-Auswärtssieg in der Vorrunde gegen Olympique Marseille, das Viertelfinalrückspiel gegen Olympique Lyon und das Finale gegen den AS Monaco. In allen drei Spielen lag Porto lange Zeit vorn, weshalb die gegnerische Mannschaft gezwungen war, das Spiel an sich zu reißen und die Portugiesen unter Druck zu setzen.

Die Mittelfeldraute war allerdings nicht Mourinhos Lieblingssystem. Im Allgemeinen bevorzugte er das im portugiesischen Fußball übliche 4-3-3, doch aufgrund von Verletzungen mehrerer Flügelspieler und der Notwendigkeit, das Mittelfeld zu verdichten, um den Ballbesitz gegen starke europäische Gegner dominieren zu können, wählte er das 4-3-1-2. Porto spielte in beiden Systemen extrem organisiert, weil Mourinho seine Spieler diese zwei – und nur diese zwei – Systeme perfekt einstudieren ließ. Der Wechsel zwischen zwei Formationen wurde sein Standardzugang: Bei Chelsea ließ er ebenfalls im 4-3-3 oder im 4-3-1-2 spielen, bei Inter Mailand wechselte er erneut zwischen einem 4-2-3-1 und einem 4-3-1-2 hin und her, und von da an beschränkte er die Optionen bei all seinen weiteren Klubs im Großen und Ganzen auf diese beiden Formationen. Bei Porto brachte Mourinho seinen Spielern bei, einander mit unauffälligen Handzeichen einen Systemwechsel zu signalisieren und die Gegenseite auf diese Art zu verwirren. In beiden Systemen waren die Bewegungen der Spieler beinahe mechanisch synchronisiert, und die Mannschaft bewahrte ungeachtet dessen, ob sie im Ballbesitz war oder nicht, immer eine vollkommen klare Struktur.

Nach dem Champions-League-Triumph mit Porto wechselte Mourinho zu Chelsea und führte den Klub gleich in seiner ersten Saison zum Meistertitel. In England erwarb er sich rasch den Ruf, ein rein defensiver Trainer zu sein: In seiner ersten Saison spielten die *Blues* in 38 Spielen 25-mal zu null und ließen insgesamt nur 15 Gegentore zu, obwohl Mourinho den Wunsch bekundete, einen fröhlicheren Fußball zu spielen: »Ich hätte gerne mehr Spielanteile und eine größere Kontrolle über die Partien«, sagte er. »In fünf Jahren in Portugal hatte mein Team nicht ein einziges Mal weniger Ballbesitz als der Gegner. Nicht ein einziges Mal, nie. Wir spielten gegen Real Madrid, Deportivo und Manchester United und hatten immer mehr vom Spiel. Wir könnten also mehr Ballbesitz haben. Das dauert Zeit, aber die Richtung stimmt.« Seine Statistik stimmte nicht ganz, wie wir zuvor gesehen haben, aber im Grunde war wenig gegen seine Argumentation einzuwenden: Gegen die drei Gegner, die er nannte, hatte Porto tatsächlich mehr Spielanteile gehabt.

In der Premier League verlegte sich Mourinho auf den Konterfußball und konzentrierte sich auf das Konzept der »Transition«, mit dem die Engländer wenig anzufangen wussten. Zwar waren die Portugiesen nicht die einzigen, die sich mit dem Umschaltspiel beschäftigten, aber es war ebenfalls ein Bestandteil der strukturellen Betrachtungsweise, die sich im portugiesischen Fußball durchgesetzt hatte. In diesem Konzept wurde das Spiel in vier Phasen unterteilt, die in einem kontinuierlichen Zyklus ineinander übergingen: eigener Ballbesitz, Umschalten auf gegnerischen Ballbesitz, Ballbesitz des Gegners, Umschalten auf eigenen Ballbesitz. Da die Formation einer Mannschaft bei eigenem Ballbesitz eine ganz andere ist als bei gegnerischem Ballbesitz, konnte man Nachlässigkeiten des Gegners in den Umschaltphasen ausnutzen, um Lücken in seiner Defensive zu finden. Dies war ein weiterer zentraler Bestandteil von Frades Überlegungen: »Es gibt keinen Offensiv- oder Defensivfußball«, erklärte er. »Wenn du den Ball hast, musst du dir Gedanken darüber machen, was passieren wird, wenn du ihn verlierst. Wenn du den Ball nicht hast, musst du wissen, was zu tun ist, wenn du ihn zurückeroberst.« Mourinhos Chelsea wusste genau, was in beiden Fällen zu tun war.

»Mourinho war besessen vom Umschaltspiel«, erinnert sich Damien Duff, der im 4-3-3 von Chelsea auf beiden Außenpositionen im Mittelfeld zum Einsatz kam. »Ich glaube, ich hörte unter ihm zum ersten Mal von den Transitionen. Wenn du den Ball in der Vorwärtsbewegung verlierst, musst du von Angriff auf Verteidigung umschalten, schnell zurücklaufen, mit Sprints versuchen, den Ball zurückzuerobern, und wenn du ihn eroberst, musst du von der Defensive zur Offensive übergehen und schnell vorrücken. In dem Moment, in dem du den Ball zurückgewinnst, ist der Gegner besonders verwundbar, da er seine Defensivpositionen aufgegeben hat, und wumms, bist du weg. In jenem Jahr überrollten wir unsere Gegner, denn wir hatten das vollkommen verinnerlicht. Ich könnte aus dem Stegreif dreißig oder vierzig Tore nennen, die so entstanden: Ballgewinn und ein Angriff in vier oder fünf Sekunden. [Mourinho] war wahrscheinlich der Erste, [der über das Umschalten sprach]. Ich kann mich nicht erinnern, von einem anderen Coach darüber gehört zu haben.« Auch das Konzept der taktischen Periodisierung brachte der Portugiese nach England. Für den Mittelstürmer Didier Drogba war das eine große Überraschung: Als er zum Trainingsauftakt mit Laufschuhen erschien, wurde der verblüffte Ivorer von Mourinho darüber informiert, dass es keinerlei Lauftraining geben werde.

Ein weiteres Beispiel für Mourinhos wissenschaftlichen, methodischen Zugang war das Studium des Gegners. Er selbst hatte in seinen Anfängen als Scout seinen Chef Robson mit seinen methodischen Spielanalysen und Zusammenfassungen gegnerischer Matchpläne beeindruckt. »Er kam zurück und drückte mir ein erstklassiges Dossier in die Hand«, erinnerte sich Robson. »Etwas Besseres hatte ich nie gesehen. Er war Anfang dreißig, war nie Spieler oder Trainer gewesen, aber er brachte Berichte mit, die so gut waren wie die der besten Analyseprofis, die bei Weltmeisterschaften für mich die Gegner beobachtet hatten. Er beschrieb, wie die Teams, die er in einem Spiel studiert hatte – beide Teams –, auf dem Feld vorgegangen waren, mit sehr guten Analysen von Defensive und Offensive, taktischen Mustern, alles schön mit Diagrammen und unterschiedlichen Farben für beide Mannschaften veranschaulicht, alles wunderbar klar.«

Mourinho erwartete von seinem Stab ähnlich gute Dossiers. Zu Beginn seiner Trainerlaufbahn hatte er bei Benfica Lissabon eine Analyseabteilung vorgefunden, die ihn nicht beeindruckte. Er weigerte sich, die Analysen zu verwenden, und engagierte stattdessen auf eigene Kosten einen früheren Studienkollegen an der Universität. Er wollte alles über die Stärken und Schwächen der gegnerischen Mannschaften wissen. Er wies seine Scouts überdies an, die Gegner im Training auszuspähen und mit der wahrscheinlichen Aufstellung der anderen Mannschaft zurückzukommen.

Als er im Jahr 2002 als Trainer zum FC Porto zurückkehrte, hatte Mourinho einen weiteren aufstrebenden jungen Trainer zur Seite, der für ihn die Gegner analysierte. André Villas-Boas war in seiner Jugend ebenfalls ein Schützling Robsons gewesen. Der englische Trainer hatte in seiner Zeit bei Porto zufällig im selben Appartementkomplex gewohnt wie Villas-Boas. Der damals Sechzehnjährige hatte eines Tages einen Brief unter Robsons Tür durchgeschoben, in dem er seinen Nachbarn dafür kritisierte, dass er den beliebten Torjäger Domingos Paciência auf die Bank verbannt hatte (Paciência ist der Vater des späteren Eintracht-Frankfurt-Stürmers Gonçalo). Robson forderte den Jungen auf, seine Kritik zu begründen, und Villas-Boas lieferte eine umfassende statistische Analyse. Die Szene erinnert daran, wie José Neto in den siebziger Jahren José Maria Pedroto verblüfft hatte. Robson war beeindruckt. Er sorgte dafür, dass

Villas-Boas trotz seiner Jugend an einem Trainerlehrgang des englischen Verbands teilnehmen durfte, und stellte ihn anschließend beim FC Porto ein. Dort arbeitete Villas-Boas eng mit Mourinho zusammen, der ihn später nach seiner Rückkehr auf die Trainerbank des Klubs mit der Analyse der gegnerischen Mannschaften betraute.

»José kannte mich gut aus seiner Zeit als Bobbys Assistent und gab mir den Auftrag, eine Abteilung für die Beobachtung der gegnerischen Teams aufzubauen«, erklärte Villas-Boas später. »Ich brauche vier Tage, um ein Dossier zusammenzustellen, das entsprechend umfassend ist. Alle Spieler und der Trainer bekommen den Bericht. Wir wollen, dass die Spieler, wenn sie auf den Platz laufen, vollkommen vorbereitet sind, damit es im Spiel nur wenige Überraschungen gibt. Dank meiner Arbeit weiß José genau, wann ein gegnerischer Spieler am stärksten oder am schwächsten ist. Ich besuche oft inkognito die Trainingsgelände und mache mir ein Bild vom mentalen und körperlichen Zustand der gegnerischen Spieler, bevor ich meine Schlüsse ziehe und José ein vollständiges Dossier vorlege.«

Bei der Planung seiner Strategie für eine Begegnung beschäftigte sich Mourinho ebenso eingehend mit dem Gegner wie mit seiner eigenen Mannschaft. Als er gefragt wurde, mit welcher Herausforderung seine Mannschaft in einem Spiel gegen das »galaktische« Real Madrid konfrontiert gewesen sei, gab er eine scherzhafte, aber aufschlussreiche Antwort: »Als mein technisches Team und ich das Spiel vorbereiteten, passierte etwas Sonderbares«, sagte er. »Als wir die Stifte zur Hand nahmen, um den Plan festzuhalten, wurde uns klar, dass wir dreizehn Spieler brauchen würden, um Real zu schlagen. [...] Ich brauchte einen Bewacher für Fernando Morientos und einen freien Mittelfeldmann direkt dahinter, einen weiteren Manndecker für Luís Figo und einen Spieler in dem Raum, den er mit seinen Diagonalpässen öffnet. Ich brauchte einen Spieler, um Zinédine Zidane zu bewachen, aber da er oft außerhalb seiner Zone spielt, brauchte ich rechts im Mittelfeld einen zurückhängenden Mann, um auch diesen Raum zu besetzen. Und da ich immer mit drei Stürmern spiele, musste ich an ihnen festhalten. Zusammengerechnet kamen wir einschließlich der anderen Spieler, die ich normalerweise aufstelle, auf dreizehn Spieler, die notwendig waren, um Real Madrid zu besiegen. Da der Schiedsrichter uns das nicht erlaubte, spielten wir nur mit elf Spielern und verloren 0:1.« Es dürfte nicht viele andere erfolgreiche Trainer geben, die das Spiel so betrachteten und ihre eigene Aufstellung de facto von der des Gegners ableiteten.

Mourinho hielt das Studium des Gegners für unverzichtbar und machte eine Gruppenaktivität daraus. In Saisonvorbereitungsspielen wechselte er manchmal in der Pause die gesamte Mannschaft aus, damit das Team der ersten Hälfte dem der zweiten Hälfte Informationen über den Gegner geben konnte. Vor dem Finale gegen Monaco stellte die Abteilung von Villas-Boas für jeden Spieler eine personalisierte DVD zusammen, die sämtliche Informationen über den jeweiligen Gegenspieler enthielt. Die Spieler sahen sich die DVDs zu Hause an und tauschten die Informationen in einer Mannschaftssitzung unter Leitung Mourinhos aus. Er hatte nicht einfach einen Analysten für die Gegner, sondern tatsächlich eine Analystenmannschaft.

Und so wie Mourinho die Eigenschaften der Gegenseite studierte, versuchte er bisweilen, seine eigene Taktik vor dem Gegner zu verbergen. Vor dem Champions-League-Finale 2004 traf Porto im portugiesischen Pokalfinale auf Benfica. Es gab eigentlich keinen Grund für Rotationen, da sich die Mannschaft zwischen den beiden Spielen zehn Tage lang erholen konnte, aber Mourinho nahm einige Veränderungen an der Aufstellung vor, deren einziger Zweck es war, die Späher des AS Monaco hinters Licht zu führen. »Ich wusste, dass sich der Trainer von Monaco das Spiel ansehen würde. Also stellte ich nicht die Mannschaft auf, die ich zu jener Zeit für die beste hielt«, erklärte Mourinho im Nachhinein. »Statt Carlos Alberto spielte Benni McCarthy, und dieser Wechsel änderte die gesamte Strategie. Ich wollte unsere Spielanlage im Champions-League-Finale vor Didier Deschamps verbergen und ihn überraschen.« Porto verlor das Pokalfinale nach Verlängerung mit 1:2, aber zumindest hatte Mourinho seinen Matchplan für das wichtigere Endspiel nicht preisgegeben.

Villas-Boas folgte Mourinho auch nach England und dann zu Inter Mailand, bevor er schließlich eine eigene Trainerkarriere begann. In der Saison 2010/11 führte er den FC Porto ohne Niederlage zum Meistertitel und trat mit dem Titelgewinn im Uefa-Cup (der mittlerweile in Europa League umbenannt worden war) in Mourinhos Fußstapfen. Im Endspiel setzte sich Porto übrigens gegen Sporting Braga durch, einen weiteren portugiesischen Klub, dessen Trainer Domingos Paciência war – jener Mann, dessen Nichtberücksichtigung seinerzeit den jungen Villas-Boas dazu bewegt hatte, seinem Nachbarn Bobby Robson den wütenden Brief zu schreiben. Unter Villas Boas spielte Porto in einem 4-3-3 mit einer hoch stehenden Abwehrreihe. Die Bewegungen der Mannschaft waren auffallend planmäßig und systematisch. Villas-Boas ging auch weiterhin in den Fußstapfen Mourinhos, und sein nächster Karriereschritt führte ihn ebenfalls nach London, wo er allerdings weniger Erfolg mit Chelsea hatte: Er verstand sich nicht allzu gut auf die Menschenführung und wurde wegen seiner Fixierung auf die methodischen Aspekte des Spiels oft abschätzig als »Laptop-Trainer« bezeichnet.

In Portugal wird ein wissenschaftlicher Zugang zum Fußball jedoch geschätzt. Mourinho hat im Lauf seiner Trainerlaufbahn in regelmäßigen Abständen ein Dokument aktualisiert, das Aufschluss über seine Trainerphilosophie gibt und »die Ziele und Methodik für meine Arbeit und Anleitungen dazu enthält, wie diese Ziele zu erreichen sind. […] [Es handelt sich um] nichts anderes als die systematische Darlegung meiner Vorstellungen. Sollte ich dem Dokument einen Titel geben, so wäre es ›Die Entwicklung meiner Trainingskonzepte‹.« Mourinho will es nie veröffentlichen, aber dieses Dokument ist im Grunde das Lehrbuch für den portugiesischen Fußballtrainer. Die Angehörigen der nächsten Generation von Fußballlehrern aus diesem Land, darunter Villas-Boas und Paulo Fonseca, vergleichen ihre Methode eher mit der Pep Guardiolas als mit der Mourinhos. Allerdings hatte das System, das Mourinho selbst beim FC Porto spielen ließ, größere Ähnlichkeit mit dem von Guardiolas Mannschaften als mit den späteren Teams des Portugiesen, die deutlich defensiver auftraten.

Der FC Porto schlitterte nach Mourinhos Abgang in eine tiefe Krise. Sein Nachfolger Gigi Delneri war nach imponierenden Erfolgen mit einem angriffslustigen Chievo Verona in der Serie A in die Stadt am Douro geholt worden. Aber noch bevor er bei einem einzigen Wettbewerbsspiel auf der Bank gesessen hatte, musste Delneri wieder seinen Hut nehmen. Mourinho, der weiter Kontakt zu seinen früheren Spielern hielt, erklärte die fulminante Entlassung seines Nachfolgers damit, dass dieser sich geweigert habe, die taktische Periodisierung anzuwenden.

»So wie es mir schwerfiel, Chelsea von einem italienischen Trainer [Claudio Ranieri] zu übernehmen, war es für einen italienischen Trainer nicht leicht, meine Nachfolge beim FC Porto anzutreten«, kommentierte Mourinho im Gespräch mit *World Soccer*. »Wir haben vollkommen verschiedene Vorstellungen vom Training. Beispielsweise waren sie bei Chelsea daran gewöhnt, die aerobe Kondition zu trainieren, indem sie die Spieler zwölf Hundertmetersprints machen ließen. Ich entwickle die aerobe Kondition im Spiel Drei-gegen-drei auf einem Feld von zwanzig mal zwanzig Metern. Das ist eine vollkommen andere Methode. Ich nehme an, Delneri ging es genauso. Bei Porto haben die Spieler zweieinhalb Jahre mit mir zusammengearbeitet. Sie glauben an mich, an meine Trainingsmethoden. Dann gehe ich weg, und es kommt ein Trainer, der ganz anders arbeitet. Es ist klar, dass das schwierig ist.« Die Spieler des FC Porto beharrten auf Trainingsmethoden, die zu jener Zeit außerhalb von Portugal noch eher unüblich waren.

11
Der erste Anlaufhafen

Bei seiner Ankunft in Porto im Jahr 2002 hatte José Mourinho die Absicht bekundet, das Spiel des Vereins zu »portugiesieren«, und als er zu seinem letzten Match mit dem Klub antrat, war ihm das weitgehend gelungen – zumindest bis zu einer bestimmten Position auf dem Spielfeld. Beim Champions League-Erfolg im Jahr 2004 stand der portugiesische Nationaltorhüter Vítor Baía zwischen den Pfosten, und die vier Spieler in der Abwehrkette – Paulo Ferreira, Jorge Costa, Ricardo Carvalho und Nuno Valente – waren ebenfalls allesamt Portugiesen. Im Mittelfeld spielte das portugiesische Trio Costinha, Pedro Mendes und Maniche.

Im Angriffsdrittel sah die Situation jedoch anders aus, denn die Stürmer Carlos Alberto und Derlei waren beide Brasilianer. Und die Aufgabe, die Verbindung zwischen den acht Portugiesen und dem brasilianischen Sturmpaar herzustellen, kam in Mourinhos 4-3-1-2 dem einzigen offensiven Mittelfeldmann Deco zu. Es passt zum Charakter dieser Mannschaft, dass Deco ein eingebürgerter Brasilianer war, der mittlerweile für das portugiesische Nationalteam antrat.

Mitte der neunziger Jahre stützten sich die Niederlande auf Spieler wie Edgar Davids und Clarence Seedorf, die beide aus der ehemaligen niederländischen Kolonie Surinam stammten. Um die Jahrtausendwende zählten Thierry Henry und Nicolas Anelka, deren Eltern aus den französischen Überseegebieten in der Karibik eingewandert waren, zu den Stützen des französischen Nationalteams. Im spanischen Fußball waren die argentinischen Einflüsse unübersehbar. Aber in Portugal wurde der fußballerische Stil besonders nachhaltig von Spielern und Trainern geprägt, die aus ehemaligen Kolonien oder Überseegebieten stammten.

Die beiden erfolgreichsten Torjäger in der Geschichte der portugiesischen Nationalmannschaft stammen aus den beiden autonomen Regionen des Landes, die weit vor der Küste Portugals im Atlantik liegen: Cristiano Ronaldo wurde auf Madeira geboren, während Pauleta, der nie in der höchsten portugiesischen Liga spielte, von den Azoren stammte. Carlos Queiroz, der Anfang der neunziger Jahre für die Entwicklung der Goldenen Generation um Spieler wie Vítor Baía, Fernando Couto, Rui Costa, Paulo Sousa, João Pinto und Luís Figo verantwortlich war, stammte aus der ehemaligen portugiesischen Kolonie Mosambik; dasselbe gilt für den legendären Eusebio, den Helden der Benfica-Mannschaft, die in den sechziger Jahren den europäischen Fußball beherrschte. Rui Jordão, Portugals erfolgreichster Torjäger bei der EM 1984, kam aus Angola. Eine Reihe bekannter (ehemaliger und aktueller) Nationalspieler hat ihre Wurzeln auf den Kapverden, darunter Nani, Jorge Andrade und Silvestre Varela.

Aber die wichtigsten Einflüsse kamen zwangsläufig aus Brasilien, der erfolgreichsten Fußballnation überhaupt. Bis zur Unabhängigkeit der portugiesischen Kolonie Brasilien im Jahr 1822 waren die beiden Länder derart eng verbunden, dass die Hauptstadt des portugiesischen Kolonialreichs für kurze Zeit nicht Lissabon, sondern Rio de Janeiro war. Die kulturellen Bande zwischen den beiden Ländern sind noch heute stark, und zu den Bedingungen für die Erlangung der portugiesischen Staatsbürgerschaft gehört die Beherrschung der Landessprache, was den Brasilianern einen offenkundigen Vorteil gibt.

Der Aufstieg Portugals zu einer ernstzunehmenden Fußballnation in den fünfziger und sechziger Jahren hatte viel mit einem brasilianischen Trainer zu tun. Otto Glória kam als

Sohn portugiesischer Eltern in Brasilien zur Welt und trainierte für kurze Zeit Botafogo FR und Vasco da Gama. Nach seinem Wechsel zu Benfica im Jahr 1953 gewann er mit diesem Klub dreimal den portugiesischen Meistertitel, und nach Stationen beim FC Porto und Sporting Lissabon wurde er vor der WM 1966 zum Nationaltrainer berufen. Es war die erste Endrundenteilnahme Portugals. Unter Glórias Leitung machten die Portugiesen deutliche Fortschritte in den Bereichen Ernährung, Physiologie und Taktik, und er betonte die Bedeutung von Disziplin und Organisation, wobei er jedoch die Stürmer ermutigte, ihrer Kreativität freien Lauf zu lassen. »Er revolutionierte den portugiesischen Fußball«, erinnerte sich Eusebio.

Es sollten vier Jahrzehnte vergehen, bevor der portugiesische Verband einem weiteren ausländischen Trainer das Vertrauen schenkte, und auch dieser war Brasilianer: Luiz Felipe Scolari, der 2002 mit der Seleçao den WM-Titel gewonnen hatte, wurde ein Jahr später für die Heim-EM 2004 nach Portugal geholt. Scolari hatte bis dahin noch keine Erfahrungen im europäischen Fußball gesammelt. Seine Ernennung war umstritten, und zwar nicht nur, weil er Ausländer war, sondern auch, weil er ein sehr viel höheres Gehalt bezog als seine Vorgänger. Doch mit Blick auf das größte Fußballturnier der Geschichte auf portugiesischem Boden griff der Verband tief in die Tasche, um einen Coach engagieren zu können, der internationale Erfolge vorzuweisen hatte. Scolari war die naheliegende Wahl.

Aber Scolaris taktische Philosophie hatte wenig mit dem Stereotyp des brasilianischen Fußballs zu tun. Als Trainer der Canarinha hatte er verkündet, die Tage des *jogo bonito* – des schönen Spiels – seien vorüber: Er hatte eine Vorliebe für taktische Disziplin, ermutigte seine Spieler zu taktischen Fouls und bot am liebsten ein robustes Mittelfeld mit defensiv denkenden Spielern auf. »In Sao Paulo oder Rio de Janeiro sind die Leute an einen technischen, fintenreichen Fußball gewöhnt«, erklärte er, »aber in Rio Grande do Sul, wo ich herkomme, steht das körperbetonte Spiel im Vordergrund. Meine Mannschaften spielen vielleicht nicht schön, aber sie sind gut organisiert und produktiv.« Den WM-Titel hatte er allerdings dank eines fabelhaften Dreimannsturms mit Ronaldo, Rivaldo und Ronaldinho gewonnen. Ähnlich wie seinerzeit sein Landsmann Glória verband Scolari strikte taktische Anweisungen mit einer Vorliebe für individuelles Flair. Daher wurde er zwangsläufig auf Deco aufmerksam.

Im vorangegangenen Jahrzehnt war die Position des Zehners in der portugiesischen Nationalelf fest in der Hand Rui Costas gewesen. Auf dem Höhepunkt seines Könnens konnte sich Costa mit jedem europäischen Spielmacher messen. Er setzte das Dribbling zum Raumgewinn ein und spielte feine Schnittstellenpässe in den Strafraum. Im Nationalteam war er auch als Torschütze erfolgreich, obwohl er beim AC Mailand unter einer langen Flaute litt. Im Verein machte ihm der herausragende Kaká seinen Status als erste Wahl auf der Position des offensiven Mittelfeldspielers streitig, denn der Brasilianer war im Dribbling und im Passspiel ähnlich gut wie der Portugiese, hatte obendrein jedoch auch Torjägerqualitäten vorzuweisen. Rui Costa nahm seine Rückversetzung ins zweite Glied gleichmütig hin und unterstützte Kaká in seiner Entwicklung, aber wenn er mit einem nicht gerechnet hätte, dann damit, dass er auch seinen Platz im Nationalteam verlieren würde – und zwar an einen weiteren Brasilianer.

Deco hatte mit imponierenden Leistungen beim FC Porto auf sich aufmerksam gemacht. Er konnte als Zehner im 4-3-1-2 spielen oder sich im 4-3-3 ins linke Mittelfeld zurückziehen. Er fiel vor allem durch seine Ruhe am Ball auf, durch seine Fähigkeit, den Ball unter Bedrängnis mit erhobenem Kopf anzunehmen und seine Bewegungen für einen Augenblick zu verzögern, um dann mit Überblick einen präzisen Pass zu spielen. Er wurde aber auch für seine Einsatzbereitschaft, für aggressives Stören und dafür gelobt, dass er Gegenspieler bis tief in die eigene Hälfte verfolgte. »Deco ist ein wirklicher Weltklassespieler«, urteilte Mourinho. »Er ist nicht nur individuell brillant, sondern er leistet enorm viel für das Team. Er ist ein vorzüglicher Passgeber, er ist eine Kämpfernatur, und er beteiligt sich selbstverständlich an der Balleroberung und verfolgt seine Gegenspieler zum Wohl des Teams.« In der Meisterschaftssaison 2002/03 sah der kampflustige Deco in dreißig Spielen fünfzehn gelbe Karten.

Als Andy Roxburgh, der Technische Direktor der Uefa, im Jahr 2008 über die Möglichkeit sprach, dass einige Mannschaften auf echte Stürmer verzichten könnten, nannte er Deco als leuchtendes Beispiel für jenen Typus von Mittelfeld-Allrounder, der in der kommenden taktischen Ära gebraucht würde: »Die sechs Spieler im Mittelfeld könnten alle rotieren und abwechselnd angreifen und verteidigen«, erklärte Roxburgh. »Aber dazu braucht man sechs Decos im Mittelfeld: Er greift nicht nur an, sondern er läuft, bekämpft ballführende Gegenspieler und beteiligt sich auf dem gesamten Feld an der Absicherung.« Diese Eigenschaften gaben Deco einen Vorteil vor Rui Costa, der eher ein Zehner der alten Schule war und wenig Neigung zur Arbeit nach hinten verspürte. Außerdem hatte Deco den Vorteil, regelmäßig an der Seite von Costinha und Maniche zu spielen, die bei der EM 2004 das defensive Mittelfeldpaar der Portugiesen bildeten.

So konnte Scolari versuchen, das Rückgrat der Porto-Mannschaft ins Nationalteam zu verpflanzen, und kurz nach seiner Ernennung zum Coach von Portugal traf er sich zu einem langen Gespräch mit Mourinho. »Das Gespräch mit ihm war ein Vergnügen – er war sehr freundlich und offen«, sagte Mourinho später. »Wir sprachen im Wesentlichen über meine Spieler – Scolari wollte alles über sie wissen, und ich war gerne bereit, seine Fragen zu beantworten und seine Zweifel auszuräumen. Wir analysierten jeden einzelnen Spieler, von der Körpergröße bis zu den fußballerischen Merkmalen. Wir sprachen auch über den Fall Deco, und [Scolari] sagte mir, dass er sehr dafür sei, ihn ins portugiesische Team zu holen.«

Aber Deco war kein Portugiese und hatte keinerlei familiäre Verbindungen zu dem Land, weshalb er eigentlich erst nach einem Aufenthalt von sechs Jahren für eine Einbürgerung infrage kam. Obwohl er erst relativ spät zu einem Fußballer der Extraklasse gereift war, war es eigenartig, dass man ihn nie in die brasilianische Nationalmannschaft berufen hatte. Im Jahr 2000 hatte er eine Einladung zur brasilianischen Mannschaft für das Olympiaturnier erhalten, musste seine Teilnahme jedoch aufgrund einer Verletzung absagen. Später bestätigte Deco, dass er mit dem portugiesischen Verband bereits »zwei oder drei Jahre lang« Gespräche über eine Einbürgerung geführt hatte, bevor er 2003 die Staatsbürgerschaft erhielt, das heißt unmittelbar nach dem sechsten Jahrestag seiner Ankunft in Portugal.

Seine Berufung ins Nationalteam war umstritten. Die beiden führenden Köpfe der Goldenen Generation waren nicht einverstanden: »Es hat einen Grund, dass es als ›portugiesisches Nationalteam‹ bezeichnet wird«, sagte Rui Costa, und Mannschaftskapitän Luís Figo pflichtete ihm bei: »So etwas zerstört den Teamgeist, und ich bin nicht damit einverstanden. Wenn du als Chinese zur Welt kommst, musst du halt für China spielen. Ich habe nichts gegen die, die [sich einbürgern lassen], aber es ist oberflächlich.«

Sogar Mourinho, der Mann, der Deco zu einem Weltklassespieler gemacht hatte, sprach sich gegen seine Berufung in die Nationalelf aus: »Wenn ich eines Tages Nationaltrainer werde, werde ich nur Spieler nehmen, die in meinem Land geboren sind, so viel steht fest«, sagte er. »Oder wenn sie nicht in meinem Land geboren sind, müssen sie zumindest Eltern mit einer starken Bindung an das Land haben. Ich werde nie einen Spieler aufbieten, nur weil er einen Pass meines Landes hat, nur weil er meine Mannschaft verstärken könnte.« Jahre später wiederholte er diese Aussage: »Sollte ich eines Tages Portugal trainieren, werde ich mit Portugiesen spielen. Es ist das portugiesische Nationalteam, nicht ›Portugal and Friends‹. Portugal gehört den Portugiesen.«

Aber Scolari ließ sich nicht von seinem Vorhaben abbringen. »Ich bin derjenige, der über die Zusammenstellung des Nationalteams entscheidet, nicht die Spieler«, erwiderte er. »Ich gebe keinem Druck nach. Wer nicht einverstanden ist, kann ja aus der Mannschaft ausscheiden.« Natürlich heizte Scolaris eigene Nationalität die Kontroverse zusätzlich an: Hier wurde nicht einfach ein Brasilianer ins portugiesische Team berufen, sondern ein Brasilianer holte einen anderen Brasilianer in die portugiesische Nationalmannschaft.

Deco seinerseits sprach nur in den höchsten Tönen von seiner Wahlheimat: »Portugal ist seit sieben Jahren meine Heimat«, sagte er vor Beginn des EM-Turniers. »Hier habe ich mich als Spieler durchgesetzt. Ich verdanke dem portugiesischen Fußball alles und empfinde es als Ehre, für Portugal spielen zu dürfen. [...] Ich liebe Brasilien, aber wenn ich dorthin zurückkehre, fühle ich mich wie auf einer Urlaubsreise. Meine Heimat ist Portugal.«

Seinen ersten Auftritt im portugiesischen Team hatte Deco im März 2003 im Estádio do Dragão in Porto, und zwar ausgerechnet gegen Brasilien. Er kam nach einer Stunde ins Spiel und ersetzte Sergio Conceição im rechten Mittelfeld. Zehn Minuten vor Spielende erhielten die Portugiesen einen Freistoß 22 Meter vor dem Tor zugesprochen. Deco trat an und traf durch die Mauer zum Siegtor. Er wusste nicht recht, wie er reagieren sollte, und hob unbeholfen die Arme. Ein brasilianischer Spieler hatte einem brasilianischen Trainer gegen Brasilien seinen ersten Sieg mit der portugiesischen Nationalmannschaft gesichert. Wie es der Zufall wollte, hatte Portugal seit der WM 1966 nicht mehr gegen Brasilien gewonnen. Trainer der damaligen portugiesischen Mannschaft war der Brasilianer Glória gewesen.

Trotz der unvermeidlichen Klagen darüber, dass Scolari nicht dieselbe Leidenschaft für die Farben Portugals empfinden könne wie ein portugiesischer Trainer, stärkte er mit seiner südamerikanischen Einstellung das Nationalgefühl in seiner Wahlheimat. Nach seiner Ankunft hatte er erklärt, in seinen Augen sei die portugiesische Mannschaft »niedergeschlagen«, nachdem sie bei der WM-Endrunde 2002 in der Gruppenphase gescheitert war. Er engagierte eine brasilianische Psychologieprofessorin namens Regina Brandão, um die Stimmung im Team zu heben. »Ich habe eine andere Einstellung als die Spieler«, sagte er. »Ich bin Südamerikaner und möchte, dass meine Spieler fröhlich sind und Scherze machen. Die portugiesischen Spieler sind nicht daran gewöhnt. Sie sind an wütende Gesichter gewöhnt. In Portugal wird jedes Spiel sehr ernst genommen. Ihr braucht ein wenig Gelassenheit.« Er sprach oft über die Bedeutung der Harmonie der »Gruppe«, ein Schlagwort, das in Mode kam und später von einem weiteren Schnurrbartträger auf der Bank kopiert wurde, dem Spanier Vicente del Bosque, der Spanien zum WM-Titel führte.

Scolari änderte auch die Mentalität der portugiesischen Fans. Vor der EM-Endrunde erklärte er, er wolle »in jedem Fenster eine portugiesische Fahne« sehen. Die Reaktionen fielen eher gedämpft aus, denn diese Art von unverhohlenem, fahnenschwenkendem Patriotismus passte einfach nicht zur portugiesischen Kultur, in der schickliche Zurückhaltung geschätzt wird. Aber nach anfänglicher Skepsis reagierte die Öffentlichkeit positiv. »Er schweißte die Portugiesen zusammen und ermutigte uns, stolz auf unsere Flagge zu sein«, erinnert sich Torhüter Ricardo. Er wird in Tom Kunderts Buch *The Thirteenth*

Chapter zitiert: »Wir hatten bis dahin keine Kultur der Flagge – das ist typisch südamerikanisch, so wie man es in Argentinien und Brasilien findet.« Der Verteidiger Fernando Meira äußerte sich ähnlich: »Scolari trug wesentlich zur Entwicklung des portugiesischen Nationalteams und des portugiesischen Fußballs bei. Er revolutionierte und einte unseren Fußball wie niemand vor ihm. Es war verblüffend, wie es ihm gelang, unsere *Seleção* zusammenzuschweißen und das ganze Land und die portugiesischen Gemeinden in aller Welt auf eine vollkommen neue Art für das Nationalteam zu begeistern. Ich erinnere mich an die Euro 2004 und die Flaggen in den Fenstern überall im Land. Er hatte die Leute dazu aufgefordert, und das bewirkte etwas in Portugal.«

Vor dem Turnier musste Scolari einen Balanceakt bewältigen. Portugal hatte ein Jahrzehnt darauf gehofft, dass sich die Goldene Generation – dies war die Originalversion, bevor die Bezeichnung auch in anderen Ländern übernommen wurde – irgendwann durchsetzen und den ersten wichtigen Titel holen würde. Aber als das EM-Turnier näher rückte, drängte sich plötzlich eine neue Generation in den Vordergrund, jene Generation, die den FC Porto zum Champions-League-Sieg geführt und erst vor Kurzem an die Tür der Nationalelf geklopft hatte. Und dann war da Cristiano Ronaldo. Scolari sah sich gezwungen, eine Mannschaft zusammenzustellen, in der ein Gleichgewicht zwischen den beiden Generationen bestand, wobei die heftigste Debatte um Rui Costa und Deco kreiste, obwohl beide erklärten, durchaus gemeinsam spielen zu können.

Figo wollte weiterhin nichts von Deco wissen, aber Rui Costa gab sich versöhnlicher: »Anfangs waren wir nicht einverstanden mit Decos Berufung in das Team, und hier schließe ich mich selbst ein«, gestand er. »Nicht unbedingt, weil er Deco ist – es ist einfach eine Frage des Prinzips. Aber ich gebe zu, dass er unsere Qualität erhöht hat, und ich glaube, dass er noch viele Jahre ein fester Bestandteil des Nationalteams sein wird.« Im Eröffnungsspiel des EM-Turniers stand Rui Costa auf dem Platz, und Deco sah von der Bank aus eine schockierende Niederlage seiner Mannschaft gegen Griechenland; das Anschlusstor der Portugiesen durch einen Kopfball des eingewechselten Ronaldo fiel erst in der Nachspielzeit. Nach dem Spiel gestanden die portugiesischen Spieler, dass sie dem Druck nicht gewachsen gewesen seien, aber es waren auch taktische Probleme zutage getreten. Vor allem war der portugiesische Ballbesitzfußball viel zu behäbig gewesen, um die griechische Abwehr auszuspielen, und Rui Costa hatte das Spiel oft zusätzlich verlangsamt.

So ging es im zweiten Vorrundenspiel gegen Russland also bereits um »Leben oder Tod«, wie es Scolari ausdrückte. In der Aufstellung fanden sich drei zusätzliche Spieler des FC Porto: die Verteidiger Nuno Valente und Ricardo Carvalho – und Deco als Zehner, womit Rui Costa auf der Bank Platz nehmen musste. Wie sich herausstellte, war es eine gute Entscheidung: Deco war der herausragende Akteur auf dem Platz und gab die Vorlage zum portugiesischen Führungstor: Er erhielt ein Zuspiel von Maniche im rechten Halbfeld, ließ den Ball an seinem Gegenspieler Andrei Karjaka vorbeilaufen, strebte der Strafraumgrenze zu, täuschte eine Flanke an und spielte dann einen scharfen Flachpass auf den zum Elfmeterpunkt vorgerückten Maniche, der mit einem platzierten Schuss vollendete.

In der zweiten Hälfte ersetzte Scolari den Flügelspieler Simão durch Rui Costa, um Deco zu unterstützen. Costa spielte einige wunderbare Pässe und entschied zwei Minuten vor dem Ende die Partie. (Mittlerweile trug er die Kapitänsbinde, nachdem Figo durch Ronaldo ersetzt worden war.) Rui Costa erhielt den Ball in der eigenen Hälfte und stieß gut vierzig Meter vor, bevor er Cristiano Ronaldo auf der linken Seite steil schickte, in den Strafraum eindrang und Ronaldos mit dem Außenrist geschlagene halbhohe Flanke aus nächster Nähe zum 2:0-Endstand verwandelte. Das Estádio da Luz explodierte, und der alte Spielmacher Rui Costa fiel dem neuen Spielgestalter Deco in die Arme. Scolari hatte es geschafft, die Gruppe zusammenzuschweißen und die Generationen auszusöhnen. »Wir spielten anders als sonst, mit schnellen Passstafetten und Bällen auf die Flügel«, erklärte der sichtlich erleichterte Trainer nachher. Deco hatte das Angriffsspiel Portugals beschleunigt.

Im letzten Gruppenspiel errang Portugal einen seiner größten Siege überhaupt: Zum ersten Mal überhaupt konnte es sich in einem Wettkampfspiel gegen den Erzrivalen Spanien durchsetzen. Scolari nahm für dieses Match zwei Wechsel vor, die sich als entscheidend erweisen sollten: Erstens ersetzte er Pauleta in der Sturmspitze positionsgetreu durch Nuno Gomes. Zweitens ließ Scolari Deco und Figo die Positionen tauschen, so dass Deco ungewohnterweise im äußeren Mittelfeld zum Einsatz kam, während Figo die Rolle im Zentrum übernahm. Diese Umstellungen schufen die Voraussetzungen für das einzige Tor des Spiels: Figo bekam zwischen den spanischen Linien den Ball und spielte Nuno Gomes an, der das Spiel verzögerte, damit Figo in den Strafraum vorstoßen konnte. Als die spanischen Verteidiger einen Pass auf Figo erwarteten, drehte sich Gomes und versenkte den Ball im langen Eck. Portugal hatte Spanien aus dem Turnier geworfen.

Im Viertelfinale gegen England bewies Scolari erneut, dass er in der Lage war, dem Spiel von der Bank aus eine andere Richtung zu geben. Portugal geriet durch ein frühes Tor von Michael Owen in Rückstand. Dann nahm Scolari drei offensive Wechsel vor: Zunächst ersetzte er den defensiven Mittelfeldmann Costinha durch den Flügelspieler Simão, so dass Figo erneut nach innen rücken konnte. Als Nächstes nahm er Figo vom Platz und ersetzte ihn – zum unübersehbaren Ärger des Kapitäns – durch Hélder Postiga, einen zweiten Stürmer. Schließlich wich der rechte Außenverteidiger Miguel für Rui Costa. Damit hatte

Scolari »sein ganzes Fleisch auf den Grillrost geworfen«, wie man in Portugal sagt.

Die Wechsel funktionierten wunderbar. In der 83. Spielminute schlug Simão von links eine Flanke in den Strafraum, die der zweite Einwechselspieler Postiga per Kopf zum Ausgleich verwandelte. Nun musste Portugal die Verlängerung mit einer absurd angriffslustigen Elf mit sechs Offensivspielern überstehen: Deco, Rui Costa, Simão, Ronaldo, Postiga und Nuno Gomes. Scolari löste das Problem, indem er in einem 4-2-4 spielen ließ, in dem Rui Costa und Maniche die Positionen im Mittelfeld übernahmen und Deco rechts in die Verteidigung rückte. Der Spielgestalter, der die Angriffsbemühungen des Champions-League-Siegers FC Porto dirigierte und bei der Wahl zum Ballon d'Or in jenem Jahr den zweiten Platz belegen sollte, war aufgrund seiner Hartnäckigkeit und Einsatzbereitschaft in der Lage, in der Abwehr zu spielen. Das war ein Beleg für seine Allrounder-Fähigkeiten. Rui Costa hielt ihm vor Beginn der Verlängerung eine Motivationsansprache.

Rui Costa konnte nun weit vorstoßen und nutzte die Gelegenheit. Zu Beginn der zweiten Hälfte der Verlängerung bekam er rechts vom Mittelkreis den Ball und marschierte quer durch das Zentrum nach vorn. Kurz vor der Strafraumgrenze versuchte Phil Neville, ihn mit einer Grätsche zu stoppen, kam dabei jedoch selbst zu Fall. Rui Costa legte sich links vor dem Strafraum den Ball auf den rechten Fuß und traf mit einem scharfen Schuss unter die Querlatte. Ein größerer Jubel war bei diesem Turnier nicht zu hören.

Leider war es nicht das Siegtor. Kurze Zeit später glich Frank Lampard aus, und das Spiel musste durch ein Elfmeterschießen entschieden werden. In einem dramatischen Duell schossen zuerst David Beckham und dann auch Rui Costa den Ball in die oberen Zuschauerränge, und der letzte portugiesische Schütze Postiga glich mit einem gewagten »Panenka«-Strafstoß aus. Das

Elfmeterschießen musste im Sudden-Death-Modus entschieden werden. Ein emotionaler Eusébio brüllte von der Seitenauslinie Anweisungen. In dieser Situation entschloss sich der portugiesische Torwart Ricardo sonderbarerweise, seine Handschuhe auszuziehen.

»Wir hatten Elfmeter trainiert«, erklärt er in Ben Lyttletons *Elfmeter*, »und ich hatte mir ein paar DVDs angesehen, um die englischen Spieler zu studieren. Aber als ich Darius Vassell auf mich zukommen sah, dachte ich: ›Kacke, warte mal. Ich habe auf der DVD jeden Spieler Elfmeter schießen sehen bis auf diesen Kerl. Nichts! Hat er überhaupt schon einmal einen geschossen?‹ Ich schaute auf meine Hände. ›Mist, ich muss irgendwas tun!‹ Also riss ich mir die Handschuhe runter. Vassell schaute mich an, dann den Schiedsrichter, der nur meinte: ›Ist okay so.‹ Ich weiß bis heute nicht, warum ich das getan habe.«

In jedem Fall funktionierte es. Ricardo parierte Vassells Schuss mit bloßen Händen und war derart euphorisch, dass er den nächsten portugiesischen Schützen Nuno Valente wegscheuchte und den entscheidenden Elfmeter selbst verwandelte. »Die Emotionen in diesem Spiel waren überwältigend, und ich möchte den Portugiesen aufrichtig dafür danken, wie sie die Spieler und das Nationalteam unterstützt haben«, jubelte Scolari. »Und ich möchte meinen Spielern danken«, fügte er beinahe als Nachsatz hinzu.

Der Halbfinalsieg über Holland war weniger denkwürdig als die Triumphe über Spanien und England. Cristiano Ronaldos zweites Kopfballtor im Turnier und Maniches verblüffender Weitschuss vom linken Strafraumeck in den langen Winkel entschieden das Spiel zugunsten der Portugiesen. (Der Treffer nach einem schnell ausgeführten Eckball kam so überraschend, dass im Fernsehen noch eine Zeitlupenwiederholung der vorangegangenen Aktion lief, als Maniche traf.) Scolaris Botschaft nach dem Finaleinzug klang vertraut: »Glückwünsche an das portugiesische Volk, das die Mannschaft fantastisch unterstützt hat«, sagte er, bevor er bekannt gab, dass er seinen Vertrag um zwei Jahre verlängert habe. Die öffentliche Zustimmung war einhellig.

Der 4. Juli 2004 hätte der größte Tag in der Geschichte des portugiesischen Fußballs werden sollen: Zum ersten Mal stand Portugal im Finale eines großen Turniers, es war ein Heimspiel, und dem Titelgewinn stand nur noch der Außenseiter Griechenland im Weg. Aber die von Otto Rehhagel trainierten Griechen, die Portugal bereits im Eröffnungsspiel überrascht hatten, beendeten das Turnier mit einem weiteren Sieg über den Gastgeber. Beim einzigen Tor, das Angelos Charisteas in der 57. Minute per Kopf nach einer Ecke erzielte, half Torwart Ricardo allerdings mit einem Stellungsfehler mit. Es fiel den Portugiesen in den ersten sechzig Minuten schwer, sich Torchancen zu erspielen, obwohl der für Costinha eingewechselte Rui Costa in seinem letzten Spiel im Trikot der Nationalmannschaft eine fantastische Vorstellung ablieferte: Er riss das Spiel an sich und bereitete mit zwei Steilpässen für Ronaldo die besten Chancen Portugals vor.

»Wir bitten das portugiesische Volk um Vergebung«, flehte Scolari anschließend. Doch die Spieler waren Helden, und für viele Anhänger war die Niederlage das natürliche Ergebnis. Sie passte zum schicksalsergebenen, traurigen Charakter des Landes, der im Fado zum Ausdruck kommt, jener Musik, die Teil der »drei F« ist, die angeblich Portugal definieren – die anderen beiden sind Fátima, der für mehrere Marienerscheinungen bekannte Ort, und natürlich der *Futebol*. Torhüter Ricardo erhielt im folgenden Jahr übrigens eine weitere Gelegenheit, auf heimischem Boden einen europäischen Titel zu erringen, als Sporting Lissabon das im eigenen Stadion ausgetragene Uefa-Pokalfinale erreichte. Die Portugiesen unterlagen ZSKA Moskau mit 1:3.

Nach Rui Costas Rücktritt war Deco der unangefochtene Dirigent des Mittelfelds, mit dem Portugal zur WM 2006 in Deutschland anreiste. Scolari sah die Chance, das Turnier nach dem Erfolg mit Brasilien im Jahr 2002 zum zweiten Mal in Folge zu gewinnen. Die Ergebnisse Portugals bei der WM-Endrunde hörten sich vertraut an: Nachdem die Mannschaft problemlos die Gruppenphase überstanden hatte, warf sie wie bei der EM zwei Jahre früher die Niederlande mit einem Tor von Maniche aus dem Turnier, obwohl das Spiel vor allem wegen sechzehn gelber und vier roter Karten in Erinnerung blieb, mehr als in jedem anderen Spiel der WM-Geschichte. Im Viertelfinale folgte ... ein Sieg über England im Elfmeterschießen (Ricardo parierte dreimal – auch das WM-Rekord), und im Halbfinale endete die Reise der Portugiesen – das Siegtor für Frankreich erzielte wie bei der EM 2000 Zidane mit einem Strafstoß. Das portugiesische Team wirkte etwas langweilig und brachte das Kunststück fertig, zwischen Maniches Treffer gegen Holland und Nuno Gomes' spätem Ehrentor bei der Niederlage gegen Deutschland im Spiel um Platz drei sechs Stunden lang kein Tor zu erzielen. Zugleich war dies aber erst die zweite portugiesische Mannschaft nach der von Glória trainierten 1966, die bei einer WM-Endrunde die Gruppenphase überstand.

Decos Stern strahlte währenddessen auch nach seinem Wechsel zum FC Barcelona im Jahr 2004 weiter. Zu einer Zeit, als Xavi Hernández und Andrés Iniesta ihr Können erst noch unter Beweis stellen mussten, war Deco oft der Kopf des Barça-Mittelfelds. Beim Champions-League-Triumph über Arsenal im Jahr 2006 fand er Aufnahme in die kleine Gruppe von Spielern, die es schafften, diesen Wettbewerb mit zwei Klubs zu gewinnen. Er wurde seinem Ruf als emsiger Arbeiter gerecht, aber auf der offiziellen Website von Barcelona wird er als »kompletter Fußballer« bezeichnet, der »Einsatzbereitschaft und harte Arbeit mit den großen technischen Fähigkeiten vereinte, die bei Brasilianern so oft zu finden sind. Er konnte den letzten Pass geben, das Spiel gestalten und Tore schießen, aber auch taktische Fouls begehen, wenn es nötig war.« Das ist ein etwas sonderbares, aber aufschlussreiches Kompliment von einem Klub, der dem Passspiel im Mittelfeld absoluten Vorrang gibt. Deco spielte vier Jahre im Camp Nou, bevor er 2008 nach London umzog, wo er die erste Neuverpflichtung des neuen Trainers von Chelsea wurde: Er durfte erneut unter der Anleitung seines alten Verbündeten Scolari spielen.

Deco war das Symbol des modernen südamerikanischen Einflusses auf den europäischen Fußball, denn bei Benfica, Sporting und Porto wurde es üblich, doppelt so viele südamerikanische Spieler wie Portugiesen aufzustellen. Sehr viel später, im Jahr 2017, schrieb Vitória Guimarães Geschichte, als der Klub in einem europäischen Wettbewerb keinen einzigen Europäer aufs Feld brachte: In der Mannschaft, die in der Europa League Unentschieden gegen Red Bull Salzburg spielte, standen vier Brasilianer, zwei Kolumbianer, ein Venezolaner, ein Uruguayer, ein Peruaner, ein Ghanaer und ein Ivorer. Dies war ein extremes Beispiel, aber die portugiesischen Klubs hatten sich buchstäblich als erster Anlaufhafen für Lateinamerikaner angeboten, die sich in Europa durchsetzen wollten. Diese Position verdankten sie nicht nur der Sprache oder der Geografie, sondern dem Wirken eines bestimmten Mannes. Im Jahr 2008 stellte Portugal nicht nur den Superstar unter den europäischen Spielern – Cristiano Ronaldo – und den angesehensten Trainer – José Mourinho –, sondern auch den einflussreichsten Spieleragenten: Jorge Mendes hatte scheinbar bei jedem wichtigen Transfer seine Hände im Spiel und wurde oft als mächtigster Mann im Fußball bezeichnet.

In seiner Jugend hatte Mendes erfolglos versucht, Profifußballer zu werden. Seine Sporen als Geschäftsmann hatte er sich als Inhaber eines Videoverleihs, einer Strandbar und eines

Nachtklubs verdient. Mit der Welt des Profifußballs kam er durch seine Freundschaft zu Nuno Espírito Santo in Kontakt, einem Torwart, der in der portugiesischen U-21 spielte und aus der ehemaligen Kolonie São Tomé und Príncipe vor der Westküste Afrikas stammte. Mendes fädelte Espírito Santos Wechsel von Vitória Guimarães zu Deportivo la Coruña ein und brachte ihn später beim FC Porto unter, wo zu dieser Zeit Mourinho auf der Trainerbank saß. Seinen Durchbruch feierte Mendes jedoch im Jahr 2003, als er Cristiano Ronaldos Transfer von Sporting Lissabon zu Manchester United arrangierte, und ein Jahr später lotste er Mourinho von Porto zu Chelsea. Es dauerte nicht lange, da vertrat seine Agentur Gestifute praktisch jede wichtige Figur im portugiesischen Fußball, darunter die meisten Nationalspieler sowie Auswahltrainer Scolari und seinen Nachfolger Carlos Queiroz. Gestifute nimmt für sich in Anspruch, in den Jahren 2001 bis 2010 78 Prozent der Transfereinnahmen von Sporting Lissabon, 70 Prozent der Einnahmen des FC Porto und 51 Prozent der Zuflüsse von Benfica Lissabon generiert zu haben.

Mendes beteiligte sich am massenhaften Import südamerikanischer Talente nach Portugal, wobei er sich teilweise auf das Modell der Dritteigentümerschaft stützte. In einigen Ländern war diese Praxis illegal, und im Jahr 2015 wurde sie in ganz Europa verboten. Aber bis dahin konnten private Investmentgesellschaften in vielen Ländern, darunter in Portugal, Anteile an den Transferrechten von Spielern halten und profitieren, wenn diese Spieler später für hohe Ablösen den Verein wechselten.

Gestifute sicherte sich nicht nur die Vertretung mehrerer südamerikanischer Nachwuchsspieler und holte sie nach Portugal, sondern kaufte auch ihre Transferrechte. Ein klassisches Beispiel für diese Praxis war der talentierte brasilianische Mittelfeldspieler Anderson. Im Juni 2005 kaufte Mendes dem brasilianischen Klub Grêmio Porto Alegre 70 Prozent der Transferrechte an Anderson ab. Eine Woche später unterschrieb der Spieler einen Vorvertrag mit dem FC Porto. Der portugiesische Klub bezahlte 7 Millionen Euro, übernahm die Anteile von Grêmio und teilweise auch die von Gestifute. Im Januar des folgenden Jahres ging Anderson zum FC Porto, wo er anderthalb Jahre spielte, bevor er für 30 Millionen Euro zu Manchester United wechselte.

Da die Dritteigentümerschaft in England illegal war, musste United Gestifute die restlichen Anteile abkaufen, was laut Mendes etwa 5 Millionen Euro einbrachte. Zu diesem Zeitpunkt hatte Anderson lediglich 19 Ligaspiele in Brasilien und 18 Spiele in Portugal absolviert. Sein rasanter Aufstieg zeigte, wie vorteilhaft es sein konnte, von Mendes vertreten zu werden und bei einem portugiesischen Klub unterzukommen. Ein Wechsel zu Porto, Benfica oder Sporting war gleichbedeutend mit einer schonenden Eingewöhnung in Europa, in einer Liga mit einem ansprechenden Niveau, wo man oft unter einem guten Trainer spielte und normalerweise auch in der Champions League seine Visitenkarte abgeben konnte.

Eine Reihe von Brasilianern machten es Deco nach und erwarben die portugiesische Staatsbürgerschaft. Pepe zum Beispiel war 2001 mit achtzehn nach Portugal gekommen, wo er für Marítimo Funchal und Porto spielte. Der brasilianische Nationaltrainer Dunga versuchte, ihn in die Seleção zu holen, aber der Spieler lehnte das Angebot mit der Begründung ab, er warte auf die Zuerkennung der portugiesischen Staatsbürgerschaft. »In Brasilien kannte mich niemand«, erklärte er, »dies ist meine Art, Portugal meinen Dank zu zeigen.« Unmittelbar nach seiner Einbürgerung im Jahr 2007 verließ er Porto in Richtung Madrid; es schien, als hätte er bewusst genau so lange gewartet, bis er zum EU-Inländer wurde. In der portugiesischen Nationalelf war er anfangs als Abräumer im defensiven Mittelfeld für die Drecksarbeit zuständig. Bei der EM 2008 erzielte er nach einem

Sturmlauf das erste Tor für Portugal, aber später zog er sich auch im Nationalteam auf seine angestammte Position in der Innenverteidigung zurück und kam auf 100 Einsätze. Unter José Mourinho kam er auch bei Real Madrid gelegentlich zu denkwürdigen Mittelfeldeinsätzen.

Im Jahr 2009 wurde die portugiesische Auswahl durch die Einbürgerung des brasilianischen Torjägers Liédson verstärkt, der seit seiner Ankunft bei Sporting Lissabon im Jahr 2003 hundert Ligatore geschossen hatte. »Ich fühle mich seit Langem als Portugiese«, sagte er. »Ich werde nie aufhören, Brasilianer zu sein. Ich liebe mein Land, so wie ich Portugal liebe, es ist nur so, dass die Konkurrenz auf meiner Position in Brasilien größer ist.«

Die Spielergewerkschaft SJPF sprach sich öffentlich gegen Liédsons Einbürgerung aus. Joaquim Evangelista, der Vorsitzende der Organisation, verstieg sich zu der melodramatischen Behauptung, die portugiesischen Fußballer seien »von der Ausrottung bedroht«, und erklärte, die Berufung von Brasilianern wie Liédson könne »zum Verlust der Identität des Nationalteams führen«. In einer Hinsicht hatte er vermutlich recht: Portugal war nicht dafür bekannt, treffsichere Torjäger hervorzubringen.

12
Sturm über die Flügel

Ein Beleg dafür, dass ein Land eine klare fußballerische Identität besitzt, ist die Existenz eines abgenutzten Klischees zur Beschreibung seiner Nationalmannschaft. Vor großen internationalen Turnieren sehen sich die Fernsehexperten oft gezwungen, sich über Nationalteams zu äußern, die sie seit zwei – oder vier – Jahren nicht haben spielen sehen. Zur Not können sie aber immer auf die alten Karikaturen zurückgreifen.

Also kommen die Italiener immer »langsam in Fahrt«, Deutschland ist immer »effizient«, und Holland spielt immer gut, bevor es ausscheidet, weil die Spieler zu streiten beginnen. Für Portugal gibt es ebenfalls ein Stereotyp: Es spielt schönen Fußball, aber ihm fehlt stets ein kaltblütiger Vollstrecker. Und während die anderen Stereotype vor allem von ausländischen Kommentatoren bemüht werden, wird diese Klischeevorstellung von den Portugiesen selbst gepflegt.

Die berühmte Goldene Generation Portugals hatte sowohl 1989 als auch 1991 die U-20-WM gewonnen. Den zweiten Titel hatte der portugiesische Nachwuchs in Lissabon vor 127 000 Fans im Elfmeterschießen gegen Brasilien geholt. Der Trainer war in beiden Fällen Carlos Queiroz, ein typischer Vertreter der methodischen portugiesischen Trainerschule.

Der 1953 in Mosambik geborene Queiroz war nach einer unspektakulären Karriere als Torwart Mitte der Siebziger als junger Mann nach Portugal gekommen, wo er 1982 an der Technischen Universität von Lissabon als erster Student ein Master-Diplom für Fußball erhielt. »Das war fast eine Revolution«, erzählte er später einem Journalisten von *El País*. »Ich kämpfte hart, um einen Abschluss in Fußballtrainingsmethodologie zu erwerben. Ich war der Erste, und damit erschloss ich den Trainern viele intellektuelle Möglichkeiten.«

Queiroz war überzeugt, dass die Figur des Torjägers aus dem Spitzenfußball verschwinden würde – die Mannschaften würden darauf angewiesen sein, dass sich ihr zentraler Stürmer tief fallen ließ, zum Spielaufbau beitrug und die gegnerischen Verteidiger an sich band, um Raum für seine Mitspieler zu schaffen. Bei der U-20-WM 1991 startete João Pinto als Mittelstürmer, bewegte sich jedoch viel in anderen Zonen, um Räume für Vorstöße von Toni, Luís Figo und Rui Costa zu öffnen. Unmittelbar nach diesem Erfolg mit dem Nachwuchs wurde Queiroz zum Nationaltrainer befördert, und seine Vorstellungen prägten das portugiesische Spielmuster.

Nachdem Portugal bei der EM 1996 bis zum Viertelfinale beeindruckt und Ruud Gullit, zu jener Zeit Spielertrainer von Chelsea und Teilzeitfernsehkommentator, zu der Äußerung veranlasst hatte, diese Mannschaft spiele einen »sexy Fußball«, scheiterten die Portugiesen an den Tschechen, die durch Karel Poborskýs berühmten Heber siegten. »Der portugiesische Fußball scheint keine richtigen Mittelstürmer mehr hervorzubringen«, gestand Luís Figo nachher. »Das ist besonders schwierig, wenn Benfica und Sporting am liebsten ausländische Stürmer kaufen. Paulo Alves ist unser einziger herkömmlicher Torjäger – Domingos [Paciência] und João Pinto lassen sich gerne zurückfallen, um am Spielaufbau teilzunehmen und die Abwehrreihe aus der Tiefe kommend anzugreifen. Doch unsere Stärke besteht darin, dass wir mit vielen Spielern angreifen.« Das Magazin *World Soccer* resümierte: »Im modernen Fußball werden begabte, bewegliche Spieler gebraucht, aber Portugal hatte mit Rui Costa, Luís Figo und João Pinto zu viele davon. Sie waren so beweglich, dass es fast nicht mehr gut für sie war.«

Dass sich Portugal nicht für die WM-Endrunde 1998 qualifizieren konnte, änderte nichts daran, dass die heimische Öffentlichkeit vor der folgenden Europameisterschaft hohe Erwartungen hegte. Doch die Stars der Mannschaft äußerten ähnliche Bedenken wie nach der letzten EM. »Uns fehlt ein wirklicher Mittelstürmer«, erklärte Rui Costa. »In Italien sehe ich so viele ausgezeichnete Stürmer, die es nicht ins Nationalteam schaffen. Aber wir haben nicht einen einzigen, was niemandes Schuld ist. Es ist eine Schande. Wie viele Tore würde ein Torjäger wie Christian Vieri schießen, wenn er von Figo und Sergio Conceição mit Flanken versorgt würde?« Mittelfeldmann Paulo Bento schlug in dieselbe Kerbe: »Wir spielen uns so viele Möglichkeiten heraus, versagen jedoch vor dem Tor. Es ist seit Jahren dieselbe Formel, ein Problem im Sturm. Wir passen zehnmal, bevor wir den Ball in einer Schussposition haben. Wir brauchen einen richtigen Torjäger.«

So kam es einigermaßen überraschend, dass Portugal bei der EM 2000 einen der erfolgreichsten Torjäger stellte. Nuno Gomes fand kurzfristig einen Platz in der Startelf, weil Ricardo Sá Pinto verletzt ausfiel, und schoss im Lauf des Turniers vier Tore, davon drei in der K.-o.-Phase. Seine Auftritte waren derart imponierend, dass ihn der AC Florenz unter Vertrag nahm, um den zur Roma abgewanderten Gabriel Batistuta zu ersetzen. Aber diese Trefferquote war eigentlich nicht normal für Nuno Gomes, der eher nützlich als tödlich war. Wie die meisten portugiesischen Stürmer war er eher dafür ausgebildet worden, Raum für die aus dem Mittelfeld nachrückenden Mitspieler zu schaffen.

»Ich nehme mir als Stürmer Pippo Inzaghis Bewegungen zum Vorbild und möchte ihm einige seiner Geheimnisse stehlen, obwohl ich anders spiele, sehr viel weiter vom Tor entfernt«, sagte Nuno Gomez. »Das ist meine Art, der Mannschaft zu helfen – und das ist das Wichtigste.« Inzaghi war dank seiner geschickten Bewegungen ein effizienter Knipser, während die Läufe des Portugiesen dazu dienten, die gegnerische Verteidigung in Unordnung zu bringen. Kurios ist, dass »Gomes« in Wahrheit nicht sein Familienname ist; sein voller Name lautet eigentlich Nuno Miguel Soares Pereira Ribeiro, und den Beinamen erhielt er zu Ehren von Fernando Gomes, einem ungewöhnlich treffsicheren portugiesischen Torjäger, der in den achtziger Jahren zweimal den Goldenen Schuh gewann. Portugal war derart verzweifelt auf der Suche nach einem »neuen Gomes«, dass es sich buchstäblich einen erfand.

Nuno Gomes kämpfte im Nationalteam mit Pauleta um einen Stammplatz, einem Spieler, der in acht Spielzeiten in Frankreich regelmäßig traf und mit 47 Toren vorübergehend Portugals Rekordtorschütze war. Doch nur vier dieser Tore erzielte er bei großen Turnieren: drei gegen Polen bei der WM 2002 und das Siegtor gegen Angola vier Jahre später beim Turnier in Deutschland. Aber während Portugal keinen zuverlässigen Torjäger hatte, brachte es zahlreiche schnelle, vertikale Stürmer hervor, die beidfüßig schießen konnten. Nur spielten die einfach lieber auf den Flügeln.

Das beste Beispiel war Luís Figo, der eigentliche Star der Goldenen Generation, der um die Jahrtausendwende weltweit größere Verehrung genoss als jeder andere Spieler. Sein Wechsel vom FC Barcelona zum Erzrivalen Real Madrid im Jahr 2000 (für die damalige Rekordablöse von umgerechnet 58 Millionen Euro) löste eine im modernen Fußball beispiellose Kontroverse aus, und später wurde er als erster Portugiese seit Eusébio (1965) zum besten Fußballer Europas gewählt.

Figo wuchs in Lissabon auf und spielte ab seinem elften Lebensjahr für Sporting. Er wurde das perfekte Modell für einen Spielertyp, den dieser Klub in den nächsten beiden Jahrzehnten reihenweise hervorbringen sollte. Er war ein echter Flügelspieler, der dank seiner Beidfüßigkeit auf beiden Seiten spielen konnte und die gegnerischen Außenverteidiger mit seiner Fähigkeit verwirrte, in beide Richtungen ins Dribbling zu gehen.

Figo war trickreich, ohne es aufs Tricksen anzulegen – er war konzentriert, effizient und gnadenlos. »Er konnte tausend Dinge tun: nach außen ziehen, nach innen ziehen, Steilpässe spielen und erlaufen«, erinnerte sich Albert Ferrer, der bei Barcelona auf der rechten Seite hinter ihm spielte. Iván Córdoba, einer seiner Mitspieler bei Inter, hat ähnliche Erinnerungen an ihn: »Er konnte zehnmal die Richtung ändern, während er auf den gegnerischen Außenverteidiger zulief«, sagte Córdoba lachend.

Rui Costa, das andere Symbol der Goldenen Generation, beschrieb Figo als »vielleicht besten Flügelspieler, den ich je gesehen habe, wegen seiner Fähigkeit im Eins-gegen-eins und seiner Flanken. Er war kein Außenstürmer, der auf dem Flügel blieb, sondern zog nach innen und bereitete Chancen vor.« Bei Sporting und Barça spielte Figo einen klassischen Außenstürmer in einem 4-3-3, aber bei Real Madrid genoss er mehr Freiheiten und hatte einen größeren Aktionsradius, und später bei Inter spielte er zentraler. In einer anderen Umgebung hätte sich Figo möglicherweise zu einem Zehner oder einem schnellen Stoßstürmer entwickelt, aber Sporting Lissabon hatte sich auf die Ausbildung von Flügelstürmern spezialisiert. Der talentierteste portugiesische Spieler der achtziger Jahre, Paulo Futre, war ein außergewöhnlicher Dribbelkünstler, der oft mit Maradona verglichen wurde. Bei Sporting zum Außenstürmer ausgebildet, kam er gegen Ende seiner Karriere in Italien und England als Zehner zum Einsatz. Aber Figo stand auf einer anderen Stufe. »Er war unser Cristiano Ronaldo«, sagt Nuno Gomes.

Es gab mehrere Gründe dafür, dass sich Sporting Lissabon auf Flügelspieler spezialisiert hatte. Zum einen spielten sämtliche Nachwuchsteams des Klubs im 4-3-3; Rinus Michels behauptete einmal, kaum ein Land produziere »wirkliche Flügelspieler« wie die Niederlande und Ajax Amsterdam, aber Portugal und Sporting stehen den Holländern diesbezüglich offenkundig in nichts nach, und die Ähnlichkeiten in der Ausbildung sind kaum zu übersehen. Zweitens waren die Verantwortlichen der Sporting-Akademie davon überzeugt, dass man den Spielern die Möglichkeit geben musste, sich zu entfalten, Fähigkeiten zu zeigen und zu versuchen, ihre Gegenspieler auszutricksen. Die Spieler auf den Außenbahnen genossen sehr viel Freiheit. »Wir sind hier seit je auf Außenstürmer spezialisiert«, erklärte Miguel Miranda, einer der Trainer im Nachwuchszentrum, im Jahr 2017 im Gespräch mit dem *Guardian*. »Die Trainer begrenzen die Ballberührungen der Spieler in der Mitte. Diese sind angehalten, den Ball weit hinaus zu den Außenstürmern zu spielen, denen beliebig viele Ballberührungen zugestanden werden, damit sie Chancen herausspielen können.« Ebenso wichtig für die nächste Generation der Sporting-Talente war jedoch, dass Figo ihr Rollenvorbild darstellte. So wie Thierry Henry das Muster für die zukünftigen französischen Stürmer war, träumten die portugiesischen Nachwuchstalente davon, nicht die Rückennummer 9, sondern die 7 zu tragen und der nächste Figo zu werden.

Nachdem Figo Sporting im Jahr 1995 verlassen hatte, brachte die Nachwuchsakademie des Klubs mit Simão Sabrosa den nächsten hochveranlagten Außenstürmer hervor, der ähnlich wie Figo auf beiden Seiten spielen konnte. Er war weniger antrittsschnell als Figo, hatte jedoch eine vorzügliche Technik und war ein besonders guter Freistoßschütze. Die Ähnlichkeiten waren so groß, dass Simão 1999 wie seinerzeit Figo zum FC Barcelona wechselte, wo er unter Louis van Gaal spielte, der eine Vorliebe für klassische Außenstürmer hatte. Natürlich stand Simão in Figos Schatten und kam erst zum Einsatz, als sich dieser verletzte. Aber als Figo im Jahr 2000 zu Real Madrid abwanderte, wurde von Simão erwartet, dass er die Lücke füllte. In der folgenden Saison stand er in den ersten siebzehn Spielen fünfzehnmal in der Startelf und schien das in ihn gesetzte Vertrauen zu rechtfertigen, als er beim 2:0 über Real, das von hasserfüllten

Fanprotesten gegen Figo begleitet wurde, das zweite Tor schoss. Doch dann verletzte sich Simão, und anschließend schaffte er es bei Barça nie wieder zum Stammspieler. Im Jahr 2001 kehrte er nach Lissabon zurück, allerdings nicht zu Sporting, sondern zum Stadtrivalen Benfica, womit er (wenn auch auf Umwegen) in den Augen der Fans zum Erzfeind übergelaufen war, wie es Figo in Spanien vorgemacht hatte.

In dieser Zeit machte Simão einen gewaltigen Entwicklungssprung, insbesondere was seine Effektivität vor dem Tor anbelangte. In der zweiten Saison nach seiner Heimkehr wurde er mit achtzehn Treffern Torschützenkönig der portugiesischen Liga, was eine bemerkenswerte Leistung war, wenn man bedenkt, dass Figo in seinen vier Spielzeiten bei Sporting insgesamt nur sechzehn Tore geschossen hatte. Jetzt war Simão, der bei Benfica auch die Kapitänsbinde trug, genau der Spieler, den Barcelona seinerzeit zu bekommen gehofft hatte. In der Saison 2003/04 erzielte er im portugiesischen Pokalfinale mit einem Kopfball das Siegtor, womit er Benfica nach acht Jahren erstmals wieder einen Titel sicherte (acht Jahre ohne Titel waren eine kaum vorstellbar katastrophale Durststrecke für den erfolgreichsten Klub Portugals) und obendrein ein historisches Triple von Mourinhos Porto verhinderte. Nun war Simão wirklich ein Benfica-Held.

Sein Heimatverein Sporting wiederum hatte in der Zwischenzeit bereits zwei weitere aufregende Außenstürmer hervorgebracht, und niemand wagte eine Prognose darüber, welcher von ihnen die brillantere Karriere haben würde. Auf der einen Seite spielte Ricardo Quaresma, auf der anderen Cristiano Ronaldo.

Quaresma und Ronaldo verstanden sich nicht. Obwohl Quaresma ein Jahr älter war, spielten die beiden oft zusammen in der U-18 und in der zweiten Mannschaft von Sporting, weil Ronaldo sehr früh zu einem Klassespieler reifte. Die beiden zeigten keinerlei Bereitschaft, einander den Ball zu überlassen, und versuchten, sich gegenseitig mit Tricks zu überbieten. Während ihrer Ausbildung war die Spielanlage von Quaresma und Ronaldo beinahe identisch: Beide waren besessen von raschen Abfolgen von Übersteigern, und ihre Trainer mussten ihnen regelmäßig die Bedeutung des Endprodukts in Erinnerung rufen. »Seit meiner Kindheit höre ich den Vorwurf, ich versuchte zu viel auf eigene Faust«, räumte der junge Quaresma ein. »Aber diese Spielweise liegt mir einfach im Blut. Ich habe es schon immer geliebt, Tricks mit dem Ball zu erfinden.« Ronaldo äußerte sich ganz ähnlich: »Das Dribbeln und Täuschen ist meine Spielweise. Ich spiele seit meiner Kindheit so. Ich liebe es, meinen Gegenspieler mit Finten zu überspielen. Ich weiß, dass das vielen auf die Nerven geht, aber ich lege es nicht darauf an, meine Gegenspieler lächerlich zu machen. Das ist einfach mein Stil.«

Wenn einer von beiden mehr zum Endprodukt beitrug, so war es Quaresma. Er spielte normalerweise auf dem rechten Flügel und nutzte seine Übersteiger und Finten, um zur Grundlinie vorzudringen und mit dem rechten Fuß Flanken in den Strafraum zu schlagen. Wenn er eine Chance auf einen Abschluss sah, schoss er mit dem rechten Außenrist aufs Tor und überraschte den Torwart oft mit dem extremen Effet, den er dem Ball auf diese Art mitgab. Diese in Portugal als »trivela« bezeichnete Schusstechnik wurde zu Quaresmas Markenzeichen. »Entscheidend ist, dass man den Fuß an und unter der Außenseite des Balls durchzieht«, erklärte er, »man muss den Ball links unten im richtigen Winkel mit dem Außenrist des rechten Fußes treffen. So erreicht man den richtigen Drall.«

Quaresma trug entscheidend zu Sportings Meistertitel in der Saison 2001/02 bei; Ronaldo hatte zu dieser Zeit noch nicht in der ersten Mannschaft debütiert. Manchmal war Quaresma einfach nicht aufzuhalten, zum Beispiel, als er beim 5:1 über den SC Salgueiros im November mit einem brillanten Fernschuss traf. Im folgenden Monat erzielte er gegen Varzim SC in der ersten Minute mit einer klassischen *trivela* das Führungstor und gab anschließend zwei Torvorlagen für Mário Jardel mit Flanken von der rechten bzw. linken Seite. Noch vor der Pause dribbelte er über die rechte Außenbahn, sprang über den grätschenden Linksverteidiger und legte João Pinto das vierte Tor auf. Bei einem 4:1-Sieg über União Leiria nahm Quaresma an der Mittellinie den Ball an, zog vier Verteidiger auf sich, dribbelte bis zur Strafraumecke und traf mit einem sehenswerten Schuss, der von der Unterkante der Latte an den Pfosten und von dort ins Tor prallte. Vor allem steuerte er jedoch Vorlagen bei und hatte wesentlichen Anteil an Jardels üppiger Ausbeute von 42 Toren in 30 Ligaspielen.

Quaresma wollte aber auch Spaß haben, was ihm den Spitznamen »Harry Potter des Alvalade« einbrachte (das Alvalade ist das Stadion von Sporting Lissabon). Er ließ keinen Zweifel daran, wer sein Idol war: »Ich bewundere Luís Figo, weil er im Nachwuchs von Sporting begann«, sagte Quaresma. »Dann ging er zu Barcelona und feierte dort große Erfolge, bevor er zu Real Madrid ging. Ich möchte in seine Fußstapfen treten.« Genau so kam es: Nach Figo im Jahr 1995 und Simão 1999 setzte Quaresma den Vierjahreszyklus fort und ging im Jahr 2003 nach Barcelona, obwohl er eine nicht ganz überzeugende zweite Saison in der heimischen Liga hinter sich hatte. Barça hätte in jenem Jahre auch den anderen jungen Außenstürmer von Sporting verpflichten können, beschränkte sich jedoch auf einen Versuch, sich eine Kaufoption zu sichern. Auf diese Art ging den Katalanen Cristiano Ronaldo durch die Lappen.

Während Figo und Quaresma in Lissabon aufgewachsen waren, stammte Ronaldo von der Insel Madeira, wo er als Kind für Nacional spielte. Er war zwölf Jahre alt, als Sporting ihn zu einem Probetraining einlud und ihm anschließend einen Platz in seiner Nachwuchsakademie anbot. »Als ich ein Kind war, war Figo mein Held, weshalb ich glücklich war, für seinen alten Klub spielen zu dürfen«, erinnert sich Ronaldo, der seine Vorliebe für Figo und Sporting eher von seiner Mutter als von seinem Vater erbte, der ein eingefleischter Benfica-Fan war. Der Wechsel zu Sporting bedeutete jedoch, dass er als Kind an einen Ort umziehen musste, der fast tausend Kilometer von seiner Heimat entfernt lag, und obwohl er sich theoretisch innerhalb seines Heimatlandes bewegte, ist die Ähnlichkeit mit Lionel Messis Werdegang unübersehbar. Anders als Messi, der von seiner Familie nach Spanien begleitet wurde, musste Ronaldo allein in Lissabon leben, aber so wie Messi wurde er von neidischen Mannschaftskameraden wegen seines außergewöhnlichen Talents geschnitten. Aufgrund seines schmalen Körperbaus erhielt er den Spitznamen »Nudel«, und wegen seines Eigensinns am Ball musste er sich immer wieder Vorwürfe anhören. Dennoch setzte er sich bemerkenswert schnell durch und kam als erster Sporting-Spieler der Geschichte innerhalb eines Jahres in der U-16, der U-17, der U-18, der zweiten Mannschaft und der ersten Mannschaft zum Einsatz.

Die Meinungen darüber, ob er sich zu einem kompletten Spieler würde entwickeln können, gingen jedoch auseinander. Als er im Jahr 2002 seinen Einstand in der ersten Mannschaft gab, schrieb Trainer László Bölöni einen Bericht über seine Fortschritte. Guillem Balague schreibt in seiner Ronaldo-Biografie, Bölöni habe das Kopfballspiel seines Schützlings kritisiert und ihm vorgeworfen, nicht hart genug an der Verbesserung seiner Technik zu arbeiten. Seine defensive Disziplin lasse zu wünschen übrig, und er sei physisch nicht stark genug. Er falle durch Eigennutz, geringe mentale Stärke und einen »völligen Mangel an taktischem Verständnis als individueller oder Mannschaftsspieler« auf. In Anbetracht dieser Defizite ist es Ronaldo nicht schlecht ergangen. Tatsächlich war es Bölöni selbst, der ihn trotz seiner Vorbehalte in die erste Mannschaft holte und zu Beginn der Saison 2002/03 gegenüber Journalisten die Einschätzung äußerte, Ronaldo werde »besser als Eusébio und Figo werden«, die beiden bisherigen portugiesischen Ballon-d'Or-Gewinner. Das war eine gewagte Prognose.

Ronaldo debütierte im Oktober 2002 in einem Spiel gegen Moreirense FC und erzielte zwei Tore. Beim ersten schloss er einen Sololauf von der Mittellinie ab, wobei er einem harten Tackling auswich und den letzten Verteidiger mit einem linken Übersteiger foppte, bevor er rechts vorbeiging und den Ball über den Torwart hob. Es war ein außergewöhnliches Einstandstor. (Anschließend zog er sich sein Trikot über den Kopf, warf es in die Zuschauerränge und jubelte im Unterhemd.) Seinen zweiten Treffer erzielte er aus kurzer Distanz per Kopfball. In jener Saison stand Ronaldo lediglich in zehn weiteren Spielen in der Startelf und erzielte nur noch ein Tor. Aber sein Potenzial war unübersehbar, und so wie Quaresma zeigte er einige verblüffende Tricks.

Das Interessante an Ronaldos Entwicklung bei Sporting ist jedoch, dass er in den Nachwuchsmannschaften oft nicht als Außenstürmer, sondern als Mittelstürmer oder zweite Spitze eingesetzt wurde. José Mourinho verglich ihn mit einem klassischen Torjäger: »Als ich ihn das erste Mal sah, dachte ich: ›Das ist der Sohn von Marco van Basten.‹ Er war ein Torjäger, aber ein sehr eleganter Spieler.« Als Sir Alex Ferguson einen seiner Assistenten, Jim Ryan, nach Portugal schickte, um den jungen Stürmer zu beobachten, erhielt er einen Bericht, in dem stand: »Ich glaube, er ist ein Außenstürmer, aber in der Nachwuchsmannschaft spielt er als zentraler Stürmer.« Arsenal, das ebenfalls mit Ronaldo verhandelte, hatte ihm das Trikot mit der Nummer 9 versprochen.

Dass sich Manchester United schließlich im Werben um Ronaldo durchsetzen konnte, verdankte der englische Klub seinen guten Beziehungen nach Portugal und indirekt der Tatsache, dass Portugal das EM-Turnier 2004 ausrichten würde. Alex Ferguson, der im Vorjahr Carlos Queiroz zu seinem Kotrainer gemacht hatte, wusste über Ronaldo Bescheid. Queiroz kannte die ausgezeichnete Nachwuchsarbeit von Sporting und riet Ferguson, sowohl Ronaldo als auch Quaresma zu verpflichten und mit dem portugiesischen Klub eine informelle Vereinbarung über den Austausch von Fachwissen in der Nachwuchsförderung zu schließen. Sporting seinerseits wollte für die feierliche Eröffnung seines neuen, eigens für die EM errichteten Stadions einen großen Verein nach Lissabon holen. So wurde ein Gastspiel von United im Sommer 2003 Teil des Deals. Die Engländer waren gerade von einer kräftezehrenden US-Tour zurückgekehrt und mussten sich auf das Spiel um den Community Shield gegen FA-Cup-Gewinner Arsenal vorbereiten, das drei Tage später angesetzt war. Der Ausflug nach Portugal war eine zusätzliche Belastung, die weder finanziell noch vorbereitungstechnisch einen Nutzen hatte – aber er war entscheidend für Ronaldos Zukunft.

In Sportings erstem Spiel im Estádio José Alvalade stand Ronaldo zum letzten Mal für den Klub auf dem Platz. Es wurde ein sensationeller Auftritt: Er spielte zunächst als Linksaußen und narrte John O'Shea wiederholt mit Übersteigern, um an der Außenlinie durchzubrechen oder nach innen zu ziehen und mit rechts aufs Tor zu schießen. Wenn O'Shea auf Abstand blieb, um nicht ausgespielt zu werden, nahm Ronaldo einfach Tempo auf und flitzte an ihm vorbei. Wenn der Verteidiger den jungen Portugiesen attackierte, beging er meistens ein Foul. Nach der Pause zeigte Ronaldo seine Vielseitigkeit und wechselte auf den rechten Flügel, wo er immer wieder in den Rücken der Abwehr vorstieß. Auch auf der rechten Außenbahn konnte United ihn nicht aufhalten.

Nach dem Spiel flehten die United-Spieler ihren Trainer an,

Ronaldo zu verpflichten, und fünf Tage später war der Deal unter Dach und Fach. »Wir haben seit einiger Zeit mit Ronaldo und Sporting verhandelt, aber das Interesse anderer Klubs wurde in den letzten Wochen größer, weshalb wir schnell handeln mussten, um ihn zu bekommen«, sagte Ferguson. »Es ist unseren guten Beziehungen zu Sporting zu verdanken, dass sie sich an unsere vor Monaten geschlossene Vereinbarung gehalten haben.« Als Ronaldo auf dem Trainingsplatz in Manchester mit O'Shea zusammentraf, erklärte der Ire, er habe einen Anteil an Ronaldos Handgeld verdient, denn seine Unfähigkeit, den Außenstürmer unter Kontrolle zu bringen, habe United dazu bewegt, rasch zu handeln.

Ferguson machte sich Gedanken über die Position, die Ronaldo bei den Red Devils einnehmen sollte. »Er ist ein extrem talentierter Fußballer, ein beidfüßiger Angreifer, der auf jeder Position im Sturm spielen kann: rechts, links oder in der Mitte«, sagte der Trainer. »Er ist einer der aufregendsten jungen Spieler, die ich je gesehen habe.« In seinem halbstündigen Debüt gegen die Bolton Wanderers am ersten Spieltag der neuen Saison zeigte Ronaldo erneut eine phänomenale Leistung. Er begann auf der linken Außenbahn, spielte den Außenverteidiger Nicky Hunt schwindelig und erzwang in einem Duell mit Kevin Nolan einen Elfmeter, bevor er auf die rechte Seite wechselte, wo er Ricardo Gardner zu einem schlecht getimten Tackling nötigte, das dem Außenverteidiger die gelbe Karte einbrachte. Der junge Portugiese war bereits ein Publikumsliebling. Vier Tage später debütierte er im portugiesischen Nationaltrikot, wo er passenderweise für Luís Figo eingewechselt wurde. »Bleib ruhig und spiele so wie im Verein«, riet ihm dieser.

»Von allen Spielern, die ich als Nationaltrainer Portugals betreut habe, war nur einer wirklich wichtig für Cristiano Ronaldo«, erinnerte sich Luiz Felipe Scolari später. »Und das war Luís Figo. Als Ronaldo seinen Einstand im Nationalteam gab, war

Figo der Erste, der ihm half. Er war der Erste, der Ronaldo aufforderte, zu dribbeln und zu schießen, Tore zu erzielen, sein eigenes Spiel durchzuziehen, unermüdlich zu arbeiten und ein besserer Fußballer zu werden.«

Bei Manchester United machte Ronaldo anfangs kaum Fortschritte. Er wirkte körperlich zu schwach und machte sich mit seiner obsessiven Trickserei zur Zielscheibe des Spotts: Er ließ es sich nicht nehmen, jedes Mal, wenn er einem gegnerischen Außenverteidiger gegenüberstand, zwei oder drei überflüssige Übersteiger einzustreuen. Er schlug regelmäßig sogenannte Rabona-Flanken, bei denen er den Ball mit überkreuzten Beinen (das Schussbein hinter dem Standbein) spielte. Manchmal legte er dem hinterherlaufenden rechten Außenverteidiger den Ball in den Lauf, indem er ihn mit der Ferse gegen seinen anderen Fuß schlug, oder er nahm den Ball an der Seitenlinie an und rollte ihn unter der Sohle hin und her, während er mit dem anderen Fuß mehrere Übersteiger machte, um den Außenverteidiger zu narren.

Natürlich hatten die Verteidiger in der Premier League eine einfache Antwort auf seine Showeinlagen: Sie säbelten ihn um. Dasselbe taten seine Mannschaftskameraden im Training. »Als er ankam, wollte er vor allem unterhalten«, berichtet Rio Ferdinand. »Wir wollten gewinnen. Wir wussten, dass wir sehr viel größere Erfolgschancen hatten, wenn er produktiv spielte. Überspitzt formuliert, prügelten wir den Unterhaltungsfaktor aus ihm heraus, damit er uns Tore und Vorlagen lieferte.« In seiner ersten Saison brachte es Ronaldo lediglich auf vier Ligatore; dazu kam der Führungstreffer im Finale des FA Cups gegen Millwall. Wie seine beiden Tore bei der Heim-EM in jenem Sommer erzielte er auch dieses per Kopf.

Unterdessen erlebte Quaresma ein enttäuschendes Jahr in Barcelona. In der gesamten Spielzeit gelang ihm nur ein einziges mageres Tor. Wie zuvor Simão kehrte er nach nur einem Jahr nach Portugal zurück. Er wurde im Rahmen des Geschäfts, das Deco ins Camp Nou brachte, zum FC Porto transferiert.

In der Saison 2004/05 spielte Ronaldo bei Manchester United auf der rechten Außenbahn und erzielte wettbewerbsübergreifend fünf Tore, darunter zwei bei einem denkwürdigen 4:2 über Arsenal. Trotz neun Treffern in der folgenden Saison waren seine Leistungen weiterhin sehr unbeständig: In den ersten fünfzehn Saisonspielen kam er nur auf ein einziges Tor, um in den folgenden sieben Begegnungen siebenmal zu treffen – und anschließend elf Spiele torlos zu bleiben. Am letzten Spieltag traf er beim 4:0 über Charlton Athletic. Dieses Spiel erwies sich als bedeutsam: Alex Ferguson strich Ruud van Nistelrooy aus dem Kader, und der niederländische Mittelstürmer, der in den vorangegangenen fünf Spielzeiten der unangefochtene Star der Offensive der Red Devils gewesen war, spielte nie wieder für United. Van Nistelrooy hatte ständig Zwistigkeiten mit Ronaldo gehabt, den er wiederholt zurechtwies, weil er nicht rechtzeitig geflankt hatte.

In der portugiesischen Auswahl beeindruckte Ronaldo in der Qualifikation für die WM 2006, aber bei der Endrunde konnte er nicht überzeugen. Er spielte normalerweise auf der linken Außenbahn, während Figo von rechts kam – allerdings tauschten die portugiesischen Außenstürmer wie üblich oft die Positionen. In der K.-o.-Runde litt Ronaldo unter einer Verletzung, nachdem er beim Achtelfinalsieg über Holland Opfer eines üblen Fouls geworden war: Der rechte Außenverteidiger Khalid Boulahrouz (Spitzname »Kannibale«) war Ronaldo gleich zu Beginn des Spiels entschieden in die Parade gefahren und hatte dem Stürmer im Kampf um einen aufspringenden Ball die Stollen in den Oberschenkel gerammt. Dieses Foul, für das Boulahrouz eine rote Karte verdient gehabt hätte, war nur die erste von zahlreichen überharten Attacken in einer Begegnung, die wegen ihrer Brutalität in die WM-Geschichte einging.

Ronaldo fiel vor allem im Viertelfinale gegen England auf, wenn auch nicht durch technisches Können. Als sein Vereinskollege Wayne Rooney in einem Gerangel um den Ball dem auf dem Rasen liegenden Ricardo Carvalho zwischen die Beine trat, stürmte Ronaldo zum Schiedsrichter, um die rote Karte für Rooney zu fordern. Nach dem Platzverweis für den Engländer erwischten die Kameras Ronaldo dabei, wie er in Richtung der portugiesischen Bank zwinkerte. Die englische Presse warf ihm Unsportlichkeit vor und machte ihn für die rote Karte verantwortlich. Ronaldo und Rooney versuchten, die Gemüter zu beruhigen, aber die empörte englische Fußballöffentlichkeit ließ sich nicht beruhigen. Ronaldo bekundete die Absicht, Manchester United zu verlassen. Ferguson und insbesondere Queiroz schafften es jedoch, ihn umzustimmen, und mit diesem Sommer begann sein Aufstieg zu einem internationalen Star. Nach Figos Abschied wurde er zum Aushängeschild der portugiesischen Nationalmannschaft, und bald erbte er auch die Kapitänsbinde von seinem Vorbild. In seinem Verein war er nach van Nistelrooys Weggang ebenfalls der wichtigste Spieler im Sturm.

In der folgenden Premier-League-Saison war Ronaldo plötzlich ein vollkommen anderer Spieler. »Ich erinnere mich noch, wie er nach der WM 2006 und der Kontroverse über den Platzverweis für Wayne Rooney zurückkam«, erzählt Gary Neville. »Er betrat die Kabine, und ich dachte: ›Jesus, was ist im Sommer mit ihm passiert?‹ Bei seiner Ankunft im Verein war er ein dünner, drahtiger Junge gewesen. Jetzt war er ein Halbschwergewicht. Er hatte über den Sommer mit Gewichten gearbeitet. Es war, als sähe man jemandem dabei zu, wie er innerhalb von Wochen erwachsen wird. Was in den folgenden beiden Jahren geschah, war erstaunlich.«

Ohne van Nistelrooy gaben Ronaldo und Rooney den Ton in einer United-Mannschaft an, deren Spiel auf schnelle Konter ausgelegt war. Queiroz, der mit dem Verzicht auf einen Mittelstürmer die Richtung für den portugiesischen Fußball vorgegeben hatte, nahm beträchtlichen Einfluss auf die taktische Ausrichtung von United. Ferguson bemühte sich erst gar nicht, einen Ersatz für van Nistelrooy zu finden. Von nun an stürmten bei Balleroberung mehrere Spieler nach vorne, und Ronaldo war der herausragende Offensivspieler.

Er hatte seine Spielweise vollkommen verändert. Jetzt war er vom Toreschießen besessen. Der einzige Trick, den er nach wie vor regelmäßig zeigte, war sein »Chop«, bei dem er außen neben dem Linksverteidiger entlangdribbelte, um den Ball plötzlich mit einem Zwischensprung mit dem linken Fuß hinter dem rechten Bein vorbeizuziehen, die Richtung zu wechseln und im Rücken des Abwehrspielers nach innen zu ziehen. Er hatte auch das körperbetonte Spiel erlernt. Bei einem Auswärtsspiel gegen die Blackburn Rovers begannen die Fans der Heimmannschaft, ihn wegen seiner Unsportlichkeit bei der WM auszubuhen. Doch als Sergio Peter ihn mit einer üblen Grätsche von den Beinen holte, verzichtete Ronaldo darauf, sich vor Schmerzen auf dem Boden zu wälzen, um einen Platzverweis für seinen Gegner herauszuholen, sondern stand einfach auf und spielte weiter; bei seiner Auswechslung erhielt er stehende Ovationen von den gegnerischen Fans.

Er war nun ehrgeiziger, konzentrierter, effizienter und torgefährlicher. Und er verbrachte mehr Zeit auf der linken Außenbahn, von wo aus er häufig nach innen zog, um mit dem rechten Fuß aufs Tor zu schießen, so wie bei einem unvergesslichen Sololauf in der 88. Minute gegen den FC Fulham. Und er lauerte regelmäßig am zweiten Pfosten, um per Kopf zu verwandeln. Plötzlich war Ronaldo ein kompletter Stürmer. In der Saison 2006/07 wurde er zum Spieler des Jahres in der Premier League gewählt. Nachdem er in seinen ersten drei Spielzeiten in England insgesamt 18 Tore erzielt hatte, war er allein in dieser Saison auf 17 Treffer gekommen.

Und er verbesserte sich weiter. Die Saison 2007/08 war die vielleicht beste eines einzelnen Spielers in der Geschichte der Premier League. Fergusons Assistent René Meulensteen hatte ihm das Ziel vorgegeben, wettbewerbsübergreifend vierzig Saisontore zu schießen, und verbrachte Stunden mit ihm auf dem Trainingsplatz, um ihn dazu zu bewegen, den Ball auch einmal über die Linie zu stochern, anstatt immer zu versuchen, das perfekte Tor zu schießen. Gemeinsam arbeiteten die beiden an Visualisierungstechniken und zeichneten Diagramme, in denen das Tor in verschiedenfarbige Abschnitte unterteilt war. Normalerweise geben Spieler auf die Frage, wie sie sich vor dem Tor verhalten, eine Antwort wie diese: »Es gibt eigentlich keinen Trick, man muss einfach ruhig und konzentriert bleiben.« Ronaldo beantwortete diese Frage ganz anders: »Meine Torschusstechnik ist ein Geheimnis, das ich niemals preisgeben werde.«

In der Saison 2007/08 war es unmöglich, Ronaldos Position auf dem Spielfeld zu definieren, obwohl er nur noch selten auf der rechten Seite begann, weil er mit Vorliebe von links nach innen zog. Ferguson setzte ihn allerdings zunehmend auch im Sturmzentrum ein, so zum Beispiel bei einem 2:0-Auswärtssieg über den AS Rom: Ronaldo hatte die Aufgabe, immer wieder den Rücken der Abwehr zu suchen und das Spiel bei Uniteds schnellen Kontern in die Breite zu ziehen. Er erzielte das Führungstor mit einem imposanten Kopfball: Paul Scholes schlug eine Flanke von rechts in den Strafraum, und der Portugiese kam von weit außerhalb des Strafraums angerauscht, schraubte sich in die Luft und traf mit einem scharfen Kopfball in den unteren Winkel. Dieser Spielzug bewies, dass sich Ronaldo in einen echten Mittelstürmer verwandeln konnte und dass er mittlerweile einer der besten Spieler der Welt war.

Entsprechend der Überzeugung von Queiroz trat Manchester manchmal ohne echten Stürmer an und schien bei anderen

Gelegenheiten drei zu haben, wobei Rooney und Carlos Tevéz die zentrale Spitze unterstützten. Ronaldo spielte in einem extrem flexiblen System de facto, wo er wollte. Wenn der gegnerische Linksverteidiger defensiv schwach war, kam er über die rechte Außenbahn. Wenn die Innenverteidiger langsam waren, kam er durchs Zentrum. In der Vorbereitung auf das Champions-League-Finale 2008 in Moskau gelangte Ferguson zu dem Schluss, dass Michael Essien, der zum rechten Außenverteidiger umfunktionierte Mittelfeldspieler von Gegner Chelsea, in der Luft verwundbar war. Daher stellte er Ronaldo, der in den Halbfinalspielen gegen Barcelona im Sturmzentrum gespielt hatte, auf der linken Seite auf – und tatsächlich erzielte er das Führungstor mit einem weiteren Kopfball, dem Essien aufgrund mangelnder Sprungkraft nichts entgegenzusetzen hatte. Im Elfmeterschießen schoss Ronaldo daneben, aber United erholte sich von dem Rückschlag und setzte sich durch. In der Saison 2007/08 gewann Ronaldo mit United die Champions League, wurde zu Europas Spieler des Jahres gewählt und sicherte sich den Goldenen Schuh. Die letzte Auszeichnung war die vielleicht bedeutsamste für den portugiesischen Fußball, zeigte sie doch, dass der Mangel an echten Torjägern endlich behoben war.

Zu den United-Spielern, die in Moskau vom Elfmeterpunkt trafen, zählte auch Nani. Er hatte das Fußballspielen auf den Straßen von Lissabon erlernt und war von Sporting entdeckt worden. Dort reifte er wie vor ihm Figo, Simão, Quaresma und Ronaldo zu einem herausragenden Außenstürmer heran. Nachdem er Ronaldo im Jahr 2007 zu Manchester United gefolgt war, sah er sich bald mit dem »Problem« konfrontiert, unter dem Ronaldo zuvor gelitten hatte: Er übertrieb es mit den Showeinlagen. Beim 4:0-Sieg über Arsenal im Februar 2008 brachte Nani mehrere Gegenspieler mit einem »Seehunddribbling« in Rage: Er lief vor den Gegnern weg auf das eigene Tor zu und jonglierte den Ball dabei auf dem Kopf. »Wir waren wütend, und zwar mit Recht«, beklagte sich Arsène Wenger. »Es ist schwierig genug, einen Rückstand von drei oder vier Toren zu verkraften. In einer solchen Situation will niemand obendrein verspottet oder gedemütigt werden.«

»In Portugal habe ich das oft gemacht«, verteidigte sich Nani, »nicht, weil ich den Gegner missachte, sondern weil es ein unterhaltsames Spektakel ist.« Er musste jedoch zugeben, dass sein Trainer Wengers Meinung teilte, was ungewöhnlich war. »Ich bin Profi und verhalte mich immer respektvoll gegenüber den gegnerischen Spielern, aber mittlerweile ist mir klar geworden, dass es vielleicht nicht gut aussah. Nach dem Spiel hat mich der Trainer aufgefordert, das nicht wieder zu tun.« Nani nahm sich offenkundig Cristiano Ronaldo zum Vorbild, mit dem er sich in seinem ersten Jahr in Manchester eine Wohnung geteilt hatte, aber erst nach Ronaldos Wechsel zu Real Madrid im Sommer 2009 gelang es ihm, seine Fähigkeiten wirklich auszuspielen. Im Jahr 2010 zeigte er beeindruckende Leistungen. Er war der vielleicht beste beidfüßige Außenstürmer, den Portugal bis dahin hervorgebracht hatte. Normalerweise spielte er auf der rechten Seite, aber er hatte nicht nur einen ausgezeichneten rechten Fuß, sondern konnte auch nach innen ziehen und mit links hart und platziert schießen.

Figo brillierte auch nach seinem Abschied aus der Nationalmannschaft im Jahr 2006. Nach seinem Wechsel zu Inter Mailand gewann er vier italienische Meisterschaften in Folge (die letzte unter Mourinho), bevor er 2009 seine aktive Laufbahn beendete. Sein Inter-Trikot mit der Nummer 7 erbte ein bekanntes Gesicht: Quaresma. Mourinho hatte nie viel für diesen Spieler übrig, weil er keine Lust hatte, sich an der Defensivarbeit zu beteiligen. »Ich bin sicher, dass er sich ändern und taktisch disziplinierter werden wird«, erklärte Mourinho in Quaresmas Frühzeit bei Inter. »Aber im Augenblick spielt er den Ball noch am liebsten mit dem Außenrist.« Doch Quaresmas taktische Disziplin besserte sich nicht wesentlich, und er hörte nie auf, den Ball mit dem Außenrist zu spielen.

Vor seinem Wechsel nach Italien hatte Quaresma bei Porto zu alter Stärke gefunden und sich wieder einen Platz in der portugiesischen Auswahl erkämpft. Sein erstes Tor im Nationaltrikot war ein klassischer Quaresma: Beim 4:0 über Belgien in der Qualifikation für die EM 2008 erhielt er weit draußen auf dem rechten Flügel einen Pass von Ronaldo, zog nach innen zum Strafraumeck und schickte den Ball mit dem Außenrist in einem majestätischen Bogen in den langen Winkel. Eine ähnlich extravagante *trivela* brachte er bei der WM 2018 im Gruppenspiel gegen den Iran zustande.

In einer Welt falschfüßiger bzw. invertierter Außenstürmer wie Ronaldo, der mittlerweile die linke Außenbahn präferierte, weil er von dort nach innen ziehen und schießen konnte, war Quaresma beinahe ein *invertierter invertierter* Außenstürmer: ein Rechtsfuß, der aufgrund seiner Vorliebe für Schüsse mit dem Außenrist eher von der rechten Seite nach innen zog, um aufs Tor zu schießen, während er von links gefährlichere Flanken schlug. Diese Eigenschaften machten ihn zu einer Art Unikat im modernen Fußball. Obwohl er sich nie in einer großen Liga durchsetzen konnte und sowohl bei Barça als auch bei Inter ausgemustert wurde, genießt Quaresma Kultstatus in Portugal und der Türkei, den beiden Ländern, in denen er den Großteil seiner Karriere verbrachte.

Es gelang Portugal nie, neben all diesen talentierten Flügelspielern auch eine ausreichende Zahl von echten Mittelstürmern hervorzubringen. Zwischen der EM 2008 und der WM 2014 war die Nationalmannschaft entweder auf Hugo Almeida, einen großen, physisch robusten Sturmtank, der den Ball halten und Räume für Ronaldo öffnen sollte, oder auf Hélder Postiga angewiesen, einen in jungen Jahren beweglicheren Angreifer, der sich jedoch im Lauf der Zeit ebenfalls in einen statischen Zielspieler verwandelte. Keiner von beiden traf regelmäßig. Die Karriere des eingebürgerten Liédson im Nationalteam war kurz, was teilweise daran lag, dass er am liebsten aus der Tiefe vorstieß und sich nicht gut mit Ronaldo ergänzte.

Spulen wir vor zur EM 2016. Ronaldo hatte mittlerweile in sieben Jahren mehr als 350 Tore für Real Madrid geschossen und war eigentlich eher ein Mittelstürmer als ein Flügelspieler. Nani und Quaresma spielten in der Türkei, der eine bei Fenerbahçe, der andere bei Beşiktaş. Nachdem Portugal jahrzehntelang im 4-3-3 oder 4-2-3-1 mit zwei schnellen Außenstürmern und einem zentralen Stürmer gespielt hatte, der kein echter Torjäger war, rang sich der Nationaltrainer Fernando Santos zu einer grundsätzlichen Entscheidung durch: Er würde sich einfach keine Gedanken mehr über das Problem des Mittelstürmers machen, sondern stattdessen einen zusätzlichen zentralen Mittelfeldspieler aufbieten und Ronaldo und Nani als Doppelspitze einsetzen. In einem System, das eine fließende Version des 4-4-2 mit Mittelfeldraute darstellte, konnte Ronaldo von rechts und Nani von links nach innen ziehen. In einem Spiel – dem torlosen Unentschieden gegen Österreich in der Gruppenphase – kehrte Santos zum 4-3-3 zurück und bot Quaresma an der Seite der beiden anderen ehemaligen Sporting-Außenstürmer auf. Er ließ dieses System jedoch rasch wieder fallen, und Quaresma kehrte auf seinen Stammplatz auf der Ersatzbank zurück.

Nachdem sich Portugal mit drei Unentschieden durch die Gruppenphase gemogelt hatte, besiegte es im Achtelfinale Kroatien durch ein Tor in der 116. Spielminute. Beteiligt waren die drei Außenstürmer, nachdem Quaresma für den Mittelfeldspieler João Mário aufs Feld gekommen war. Nani kam auf dem linken Flügel an den Ball, spielte einen Flachpass durch den Strafraum zu Ronaldo, dessen Schuss der kroatische Torwart abwehren konnte, was es Quaresma erlaubte, den Abpraller ins leere Tor zu köpfen. Nachdem sich die Portugiesen im Viertelfinale gegen Polen im Elfmeterschießen zum Sieg gequält hatten, schlugen sie Wales im Halbfinale mit 2:0; Ronaldo verwertete eine Ecke per Kopf, und Nani lenkte einen Querschläger von Ronaldo ins Tor.

Im Finale holten die Portugiesen endlich ihren ersten Titel bei einem großen Turnier, womit sie die Katastrophe im Finale von Lissabon im Jahr 2004 vergessen machen konnten. Gegen Gastgeber Frankreich musste Ronaldo das Feld früh verletzt verlassen; seinen Platz in der Sturmspitze nahm sein alter Sporting-Kollege und Rivale Quaresma ein. Doch für die Nachspielzeit brachte Santos einen echten Mittelstürmer, den in Guinea-Bissau geborenen Eder. Dieser hatte nach einer schlechten Saison als Leihspieler bei OSC Lille im gesamten Turnier nur dreizehn Minuten gespielt und für Portugal noch nie in einem Wettbewerbsspiel getroffen. Aber irgendwie gelang es ihm, das Siegtor zu schießen. In der 109. Spielminute nahm er den Ball in einer eigentlich ungefährlichen Position knapp dreißig Meter vor dem französischen Tor halblinks an, machte ein paar Schritte ins Zentrum und traf mit einem flachen Distanzschuss. Es war ein vollkommen unerwartetes Tor und entsprach überhaupt nicht dem Stil, den Portugal in den vergangenen zwanzig Jahren gepflegt hatte. Ronaldo humpelte derweil an der Seitenlinie auf und ab und versuchte, mit aufs Feld gebrüllten Anweisungen auf sich aufmerksam zu machen.

Natürlich war Eder nur der Plan C gewesen. Portugal spielte nicht mit einem echten Mittelstürmer, und als Ronaldo ausgewechselt werden musste, kam Quaresma als sein natürlicher Ersatzmann in die Mannschaft. Santos hatte auf Ronaldo, Nani und Quaresma vertraut, die drei Spieler aus der Sporting-Akademie, die mehr Außenstürmer hervorbrachte als jeder andere Klub in Europa. Ihre Entwicklung verdankten sie nicht zuletzt Figo, und Portugals taktischer Zugang war teilweise aus der Doktrin hervorgegangen, die Queiroz 25 Jahre früher propagiert hatte.

An diesem Punkt sah man auch Mannschaften wie Spanien und Deutschland immer öfter ohne echten Mittelstürmer spielen, um den Gegner mit der Geschwindigkeit und Beweglichkeit zahlreicher Angreifer zu überraschen. Ihren Ursprung hatte diese Spielweise jedoch in Portugal, und es war nur gerecht, dass die Portugiesen schließlich ihren Augenblick des Triumphs genießen durften.

Umschaltmoment: Portugal → Spanien

Im Sommer 2008 trennte sich der FC Barcelona nach einer langen und schwierigen Saison von Trainer Frank Rijkaard. Barça war offenkundig am Ende einer Ära angelangt. Es mangelte dem Team an der taktischen Disziplin anderer europäischer Spitzenmannschaften, und es war zu abhängig von ein paar alternden Superstars. Aber da Barça trotz allem auf eine talentierte Truppe zählen konnte und zahlreiche vielversprechende Nachwuchsspieler vor dem Sprung in die erste Mannschaft standen, war der Trainerposten bei den Blaugrana weiterhin sehr begehrt. Die nächste Ernennung sollte sich als die bedeutsamste im modernen europäischen Fußball erweisen.

Am Ende entschloss sich die Vereinsführung nämlich, den Mann zu befördern, der bis dahin die B-Mannschaft des Klubs betreut hatte: Pep Guardiola. Ebenso wichtig war jedoch, wen Barça nicht mit dem Traineramt betraute. José Mourinho hatte sich kurze Zeit Hoffnungen auf den Job machen dürfen. Er hatte Chelsea zu Beginn der Saison 2007/08 verlassen, und als Barça mit Rijkaard auf der Bank in eine Krise schlitterte, traf sich Mourinho mit Vizepräsident Marc Ingla und Sportdirektor Txiki Begiristain in Lissabon. In einem dreistündigen Bewerbungsgespräch versuchte er, die beiden anhand einer Powerpoint-Präsentation von seinem Konzept für den Umbau ihrer Mannschaft zu überzeugen.

Mourinho brachte gute Argumente vor und war ein ausgezeichneter Kandidat. Er hatte beim FC Porto und bei Chelsea zwei sehr erfolgreiche Mannschaften aufgebaut, er hatte unter Bobby Robson und Louis van Gaal bereits in Barcelona gearbeitet und war ein Verfechter des 4-3-3-Systems, das zur

DNA des Klubs gehört. Mourinho versprach, er werde seine Methoden anpassen, in Barcelona einen ansehnlicheren Fußball spielen lassen, und schlug sogar vor, Guardiola, mit dem er bei Barça gerne zusammengearbeitet hatte, zu seinem Kotrainer zu machen.

Aber Johan Cruyff war nicht einverstanden. Mourinhos defensive Grundhaltung gefiel ihm nicht. Begiristain befürchtete, dass der Portugiese mit seinem aggressiven Auftreten gegenüber Journalisten Ärger heraufbeschwören würde, und Ingla mochte Mourinho einfach nicht. Daher erteilte die Vereinsführung dem zu jener Zeit begehrtesten Trainer Europas eine Absage und entschied sich stattdessen für den vollkommen unerfahrenen Guardiola, den Mourinho lediglich als möglichen Assistenten betrachtet hatte und der gerade einmal ein Jahr Erfahrung als Trainer einer Mannschaft gesammelt hatte, die in der vierten Liga spielte. Von dieser Abfuhr sollte sich Mourinho nie mehr erholen, und die Entscheidung für Guardiola hatte in den folgenden vier Jahren einen revolutionären Einfluss auf den europäischen Fußball.

Barcelona hatte sich nicht für den portugiesischen, sondern für den spanischen Fußball entschieden – oder, wie es viele bei Barça sahen, für den katalanischen. Guardiola, der als Fußballer im Nachwuchszentrum La Masía groß geworden war, konzentrierte sich anfangs darauf, zur cruyffschen Spielphilosophie zurückzukehren, um das Spiel der Mannschaft ausgehend davon weiterzuentwickeln. Er wurde einer der innovativsten Taktiker, die der europäische Fußball in vielen Jahren gesehen hatte. In seinen vier Jahren im Camp Nou gewann er drei spanische Meisterschaften und zwei Champions-League-Titel.

Diese vier Jahre fielen außerdem mit der spanischen Vormachtstellung im internationalen Fußball zusammen. Nachdem die Spanier jahrzehntelang als die europäische Fußballnation gegolten hatten, die am weitesten hinter ihren Möglichkeiten zurückblieb, gewannen sie als Erste überhaupt drei große Turniere am Stück: die EM 2008, die WM 2010 und die EM 2012.

Der Aufstieg Spaniens veränderte den europäischen Fußball. Nachdem der Spitzenfußball lange Zeit vorwiegend defensiv sowie von der Kontertaktik geprägt gewesen war und Technik sowie Unterhaltung stiefmütterlich behandelt hatte, kehrten der FC Barcelona und die spanische Nationalelf diesen Trend vollkommen um. Plötzlich verwandelte sich der Fußball anscheinend in einen Wettbewerb darum, wer den Ball länger in den eigenen Reihen halten konnte, und die spanische Vorstellung vom Spiel eroberte den Kontinent.

Mit den Erfolgen Spaniens kamen schmächtige, technisch beschlagene Fußballer in Mode. Das Land brachte eine Vielzahl von Spielmachern hervor, die immer häufiger auch im Sturm eingesetzt wurden, was die Vorstellung von der Rolle des Mittelstürmers transformierte. Und die größte Show des spanischen Fußballs, der Clásico zwischen Barça und Real Madrid, verwandelte sich in eine noch erbitterter geführte Auseinandersetzung – vor allem nachdem Mourinho im Jahr 2010 auf der Trainerbank von Real Platz genommen hatte und einen zweijährigen Krieg mit Guardiola vom Zaun brach.

Wenn man die internationalen Erfolge der Klubs sowie der Nationalmannschaft betrachtet und berücksichtigt, dass die beiden besten Fußballer des 21. Jahrhunderts, Leo Messi und Cristiano Ronaldo, in der spanischen Liga spielten, kann man getrost feststellen, dass es im spanischen Fußball nie eine vergleichbar glänzende Epoche gegeben hat wie die zwischen 2008 und 2012. Es waren unglaubliche vier Jahre, die eine beispiellose Wirkung auf den restlichen Kontinent haben sollten.

5
FÚTBOL
(2008-12)

13
Tiki-Taka

Einerseits kann Pep Guardiola die Urheberschaft der auf dem Ballbesitz beruhenden Dominanz des spanischen Fußballs nicht für sich reklamieren. Als er im August 2008 das Traineramt beim FC Barcelona übernahm, wusste man in Spanien längst, wie man den Ball in den eigenen Reihen halten konnte. Nach dem spanischen Triumph bei der EM 2008 studierten die neutralen Beobachter bereits die faszinierenden, von Xavi Hernández und Andrés Iniesta dirigierten Kurzpassstafetten.

Andererseits war Guardiolas Einfluss auf den spanischen Fußball schon zu diesem Zeitpunkt unübersehbar. Xavi und Iniesta wurden während ihrer Ausbildung in La Masía von den Trainern angehalten, von der Nummer 4 der ersten Mannschaft zu lernen, dem langsamen, filigran gebauten, aber ungemein intelligenten Guardiola. In den neunziger Jahren tummelten sich im Camp Nou zahlreiche Superstars, aber keiner von ihnen verkörperte die Spielphilosophie von Barça so wie Guardiola. Er war das Rollenvorbild für die folgende Generation, und als er im Jahr 2008 mit dem Traineramt betraut wurde, erbte er eine Generation von Mittelfeldspielern, die gelernt hatten, zu spielen wie er.

Guardiola war noch ein Teenager gewesen, als Johan Cruyff ihn aus der zweiten Mannschaft geholt und in der ersten Elf ins kalte Wasser geworfen hatte. Cruyff wollte in der zurückgezogenen Mittelfeldposition keinen defensiven Balleroberer, sondern einen methodischen Spielorganisator. Kennzeichnend für Guardiola waren ein konservatives Positionsspiel und eine ruhige, unauffällige Ballverteilung. »Meine Aufgabe bestand darin, den Ball in Bewegung zu halten, damit meine Mitspieler die Angriffe abschließen konnten«, meinte er bescheiden. Er war Cruyffs Führungsspieler auf dem Platz, derjenige, der die Anweisungen von der Bank entgegennahm und das Spiel der Mannschaft diktierte. Louis van Gaal erklärte voll Bewunderung, Guardiola habe schon als Spieler »wie ein Trainer gesprochen«. Diese Qualitäten waren jedoch auch einer der Gründe dafür, dass Guardiola stets als rätselhafte Figur galt, als ein Spieler, der das Geschehen auf dem Feld übermäßig analysierte und sich von seinen Mitspielern distanzierte. Er sprach über sein Interesse an Politik und Dichtkunst und war ein Außenseiter unter den Fußballern.

Im Jahr 2001 verabschiedete sich Guardiola im Alter von nur dreißig Jahren aus dem Camp Nou, womit seine Zeit als Spitzenspieler im Grunde beendet war. Nach einem kurzen Gastspiel in Katar, mit dem er vermutlich seine Rücklagen fürs Alter aufbessern wollte, spielte er in Italien für Brescia Calcio und den AS Rom und ging anschließend nach Mexiko. Diese Erfahrungen dienten im Wesentlichen als Vorbereitung für seine Trainerkarriere. In Rom lernte er von Fabio Capello einiges über die richtigen Defensivpositionen, und in Mexiko war der Spanier Juanma Lillo sein Trainer, ein Mann mit Kultstatus, den manche für den Erfinder des 4-2-3-1-Systems halten und der viele spanische Trainer inspiriert hat.

Für einen derart hoch geschätzten Spieler war es ein sonderbares Karriereende, aber an diesem Punkt hatte Guardiola kaum andere Optionen. Obwohl er ein erfahrener, erfolg- und einflussreicher Fußballer war, genossen weit zurückhängende Spielgestalter zu Beginn des Jahrtausends einfach keine Wertschätzung. »Ich glaube, Spieler wie ich sind ausgestorben, weil das Spiel mehr und mehr von der Taktik und der Physis bestimmt wird«, erklärte er 2004 in einem Gespräch mit der Londoner *Times*. »In den meisten Klubs werden den Spielern bestimmte Rollen zugewiesen, und Kreativität kann nur innerhalb dieser Parameter existieren. Ich habe mich nicht verändert, meine Fähigkeiten sind nicht geringer als früher. Es ist einfach so, dass sich der Fußball verändert hat, er ist mittlerweile sehr viel physischer. Um heute vor der Abwehr spielen zu können, muss man ein Balleroberer sein. Wäre ich heute ein Zwanzigjähriger bei Barcelona, so würde ich mich nie durchsetzen.« Guardiolas Mission bestand darin, diesen Trend umzukehren. Tatsächlich errang er seine unglaublichen Erfolge mit Barça mit drei Mittelfeldspielern nach seinem Vorbild.

In der Phase der spanischen Vormachtstellung verkörperte Xavi den Ballbesitzfußball: ein athletisch nicht beeindruckender Spieler, der einfache Pässe spielte, aber im Kopf der beste Fußballer seiner Generation war und eine unvergleichliche Fähigkeit hatte, sämtliche Facetten des rund um ihn tobenden taktischen Kampfes zu verstehen und Gegenspieler aus ihrer Position zu locken, um sie dann mit einem Pass zu überspielen. So wie Guardiola war Xavi ein stolzer Katalane, der vom Fußball besessen war, das Spiel unablässig analysierte und aus dem Ballbesitz eine Religion machte. Bei Barça nannten sie ihn nur »die Maschine«, ein Spitzname, der sich anderswo auf körperliche Vorzüge beziehen würde, in Xavis Fall jedoch seinen Kopf betraf. »Ich bin im Grunde ein Passgeber«, sagte er. »Ich bekomme den Ball, ich passe den Ball. Ich bekomme den Ball, ich passe den Ball. Ich bekomme den Ball, ich passe den Ball.« Und so weiter.

An Xavis Talent bestanden nie Zweifel, aber um die Jahrtausendwende fiel es ihm schwer, sich im Mittelfeld von Barcelonas erster Mannschaft durchzusetzen, wofür es vor allem einen Grund gab: Guardiola. Nach seinem Debüt im Jahr 1998 wurde Xavi von seinem Mitspieler und zukünftigen Trainer in den höchsten Tönen gelobt; Guardiola pries seine Aufmerksamkeit und Reife, bevor er eilig hinzufügte, er sei noch nicht bereit, seinen Platz zu räumen. Van Gaal verglich die beiden oft miteinander, aber Xavi konnte sich erst nach Guardiolas Abschied durchsetzen. »Mein Augenblick kam, als Pep ging«, gestand Xavi später. »Als Spieler war ich darauf angewiesen, dass er ging – aber ich war glücklich, als er als Trainer zurückkehrte.« Als Guardiola das Traineramt von Frank Rijkaard übernahm, war Xavi bereits in eine offensivere Position vorgerückt und spielte im rechten zentralen Mittelfeld in Barcelonas 4-3-3. In seinen ersten Jahren bei den Profis waren die Verantwortlichen des Vereins allerdings so fest davon überzeugt, dass er der natürliche Erbe Guardiolas sei, dass er immer wieder in der tieferen Position eingesetzt wurde. »Bis zur Ankunft von Frank Rijkaard war ich sechs oder sieben Jahre lang ein ›Pivot‹«, erklärte Xavi. »Ich sollte das ganze Feld auf und ab marschieren und Vorlagen geben, aber in dieser Position ist das schwierig. Zehn bis fünfzehn Meter weiter vorne ist das sehr viel einfacher.« Tatsächlich fiel es Rijkaard nicht leicht, Xavi von diesem Positionswechsel zu überzeugen, nachdem er in seiner ganzen Jugend als »Pivot«, als »Vierer« oder einfach als »ein Guardiola« bezeichnet worden war.

Noch aufschlussreicher ist die Entwicklung seines langjährigen Mittelfeldkollegen Andrés Iniesta, dessen Spielweise sich natürlich erheblich von der Xavis unterschied. Er besaß andere Vorzüge – Tempowechsel, mit denen er sich seinen Bewachern entzog, wobei er oft seine *croqueta* einsetzte, einen Trick, bei dem er den Ball rasch von einem Fuß auf den anderen spielte, um im Slalom zwischen zwei Gegenspielern hindurchzukommen. Daher konnte Iniesta weiter vorne in engeren Räumen agieren, aber in La Masía war er ebenfalls auf der tieferen Mittelfeldposition eingesetzt worden, was zeigt, wie sehr der Verein darauf versessen war, kreative Mittelfeldspieler in Guardiola-Klone zu verwandeln. Iniestas Vater José Antonio glaubt, dass diese Positionierung auf dem Feld seinen Sohn einengte: »Als Junge schoss er viele Tore«, erinnert er sich. »Er war immer gut im Dribbling. Er sah die Bewegung eine Sekunde vor allen anderen und beschleunigte schnell. Er stieß auch in den Strafraum vor. In den Nachwuchsmannschaften konnte er alles machen, er konnte alles [...], aber das änderte sich, als er mit sechzehn Jahren in die B-Elf von Barça kam, wo er als Vierer eingesetzt wurde. Ein tief stehender Mittelfeldspieler wie Guardiola, Luis Milla, Xavi, Albert Celades, Iván de la Peña ... – das entfernte ihn vom Tor. Ich erinnere mich daran, dass sie sagten, er sei der neue Guardiola. Sie ließen ihn auf eine Art spielen, die nicht ganz zu seinen Eigenschaften passte.«

Mit Guardiola kam Iniesta erstmals beim Nike Cup in Kontakt, einer Art U-15-Klubweltmeisterschaft, die der FC Barcelona 1999 gewann. Im Finale im Camp Nou gab Iniesta die Vorlage zum Ausgleichstor und schoss den Siegtreffer. Guardiola überreichte ihm den Pokal und sagte: »In zehn Jahren werde ich dich jede Woche hier spielen sehen.« Später erkannte Josep Maria Gonzalvo, der Trainer der B-Mannschaft, dass sich Iniesta in einer Position weiter vorne wohler fühlte, und versetzte ihn ins offensive Mittelfeld, doch Lorenzo Serra Ferrer, Barças Trainer in der Saison 2000/01, wies ihn erneut an, sich Guardiola zum Vorbild zu nehmen. Zu dieser Zeit war Barcelona der einzige große Klub, in dem man einen Spieler wie Iniesta auf diese Position stellte, denn bei anderen europäischen Spitzenklubs wurde von tief stehenden Mittelfeldspielern Athletik und Zweikampfstärke erwartet. In seinen Lehrjahren in der ersten Mannschaft wurde er regelmäßig im defensiven Mittelfeld eingesetzt. Beispielsweise spielte er 2006 im Alter von 21 Jahren bei einem 2:0-Sieg über Benfica Lissabon im Viertelfinale der Champions League die Guardiola-Rolle, während der robuste und harte Niederländer Mark van Bommel die Position im linken zentralen Mittelfeld einnahm, die Iniesta so gerne eingenommen hätte.

Ein weiteres vielversprechendes Talent aus La Masía war Cesc Fàbregas. Er spielte in der Jugend mit Gerard Piqué und Lionel Messi zusammen und war ebenfalls geeignet für eine offensivere Rolle, wurde im Nachwuchs jedoch im Allgemeinen als Vierer eingesetzt. »Guardiola ist seit meiner Kindheit mein Idol«, sagte er. So wie Iniesta wurde auch Fàbregas von Guardiola gefördert. Als er im Alter von dreizehn Jahren nach der Trennung seiner Eltern in eine persönliche Krise geriet, überreichte ihm ein Nachwuchstrainer eines Tages ein signiertes Trikot mit der Rückennummer 4 samt einer Botschaft: »Für Francesc Fàbregas. Ich warte ein paar Jahre, um dich mit der Nummer 4 im Camp Nou zu sehen. Viel Glück, Pep Guardiola.« Angesichts der großen Konkurrenz im zentralen Mittelfeld bei Barça wechselte Fàbregas dann allerdings zu Arsenal, wo er anfangs als eine Guardiola-Kopie betrachtet wurde, im Lauf der Zeit jedoch ins offensive Mittelfeld vorrückte. Auch für Fàbregas gilt, dass man nur in Barcelona auf die Idee gekommen wäre, einen Fußballer mit seinen Eigenschaften vor die Abwehr zu stellen.

Und dann war da der am besten gelungene Guardiola-Klon von allen: Sergio Busquets. Dieser groß gewachsene, kräftige Spieler war von Natur aus geeignet, um als Absicherung vor der Abwehrreihe zu agieren, obwohl er in der Jugend weiter vorne gespielt hatte. Busquets kam – lange nach dem Abschied des Spielers Guardiola – erst mit sechzehn Jahren zum FC Barcelona, aber sein Vater Carles war einer von Cruyffs mitspielenden Torhütern im Dream Team gewesen, weshalb Busquets nach Barça-Art ausgebildet worden war. Er war auch der Erste aus diesem Quartett, der unter dem Trainer Guardiola spielte, denn er gehörte in der Saison 2007/08, der Spielzeit vor Guardiolas Beförderung auf den Cheftrainerposten, der von seinem Vorbild trainierten B-Mannschaft an. Xavi, Iniesta und Fàbregas wandten das, was sie sich bei Guardiola abgeschaut hatten, in vorgerückten Positionen an, aber Busquets spielte einfach die klassische Guardiola-Rolle. »Könnte ich noch einmal von vorn anfangen und als irgendein Spieler zurückkommen, so würde ich Sergio Busquets sein«, sagte Guardiola. So kam es, dass sowohl die Nationalelf im Jahr 2009, in dem Busquets sein Debüt für Spanien gab, als auch Barcelona ab 2011, als Fàbregas zurückkehrte, oft vier Spieler aufstellte, die sich an Guardiolas Vorbild orientierten. Selbst wenn man seine Bedeutung als Trainer beiseitelässt, war sein Einfluss auf den spanischen Fußball also gewaltig.

Bei der EM 2008, noch vor der Ankunft von Busquets, spielten Xavi, Iniesta und Fàbregas an der Seite weiterer hochbegabter Spielgestalter. Dies waren Liverpools tief stehende Passmaschine Xabi Alonso, der vor allem für seine langen Diagonalbälle bekannt war, Valencias David Silva, ein intelligenter, flinker Chancenerzeuger und -verwerter, der sich zwischen den Linien bewegte, und Villarreals Santi Cazorla, ein beidfüßiger Spieler, der Ähnlichkeiten mit Iniesta hatte und es sehr gut verstand, sich seinen Gegenspielern zu entziehen. Alonso und Silva perfektionierten ihr Spiel Jahre später bei Bayern München bzw. Manchester City, der eine, indem er sein Repertoire um chirurgische Pässe erweiterte, mit denen er die gegnerischen Linien durchschnitt, der andere, indem er sich ein wenig weiter zurückfallen ließ, um das Spiel zu diktieren. Beide spielten in dieser Etappe ihrer Karriere unter Guardiola.

Spaniens Überangebot an Spielgestaltern hatte schon vor der EM 2008 für internationales Aufsehen gesorgt, was einfach daran lag, dass es so ungewöhnlich war. Deutschland hatte seine stilistische Revolution noch nicht durchgemacht, und Frankreich verzichtete lieber auf kreative Spieler. Im Turnier gab es durchaus einige Spielmacher – Deco bei Portugal, Wesley Sneijder bei den Niederlanden, Andrea Pirlo bei Italien –, aber diese waren im Allgemeinen von Fußsoldaten umgeben, während Spanien im Finale Xavi, Iniesta, Fàbregas und Silva gleichzeitig aufbot und dem eingebürgerten Brasilianer Marcos Senna die Absicherung vor der Abwehr überließ. Der Begriff »Tiki-Taka« war auch schon vorher zur Beschreibung des spanischen Stils verwendet worden, und dasselbe galt für »jugones«, was so viel wie »Spieler der Extraklasse« bedeutet und zeigt, dass die Spanier mittlerweile als technische Vorreiter des Spiels galten. Es gab noch Zweifel, ob es ihnen gelingen würde, so viel Talent auch in Erfolge umzumünzen, aber diese Zweifel sollten bald ausgeräumt werden.

Überraschend war die Entwicklung der Spanier zu Meistern des Passspiels bei der EM 2008 angesichts ihres Trainers, des etwas antiquiert wirkenden Luis Aragonés, der eher als Defensivtaktiker bekannt war. Der einzige Triumph Aragonés' in der spanischen Liga lag nicht weniger als 31 Jahre zurück, als er in einer sehr körperbetont spielenden Mannschaft von Atlético Madrid, die in einem 1-3-1-3-2 mit einem Libero hinter der Abwehr und einem defensiven Mittelfeldmann davor spielte, den Meistertitel errungen hatte. In seiner Zeit auf der Trainerbank des FC Barcelona, die nur eine Saison dauerte (1987/88, sein Nachfolger war Johan Cruyff), stützte er sich auf technisch beschlagene Spieler, aber danach kehrte er wieder zu einem weniger attraktiven Fußball zurück, mit dem er durchaus erfolgreich war: So führte er den FC Valencia in der Saison 1995/96 zur Vizemeisterschaft und belegte mit dem auf Konter spezialisierten Außenseiter RCD Mallorca 2000/01 den dritten Platz in der Liga.

Im Jahr 1998 empörte sich Aragonés öffentlich über die Abkehr des spanischen Nationalteams vom Stil der Fúria Roja, der »roten Furie«, wie die Nationalelf traditionell genannt wird: »Jedes Land hat seine Art, den Fußball zu leben, und so soll es auch sein«, erklärte er. »Italien hat drei WM-Titel mit dem Catenaccio gewonnen, und Argentinier und Brasilianer geben niemals ihren eigenen fußballerischen Stil auf. Wir Spanier haben auch unseren Stil. Der spanische Fußball war nie exquisit, und wir sollten nicht versuchen, unsere DNA zu verleugnen. La Fúria war nicht nur ein Spitzname, mit dem man Eintrittskarten verkaufen konnte; es war eine Philosophie, auf die sich das Nationalteam jetzt wieder besinnen muss. Wir haben uns zuletzt der Idee verschrieben, dass wir am Ball brillant sein müssen, aber nein: Wir sind nicht diese Art von Mannschaft. Gegenwärtig haben wir zehn oder zwölf Spieler, die wunderbar mit dem Ball umgehen können, aber sie können nicht alle zusammenspielen.«

Als er zum Nationaltrainer ernannt wurde und sich mit so vielen erstklassigen Spielmachern konfrontiert sah, packte Aragonés sie dann jedoch alle zusammen in eine Mannschaft. Dieses Team zeigte bei der EM 2008, einem Turnier mit überwiegend fröhlichem Offensivfußball, einige wunderbare Spiele. »Es war, als wäre die Euro 2004 nie geschehen«, resümierte Gavin Hamilton in *World Soccer* das Turnier.

Unter Aragonés spielte Spanien in einem modifizierten 4-4-2. Senna stand tief, und David Villa ließ sich hinter die zweite Sturmspitze Fernando Torres zurückfallen, womit es genau genommen eher ein 4-1-3-1-1 war. Das Kernstück der Mannschaft war das Trio Iniesta, Xavi und Silva. Aragonés verzichtete auf Breite, um drei Spielmacher gleichzeitig aufbieten zu können. Dennoch verdankte Spanien seinen Fortschritt nicht allein dem Tiki-Taka, zumindest nicht in der Form, die es später annahm. Das erste spanische Turniertor beim 4:1-Sieg über Russland war das Ergebnis einer bemerkenswert direkten Aktion: Als der linke Außenverteidiger Joan Capdevila nach 20 Minuten in der Mitte der eigenen Hälfte einen Pass abfing, befand sich keiner seiner Spieler in einer zentralen Mittelfeldposition, sondern in der Mitte klaffte ein riesiges Loch von 35 Metern Durchmesser. Also schlug Capdevila einen Steilpass auf Torres, der den letzten russischen Verteidiger aussteigen ließ und den Ball vor dem herauseilenden Torwart quer zu David Villa spielte, der ihn nur noch ins leere Tor schieben musste. Mit dieser Aktion hatte Spanien das Mittelfeld vollkommen übersprungen. Beim zweiten spanischen Tor schloss Villa kurz vor der Pause einen weiteren

Konter ab, wobei Capdevila erneut der Ausgangspunkt war und mit einem kräftigen Antritt eine Defensivaktion rasch in einen Angriff verwandelte. In der 75. Spielminute vollendete Villa seinen (nicht ganz lupenreinen) Hattrick nach einer schnellen Kombination, die eher mit dem Tiki-Taka zu tun hatte, bevor Fàbregas nach einem schnellen Konter per Flugkopfball den Endstand herstellte. »Wir kontern gerne«, sagte Aragonés später. Einige Jahre später sollte der Konterfußball als Antithese des spanischen Stils gelten.

Spanien gewann auch das zweite Gruppenspiel gegen Schweden. Nachdem Torres im Anschluss an einen Standard getroffen und Schweden ausgeglichen hatte, war es einmal mehr Capdevila, der mit einem Steilpass das Siegtor einleitete: Sein 45-Meter-Pass war eigentlich für Torres gedacht, rutschte jedoch zu Villa durch, der ins Tor traf. Es war nicht unbedingt Kick-and-rush, aber es war auch kein Tiki-Taka. Nach einem 2:1-Sieg über Griechenland mit einer auf zahlreichen Positionen umgestellten Mannschaft kam Spanien im Viertelfinale gegen Italien weiter, wenn auch erst im Elfmeterschießen nach einem enttäuschenden 0:0. Die Spanier waren den Italienern, bei denen Andrea Pirlo und Rino Gattuso gesperrt fehlten, klar überlegen, aber ihr Kombinationsspiel war keineswegs flüssig.

Im Halbfinale traf Spanien erneut auf Russland und setzte sich mit 3:0 durch, aber diesmal kritisierte der Trainer das mangelhafte Kombinationsspiel. »Am Anfang spielten wir die Art von Fußball, die den Russen liegt – lange Pässe«, beklagte sich Aragonés. Aber nach einer schwachen Eröffnungsviertelstunde begann Spanien tatsächlich, Ballbesitzfußball zu spielen. Die Tore fielen allesamt in der zweiten Hälfte, nachdem es den Spaniern gelungen war, ihren Gegner müde zu spielen. In diesem Spiel trat die Mannschaft sehr angriffslustig auf: Als Iniesta seinem Kollegen Xavi den Ball für den Volleyschuss zum Führungstor auflegte, standen fünf spanische Spieler im Strafraum, und am Ende verbuchte die Mannschaft nicht weniger als elf Torschüsse. Silva und der Ersatzmann Dani Güiza sorgten für die übrigen Treffer, wobei sie jeweils feine Pässe von Fàbregas verwandelten, dessen entscheidende Beiträge zum spanischen Triple-Erfolg oft übersehen werden.

Im Finale war Spanien der deutschen Mannschaft deutlich überlegen und erspielte sich zahlreiche Chancen. Das einzige Tor erzielte nach einer halben Stunde Torres, der einen Steilpass von Xavi erreichte und an Torwart Lehmann vorbei ins Tor spitzelte. Zehn Minuten vor Spielende setzte sich Senna – der Mann, der für die defensive Absicherung des Mittelfelds verantwortlich war – im Dribbling gegen zwei Gegner durch, spielte einen Steilpass und stürmte in den Strafraum, wo er den Ball zurückbekam und nur um Zentimeter am Tor vorbeischoss. Spaniens defensiver Mittelfeldspieler versuchte verzweifelt, mit einem zweiten Tor den Sieg zu sichern. Xabi Alonso, der eigentlich eingewechselt worden war, um dem Mittelfeld größere Stabilität zu geben, startete in der Nachspielzeit einen ähnlichen Sturmlauf. Das war Tiki-Taka kombiniert mit kompromisslosem Angriffsfußball.

»Ich denke, jeder, der den Fußball liebt, möchte sehen, dass die Spieler gut kombinieren, in den Strafraum eindringen und Tore schießen«, hatte der 69-jährige Aragonés vor seinem letzten Spiel als Nationaltrainer erklärt. Der Name des Mannes, der in seiner gesamten Karriere als Defensivspezialist gepriesen – oder verspottet – worden war, wurde jetzt mit einem angriffslustigen, von schnellen Passstafetten geprägten Fußball verbunden. »Von nun an werden wir uns zutrauen, solche Turniere zu gewinnen«, sagte er. »Ich hoffe, dass Spanien auf diesem Weg weitergehen und noch viele Siege feiern wird.«

Auch auf Vereinsebene pflegten die Spanier den neuen Stil und feierten ähnliche Erfolge damit. Guardiolas erste Saison auf der Trainerbank des FC Barcelona zählt zu den beeindruckendsten in der Geschichte des Klubfußballs: In der Saison 2008/09 gewann Barça zum ersten Mal das Triple, und zwar mit dem attraktivsten Fußball, den Europa seit Jahren gesehen hatte. Es wurden Vergleiche mit Rinus Michels' Holland und Arrigo Sacchis AC Mailand angestellt. Guardiola erwies sich als Revolutionär, der das Spiel der Blaugrana in jeder Hinsicht prägte: Zu den Merkmalen seiner Spielidee zählten ein aggressiv mitspielender Torwart, eine hoch stehende Abwehr und später ein integriertes Pressing sowie der Verzicht auf einen herkömmlichen Mittelstürmer. Vor allem ging es Guardiola aber darum, das Mittelfeld durch das Positionsspiel zu beherrschen.

Als er die Mannschaft übernahm, lag sie in Trümmern. Sein Vorgänger Frank Rijkaard hatte den Job resigniert hingeschmissen. Die Stars der Mannschaft waren außer Form. Nur zwei Jahre früher hatte Barcelona den Europapokal gewonnen, aber bei diesem 2:1-Sieg über Arsenal im Jahr 2006 hatte Rijkaard Xavi und Iniesta auf der Bank gelassen und im Mittelfeld stattdessen mit Deco einen Spielmacher aufgestellt, dem der umgeschulte Innenverteidiger Edmílson und der zuvor erwähnte van Bommel zur Seite standen, ein defensiver Mittelfeldmann, der eher den Gegenspieler als den Ball attackierte. Die beiden spanischen Mittelfeldspieler waren zu jener Zeit nicht in bester körperlicher Verfassung, aber Rijkaard zog die physische Stärke grundsätzlich dem technischen Können vor, und für ihn waren die talentierten Stürmer wichtiger als das Mittelfeldtrio. In der Masía mochten Spieler von der Art Guardiolas gefördert werden, aber in der ersten Mannschaft kamen sie nicht immer zum Einsatz.

Zu jener Zeit tobte eine Debatte darüber, ob Xavi und Iniesta überhaupt zusammen spielen konnten. Die Zweifel an diesem Duo waren nicht ganz unangebracht, da sie beide für dieselbe Position ausgebildet worden waren, und in den besten Mittelfeldformationen stehen normalerweise drei unterschiedliche

Fußballer, die verschiedene Rollen spielen und verschiedene Aufgaben erfüllen. Unter anderen Trainern hätten Xavi und Iniesta nicht nebeneinander existieren können.»›Wir können nicht zusammenspielen!‹ Wenn man heute auf diese Debatte zurückblickt, denkt man: ›Meine Güte!‹«, erinnerte sich Xavi Jahre später.»Dasselbe hatten sie über Pep gesagt, als ich in die Mannschaft kam, [...] sie sagten, wir würden nicht verteidigen, wir passten nicht zusammen in dasselbe Mittelfeld, blablabla.« Aber Guardiola kam es nie in den Sinn, Xavi *oder* Iniesta aufzustellen; er wollte immer mit Xavi *und* Iniesta spielen. Und natürlich mit Busquets. Dieser war bis dahin nur in der vierten Liga in der von Guardiola betreuten B-Mannschaft eingesetzt worden, aber als Guardiola die erste Mannschaft übernahm, spielte er bald im Oberhaus.

Guardiolas Einstand ließ einiges zu wünschen übrig. Im ersten Saisonspiel unterlag Barcelona bei Numancia mit 0:1, und am zweiten Spieltag kam die Mannschaft in einem halbvollen Camp Nou nicht über ein 1:1 gegen Racing Santander hinaus. Doch ein Mann war beeindruckt vom neuen Spielsystem: Johan Cruyff.»Ich habe einen der besten Auftritte von Barcelona in den letzten Jahren gesehen«, sagte er zur Erheiterung seiner Zuhörer. Doch Cruyff sollte wie immer recht behalten, und im dritten Spiel wendete sich Guardiolas Glück.

In der Partie gegen Sporting Gijón schickte der junge Trainer Busquets, Xavi und Iniesta zum ersten Mal gemeinsam aufs Feld, und Barça beherrschte den Gegner in dessen Stadion von der ersten bis zur letzten Minute. Das Endergebnis: 6:1. Das erste Tor war bezeichnend: Iniesta zog dribbelnd von links nach innen und lupfte den Ball in den Strafraum zu Xavi, der per Kopfball vollendete und dem Vorbereiter in die Arme fiel. Die nächsten beiden Tore bereitete Xavi mit Eckbällen vor, dann gab Leo Messi eine Vorlage für Iniesta, der sich mit einem Assist für Messi bedankte, und in der letzten Spielminute legte Xavi ein weiteres Tor für Messi auf. Diese neunzig Minuten waren eine Miniatur der folgenden vier Spielzeiten: Xavi und Iniesta gestalteten das Spiel und versorgten Messi mit Assists. Barcelona hatte den richtigen Weg gefunden und sammelte in den folgenden 20 Spielen verblüffende 58 Punkte.

In der spanischen Liga ist es nicht ungewöhnlich, dass die großen Klubs Kantersiege über die Mauerblümchen feiern, aber Barça sparte sich seine besten Auftritte für die Begegnungen mit namhaften Gegnern auf: Das zweitplatzierte Real Madrid wurde (auswärts) mit 6:2 besiegt, das drittplatzierte Sevilla mit 4:0, das viertplatzierte Atlético Madrid mit 6:1, der sechstplatzierte FC Valencia mit 4:0, das siebtplatzierte Deportivo La Coruña mit 5:0 und der achtplatzierte FC Málaga mit 6:0. Nur das fünftplatzierte Villarreal, dessen Stil dem Barcelonas zu jener Zeit vielleicht am nächsten kam, konnte mit den Blaugrana mithalten. Der Sieg über Málaga im März war das beste Beispiel für Xavis Einfluss: Er schoss das Führungstor und gab jedem der drei Stürmer – Messi, Thierry Henry und Samuel Eto'o – eine Vorlage, und das alles vor der Halbzeitpause.

Der Champions-League-Triumph in Guardiolas erster Saison auf der Bank war nicht ganz so überzeugend. Im Halbfinale gegen Chelsea setzte sich Barça nur mit viel Glück und dank eines späten Treffers von Iniesta durch, und im Endspiel gegen Manchester United in Rom stand der Mannschaft in den ersten zehn Minuten das Wasser bis zum Hals: Nur mehrere Rettungstaten in höchster Not bewahrten sie vor einem Rückstand, bevor Eto'o einen Konter zum Führungstor nutzen konnte; erst in der Schlussphase beherrschte Barça den Gegner und siegte relativ sicher mit 2:0. In Erinnerung blieb vor allem die Schlussphase des Duells, als Alex Ferguson zwei zusätzliche Stürmer brachte und de facto auf ein 4-2-4 umstellte, womit Barcelona im Mittelfeld viel Freiraum erhielt, den Ball halten und das Spiel einschläfern konnte. Die letzten Augenblicke von Barcelonas erfolgreichster Saison verbrachte die Mannschaft daher damit, den Ball in den eigenen Reihen zu halten, was Guardiolas Stil schön zusammenfasste. Er konzentrierte sich auf das Mittelfeld (die Zone des Spielfelds) und setzte auf Mittelfeldspieler (die Art von Spieler).

Ferguson legte bei seiner Analyse des Gegners sein Augenmerk auf den Raum: »Wenn du drei ins Mittelfeld stellst, stellen sie vier hin. Wenn du vier hinstellst, stellen sie fünf hin.« Guardiola wies die Spieler, die andere Positionen einnahmen, stets an, in wichtigen Spielen das Mittelfeld zu verdichten, wobei Iniesta oft weit links agierte, aber nach innen zog. In seiner zweiten Saison ging Guardiola jedoch dazu über, Lionel Messi als falsche Neun einzusetzen, und in seiner dritten Spielzeit auf der Bank von Barça (2010/11) wurde dies sein bevorzugtes System. Mit Messis Beitrag zur Verbreitung der falschen Neun werden wir uns im folgenden Kapitel genauer beschäftigen, aber an dieser Stelle sei festgehalten, dass seine neue Rolle einen wesentlichen Vorteil hatte: Messi agierte nun als Zehner vor dem bestehenden dreiköpfigen Mittelfeld, was Barça eine zusätzliche Möglichkeit gab, sich im Zentrum mit einer Raute ein Übergewicht zu sichern.

Guardiolas Vertrauen in die Mittelfeldspieler war so groß, dass er Spieler dieses Typs auch auf andere Positionen stellte. Barcelona brauchte einen zusätzlichen Innenverteidiger, der bei Verletzungen der Stammspieler einspringen konnte, aber Guardiola zog es vor, Mittelfeldspieler ins Abwehrzentrum zurückzuziehen. Yaya Touré fungierte dort im Champions-League-Finale 2009 als Lückenbüßer, Sergio Busquets passte sich problemlos an diese Funktion an, und Javier Mascherano wurde nach seinem Wechsel aus Liverpool praktisch zu einem ständigen Innenverteidiger. »Mittelfeldspieler sind intelligent, weil sie an das Team als Ganzes denken müssen«, erklärte Guardiola. »Sie sind uneigennützig und verstehen das Spiel besser als andere, und je mehr Mittelfeldspieler du hast, desto leichter kannst du andere Positionen mit ihnen besetzen. So werden sie vielseitig, weshalb wir mit einem kleineren Kader auskommen.« Guardiola versuchte, eine Mannschaft mit möglichst vielen Mittelfeldspielern aufzubauen. »Ich liebe Mittelfeldspieler«, sagte er später bei seiner Station in München, »ich hätte am liebsten 1000 davon in der Mannschaft.«

In seiner vierten und letzten Spielzeit bei Barça feierte Guardiola weniger Erfolge als in den Vorjahren und konnte die Meisterschaft zum ersten Mal nicht gewinnen. Taktisch war es jedoch eine faszinierende Saison, da er immer öfter neue Aufstellungen ausprobierte, um es den Gegnern möglichst schwer zu machen, sich auf Barça einzustellen – und um die Zahl der Mittelfeldspieler in seiner Mannschaft zu erhöhen. Bei einem 3:2-Auswärtssieg beim AC Mailand im November 2011 griff Guardiola auf ein 3-3-1-3 zurück, das direkt aus dem Ajax-Handbuch entnommen war, wobei ein Mannschaftskern aus sechs Mittelfeldspielern entstand: Mascherano im Abwehrzentrum, ein Mittelfeldquartett mit Busquets, Xavi, Seydou Keita und Thiago Alcántara sowie Fàbregas in der Spitze.

Seine gewagtesten Experimente sparte er sich für zwei Supercup-Spiele auf. Beim 2:0-Sieg über den FC Porto im europäischen Supercup stand am Ende ein Innenverteidigerpaar aus den zwei Mittelfeldspielern Busquets und Mascherano auf dem Feld, dazu kamen die Mittelfeldakteure Xavi, Keïta, Iniesta und Fàbregas. Im Finale der Klub-WM im selben Jahr, das Barça mit 4:0 gegen Santos gewann, bevölkerte Guardiola das Mittelfeld noch dichter und stellte dem üblichen Trio Busquets, Xavi und Iniesta auf den Außenpositionen Fàbregas und Thiago zur Seite, die sich beide nach innen orientierten. Dazu kam natürlich Messi als falsche Neun. Da sich auch Dani Alves unablässig in den Angriff einschaltete und de facto einen Rechtsaußen gab, spielte Barcelona tatsächlich in einem 3-7-0. Santos war schlicht überfordert. »Sie haben eine neue Formation erfunden«, stöhnte der brasilianische Trainer Muricy Ramalho, und seine Spieler waren genauso fassungslos wie er: »Du kannst nicht spielen, wenn du den Ball nicht hast, und es ist fast unmöglich, ihn diesen Leuten abzunehmen«, erklärte ihr modebewusster Zehner Ganso. Der zukünftige Barça-Stürmer Neymar traute seinen Augen nicht: »Wir müssen von ihnen lernen, wie man Fußball spielt«, sagte er. »Ich habe die derzeit besten Spieler der Welt gesehen: Messi und Xavi.«

Am wohlsten fühlte sich die Mannschaft jedoch nach wie vor im klassischen 4-3-3, in dem Busquets vor der Abwehr spielte und das Mittelfeld absicherte, Xavi das Spiel aus dem rechten Halbraum lenkte und Iniesta weiter vorne als Bindeglied zum Sturm fungierte. Diese drei Kinder der Masía, die sich in ihrer Jugend an Guardiolas Vorbild orientiert hatten und nun unter seiner Anleitung den Gipfel ihres Könnens erreichten, beherrschten in diesen vier Jahren alle großen Spiele, in denen sie gemeinsam auf dem Platz standen. Manchmal war Barcelona instabil in der Defensive, manchmal ließ die Chancenverwertung zu wünschen übrig, aber am Mittelfeld gab es nie etwas auszusetzen. »Die Leute bezeichnen dieses Mittelfeld als Xavi-Iniesta-Busquets«, sagt Xavi. »An dieses Mittelfeld wird man sich ewig erinnern, wegen seiner Art zu spielen und wegen der Titel, die es gewann.«

Vicente del Bosque, der nach der EM 2008 Luis Aragonés als Nationaltrainer beerbte, machte keine Anstalten, die Struktur des Barça-Mittelfelds zu übernehmen, obwohl sein Personal in der Nationalmannschaft fast dasselbe war. Bei der WM 2010 entschloss sich del Bosque nach zahlreichen Experimenten, im Sturm auf David Villa, der in Barcelona einen Vertrag unterschrieben hatte, sowie auf Barças Außenstürmer Pedro Rodríguez zu setzen, und Busquets, Xavi und Iniesta standen ebenfalls regelmäßig in der Startelf. Somit kamen fünf der »vorderen sechs« aus Guardiolas Stammelf. Aber statt einen Spieler mit Messis Rolle zu betrauen und das Barça-Muster vollkommen zu übernehmen, entschied sich del Bosque für den tief stehenden Mittelfeldspieler Xabi Alonso. Die Folge war, dass Spanien den Ball länger halten konnte, aber Mühe hatte, in den gegnerischen Strafraum einzudringen.

Mit diesen Spielern brauchte del Bosque ein anderes taktisches Schema, nämlich ein 4-2-3-1. Busquets und Alonso bildeten eine Art Doppelsechs, während Xavi in die Position des Zehners vorrückte, in der er sich offensichtlich nicht wohlfühlte, da er den Ball mit dem Rücken zum Tor annehmen musste; es gelang ihm jedoch, das Spiel zu dominieren, indem er sich weit zurückfallen ließ. Iniesta übernahm in diesem System die Rolle eines Flügelstürmers, der nach Belieben nach innen ziehen konnte, wodurch er oft eine etwas nach links verschobene Raute mit den drei eigentlichen Mittelfeldspielern bildete. Alle drei Barça-Spieler zeigten beeindruckende Leistungen, und Iniesta spielte im Nationalteam eine auffälligere Rolle, da er in Messis Abwesenheit mehr Freiheiten im Angriff genoss. Doch mit der Umgruppierung dieser Spieler schien del Bosque auf den Zusammenhalt des Barça-Mittelfelds zu verzichten, und in der spanischen Auswahl gingen die Passmuster verloren, die diesen Spielern beim spanischen Meister zur zweiten Natur geworden waren. Die Triumphe Spaniens wurden durch den frustrierenden Eindruck geschmälert, dass diese Mannschaft abenteuerlustiger, unterhaltsamer, »mehr wie 2008«, vor allem aber ein bisschen besser hätte spielen können.

Ein derart negatives Urteil über die vielleicht beste Nationalmannschaft aller Zeiten mag übertrieben hart klingen, aber genau dieses Urteil fällten einige der wichtigsten Figuren des spanischen Fußballs. Der namhafteste Kritiker war del Bosques Vorgänger: »Xavi spielt außerhalb seiner Position«, beklagte sich Luis Aragonés nach der Hälfte des WM-Turniers 2010. Aragonés war überzeugt, dass der Mittelfeldregisseur weiter zurückgezogen spielen müsse. Xavi selbst war ebenfalls dieser Meinung und bat den Trainerstab hinter verschlossenen Türen, die Mittelfeldstruktur zu ändern und mit einem einzigen defensiven Mann – Busquets – zu spielen, was ihm selbst die Möglichkeit geben würde, in die Rolle zu schlüpfen, die er auch bei Barcelona spielte. Aber del Bosque hielt am 4-2-3-1 fest. Seine Unnachgiebigkeit hatte auch damit zu tun, dass er bei der Aufstellung der Mannschaft diplomatisch vorgehen und ein Gleichgewicht zwischen den Spielern von Barça und Real Madrid herstellen musste.

Es gilt, sich ins Gedächtnis zu rufen, dass del Bosque selbst eine Real-Legende war. Er hatte in den siebziger Jahren mehr als 500-mal das Trikot der Blancos übergestreift und war ein ausgezeichneter defensiver Mittelfeldspieler gewesen, bekannt für seine Spielintelligenz und Uneigennützigkeit in Ballbesitz. Er hatte auch fast seine ganze Trainerlaufbahn »im Haus« verbracht, weshalb er mit einem Umstieg auf das Spielsystem von Barça, der gleichbedeutend mit einem Verzicht auf den Real-Strategen Xabi Alonso gewesen wäre, die Gefahr heraufbeschworen hätte, die Mannschaft, die Medien und einen großen Teil der Öffentlichkeit gegen sich aufzubringen. Del Bosque stammte aus der Universitätsstadt Salamanca, die eher für ihre akademische Tradition als für herausragende Fußballer bekannt ist, und war mit seinem imposanten Schnauzbart und seinen makellos höflichen Umgangsformen der Inbegriff eines Kastiliers, ein Familienmensch und stets bemüht, es allen in seiner Umgebung recht zu machen. Er sprach gerne von der Bedeutung der »Gruppe« und vom Zusammenhalt bei Turnieren; diese Dinge waren ihm wichtiger als taktische Nuancen. Wenn man bedenkt, dass La Roja vor allem aus Spielern der Erzrivalen Real und Barça bestand, die sich zu jener Zeit in einem besonders erbittert geführten Krieg gegenüberstanden, war die Harmonie in seiner Mannschaft tatsächlich bemerkenswert. (Die Fehde zwischen Sergio Ramos und Gerard Piqué begann erst einige Jahre später.)

Del Bosque hatte auf Vereinsebene große Erfolge als Trainer gefeiert. In vier Jahren bei Real Madrid, wo er 1999 das Traineramt übernommen hatte, hatte er die Mannschaft zu zwei Meistertiteln und zwei Champions-League-Siegen geführt. Im Jahr 2003 setzte ihn der auf Europapokalerfolge fixierte Klubpräsident Florentino Pérez ohne viel Federlesen vor die Tür, weil er in der abgelaufenen Saison »nur« den Meistertitel gewonnen hatte. Pérez erklärte später, del Bosque habe ein »traditionelles Profil«, während Real nach jemandem suche, »der größeren Wert auf Taktik, Strategie und die körperliche Verfassung der Spieler« lege. Das war selbst dem sanftmütigen del Bosque zu viel, der sich den Vorwurf der Antiquiertheit nicht gefallen lassen wollte.

Natürlich war Perez' Kritik überzeichnet, aber sie war nicht ganz unangebracht. Del Bosque war eine besonnene Vaterfigur und hatte größere Ähnlichkeit mit Arsène Wenger als mit Pep Guardiola: Er hatte nicht viel für taktische Eingriffe ins Spiel übrig, war jedoch ein entschiedener Befürworter des Ballbesitzfußballs: »Ich möchte immer Mittelfeldspieler in meiner Mannschaft haben, und zwar so viele wie möglich«, sagte er. »Am liebsten wäre es mir, wenn alle Spieler Mittelfeldspieler wären.« Und in einem Punkt dachte er genau wie Guardiola: »Wäre ich heute ein Spieler, so würde ich wie Busquets spielen.« Wie Barça wurde auch die spanische Nationalelf von einem ehemaligen tief stehenden Aufbauspieler betreut. »Guardiola und del Bosque sind sich ähnlicher, als die Leute glauben«, sagte Xavi.

In seinen Kabinenansprachen, die manchmal eine Minute, aber oft nur fünfzehn Sekunden dauerten, wiederholte del Bosque in erster Linie die moderne spanische Spielphilosophie. Graham Hunter berichtet in seinem Buch *Spain*, dass der Trainer seinen Spielern vor dem WM-Finale einschärfte: »Spielt beharrlich so, wie wir immer spielen. Bleibt unserem Stil treu.« Er war kein Revolutionär wie Guardiola, aber sein Zugang war noch spezieller: Man musste den Ball in den eigenen Reihen halten.

Der wesentliche Unterschied zwischen Guardiolas Barcelona und del Bosques Spanien war der Zweck des Ballbesitzes. Während Barcelona unter Guardiola und die Nationalelf unter Aragonés einen attraktiven Offensivfußball gespielt und in jedem Moment das gegnerische Tor im Auge gehabt hatten, war das Beeindruckendste an del Bosques Spanien die Gegentorbilanz: Diese Mannschaft setzte den Ballbesitz ein, um Torchancen des Gegners zu verhindern. Bei der WM 2010 und der EM 2012 kassierte Spanien in insgesamt dreizehn Spielen nur drei Tore, und die aussagekräftigste Statistik zur spanischen Siegesserie zeigt die Zahl der Spiele, die zu null gewonnen wurden: In den zehn K.-o.-Spielen bei der EM 2008, der WM 2010 und der EM 2012 musste Spanien nicht ein einziges Gegentor hinnehmen.

Offensiv hingegen konnte La Roja unter del Bosque nur selten überzeugen. Die WM-Endrunde 2010 in Südafrika begann mit einer ernüchternden 0:1-Niederlage gegen die Schweiz. In diesem Spiel brachte del Bosque Iniesta und Silva auf den Flügeln, und beide rückten in Xavis Zone ein, während sich dieser in seine angestammte Position zurückfallen ließ, wo er jedoch zu nah bei Busquets und Alonso spielte. Bei Spanien besetzten regelmäßig fünf Mittelfeldspieler den Raum, in dem Barcelona mit drei Spielern auskam. Auf diese Art verlor das Spiel an Breite, was es der gegnerischen Defensive erlaubte, die Räume im Zentrum dicht zu machen. Eine solche Überfrachtung war Guardiola fremd, der normalerweise, dem niederländischen Modell entsprechend, zwei Stürmer auf den Außenbahnen spielen ließ, um die gegnerische Abwehr in die Breite zu ziehen und Lücken zu öffnen.

Nach der Niederlage gegen die Schweiz setzte sich der Mannschaftsrat mit del Bosque zusammen, um ihm zu versichern, dass die Spieler an seine Philosophie glaubten, gleichzeitig jedoch eine Änderung der Spielweise zu fordern: Silva musste auf der Bank Platz nehmen, und Spanien spielte von nun an mit mindestens einem Angreifer, der auf die Flügel auswich und mit Steilpässen in den Rücken der Abwehr geschickt werden konnte. Manchmal begann Villa auf der linken Außenbahn, manchmal spielte Jesús Navas, ein waschechter Flügelläufer, der stark im Dribbling war, auf der rechten Seite, und am Ende ließ del Bosque Pedro auf derselben Position wie beim FC Barcelona spielen, so dass er von außen in die Mitte ziehen konnte.

Alle spanischen Spiele in diesem WM-Turnier folgten ein und demselben Muster. Im Grunde war es eine Art Hütchenspiel. Zunächst spielte die Mannschaft beim Stand von 0:0 zurückhaltend und hielt den Ball lange in den eigenen Reihen, ohne sich Torchancen zu erarbeiten. Stattdessen beschränkte sie sich auf schier endlose Kurzpassstafetten im Mittelfeld, um die Kontrolle zu behalten und den Gegner müde zu spielen. »Man sieht, wie der Gegner verzweifelt. Er läuft und läuft, bekommt den Ball aber kaum zu sehen«, erklärt Juan Mata, ein weiterer Spielmacher in der spanischen Mannschaft. »Das zermürbt ihn Stück für Stück.«

Dann brachte del Bosque nach etwa einer Stunde frische Spieler, die aggressiver in die Zone vor dem gegnerischen Tor vorstießen. Das Ergebnis waren späte Tore. Bei der WM 2010 gewann Spanien alle vier K.-o.-Spiele (gegen Portugal, Paraguay, Deutschland und Holland) mit 1:0, wobei die Tore in der 63., 83., 73. und im Finale in der 116. Minute fielen. Der wuchtige Mittelstürmer Fernando Llorente war im Spiel gegen Portugal ein wesentlicher Bestandteil des Plans B, Fàbregas und Pedro brachten gegen Paraguay Schwung in die Angriffsbemühungen, und erneut Fàbregas sowie Navas trugen entscheidend zum Finalsieg über die Niederlande bei.

Wenn es einmal in Führung lag, ging Spanien schließlich erneut dazu über, tief im Mittelfeld den Ball zu halten und das Spiel langsam zu ersticken. Das war ein ganz anderes Spiel als bei der EM 2008, als die Mannschaft mit einer Führung im Rücken weiter angegriffen hatte.

Typisch für die spanische Spielweise unter del Bosque war der Auftritt im Halbfinale gegen Deutschland. Jogi Löws Kontermannschaft unterschied sich grundlegend von der, die zwei Jahre zuvor im EM-Finale gegen Spanien verloren hatte. Löw hatte eine junge, frische und relativ unbekannte Generation von Spielern in die Nationalmannschaft eingebaut, und dieses junge Team hatte England mit 4:1 und Argentinien mit 4:0 besiegt, wobei es jeweils früh in Führung gegangen war und anschließend die Räume genutzt hatte, die ihm der auf den Ausgleich drängende Gegner bot.

Dies war der größte stilistische Kontrast bei der WM in Südafrika: Spaniens Ballbesitzfußball gegen Deutschlands Konterfußball – und der Ballbesitz setzte sich durch. Busquets neutralisierte Mesut Özil, Spanien störte den deutschen Spielaufbau effektiv, und nachdem es in der zweiten Hälfte stetig den Druck erhöht hatte, verwandelte Abwehrchef Carles Puyol einen von Xavi getretenen Eckball per Kopf zum 1:0. In den verbleibenden siebzehn Spielminuten erwies sich das spanische Ballbesitzspiel als effektiver denn je. Das deutsche Konterspiel, das darauf beruhte, den Gegner herauszulocken, funktionierte nicht, weil die Spanier den Ball im Mittelfeld in den eigenen Reihen hielten, ihre Positionen nicht aufgaben und jegliche Angriffsbemühungen verweigerten.

»Als wir den Ball schließlich eroberten, waren wir erschöpft, weil wir ihm so lange hinterhergelaufen waren«, gab der deutsche Torjäger Miroslav Klose später zu, und der Bundestrainer erklärte den Unterschied zwischen dem Spanien von Aragonés und dem Spanien von del Bosque: »Es ist außergewöhnlich schwierig, den Ball zurückzuerobern, wenn man ihn an Spanien verliert. Im Jahr 2008 gewannen sie den EM-Titel auf spektakuläre Art, vollkommen überzeugend, aber in den vergangenen zwei Jahren haben sie sich entwickelt und einige Änderungen vorgenommen, und jetzt spielen sie, als hätten sie auf Automatik umgeschaltet. Diese Mannschaft hat eine unvergleichliche Fähigkeit, dich zu beherrschen und zu kontrollieren.«

Im Endspiel stand Spanien dem Land gegenüber, dessen Fußball es so viel verdankt: den Niederlanden. Die Diskussionen im Vorfeld des Spiels kreisten um die Dinge, die diese beiden Fußballnationen verbanden, insbesondere um den Einfluss von Ajax Amsterdam auf den FC Barcelona: von Rinus Michels, Louis van Gaal und Frank Rijkaard, vor allem aber von Johan Cruyff. »Ich werde mir das Spiel mit ein paar spanischen Freunden ansehen«, kündigte Cruyff an. »Und ich glaube, dass ich nicht verlieren kann, egal wer gewinnt.«

Aber das Finale wurde keine Demonstration fröhlichen Angriffsfußballs. Die Holländer, die zu der Überzeugung gelangt waren, dass sie den Spaniern in einer Auseinandersetzung um den Ballbesitz nichts entgegenzusetzen hatten, griffen auf eine veraltete, körperbetonte und teilweise geradezu brutale Spielweise zurück. Das Spiel endete mit 8:5 für die Niederlande – gemessen an den Verwarnungen. Unvergessen ist Nigel de Jongs infamer Kung-Fu-Tritt in die Brust von Xabi Alonso; eine Absicht, den Ball zu spielen, war bei dieser Attacke nicht zu erkennen. Für dieses brutale Foul sah der Holländer nur die gelbe Karte; erwartungsgemäß räumte Schiedsrichter Howard Webb später ein, ein Platzverweis wäre angemessen gewesen. Ähnlich schäbig, wenn auch weniger auffällig, war das Verhalten des Pantomimenschurken Mark van Bommel, der im Lauf seiner Karriere sukzessive in die Rolle des Manns fürs Grobe geschlüpft war und sich darauf spezialisiert hatte, den talentiertesten Spieler der Gegenseite zu malträtieren. In diesem Fall war sein Opfer Iniesta. Es war ein heikles Duell, wenn man bedenkt, dass van Bommel beim Finalsieg des FC Barcelona in der Champions League 2006 Iniesta aus der Mannschaft verdrängt hatte. »Es war kein schönes Fußballspiel«, räumte der Niederländer nachher ein. »Aber welches Finale ist das schon?«

Der Matchplan von Oranje wäre beinahe aufgegangen. In der Offensive beschränkten sich die Holländer auf Versuche, Rechtsaußen Arjen Robben mit Steilpässen hinter die spanische Abwehrkette zu bringen, was zweimal funktionierte – beim ersten Mal rettete Torwart Iker Casillas in höchster Not, bei der zweiten Chance entschloss sich Robben gegen seine Gewohnheit, nach einem Gerangel mit Puyol nicht zu Boden zu gehen, und vertat eine Schusschance.

Fairerweise muss gesagt werden, dass beide Trainer versuchten, das Duell zu gewinnen, und in der zweiten Hälfte wurde das Spiel offener. Del Bosque brachte den offensiven Fàbregas anstelle des auf Absicherung bedachten Alonso, und Xavi nutzte die Gelegenheit, um sich zurückfallen zu lassen und das Spiel an der Seite von Busquets zu organisieren. Der niederländische Coach Bert van Marwijk ersetzte de Jong durch den Spielmacher Rafael van der Vaart, wodurch seine Mannschaft den Spaniern mehr Raum vor ihrer Abwehr zugestand, so dass Iniesta und Fàbregas in Erscheinung treten konnten. Zu Beginn der Verlängerung schickte Iniesta seinen Klubkollegen mit einem Pass in die Gasse, aber Fàbregas scheiterte frei stehend an Torwart Maarten Stekelenburg.

Iniesta wurde der Matchwinner. In der 109. Minute zwang er Johnny Heitinga mit einem schnellen Antritt zu einem Foul, was dem Niederländer die zweite gelbe Karte und damit den Platzverweis einbrachte. Sieben Minuten später brach Iniesta erneut durch und nahm im Strafraum einen feinen Heber von Fàbregas an. Der Abschluss war Iniestas große Schwäche, und zuvor hatte er zwei ordentliche Chancen vergeben, weil er nicht schnell genug geschossen hatte. »Man wäre nie auf den Gedanken gekommen, dass Andrés im WM-Finale treffen könnte«, sagte Guardiola Jahre später lachend. »Man könnte eine Umfrage machen: ›Wer wird ein Tor schießen?‹ Andrés würde man nicht einmal auf die Liste setzen.« Aber diesmal behielt er die Nerven, wartete, bis der Ball auf dem Boden lag, und jagte ihn ins Netz. Es war das wichtigste Tor in der Geschichte des spanischen Fußballs.

Die Spanier hatten die Sympathien auf ihrer Seite, und das Auftreten der Niederländer empörte sogar Johan Cruyff. »Sie wollten den Ball nicht«, schimpfte er über seine Landsleute. »Dieser hässliche, vulgäre, harte Stil – ja, es nützte den Holländern, Spanien aus dem Konzept zu bringen. Wenn sie damit zufrieden sind, in Ordnung, aber am Ende verloren sie. Sie spielten Antifußball.« Das Ansehen des niederländischen Fußballs hatte gelitten, und obendrein galt Spanien nun als unangefochtener Vorreiter des Ballbesitzfußballs. Der Einzige, der die Holländer nicht kritisieren wollte, war del Bosque. »Es war ein Finale des Offensivfußballs«, erklärte er, ganz diplomatischer Staatsmann. »Beide Seiten versuchten, das Spiel so zu spielen, wie es gespielt werden sollte.« Was offenkundig blanker Unfug war.

Bei der EM 2012 perfektionierte Spanien zwei Jahre später den defensiven Ballbesitz noch weiter. Das Personal in Mittelfeld und Angriff hatte sich kaum geändert, aber del Bosque kam der Verwirklichung seines Traums näher, eine Mannschaft von Mittelfeldspielern aufzustellen. Er brachte nicht weniger als sechs aufs Feld: Busquets und Xabi Alonso standen weiterhin tief, Xavi trug wie gehabt die Nummer 10, Silva und Iniesta spielten auf dem Papier auf den Außenpositionen im Mittelfeld, rückten jedoch wie gehabt nach innen, um das Zentrum zu verdichten, und Fàbregas führte den Sturm an. Diese Mannschaft spielte das Tiki-Taka in seiner vollkommensten Ausprägung.

Offensiv waren die Spanier auch bei diesem Turnier nicht beeindruckend. In der Gruppenphase zerlegten sie eine schwache irische Mannschaft mit 4:0, aber beim 1:1 gegen Italien und beim 1:0-Sieg über Kroatien fiel es ihnen schwer, Torchancen herauszuspielen. Dank ihres perfekten Ballbesitzspiels gestanden sie dem Gegner jedoch weiterhin kaum Torchancen zu. Im Viertelfinale schickten sie Frankreich mit einem 2:0 nach Hause, wobei Xabi Alonso im Mittelfeld Regie führte und in seinem hundertsten Länderspiel beide Tore schoss. Es war das erste Mal, dass der Madrilene die Barça-Fraktion bei einem Turnier in den Schatten stellte.

Im Halbfinale gegen Portugal hätte Spanien seine mangelnde Durchschlagskraft beinahe teuer bezahlt. In einer Begegnung, die ein wenig an einen Clásico erinnerte – auf Seiten der Portugiesen vertraten Cristiano Ronaldo, Pepe und Fabio Coentrão Real Madrid –, spielte Paulo Bentos Mannschaft ein vorzügliches Pressing und machte den Spaniern mit schnellen Kontern das Leben schwer. Del Bosque setzte am Ende auf eine Sturmreihe, die der des FC Barcelona so nahe wie möglich kam, und ließ Pedro und Navas von den Außenbahnen nach innen ziehen, während Fàbregas eine falsche Neun gab. Den Spaniern fiel es auch in diesem Spiel schwer, klare Chancen zu kreieren, und in der letzten Spielminute hätte Portugal das Spiel mit einem blitzschnellen Konter für sich entscheiden können, hätte Raúl Meireles nicht einen ungenauen letzten Pass auf Ronaldo gespielt. Das Spiel blieb auch nach Verlängerung torlos, und Spanien setzte sich erst im Elfmeterschießen durch.

Die Iberer standen beim dritten Großturnier in Folge im Endspiel, aber mittlerweile mussten sie sich viele Vorwürfe für ihre übertrieben berechnende Spielweise anhören. »Spaniens Spiel ist wie Liebe ohne Sex«, erklärte der ehemalige französische Linksverteidiger Bixente Lizarazu. Die deutlichste Kritik kam von Arsène Wenger, selbst ein Anhänger des Ballbesitzspiels, der seit Jahren davon schwärmte, wie der FC Barcelona »den Fußball in eine Kunst verwandelt« habe. Hingegen fand er das auf die Spitze getriebene Tiki-Taka der spanischen Nationalmannschaft sehr viel weniger unterhaltsam: »Sie haben ihre Philosophie verraten und in etwas Negatives verwandelt«, klagte Wenger, der das Turnier als TV-Experte begleitete. »Ursprünglich wollten sie den Ballbesitz, um angreifen und das Spiel gewinnen zu können; jetzt scheint es ihnen vor allem darum zu gehen, nicht zu verlieren. Sie sind konservativer geworden, und sie wollen dem Gegner den Ball nicht überlassen, weil sie ihm keine Torchancen zugestehen wollen. Das ist der Eindruck, den man bei der Euro 2012 gewinnt. Ja, es ist schwierig, eine massive Defensive aufzubrechen, aber das ist die Herausforderung, die jedes erfolgreiche Team bewältigen muss. Sie sind immer noch eine vorzügliche Mannschaft, aber sie sind weniger angriffslustig als früher.« Diese Kritik war vollkommen berechtigt, und Wenger sprach aus, was viele Fußballliebhaber dachten. Aber wie nicht anders zu erwarten, verteidigten die spanischen Spieler ihre Ehre: »Die Leute, die glauben, dass wir langweiligen Fußball spielen, verstehen meiner Meinung nach das Spiel nicht«, erklärte Fàbregas. »Wenn es die Leute langweilig finden, dass Spanien immer gewinnt, ist das fantastisch für uns«, ergänzte Xavi.

Das Endspiel wurde das beste Spiel Spaniens unter del Bosque. Die beiden ersten Tore beim 4:0 über Italien unterschieden sich deutlich, waren jedoch gleichermaßen brillant herausgespielt. Der erste Treffer war das wunderbare Resultat einer feinen Kombination zwischen Xavi, Iniesta, Fàbregas und Silva. Das zweite war ebenfalls das Ergebnis gekonnten Passspiels, das in diesem Fall jedoch sehr viel direkter war: Xavi bekam den Ball im Mittelfeld und wartete, bis der nach vorne sprintende Linksverteidiger Jordi Alba durch die italienische Abwehr schlüpfte, um ihn mit einem tödlichen Steilpass zu bedienen. Mit dem 2:0 zur Halbzeit war das Spiel zweifellos vorüber.

Alle Welt wusste, dass die Spanier dem Gegner keine Chance mehr geben würden, nachdem sie deutlich in Führung gegangen waren. Cesare Prandelli, der ungewöhnlich offensiv denkende italienische Trainer, der sich das spanische Ballbesitzspiel zum Vorbild genommen hatte, schöpfte bis zur 57. Spielminute sein Wechselkontingent aus, was teilweise an Verletzungen und teilweise an einem verzweifelten Versuch lag, ins Spiel zurückzukommen. Aber das war das Todesurteil für die Italiener: Der in Brasilien geborene und bei Barça ausgebildete Mittelfeldspieler Thiago Motta war Prandellis letzter Einwechselspieler, der sich jedoch nach nur fünf Minuten verletzte und wieder vom Platz humpelte, so dass Italien die letzte halbe Stunde mit zehn Mann spielen musste.

Bis dahin hatte Spanien unter del Bosque in sämtlichen K.-o.-Spielen auf eine ultrakonservative Taktik umgestellt, sobald es in Führung gegangen war. Doch nun hatten die Spanier Gelegenheit, ihre Kritiker zu widerlegen. Langweiliger Fußball, sagt ihr? In Ordnung, schaut euch das hier an. Del Bosque brachte mit allen drei Einwechslungen zusätzliche Torgefahr ins Spiel: Pedro kam für Silva, Torres für Fàbregas und Mata für Iniesta. Sowohl Torres als auch Mata erzielte sein Tor. Die neutralen Zuschauer hatten sich in den vorangegangenen Spielen gewünscht, die Spanier würden das Ballgeschiebe beschränken und offensiver spielen; jetzt wünschten sie sich, die Iberer würden Erbarmen mit den Italienern haben, die so aktiv und unterhaltsam spielten wie nie zuvor und diese Demütigung nicht verdient hatten. Aber die Spanier hatten kein Erbarmen, und seit diesem Tag verweisen sie stets auf dieses 4:0, um die Behauptung zu widerlegen, ihr Fußball sei langweilig gewesen. »Das war das wirkliche Spanien«, erklärte Gerard Piqué nach dem Spiel. Die Wahrheit war jedoch, dass Spanien vier Jahre lang bei großen Turnieren *nicht* so gespielt hatte, obwohl es stets mehr Spielanteile hatte als die Gegner.

Der beste Spieler des Finales war Xavi. In seiner gesamten Zeit im Nationalteam war er aufgrund seiner unvergleichlichen Fähigkeit, das Spiel zu beherrschen, das herausragende Beispiel für das spanische Passspiel, das sich in ganz Europa durchsetzte. Bis zur EM 2008, als er bereits 28 Jahre alt war, war Xavi kein besonders populärer Akteur, aber von da an wurde sein auf Kurzpässe ausgelegtes Spiel zur Inspiration für Mittelfeldspieler in ganz Europa. »Unsere Erfolge haben die Leute dazu bewegt, unseren Stil, meinen Stil mit anderen Augen zu betrachten«, sagte Xavi. »Es geht nicht nur um die Anerkennung, es ist mehr als das. Ich bin wirklich glücklich, denn unter egoistischen Gesichtspunkten war ich vor sechs Jahren als Spieler ausgestorben. Fußballer wie ich waren vom Aussterben bedroht.« Und jetzt wurden Fußballer wie er höher geschätzt als je zuvor.

14
Falsche Neunen und Argentinier

Im Jahr 2012 war das Konzept der falschen Neun in ganz Europa bekannt. Will man jedoch illustrieren, wie die Abkehr des spanischen Fußballs vom herkömmlichen Mittelstürmer verlief, lohnt es sich, einen Blick auf die Startelf zu werfen, die Spanien beim letzten WM-Spiel vor dem Anbruch seiner Dominanz auf den Platz brachte.

Bei der 1:3-Niederlage gegen Frankreich im Achtelfinale 2006 stellte Luis Aragonés nicht weniger als drei zentrale Stürmer auf: Raúl González, David Villa und Fernando Torres. Raúl war Mannschaftskapitän, Villa der zuverlässigste Torjäger der spanischen Liga und Torres der aufstrebende Jungstar. Aber die Entscheidung, alle drei zu bringen, erwies sich als Fehler: Raúl und Villa wurden zehn Minuten nach der Pause ausgewechselt und durch die beiden äußeren Mittelfeldspieler Luis García und Joaquín ersetzt, um Kontrolle über das Spiel zu erlangen. Nach der Niederlage mussten sich die Spanier eingestehen, dass es so gekommen war wie immer: Ihre technisch ausgezeichnete Mannschaft war unter ihren Möglichkeiten geblieben.

Es war jedoch durchaus verständlich, dass Aragonés darauf beharrt hatte, alle drei Stürmer einzusetzen. Ein solches Überangebot an Torjägern war für die Spanier vollkommen neu; das zeigt sich unter anderem daran, dass dieses Trio die drei ersten Plätze in der ewigen Torjägerliste der spanischen Nationalmannschaft belegt: Villa brachte es im Nationaltrikot auf 59 Tore, Raúl kam auf 44 Treffer, und Torres war insgesamt 38-mal erfolgreich. Der traditionelle Mangel an treffsicheren Mittelstürmern war so eklatant, dass der erfolgreichste Torschütze bis zur Ankunft dieser drei Stürmer der Innenverteidiger Fernando Hierro gewesen war. Zwar schoss er normalerweise die Elfmeter für Spanien und wurde gelegentlich im Mittelfeld eingesetzt, aber diese Statistik veranschaulicht dennoch das traditionelle Defizit in der Spitze.

Vor der Generation von Raúl, Villa und Torres muss man lange suchen, um in der Geschichte des spanischen Fußballs effiziente Torjäger zu finden. Pichichi, der in den zwanziger Jahren für Athletic Bilbao spielte, traf mit solcher Regelmäßigkeit, dass die Auszeichnung für den Torschützenkönig der spanischen Liga mittlerweile nach ihm benannt ist. Der Spieler, der sich am häufigsten die Torjägerkrone der spanischen Liga sicherte, war Telmo Zarra, ein weiterer Athletic-Angreifer, der die Auszeichnung in den vierziger und fünfziger Jahren sechsmal gewann. Der legendäre Alfredo Di Stéfano wurde in den fünfziger Jahren fünfmal *Pichichi*, aber er war eher ein Allrounder – und er war kein Spanier, sondern Argentinier. Der schmächtige Quini errang den Titel in den siebziger und achtziger Jahren fünfmal mit Sporting Gijón und dem FC Barcelona, brachte es in der Nationalmannschaft jedoch nur auf acht Tore. Später wurde der mexikanische Fallrückzieherspezialist Hugo Sánchez fünfmal *Pichichi*. Emilio Butragueño, sein Mannschaftskollege bei Real Madrid, war der einzige spanische Mittelstürmer in der zweiten Hälfte des 20. Jahrhunderts, der wirklich als erstklassiger Torjäger bezeichnet werden kann, und selbst er war nicht unbedingt eine Tormaschine, gelangen ihm doch nur in einer einzigen Saison mehr als 15 Treffer in der Liga. Spanien hatte einfach nie einen richtigen Neuner wie den Deutschen Gerd Müller oder den Engländer Gary Lineker hervorgebracht.

Aragonés durfte sich also glücklich schätzen, plötzlich drei Weltklassetorjäger zur Verfügung zu haben, aber die Situation war vollkommen untypisch. In italienischen Mannschaften war es üblich, drei zentrale Stürmer aufzubieten, aber Spanien hatte keine Erfahrung damit, und im Lauf der Zeit verzichtete der Trainerstab immer häufiger auf einen echten Mittelstürmer. Dabei orientierten sie sich am Vorbild eines in Spanien spielenden Nicht-Spaniers, der der falschen Neun zum Durchbruch verhalf.

Leo Messis unglaubliche Phase als bester Fußballer der Welt war nicht auf diese Jahre beschränkt, aber zwischen 2008 und 2012 wurde die Welt Zeuge, wie sich ein vorzüglicher Außenstürmer in eine verheerend effektive zentrale Spitze verwandelte. Bis zur Saison 2008/09 hatte Messi 42 Tore für Barcelona geschossen. Am Ende der Saison 2011/12 hatte er seine Bilanz auf 253 Tore geschraubt und sich in den erfolgreichsten Torschützen in der Geschichte des Klubs verwandelt.

Es war bezeichnend, dass ein Argentinier die spanische Vorstellung von der Rolle des Mittelstürmers veränderte. Der niederländische Fußball hat zweifellos den größten Einfluss auf die moderne spanische Fußballidentität gehabt, aber die Verbindungen zu Argentinien sind ebenfalls bedeutsam. Die Beziehung lässt sich bis ins Jahr 1921 zurückverfolgen, als eine spanische Nationalmannschaft, in der vorwiegend baskische Spieler den Geist der Fúria Roja verkörperten, eine Länderspieltour unternahm, die sie nach Argentinien, Uruguay und Brasilien führte. Die Gäste waren überwältigt von der attraktiven, geduldigen, auf dem Ballbesitz beruhenden Spielweise ihrer Gastgeber. Auf dieser Reise entdeckten die Spanier ihre Liebe zum lateinamerikanischen Fußball.

Im Jahr 1947 unternahm dann die großartige Mannschaft von San Lorenzo aus dem Stadtteil Almagro in Buenos Aires eine Tour durch Spanien, wo sie ihre spanischen Gegner mit einem technisch hochklassigen Fußball an die Wand spielte. San Lorenzo besiegte Atlético Madrid und den FC Barcelona und fügte auch der Nationalmannschaft zwei Niederlagen zu – mit einem Gesamtergebnis von 13:6. »Der Besuch von San Lorenzo markierte ein Davor und Danach im spanischen Fußball«, erklärt Jaume Olive, ein Nachwuchstrainer von Barça. »Der argentinische Meister hinterließ einen bleibenden Eindruck mit seinem hoch entwickelten Kurzpassspiel und zahlreichen Doppelpässen, der in krassem Gegensatz zum direkten Fußball Spaniens stand, wo es als Häresie galt, über Taktik zu sprechen. Die Argentinier wollten das Beste aus dem Ballbesitz und einem strategischen Zugang machen, worauf die Spanier nur mit La Fúria und Improvisation antworten konnten.«

Eigentlich hätte der argentinische Einfluss schwinden müssen, als nach dem blamablen Ausscheiden Spaniens bei der WM 1962, bei der man den letzten Platz in seiner Gruppe belegt hatte, der Einsatz ausländischer Spieler in der spanischen Liga verboten wurde. Stattdessen hatte das Verbot die entgegengesetzte Wirkung, denn *oriundos*, Ausländer mit spanischen Wurzeln, durften weiterhin eingesetzt werden. Die meisten derartigen Spieler kamen aus Argentinien. Später stellte sich in einer Untersuchung heraus, dass mehr als drei Viertel dieser Spieler in Wahrheit überhaupt keine familiären Beziehungen zu Spanien gehabt hatten und dass das Fälschen von Dokumenten zu einer üblichen Praxis geworden war. Daher wurde das Verbot im Jahr 1973 wieder aufgehoben, was Johan Cruyffs Wechsel zum FC Barcelona ermöglichte. Aber in diesen elf Jahren ließ Spanien keine Fußballer aus Europa ins Land, während eine Vielzahl argentinischer Spieler in die Liga kam.

Die historische Schlüsselfigur war Alfredo Di Stéfano, den Real Madrid 1953 dem FC Barcelona vor der Nase weggeschnappt hatte. Er gewann zweimal den Ballon d'Or und war der herausragende Spieler der Madrilenen, als sie zwischen 1956 und 1960 fünfmal in Folge den neu ins Leben gerufenen Europapokal gewannen. Zu jener Zeit war ein Wechsel der Nationalmannschaft noch nicht verboten, und Di Stéfano spielte zeitweise für Argentinien, Kolumbien und Spanien, je nachdem, in welchem

Land er gerade bei einem Verein untergekommen war. Die meisten internationalen Einsätze hatte er im spanischen Trikot, aber sein Stil war unübersehbar südamerikanisch.

»Er revolutionierte die spanische Vorstellung vom Spiel«, erklärte Vicente Miera, einer seiner Mitspieler bei Real, den Ian Hawkey in seiner Di-Stéfano-Biografie zitiert. »Wir waren daran gewöhnt, das Spiel in Segmente und Aufgaben zu unterteilen: Die Verteidiger waren dafür zuständig, die gegnerischen Stürmer zu bewachen, der Mittelfeldorganisator hatte kaum Freiheit, sich ins kreative Spiel einzuschalten, der Mittelstürmer wartete darauf, dass der Ball zu ihm kam. Alfredo hingegen spielte in allen Zonen und war obendrein gut im Abschluss. Er wurde ursprünglich als Mittelstürmer verpflichtet. Wir dachten, er würde immer vorne auf Zuspiele warten. Weit gefehlt: Er zog sich weit zurück, spielte Doppelpässe und trug zur Organisation der Mannschaft bei. Es war wirklich verblüffend, wie viele unterschiedliche Dinge er tat, wie er dachte.«

In späteren Jahren bewunderten die Spanier den argentinischen Fußball vor allem, weil die Südamerikaner einfach die erfolgreichere Fußballnation waren. Zwischen 1978 und 1990 gewann Argentinien zweimal den WM-Titel und wurde einmal Vizeweltmeister, während es Spanien in dieser Zeit nur ein einziges Mal bis ins Viertelfinale schaffte. Es war nur natürlich, dass ein erfolgreicheres spanischsprachiges Land, das laufend Spieler nach Spanien exportierte, für sein fußballerisches Potenzial bewundert wurde. Der argentinische Mittelfeldspieler Jorge Valdano, der erst als Spieler und später als Manager für Real Madrid arbeitete, wurde zum einflussreichsten Fußballphilosophen des Landes: ein angesehener, idealistischer Theoretiker, der sich beharrlich für das attraktive Spiel einsetzte. Sein Landsmann César Luis Menotti, der Inbegriff des offensiv denkenden argentinischen Trainers, der in den achtziger Jahren zuerst Barcelona und dann Atlético Madrid betreute, war ein weiterer berühmter Fußballideologe. So wie Valdano hielt er die individuelle Entfaltung auf dem Platz für unverzichtbar und warb für eine angriffslustige fußballerische Identität.

Und dann war da Diego Maradona, der größte Fußballer der achtziger Jahre, der 1982 für eine Rekordablöse zum FC Barcelona kam und zwei ereignisreiche Jahre im Camp Nou verbrachte, bevor er für eine neue Rekordablöse nach Neapel wechselte. Maradonas Leistungen bei Barça waren durchwachsen, was unter anderem an Konflikten mit dem deutschen Trainer Udo Lattek, an Krankheiten und einem brutalen Foul des Bilbao-Verteidigers Andoni Goikoetxea lag, das den Argentinier fast eine komplette Saison außer Gefecht setzte, aber sein Einfluss auf den Weltfußball war gewaltig. Die Verehrung für sein Trikot mit der Nummer 10 und seine Rolle als Bindeglied zwischen Mittelfeld und Angriff (die spanische Bezeichnung für diese Rolle, *enganche*, bedeutet so viel wie Verbindungsstück oder Kupplung) ist in Argentinien größer als anderswo in der Welt. Der *enganche* hat den argentinischen Fußball geprägt, der historisch von dem Bemühen gekennzeichnet war, einen Spielstil zu entwickeln, der sich sowohl von dem des ehemaligen Mutterlandes Spanien als auch von dem der Engländer unterschied, die das Spiel nach Argentinien brachten. Die Argentinier betrachteten den europäischen Fußball als übermäßig systematisiert und waren stolz auf ihren Individualismus und ihre Spontaneität: Jonathan Wilson führt dies in seiner Geschichte des argentinischen Fußballs auf eine »Explosion des kulturellen Selbstbewusstseins und der Kreativität in den zwanziger Jahren zurück, die auch den Tango hervorbrachte«. Wenn die Argentinier von einem Zehner sprachen, dachten sie an einen *pibe*, ein verwahrlostes Kind aus armen Verhältnissen, das seine fußballerischen Fähigkeiten auf der Straße entwickelte und sich dagegen sträubte, dass ein Trainer seine natürlichen Instinkte unterdrückte. Der Straßenjunge hatte seine Fähigkeiten nicht systematisch erlernt, sondern sein

Genie musste angeboren sein, und im Idealfall war er ein kleingewachsener Linksfuß und Dribbelkünstler.

Diese Vorstellung vom Zehner pflegten die Argentinier lange vor Maradona. Er schuf das Stereotyp nicht, aber er entsprach ihm genau. Dass Maradona in Argentinien so große Zuneigung genießt, liegt nicht einfach daran, dass er der beste Fußballer seiner Zeit war, sondern dass er ein so stereotypischer Argentinier war, dass er so perfekt zur argentinischen Vorstellung vom Zehner passte und dass er die Legende des *enganche* für die folgende Generation wachhielt. In den neunziger Jahren und zu Beginn des 21. Jahrhunderts fixierten sich die Argentinier ebenso sehr auf die Entdeckung eines »neuen Maradona«, wie sich die Spanier darum bemühten, ihn zu importieren. So gut wie jeder aussichtsreiche Kandidat wurde in die spanische Liga gelockt: Ariel Ortega und Pablo Aimar zum FC Valencia, Javier Saviola und Juan Román Riquelme zum FC Barcelona (eine Ausnahme war Andrés D'Alessandro, dessen Dienste sich der VfL Wolfsburg sichern konnte).

Und dann war da natürlich Messi.

Lionel Messis Wechsel aus Rosario nach Barcelona ist mit gutem Grund die berühmteste Geschichte im modernen Fußball. Messi war ein außerordentlich begabter Nachwuchsspieler, bei dem jedoch eine hormonell bedingte Wachstumsstörung diagnostiziert wurde. Der Junge hatte nur eine Chance auf eine Profikarriere, wenn er sich einer medizinischen Behandlung unterzog, die jeden Monat Tausende Euro kosten würde. Die Verantwortlichen seines Heimatvereins Newell's Old Boys gelangten zu dem Schluss, dass sie sich diese Ausgaben nicht leisten konnten, weshalb Messis Familie auf dem Höhepunkt der argentinischen Finanzkrise im Ausland Hilfe suchte. Die Verantwortlichen von Barça erfuhren vom Potenzial des Jungen, und angesichts des Zögerns der Klubführung entschloss sich der für die erste Mannschaft verantwortliche Carles Rexach,

Messis Eltern auf eigene Faust einen Vertrag anzubieten. Die Vereinbarung wurde in einem Restaurant in aller Eile auf einer Serviette festgehalten, und der 13-jährige Lionel ging in den Besitz des FC Barcelona über.

Aber Messi blieb Argentinier. Er wohnte nicht mit den anderen Nachwuchsspielern im Wohnheim von La Masía, sondern bei seiner Familie, die mit ihm aus Argentinien gekommen war, und die große argentinische Gemeinde in Barcelona beteiligte sich an seiner Erziehung. Seine typisch argentinische Ernährung bestand zu einem großen Teil aus Rindfleisch, seine engsten Freunde in seinen Lehrjahren in der ersten Mannschaft waren keine Spanier, sondern Lateinamerikaner. Später heiratete er Antonella, eine Kindheitsfreundin aus Rosario. Und obwohl der spanische Verband sich natürlich bemühte, ihn für La Roja anzuwerben, bekannte sich Messi stets zur Albiceleste.

Der Junge hatte außerdem eine sehr argentinische Vorstellung von seiner Rolle auf dem Platz. Er war besessen davon, als Zehner zu spielen, und während andere Barça-Talente Guardiola verehrten, eiferte er Maradona nach. Im Alter von sechs Jahren hatte er sein Idol in Fleisch und Blut gesehen: Er war im Stadion, als Maradona bei seinem Einstand bei Newell's Old Boys im Jahr 1993 in der Halbzeitpause das Publikum mit Kunststücken am Ball unterhielt. Maradona brachte alles mit: Er war zugleich ein gnadenloser Torjäger, ein unwiderstehlicher Dribbelkünstler und ein herausragender Vorlagengeber, und er bestand darauf, zwischen dem Mittelfeld und der Sturmreihe eingesetzt zu werden. Genauso wollte auch Messi spielen.

Bereits kurz nach seiner Ankunft in Barcelona führte Messi dort neue Begriffe ein. Rodolfo Borrell, ein einflussreicher Nachwuchstrainer in der Masía, der später nach Liverpool ging, bevor er sich Pep Guardiola in Manchester anschloss, erinnert sich, dass er von Messi zum ersten Mal in einem argentinischen Zeitungsartikel hörte, in dem zur Beschreibung seiner

Spielweise die in Argentinien üblichen Worte *gambeta* (Dribbling) und *enganche* verwendet wurden. Es ist aufschlussreich, dass im argentinischen Fußball Bezeichnungen für Fähigkeiten und Positionen existierten, die den Spaniern noch nicht vertraut waren. Messi würde ihnen den Wert beider Konzepte vor Augen führen.

Messi fiel in den Nachwuchsmannschaften von Barcelona durch seine Schüchternheit auf. Er machte nur den Mund auf, wenn er direkt angesprochen wurde. Und wenn die Frage lautete, auf welcher Position er spiele, antwortete er stets, er sei ein *enganche*, ein Wort, mit dem seine Mitspieler wenig anfangen konnten. Es gab auch ein taktisches Problem: In sämtlichen Nachwuchsmannschaften von Barça wurde im 4-3-3 gespielt, und in diesem System war kein Platz für einen Zehner. Also musste Messi auf die Außenbahn ausweichen. Er hasste es, auf der linken Seite zu spielen, aber mit der Position auf dem rechten Flügel konnte er leben, weil er von dort aus nach innen ziehen und seinen stärkeren linken Fuß einsetzen konnte. Selbst als die Nachwuchstrainer zum 3-4-3 mit Mittelfeldraute übergingen, womit sie die Möglichkeit gehabt hätten, Messi an der Spitze der Raute auf der Zehnerposition einzusetzen, stellten sie dort sonderbarerweise oft seinen Altersgenossen Cesc Fàbregas auf. Der erste Trainer, der Messi ins Zentrum stellte, war Tito Vilanova (der später Guardiolas Assistent und nach dessen Abgang Cheftrainer wurde). Zu diesem Zeitpunkt war der Argentinier fünfzehn Jahre alt. Allerdings setzte Vilanova Messi als Mittelstürmer ein, das heißt auf der Position, die er später auch unter Guardiola einnahm.

Es ist bezeichnend, dass Messi in den argentinischen Nachwuchsteams zumeist auf der von ihm bevorzugten Zehnerposition spielte. In den Augen der Argentinier war das sein natürlicher Platz – für sie bestand kein Zweifel daran, dass er ein *enganche* war, und obwohl er seine Ausbildung in Europa erfahren hatte und schneller als archetypische Zehner wie Riquelme war, blieb er dem argentinischen Stil treu. Der Beleg dafür waren seine unablässigen Dribblings, die er nicht auf den Trainingsplätzen von La Masía, sondern auf den Straßen von Rosario erlernt hatte. »Es fiel mir schwer, den Ball zu passen«, erinnerte er sich in einem Interview mit der argentinischen Zeitschrift *El Gráfico* an seine Frühzeit in Barcelona. »Ich vergaß es immer wieder. Im Lauf der Zeit lernte ich, mannschaftsdienlicher zu spielen, aber ich machte es ihnen nicht leicht, denn ich bin immer sehr stur gewesen. Bei Barcelona brachten sie mir viele Dinge bei, aber sie versuchten nie, meinen Stil zu ändern.«

Im Oktober 2004 wurde Messi als jüngster Spieler in der Klubgeschichte in einem Ligaspiel eingesetzt, und im Oktober 2005 avancierte er zum jüngsten Torschützen in der Geschichte von Barça. Die Vorlage zu seinem ersten Tor gab Ronaldinho – bereits wenige Minuten früher hatte Messi nach einer fast identischen Kombination mit dem Brasilianer ein Tor erzielt, das jedoch fälschlicherweise wegen Abseits nicht gegeben worden war –, und der zu jener Zeit weltbeste Spieler wurde ungeachtet der traditionellen Rivalität zwischen Brasilien und Argentinien zu Messis Mentor. Wie Messi (und vorher Rivaldo) war Ronaldinho ein geborener Zehner, der in Barças 4-3-3 nach außen rücken musste, und Messi wurde sein Spiegelbild: Er spielte auf dem rechten Flügel, während der Brasilianer die linke Außenbahn beherrschte. In der Saison 2005/06 kam Messi regelmäßig zum Einsatz, und intern äußerte er bereits den Wunsch, ins Zentrum zu rücken. »Ich will nicht behaupten oder andeuten oder der These zustimmen, dass wir es mit dem neuen Maradona zu tun haben«, sagte sein Trainer Frank Rijkaard im Jahr 2005. »Ich ziehe es vor zu sagen, dass wir es mit dem neuen Messi zu tun haben […]. [E]r besitzt eine angeborene Klasse, die es ihm erlaubt, auf zahlreichen Positionen zu spielen, obwohl er glaubt, dass er letzten Endes zwischen den Linien spielen wird.« Bis es so weit war, würde er sich jedoch noch gedulden müssen, und die Saison 2005/06 endete für Messi mit einer Enttäuschung: Rijkaard nahm ihn für das Champions-League-Finale nicht in den Kader, weil er glaubte, der Argentinier habe sich noch nicht vollkommen von einer Verletzung erholt.

Im Jahr 2006/07 machte Messi große Fortschritte. Er erzielte beim 3:3 im Clásico gegen Real Madrid drei Treffer und wiederholte anschließend innerhalb von zwei Monaten zwei der legendären Tore seines großen Idols: Zunächst startete er im Spiel gegen den FC Getafe einen denkwürdigen Sololauf, der an Maradonas unvergesslichen Slalom durch die englische Abwehr bei der WM 1986 erinnerte, und anschließend ahmte er im Derby gegen Espanyol Barcelona Maradonas berüchtigte »Hand Gottes« aus demselben WM-Spiel nach. Bemerkenswert ist, dass dieses Handspiel ebenso sehr wie seine unglaubliche Dribbelkunst und seine zunehmende Torgefährlichkeit als Beleg dafür gedeutet wurden, dass Argentinien endlich seinen neuen Maradona gefunden hatte. Die argentinischen Medien erklärten die Wachablösung für vollzogen und riefen die Suche nach dem »neuen Messi« aus.

Die Saison 2007/08 verlief enttäuschend für Messi. Er litt wiederholt unter Verletzungen, seine Ernährung machte dem Trainerstab Sorgen, und die Klubverantwortlichen gewannen den Eindruck, dass der zunehmend disziplinlose Ronaldinho, der nur drei Häuser entfernt wohnte, einen schlechten Einfluss auf den jungen Argentinier ausübe. Doch bei einem 1:1 gegen den FC Sevilla im Februar war eine bedeutsame Veränderung zu beobachten: Messi nahm erstmals die zentrale Position in Barças Sturmtrio ein, während Thierry Henry auf der linken Außenbahn und Giovani dos Santos rechts spielte. Aber während Messi eine ansprechende Leistung zeigte, spielte die Mannschaft insgesamt schlecht, weshalb das Experiment unter Rijkaards Ägide nicht wiederholt wurde.

Zu jener Zeit setzte die spanische Nationalmannschaft noch auf herkömmliche Mittelstürmer, nur dass es mittlerweile nicht mehr drei, sondern nur noch zwei waren. Raúl, der ein Jahrzehnt lang Spaniens Aushängeschild und in den vergangenen vier Jahren Mannschaftskapitän gewesen war, wurde nach einer ernüchternden Niederlage gegen Nordirland im September 2006 von Luis Aragonés aussortiert. Die Fußballöffentlichkeit war wütend über die Niederlage, aber noch größer war die Empörung über Raúls Ausmusterung, und obwohl sich Spanien relativ problemlos für die EM 2008 qualifizieren konnte, blieb die Angelegenheit umstritten. Das Haus von Aragonés wurde mit Pro-Raúl-Graffitis besprüht, und als die Nationalmannschaft zu einem Freundschaftsspiel gegen Frankreich in Málaga eintraf, wurde sie von einer Gruppe von Fans begrüßt, die den Namen des Publikumslieblings skandierten und das Trikot mit der Rückennummer 7 hochhielten. Doch Raúl, der bei Real Madrid weiterhin gute Leistungen zeigte, sollte nie wieder für Spanien spielen. Die Nationalmannschaft hatte einen neuen Weg eingeschlagen, und im ersten Spiel bei der EM 2008 schickte Aragonés das Team in einer 4-4-2-Formation aufs Feld, in der Villa als hängende Spitze hinter Torres spielte.

Eigentlich wollte auch ein System mit zwei Sturmspitzen nicht so recht zu Spanien passen, denn die Spieler waren in ihren Vereinen an ein 4-2-3-1 oder 4-3-3 gewöhnt. Aber Torres und Villa harmonierten ausgezeichnet miteinander – sie hatten bereits in der U-21 zusammengespielt und verstanden sich auch abseits des Platzes sehr gut (ihre Ehefrauen waren ebenfalls eng befreundet). Beim 4:1 gegen Russland im ersten Gruppenspiel erzielte Villa drei Tore und feierte jeden seiner Treffer demonstrativ mit Torres – sogar den dritten, den Torres nur noch von der Bank aus sah. Die beiden verfolgten ein gemeinsames Ziel, und beim 2:1-Sieg über Schweden trafen trotz einer enttäuschenden Mannschaftsleistung beide. Im Viertelfinale gegen

Italien stellte Aragonés sie als Doppelspitze auf, aber es gelang ihnen nicht, die italienische Abwehr in Verlegenheit zu bringen; Spanien konnte sich nach einem torlosen Unentschieden erst im Elfmeterschießen durchsetzen.

Es erwies sich überraschenderweise als Segen, dass Villa im Halbfinale, wo Spanien erneut auf Russland traf, in der 34. Spielminute vom Platz humpelte. Kaum jemand wäre auf die Idee gekommen, dass eine Verletzung des Torschützenkönigs des Turniers die Erfolgschancen Spaniens erhöhen würde, aber der erzwungene Verzicht auf den treffsichersten Stürmer veränderte das Passspiel der Spanier, die mit dem für Villa in die Mannschaft gerückten Fàbregas das Spiel vollkommen kontrollierten. Fàbregas trug mit zwei Torvorlagen entscheidend zum 3:0-Sieg bei. »Villa ist verletzt, und ich weiß nicht, ob er bis zum Endspiel fit werden wird«, erklärte Aragonés nach dem Spiel. »Aber heute haben wir mit einem Stürmer besser gespielt als mit zweien.« Dies war der Augenblick der Erkenntnis. Villa verpasste das Finale, weshalb Fàbregas erneut als offensiver Mittelfeldspieler zum Einsatz kam. Torres, der an der Seite von Villa gezwungen gewesen war, auf die Flügel auszuweichen, spielte nun wie beim FC Liverpool allein in der Spitze, was ihm mehr Freiheit für Sprints in die Gasse gab, und gegen Deutschland erzielte er aus halbrechter Position das Siegtor. Bei diesem Turnier wirkte Spanien mit nur einem Spieler effektiver und spanischer. Abgesehen davon, dass die Mannschaft mit diesem System das Spiel besser kontrollierte, war sie auch offensiv effektiver: Mit dem Zweimannsturm hatte sie alle 75 Minuten ein Tor erzielt, mit einer einzigen echten Spitze gelang ihr alle 34 Minuten ein Treffer.

Unterdessen war Guardiola zum Barça-Trainer ernannt worden; eine seiner ersten Amtshandlungen bestand darin, den Verkauf von Ronaldinho durchzusetzen. Messi erbte das Trikot mit der Nummer 10. Der Argentinier hatte eine eigentümliche Beziehung zum neuen Trainer. Anders als die anderen in La Masía aufgewachsenen Spieler hegte Messi keine besondere Verehrung für Guardiola. Für ihn war der Katalane einfach ein weiterer Trainer. Doch Guardiola gewann ihn für sich, als er in einem Streit zwischen Spieler und Klubführung über Messis Teilnahme am olympischen Fußballturnier 2008 zugunsten seines Schützlings intervenierte. Messi wollte unbedingt in China spielen, doch der Klub war nicht verpflichtet, ihn für das Olympiaturnier freizustellen, und lehnte das Ansuchen des argentinischen Verbandes ab. Aber Guardiola, der sich noch gut an seine eigene Erfahrung bei den Spielen 1992 erinnerte, stellte sich auf die Seite des Spielers. Schließlich erhielt Messi die Freigabe, und in einem furchteinflößenden Angriffsquartett mit Juan Román Riquelme, Ángel Di María und Sergio Agüero gewann er in Peking die Goldmedaille. Wichtiger war jedoch, dass Guardiola sein Vertrauen gewonnen hatte.

Guardiola hatte das Talent des jungen Argentiniers sofort erkannt, aber Messi war kein archetypischer Guardiola-Spieler, was vor allem daran lag, dass er so gerne dribbelte. Es war ein klassisches Dribbling: Er spielte der Reihe nach Gegenspieler aus, um sich dem Tor anzunähern. Guardiola zog ein subtileres Dribbling vor, dessen Zweck darin bestand, den Ball in bestimmte Zonen zu bringen, um Gegenspieler aus ihren Positionen zu locken und Lücken aufzureißen, in die der Ball gespielt werden konnte. Beispielsweise war Messis berühmtes Tor gegen Getafe, bei dem er die halbe gegnerische Mannschaft ausgetrickst hatte, in Guardiolas Augen einfach die Konsequenz eines schlechten Offensivspiels: Messi hatte den Ball zu weit hinten erhalten, er war zu direkt auf das Tor zugelaufen, und seine Mitspieler waren schlecht positioniert gewesen, weshalb er keine Anspielmöglichkeiten hatte. In seinem Buch *Barca* beschreibt Graham Hunter, wie Guardiola in der Saison 2007/08 der zweiten Mannschaft Anweisungen zurief: »Ich will nicht, dass ihr alle versucht, wie Messi zu dribbeln! Ihr sollt passen, passen und wieder passen. Spielt den Ball präzise, lauft euch frei, spielt erneut den Ball!« Aber Messi war im Grunde nicht trainierbar, sondern spielte auf seine Art. »Er ist ein rein intuitiver Spieler, und deshalb muss man ihm Freiheit geben«, räumte Guardiola ein.

Die Entscheidung, Messi als falsche Neun spielen zu lassen, traf Guardiola nach allgemeiner Auffassung vor einem Auswärtsspiel im Bernabéu im letzten Monat seiner ersten Saison auf der Barça-Bank. In Wahrheit fällte er diese Entscheidung bereits bei seinem ersten Sieg mit der Mannschaft, dem 6:1 gegen Sporting Gijón am dritten Spieltag. In der Grundaufstellung, die üblich werden sollte, begann Samuel Eto'o als Spitze und Messi wie gewohnt auf der rechten Seite, aber zehn Minuten nach Beginn tauschten sie die Positionen, verwirrten dadurch die Abwehr von Sporting und richteten ein Massaker an. Daher verwundert es, dass sich Guardiola entschloss, über weite Strecken der Saison 2008/09 Eto'o als Spitze aufzubieten und Messi auf der rechten Seite spielen zu lassen. Anscheinend wollte er sich das Bäumchen-wechsel-dich für die entscheidenden Spiele aufbewahren.

Das Auswärtsspiel bei Real Madrid acht Monate nach dem Ausflug nach Gijón gehörte zweifellos zu diesen Spielen: Barcelona hatte fünf Spieltage vor dem Ende der Saison in der Tabelle vier Punkte Vorsprung auf die Madrilenen. Bei einem Sieg von Real würde es in der Meisterschaft noch einmal knapp, ein Erfolg von Barça hingegen würde das Rennen praktisch entscheiden. Guardiola sah sich am Abend vor dem Spiel die Videos von Reals unbeweglichen Innenverteidigern Fabio Cannavaro und Christoph Metzelder an und entschied sich spontan, Messi in einer zentralen Rolle von der Leine zu lassen. Barcelona hatte dieses System nicht einstudiert, weshalb der Trainer Messi anrief und ihn in sein Zimmer beorderte, um sich die Videos von Reals Abwehr anzusehen. Offenbar lachte Messi über Guardiolas Vorschlag, im Zentrum zu spielen. Guardiola glaubt, das habe daran gelegen, dass Messi diese Lösung für zu riskant hielt und befürchtete, er werde zu sehr auf sich gestellt sein; mindestens ebenso plausibel ist aber die Version, dass Messi lachte, weil er der Ansicht war, diesen naheliegenden Schachzug hätte man schon viel früher wagen sollen.

Wie dem auch sei, dies war der Plan. Vor dem Spiel setzte sich Guardiola mit Xavi, Iniesta und Messi zusammen und wies sie an, Überzahl im Zentrum herzustellen, indem sie Drei-gegen-zwei-Situationen gegen Lassana Diarra und Fernando Gago erzeugten. Genau das geschah. Bei dem 6:2-Triumph, mit dem sich Barça praktisch die Meisterschaft sicherte, schoss Messi zwei Tore, bereitete aus seiner Position zwischen den Linien ein weiteres für Henry vor und trug dazu bei, den Blaugrana die absolute Dominanz im Zentrum zu sichern. Reals Innenverteidiger hatten keine Ahnung, wie sie ihn aufhalten sollten. »Es ist einfach nicht unsere Spielweise, ihm ins Mittelfeld zu folgen«, erklärte der ratlose Metzelder später. Messi hatte mit Real Madrid gemacht, was Di Stéfano einst für Real Madrid gemacht hatte.

Das nächste Mal war diese Taktik erst im Champions-League-Finale gegen Manchester United am Ende desselben Monats zu sehen. Einmal mehr begann Barça mit Messi auf der rechten Seite und Eto'o als Spitze, aber es war von vornherein abgemacht, dass die beiden nach zehn Minuten die Positionen tauschen sollten, um United zu verwirren. Es funktionierte perfekt. Eto'o erzielte das Führungstor, nachdem er von der rechten Außenbahn nach innen gezogen war, und Messi stellte aus einer klassischen Mittelstürmerposition per Kopf den 2:0-Endstand her. »In den Endspielen rücken Andrés, Xavi, Busquets und ich immer zusammen, um uns einen zahlenmäßigen Vorteil zu verschaffen und Ball und Spiel zu kontrollieren«, erklärte Messi.

Nun war er ebenso sehr Mittelfeldspieler wie Stürmer, ein wirklicher Zehner, wie er es sich immer gewünscht hatte.

Diese taktische Neuerung wurde Guardiola gutgeschrieben, aber er kann sie nicht allein für sich beanspruchen. Sein Kotrainer Vilanova hatte Messi schließlich schon im Nachwuchs als Spitze eingesetzt. Sein Vorgänger Rijkaard hatte mit einer zentralen Rolle für Messi experimentiert. Mehrere argentinische Nationaltrainer setzten ihn als Zehner ein. Vor allem aber hatte Messi wiederholt erklärt, dass er seine Zukunft in einer zentralen Rolle sah. Ihn mit Henry und Eto'o auf den Außenbahnen im 4-3-3 als zentralen Stürmer aufzubieten, war in der Praxis dasselbe, wie ihn nach argentinischem Vorbild als *enganche* im 4-3-1-2 einzusetzen, wobei die Spitzen einfach weiter außen spielten. Für die Europäer war er eine falsche Neun, für die Südamerikaner ein echter Zehner.

Man könnte meinen, damit sei die Sache entschieden gewesen: Messi hatte seine Position gefunden. Aber in Guardiolas Augen war das weiterhin nur eine nützliche taktische Alternative, denn unmittelbar nach Barcelonas Triple setzte er den umstrittensten Einkauf seiner Trainerlaufbahn durch: Er holte Zlatan Ibrahimović. Abgesehen davon, dass die Ablösesumme von fünfzig Millionen Euro ein neuer Klubrekord war, wurde im Rahmen des Geschäfts auch noch Eto'o an Inter Mailand abgegeben. Viele bezweifelten, dass der Schwede ein besserer Torjäger war als der Kameruner – und dass er fünfzig Millionen Euro mehr wert war als Eto'o –, aber bedeutsamer als der Vergleich der Fähigkeiten war der Vergleich des Spielstils: Eto'o war ein schneller Angreifer, der auf die Flügel ausweichen konnte, während Ibrahimović ein reiner Mittelstürmer war. Guardiola wollte nicht mit einer falschen Neun, sondern mit einem klassischen Mittelstürmer spielen – oder, wie er es in seiner Beschreibung von Ibrahimović ausdrückte, mit einem »invertierten Pivot«.

Messi kehrte auf die rechte Seite zurück, und Ibrahimovićs Karriere bei Barça begann vielversprechend. Als erster Spieler in der Geschichte des Klubs traf er in jedem seiner ersten fünf Spiele, darunter zweimal per Kopf, was zeigte, dass Barcelona auch direkter spielen konnte. Nach einer kurzen Zwangspause wegen einer Oberschenkelverletzung kehrte er rechtzeitig für den Clásico in den Kader zurück und erzielte sechs Minuten nach seiner Einwechslung mit einem Volleyschuss das Siegtor. In der zweiten Hälfte seiner einzigen Saison bei Barça erlebte Ibrahimović jedoch eine dramatische Formkrise, und seine Beziehung zu Guardiola verschlechterte sich derart, dass die beiden schließlich nicht mehr miteinander sprachen. Die Medien konzentrierten sich auf ihre persönliche Animosität, wozu Ibrahimović mit einer fantasievollen Autobiografie beitrug, in der er Guardiola als seinen »Feind« und einen »Feigling ohne Rückgrat« bezeichnete. Zu Barça-Präsident Joan Laporta soll der Schwede einmal gesagt haben: »Wir brauchen den Philosophen nicht. Der Zwerg und ich reichen.«

In Wahrheit hatten die Probleme ihren Ursprung in taktischen Überlegungen, genauer gesagt in Messis Forderung, die Mannschaft müsse rund um ihn aufgebaut werden. Der Argentinier trug seine Bedenken erstmals in einer Textnachricht an Guardiola heran, die er seinem Trainer während der Heimreise von einem Auswärtsspiel schickte. Der genaue Wortlaut wird von verschiedenen Quellen unterschiedlich angegeben, aber es besteht Einigkeit darüber, dass Messis zentrale Botschaft lautete: »Ich sehe, dass ich nicht mehr wichtig für die Mannschaft bin.« Später verlangte er in einer persönlichen Aussprache mit Guardiola ausdrücklich, ihm eine zentrale Rolle zu geben, und sagte seinem Trainer, er solle »die anderen auf die Außenbahnen stellen«.

Das würde zwangsläufig Folgen für Ibrahimović haben und beschwor damit ein Problem herauf, das Guardiola nicht lösen konnte. Er wollte Messi unbedingt zufriedenstellen und suchte nach einer Lösung, um beide in der Startelf unterzubringen. Er probierte es mit einem 4-2-3-1, in dem Messi hinter dem Schweden spielte, aber das beeinträchtigte die gewohnten Passmuster im Mittelfeld. Also stellte er Ibrahimović für kurze Zeit in einem 4-3-3 auf den rechten Flügel, aber diese Rolle passte überhaupt nicht zu ihm.

Der Kompromiss bestand schließlich darin, Messi im 4-2-3-1 auf die rechte Außenbahn und Ibrahimović ins Zentrum zu stellen. Genau das tat Guardiola im Champions-League-Halbfinale gegen das von José Mourinho trainierte Inter Mailand. Es war der vermutlich größte taktische Irrtum in seinen vier Jahren auf der Barça-Bank. Für Inters in die Jahre gekommene Innenverteidiger Walter Samuel und Lúcio wäre es eine schreckliche Vorstellung gewesen, Messi in der Position der falschen Neun und obendrein den schnellen Außenstürmern Pedro Rodríguez und Bojan Krkić gegenüberzustehen. Stattdessen bekamen sie es mit Ibrahimović zu tun, der ihnen keine Schwierigkeiten machte und gegen seine Ex-Mannschaft zwei rabenschwarze Tage erwischte. Der Anblick Guardiolas, der den Schweden zur Seitenlinie winkte, um ihm taktische Anweisungen zu geben, während Mourinho in der benachbarten Coaching-Zone versuchte, sie mit Zwischenrufen aus dem Konzept zu bringen, steht sinnbildlich für Ibrahimovićs Zeit in Barcelona. »Ich hatte keine Beziehung zum Trainer«, sagte er nach seinem Wechsel zu Milan. »Er sah mich praktisch nie an. Messi wollte als Mittelstürmer spielen und bekam seinen Willen.«

Ibrahimovićs Platz nahm David Villa ein, der den Sommer vor seinem Wechsel zu Barça an der Seite von Xavi, Iniesta, Busquets und Pedro bei der WM in Südafrika verbracht hatte. Doch auch bei diesem Turnier hatte sich gezeigt, dass Spanien mit einer Spitze gefährlicher war als mit zwei. Vicente del Bosque hatte erkannt, dass eine herkömmliche Sturmpartnerschaft in seiner Mannschaft nicht richtig funktionierte, ließ sich jedoch nicht von dem Versuch abbringen, Torres und Villa gemeinsam aufzubieten. Also ließ er Villa in einem 4-2-3-1 auf der linken Außenbahn spielen.

Das beschwor freilich ebenfalls Probleme herauf, wenn diese auch eher persönlicher als taktischer Art waren. Torres hatte aufgrund einer Verletzung einen Großteil der abgelaufenen Saison verpasst und ging mit einem Meniskusschaden ins Turnier. Er konnte nicht überzeugen, kam zwar in allen sieben Spielen zum Einsatz, schaffte es aber nie über die gesamten 90 Minuten, schoss kein Tor und lieferte keine Vorlage. Später gestand er in einer Dokumentation über den Weg zum WM-Titel, dass er sich für das Turnier hatte fitspritzen lassen, obwohl er gewarnt worden war, dass es seine restliche Karriere beeinträchtigen könne, wenn er unter dem Einfluss von Schmerzmitteln spiele. Diese Enthüllung leuchtet ein, denn Torres war von da an nur noch ein Schatten seiner selbst; er gewann seine Geschwindigkeit und Selbstsicherheit nie wieder vollkommen zurück. Nachdem er in den drei Spielzeiten vor der WM 2010 56 Ligatore geschossen hatte, gelangen ihm in seiner restlichen Karriere in europäischen Ligen, die acht Spielzeiten umfasste, nur noch 57 Treffer. Dennoch hielt del Bosque bis zum Halbfinale an ihm fest, bevor er ihn durch den Flügelstürmer Pedro ersetzte und Villa damit die Möglichkeit gab, ins Angriffszentrum zu rücken. Das beste Spiel im gesamten WM-Turnier zeigte Spanien gegen Deutschland, und im zweiten Turnier in Folge sicherte ein Wechsel zu einem System mit nur einer Spitze den Spaniern den Einzug ins Endspiel.

Beim FC Barcelona passte Villa, der bereits in der Nationalmannschaft mit seinen neuen Mannschaftskollegen zusammengespielt hatte, natürlich besser ins System als Ibrahimović. Das Problem war wie gehabt die Anwesenheit Messis – sofern Messi überhaupt ein Problem für eine Mannschaft sein kann. Als Villa bei Barça unterschrieb, sagten ihm die Verantwortlichen, er werde in der Spitze spielen. Tatsächlich wurde er im ersten Spiel der neuen Saison im Sturmzentrum eingesetzt und erzielte beim 3:0 gegen Racing Santander ein Tor. In der zweiten Partie gegen den Aufsteiger Hércules Alicante tauschte er mit Bojan, der auf dem linken Flügel agierte, mehrfach die Position. Doch das Spiel endete mit einer schockierenden 0:2-Niederlage im Camp Nou, und Villa fühlte sich offensichtlich unwohl in einer Rolle, in der er gegen eine tief stehende Abwehr mit dem Rücken zum Tor spielen musste.

Guardiola musste seine Mannschaft umbauen und entschloss sich, im folgenden Spiel, einer Champions-League-Partie gegen Panathinaikos Athen, zum ersten Mal seine »MVP«-Angriffsreihe aufzubieten: Messi, Villa und Pedro. Messi übernahm wieder die Rolle der falschen Neun, während Villa und Pedro von der linken bzw. rechten Seite nach innen zogen. Barcelona siegte mit 5:1, und Messi gestaltete das Angriffsspiel aus seiner zurückhängenden Position im Zentrum. Er erzielte zwei Tore, obwohl er mehr hätte schießen müssen – er traf beide Pfosten und die Latte und vergab obendrein einen Elfmeter. Die Griechen standen mit zehn Spielern vor dem eigenen Strafraum. Bei einem der Tore bekam Messi 25 Meter vor dem Kasten den Ball, marschierte auf das Tor zu, spielte Doppelpässe mit Xavi und Pedro und traf. Es war das klassische schnelle Barça-Passspiel mit nur einem Kontakt, kombiniert mit Vorstößen Messis, der durch das Zentrum den direkten Weg zum Tor suchte.

Genauso spielte Barcelonas Sturmtrio auch im folgenden Ligaspiel, und der 2:1-Sieg bei Atlético Madrid war einer der taktisch bedeutsamsten Erfolge unter Guardiola. Der katalanische Trainer wollte einen zusätzlichen Abwehrspieler aufbieten, um Atléticos gefährliches Sturmduo Diego Forlán und Sergio Agüero zu neutralisieren. Also ließ sich Busquets als dritter Innenverteidiger zurückfallen. Da Messi in der Lage war, sich ebenfalls weit zurückfallen zu lassen, verwandelte er sich in den dritten Mittelfeldspieler, der Barça die Kontrolle über die Mitte des Feldes garantierte. Abhängig von der Position von Busquets und den Außenverteidigern wechselten die Blaugrana zwischen zwei Systemen hin und her, die wie ein 4-3-1-2 und ein 3-4-1-2 wirkten, jene Schemata also, die im argentinischen Fußball vorherrschen und jeweils rund um einen *enganche* angeordnet sind. Mittlerweile schien klar, welches das optimale System für Barcelona war: In dieser Formation spielte Messi in der Mitte, während Villa auf die linke Seite auswich, anstatt die zentrale Position einzunehmen, die man ihm versprochen hatte. Messis Forderung, »die anderen auf die Außenbahnen zu stellen«, war erfüllt worden. So wie vor ihm Henry, Eto'o und Ibrahimović musste auch Villa auf seine bevorzugte Position im Sturmzentrum verzichten.

Das unterhaltsamste Barça-Spiel in der Saison 2010/11 war der 3:1-Heimsieg gegen Villarreal im November. Die Valencianer, die einen wunderbar flüssigen Fußball spielten, waren in jener Saison vielleicht die einzige Mannschaft, die Barcelona im Camp Nou den Ball streitig machen wollte. Das Ergebnis war ein packendes, rasantes und taktisch faszinierendes Spiel, was nicht zuletzt daran lag, dass Villareal ebenfalls auf einen Mittelstürmer verzichtete. Auf dem Papier spielten die Gäste in einem 4-4-2, aber die beweglichen Stürmer Giuseppe Rossi und Nilmar wichen laufend auf die Flügel aus, womit sie den nominellen äußeren Mittelfeldspielern Santi Cazorla und Cani die Gelegenheit gaben, ins Zentrum vorzustoßen. Dies war eine weitere Möglichkeit, ohne zentralen Stürmer zu spielen, und Villareal erntete mit der Spielweise, die es nicht nur an diesem Abend, sondern über die gesamte Saison an den Tag legte, großes Lob von den Barça-Spielern: »Ich kann mich an kein vergleichbar intensives Spiel gegen einen so starken Gegner wie Villarreal erinnern«, sagte Guardiola nachher. »Das ist ein Schmuckstück von einer Mannschaft ... – wie sie spielen, wie sie stören. Keine andere Mannschaft hat uns vor so große Probleme gestellt.«

Trotzdem unterlag Villarreal, und Barcelonas zweites Tor war das Ergebnis eines weiteren doppelten Doppelpasses von Messi, noch einfacher und zugleich noch brillanter als der gegen Panathinaikos: Nach einem Freistoß bekam Messi den Ball etwa 25 Meter vor dem gegnerischen Tor in zentraler Position; in diesem Moment waren sieben gegnerische Feldspieler hinter dem Ball, zwischen denen sich halbrechts am Strafraum nur ein Mitspieler des Argentiniers tummelte – Pedro. Messi startete unvermittelt in Richtung Tor, wobei er zwei blitzschnelle Doppelpässe spielte: Messi zu Pedro und zurück, Messi zu Pedro und zurück – und dann aus spitzem Winkel mit dem schwächeren rechten Fuß ein Heber über den Torwart. Pedro hatte sich nicht von der Stelle gerührt, sondern buchstäblich als Mauer gedient, von der der Ball abprallte, während Messi das Spielgerät in drei verschiedenen Zonen berührte: vor der gegnerischen Mittelfeldreihe, zwischen Mittelfeld und Abwehrkette und schließlich hinter der Abwehr. Messi leitete den Spielzug ein, verknüpfte ihn und schloss ihn ab: Er verwandelte sich innerhalb von Sekunden vom Achter in den Zehner und schließlich in den Neuner, womit er sich jeder taktischen Definition entzog.

Nun war er der komplette Allround-Angreifer. Im Grunde kann ein Spieler, der an den Ball kommt, nur drei Dinge tun: Er kann dribbeln, passen oder schießen. Messi beherrschte alle drei Dinge meisterlich. In der Saison 2010/11 war seine Dribbling-Statistik sagenhaft: Sage und schreibe 186-mal hatte er seine Gegner ausgespielt, der zweitbeste Dribbler kam nicht einmal auf 86 erfolgreiche Versuche, was einmal mehr zeigte, dass das Dribbling in der spanischen Liga ein beinahe fremdes Konzept war. Messi kam überdies auf eine herausragende Trefferquote und erzielte in 31 Spielen ebenso viele Tore. Am deutlichsten verbessert hatte er sich in seiner zentralen Rolle jedoch im Bereich der Kreativität: Er lieferte 18 Torvorlagen, die natürlich ebenfalls Ligarekord waren, wobei besonders aufschlussreich war, dass es sich bei 11 dieser Assists um Schnittstellenpässe für einen einlaufenden Mitspieler handelte. Kein anderer Spieler in der Liga kam auf mehr als vier solcher Vorlagen.

Dies wurde zu Barcelonas klassischem Spielzug: Messi wurde zwischen den Linien angespielt, lockte die Innenverteidiger heraus und steckte den Ball für Villa oder Pedro durch, die von den Flügeln in den Strafraum eindrangen. Beim legendären 5:0 im Clásico gab er Villa zwei solche Torvorlagen und genoss die Rolle des Regisseurs, womit eine Serie von neun Spielen endete, in denen er sich in die Torschützenliste eingetragen hatte. Seine Beziehung zu Villa und Pedro war ausgezeichnet: Die beiden waren individuell vielleicht nicht so begabt wie Henry, Eto'o und Ibrahimović vor ihnen oder Alexis Sánchez, Neymar und Luis Suarez nach ihnen, aber sie ergänzten sich in Barças System perfekt mit Messi.

Die Mannschaft rundete die Saison 2010/11 mit einem 3:1-Sieg über Manchester United im Champions-League-Finale ab, und dieser Triumph war sehr viel überzeugender als das 2:0 gegen denselben Gegner zwei Jahre früher. Dank Messi übte Barça totale Kontrolle über das Spiel aus. »Wir mussten uns entscheiden, wie wir taktisch gegen Barcelona spielen wollten, um Villa und Pedro und die Art und Weise zu bekämpfen, wie sie ins Zentrum eindrangen. Die Tatsache, dass Barça keinen zentralen Stürmer hatte, erschwerte die Planung«, erklärte Alex Ferguson. »Diese beiden Außenstürmer drangen sehr viel besser in den Strafraum ein als Henry und Eto'o.«

Messis Mannschaftskollegen bemühten sich nach Kräften, ihn als typisches Produkt von La Masía zu verkaufen. »Er kommt aus Argentinien, aber es ist, als wäre er von hier«, erklärte Xavi. Gerard Piqué lieferte eine differenziertere Einschätzung: »Er kam mit einer sehr individuellen Spielweise und erlernte bei Barcelona das mannschaftsdienliche Spiel.« Faszinierender als Barças Einfluss auf Messi ist jedoch der Einfluss des Spielers auf den Klub: Es ist unübersehbar, dass er argentinische Elemente wie *enganche* und *gambeta* einführte, die den Stil der Mannschaft prägten.

In der Saison 2011/12 geriet Barça in Schwierigkeiten: Villa war verletzt, Pedro kämpfte mit einer Formkrise, und die Neuankömmlinge Cesc Fàbregas und Alexis Sánchez kamen mit Guardiolas Taktik nicht zurecht. Messi hingegen erzielte mehr Tore als in jedem anderen Jahr und kam auf unglaubliche 73 Treffer in 60 Spielen. Ihren aufregendsten und taktisch faszinierendsten Fußball spielte die Mannschaft zu Beginn der Saison, vor allem, als der Trainer Fàbregas in einem System, das einem 3-3-4 nahekam, dicht bei Messi spielen ließ, wobei die beiden, die sich dank der gemeinsamen Zeit in La Masía blind verstanden, abwechselnd als Neuner und Zehner agierten. Nun spielte Barça de facto mit zwei falschen Neunen.

Zur selben Zeit sah sich Nationaltrainer del Bosque in der Vorbereitung auf die EM 2012 plötzlich mit einem Dilemma konfrontiert: Da Villa verletzt ausfiel, nominierte er den formschwachen Torres, Fernando Llorente von Athletic Bilbao und Álvaro Negredo vom FC Sevilla. Negredo selbst fasste die Spielweise der Mitglieder dieses Sturmtrios schön zusammen: »Torres ist sehr schnell und beweglich, Llorente ist groß und stark [...], und ich versuche, mich meinen Mitspielern anzubieten und zum richtigen Zeitpunkt am richtigen Ort zu sein.« Nun hatte del Bosque auf der Mittelstürmerposition die Wahl zwischen drei sehr verschiedenen Optionen: er hatte einen Sprinter, einen Zielspieler sowie einen spielenden Stürmer, der zugleich ein Knipser war.

Aber Messis Erfolg mit Barcelona hatte den Angriffsfußball neu definiert, und zwar so grundlegend, dass es jetzt vollkommen akzeptabel war, ohne Mittelstürmer zu spielen. In der Vorbereitung auf Spaniens erstes Spiel bei der EM 2012 ging del Bosque davon aus, dass den italienischen Verteidigern, Abwehrspezialisten der alten Schule, eine körperliche Auseinandersetzung mit einem konventionellen Mittelstürmer entgegenkommen würde. Also ließ er Torres, Llorente und Negredo auf der Bank und brachte stattdessen Fàbregas auf der Position der falschen Neun, die er bei Barcelona gelegentlich einnahm. Hin und wieder wechselte Fàbregas die Position mit David Silva, der im spanischen 4-3-3 auf der rechten Angriffsseite begann.

Die Spieler hatten dieses System nicht einstudiert, weshalb die Entscheidung des Trainers sie überforderte. Wie nicht anders zu erwarten, bewegten sie den Ball vor der italienischen Abwehr hin und her, anstatt durch ihre Reihen vorzustoßen. In Situationen, in denen sich Messi umgedreht und das Dribbling gesucht hätte, spielte Silva kurze Rückpässe, und Fàbregas ließ sich zu weit fallen. Doch das spanische Ausgleichstor war ein gutes Beispiel dafür, wie das System funktionieren konnte: Silva wurde an der Strafraumgrenze zwischen den italienischen Linien angespielt und steckte den Ball für Fàbregas durch, dessen Vorstoß an die Läufe Villas und Pedros erinnerte. Fàbregas verwandelte die Steilvorlage geschickt. Es war das stereotypische Tor einer falschen Neun – und die Tatsache, dass es ein »stereotypisches Tor einer falschen Neun« überhaupt gab, verriet viel über Messis Einfluss.

Bei den folgenden Siegen über Irland und Kroatien stand Torres in der Startelf, aber für das Viertelfinale gegen Frankreich kehrte Fàbregas in die Mannschaft zurück. Die Bewegungen im Angriffsdrittel wirkten nun besser koordiniert, und es gelang den Spaniern, die gegnerische Abwehr auch ohne Mittelstürmer effektiv zu durchlöchern. »Wir spielen mit drei Stürmern«, betonte del Bosque nach dem 2:0-Sieg. »Mit Iniesta, Fàbregas und Silva.« Die drei waren offenkundig keine Stürmer, sondern

Mittelfeldspieler, aber in Spanien wurden die Spielertypen mittlerweile anders definiert.

Im Halbfinale gegen Portugal stand überraschend Negredo in der Startaufstellung. Der Stürmer blieb jedoch wirkungslos und wurde zehn Minuten nach der Pause durch Fàbregas ersetzt. In der Folge wurde das spanische Passspiel besser. Und wie bei der EM 2008 durfte Fàbregas dank seines Einflusses als Einwechselspieler im Halbfinale im Endspiel von Anfang an spielen und führte beim unvergesslichen 4:0-Sieg über Italien den spanischen Sturm an. Im Finale agierte er weiter vorne als in den vorangegangenen Partien und zog die gegnerische Abwehr mit Läufen in die Gassen auseinander, anstatt ständig Kurzpässen entgegenzugehen; diesmal war er eigentlich keine falsche Neun, sondern einfach ein Mittelfeldspieler, der in der Spitze agierte und die Aufgabe hatte, hinter die Abwehr zu gelangen. »Sie spielen vielleicht nicht mit einem klaren Mittelstürmer«, erklärte der reumütige italienische Trainer Cesare Prandelli hinterher, »aber sie machen dir trotzdem furchtbar viele Schwierigkeiten.«

Diese Spielweise war das logische Ergebnis der Abkehr Spaniens vom Mittelstürmer. Die Spanier hatten es mit drei zentralen Stürmern versucht, als sie bei der WM 2006 gescheitert waren. Bei der EM 2008 hatten sie normalerweise zwei solche Stürmer eingesetzt, bei der WM 2010 waren sie dazu übergegangen, nur noch einen zu verwenden, und die EM 2012 beendeten sie ohne Mittelstürmer. Messis Einfluss auf den spanischen Fußball war sehr widersprüchlich: Er brach die Torrekorde und inspirierte gleichzeitig Spanien und andere dazu, auf einen Torjäger zu verzichten.

15
El Clásico

Die Vorstellung, ein einziges Spiel könne ein grundlegender Bestandteil der fußballerischen Identität eines Landes sein, mag sonderbar wirken, aber der Clásico entwickelte sich in der spanischen Ära zur definitiven Auseinandersetzung im europäischen Fußball: In diesem Duell wurden alle wichtigen fußballerischen Debatten ausgetragen.

Es war das Spiel Pep gegen José, Messi gegen Ronaldo, Ballbesitz gegen Konterfußball. Und so wie der spanische Fußball das Ballbesitzspiel und die falsche Neun populär machte, lieferte er auch das Modell für ein Spitzentreffen zwischen den wichtigsten Klubs eines Landes. Plötzlich begannen deutsche Journalisten, die Begegnungen zwischen Bayern München und Borussia Dortmund als »den Klassiker« zu bezeichnen, und die Franzosen nannten Spiele zwischen PSG und Olympique Marseille »le Classique«. In Wahrheit kam keines dieser Duelle dem Original nahe, das weltweit regelmäßig ein größeres Fernsehpublikum begeisterte als alle anderen Fußballmatches.

Das lag teilweise daran, dass keine andere große europäische Liga so vollkommen von zwei Klubs beherrscht wurde wie die spanische. Abgesehen davon, dass 33 Prozent der spanischen Fußballanhänger Real Madrid und 26 Prozent den FC Barcelona unterstützen – kein anderer Verein kommt auf einen Anteil von mehr als 5 Prozent –, haben fast alle Fans anderer Klubs in der Auseinandersetzung zwischen Barça und Real dennoch einen Favoriten. In Umfragen geben nur 11 Prozent der spanischen Fußballfans an, es sei ihnen gleichgültig, welcher der beiden Klubs das Spiel für sich entscheidet.

In seiner heutigen Funktion als das Duell, das über die gesamte Saison der beiden Rivalen entscheidet, ist der Clásico jedoch ein relativ junges Phänomen. Die Spannungen zwischen den beiden Klubs haben ihren Ursprung in den Jahren vor dem Bürgerkrieg und verschärften sich erheblich, nachdem die Madrilenen den Katalanen im Jahr 1953 Alfredo di Stéfano vor der Nase weggeschnappt hatten. Doch in den drei Jahrzehnten zwischen 1960 und 1990 konnte der FC Barcelona nur zweimal die Meisterschaft gewinnen, seltener als Atlético Madrid, das damals als stärkster Rivale der Königlichen galt, und genauso oft wie die baskischen Klubs Athletic Bilbao und Real Sociedad. Barça war nur einer von vielen Herausforderern, die Real Madrid seine Vormachtstellung streitig machen wollten. Zwischen 2008 und 2012, in den Jahren vor Atléticos Renaissance unter Diego Simeone, wurde die spanische Liga jedoch zweifellos von einem Duopol beherrscht, was nicht zuletzt an der skandalös ungleichmäßigen Verteilung der Fernsehgelder in Spanien lag. In der Saison 2011/12 war der drittplatzierte FC Valencia der Abstiegszone näher als den Big Two: Für neutrale Beobachter muss es deprimierend gewesen sein, dass Valencia zwanzig Punkte vor den Abstiegsrängen, aber dreißig Punkte hinter dem Vizemeister lag.

Zusätzliche Bedeutung erhält der Clásico durch die politischen Spannungen zwischen Katalonien und der Zentralregierung in Madrid. Barça ist nicht der einzige Vertreter der katalanischen Unabhängigkeitsbestrebungen, und Katalonien ist nicht die einzige autonome Region Spaniens, in der es neben dem spanischen noch ein anderes Nationalgefühl gibt. Aber die politische Auflehnung ist neben dem unverbrüchlichen Bekenntnis zum Passspiel ein fester Bestandteil der Identität von Barça, und selbst einem zufälligen Beobachter wird auffallen, dass im Camp Nou ein Teil des Publikums »Independència!« (Unabhängigkeit) ruft, wenn während einer Nachmittagspartie die Stadionuhr auf 17:14 springt (im Jahr 1714 erlitt die katalanische Armee die entscheidende Niederlage gegen die Belagerer von Barcelona). Die von Separatisten ausgerollten Spruchbänder mit der Aufschrift »Catalonia is not Spain« sind ebenfalls ein gewohnter Anblick im Stadion.

Der Fußball schuf diesbezüglich eine interessante Situation, denn Katalonien *war* Spanien – besser gesagt, Spanien war katalanisch. Die Nationalmannschaft war keine Furie mehr, sie wurde nicht länger von baskischen Klubs geprägt und sie wurde nicht in demselben Ausmaß von individuellen Stars beherrscht wie Real Madrid. Charakteristisch war zwischen 2008 und 2012 vielmehr das geduldige Ballbesitzspiel, dessen wichtigste Vertreter Xavi Hernández, Sergio Busquets, Cesc Fàbregas, Gerard Piqué, Carles Puyol, Jordi Alba, Andrés Iniesta, David Villa und Pedro Rodríguez waren, neun unverzichtbare Spieler, die das Trikot des FC Barcelona trugen – und die ersten sechs waren außerdem Katalanen. Die spanische Nationalmannschaft, die sich als die beste Europas etablierte, und Barça, das sich als beste europäische Vereinsmannschaft etablierte, stützten sich auf dieselbe Spielphilosophie und dieselben Spieler.

Das war schwer zu ertragen für Real Madrid, den königlichen Klub, den Hauptstadtklub, den beliebtesten Klub Spaniens. Wie Jimmy Burns in seiner Geschichte des spanischen Fußballs schreibt, hatte Real Madrid in all den Jahren, in denen die Nationalmannschaft beständig die Erwartungen enttäuschte, dazu beigetragen, im Ausland das Bild eines erfolgreichen Spanien zu zeichnen, wodurch es zu Francos wichtigstem Exportgut wurde. Real Madrid war *der* Vertreter des spanischen Fußballs und spielte einen kreativen Offensivfußball, dessen Qualität kein anderer Klub in der Welt erreichte.

Und jetzt? Diese beiden Klubs liegen seit je »in den gegenüberliegenden Schalen der Waage«, wie es Xavi einmal ausdrückte, und so wie Barça in den sechziger Jahren auf die technische Überlegenheit der Königlichen mit einem körperbetonten, schnellen Fußball geantwortet hatte, verlegte sich jetzt Real auf diese Spielweise. Indem er sich vom technischen Spiel entfernte, wurde Spaniens größter Klub weniger spanisch.

Es ist bemerkenswert, wie schnell der FC Barcelona die Vormachtstellung eroberte. Im Jahr 2007/08 hatten die Blancos nach einer dominanten Saison – sie standen schon nach dem viertletzten Spieltag als Meister fest – den zweiten Titel in Folge gewonnen und die Blaugrana dabei in beiden Duellen geschlagen. In Erinnerung geblieben ist vor allem das Ehrenspalier, zu dem sich die Barça-Spieler am vorletzten Spieltag im Bernabéu aufstellen mussten, um dem Meister Anerkennung zu zollen. Samuel Eto'o und Deco hatten sich aus der Affäre gezogen, indem sie im vorangegangenen Spiel eine gelbe Karte und damit eine Sperre provoziert hatten, um sich die Demütigung zu ersparen, aber die meisten ihrer Mannschaftskollegen hatten keine Wahl. Sie liefen auf den Platz, stellten sich zum Spalier auf, applaudierten ihren Gegnern und verloren 1:4. Mannschaftskapitän Puyol bezeichnete es später als den schlimmsten Moment seiner Karriere. Im Sommer 2008 ernannte die Klubführung Pep Guardiola zum Trainer. Aber mit Blick auf die Rivalität zwischen den beiden Klubs war bedeutsamer, wer den Job nicht bekam: José Mourinho.

Der erste Clásico in dieser Ära der spanischen Dominanz fand im Dezember 2008 statt und war vor allem wegen eines Vorfalls in der Woche vor dem Spiel bemerkenswert. Während sich das von Guardiola betreute Barça in der Tabelle von seinen Verfolgern absetzte, schlitterten die Königlichen in eine schlimme Formkrise und verloren drei von vier Spielen (es gelang ihnen lediglich ein wenig überzeugender 1:0-Sieg über das abstiegsbedrohte Recreativo de Huelva). Nach der dritten Niederlage – einem 3:4 gegen den FC Sevilla – machte Real-Trainer Bernd Schuster auf die Frage nach dem bevorstehenden Auswärtsspiel gegen Barcelona ein ungewöhnliches Eingeständnis: »Dieses Spiel beschäftigt mich weniger als jedes andere«, sagte er. »Im Camp Nou zu gewinnen ist unmöglich. Barcelona überrollt jeden Gegner. Es ist unmöglich, sie zu schlagen – dies ist ihr Jahr.« Es war klar, dass die Madrilenen nur Außenseiterchancen hatten, aber ein Spiel, in dem ein Sieg Pflicht war, als Spiel zu bezeichnen, das man nicht gewinnen konnte, war selbstmörderisch. Schuster wurde postwendend entlassen.

Sein Nachfolger wurde überraschend Juande Ramos, der kurz zuvor von Tottenham Hotspur, das in der Premier League auf dem letzten Platz stand, entlassen worden war. Das Spiel im Camp Nou ging 0:2 verloren, aber die Königlichen schlugen sich überraschend gut: Der niederländische Außenstürmer Royston Drenthe scheiterte beim Stand von 0:0 frei stehend vor dem Kasten, und Barças Tore durch Eto'o und Messi fielen erst in den letzten sieben Minuten. »In Anbetracht der Lage sind wir zufrieden«, erklärte Real-Kapitän Raúl. Das war verständlich, unterstrich jedoch die Unterlegenheit der Madrilenen. Die Vereinsführung plante offenkundig nicht langfristig mit Ramos, aber es gelang ihm durchaus, die Mannschaft zu stabilisieren: Nach der Niederlage in Barcelona gewann Real siebzehn der folgenden achtzehn Spiele; nur im Derby gegen Atlético musste es sich mit einem Unentschieden zufriedengeben. Nach dieser Serie lag Real lediglich vier Punkte hinter Barcelona, als es die Blaugrana im Bernabéu zu einem Duell empfing, das Guardiolas Mannschaft sehr ungelegen kam, da es zwischen den beiden Halbfinalspielen gegen Chelsea angesetzt war. Der Kampf um die Meisterschaft war wieder entbrannt.

Ramos versuchte, Barcelona seiner Stärken zu berauben. Er wählte eine 4-2-3-1-Aufstellung, um Guardiolas Mittelfelddreieck zu neutralisieren, und stellte de facto zwei linke Außenverteidiger auf: Gabriel Heinze, einen umgeschulten Innenverteidiger, der Messi beschatten sollte, und Marcelo, der als defensiv ausgerichteter Flügelspieler die Aufgabe hatte, Dani Alves' Vorstöße auf der rechten Außenbahn zu bremsen.

Aber ausgerechnet dieses Match war »Messis Spiel«, jene Partie, in der er erstmals seit Guardiolas erstem Sieg als Barça-Trainer als falsche Neun spielte. Messi schoss zwei Tore, und die Hausherren hatten dem System Barcelonas schlicht nichts entgegenzusetzen. Thierry Henry traf ebenfalls doppelt, außerdem erzielten die Innenverteidiger Puyol und Piqué jeweils einen Treffer. Das Ergebnis: 2:6. Zum ersten Mal hatte eine der beiden Mannschaften im Clásico sechsmal getroffen. An jenem Abend sicherte sich Barcelona praktisch die Meisterschaft, da es nun bei vier ausstehenden Spielen sieben Punkte Vorsprung hatte. Beide Mannschaften gewannen kein einziges ihrer verbleibenden Ligaspiele: Real gab auf, und Barça konzentrierte sich auf Champions League und Pokal, um das Triple zu erobern. Das Team galt zu diesem Zeitpunkt bereits als eine der besten Vereinsmannschaften der Geschichte.

Real Madrids neuer Sportdirektor Jorge Valdano fasste die Situation des Klubs so zusammen: »Wir müssen Real wieder dort hin bringen, wo es hingehört – wir müssen versuchen, Barcelona aus seiner dominanten Position zu verdrängen.« Es ging weniger um Titel als darum, Barça zu Fall zu bringen, und Real zeigte die typische Reaktion. Florentino Pérez, der Architekt der »Galaktischen«, wurde für eine zweite Amtszeit gewählt und machte sich sofort daran, Superstars anzuwerben. Der Klub brach seinen eigenen Transferweltrekord, den er acht Jahre zuvor mit der Verpflichtung Zinédine Zidanes aufgestellt hatte, und warb Kaká vom AC Mailand ab. Nur zwei Tage später zahlte Real an Manchester United eine neue Rekordablöse für Cristiano Ronaldo. Pérez investierte auch viel Geld in Karim Benzema, der von Olympique Lyon kam, sowie in Xabi Alonso, der aus Liverpool geholt wurde und die spanische Identität der Königlichen wahren sollte. Außerdem kamen Álvaro Arbeloa, Álvaro Negredo, Raúl Albiol und Esteban Granero. Es war die bis dahin größte Transferoffensive der Geschichte.

Der Fairness halber sollte gesagt werden, dass Barcelona ebenfalls viel Geld in die Hand nahm, um Zlatan Ibrahimović sowie den Brasilianer Maxwell und den Ukrainer Dmitro Tschigrinski zu holen. Aber die Mannschaft profitierte in erster Linie von der Beförderung Pedros und von Guardiolas Entscheidung, Yaya Touré durch Busquets zu ersetzen. Pedro und Busquets waren in La Masía ausgebildet worden, was die katalanische Sportpresse zu der kreativen Behauptung bewegte, es habe eine Auseinandersetzung zwischen *cantera* und *cartera* begonnen, zwischen Nachwuchs und Geldbörse. Das war natürlich grob vereinfacht, aber nicht ganz unzutreffend: Die Mannschaft von Real war im Wesentlichen eine Ansammlung teurer Individualisten, während Barça eine kohäsive Einheit bildete. »Barcelona spielt besser Fußball«, räumte Ronaldo ein. »Aber nur weil die Mannschaft schon länger zusammen ist.«

Inmitten des Transfergetöses ging fast unter, dass die Königlichen auch den früheren Villarreal-Trainer Manuel Pellegrini verpflichtet hatten – allerdings standen die Trainer bei Real seit je im Schatten der Spieler. Als Pellegrini im November 2009 seine Clásico-Premiere feierte, lag Real in der Meisterschaft einen Punkt vor Barcelona. Das Spiel wurde vor allem als Duell zwischen Ronaldo und Ibrahimović verkauft, die beide erstmals in einem Clásico auf dem Platz standen, aber beide waren angeschlagen, so dass Ronaldo im Camp Nou nur die ersten 65 und Ibrahimović nur die letzten 40 Minuten spielte. Ronaldo hatte Mitte der ersten Hälfte nach herausragender Vorarbeit des zweiten Rekordeinkaufs Kaká eine gute Chance, doch Víctor Valdés parierte seinen Flachschuss mit dem Fuß. Ibrahimović wiederum schoss per Direktabnahme das Siegtor. Obwohl die Madrilenen nach Busquets' Platzverweis eine halbe Stunde in Überzahl spielten, gelang ihnen der Ausgleichstreffer nicht mehr.

Zum zweiten Mal in Folge gab sich Real damit zufrieden, Barça die Stirn geboten zu haben; es schien, als finde sich der Hauptstadtklub mit der Rolle als aufmüpfiger Außenseiter ab. Pellegrini prahlte damit, er habe noch nie gesehen, dass Barça »so wenig Chancen herausspielte«, Sportdirektor Valdano war der Meinung, die Mannschaft könne das Camp Nou »zufrieden verlassen«, und die Real-nahe Sportzeitung *Marca* schrieb, diese Niederlage fühle sich wie ein Sieg an. Das waren sonderbare Kommentare, wenn man bedenkt, dass Real Madrid das Spiel und damit auch den ersten Tabellenplatz verloren hatte.

Ins Rückspiel im April 2010 gingen die beiden Klubs punktgleich – und Madrid war zu Hause noch ungeschlagen. Die Chancen im Titelrennen standen 50:50, was bedeutete, dass für Guardiola wie in der Vorsaison der Zeitpunkt gekommen war, den Gegner mit einer taktischen Neuerung zu überraschen. Um zu vermeiden, dass Marcelo die Vorstöße seines Landsmanns Alves erneut im Keim erstickte, wies er diesem in Barças 4-3-3 die Rolle eines Rechtsaußen zu, und in Ibrahimović' Abwesenheit spielte Messi als falsche Neun, während Pedro über die linke Außenbahn kam. Auf der Gegenseite versuchte Pellegrini, mit einer Mittelfeldraute die Kontrolle über das Zentrum zu gewinnen: Alonso spielte hinter Fernando Gago und Marcelo, während Rafael van der Vaart als Bindeglied zwischen dem Mittelfeld und den Stürmern Ronaldo und Gonzalo Higuaín fungierte. Doch obwohl Barça im Mittelfeld theoretisch in der Unterzahl war, gelang es den Gästen, diese Zone zu beherrschen.

Der Grund war einmal mehr Messi, der sich ins Mittelfeld zurückfallen ließ, um Alonso zu beschäftigen. Es verwirrte die Madrilenen, dass Alves die rechte Position im Sturm besetzte, was zur Folge hatte, dass er nicht vom Linksverteidiger Arbeloa bekämpft wurde: Stattdessen folgte ihm Marcelo, womit bei Ballbesitz von Barcelona die linke Position in der Madrider Raute unbesetzt war. So konnte nun niemand Xavi aufhalten, der das Spiel einmal mehr beherrschte. Die Entstehung des Führungstors von Barça war aufschlussreich: Messi ließ sich ins Mittelfeld zurückfallen, spielte den Ball hinüber zu Xavi, der zwischen den Madrider Linien zwanzig Meter Platz hatte und den einlaufenden Messi mit einem hohen Ball über die Abwehr bediente. Messi pflückte den Ball aus der Luft und ließ Torwart Iker Casillas keine Chance.

In der Pause stellte Guardiola um und zog Alves in die Außenverteidigerposition zurück. Das hatte zur Folge, dass Marcelo nun weiter vorne spielte, aber es war weiterhin unklar, wer Xavi aufhalten sollte. Zehn Minuten nach der Pause bekam er den Ball an der Mittellinie, drang in einen riesigen freien Raum vor und wartete, bis Pedro in den Rücken der Abwehr gelangt war, um den Stürmer mit einem präzisen Schnittstellenpass zu bedienen, den Pedro problemlos zum 2:0 verwandelte. Dabei blieb es, und Barcelona war nun der erste Titelanwärter. Der Sieg hätte noch höher ausfallen können, denn Xavi spielte Messi zweimal mit wunderbaren Pässen frei, doch Casillas parierte beide Schüsse des Argentiniers. Xavi hätte in der zweiten Saison in Folge auf vier Vorlagen im Bernabéu kommen können.

Obwohl Pellegrini Real Madrid zu einem Klubrekord von 96 Punkten führte, wurde er nach nur einer Saison wieder vor die Tür gesetzt. Vorher hatte ihn das Real-Hausblatt *Marca* überraschend scharf kritisiert. Vereinspräsident Pérez hatte ein Upgrade im Sinn, und es gab einen naheliegenden Kandidaten: José Mourinho. Die Anhängerschaft der Königlichen hatte bereits ihre Sympathie für ihn entdeckt, nachdem das von ihm betreute Inter Mailand den Erzrivalen aus Barcelona im Halbfinale der Champions League mit einer destruktiven Taktik ausgeschaltet hatte, die darauf beruhte, »bewusst auf den Ball zu verzichten«, wie es Mourinho ausdrückte. So hatte der Portugiese verhindert, dass Barça die Chance erzielt, den Europapokal als erster Klub im neuen Format zu verteidigen. Obendrein fand das Endspiel in jenem Jahr im Bernabéu-Stadion statt, und die Real-Anhänger fanden die Vorstellung, Barcelona könnte in ihrem Stadion einen historischen Erfolg feiern, unerträglich. Mourinho brachte sich für die Übernahme des Trainerpostens in Madrid in Stellung, indem er unentwegt über Barcelonas »Besessenheit« von einem Champions-League-Triumph im Bernabéu spottete. Er hatte die zwei Jahre zurückliegende Abfuhr immer noch nicht verdaut und versuchte jetzt, sich als Anti-Barça-Trainer darzustellen, und tatsächlich fand er damit Anklang in der Führungsetage von Real.

Eigentlich hatte der königliche Klub nicht viel für intensive, anspruchsvolle, mächtige Trainer wie Mourinho übrig, sondern zog angenehmere Kabinenmoderatoren wie Vicente del Bosque oder später Carlo Ancelotti und Zinédine Zidane vor. Bei Real Madrid haben traditionell der Präsident und die Spieler das Sagen; der Trainer ist eher ein verzichtbarer Mittelsmann. Aber mit Mourinho war es anders: Er verlangte Einfluss auf fast alle Aspekte des Vereinslebens, und Pérez war bereit, ihm diese Macht zu geben. »Der Galáctico dieses Jahres ist José Mourinho«, verkündete der Präsident.

Die Verpflichtung Mourinhos bedeutete für diesen traditionell um attraktiven Fußball bemühten Klub einen weiteren Richtungswechsel. Mourinho galt nach seinen Etappen bei Chelsea und Inter als Inbegriff des Defensivstrategen, und obwohl er versprach, in Madrid einen konstruktiveren Fußball spielen zu lassen, um das Publikum zufriedenzustellen, interessierte es ihn persönlich herzlich wenig, ob das Spiel seiner Mannschaft attraktiv war: Für ihn ging es im Fußball ausschließlich um den Sieg, und er hatte nichts für das in Spanien bevorzugte Ballbesitzspiel übrig. Cruyff warf ihm später vor, »kein Fußballtrainer, sondern ein Titeltrainer« zu sein, worauf Mourinho erwiderte: »Danke, es freut mich, das zu hören.«

Nach Mourinhos Ankunft wurde das Spiel von Real Madrid rasch weniger kultiviert, weniger auf den Ballbesitz ausgerichtet, weniger spanisch. Zwei Spieler, die anderthalb Jahrzehnte im Bernabéu zu Hause gewesen waren, mussten sich verabschieden: der hochgeschätzte Stürmer Raúl, der in Mourinhos Augen zu langsam für seinen Konterfußball war, und der phlegmatische Spielmacher Guti. Stattdessen verpflichtete Real zwei Deutsche, die bei der WM in Südafrika als Konterspieler beeindruckt hatten: den wunderbar leichtfüßigen Spielmacher Mesut Özil und den unermüdlichen Box-to-Box-Mittelfeldmann Sami Khedira. Dazu kamen Ángel Di María, ein fleißiger Mittelfeldspieler für die Außenbahn, der schnelle Rechtsaußen Pedro León und der Innenverteidiger Ricardo Carvalho, der bereits beim FC Porto und bei Chelsea unter Mourinho gespielt hatte. Während der FC Barcelona Geduld und Technik populär gemacht hatte, setzte Mourinho auf Schnelligkeit und Athletik. Real Madrid, einst das Symbol des spanischen Fußballs, verwandelte sich de facto in eine portugiesische Mannschaft: Der Trainer war Mourinho, der Star war Ronaldo, und der Spieler, der den neuen Stil der Mannschaft in den Clásicos verkörpern sollte, war Pepe.

Der portugiesische Fußball, der lange Zeit als aufregend, offensiv und technisch anspruchsvoll gegolten hatte, hatte mittlerweile weniger Freunde unter den Liebhabern des schönen Spiels, was nicht zuletzt an der ultradefensiven Taktik lag, mit der Inter Mailand unter Mourinho in der Saison 2009/10 das Triple gewonnen hatte. Im Jahr 2004 hatte sich Mourinho noch über einen extrem defensiven Gegner lustig gemacht, dem er vorwarf, vor dem Tor »den Bus geparkt« zu haben. Jetzt verkörperte er selbst diesen Ansatz. Das portugiesische Nationalteam war unter Carlos Queiroz bei der WM 2010 ebenfalls im Wesentlichen destruktiv aufgetreten: Die Mannschaft spielte in drei von vier Spielen zu null, schaffte es in drei Spielen jedoch auch nicht, ein Tor zu schießen, und wurde schließlich von Spanien aus dem Turnier geworfen. Der portugiesische Fußball war mehr denn je die Antithese des spanischen.

In Barcelona schien man aufrichtig begeistert über die Herausforderung Mourinho. Xavi erklärte, die Ankunft des Portugiesen werde Barça zusätzlich motivieren, und Guardiola war überzeugt, der Wettbewerb mit Mourinho werde auch ihn zu einem besseren Trainer machen: »Es ist wichtig, dass er in Spanien arbeitet, denn er ist einer der Besten der Welt. Er wird uns alle dazu bringen, besser zu spielen.« Ganz Spanien erwartete einen Titanenkampf zwischen Guardiolas Barcelona und Mourinhos Madrid, und Arrigo Sacchi erklärte, es sei so, als hätte man »zwei Picassos in derselben Epoche«. Spanien war nun Weltmeister, die spanische Liga war der Mittelpunkt der Fußballwelt, und die Intensität der Clásicos war noch ein wenig gesteigert worden. »Gleichgültig, ob du zehn, fünfzig oder hundert Jahre alt bist«, hieß es in *El País*, »du hast nie einen Moment wie diesen erlebt.«

Das Schlachtfeld wurde vorbereitet. Die Mittelfeldspieler von Barça erhielten die Anweisung, Kontern vorzubeugen, indem sie ihren Mitspielern durch einen langsamen Spielaufbau die Möglichkeit gaben, die richtigen Positionen zu beziehen. Real lebte jetzt von Kontern, stand kompakt und zeigte ein vorzügliches Umschaltspiel, ohne übermäßig destruktiv zu spielen; sein Spiel war die perfekte Mischung zwischen Mourinhos bevorzugtem Stil und der Spielweise, die dem Publikum im Bernabéu gefiel. Die Königlichen starteten mit zehn Siegen und zwei Unentschieden in die neue Saison und kamen im November mit einem Punkt Vorsprung zu Mourinhos erstem Clásico ins Camp Nou. Der Portugiese wies seine Spieler an, Barça den Ball zu überlassen, in der Abwehr jedoch relativ weit aufzurücken: Sie sollten weder den offenen Schlagabtausch suchen noch sich vollkommen zurückziehen. Aber diese unausgegorene Taktik führte zur größten Demütigung in Mourinhos Karriere: Barcelona schickte Madrid mit einem 5:0 nach Hause.

Mourinho hatte wie vor ihm Pellegrini große Angst vor den Vorstößen von Dani Alves gehabt, was ihn dazu bewegt hatte, seine Flügelstürmer zu tauschen. Er konnte sich nicht darauf verlassen, dass Ronaldo dem Brasilianer bei seinen Sturmläufen folgen würde, weshalb er ihn auf die rechte Außenbahn stellte, während der disziplinierte Di María die Aufgabe erhielt, Alves zu stoppen, obwohl sich das nachteilig auf Reals Konterspiel auswirkte. Entscheidend war jedoch ein anderes vertrautes Problem, das Reals Schicksal besiegelte: Es gelang den Blancos nicht, Xavi zu stoppen. Die Experten hatten mehrheitlich angenommen, dass Mourinho auf Özil verzichten und stattdessen einen zusätzlichen defensiven Mittelfeldspieler bringen würde, aber er hielt an der kreativen Option fest, verlangte gleichzeitig jedoch von Özil, den Barça-Regisseur in Manndeckung zu nehmen. Das war offenkundig nicht Özils Spezialität, und Xavi bewies seine Spielintelligenz, indem er weit aufrückte, in eine Zone, in die ihm Özil nur ungern folgte. Tatsächlich spielte er so weit vorne, dass er das Führungstor aus einer Mittelstürmerposition erzielte. Nachdem Pedro auf 2:0 erhöht hatte, machte Mourinho seine beiden wichtigsten taktischen Entscheidungen rückgängig. Zuerst kehrte Ronaldo auf die linke Seite zurück, auf der er gefährlicher war. Dann wurde Özil geopfert und durch den Spielzerstörer Lassana Diarra ersetzt. Damit gestand Mourinho ein, dass er mit der falschen Taktik ins Spiel gegangen war.

Der Portugiese wusste, dass sich seine Mannschaft nicht zu weit zurückziehen durfte, weil sie dadurch lediglich Barcelona die Möglichkeit geben würde, den Ball im Mittelfeld mit langen Passstafetten in den eigenen Reihen zu halten. Also rückte die Madrider Abwehr noch weiter auf – wodurch sie sich noch mehr entblößte. Messi nahm das Angebot dankend an und bereitete in seiner mittlerweile gewohnten Rolle als falsche Neun mit millimetergenauen Steilpässen zwei Tore von Villa vor. Den Endstand stellte Barça in der Nachspielzeit auf eine Art her, die ein wenig wirkte, als mache sich die Mannschaft über den Gegner lustig. Der Torschütze war ein vollkommen unbekannter Spieler, der aus Venezuela stammende Außenstürmer Jeffrén Suárez, der zunächst so überrascht wirkte, dass er nicht recht wusste, wie er seinen Treffer feiern sollte. Aber Gerard Piqué, der Junge aus Barcelona, dessen Großvater einst Vizepräsident des Klubs gewesen war, wusste es sehr wohl.

Während seine Mitspieler vor den Ersatzbänken eine Jubeltraube bildeten, zeigte Piqué den Fans fünf Finger – und die erwiderten die Geste: Dies war eine *manita*, ein »Händchen«, und Piqué spielte damit darauf an, wie die Barça-Spieler im Jahr 1994 ihren 5:0-Sieg im Clásico gefeiert hatten. »Diese Geste schmerzte mehr als das 5:0 selbst«, hieß es am nächsten Tag in *Marca*.

Tatsächlich war dies das dritte Mal in der Geschichte dieser Rivalität, dass Barcelona den Erzfeind mit fünf Toren Unterschied geschlagen hatte; die beiden anderen waren ebenfalls 5:0 Siege gewesen: 1973 kurz nach Cruyffs Ankunft als Spieler sowie 1994 mit Cruyff auf der Bank. Ein 4:0 gegen Real wäre großartig gewesen; ein 5:0 war unvergesslich und prägte eine Ära. Es war Teil eines sinnbildlichen Hattricks: zuerst die Mannschaft von Michels und Cruyff, dann die Mannschaft von Cruyff und Guardiola und nun die Mannschaft von Guardiola und Xavi. Dies waren die wichtigsten Einflüsse im Spiel von Barça über die Generationen hinweg. »Bleibt bescheiden«, sagte Guardiola, der versuchte, sein Entzücken zu verbergen, nach dem Spiel in der Kabine zu seinen Spielern. »Aber das, was ihr gerade getan habt, ist verdammt noch mal spektakulär.« Florentino Pérez sprach vom »schlimmsten Spiel in der Geschichte von Real Madrid.«

Mourinho hatte zum Glück vier Monate Zeit, um sich auf die nächste Begegnung mit Barcelona vorzubereiten, aber dieses

Spiel würde nur das erste von vier Aufeinandertreffen der Rivalen innerhalb von achtzehn unglaublichen, intensiven, aktionsgeladenen Tagen sein. 16. April: Rückspiel in der Liga. 20. April: Finale im spanischen Pokal. 27. April: Hinspiel im Halbfinale der Champions League. 3. Mai: Halbfinalrückspiel. In den acht vorangegangen Jahren waren Madrid und Barcelona kein einziges Mal in einem Pokalwettbewerb aufeinandergetroffen, sondern nur zweimal pro Saison in der Meisterschaft. Jetzt standen innerhalb von weniger als drei Wochen vier Begegnungen in einer taktisch geprägten Serie bevor, die im Grunde alle drei wichtigen Wettbewerbe entscheiden würde. »Wenn man so oft gegeneinander antritt, geht es dabei zu wie bei den Basketball-Playoffs«, erklärt Guardiola in Guillem Balagues Biografie. »Man tut etwas Bestimmtes, sie reagieren mit einer anderen Maßnahme, und darauf antwortet man dann wieder. [...] Das Vermuten, Wechseln, Vorbereiten, die Umstellungen während der Spiele. Die Vermutungen, welches System sie wohl spielen werden, und die Überlegungen, wie wir sie unsererseits überraschen können: Das macht das Ganze zu einem Vergnügen und gibt ihm einen Sinn.« Es war ein Kampf zwischen den beiden angesehensten Fußballtaktikern der Welt.

Die erste Begegnung, das Meisterschaftsspiel im Bernabéu-Stadion am 16. April 2011, war nur die Vorspeise. Barcelona hatte acht Punkte Vorsprung auf den Rivalen und gab sich mit einem 1:1 zufrieden, obwohl die Heimmannschaft nach dem Platzverweis gegen Raúl Albiol die gesamte zweite Hälfte in Unterzahl spielen musste. Die Tore erzielten Messi und Ronaldo, jeweils per Elfmeter. Am bedeutsamsten war die Zusammenstellung von Reals Mittelfeld: Diesmal ließ Mourinho Özil auf der Bank und vertraute stattdessen seinem »Hochdruck-Dreieck« mit Pepe als defensivem Mittelfeldspieler hinter Khedira und Alonso. In der portugiesischen Nationalelf hatte Pepe bereits auf dieser Position gespielt, aber er war in erster Linie ein Innenverteidiger, was bedeutete, dass Mourinho unverhohlen das körperbetonte Spiel im Mittelfeld stärkte. Pepe war der beste Mann auf dem Platz: Er hielt seine Position vor der Abwehr und raubte Messi den Freiraum, den der Argentinier beim 5:0 genossen hatte. Mit dem Unentschieden sicherte sich Barça im Grunde den Meistertitel, aber es hatte den Anschein, als hätte Mourinho die Meisterschaft bereits aufgegeben und als nutze er das Spiel nur zur Vorbereitung auf die folgenden drei Begegnungen.

Vier Tage später standen sich die beiden Mannschaften in Valencia zum ersten Mal seit einundzwanzig Jahren in einem Pokalfinale gegenüber. Mourinho ließ erneut im 4-3-3 spielen, aber diesmal agierte Ronaldo als zentrale Spitze, während Di María und der zurückgekehrte Özil, der eine großartige Leistung zeigte, auf die Flügel auswichen. Das Mittelfelddreieck bildeten erneut Pepe, Alonso und Khedira. Diesmal ließ Mourinho sie jedoch in einer anderen Anordnung spielen, was sich als entscheidend erwies: Pepe sicherte nicht ausschließlich die Abwehr ab, sondern bewegte sich zwischen den beiden Strafräumen hin und her, wodurch Alonso die Möglichkeit erhielt, aus einer zurückgezogenen Position lange Diagonalpässe zu schlagen. Pepe hatte die Aufgabe, Xavis Kreise zu stören und zu verhindern, dass der Barça-Regisseur die Madrilenen wie in den vorangegangenen Begegnungen vor unlösbare Probleme stellte. Außerdem wagte er gefährliche Vorstöße und scheiterte einmal nur am Pfosten. Er war einmal mehr der entscheidende Spieler: eine gnadenlose Pressingmaschine und die Antithese zur spanischen Methode, das Mittelfeld mit zahlreichen Spielgestaltern zu bevölkern.

Die beiden Trainer hatten vollkommen verschiedene taktische Ansätze gewählt, und die beiden Tore des Spiels (von denen freilich nur eines zählte) waren der beste Ausdruck dieses Gegensatzes. Barcelona legte mit einem klassischen Spielzug vor: Messi bekam den Ball in der Position einer falschen Neun, ließ zwei Gegner aussteigen und spielte einen feinen Pass in den Lauf von Pedro, der wieder einmal aus einer hängenden Position in den Strafraum eingedrungen war und eiskalt vollendete. Aber der Linienrichter hob die Fahne, das Tor wurde wegen Abseits nicht anerkannt, und in der regulären Spielzeit fiel kein Tor mehr. Dann erzielte Real in der Verlängerung das Siegtor mit einem Angriff, der die Spielweise der Madrilenen schön zusammenfasste: ein schneller Pass auf den Flügel, eine Flanke in den Strafraum und ein spektakulärer Kopfball von Ronaldo. Es war buchstäblich und zugleich symbolisch ein Anti-Barça-Tor. Die Königlichen hatten den Pokal gewonnen. (Die Trophäe wurde erheblich in Mitleidenschaft gezogen, als Sergio Ramos sie bei der Siegesparade von der Plattform des Doppeldeckerbusses fallen ließ und der Pokal unter die Räder kam. Es war nicht zu vermeiden, dass Scherze über den »geparkten Bus« die Runde machten.)

Plötzlich hatte Madrid das Momentum auf seiner Seite, und Mourinho bekam Oberwasser. Er behauptete, Barcelona habe im Pokalfinale »psychisch erschöpft« gewirkt, und machte deutlich, dass er nicht viel vom spanischen Stil hielt: »Die Leute hier glauben, guten Fußball könne man nur spielen, wenn man den Ballbesitz dominiert. Das ist eine beschränkte Vorstellung. Ich glaube, dass es auch viele andere Möglichkeiten gibt, gut zu spielen, darunter defensive Organisation, Solidarität, die Fähigkeit, dem Druck standzuhalten und die Räume eng zu machen, während man sich gleichzeitig auf Konter vorbereitet. Meiner Meinung nach hat Real heute ein großes Spiel gezeigt, weil es all diese Qualitäten gezeigt hat.«

Nun schlugen die Spannungen zwischen Mourinho und Guardiola in offene Feindseligkeit um. Nach der Niederlage im Pokalfinale verwies Guardiola auf Pedros Abseitstor und erklärte, dass Spiele oft durch Kleinigkeiten entschieden würden. Das war nicht unbedingt als Kritik am Schiedsrichtergespann gemeint, aber kurz vor dem Hinspiel im Champions-League-Halbfinale im Bernabéu machte sich Mourinho in einer Pressekonferenz darüber lustig, dass sich Guardiola über eine korrekte Entscheidung beschwert habe. Der erboste Barça-Trainer schlug ebenfalls in einer Pressekonferenz in einer berühmten Tirade zurück. »Morgen um 20:45 Uhr stehen wir einander auf dem Platz gegenüber«, eiferte sich Guardiola. »Den Kampf neben dem Platz hat er bereits gewonnen, auf diesem Terrain gewinnt er schon die ganze Saison ... In diesem Presseraum ist er der verfluchte Chef, der verfluchte Boss. In dieser Arena will ich nicht mit ihm kämpfen, nicht eine Sekunde.«

Barcelonas Spieler bezeichneten Guardiolas Antwort später als brillant, obwohl die Sache leicht mit einer Blamage hätte enden können, hätte Barça das Spiel verloren. Im großen Weltenplan wirkte sich der Streit vermutlich kaum auf das Champions-League-Spiel aus, aber er bestätigte, dass Mourinho Guardiolas wunden Punkt gefunden hatte. Der Katalane deutete im privaten Kreis an, dass er am Ende der Saison seinen Platz auf der Trainerbank räumen werde (was er sich dann jedoch noch einmal anders überlegte). Er hatte keinen Spaß an dieser Clásico-Serie, die er später als »furchtbar schwierig« beschrieb. Die Atmosphäre sei »sehr gereizt« gewesen, »sehr intensiv und sehr zermürbend«.

Das Halbfinalhinspiel in Madrid wurde zu einem schmutzigen Abnutzungskrieg, in dem beide Seiten mehr Zeit mit Fouls – und Beschwerden über Fouls – als mit dem Fußballspielen verbrachten. Real störte nicht so früh wie im Pokalfinale, sehr zum Leidwesen Ronaldos, der erneut die einzige Spitze war. Er versuchte hektisch, drei Gegenspielern auf eigene Faust den Ball abzujagen, musste jedoch erkennen, dass ihn niemand beim Pressing unterstützte, und reagierte mitten im Spiel mit einem melodramatischen Wutanfall. Real beschränkte sich darauf, tief zu stehen und Barça den Weg zum Tor zu verbauen, wobei der imposante Pepe erneut als Manndecker von Xavi spielte. In Abwesenheit des verletzten Iniesta fiel Barcelona nicht viel ein, und die erste Hälfte endete torlos.

Die entscheidende Szene ereignete sich nach einer Stunde. Beteiligt war die Schlüsselfigur in Mourinhos Matchplan: Pepe sprintete mit Pedro um die Wette, um einen herrenlosen Ball zu erlaufen, und kam gegen Alves zu spät, den er mit ausgestrecktem Bein in der Luft traf. Der Schiedsrichter zeigte ihm die unvermeidliche rote Karte. An der Seitenlinie quittierte Mourinho den Platzverweis mit einem sarkastischen Augenzwinkern, nach oben gestrecktem Zeigefinger und den Worten »Gut gemacht« in Richtung des vierten Offiziellen, woraufhin er auf die Tribüne verbannt wurde. Der Matchplan der Hausherren war ruiniert, weil Xavi nicht länger manngedeckt werden konnte und Real im improvisierten 4-4-1 im Mittelfeld in Unterzahl war. Barcelona erhöhte den Druck, und Messi erzielte nach einer Flanke des Einwechselspielers Ibrahim Afellay das Führungstor.

In Wahrheit war der Argentinier in dieser Serie von Clásicos bis dahin ungewöhnlich unauffällig geblieben, doch drei Minuten vor Schluss lieferte er mit einem großartigen Sololauf das Glanzlicht dieser ansonsten hitzigen, spielerisch dürftigen Duelle: Er wurde zwischen den Linien angespielt, setzte sich im Dribbling gegen vier Gegenspieler durch, drang halbrechts in den Strafraum ein und schob den Ball mit dem rechten Fuß an Casillas vorbei ins lange Eck. Es war ein unglaubliches Tor, das jedoch kaum gefallen wäre, hätte Real noch elf Mann auf dem Platz gehabt: Der Raum zwischen Abwehr- und Mittelfeldquartett war riesig, weil die Madrilenen daran gewöhnt waren, dass zwischen den beiden Reihen ein defensiver Mittelfeldspieler stand. Pepes Platzverweis war Real teuer zu stehen gekommen, aber seine rote Karte wirkte wie eine logische Konsequenz von Mourinhos Anweisungen: Er hatte Pepe auf dem gesamten Feld als Rammbock eingesetzt.

Mittlerweile wurde über die Vorgänge auf dem Platz weniger diskutiert als über die Auftritte des portugiesischen Trainers in den Pressekonferenzen. Auf dieses Spiel folgte Mourinhos berühmte »Por qué?«-Ansprache, in der er sich zu der Behauptung verstieg, Barcelona werde unentwegt von den Schiedsrichtern begünstigt. Interessanter war eine andere These: »Die von mir angewandte Strategie hätte es unmöglich gemacht, dass wir verlieren.« Seine Selbstgewissheit war wenig überzeugend, aber nach der furchtbaren Niederlage im Camp Nou nur vier Monate zuvor gewannen immer mehr Beobachter den Eindruck, dass er tatsächlich herausgefunden hatte, wie man Barcelona bremsen konnte.

Nach dem 0:2 und ohne den gesperrten Pepe hatte Real Madrid im Rückspiel kaum noch eine Chance. Das ereignisarme Spiel endete 1:1: Pedro brachte Barça in Führung, Marcelo glich aus, und Real machte nicht den Eindruck, als könne es das Halbfinale noch drehen. Nach Einschätzung der meisten Beobachter – darunter Mourinho – war das Duell im Hinspiel entschieden worden. Tatsächlich hatte dieses Spiel noch eine andere Bedeutung und lieferte den Titel für das Buch *Prepárense para perder* (Seid bereit, zu verlieren), eine verblüffende Analyse von Mourinhos Herrschaft bei Real Madrid, die der Journalist Diego Torres von *El País* veröffentlichte. In diesem Buch schreibt Torres, dass Mourinho seine Spieler vor dem Rückspiel versammelte und trotz der Niederlage im Hinspiel aufforderte, defensiv aufzutreten und nach Möglichkeit ein Unentschieden aus dem Camp Nou mitzunehmen. Das würde Mourinho die Möglichkeit geben, das Halbfinal-Aus mit den Schiedsrichterentscheidungen zu erklären. Seine Anweisung spaltete die Mannschaft: Einige konnten seine Denkweise nachvollziehen, andere waren empört. Zinédine Zidane, der im technischen Stab von Real arbeitete und ein enges Verhältnis zu vielen Spielern hatte, widersprach dem Trainer und verlangte, die Mannschaft müsse

»versuchen, Barcelona zu schlagen – wir sind Real Madrid, und Real Madrid will jedes Spiel gewinnen«. Nun tat sich in der Kabine der Königlichen ein Graben auf. Cristiano Ronaldo war sichtlich frustriert von Mourinhos Taktik; in mittlerweile zwei Jahren bei Real hatte er lediglich eine Copa del Rey geholt.

Aufgrund dieses Pokalsiegs standen sich Real und Barça auch im spanischen Supercup gegenüber, der die für den spanischen Fußball dramatische Saison 2011/12 einläutete. Im Hinspiel im Bernabéu setzte Mourinho auf dieselbe Startelf wie bei der 0:5-Niederlage im Camp Nou, so als hätte er die dazwischenliegenden vier Begegnungen damit verbracht, Schritt für Schritt die taktischen Fehler zu korrigieren, so dass er nun beweisen wollte, dass seine ursprüngliche Lösung doch funktionieren konnte. Real spielte gewagt und offensiv, Karim Benzema stieß ein ums andere Mal in den Rücken der Barça-Abwehr vor, Ronaldo spielte weit links und bereitete Alves große Probleme. Real dominierte, und nur exzellente Einzelleistungen von Villa und Messi retteten Barça ein 2:2.

Barcelona gewann die Supercopa mit einem 3:2-Sieg im Rückspiel, dessen unangefochtener Herrscher Messi war. Nach einer Viertelstunde gab er die Vorlage zu Iniestas Führungstor: Er bekam den Ball nahe der Mittellinie, ließ zwei Gegenspieler ins Leere laufen und schickte Iniesta mit einem perfekten Pass in die Gasse. Fünf Minuten später lenkte Ronaldo einen Pass von Benzema zum Ausgleich ins Netz, aber kurz vor der Pause spitzelte Messi den Ball nach Vorarbeit von Piqué, der ihm den Ball mit der Hacke zuspielte, an Casillas vorbei ins Tor. Zehn Minuten vor Schluss traf Benzema nach einer Ecke aus einem Getümmel und stellte den Gesamtstand von 4:4 her, doch wenig später schickte Messi von der Strafraumgrenze den eingewechselten Adriano, der den Ball von rechts halbhoch an den Fünfmeterraum schlug, wo ihn der Argentinier aus der Luft am chancenlosen Casillas vorbei ins Netz drosch. Es folgten Jubelszenen, die ungewöhnlich waren für ein Spiel, das eigentlich eher der Saisonvorbereitung diente. Doch zwischen diesen beiden Rivalen gibt es keine Begegnung, die nicht mit größter Leidenschaft ausgetragen wird.

Die Enttäuschung der Real-Spieler über das späte Gegentor führte zum größten Aussetzer in dieser Serie erbittert umkämpfter Clásicos: Genau vor den Ersatzbänken rutschte Marcelo mit beiden Füßen voraus Cesc Fàbregas in die Beine. Der Brasilianer wurde für das brutale Foul vom Platz gestellt, aber während er im Kabinengang verschwand, brach auf dem Platz die Hölle los: die 21 verbliebenen Spieler, der Großteil der Ersatzspieler, mehrere Mitglieder der Trainerstäbe und einige nicht identifizierte Herren in Anzügen, die gerade in der Nähe waren, beteiligten sich an einem wilden Getümmel. Der Schiedsrichter ging herum und hielt nach weiteren Akteuren Ausschau, die er ausschließen konnte, und wurde bei Villa und Barcelonas Ersatztorhüter José Pinto fündig. Der vierte Spieler, der die rote Karte sah, war Özil; weggeführt wurde er von Marcelo, der freundlicherweise auf den Platz zurückgekehrt war, um das Chaos zu beenden, das er ausgelöst hatte. »Es ist nicht ihre Schuld«, erklärte Piqué. »Sie befolgen nur Befehle.« Den schwersten Zwischenfall provozierte der geistige Vater der Feindseligkeiten: José Mourinho nutzte die Gelegenheit, um sich unbemerkt Barcelonas Kotrainer Tito Vilanova zu nähern und ihm einen Finger ins Auge zu bohren. Vilanova hatte ihm keinerlei Anlass für diese feige Aggression gegeben, aber Mourinho konnte sich erst ein Jahr später zu einer Entschuldigung durchringen.

Die Spannungen zwischen den Spielern von Real und Barça – insbesondere zwischen denen, die gemeinsam in der spanischen Nationalmannschaft spielten – hatten ihren Höhepunkt erreicht. Nationaltrainer Vicente del Bosque war besorgt. Besonders schlimm für ihn war, mit ansehen zu müssen, wie Xavi und Casillas, die eng befreundet waren und wesentlich zur Geschlossenheit des Nationalteams beigetragen hatten, auf dem Feld heftig aneinandergerieten. Casillas rief Xavi später an, um sich für seinen Beitrag zu der Rauferei zu entschuldigen und zuzugeben, dass er nicht begriffen hatte, wie übel Marcelos Foul an Fàbregas gewesen war. Die enge Freundschaft zwischen den beiden Spielern ärgerte Mourinho, der sich derart mit Casillas überwarf, dass er den 167-fachen Nationaltorwart schließlich durch Diego López ersetzte, der ein einziges Mal das spanische Nationaltrikot hatte tragen dürfen und »San Iker« nicht das Wasser reichen konnte. Es gelang den altgedienten Mitgliedern des Nationalteams mit Müh und Not, die Mannschaft zusammenzuhalten, obwohl sich die Barça-Spieler überrascht davon zeigten, wie unsportlich sich Xabi Alonso in den Duellen zwischen den beiden Klubs verhalten hatte. Außerdem verstanden sie nicht, was Álvaro Arbeloa, ein durchschnittlicher Kicker, der allerdings Mourinhos treuester Gefolgsmann bei Real war, in der Nationalmannschaft verloren hatte.

In der Saison 2011/12 mussten sich die Fans lange gedulden, bis sich die Erzrivalen erstmals gegenüberstanden. Für die Begegnung, die Mitte Dezember im Bernabéu-Stadion stattfand, hatte sich Guardiola den vielleicht revolutionärsten taktischen Plan in seinen vier Jahren auf der Bank des FC Barcelona zurechtgelegt. Das Ergebnis war ein 3:1-Sieg von Barça. Besonders beeindruckend war dieser Sieg, weil Guardiolas Team bereits nach einer halben Minute in Rückstand geraten war. Der vom aggressiven Pressing der Madrilenen überraschte Torwart Víctor Valdés spielte einen Fehlpass, und Benzema schoss das schnellste Tor in der Geschichte des Clásico.

Guardiolas Plan sah vor, dass wie in vielen wichtigen Spielen nach zehn Minuten das System gewechselt wurde. Barça startete in einer Aufstellung, die Ähnlichkeit mit dem gewohnten 4-3-3 hatte, wobei Iniesta weit links, Messi auf der rechten Seite und der neu in die Mannschaft gekommene Alexis Sánchez in der Spitze spielte. Aber plötzlich wirbelten die Spieler die Formation vollkommen durcheinander. Messi verwandelte sich in einen Zehner, eine Änderung, die sich wie ein Dominospiel durch die ganze Mannschaft fortsetzte: Alves rückte von der rechten Außenverteidigerposition auf die offensive Flügelposition vor, und der rechte Innenverteidiger Puyol verwandelte sich in den rechten Außenverteidiger; Piqué rückte nach und – was besonders faszinierend war – Busquets ließ sich in eine eigentümliche Hybridrolle zurückfallen, in der er halb Mittelfeldspieler und halb Verteidiger war.

Dieses System hatte mehrere Vorteile: Busquets entfernte sich von Özil und konnte seine Mittelfeldkollegen weitgehend ungestört mit Pässen versorgen, machte außerdem jedoch den Raum für den Deutschen zu, wenn es erforderlich war. Ronaldo, der auf der linken Außenbahn spielte, sah sich bei seinen Versuchen, aufs Tor vorzustoßen, sowohl Puyol als auch Piqué gegenüber. Alves war auf der rechten Seite eine große Gefahr und bereitete das spielentscheidende dritte Tor von Fàbregas vor (zuvor hatten Sánchez und Xavi getroffen). Es war ein taktisches Lehrstück: Barça siegte in Madrid mit einem kaum entzifferbaren System. Allerdings war dies das einzige von 22 Spielen in der Mitte der Saison, das Real nicht gewinnen konnte. Die Königlichen gaben in der Liga den Ton an, nur gegen Barcelona konnten sie immer noch nicht gewinnen.

In dieser Saison gab es zwei »Bonus«-Clásicos, da die beiden Mannschaften einander im Viertelfinale der Copa del Rey zugelost wurden. Die Auseinandersetzung im Januar nahm einen sonderbaren Verlauf. Einmal mehr gingen die Madrilenen im Hinspiel im heimischen Stadion früh in Führung – diesmal war Ronaldo der Torschütze –, und einmal mehr konnten sie sich im offenen Schlagabtausch behaupten, während es ihnen schwerfiel, Standards zu verteidigen, bei denen sie Treffer von Puyol und Abidal hinnehmen mussten. Nach dem 1:2 zu Hause musste Madrid im Rückspiel im Camp Nou angreifen. Tatsächlich waren die Königlichen in der ersten Hälfte in der Lage, das Spiel zu bestimmen. Einmal mehr spielten sie ein ausgezeichnetes Pressing, vergaben jedoch ihre Torchancen. Auf der anderen Seite traf Pedro nach einem Konter, und Alves stellte noch vor der Pause mit einem Gewaltschuss vom rechten Strafraumeck auf insgesamt 4:1. In der zweiten Hälfte schlug Real dann allerdings zurück: Nach Treffern von Ronaldo und Benzema war Madrid zwanzig Minuten vor Spielende nur noch ein Tor vom Einzug in die nächste Runde entfernt. Dieser Treffer gelang nicht mehr, doch die Madrilenen hatten die beiden Spiele dominiert und blickten dem Meisterschaftsspiel in Barcelona zuversichtlich entgegen.

Drei Monate später kehrte Real Madrid zur vorentscheidenden Ligapartie ins Camp Nou zurück. Die Königlichen hatten in der Tabelle vier Punkte Vorsprung auf Barça. Ein Unentschieden, davon war Guardiola überzeugt, würde die Meisterschaft praktisch entscheiden, weil es seiner Mannschaft kaum gelingen würde, in den vier verbleibenden Spielen vier Punkte auf Real gutzumachen. Die Gastgeber waren auf einen Sieg angewiesen, den Gästen genügte ein Unentschieden. Und wenn ein Unentschieden genügt, spielt eine von Mourinho trainierte Mannschaft normalerweise auf Unentschieden – und erreicht es.

In einer anderen Hinsicht war ein Unentschieden allerdings auch für Real Madrid nicht genug. Zwar würde es den Königlichen den Weg zum Titel ebnen, aber es würde auch bedeuten, dass es ihnen in den sechs Clásicos der Saison 2011/12 – jeweils zwei Begegnungen in der Liga und im Pokal sowie die beiden Supercup-Spiele – nicht ein einziges Mal gelungen war, den Erzrivalen zu besiegen. Und Mourinhos Mission in Madrid bestand eben nicht nur darin, Real zu Erfolgen zu führen: Er hatte die Aufgabe, Barça zu überflügeln, und zwar nicht nur in der Meisterschaftstabelle, sondern auch auf dem Platz. Ohne einen einzigen Triumph über Barcelona würden sich die Madrilenen den Vorwurf anhören müssen, eine Mannschaft zu sein, die nur gegen schwächere Gegner glänzen konnte.

Die Barça-Mannschaft zeigte zu diesem Zeitpunkt deutliche Zerfallserscheinungen. Guardiola hatte sich mit mehreren Spielern überworfen, darunter insbesondere Fàbregas und Piqué, und im entscheidenden Clásico setzte er auf zwei Nachwuchsspieler, Thiago Alcántara und Cristian Tello. Er ließ in einem 3-3-1-3 spielen, einer Formation, die, wie er selbst einräumte, sehr riskant ist, wenn man nicht das gesamte Spiel kontrolliert. Und das fiel Barça zusehends schwer.

Mourinho brachte das gewohnte 4-2-3-1 aufs Feld. Özil, den er in den Clásicos oft auf der Bank ließ oder auf die linke Außenbahn stellte, durfte in seiner bevorzugten Position als Zehner spielen. Ronaldo, der aufgrund der Zweifel an seiner defensiven Disziplin auf der Außenbahn oft als zentrale Spitze aufgeboten wurde, nahm seine Lieblingsposition auf dem linken Flügel ein. Nachdem Real in den ersten Minuten weit aufgerückt war, um den Spielaufbau Barças zu stören, zog es sich zurück, wenn auch nicht so weit wie Inter Mailand unter Mourinho. Stattdessen stand die Madrider Abwehr wie bei der 0:5-Niederlage weiterhin hoch, um die Barça-Stürmer ins Abseits laufen zu lassen, und diesmal gelangen Barcelona keine gefährlichen Vorstöße hinter die Abwehr. Alves spielte als Flügelstürmer, ohne wirklich gefährlich zu werden, Tello bewegte sich gut, zeigte im Abschluss jedoch große Schwächen. Vor allem gelang es Real, Messi unter Kontrolle zu halten: Einer von Reals Innenverteidigern, sei es Pepe oder Sergio Ramos, hatte den Auftrag, ihm bis tief ins Mittelfeld zu folgen, und der andere gab ihm Rückendeckung, ohne dass ein Barça-Spieler den so entstandenen Raum zu nutzen wusste.

Barcelona galt unter Guardiolas Ägide stets als anfällig für zwei Arten von Angriffen: Standards und Konter. Und genau so fielen die Madrider Tore, womit dieses Spiel zum definitiven Lehrstück für die richtige Methode wurde, Barcelona beizukommen. Nach einem Eckball stocherte Khedira den Ball ins Tor, und Madrid konnte den Vorsprung lange Zeit halten. In der 70. Spielminute staubte der eingewechselte Alexis Sánchez nach mehreren Abprallern ab, und das Spiel schien wieder offen. Doch nur zwei Minuten später ging Real nach einem klassischen direkten Spielzug wieder in Führung: Özil wich auf die rechte Seite aus, wurde angespielt und schickte Ronaldo mit einem perfekt getimten Steilpass in den Strafraum, wo der Portugiese Torwart Valdés überwand. Barcelona war besiegt – im Titelkampf und auf dem Feld.

Dies war im Grunde das Ende von Guardiolas Barcelona. Drei Tage später schied die Mannschaft im Halbfinale der Champions League gegen Mourinhos Ex-Klub Chelsea aus; die Engländer schämten sich nicht, die destruktive Spielweise von Mourinhos Inter aus dem Jahr 2010 nachzuahmen. Weitere drei Tage später kündigte Guardiola an, dass er Barcelona am Saisonende verlassen werde, eine Entscheidung, die in Spanien und in der gesamten Fußballwelt Bedauern auslöste. Nach vier Jahren auf der Bank von Barça war Guardiola vollkommen erschöpft, und besonders schwer hatte ihm der zweijährige schmutzige Krieg gegen Mourinhos Real Madrid zugesetzt. Guardiola war überzeugt, diesen Kampf verloren zu haben. Ein Vergleich von Fotos, auf denen er bei seinem Amtsantritt und nach seinem Rücktritt zu sehen ist, zeigt eine verblüffende Wandlung: Er war um ein Jahrzehnt gealtert und wirkte sehr viel düsterer. Die letzte Saison bei Barça hatte er nicht genießen können, und im Nachhinein erklärte er, »überwiegend schlechte Erinnerungen« an die Clásicos zu haben, und das trotz des unglaublichen 6:2, trotz des glorreichen 5:0, trotz jenes 3:1-Siegs, den er mit der kühnsten Taktik seiner Trainerlaufbahn errungen hatte.

Alle Welt gab Mourinho die Schuld an Guardiolas Rückzug,

der als Rückschlag nicht nur für Barcelona, sondern für den spanischen Fußball insgesamt betrachtet wurde. »Mourinho richtete mehr Schaden an, als er Gutes brachte«, urteilte Iniesta. »Er schadete dem spanischen Fußball.« Das war Musik in Mourinhos Ohren. »Ja, ich schadete dem spanischen Fußball«, sagte er. »Weil ich der Trainer war, der Barcelonas Vormachtstellung brach.«

Umschaltmoment:
Spanien → Deutschland

Zu den ersten großen Turnieren des 21. Jahrhunderts schickte Deutschland unattraktive, defensive Mannschaften, die entweder früh ausschieden, ohne dass es jemand bedauert hätte, oder nur dank ihrer Unbeugsamkeit und Härte in die letzten Runden vorstießen. Und die Bundesliga wurde mittlerweile zu den zweitklassigen europäischen Ligen gezählt.

Dann änderte sich alles. Bei der WM 2010 spielte die deutsche Mannschaft den faszinierendsten Fußball aller Teilnehmer und schoss gegen Australien, England und Argentinien jeweils vier Tore. Sie scheiterte im Halbfinale am späteren Weltmeister Spanien, schoss jedoch im gesamten Turnier doppelt so viele Tore wie das von Vicente del Bosque trainierte Team. Dies war eine neue, junge, mitreißende deutsche Mannschaft, und viele Fußballexperten stellten die Prognose auf, die EM 2012 werde dieser Elf gehören: Es stand zu erwarten, dass Deutschland Spanien vom Thron stoßen würde, wenn dieses junge Team erst einmal ein paar Jahre mehr Erfahrung auf höchstem Niveau hätte.

Wenige Wochen vor der WM-Endrunde hatte Bayern München das Finale der Champions League erreicht und das von José Mourinho trainierte Inter Mailand beherrscht, obwohl sich die Italiener mit 2:0 durchsetzten. Nach der Niederlage blickte Bayern-Präsident Uli Hoeneß in die Zukunft: »Wir müssen uns nicht ärgern«, sagte er. »Schließlich wird München das Champions-League-Finale 2012 ausrichten. Es gibt also genug, wovon wir träumen können.« Das Jahr 2012 war als Beginn der deutschen Dominanz angepeilt.

Aber es lief nicht so reibungslos wie erhofft. Zwar kämpften sich die Bayern tatsächlich ins Champions-League-Finale im eigenen Stadion vor (im Halbfinale schalteten sie Mourinhos Real aus), aber dort mussten sie eine beinahe unerklärliche Niederlage gegen Chelsea hinnehmen, nachdem sie 35-mal aufs Tor geschossen (Chelsea brachte es lediglich auf neun Versuche) und zwanzig Ecken herausgeholt hatten (Chelsea hatte gerade einmal eine). Und die deutsche Nationalmannschaft, die bei der EM-Endrunde im selben Jahr einen weiteren Angriff auf Spanien starten wollte, musste sich im Halbfinale überraschend Italien geschlagen geben.

So dauerte es bis zur folgenden Saison 2012/13, bis der Aufschwung Deutschlands unübersehbar wurde. Den Wendepunkt markierten zwei Abende Ende April, an denen die Halbfinalhinspiele in der Champions League stattfanden. Im Dienstagsspiel feierte Bayern München einen unglaublichen 4:0-Triumph über den FC Barcelona, die Mannschaft, die den europäischen Fußball in den vorangegangenen vier Jahren beherrscht hatte. »Bayern München übernimmt das Zepter«, lautete die Schlagzeile in der *New York Times*. Am Tag darauf schickte Borussia Dortmund Real Madrid mit einem 4:1 nach Hause, was laut BBC »ein weiterer Beleg für die Verschiebung zu einer deutschen Vormachtstellung in Europa« war.

Der Tabellenführer der Bundesliga hatte den spanischen Tabellenführer zerlegt, und anschließend hatte der amtierende deutsche Meister den amtierenden spanischen Meister zerlegt. »Deutschland – Spanien 8:1, Bayern und Dortmund überrennen ganz Europa!«, jubelte die *Bild*-Zeitung. »Bayern München und Borussia Dortmund haben in den Champions-League-Hinspielen erstklassige Visitenkarten für den deutschen Fußball abgegeben«, erklärte DFB-Präsident Wolfgang Niersbach, was nach einer sehr deutschen Metapher klang. »Jeder hat gesehen, dass Deutschland eine Top-Fußballadresse ist. Das gilt für die Bundesliga, die einzelnen Vereine und natürlich auch für die Nationalmannschaft. Wir dürfen nun alle von einem deutschen Finale in Wembley träumen.« Tatsächlich gaben sich beide Mannschaften in den Rückspielen keine Blöße und zogen ins Finale ein.

Nun genoss der deutsche Vereinsfußball zum ersten Mal in der modernen Ära wirkliche Bewunderung für seine Qualität auf dem Rasen. Bis dahin war an der Bundesliga vor allem positiv aufgefallen, dass die Vereine ihren Fans gehörten, dass die Eintrittspreise niedrig und die Atmosphäre in den Stadien ausgezeichnet war. Nun rückte auch die Spielweise der deutschen Klubs ins Blickfeld. Deutschland verfügte über die Infrastruktur zur Ausbildung technisch vorzüglicher Spieler und über Trainer, die es taktisch mit den Besten Europas aufnehmen konnten. Bayern holte sich mit dem Sieg über den BVB im Wembley-Stadion das Triple und hatte sich außerdem für die Folgesaison die Dienste Pep Guardiolas gesichert, was erwarten ließ, dass die Mannschaft die nächsten Jahre dominieren würde.

Ein Jahr später, bei der WM 2014, schied Spanien in der Gruppenphase aus, während Deutschland mit dem 7:1-Halbfinalsieg über Gastgeber Brasilien das vermutlich eindrucksvollste Resultat in der Geschichte der WM-Turniere erzielte und sich mit einem Finalsieg über Argentinien den Titel holte. Nun blickte das übrige Europa auf der Suche nach Inspiration nach Deutschland, in dessen Stadien ein schneller Angriffsfußball mit aggressivem Pressing gespielt wurde. Der »deutsche Fußball« hatte sich vollkommen neu erfunden.

6
FUSSBALL
(2012-16)

16
Vertikalität

Jahrzehntelang verwendeten die Experten dasselbe alte Klischee, um die Mannschaften zu beschreiben, die Deutschland zu den großen Turnieren entsandte: Diese Teams waren »effizient«. Gemeint war damit die Fähigkeit der deutschen Mannschaft, mit einer erbarmungslos mechanischen Spielweise zumindest bis in die K.-o.-Phase vorzustoßen. Es war nicht das technisch beste Team, aber es fand immer einen Weg.

Die neue deutsche Mannschaft war ganz anders: einfallsreich, technisch, sympathisch. Trotzdem behielt das alte Klischee seine Gültigkeit. Die Spanier wirkten mit ihrer Fixierung auf den Ballbesitz ohne Raumgewinn allmählich etwas ermüdend. Die Deutschen boten ein ähnliches Niveau an technischer Qualität, aber sie spielten … – effizienter. Das WM Halbfinale 2010 zwischen Deutschland und Spanien war eine Auseinandersetzung zwischen den Stilen der dominierenden europäischen Fußballnationen: Tiki-Taka gegen Konterfußball.

Es wäre jedoch falsch zu behaupten, der deutsche Fußball sei die Antithese zum spanischen gewesen. Beispielsweise war die Auseinandersetzung nicht mit jener zwischen dem defensiven italienischen und dem angriffslustigen niederländischen Fußball Mitte der neunziger Jahre zu vergleichen, denn die deutschen Spieler und Trainer orientierten sich durchaus am spanischen Stil: Nationaltrainer Jogi Löw erklärte Spanien 2012 im Magazin *11 Freunde* zum Vorbild seiner Mannschaft. »Ich bin fest davon überzeugt, dass man auf hässliche Weise keinen Titel mehr gewinnen kann«, sagte er. In einem anderen Interview gab er zu Protokoll: »In den letzten Jahren haben wir große spielerische Fortschritte gemacht, und jetzt besitzen wir eine Schnelligkeit und Kreativität, die es uns erlauben, uns in der Spielweise mit Brasilien und Spanien zu messen. Früher mussten wir das mit Mut und Willensstärke wettmachen.« Mittelfeldspieler wie Mesut Özil und Toni Kroos waren technisch genauso gut wie ihre spanischen Gegenstücke, und beide landeten bei Real Madrid, nachdem sie lange Zeit mit dem FC Barcelona in Verbindung gebracht worden waren. Xavi Hernández erklärte, die Spielweise von Kroos erinnere ihn an seine eigene: »Er ist wie mein Nachfolger auf dem Platz.«

Doch auch wenn in beiden Ländern ein technisch anspruchsvoller Fußball gespielt wurde, unterschied sich die deutsche Schule erheblich von der spanischen. Xavis Barcelona verzichtete nach Ballgewinnen häufig auf Konterchancen; es zog den Ballbesitz vor. Pep Guardiola nannte es die goldene »Regel der fünfzehn Pässe« und erklärte, so viele Zuspiele bräuchten seine Spieler, um die optimalen Positionen beziehen zu können.

Im deutschen Fußball hingegen ging es um das schnelle Umschalten von Abwehr auf Angriff. In der Bundesliga war fast jede Mannschaft in der Lage, nach einer Balleroberung in der eigenen Hälfte blitzschnell einen Konter zu fahren und aus der Abwehr mit Höchstgeschwindigkeit zum Angriff überzugehen. Statistiken des Datendienstleisters Opta zeigen, dass in Deutschland deutlich mehr Kontertore fielen als in Spanien: Im Zeitraum zwischen 2012 und 2016 wurden in hundert Spielen in der Bundesliga durchschnittlich 32 Kontertore geschossen, während es in La Liga lediglich 19 waren. In diesen Zahlen sind freilich nur die Fälle berücksichtigt, in denen ein Konter direkt zu einem Tor führte. Es fielen aber auch Tore aus Standards, die das Ergebnis von Kontern waren, oder nach Ballrückeroberungen durch Pressing, nachdem ein Konter zunächst abgefangen worden war.

Besonders deutlich trat die deutsche Vorliebe für das Konterspiel im Jahr 2013 bei Bayern Münchens unvergesslichem Halbfinalsieg über Barcelona mit einem Gesamtergebnis von 7:0 zutage. In jener Saison mussten die von Jupp Heynckes trainierten Bayern in der Ballbesitzstatistik europaweit nur Barcelona den Vortritt lassen, und vor der Auseinandersetzung zwischen den beiden Ballbesitzmaschinen kreisten die Diskussionen in erster Linie um die Frage, ob es die Bayern schaffen würden, Barças Spielanteile auf unter 50 Prozent zu drücken, was seit Mai 2008, kurz vor Guardiolas Amtsantritt, in mehr als 300 Spielen keiner Mannschaft gelungen war. Doch am Ende spielte der Ballbesitz keine Rolle. Barcelona hatte in München 63 Prozent und daheim im Camp Nou 57 Prozent Ballbesitz, da die Deutschen erst gar nicht versuchten, den Spaniern den Ball streitig zu machen, sondern sich darauf beschränkten, jene Bereiche zu beherrschen, in denen Barcelona traditionell schwach war, obwohl es den Gegnern nur selten gelang, diese Schwächen auszunutzen: Körpereinsatz, Standardsituationen und Konter. Bayern war fast jedem Gegner im Passspiel überlegen, aber gegen Barcelona spielte es einfach härter, besser, schneller, stärker. Die Heynckes-Mannschaft perfektionierte keinen einzelnen Stil und schon gar nicht mit der Eleganz von Barcelona, aber sie war ein wirkliches Allroundteam, das imstande war, Spiele auf verschiedene Arten zu gewinnen.

Die ersten zwei Tore der Bayern vor heimischem Publikum fielen nach Standards, die von Thomas Müller (in der 25.) und vom robusten Mittelstürmer Mario Gómez (in der 49. Minute) genutzt wurden. Als Barcelona sein Heil in der Offensive suchte, um das dringend benötigte Auswärtstor zu erzielen, lud es Bayern zu rasanten Kontern über die schnellen Außenstürmer Arjen Robben und Franck Ribéry ein. Der Niederländer schoss das dritte Tor, indem er ausnahmsweise außen am Verteidiger vorbeiging, um den Ball anschließend aus spitzem Winkel mit links in die lange Ecke zu schlenzen, und zu guter Letzt markierte Müller nach einem Tempogegenstoß über die linke Seite den Endstand. »Sie waren körperlich sehr stark«, sagte Xavi nachher. »Tatsächlich waren sie uns überlegen. Wir haben keine Chancen herausgespielt. Es ist ein furchtbares Resultat.«

Auf der anderen Seite zeigte sich Heynckes entzückt von der strategischen Intelligenz seiner Mannschaft: »Entscheidend waren unsere Grundordnung und taktische Disziplin«, sagte er. »Wir haben defensiv so gut gearbeitet, alle Spieler waren bereit, hinten zu bleiben [...]. Wir können das tun und trotzdem angreifen, weil wir in der Vorwärtsbewegung viel Kreativität und Qualität haben. Wenn wir die Räume bekommen, nutzen wir sie.« Bayerns Offensivspieler, insbesondere Ribéry und Robben, waren sich nicht zu schade, immer wieder diszipliniert hinten mit auszuhelfen, um dann aggressiv in freie Räume vorzustoßen. In München war es den Bayern gelungen, Barça herauszulocken und dann in den Rücken der gegnerischen Abwehr vorzustoßen, und im Camp Nou ging die Mannschaft genauso vor. Robben nahm einen Diagonalpass von David Alaba an, zog einmal mehr von rechts nach innen und traf mit Effet in den langen Winkel. Dann war Ribéry an der Reihe: Nach einem ersten Vorstoß des Franzosen in den Rücken der Barça-Abwehr drosch Gerard Piqué seine Flanke bei dem Versuch, sie vor zwei lauernden Bayern-Angreifern zu klären, ins eigene Netz, und später verwandelte Müller eine Ribéry-Flanke auf den zweiten Pfosten per Kopf. 7:0 nach Hin- und Rückspiel.

Ribéry und Robben waren Außenstürmer der alten Schule, waschechte Dribbelkünstler, jene Art von Spielern, die Barcelona aussortiert hatte, um mit einer falschen Neun und Flügelspielern agieren zu können, die ohne Ball in die Räume vorstießen. Die Bewegungen dieser beiden Stürmer waren typisch für die Spielweise des FC Bayern in der Phase, die mit Robbens Debüt bei einem 3:0-Sieg über den VfL Wolfsburg im Jahr 2009 begonnen hatte. In jenem Spiel erzielte der zur zweiten Halbzeit eingewechselte Holländer zwei Tore nach Kontern, und die

Vorlagen kamen jeweils von Ribéry. Das zweite Tor des neuen Sturmgespanns war besonders bemerkenswert, denn der Angriff begann am Strafraum der Bayern. Die beiden Flügelstürmer passten sich mit atemberaubender Geschwindigkeit den Ball zu, während sie in die gegnerische Hälfte stürmten; die Wolfsburger Abwehrspieler hatten Mühe, ihnen zu folgen, und ihre Mitspieler versuchten es gar nicht erst. Es war die Geburt von »Robbery« – und eine deutliche Warnung: Von da an trugen die Bayern ihre Angreife ein Jahrzehnt lang vorwiegend über diese beiden Spieler vor (wenn sie nicht gerade verletzt waren). Bevor sie in München sesshaft wurden, waren die brillanten Konterspieler von einem Verein zum anderen weitergereicht worden, da sie die Geduld ihrer Trainer strapazierten und ihr Potenzial nicht ausschöpfen konnten. Aber der deutsche Fußball passte besser zu Ribéry als der französische oder türkische, und Robben fühlte sich in Deutschland wohler als in England oder Spanien.

Als Mannschaft, die Wert auf den Ballbesitz legte, war Bayern München eine Anomalie in der Bundesliga. In der Saison, in der die Münchner das Triple gewannen, erreichten sie eine Quote von 87 Prozent erfolgreicher Pässe, während die Passgenauigkeit der anderen Bundesligamannschaften zwischen 71 und 81 Prozent lag. Gegen Barcelona waren die Bayern eine Kontermannschaft, aber in Deutschland wurde jeder Gegner zur Kontermannschaft, wenn er gegen die Bayern spielte. Das verdeutlicht den Unterschied zwischen dem spanischen Stil, der die vorangegangenen vier Jahre dominiert hatte, und der deutschen Spielweise, die rasch an Einfluss gewann.

Der größte Rivale der Bayern war in dieser Zeit Borussia Dortmund, das unter Jürgen Klopp zwei Jahre lang die Bundesliga beherrscht hatte. Dortmund spielte vollkommen anders als die Bayern. Während der Verein aus der bayerischen Landeshauptstadt aufgrund seiner Vorliebe für Superstars und internen Querelen in den neunziger Jahren den Spitznamen »FC Hollywood« erhalten hatte, verstand sich Dortmund als klassischer Arbeiterverein, der sich durch seinen Kampfgeist auszeichnete und im heimischen Westfalenstadion ein leidenschaftliches Publikum hinter sich hatte. Während sich Bayern München fertige Superstars leisten konnte und sich nach Belieben beim Dortmunder Kader bediente, verstärkte sich Dortmund (insbesondere nach einer Beinahe-Pleite im Jahr 2005) aus dem eigenen Nachwuchs mit Talenten wie Marcel Schmelzer oder Mario Götze und bewies großes Geschick beim Anwerben von Spielern aus kleineren Ligen, darunter Shinji Kagawa und Robert Lewandowski. Die Mannschaft war größer als ihre Teile, was sie Klopps taktischer Intelligenz und seiner Fähigkeit verdankte, Fans und Spieler für die gemeinsame Sache zu mobilisieren.

Der zentrale Bestandteil von Klopps Spielphilosophie war das Gegenpressing (mehr dazu später), aber Dortmund spielte auch einen sensationellen Konterfußball, und dass die Mannschaft, die in der Saison 2009/10 den fünften Platz belegt hatte, in der folgenden Saison den Meistertitel holte, lag daran, dass Klopp ihr das »vertikale Spiel« eingeimpft hatte, wie es die deutsche Sportpresse nannte. »Wir haben begonnen, sehr viel größeres Augenmerk auf vertikale Pässe zu legen«, erklärte der Trainer nach der Hälfte der Saison, an deren Ende er seine erste Meisterschale mit Dortmund holte.

Der Unterschied zwischen Bayern und Dortmund kam in der Natur ihrer jeweiligen Außenspieler zum Ausdruck. Ribéry und Robben waren echte Weltklassedribbler, während Dortmunds Kevin Großkreutz und Jakub Błaszczykowski Arbeitsbienen waren, die sich eher durch Dynamik als durch technische Qualität auszeichneten. In Klopps System waren sie keine richtigen Außenstürmer, sondern spielten eher im äußeren Mittelfeld, von wo sie nach innen rückten, um die zentralen Spieler zu unterstützen. Obwohl beide durchaus dribbeln konnten, bestand ihre Hauptaufgabe darin, ohne Ball in die Räume zu sprinten, die von den aufrückenden gegnerischen Außenverteidigern geöffnet wurden, um sich dort für vertikale Pässe anzubieten und in der Vorwärtsbewegung gute Entscheidungen zu fällen. »Klar ist, dass wir taktisch sehr diszipliniert sind, aus einer gewissen Ordnung heraus schnell nach vorn spielen«, erklärte der Innenverteidiger Mats Hummels in einem Interview mit der Tageszeitung *Die Welt*. »Aber das versuchen ja die meisten Mannschaften. Bei uns kommt eine unbändige Leidenschaft dazu. Wir haben richtig Bock.«

Manche Experten betrachten solche Konzepte – Motivation, Leidenschaft, »Bock« aufs Spiel – als Antithese zu einem taktischen Zugang. Aber Klopp machte sie zu einem Bestandteil seines taktischen Ansatzes, und die Art und Weise, wie er an der Seitenlinie mit der Mannschaft litt und jubelte, wurde zu einem Symbol für den Fußball der Dortmunder, die mit ungeheurer Energie und Einsatzbereitschaft spielten. Bei seiner Ankunft in Dortmund erklärte Klopp, ihm gehe es darum, das Publikum glücklich zu machen und mit einem erkennbaren Stil zu spielen. Und er hielt Wort. In den Medien war die Rede von »Heavy-Metal-« und »Vollgasfußball«. Die Journalisten suchten nach immer neuen Metaphern für Tempo, Lärm und organisiertes Chaos.

Während sich Bayern München offen am Vorbild des FC Barcelona orientierte, bot Klopp eine Alternative an. »Barcelonas Mannschaft der letzten vier Jahre, diese Abgeklärtheit ... – es tut mir leid, das genügt mir nicht«, sagte er lachend. »Wäre die Barça-Mannschaft der letzten vier Jahre die Erste gewesen, die ich mit vier Jahren spielen gesehen hätte, dann hätte ich mich für Tennis entschieden. Ich mag Kampffußball, keinen abgeklärten Fußball. Regnerischer Tag, schwerer Boden, alle haben dreckige Gesichter, und dann gehen sie nach Hause und haben für vier Wochen Fußball-Verbot. Darum geht es bei Borussia.« Später sprach Klopp voll Bewunderung über das Pressing von

Barcelona, aber bei Ballbesitz wollte er nicht so spielen wie die Spanier. Nicht Bayern, sondern Dortmund repräsentierte den modernen deutschen Fußball, und ihren archetypischen Konterfußball zeigte die Mannschaft bei einem unvergesslichen 5:2-Sieg über Bayern im deutschen Pokalfinale 2012.

Das Finale war von unansehnlichem Fußball und Abwehrfehlern gekennzeichnet. Vor allem Bayerns Torwart Manuel Neuer hatte einen schlechten Tag erwischt, und beide Mannschaften bekamen nach ungeschickten, unnötigen Fouls Elfmeter zugesprochen. Aber der BVB verdankte seinen Sieg seinen typischen Eigenschaften. Dies war das Dortmund, bei dem Lewandowski die Angriffe anführte, Kagawa seitlich in freie Räume auswich, um Konter zu starten, und Großkreutz und Błaszczykowski ein ums andere Mal über die Flügel nach vorn stürmten. Später sah sich Klopp zu taktischen Änderungen gezwungen, um die Bayern zu überraschen, und die Ankunft des schnellen Außenstürmers Marco Reus und die Entwicklung von Mario Götze erhöhten die Qualität seines Kaders deutlich. Aber wie jede große Heavy-Metal-Band war diese Dortmunder Mannschaft in ihren frühen Tagen am besten.

Dortmunds Pokalsieg war das perfekte Anschauungsbeispiel für das Konzept des Umschaltspiels (*transition*), ein Begriff, der sich schon einige Jahre zuvor international durchgesetzt hatte, aber im deutschen Spielverständnis einen besonders wichtigen Platz einnahm. Das offensive Umschalten erfolgt nach der Balleroberung, dass defensive nach Ballverlust. Dortmund verstand sich besonders gut auf das offensive Umschaltspiel.

Großkreutz und Błaszczykowski spielten in jenem Finale wichtige Rollen im offensiven Umschaltspiel ihrer Mannschaft. Der FC Bayern hatte deutlich größere Spielanteile, weshalb die äußeren Mittelfeldspieler des BVB den Großteil des Spiels tief in ihrem Verteidigungsdrittel verbrachten, wo sie den Außenverteidigern im Kampf gegen Ribéry und Robben zur Seite standen. In dem Moment, da eine Passstafette der Bayern unterbrochen wurde und Dortmund in Ballbesitz kam, stürmten sie überfallartig los. Beide Spieler hatten ein sehr gutes Gespür dafür, wann ein Umschaltmoment bevorstand, und starteten, noch bevor die Außenverteidiger der Bayern die Gefahr ahnten. Ein ums andere Mal sprinteten Großkreutz und Błaszczykowski in Lücken und forderten Steilpässe. Kagawa seinerseits perfektionierte die Rolle des Zehners und lief im Bogen in die freien Räume auf den Außenbahnen.

Besonders zwei Dortmunder Tore waren denkwürdig. Klopps Mannschaft lag bereits mit 2:1 vorn, als Robben versuchte, Ribéry auf dem anderen Flügel anzuspielen. Der Dortmunder Rechtsverteidiger Łukasz Piszczek fing den Ball in der Luft ab. Andere hätten den Ball vielleicht einfach nach vorne weggeköpft, aber Piszczek nickte ihn in aller Ruhe zu Błaszczykowski, bekam ihn zurück und spielte einen langen Pass auf Lewandowski, der für Kagawa ablegte, in Richtung gegnerisches Tor startete, von Kagawa mit einem Steilpass bedient wurde und Neuer überwand. Innerhalb von zwölf Sekunden war es Dortmund gelungen, nach einer Balleroberung tief in der eigenen Hälfte mit einem Doppelpass, einem Steilpass, einem weiteren Doppelpass und einer Direktabnahme einen Treffer zu erzielen.

Das Tor zum 4:1, das das Finale praktisch entschied, war das Ergebnis eines weiteren schnellen Konters. Diesmal blockte Großkreutz einen Schuss von Bastian Schweinsteiger, und der Ball sprang zu Sebastian Kehl. Dieser spielte Kagawa an, der bereits in den Rücken von Bayerns Mittelfeld gelaufen war. Kagawa marschierte auf die gegnerischen Innenverteidiger zu, die auf sich gestellt waren, da die beiden Außenverteidiger weit aufgerückt waren. Der Japaner verzögerte seinen Lauf ein wenig, um Großkreutz die Möglichkeit zu geben, auf der linken Außenbahn nachzurücken. Dann schickte er Großkreutz steil, während Lewandowski intelligent auf den gegenüberliegenden

Flügel auswich, so dass Dortmund den Raum auf beiden Seiten der bayrischen Innenverteidiger nutzen konnte. Großkreutz fand mit seinem Pass den Polen, der ins lange Eck verwandelte. Die Dortmunder hatten ihren Matchplan fehlerfrei umgesetzt, und Lewandowski machte später noch sein drittes Tor.

Die Bayern waren vollkommen verdattert und verstanden nicht so recht, wie ihnen geschehen war. Heynckes beklagte sich, die Dortmunder hätten eigentlich kaum Torchancen gehabt, und Philipp Lahm beharrte darauf, dass Bayern bis zur Halbzeit überlegen gewesen sei. Der Dortmunder Kapitän Kehl traf es in seiner Analyse besser: Er erklärte, seine Mannschaft habe auf ihre Konterchancen gewartete und den Sieg am Ende verdient. Klopp wusste nicht, was er sagen sollte – was ungewöhnlich für ihn war. »Eiskalt zugeschlagen, tolle Tore gemacht«, sagte er, »das ist definitiv nicht in Worte zu fassen, was in uns abläuft.« Und er bezweifelte, dass es in den kommenden Jahren einem Klub gelingen werde, die Leistungen seiner Mannschaft in dieser Saison zu übertreffen. Dortmund hatte sich das Double gesichert, nachdem es die Meisterschaft bereits mit einem neuen Punkterekord gewonnen hatte.

Auch das individuell größte deutsche Talent in jener Zeit war für sein ausgezeichnetes Konterspiel bekannt. Wesentlichen Anteil an der Siegesserie, die Deutschland bei der WM 2010 bis ins Halbfinale führte, hatte der außergewöhnlich begabte Mesut Özil, ein Fußballer, wie ihn Deutschland seit Jahren nicht hervorgebracht hatte – noch bezeichnender ist aber vielleicht, dass auch der spanische Fußball keinen Spieler wie ihn hervorbrachte. Özil war kein tief stehender Spielmacher wie Xavi und auch kein zwischen den Linien agierender Ballmagnet wie David Silva, sondern ein kreativer Konterspieler, der den Ball nicht in den Fuß forderte, sondern am besten war, wenn er ihn in den Lauf gespielt bekam. In dieser Hinsicht ähnelte er Kagawa in der Rolle, die Klopp bei Dortmund für den Japaner entwickelt hatte.

Özil hatte bei der WM in Südafrika immer dann besonders geglänzt, wenn seine Mannschaft bereits in Führung lag und der Gegner im Bemühen um den Ausgleich aufrücken musste, so dass die Deutschen Räume für ihre Vorstöße hatten. Es ist aufschlussreich, dass er seine drei Vorlagen im Turnier bei vierten Toren sammelte: beim 4:0 gegen Australien, beim 4:1 gegen England und beim 4:0 gegen Argentinien. In allen drei Fällen stürmte Özil über den linken Flügel und legte den Ball perfekt für einen mitgelaufenen Mitspieler auf, der nur noch den Fuß hinhalten musste. Özil war das neue Gesicht des deutschen Fußballs: jung, schnell, technisch begabt und mit Migrationshintergrund. Er war in Deutschland zur Welt gekommen, hatte jedoch bis zu seinem vierten Lebensjahr nur Türkisch gesprochen und bis zu seiner Entscheidung, für die deutsche Nationalmannschaft zu spielen, nur einen türkischen Pass. In seiner Familie gingen die Meinungen über diese Entscheidung auseinander. Er selbst erklärte, seine kreativen, technischen Qualitäten seien nicht unbedingt typisch für deutsche Spieler: »Meine Technik und mein Ballgefühl sind die türkische Seite meines Spiels. Disziplin, Einstellung und der Wille, immer alles zu geben, sind die deutsche Seite.«

Özils ausgezeichnete Bewegungen ohne Ball hatten ihren Ursprung teilweise in seiner Position bei Werder Bremen, wo er an der Spitze einer Mittelfeldraute als Zehner agierte und das Spiel auseinanderzog, indem er auf die Flügel auswich, wobei er die Positionen mit Aaron Hunt und Marko Marin tauschte. Er nahm diesen Stil auch in die Nationalmannschaft und zu Real Madrid mit, wo er nach der WM 2010 anheuerte. José Mourinho wird bisweilen vorgeworfen, er habe für kreative Spieler nichts übrig, aber so wie er bei Porto das Beste aus Deco herausholte und bei Inter Wesley Sneijder förderte, verhalf er Özil in Madrid zu seiner Glanzzeit.

Zwar wurde Özil in den Clásicos manchmal auf die Außenbahn verbannt oder musste auf der Bank Platz nehmen, aber er spielte eine unverzichtbare Rolle im 4-2-3-1 von Real Madrid. Er gab regelmäßig Vorlagen für Cristiano Ronaldo und genoss gerade deshalb Mourinhos Wertschätzung, weil er so gefährlich bei Kontern war. Der Steilpass, mit dem er im Jahr 2012 im Camp Nou Ronaldo bei einem Konter in den Strafraum schickte, sicherte Mourinho seinen einzigen Meistertitel in Spanien; mit seinen Seitwärtsbewegungen lockte Özil immer wieder die gegnerischen defensiven Mittelfeldspieler aus ihren Positionen und öffnete auf diese Art Räume, in die Sami Khedira – dem seine Auftritte bei der WM 2010 ebenfalls einen Vertrag bei Real Madrid gesichert hatten – vorstoßen konnte. Tatsächlich war das Mittelfeld der Königlichen unter Mourinhos Ägide ein gutes Anschauungsbeispiel für den Unterschied zwischen deutscher und spanischer Spielweise: Özil und Khedira waren geborene Konterspieler, während der Spanier Xabi Alonso tiefer stand und für den geduldigen Spielaufbau zuständig war. Mit dem defensiv denkenden französischen Wasserträger Lassana Diarra waren alle Funktionen abgedeckt.

Obwohl Özil auch nach seinem Arsenal-Wechsel 2013 ein ausgezeichneter Vorbereiter blieb, war er in London nie so effektiv wie in Madrid, was teilweise daran lag, dass der Spielaufbau der Gunners langsamer war. In der Nationalmannschaft glänzte er jedoch weiterhin und wurde in Deutschland 2011, 2012, 2013, 2015 und 2016 zum Nationalspieler des Jahres gewählt – dass er den Titel im Jahr 2014 nicht errang, lag daran, dass er beim deutschen WM-Triumph nicht in Bestform gewesen war. Von seinem Debüt im Jahr 2009 bis zur WM 2018 war er praktisch Stammspieler in der Nationalelf. Doch kurz nach dem Turnier in Russland gab er wegen der Affäre um sein Verhältnis zum türkischen Staatschef Recep Tayyip Erdoğan und gekränkt von der offenen Feindseligkeit, die ihm aus Teilen des deutschen Fußballpublikums entgegenschlug, seinen Rücktritt bekannt.

Für DFB-Präsident Reinhard Grindel und seine Gefolgsleute sei er ein Deutscher, wenn Deutschland gewinne, so Özil, »aber ein Einwanderer, wenn wir verlieren«. Grindel räumte später Fehler ein: »Ich hätte mich angesichts der rassistischen Angriffe an der einen oder anderen Stelle deutlicher positionieren und vor Mesut Özil stellen müssen.«

Özils Karriere im deutschen Nationaltrikot fand ausschließlich unter dem Bundestrainer Joachim Löw statt, der früh erkannte, dass Özil genau der richtige Akteur für die Spielweise war, die ihm vorschwebte: offensive Ausrichtung und direktes Angriffsspiel. Löw war offensichtlich von seiner Zeit in Stuttgart geprägt, wo Tempo und vertikale Pässe Vorrang hatten. Er entwickelte einen offensiven Fußball, eine Kombination von Passspiel und Läufen in die Räume, von »Balleroberung und schnellen Kontern«.

Im Jahr 2010 gab er zu Protokoll, Fußball sei ein Sport, der von »einer Abfolge von Sprints« abhänge. Diese Interpretation unterschied sich deutlich vom vorherrschenden spanischen Ansatz. Als der deutsche Nationaltrainer bei der EM 2012 gefragt wurde, ob er weiterhin an dieser These festhalte, meinte er, sie gelte mehr als je zuvor. »Das Spieltempo ist höher«, erläuterte Löw. »Die Spieler laufen heute furchtbar viel, und so wie es traditionell interpretiert wird, gewinnt die Mannschaft, die mehr läuft. Unsere Analyse hat jedoch gezeigt, dass diese Sichtweise zu oberflächlich ist. Wir konzentrieren uns jetzt darauf, welche Art von Sprints die Spieler machen, wo sie sie machen, wie sie sie machen und in welche Richtung. Unter emotionalen Gesichtspunkten haben Sprints nach vorn sehr viel bessere Konnotationen als Sprints zurück. Wenn du nach vorne läufst, vergisst du, wie viel und wie schnell du gelaufen bist. Es tut nicht so weh, vorwärts zu sprinten.« Seine Mannschaft war mit einer Reihe von Spielern gesegnet, die es liebten, nach vorn zu sprinten, und der schnelle Marco Reus sowie der extrem direkte André Schürrle eröffneten ihm zusätzliche offensive Optionen.

Bei der EM 2012 war das deutsche Spiel ausgewogener als bei der WM 2010, was teilweise daran lag, dass die Gegner nun tiefer standen, um den Deutschen keine Kontermöglichkeiten zu geben. In der Gruppenphase siegte Löws Mannschaft durch ein Kopfballtor des klassischen Mittelstürmers Mario Gómez mit 1:0 über Portugal, und Gomez war auch der Schütze der beiden deutschen Treffer beim 2:1 gegen die Niederlande in einem Spiel, das Deutschland dominierte, indem es das Mittelfeld bevölkerte und indem sein Mittelfeldtrio Khedira, Schweinsteiger und Özil intelligent rotierte.

Das Siegtor im letzten Gruppenspiel gegen Dänemark, das ebenfalls mit 2:1 gewonnen wurde, war typischer für das deutsche Umschaltspiel. Lars Bender, ein Mittelfeldspieler, der in seinem ersten Länderspiel rechts hinten aufgeboten wurde, eroberte am eigenen Strafraum den Ball, passte zu Gómez, der ihm in der eigenen Hälfte entgegenkam und für Khedira ablegte, der die Kugel über die Mittellinie schleppte. Özil, der halbrechts losgelaufen war, wechselte in der für ihn typischen Bewegung nach halblinks, womit er gleichzeitig eine Passlinie für seinen Real-Mitspieler Khedira und Raum für Benders Vorstoß öffnete, der auf der rechten Seite siebzig Meter bis in den dänischen Strafraum sprintete. Özil gab eine seiner klassischen flachen Vorlagen von links, und Bender verwandelte. Das war die deutsche Spielweise: ein Tempogegenstoß mit Balleroberung, Sprints, intelligenten Bewegungen und vertikalen Pässen.

Beim 4:2-Sieg über Griechenland im Viertelfinale zeigte Deutschland eher Ballbesitzfußball. Darauf folgte dann jedoch ein 1:2 gegen Italien, das Kritik an Löws Taktik auslöste: Er hatte sein Spielsystem grundlegend geändert, um den großartigen Andrea Pirlo zu neutralisieren, und der Schuss war nach hinten losgegangen. Insgesamt war Deutschland aber durchaus auf dem richtigen Weg. Besonders aufschlussreich war ein Interview Özils mit der *Welt* nach der Niederlage gegen Italien. Er wies den Vorwurf zurück, es habe den Spielern an Motivation gemangelt, bestritt, dass es der Mannschaft an Führungspersönlichkeiten fehle, wies Kritik am Trainingslager als abwegig zurück und wischte Spekulationen über Löws Zukunft vom Tisch. Die deutsche Mannschaft wusste, dass sie auf der richtigen Spur war, und zwei Jahre später in Brasilien bewies sie es.

Das soll nicht heißen, dass bei der WM 2014 für Deutschland alles reibungslos gelaufen wäre. Die Mannschaft ging mit zahlreichen Verletzungssorgen ins Turnier; vor allem fiel der gefährlichste Stürmer Marco Reus unmittelbar vor der Abreise mit einer schweren Verletzung aus. Löw zweifelte anscheinend, welches die optimale Struktur für die Mannschaft war, und nahm im Lauf des Turniers erhebliche Änderungen vor. Beim 2:1 im Achtelfinale gegen Algerien musste Deutschland in die Verlängerung und einige Schrecksekunden überstehen, da seine Hintermannschaft steif und konteranfällig wirkte; beim 1:0 im Finale hatten die Argentinier die besseren Chancen. Aber all das geriet rasch in Vergessenheit, was vor allem zwei Gründe hatte: Erstens sicherte sich Deutschland den Titel, und zweitens besiegte es den Gastgeber Brasilien mit 7:1.

Der deutsche Trainerstab war sich vor dem Turnier der Tatsache bewusst, dass es aufgrund der extrem hohen Luftfeuchtigkeit und der Hitze in Brasilien kaum möglich sein würde, Ballbesitzspiel und hohes Pressing durchzuhalten. Zwar war man gegen schwächere Gegner auch weiterhin gezwungen, das Spiel zu machen, doch vor dem Halbfinale gegen Brasilien entschied man, dass das Team besser auf Konter spielen sollte. »Wir sind den tiefen Emotionen und der Leidenschaft der Brasilianer mit Ausdauer, mit Ruhe, mit Klarheit und mit Beharrlichkeit begegnet«, erklärt Löw in Raphael Honigsteins Buch *Der vierte Stern*. »Nach dem 2:0 waren sie durcheinander, das haben wir eiskalt ausgenutzt.« Kapitän Philipp Lahm ergänzte: »Wir wollten konzentriert verteidigen und dann mit sicherem, schnellem Passspiel die erste Angriffswelle durchbrechen. Weil Brasilien dann oft zweigeteilt ist – in Offensive und Defensive – und sich daraus Möglichkeiten ergeben. Das war unser Plan.« Der Plan funktionierte.

Deutschlands 5:0-Pausenführung war fast ausschließlich dadurch zustande gekommen, dass die Mannschaft ein ums andere Mal in eine bestimmte Zone eindrang: den Raum im Rücken des offensivfreudigen brasilianischen Linksverteidigers Marcelo. Es dauerte nur vier Minuten, bis offenkundig wurde, welche Möglichkeiten sich dort boten: Marcelo rückte vor, um Müller bei einem Einwurf unter Druck zu setzen, und ließ sich dabei gleich zweimal überrumpeln, so dass erst Khedira und dann Müller auf der rechten deutschen Angriffsseite Platz hatten; allerdings konnte Klose den Ball nicht kontrollieren und verpatzte das Zuspiel auf den rechts durchgebrochenen Müller. Drei Minuten später war Marcelo zu weit aufgerückt, als Deutschland einen weiteren Angriff startete: Müller flankte zu Özil, der im Strafraum Khedira anspielte, der mit seinem Torschuss jedoch den Rücken seines Mannschaftskameraden Toni Kroos traf.

Vier Minuten später probierte Marcelo im gegnerischen Abwehrdrittel einen Übersteiger und ließ sich von Müller den Ball abluchsen. Begleitet von Khedira sprintete der Stürmer erneut über den rechten Flügel. In diesem Fall gelang es dem zurückgeeilten Marcelo, eine Hereingabe von Khedira zur Ecke abzuwehren. Nach dieser exzellenten Abwehraktion hob er zur Entschuldigung die Hand. Doch der Eckball führte zum 1:0 für die DFB-Elf. Das Tor erinnerte an die deutschen Auftritte gegen England und Argentinien bei der WM 2010, als Klose und Müller nach Standards den Torreigen eröffnet hatten. Diese beiden Spieler erwiesen sich erneut als entscheidend: Klose blockte David Luiz, der den ihm zugeteilten Müller nicht mehr am Abschluss hindern konnte.

Klose, der Ronaldo als Rekordtorschütze bei WM-Turnieren ablöste, und Müller, der 2010 Torschützenkönig gewesen war, repräsentierten die alte deutsche Effizienz. Beide waren nicht besonders elegant, aber beide waren im Nationaltrikot brillante Torjäger. Klose brachte in der Saison bei seinen Vereinen normalerweise eher durchschnittliche Leistungen, wuchs bei Turnieren jedoch über sich hinaus; Müller war ein verwirrend ungelenker Spieler, der jedoch in den wichtigsten Spielen seine Klasse bewies. So verschmolz Deutschland die alte mit der neuen Effizienz.

Obwohl Marcelo im gegnerischen Strafraum für einen gefährlichen Augenblick sorgte und Lahm zu einer riskanten Grätsche zwang, erwischten ihn die Deutschen mit ihrem schnellen Umschaltspiel ein ums andere Mal außerhalb seiner Position. In der 14. Spielminute ließ er Müller auflaufen, der nach einem Doppelpass mit Khedira in seinem Rücken an der rechten Außenlinie vorstoßen wollte. In der 19. Minute eröffnete er den Deutschen mit einem Fehlpass die Möglichkeit zum nächsten Konter, aber der hohe Ball auf Müller, mit dem Kroos den Gegenangriff einleiten wollte, war zu unplatziert. »Die Räume waren größer als gegen defensive Mannschaften«, erklärte Müller nach dem Spiel diplomatisch, und niemand verstand es besser als diese deutsche Mannschaft, Räume zu nutzen.

In der 22. Minute stand Marcelo erneut zu weit in der gegnerischen Hälfte, als die Deutschen den Ball eroberten und Müller auf der rechten Seite bis zur Grundlinie vorstürmte und eine Flanke in den Strafraum schlug, die Dante ins Seitenaus abwehrte. Beim anschließenden deutschen Spielzug stand Marcelo zu tief und hob das Abseits auf, so dass Kroos mit einem perfekt getimten Zuspiel durch die Schnittstelle Müller finden konnte, der für Klose ablegte. Klose scheiterte zunächst an Júlio César, konnte den Torwart jedoch im zweiten Versuch überwinden.

Nun brachen alle Dämme. Özil, der ursprünglich auf der linken Angriffsseite Position bezogen hatte, begriff, welche Räume sich auf der anderen Seite boten, wechselte nach rechts und schickte Lahm, der ihn hinterlaufen hatte, mit einem Steilpass in Richtung Torauslinie. Lahm fand mit seiner scharfen Hereingabe Kroos, der den Ball von der Strafraumgrenze per Direktabnahme ins Netz jagte. »Nach diesen schnellen Toren hat man gemerkt, dass die ganze brasilianische Mannschaft unter Schock stand«, sagte Löw nachher. »Im Mittelfeld von Brasilien gab es große Lücken, nicht nur in der Abwehr.« Nun konnten die Deutschen ein ums andere Mal durch die Mitte kontern. Kroos jagte Fernandinho den Ball ab, spielte einen Doppelpass mit Khedira und schob den Ball zum 4:0 ins Tor. Wenige Minuten später legte Özil für Khedira auf: 5:0.

Nach der Pause war nicht zu übersehen, dass die Brasilianer ihren Gegnern leidtaten. Die Deutschen hatten kein Interesse daran, den Gastgeber weiter zu blamieren, und die Startelfspieler gaben sich damit zufrieden, Kraft für das Endspiel zu sparen. Deutschland zog sich weit zurück und griff nur noch halbherzig an. »Wir stellten einfach klar, dass wir konzentriert bleiben mussten und nicht versuchen würden, sie zu demütigen«, erinnerte sich Innenverteidiger Mats Hummels.

Zu Brasiliens Unglück ersetzte Löw nach einer Stunde den 36-jährigen Klose durch André Schürrle, der in einer unglaublichen Saison 2012/13 bei Bayer Leverkusen der vielleicht gefährlichste Konterspieler der Bundesliga gewesen war, bevor er eine schwierigere Spielzeit bei Chelsea durchlebt hatte. Während seine Mannschaftskollegen mit dem Vorsprung von fünf Toren zufrieden waren, wollte Schürrle die Gelegenheit nutzen, um sich für das Finale zu empfehlen. Er erzielte zwei weiter Treffer, bevor Oscar ein nicht besonders tröstliches Ehrentor für Brasilien erzielte. Es war die schlimmste Niederlage Brasiliens in der Geschichte der WM-Turniere, und zugleich war es ein Triumph des deutschen Konterfußballs. Brasilien hatte mehr Spielanteile gehabt und öfter aufs Tor geschossen, während Deutschland abgewartet hatte und bei Balleroberung in die freien Räume gestürmt war. Die Mannschaft war schon fast zu effizient gewesen. Özil entschuldigte sich nach dem Schlusspfiff bei David Luiz für die Höhe des Ergebnisses, und Bastian Schweinsteiger erklärt, er hätte lieber 2:0 gewonnen.

Schürrle leistete auch im Endspiel als Einwechselspieler einen wichtigen Beitrag: In der Verlängerung überraschte er die argentinische Abwehr mit einem Vorstoß über den linken Flügel, zog drei Verteidiger auf sich und flankte auf Mario Götze, der den Ball mit der Brust annahm und volley vollendete, womit er Deutschland den vierten WM-Titel sicherte. Doch das Spiel für die Geschichtsbücher war das 7:1 gegen Brasilien.

In der Bundesliga war die deutsche Fußballkultur durch die Verpflichtung von Pep Guardiola als Bayern-Trainer erschüttert worden. Die Ernennung des Katalanen, der 2013 unmittelbar nach dem Triple-Gewinn unter Jupp Heynckes zu den Bayern stieß, war einerseits ein Beleg dafür, dass der deutsche Fußball plötzlich in Mode war, warf andererseits jedoch Fragen bezüglich der künftigen Spielphilosophie des FC Bayern auf. Guardiola galt allgemein als Vordenker und unbeirrbarer Verfechter des Tiki-Taka. Es war anzunehmen, dass Bayern München unter seiner Anleitung vom 4-2-3-1 zum 4-3-3 übergehen würde, und es stand zu befürchten, dass es Guardiola schwerfallen würde, Ribéry und Robben in sein System zu integrieren, denn in seinem spanischen Modell war vorgesehen, dass die Außenstürmer ohne Ball in freie Räume vorstießen. Die tatsächliche Entwicklung war allerdings ein wenig komplexer.

Guardiola hatte den deutschen Fußball während eines Sabbatjahrs in New York genau studiert und war besessen von der

Gefahr, die vom Konterspiel fast aller Bundesligamannschaften ausging. Schon bei Barcelona hatte seine Methode stets auf dem geordneten Positionsspiel bei Ballbesitz beruht, aber in Deutschland wurde er noch strikter und beharrte darauf, dass seine Mannschaft den Ball in ihrem Besitz halten müsse, um in der richtigen Formation zu bleiben und so zu verhindern, dass Lücken entstanden, die der Gegner nutzen konnte. Barcelona hatte nicht viele Niederlagen hinnehmen müssen, aber wenn die Mannschaft verlor, so lag es normalerweise daran, dass ihre Abwehr durch schnelle Konter verwundbar war. »Ich will einfach, dass wir zunächst einige Meter gemeinsam vorrücken, damit der Gegner keine Gelegenheit hat, unsere mangelnde Geschlossenheit auszunutzen, sollten wir den Ball verlieren«, erklärte er während der Saisonvorbereitung. »In Deutschland ist jede Mannschaft in der Lage, dich auszukontern, bevor du auch nur die Chance hast, Atem zu holen, und wenn wir unsere Geschlossenheit verlieren, kann der Gegner durchbrechen und sich Torchancen herausspielen.« Er bezeichnete Deutschland scherzhaft als »Konterland«.

Auf dieses Thema kam Guardiola immer wieder zurück. Martí Perarnau beschreibt in seinem Buch *Herr Guardiola* die erste Saison des Katalanen in München und erklärt, der am häufigsten genannte Grund für seine taktischen Experimente sei das Bemühen gewesen, gegnerische Konter zu verhindern. Nach einem Sieg über Hannover wurde Guardiola darüber informiert, dass der gegnerische Trainer Mirko Slomka erklärt hatte, jede deutsche Mannschaft könne innerhalb von elf Sekunden einen Konter abschließen. Guardiola war anderer Meinung: »Ich glaube, das geht viel schneller, als Mirko meint. In Sachen Konter ist diese Liga einfach brutal. Es ist eine Konter-Bundesliga. In Spanien gibt es großartige Mannschaften, die gute Gegenstöße durchziehen können, aber nur in Deutschland gibt es so viele effiziente und so schnelle Kontermannschaften.« Guardiolas goldene Fünfzehn-Pässe-Regel wurde in Deutschland noch wichtiger als zuvor, und er experimentierte immer häufiger mit ungewöhnlichen Abwehrstrukturen, um seine Mannschaft in jeder Situation in die Lage zu versetzen, rasch zu einer defensiven Ordnung überzugehen. In diesem Sinn bestärkte die deutsche Fixierung auf Konter nur Guardiolas Fixierung auf das spanische Ballbesitzspiel.

In einer anderen Hinsicht wandelte sich Guardiolas Zugang jedoch erheblich. Anfangs versuchte er, das in Barcelona entwickelte Muster auf seine neue Mannschaft zu übertragen, und zwei Neuzugänge der Bayern unterstrichen dieses Bemühen. Der erste Neue war Götze, der, begleitet von einer heftigen Kontroverse, vom Rivalen Dortmund abgeworben wurde und bei den Bayern Leo Messis Rolle als falsche Neun ausfüllen sollte; der zweite war Thiago Alcántara, ein in La Masía ausgebildeter Mittelfeldspieler, der in Barcelona mehr oder weniger regelmäßig in der ersten Mannschaft gestanden hatte, darunter beim Sieg über Santos, als Guardiola die ungewöhnliche 3-7-0-Formation ausprobiert hatte. Die Hoffnung war, dass diese beiden Zugänge das Spiel des neuen FC Bayern prägen würden, aber beide litten in der ersten Saison unter Verletzungen: Götze stand nur in neun, Thiago nur in acht Spielen die gesamten neunzig Minuten auf dem Platz.

Da Götze zumeist nicht zur Verfügung stand, war Bayern entgegen Guardiolas Hoffnungen auf Mario Mandžukić angewiesen, einen altmodischen, kampfstarken Mittelstürmer, dessen größter Vorzug seine Kopfballstärke war. In Barcelona hatte Guardiola nie mit einem solchen Stürmer gespielt, wenn man von der unglücklichen Liaison mit Zlatan Ibrahimović absieht, der obendrein deutlich kreativer war als Mandžukić. Außerdem spielte der 35-jährige Veteran Claudio Pizarro, ein weiterer Zielspieler, unerwartet eine wichtige Rolle und schoss in jener Saison zehn Tore in der Meisterschaft.

Thomas Müller wiederum war in der Saisonvorbereitung als Mittelfeldspieler eingesetzt worden, aber da Guardiola nicht von seiner Positionsdisziplin überzeugt war, rückte er in den Pflichtspielen wieder in den Angriff. Mandžukić verließ den FC Bayern nach der Saison und wurde durch den ebenfalls von Dortmund abgeworbenen Robert Lewandowski ersetzt, einen geschmeidigeren Spieler, der auch am Kombinationsspiel teilnehmen konnte, jedoch ebenfalls auf Flanken angewiesen war und in seinen zwei Spielzeiten unter Guardiola dreizehn Kopfballtore erzielte. So kam es, dass die Bayern regelmäßig mit einem großen Mittelstürmer spielten, was bedeutete, dass sich Guardiola von dem spanischen Modell gelöst hatte, zu dessen Siegeszug er beigetragen hatte. »Als ich nach München kam, dachte ich, ich könnte Barças Spiel mehr oder weniger auf das des FC Bayern übertragen, aber am Ende verschmolz ich die beiden Modelle miteinander«, gestand Guardiola. »Ich brachte die Barcelona-Philosophie mit und passte sie an den FC Bayern an.«

Die Veränderung war schon in Guardiolas erstem Bundesligaspiel zu erkennen, in dem die Bayern einen ungefährdeten, wenn auch nicht unbedingt überzeugenden 3:1-Sieg über Borussia Mönchengladbach feierten. Nach dem Spiel beklagte sich Guardiola über das schwerfällige defensive Umschaltspiel seiner Mannschaft: »Wir haben nicht immer gut gestört, wir haben Gladbach zu viel Zeit gegeben, seine Konter wurden nicht kontrolliert, und wenn wir den Ball verloren, dauerte es oft zu lange, bis wir unsere Positionen wieder einnahmen.« Überraschender war jedoch Bayerns Spielweise bei Ballbesitz. Zwar versuchten die Innenverteidiger Jérôme Boateng und Dante meistens, aus der Abwehr herauszuspielen, aber sie schlugen überraschend viele lange Bälle auf Mandžukić. Dazu kamen regelmäßige Diagonalpässe auf die Flügel, um so schnell wie möglich Ribéry und Robben zu finden. Zusammen mit Lahm waren die beiden an diesem Tag die besten Bayern-Spieler, was einen Vorgeschmack auf ihre Bedeutung in den nächsten Jahren gab.

Anders als von vielen Beobachtern erwartet, wurden Ribéry und Robben unter Guardiola nicht an den Rand gedrängt. Im Gegenteil, sie beherrschten das Spiel der Mannschaft. »Wer sind unsere unaufhaltsamen Spieler? Die Außenstürmer Ribéry und Robben«, erklärte Guardiola. Doch er wollte nicht, dass sie aus zurückgezogenen Positionen schnelle Konter starteten. Er wollte, dass seine Mannschaft höher stand, um dafür zu sorgen, dass die Antritte der Flügelstürmer nicht länger als vier oder fünf Sekunden dauerten. »Wenn wir die Abwehrreihe weit vorziehen und unsere Innenverteidiger dorthin stellen, wo normalerweise das Mittelfeld wäre, schränken wir unsere Gegner in ihrer Fähigkeit ein, die Außenstürmer zu doppeln. Wir verwandeln jede Bewegung in eine Eins-gegen-eins-Situation, und dort sind unsere Spieler die Besten. Sie schlagen außerdem ausgezeichnete Flanken, und wir haben erstklassige Torjäger, die diese Chancen verwerten können. Bei Barça war Messi dafür zuständig, die gegnerische Abwehr durch das Zentrum aufzureißen. Bei Bayern werden es Ribéry und Robben über die Flügel tun.«

Guardiolas Denkweise hatte sich gewandelt. Bis dahin war er der Meinung gewesen, Dribblings seien weitgehend ineffizient und sollten vor allem eingesetzt werden, um Gegenspieler aus ihren Positionen zu locken und anschließend in die Lücken zu passen. Auch seine neue Vorliebe für Flanken kam etwas unerwartet, aber das war eben der neue Guardiola: »Ich muss mich dem FC Bayern anpassen, aber der FC Bayern muss sich auch an meine Arbeit anpassen«, erklärte er. Gemeinsam entwickelten sie einen eigenen fußballerischen Stil, der folgerichtig wie eine Mischung aus spanischem und deutschem Modell wirkte. Grundsätzlich wollte Guardiola, dass die Mannschaft beim Spielaufbau im Mittelfeld geduldig sein, im letzten Drittel jedoch direkter spielen sollte – zuerst spanisch, dann deutsch.

In Guardiolas erster Saison verteidigte Bayern München den Meistertitel mit 19 Punkten Vorsprung vor den zweitplatzierten Dortmundern, aber es gelang der Mannschaft nicht, erneut den Champions-League-Titel zu holen. Auf der europäischen Bühne hatte der FC Bayern große Schwierigkeiten mit Kontermannschaften: Im Achtelfinale geriet die Mannschaft gegen Arsenal in Schwierigkeiten, als der inzwischen nach London gewechselte Özil auf seine unnachahmliche Art mit chirurgischen Pässen die Linien durchschnitt; im Viertelfinale gegen ein miserables Manchester United, das in der heimischen Meisterschaft in jener Saison nicht über den siebten Platz hinauskam, erwies sich die Münchner Abwehr als überraschend verwundbar durch Danny Welbecks Schnelligkeit. Dann kam die Katastrophe im Halbfinale, wo Bayern gegen Real Madrid mit einem Gesamtergebnis von 0:5 ausschied. Einmal mehr war die Mannschaft sehr konteranfällig gewesen. Im Hinspiel in Madrid schloss Karim Benzema eine direkte Kombination mit dem einzigen Tor des Abends ab. »Der Ballbesitz ist sinnlos, wenn man dem Gegner Chancen zugesteht«, beklagte sich Vereinslegende Franz Beckenbauer. »Wir können von Glück reden, dass Real nur einmal getroffen hat.«

Im Rückspiel fiel der FC Bayern auseinander. Guardiola hatte sich, auch auf Wunsch der Mannschaft, für ein aggressives 4-2-4 entscheiden und sagte seinen Spielern vor dem Anpfiff: »Ihr seid Deutsche, also spielt deutsch und greift an!« Das Ergebnis war ein 0:4. Tatsächlich verlor die Mannschaft gegen Real Madrid auf ganz ähnliche Art, wie sie ein Jahr früher Barcelona mit 4:0 geschlagen hatte. Zwei Standards, die jeweils Sergio Ramos zu frühen Kopfballtoren nutzte, leiteten die Katastrophe ein, bevor Gareth Bale bei einem Konter das 0:3 für Cristiano Ronaldo auflegte und der Portugiese mit einem Freistoßtreffer das Endergebnis herstellte.

Wenn man die Identität der Mannschaften betrachtet, war dieser 5:0-Halbfinalsieg Real Madrids über den FC Bayern ein wenig verwirrend. Eine spanische Mannschaft hatte eine deutsche besiegt – aber die Bayern hatten unter Guardiola im Grunde einen spanischen Fußball gespielt, während das auf Konter spezialisierte Real immer noch als Anti-Barcelona galt und in seinem Stil eher einer deutschen Mannschaft glich. Bayerns 7:0-Gesamtsieg über Barcelona und jetzt Reals 5:0-Sieg über die Münchner schienen die Einschätzung zu bestätigen, dass der Konterfußball die Oberhand über das Tiki-Taka gewonnen hatte. Nun wurden Zweifel an Guardiolas Spielphilosophie laut. Im Gespräch mit Perarnau räumte er ein, dass sein Stil der deutschen Fußballkultur widersprach: »Die Spielweise, die in Deutschland üblich ist, ist anders als die, die ich für richtig halte. Bestimmt gefällt den Leuten die Art von Madrid oder Dortmund besser als meine.« Eine bemerkenswerte Aussage: Guardiola setzte den Spielstil von Real Madrid dem von Borussia Dortmund gleich.

In seiner zweiten Saison konnte Guardiola ein rein spanisches Mittelfeld aufstellen: Javi Martínez blieb bei Bayern, Thiago ließ sein Talent aufblitzen, wenn er einmal fit war, und Xabi Alonso kam aus Madrid, um die Rolle zu übernehmen, die Guardiola in seiner Zeit als Spieler perfektioniert hatte. Toni Kroos war in die entgegengesetzte Richtung gereist und nach der WM 2014 in die spanische Hauptstadt gewechselt, während Bastian Schweinsteiger ein Jahr später an Manchester United verkauft wurde. Zwei bei den Bayern aufgewachsene Mittelfeldspieler und Weltmeister hatten den Verein verlassen. Einige Bayernfans rollten außerhalb des Trainingszentrums ein Spruchband aus, auf dem sie sich über die Zerstörung der Identität des Klubs beklagten, und Guardiolas Vorgänger Heynckes merkte an, der FC Bayern müsse darauf achten, dass Deutsch die wichtigste Sprache in der Kabine bleibe.

Doch die Spanier fügten sich vollkommen in die neue Umgebung ein und waren entschlossen, sich der Bundesliga anzupassen. »Ich kam hierher, um Deutscher zu werden«, erklärte Thiago. »Ich muss härter und widerstandsfähiger werden.« Alonso genoss den deutschen Spielstil, der schneller und körperbetonter war als in Spanien und ihn an seine Tage in der Premier League erinnerte. Bei Real Madrid war er vor allem für präzise Diagonalpässe bekannt gewesen, aber bei Bayern München konzentrierte er sich mehr auf Steilpässe auf die Stürmer, um die gegnerischen Linien zu durchbrechen. Einmal mehr gewannen die Bayern die Meisterschale, doch einmal mehr schieden sie im Halbfinale der Champions League aus – diesmal gegen Guardiolas Ex-Klub Barcelona. Doch in diesem Fall waren die Stile der beiden Mannschaften nicht allzu unterschiedlich: Im Camp Nou brachte Leo Messi seine Mannschaft mit zwei wunderbaren Toren in Führung, und als Bayern auf ein Auswärtstor drängte, machte sich Neymar bei einem Konter allein auf den Weg und brachte den Finaleinzug seiner Mannschaft praktisch unter Dach und Fach.

In Guardiolas dritter und letzter Saison in München kämpfte Bayern München nicht mehr gegen Jürgen Klopps Borussia, sondern bekam es mit Thomas Tuchels Dortmund zu tun. Tuchel hatte bei Klopps früherem Verein Mainz 05 auf sich aufmerksam gemacht und veränderte das Spiel der Borussia erheblich. Niemand verkörperte die gegenseitige Befruchtung des spanischen und deutschen Fußballs besser als er: Tuchel übernahm Guardiolas Vorliebe für das Positionsspiel bei Ballbesitz, hielt jedoch an der von Klopp geerbten rastlosen, intensiven, dynamischen Spielweise fest.

Die erste Begegnung zwischen Guardiolas Bayern und Tuchels Dortmund wurde eine taktisch faszinierende Auseinandersetzung, die im Oktober 2015 mit einem 5:1-Sieg der Münchner endete. In diesem Spiel drehte sich alles ums Pressing, und die Partie war deshalb bemerkenswert, weil beide Mannschaften mit einer Mittelfeldraute agierten: die Bayern in einem 3-3-

1-3, die Dortmunder in einem 4-3-1-2. Es war ein typisch deutsches Spiel, in dem es darum ging, kompakt zu bleiben und im Mittelfeld aggressiv zu stören. Keine Seite konnte sich in dieser Zone einen Vorteil verschaffen, weshalb beide Mannschaften auf lange Bälle setzten, um sich dem Druck zu entziehen. Der Dortmunder Innenverteidiger Hummels versuchte es mit langen Diagonalpässen auf Pierre-Emerick Aubameyang, und die Münchner begriffen im Lauf der Zeit, dass diese Taktik auch für sie von Vorteil sein würde.

Das Problem der Bayern war, dass die Dortmunder Stürmer ihre kreativsten Verteidiger David Alaba und Jérôme Boateng aus dem Spiel nahmen, den zwischen den beiden als Innenverteidiger agierenden Javi Martínez jedoch nicht attackierten. Guardiola reagierte, indem er Martínez und Boateng anwies, die Plätze zu tauschen. Nun hatte Boateng am Ball mehr Zeit und konnte direkte Pässe auf die Angreifer spielen.

Boateng nutzte die neu gewonnene Freiheit perfekt und spielte einen fantastischen hohen Pass über die Dortmunder Abwehr auf Thomas Müller, der das Führungstor schoss. In der ersten Minute der zweiten Hälfte spielte Boateng einen fast identischen Pass, diesmal auf Lewandowski, der das 3:1 erzielte, was Tuchels Mannschaft praktisch aller Chancen beraubte. Es war ein bemerkenswerter Vorgang: Eine Guardiola-Mannschaft verlegte sich erfolgreich auf hohe, weite Bälle aus der Verteidigung. Dies war vertikaler Fußball in Reinform. Wäre Guardiola in Barcelona auf den Gedanken gekommen, dass er eines Tages einen taktischen Positionstausch seiner Innenverteidiger vornehmen würde, damit einer von ihnen besser lange Pässe in die Spitze spielen konnte? Vermutlich nicht, aber in Deutschland hatte er sich in einen ganz anderen Trainer verwandelt.

Zwei Tage nach dem Sieg über Dortmund traf sich Guardiola in einem Restaurant zum Abendessen mit – seinem Kollegen Thomas Tuchel. Er setzte sich mit dem Dortmunder Trainer zusammen, um das Spiel zu analysieren und über taktische Fragen zu diskutieren. Das wirkte ebenfalls sehr deutsch: Kooperation zwischen Rivalen zum gegenseitigen Vorteil. Das Gespräch repräsentierte die Synthese des spanischen und des deutschen Modells. Guardiola hatte die deutsche Spielweise technischer gemacht, und der deutsche Fußball hatte Guardiolas Spielweise vertikaler gemacht.

17
Gegenpressing

Da das Konterspiel ein grundlegender Bestandteil des deutschen Fußballs geworden war, wurden die Bundesligamannschaften unentwegt daran gemessen, wie schnell sie von Abwehr auf Angriff umschalten konnten und umgekehrt. Aber das Umschaltspiel selbst war sehr viel komplexer geworden, und das lag an der Bedeutung, die dem faszinierendsten neuen Konzept im europäischen Fußball beigemessen wurde: dem Gegenpressing. Der Begriff bezeichnete im Grunde einfach den Versuch, nach Ballverlust möglichst schnell wieder in Ballbesitz zu gelangen, wobei es jedoch verschiedene Varianten dieser Taktik gibt.

Um den Siegeszug des Gegenpressing zu verstehen, müssen wir uns zunächst mit dem traditionellen Spielstil in Deutschland befassen, dem einzigen Land, das jahrzehntelang noch stärker als Italien auf die strikte Manndeckung und den Einsatz eines Liberos fixiert war. Der größte deutsche Spieler aller Zeiten, Franz Beckenbauer, gilt als Pionier der Rolle des offensiven Liberos. Beckenbauer war ursprünglich ein Mittelfeldspieler, wanderte jedoch im Lauf der Jahre in die Abwehr, um die Angriffe aus der Tiefe zu organisieren. Der italienische Libero war anfangs ein reiner Abwehrspieler, während der deutsche seine Freiheit nutzte, um aus einer Position, in der er sich der Manndeckung leicht entziehen konnte, vorzustoßen und sich in die Angriffe der eigenen Mannschaft einzuschalten. Beckenbauer war das Genie in einer ansonsten funktionalen, eher freudlosen deutschen Maschine.

Im WM-Finale 1974 stand Beckenbauer, der Gewinner des Ballon d'Or im Jahr 1972, Johan Cruyff gegenüber, dem Ballon-d'Or-Gewinner von 1973. Die beiden Mannschaftskapitäne waren die beiden besten Fußballer der Welt und gaben im Grunde die Spielphilosophie ihrer Länder für die folgenden zwei Jahrzehnte vor: Deutschlands Manndeckung mit einem Libero gegenHollands Pressing mit Abseitsfalle. In jenem WM-Finale setzten sich Deutschland und Beckenbauer durch, weshalb Deutschland bei seiner Spielweise blieb, während sich andere den *Voetbal totaal* der Holländer zum Vorbild nahmen.

In der Ära des modernen Fußballs war der größte deutsche Fußballstar normalerweise der Libero der Nationalmannschaft. Lothar Matthäus wurde für die WM 1994 vom Mittelfeldspieler zum Libero umfunktioniert, und Matthias Sammers herausragende Leistungen beim deutschen EM-Triumph zwei Jahre später sicherten ihm die Wahl zum Spieler des Turniers sowie den Ballon d'Or. Aufgrund von Sammers Verletzungsproblemen sprang Matthäus bei der WM 1998 erneut als Libero ein, und bei der EM 2000 spielte er im Alter von 39 Jahren eine unglückliche Rolle als Mittelding zwischen Abwehr- und Mittelfeldspieler. Das war kein fortschrittlicher Fußball. Der Leverkusener Jens Nowotny war um die Jahrtausendwende ein klassischer deutscher Libero, litt jedoch ebenfalls unter zahlreichen Verletzungen, weshalb sein Vereinskollege Carsten Ramelow bei der WM 2002, bei der Deutschland bis ins Finale vordrang, im Grunde in diese Rolle schlüpfte. Sogar der brillante, torgefährliche Mittelfeldspieler Michael Ballack, zu Beginn des Jahrtausends der mit Abstand beste deutsche Spieler, hatte als Libero angefangen, und man nahm allgemein an, dass er seine Karriere auch auf dieser Position beenden würde. Doch als es so weit war, hatte sich Deutschland von dem Modell verabschiedet.

Aufgrund des sturen Festhaltens am Libero war die deutsche Spielweise in den neunziger Jahren die taktisch ausgefallenste – oder antiquierteste – in Europa. »Die Liga, die sich von allen anderen unterscheidet, ist die deutsche«, erklärte im Jahr 1997 Roy Hodgson, der zu jener Zeit Inter Mailand trainierte. »Würde man sich ein Spiel von zwei Mannschaften aus England, Italien, Spanien oder Frankreich ansehen, ohne zu wissen, aus welchem Land sie kommen, könnte man nicht hören, in welcher Sprache sich die Spieler verständigen, und würde das Spiel in Venezuela stattfinden, so würde man nicht erkennen, wer die Engländer, wer die Italiener, wer die Franzosen und wer die Spanier sind. Aber man würde es wissen, wenn eine der Mannschaften aus Deutschland käme, denn dort wird ein anderer Stil gespielt: Sie spielen immer noch mit Manndeckung und Libero.« Doch wie der italienische Fußball zu jener Zeit zeigte, musste man mit Raumdeckung und Abseitsfalle spielen, um den Gegner früh stören und das Spiel diktieren zu können.

Im Jahr 1998 erreichten drei deutsche Mannschaften das Viertelfinale der Champions League. Alle drei agierten mit Manndeckung und Libero, während die anderen fünf Teams mit einer Viererabwehrkette und Raumdeckung spielten. Das beste moderne Beispiel für die klassische deutsche Spielweise lieferte Griechenlands sensationeller EM-Sieg 2004. Der griechische Nationaltrainer war der deutsche Defensivspezialist Otto Rehhagel, der seine Mannschaft in dem alten deutschen System spielen ließ, während die übrigen fünfzehn Endrundenteilnehmer mit vier Verteidigern auf einer Linie antraten. »Die Griechen sorgten für eine große Überraschung, indem sie die Fußballuhr zurückdrehten und eine vergessene Kunst zu neuem Leben erweckten«, hieß es im technischen Bericht der Uefa. »Es bleibt abzuwarten, ob uns Rehhagel den Weg zurück in die Zukunft gewiesen hat.« Doch Griechenlands unglaublicher Erfolg war auf sechs Spiele beschränkt, und das extrem defensive Spiel der Mannschaft stieß überall in Europa auf Ablehnung.

Der deutsche Fußball seinerseits machte zu jener Zeit eine taktische Revolution durch.

Einen auslösenden Moment für die Taktikrevolution sehen deutsche Fußballhistoriker in einer Folge der Fernsehsendung *Das aktuelle Sportstudio*. Im Dezember 1998 war dort Ralf Rangnick zu Gast, der Trainer des aufstrebenden Zweitligavereins SSV Ulm, der die Fachwelt mit einem mitreißenden Angriffsfußball begeisterte. Der damals 40-jährige Rangnick erläuterte die Vorzüge seines Raumdeckungssystems, das es seiner Mannschaft erlaubte, den gegnerischen Spielaufbau aggressiv zu stören. Prominente Figuren des deutschen Fußballs konnten seinen Thesen nichts abgewinnen. Sie warfen ihm vor, er lasse sie allesamt als altmodische Maschinenstürmer dastehen, oder waren der Meinung, er messe der Taktik übermäßige Bedeutung bei. »Das ganze Gerede über das System ist Blödsinn«, sagte Beckenbauer. »Andere Spieler können mehr mit dem Ball anfangen, unsere können es nicht. Viererkette, Raumdeckung oder Libero, es macht keinen Unterschied.«

Aber Rangnick trug zur Entstehung einer Gegenkultur im deutschen Fußball bei. Es dauerte nur wenige Jahre, da spielten die meisten Mannschaften in der Bundesliga – und die Nationalmannschaft – mit einer Viererkette und verteidigten im Raum. Rangnicks Trainerkarriere verlief durchwachsen: Er schaffte es mehrfach, Mannschaften aus unteren Ligen ins Oberhaus zu führen, während er in der Bundesliga weniger Erfolg hatte. Doch darum geht es hier nicht. Raphael Honigstein stellt in *Der vierte Stern* fest: »Zwar hat Rangnick nie die deutsche Meisterschaft gewonnen. Aber aus dem Richtungsstreit ist er als großer Sieger hervorgegangen«.« Rangnicks Einfluss ist so groß gewesen, dass er es bedauert, seine Trainingsgeheimnisse so bereitwillig verraten zu haben.

Der andere wichtige Vertreter des Pressings war in Deutschland Jürgen Klopp. Seine Philosophie wurde durch seine Erfahrung als Spieler beim Zweitligisten Mainz 05 in den neunziger Jahren geprägt, wo er unter Wolfgang Frank spielte, der wie

Rangnick zu den wenigen deutschen Schülern Sacchis gehörte. Wie groß Franks Einfluss war, wurde erst erkennbar, als viele seiner ehemaligen Spieler erfolgreiche Trainerkarrieren begannen. »Wir schauten uns fünfhundertmal dieses sehr langweilige Video an, in dem Sacchi mit Paolo Maldini, Franco Baresi und Demetrio Albertini das Abwehrverhalten trainiert, mit Stäben und ohne Ball«, erinnert sich Klopp. »Wir hatten geglaubt, dass man verliert, wenn die gegnerischen Spieler besser sind. Doch dann lernten wir, dass alles möglich ist: Mit der richtigen Taktik kann man bessere Teams schlagen.«

Frank betreute Mainz 05 von 1995 bis 1997. Nach seinem Abschied geriet die Mannschaft in eine Krise, als sie zur alten deutschen Taktik zurückkehrte. Also wurde Frank 1998 noch einmal für zwei Jahre verpflichtet. Als Mainz nach dem Ende seiner zweiten Amtszeit erneut abstürzte, bat die Vereinsführung Klopp, der zu jener Zeit noch in der Abwehr spielte, das Traineramt zu übernehmen. Klopp konzentrierte sich darauf, Franks Raumdeckungssystem und das Pressing wieder einzuführen, und brachte den Verein in seiner siebenjährigen Amtszeit in die Bundesliga. Als nach dem Abstieg der sofortige Wiederaufstieg misslang, trat Klopp zurück. Er hatte sich mittlerweile jedoch einen Namen gemacht, was nicht zuletzt an seinen vorzüglichen Analysen als TV-Experte lag, und im Sommer 2008 wurde er von Borussia Dortmund unter Vertrag genommen, das in finanziellen Schwierigkeiten steckte und die Meisterschaft mit der schlechtesten Abwehr auf dem 13. Platz abgeschlossen hatte. Drei Jahre später war Dortmund Meister.

Klopps Dortmund war eine junge, dynamische Mannschaft, die ihre Gegner mit einer beängstigenden Intensität erstickte. Eine hoch stehende Abwehrreihe mit den neunzehnjährigen Innenverteidigern Mats Hummels und Neven Subotić (nach einer deutschen Schokoladenmarke auch als »Kinderriegel« bezeichnet) war Teil eines 4-2-3-1, das sich nach Ballverlust jedoch in ein 4-4-2 verwandelte und in Klopps Augen das effektivste System für das Spiel gegen den Ball sowie das am leichtesten umzusetzende Schema darstellte, »weil die laufenden Linien die einfachsten sind«. Es war bezeichnend, dass er von »laufenden« Linien sprach.

Zu jener Zeit hatte sich Europa in das Ballbesitzspiel von Guardiolas Barcelona verliebt, aber wie wir zuvor gesehen haben, fand Klopp diese auf geduldigem Spielaufbau mit langen Ballstafetten und Positionsdisziplin beruhende Spielweise zu langweilig. Was Klopp hingegen bewunderte, war die Art und Weise, wie Barça die Bälle eroberte. »Wie hoch diese Mannschaft bei der Balleroberung steht, ist außergewöhnlich«, erklärte er. »Und das hängt damit zusammen, dass jeder Spieler Druck ausübt. Ich glaube, Lionel Messi ist der Spieler, der seine Ballverluste am häufigsten wieder ausbügelt. Wenn er den Ball verliert, ist er beim nächsten Kontakt sofort wieder da, um ihn zurückzuholen. Die Spieler arbeiten gegen den Ball, als gäbe es kein Morgen, als wäre es das Geilste überhaupt, wenn die anderen die Kugel haben. Was sie dabei veranstalten, das ist für mich das Allergrößte. Das größte Vorbild, das ich jemals hatte im Fußball.« Seine Begeisterung ist ein Beispiel für die deutsche Fixierung auf das Umschaltspiel: Alle Welt war fasziniert davon, wie Barcelona den Ball in den eigenen Reihen hielt, aber Klopp studierte, was die Mannschaft in dem Moment tat, in dem sie den Ball verlor.

Die Konzentration auf die Rückeroberung des Balls änderte das Verständnis des Umschaltspiels. Wie in Kapitel 10 im Zusammenhang mit der portugiesischen Konzentration auf die Umschaltmomente erklärt, wird der Fußball in heutigen Trainerlehrgängen normalerweise als ein kontinuierlicher Kreislauf verstanden, der aus vier Phasen besteht: eigener Ballbesitz, Umschalten auf gegnerischen Ballbesitz, gegnerischer Ballbesitz, Umschalten auf eigenen Ballbesitz. Doch plötzlich ging es im

Umschalten auf gegnerischen Ballbesitz nicht mehr darum, sich defensiv richtig zu positionieren, sondern den Kreislauf kurzzuschließen, um den Ball möglichst schnell zurückzuerobern und wieder in die Phase des eigenen Ballbesitzes überzugehen. Damit wurde die vorherrschende Vorstellung des Spiels auf den Kopf gestellt. Barcelona konnte man manchmal eine ganze Hälfte spielen sehen, ohne dass die Mannschaft ein einziges Mal die Ordnung einnahm, die sie bei gegnerischem Ballbesitz eingenommen hätte.

Klopp griff diese Spielweise auf und gab ihr einen eigenen Namen: »Gegenpressing«. Die Bezeichnung wird allerdings manchmal missverstanden. Das Gegenpressing ist nicht die Reaktion auf das gegnerische Pressing, so wie der schnelle Gegenangriff bzw. Konter eine Reaktion auf den gegnerischen Angriff ist. Beim Gegenpressing geht es nicht unbedingt darum, dem gegnerischen Pressing zu begegnen, sondern darum, gegnerischen Kontern zu begegnen.

Es gab zwei wesentliche Unterschiede zwischen Guardiolas und Klopps Zugang, weshalb der Trainer von Borussia Dortmund als wirklicher Revolutionär gelten kann. Erstens ging Guardiolas Barcelona bei Ballverlust einfach deshalb rasch zum Pressing über, weil es die Phase des gegnerischen Ballbesitzes verkürzen wollte. »Ohne Ball sind wir eine katastrophale Mannschaft, eine furchtbare Mannschaft«, erklärte Guardiola. »Deshalb brauchen wir den Ball.« Sein Gegenpressing war eine Defensivtaktik, es war einfach eine aktive Methode des Verteidigens, damit die Mannschaft nicht zu einem herkömmlichen Defensivverhalten gezwungen wurde. Barcelona eroberte den Ball rasch zurück und hielt ihn lange in den eigenen Reihen, während die Spieler ihre Positionen für das Angriffsspiel einnahmen.

Klopps Dortmund funktionierte ganz anders. Diese Mannschaft war durchaus solide bei gegnerischem Ballbesitz, und es kam ihrem Konterspiel sogar entgegen, tief zu stehen. Dass sie trotzdem Gegenpressing betrieb, lag daran, dass Klopp eine gute Angriffstaktik darin sah. »Denken Sie daran, wie viele Pässe man spielen muss, um einen Spieler in einer Zehner-Rolle in eine Position zu bringen, in der er den genialen Pass spielen kann«, erklärte Klopp Jahre später im englischen Fernsehen. »Das Gegenpressing erlaubt dir, den Ball näher beim Tor zurückzuerobern. Du bist nur einen Pass von einer wirklich guten Chance entfernt. Kein Spielmacher auf der Welt kann so gut sein wie eine gute Gegenpressing-Situation, deshalb ist es so wichtig.« Wie Barcelona versuchte auch Dortmund, den Ball schnell zurückzuerobern, aber es tat das aus ganz anderen Gründen.

Zweitens störten Guardiolas Spieler sehr planmäßig, wobei einer den ballführenden Gegenspieler anlief, während andere die Passlinien zustellten. Klopps Mannschaft presste weniger kalkuliert und extremer. Sie konzentrierte Spieler in der unmittelbaren Umgebung des ballführenden Spielers und zwang ihn quasi durch Einschüchterung dazu, den Ball herzugeben. Das erklärt, warum Klopps äußere Mittelfeldspieler – normalerweise Kevin Großkreutz und Jakub Błaszczykowski – nach innen rückten: Die Mannschaft war für das Gegenpressing strukturiert, das nur gelingen konnte, wenn man den Raum rasch dicht machte. Während sich andere Trainer vor allem um vertikale Kompaktheit bemühten, strebte Klopp auch horizontale Kompaktheit an, und Dortmund eroberte oft den Ball zurück, indem es den Gegner zu den Seitenlinien drängte, wo es kein Entkommen mehr gab.

Dieses Gegenpressing wurde oft mit einem herkömmlichen Pressing kombiniert, wenn die gegnerische Mannschaft versuchte, aus der Abwehr herauszuspielen. Meistens setzte Dortmund einen Spieler als Block ein, der sich vor die gegnerischen Innenverteidiger stellte, und ging zum Pressing über, sobald der Ball zu den Außenverteidigern oder ins Mittelfeld gepasst wurde. Dortmund presste nur selten auf dem gesamten Feld, weil es damit den Gegner eingeladen hätte, es mit langen Bällen in die Spitze zu versuchen. Tatsächlich ging es Klopp nicht in erster Linie darum, das gegnerische Aufbauspiel zu stören; seine Taktik war vor allem darauf angelegt, dass sich das gegnerische Team in eine schwierige Lage manövrieren sollte. Seine Mischung aus Pressing, Gegenpressing und Konterspiel ermöglichte es Borussia Dortmund, in 2011 und 2012 Bayern München hinter sich zu lassen und die Meisterschaft zu gewinnen.

Ein klassisches Beispiel für die neuartige Spielweise war Dortmunds wichtiger 3:1-Sieg über die Bayern im Februar 2011, mit dem sich Dortmund im Rennen um die Meisterschaft fast uneinholbar von dem Rivalen absetzte. Der Münchner Innenverteidiger Holger Badstuber wurde von Torhüter Neuer angespielt und leitete den Ball an Mittelfeldmann Bastian Schweinsteiger weiter. Doch als dieser den Ball annahm, wurde er von den Dortmundern Großkreutz und Robert Lewandowski von beiden Seiten attackiert und nervös. Der Ball prallte von seinem Standbein zu Großkreutz, der durch die Mitte Richtung Strafraum vorstieß und den Ball für Lucas Barrios durchsteckte, der zu Führung traf. Für Schweinsteiger wurde es zu einer furchtbaren Partie, und wenn Deutschlands angesehenster Mittelfeldspieler Dortmunds Energie nichts entgegenzusetzen hatte, welche Chance hatten dann andere Spieler?

Besonders anschaulich lässt sich Klopps Gegenpressing anhand eines Dortmunder Tors beim 2:1-Auswärtssieg über Arsenal in der Champions-League-Vorrunde 2013/14 erläutern. Marco Reus dribbelte links vor dem Strafraum und versuchte, Lewandowski im Zentrum anzuspielen, doch der Pole hatte nicht mit dem Pass gerechnet, so dass der Ball zu Arsenals Kapitän Mikel Arteta rollte. Arteta spielte mit dem ersten Ballkontakt vor dem eigenen Sechzehner den Mittelfeldmann Aaron Ramsey an, der jedoch augenblicklich Opfer eines Dortmunder Überfalls wurde: Lewandowski attackierte ihn von vorne und

Reus von hinten, während Henrich Mchitarjan von der anderen Seite einrückte, um den Raum dicht zu machen, und die Dortmunder Mittelfeldspieler aufrückten, um den Druck weiter zu erhöhen. Im Handumdrehen sah sich Ramsey von drei Gelbschwarzen umringt: Reus, Lewandowski und Mchitarjan. Reus luchste dem Waliser von hinten den Ball ab, und Lewandowski spielte das Leder nach rechts zu Mchitarjan, der aus 16 Metern das Führungstor erzielte.

Innerhalb von sechs Sekunden war es Dortmund gelungen, den Ball zu verlieren, zurückzuerobern und ein Tor zu schießen, wobei seine drei gefährlichsten Angreifer an der Strafraumgrenze kombinierten. In dem Moment, als die Dortmunder den Ball zurückeroberten, hatten drei Arsenal-Verteidiger bereits auf Angriff umgeschaltet und waren in der Vorwärtsbewegung, so dass sie sich plötzlich außerhalb ihrer Positionen wiederfanden: Mchitarjan traf exakt von der Position aus, die der linke Außenverteidiger Kieran Gibbs sechs Sekunden früher eingenommen hatte. Der Abwehrspieler war in Erwartung eines Konters seiner Mannschaft nach außen gerückt, aber Dortmund hatte den Konter mit seinem Pressing unterbunden – es hatte gegengepresst. »Der beste Moment für die Balleroberung ist, unmittelbar nachdem deine Mannschaft den Ball verloren hat«, erklärte Klopp. »Der Gegner versucht noch, sich zu orientieren, wohin er den Ball spielen soll. Er hat nicht auf die Spielsituation geachtet, weil er stören oder den Ball abfangen musste, und das hat ihn Kraft gekostet. Beides macht ihn verwundbar.«

Die Art und Weise, wie die Dortmunder ihre Gegner nach Ballverlusten einschnürten, erweckte in Kombination mit der Energie der Mannschaft manchmal den Eindruck, als hätte der BVB einen Mann mehr auf dem Platz, und in jenem Spiel im Emirates Stadium wurde dieser Eindruck von der Statistik der zurückgelegten Distanz bestätigt. Die Arsenal-Spieler waren zusammen 106,3 Kilometer gelaufen, während die Dortmunder

117,8 Kilometer zurückgelegt hatten. Die Differenz von 11,5 Kilometern entsprach genau der Distanz, die der rechte Außenverteidiger Großkreutz absolviert hatte, der beim Hinterlaufen auf dem rechten Flügel ein ums andere Mal ungedeckt war.

Über Dortmunds Laufleistung wurde viel geredet, denn die Energie der Mannschaft schien unerschöpflich zu sein. Nach dem Sieg über Olympique Marseille am vorangegangenen Champions-League-Spieltag hatte Klopp erklärt: »Wir mussten uns sehr anstrengen, und wären wir heute nur ein paar Kilometer weniger gelaufen, wären wir in Schwierigkeiten geraten.« Er hatte seinen Spielern ein Ziel vorgegeben: Wenn sie in neun von zehn Spielen gemeinsam 118 Kilometer zurücklegten, würden sie in der Winterpause drei zusätzliche Tage Urlaub bekommen. Die Mannschaft verfehlte das Ziel, aber Klopp gestand den Spielern die zusätzlichen Ruhetage trotzdem zu, um sie für ihren Einsatz zu belohnen. Später erkannte Klopp, dass seine Spieler bessere Leistungen brachten, wenn sie weniger liefen, und mit zunehmendem Ballbesitz verlor das Dortmunder Spiel an Wildheit. Die Statistiken zur Laufleistung waren eigentlich nur ein Randthema, aber nach den Jahren der spanischen Dominanz und der Fixierung auf den Ballbesitz bewegte die deutsche Vormachtstellung die Experten dazu, sich mit der Frage zu beschäftigen, welche Distanzen die Spieler auf dem Platz zurücklegten. Doch Klopps Dortmund wurde ein Opfer des eigenen Erfolgs: Die spezielle Kombination von Pressing und Gegenpressing war derart wirkungsvoll und Dortmund erwarb sich mit zwei Meistertiteln in Folge so großes Ansehen bei den Fußballanhängern im ganzen Land, dass andere Trainer diese Spielweise nachahmten. Die Bundesligaspiele wurden noch wilder, da nun oft beide Seiten versuchten, den Gegner extrem früh unter Druck zu setzen.

Besonders problematisch für Dortmund war, dass auch Bayern München zu den Klubs zählte, die sich von Klopps Philosophie inspirieren ließen. Den Münchnern gelang es nicht nur, dem BVB Mario Götze, Robert Lewandowski und später auch noch Mats Hummels abspenstig zu machen, sondern sie übernahmen auch das Konzept von Pressing und Gegenpressing, nachdem Jupp Heynckes und sein Trainerstab zu dem Schluss gelangt waren, dass dies der entscheidende Vorteil der Dortmunder war. Nachdem der FC Bayern es in den Spielzeiten 2010/11 und 2011/12 nicht geschafft hatte, der Dortmunder Energie sowie der wilden Ballhatz etwas entgegenzusetzen, schlug er in der Saison 2012/13 mit dem Triple-Gewinn zurück und gewann seither jedes Jahr die Meisterschaft. Klopp beschwerte sich öffentlich darüber, dass seine Ansätze so unverfroren kopiert worden waren. Er warf den Bayern vor, es »wie die Chinesen in der Industrie« zu machen, womit er sich anscheinend auf Fabrikschließungen im Ruhrgebiet bezog: »Schauen, was die anderen machen, um es abzukupfern und dann mit mehr Geld und anderen Spielern den gleichen Weg einzuschlagen.« Später entschuldigte sich Klopp für diesen Vorwurf.

Besonders deutlich wurde die stilistische Annäherung in der Saison 2012/13, als die beiden Mannschaften einander im Champions-League-Finale gegenüberstanden. Die Bayern betrieben mittlerweile ein deutlich aggressiveres Pressing. Mit gutem Beispiel voran ging Mario Mandžukić, der nicht nur ein durchsetzungsfähiger Mittelstürmer war, sondern sich auch durch Fleiß und Einsatzbereitschaft auszeichnete. Unterstützt wurde er beim Pressing vom ebenfalls recht robusten Toni Kroos, der obendrein eine herausragende Technik am Ball besaß. Mit Rückendeckung von Schweinsteiger und Javi Martínez setzten diese beiden den gegnerischen Abwehrspielern mit ungeheurer Hartnäckigkeit zu.

Das Gegenpressing der Bayern unterschied sich von dem Barcelonas und Dortmunds. Sie versuchten nicht, die Passlinien zuzustellen oder bestimmte Zonen des Spielfelds zu bevölkern, sondern betrieben Manndeckung weit in der gegnerischen Hälfte. Die körperlich starken Münchner eroberten den Ball oft schnell in Auseinandersetzungen Mann gegen Mann, anstatt Pässe abzufangen. Die Außenstürmer Franck Ribéry und Arjen Robben beteiligten sich ebenfalls an den Versuchen, den Gegner unter Druck zu setzen, und so wie Messi seinen Mitspielern bei Barça ein Beispiel gab, waren die Bayern besonders aggressiv, wenn sich ihre vermeintlich defensiv unzuverlässigen Flügelstürmer Franck Ribéry und Arjen Robben am Pressing beteiligten. »Wenn ich den Ball erobere, interessiert es niemanden«, sagte Schweinsteiger zu Ribéry. »Aber wenn du in einen Zweikampf rutschst, jubelt das ganze Stadion.« Sowohl die Bayern als auch Dortmund verdankten es nicht zuletzt aggressivem Pressing, dass sie im Jahr 2013 beide das Finale der Champions League erreichten.

Bayern München trat in der ersten K.-o.-Runde zunächst auswärts bei Arsenal an und setzte die Londoner mit seinem Pressing unablässig unter Druck. Bereits nach wenigen Minuten zwangen die hoch aufgerückten Bayern Arsenal dazu, den Ball in der Hoffnung auf eine Kopfballablage nach vorne zu schlagen. Aber die Bayern gewannen den zweiten Ball und starteten einen Angriff, an dessen Ende Kroos an der Strafraumgrenze frei zum Schuss kam und zum Führungstor traf. Das Spiel endete mit einem 3:1-Sieg der Münchner.

Auch im Viertelfinale gegen den italienischen Meister Juventus Turin führte das Pressing der Bayern früh zum Erfolg. Die Deutschen gingen nach nur dreißig Sekunden durch einen abgelenkten Fernschuss von David Alaba in Führung, aber zu diesem Zeitpunkt hatten sie durch ihr Pressing bereits zweimal in der Hälfte der Turiner den Ball erobert. Mandžukić arbeitete als Ein-Mann-Pressingmaschine und attackierte die drei Innenverteidiger von Juve, bevor er sich in die kompakte Struktur seiner Mannschaft zurückfallen ließ. Seine Laufbereitschaft erlaubte es den Mittelfeldspielern der Bayern, sich auf Andrea Pirlo zu konzentrieren, der während des gesamten Spiels verunsichert wirkte und überhastet agierte. »Ich gebe bereitwillig zu, dass meine Leistung unbefriedigend war«, erklärte Pirlo nach der 0:2-Niederlage in München. »Ich habe in diesem wichtigen Spiel viele Fehler gemacht, was enttäuschend ist. Wir müssen analysieren, warum wir so viele Fehlpässe gespielt haben.« Diese Analyse dürfte nicht schwierig gewesen sein: Die Italiener waren nicht auf die Intensität des deutschen Pressings vorbereitet gewesen. Tatsächlich lernte Juventus aus der Erfahrung, ging im Rückspiel ein sehr viel höheres Tempo und brachte die Gäste seinerseits mit einem aggressiveren Pressing in Bedrängnis. Aber die Mannschaft von Heynckes überstand den Sturm und siegte auch auswärts 2:0.

Dann kam das berühmte Halbfinalduell mit Barcelona, das die Bayern mit insgesamt 7:0 für sich entschieden. In diesen Spielen ergänzten die Münchner ihr ausgezeichnetes Konterspiel und gefährliche Standards durch ein hartnäckiges Eins-gegen-eins-Pressing, wenn Barcelona aus der eigenen Hälfte herauszuspielen versuchte. Bayerns bester Mann war in dieser Hinsicht ein Spanier: Javi Martínez hatte in seiner Zeit bei Athletic Bilbao als eleganter tief stehender Spieleröffner gegolten, der von Marcelo Bielsa teilweise in der Innenverteidigung eingesetzt wurde, aber in seiner ersten Saison in München verwandelte er sich in einen körperbetonten Allrounder. »Ich bin deutscher als jeder andere spanische Fußballer«, scherzte Bayerns Nummer 8.

Im Hinspiel setzte Martínez seinen Landsmann Andrés Iniesta permanent unter Druck und eroberte wiederholt den Ball. Er beendete das Spiel mit den meisten Tacklings und doppelt so vielen Fouls wie jeder andere Spieler. »Javi hat ein spektakuläres körperliches Potenzial«, stellte der schockierte Sergio Busquets nach dem Spiel fest. »Er bewegt sich über das ganze Spielfeld und erobert überall den Ball. Er ist die Lunge der Mannschaft.« Kurz vor Spielende holte Iniesta Martínez, der ihn überlaufen hatte, rücksichtslos von den Beinen, was Ausdruck der Verzweiflung des körperlich überforderten Barcelona war.

Dortmund konnte auf dem Weg ins Finale weniger überzeugen. Nachdem sich Klopps Mannschaft im Achtelfinale gegen Schachtar Donezk durchgesetzt hatte, geriet sie gegen den von Manuel Pellegrini betreuten FC Málaga in große Bedrängnis. Nach einem torlosen Unentschieden in Andalusien drehten die Dortmunder im heimischen Westfalenstadion ein schon verloren geglaubtes Spiel erst in der Nachspielzeit und setzten sich schließlich mit 3:2 durch. Allerdings hätten die Dortmunder das Auswärtsspiel in Spanien eigentlich gewinnen müssen. Besonders beeindruckend war einmal mehr das Pressing.

Im Halbfinale traf Dortmund auf Real Madrid, dem es in dieser Saison bereits begegnet war. Im ersten Spiel in der Gruppenphase, das die Schwarzgelben im Westfalenstadion mit 2:1 gewonnen hatten, waren die Vorteile Dortmunds deutlich zutage getreten. José Mourinhos Mannschaft verzichtete auf jegliches Pressing und kam mit der ständigen Belästigung durch die Dortmunder nicht zurecht. Die Deutschen ließen nur die spanischen Innenverteidiger in Ruhe, versuchten jedoch, bereits den ersten Pass ins Mittelfeld abzufangen. Die Entstehung des Dortmunder Führungstors war bezeichnend: Pepe führte den Ball nach vorn und versuchte, Özil anzuspielen, doch Sebastian Kehl rückte vor, fing den Pass ab und spielte direkt in den Lauf von Lewandowski, der in Pepes Rücken davonstürmte und traf. Die Madrilenen glichen postwendend mit einer direkten Aktion aus, bei der Özil Cristiano Ronaldo steil schickte, aber Dortmunds linker Außenverteidiger Marcel Schmelzer traf in der 64. Minute von der Strafraumgrenze zum Siegtor. Der Sieg von Klopps Mannschaft hätte höher ausfallen müssen. Real war ins Schwimmen geraten, nachdem der bis dahin beeindruckende Sami Khedira Mitte der ersten Hälfte verletzt ausschied, so dass Özil von nun an der einzige Real-Spieler war, der mit Dortmunds Tempo mithalten konnte. Nur die beiden Deutschen in den Reihen der Königlichen schienen für eine derart wilde Auseinandersetzung gerüstet. Auch beim Vorrundenspiel in Madrid hätte Dortmund beinahe einen 2:1-Sieg eingefahren, was Özil jedoch mit einem wunderbaren Freistoßtreffer in der letzten Spielminute verhinderte; es war eine der seltenen Gelegenheiten, bei denen er Ronaldo bei einem Freistoß nicht den Vortritt lassen musste.

Real hatte also genug Zeit gehabt, um sich auf die Intensität des Dortmunder Spiels vorzubereiten – aber als sich die beiden Mannschaften im Halbfinale erneut gegenüberstanden, wurden die Königlichen vom Platz gefegt. Das Hinspiel im Westfalenstadion war noch keine Minute alt, da hatte der von zwei Dortmunder Spielern bedrängte Ronaldo den Ball auf dem linken Flügel ins Seitenaus kullern lassen, Luka Modrić hatte sich mit einem Tackling den Ball abnehmen lassen und Xabi Alonso hatte das Spielgerät unter Druck ins Aus befördert. Real wirkte vollkommen eingeschüchtert und schlug blind lange Bälle in die ungefähre Richtung des Stürmers Gonzalo Higuaín, während Mourinho seine Spieler wild gestikulierend aufforderte, sich zu beruhigen. In der 8. Spielminute verwertete Lewandowski aus nächster Nähe eine Flanke von Mario Götze. Allerdings konnten die Madrilenen kurz vor der Pause ausgleichen, als Hummels einen verunglückten Rückpass spielte, den Higuaín für eine scharfe Hereingabe nutzte, die der mitgelaufene Ronaldo nur noch über die Linie drücken musste.

Das Spiel folgte einem klaren Muster: Klopps Mannschaft übernahm dank ihrer ungestümen Energie zu Beginn beider Halbzeiten die Kontrolle, musste jedoch nach einer Weile ihrem Tempo Tribut zollen, was es Real erlaubte, wieder ins Spiel zu kommen. Dortmunds Dominanz zu Beginn der zweiten Hälfte führte freilich zu drei weiteren Toren von Lewandowski in der 50., 55. und 67. Spielminute, womit das Halbfinale praktisch entschieden war. Lewandowskis vier Tore zählen zu den spektakulärsten Leistungen in der Geschichte der Champions League, obwohl der Mittelfeldspieler Ilkay Gündoğan, der das Spiel der Dortmunder gestaltete, an jenem Abend eine ebenso wichtige Rolle spielte. Er rückte weit vor, um aggressiv zu pressen, und leitete anschließend die Angriffe seiner Mannschaft ein. Gündoğan verkörperte beinahe idealtypisch den deutschen Stil. Wie am Vorabend Martínez bei Bayern München trug Gündoğan das Trikot mit der Nummer 8 und bekleidete die mittlerweile sehr deutsche Position des modernen Box-to-Box-Mittelfeldspielers, die Khedira – der an diesem Abend in seinem Schatten stand – in der Nationalmannschaft spielte.

Real Madrid wurde gegen Ende des Spiels stärker, konnte den Rückstand jedoch nicht mehr verkürzen. Es blieb beim 4:1. »Es war eine unglaubliche Darbietung meiner Mannschaft«, sagte ein glückseliger Jürgen Klopp hinterher. »In den ersten 25 Minuten waren wir toll, dann kamen wir ein bisschen vom Weg ab und ließen sie zurück ins Spiel. In der Halbzeitpause sprachen wir darüber, und ich forderte die Spieler auf, wieder so zu spielen wie zu Beginn, was wir taten, und wir waren sehr viel besser.«

»Sie waren die deutlich bessere Mannschaft«, gestand Mourinho. »Sie entschieden die individuellen Duelle für sich. Sie waren besser organisiert als wir, sie waren physisch und mental besser. Aus dem 1:1 wurde in so kurzer Zeit ein 4:1 [...]. Wir verloren den Ball zu leicht und hatten ihrem Umschaltspiel und der Geschwindigkeit ihrer Konter nichts entgegenzusetzen.« Nur selten wird man von zwei Trainern eine so prägnante Zusammenfassung hören: Klopp beschrieb den Verlauf, Mourinho die Elemente des Spiels. Im Rückspiel in Madrid geriet Dortmund in Schwierigkeiten und unterlag 0:2, setzte sich jedoch mit einem Gesamtergebnis von 4:3 durch und vervollständigte ein rein deutsches Endspiel im Wembley-Stadion.

Dortmund hatte die meisten neutralen Zuschauer auf seiner Seite, insbesondere nachdem bereits früher im Jahr bekannt geworden war, dass Götze nach der Sommerpause zum FC Bayern wechseln würde. Es fügte sich gut, dass er wegen einer Verletzung für das Endspiel ausfiel. Klopp umgarnte vor dem Spiel in den englischen Medien die neutralen Zuschauer: »Es hängt davon ab, welche Geschichte dem neutralen Fan besser gefällt«, sagte er im Gespräch mit englischen Journalisten. »Wenn er Respekt vor der Geschichte der Bayern hat, mit all den Erfolgen seit den Siebzigern, soll er die Bayern unterstützen. Aber wenn ihm eine neue Geschichte, eine besondere Geschichte gefällt, dann sollte er zu Dortmund halten. Ich glaube, in diesem Moment muss die Fußballwelt auf unserer Seite stehen.« Das war vermutlich zu viel des Guten und ein wenig arrogant, aber es war Klopp in Bestform. Und viele waren seiner Meinung.

Europapokalbegegnungen zwischen zwei Klubs aus demselben Land sind oft zähe Angelegenheiten, die Ähnlichkeit mit einem Abnutzungskrieg haben. Aber da diese beiden Endspielgegner daran gewöhnt waren, aggressiv zu pressen und mit hohem Tempo zu spielen, wurde es ein rasantes Finale, das hin und her wogte. Es war im Grunde ein Bundesligaspiel und zählt zu den besten Endspielen in der Geschichte der Champions League.

Genau wie gegen Real Madrid begann Klopps Mannschaft extrem stark, verbuchte die ersten sechs Torschüsse des Spiels und zwang Manuel Neuer zu mehreren Glanzparaden. Das Pressing der Dortmunder machte es den Bayern unmöglich, das Spiel von hinten heraus aufzubauen, weshalb die beiden Innenverteidiger Boateng und Dante sich darauf beschränkten, sich den Ball hin- und herzuschieben. Dortmund hatte Oberwasser, war jedoch nicht in der Lage, seine Überlegenheit in Tore umzumünzen – und ließ wie gewohnt nach 25 Minuten nach. Gegen Ende der ersten Spielhälfte kamen die Münchner auf, was auch damit zu tun hatte, dass Schweinsteiger sich links neben Dante auf die Höhe der Innenverteidiger zurückfallen ließ, so dass er etwas mehr Ruhe am Ball hatte. Allerdings wurden die Bayern zunächst in erster Linie durch Standards gefährlich.

Einmal mehr kamen die Dortmunder mit neuem Elan aus der Kabine, aber im Lauf der zweiten Hälfte brachten die Bayern das Spiel zunehmend unter Kontrolle. Robben, der wie üblich auf dem rechten Flügel begonnen hatte, tauschte den Platz mit der hängenden Spitze Müller und nutzte sein Tempo, um Löcher in die hoch stehende Dortmunder Abwehrkette zu reißen. In der zweiten Hälfte gelang es den Bayern nicht weniger als sechs Mal, in den Rücken der gegnerischen Abwehr vorzustoßen, wobei Robben an jeder dieser Aktionen beteiligt war. Eine dieser Gelegenheiten nutzte er, um Mandžukić das Führungstor aufzulegen. Nach einem tollpatschigen Foul Dantes an Marco Reus glich Gündoğan per Elfmeter aus, aber Bayern und Robben ließen nicht locker. Müller umspielte den Dortmunder Torwart Roman Weidenfeller und legte auf Robben quer, doch Neven Subotić rettete in letzter Sekunde auf der Linie.

Ein Treffer der Bayern kündigte sich an, und in der 89. Minute war es so weit. Endlich erzielte Robben das wichtige Tor, das ihm in seiner Karriere bis dahin gefehlt hatte: Er wurde am Strafraumrand von Ribéry mit der Hacke freigespielt, ließ einen Gegenspieler aussteigen und rollte den Ball am herausstürzenden Weidenfeller vorbei ins Tor. »Am Ende waren wir ein wenig müde, und die Bayern wussten das zu nutzen«, gab Dortmunds Innenverteidiger Hummels zu. Klopp zog denselben Schluss: »Ab der 75. Minute war es für uns nach einer schweren Saison sehr schwierig.«

Das ist das unvermeidliche Problem mit einer extrem dynamischen Spielweise: Sie ist sehr kraftraubend. Wie Jonathan

Wilson in *Revolutionen auf dem Rasen* zeigt, konnten legendäre Pressing-Mannschaften ihr Niveau oft nur drei Jahre halten: Drei klassische Beispiele sind Viktor Maslows Dynamo Kiew in den sechziger Jahren, Rinus Michels' bzw. Ştefan Kovács Ajax Amsterdam in den Siebzigern und Arrigo Sacchis AC Mailand in den Achtzigern. In gewisser Hinsicht könnte man noch Guardiolas Barcelona hinzufügen, das von 2008/09 bis 2010/11 drei Meistertitel und zwei Champions-League-Titel gewann, in der vierten Saison jedoch einbrach. Dasselbe gilt auch für Klopps Dortmunder Mannschaft, die im Jahr 2010 mit ihrem extrem intensiven Pressing begonnen hatte, damit zwei Meistertitel errang und ins Finale der Champions League vorstieß, bevor ihr Abstieg begann. Dortmunds Kräfte ließen am Ende der Spiele, am Saisonende und am Ende von Klopps Amtszeit nach.

In der folgenden Saison (2013/14) schlugen sich die Dortmunder durchaus noch achtbar: Sie wurden Vizemeister hinter Guardiolas Bayern und erreichten das Viertelfinale der Champions League. Aber die Saison 2014/15 verlief katastrophal für die Schwarzgelben: Die Winterpause verbrachte Dortmund auf einem Abstiegsplatz, und obwohl sich die Mannschaft schließlich noch auf den siebten Platz hocharbeitete, verabschiedete sich Klopp am Ende der Saison. Mit dem Gegenpressing nahm er jedoch erheblichen Einfluss auf den deutschen Fußball, wie Ralf Rangnick, der als TV-Experte den Appetit der Deutschen auf das Pressing überhaupt erst geweckt hatte, 2017 erklärte: In den letzten sechs bis sieben Jahren sei der Fußball durch »das extreme Umschaltverhalten« ergänzt worden, bei dem »nach Balleroberung die Post nach vorne abgeht«, während viele Mannschaften nach Ballverlust versuchten, »sofort ins Gegenpressing zu kommen. Dadurch ist das Spiel deutlich sprintintensiver geworden. Der Anteil der schnellen Läufe und der Sprints hat dramatisch zugenommen. Fußball ist, was Athletik und Dynamik angeht, eine andere Sportart geworden.«

Unterdessen begannen die Bayern unter Guardiolas Anleitung noch aggressiver zu stören. Er schob die Abwehrreihe noch weiter nach vorn und schärfte seinen Spielern ein, bei Ballverlust automatisch vorzurücken statt zurückzuweichen: Sie sollten vier Sekunden lang gegenpressen, um sich anschließend zurückzuziehen und einen tiefer stehenden Block zu bilden. Besonders beeindruckt war er von der Einsatzbereitschaft seiner zentralen Stürmer Mandžukić und Müller. »Ihr Pressing ist brutal«, staunte er in seiner ersten Saison in München. »Wenn du Müller aufforderst, einen Vierzig-Meter-Diagonalsprint auf den anderen Flügel zu machen, wird er es mit vollem Tempo machen, seine Position einnehmen und dasselbe noch hundertmal machen, wenn es nötig ist.«

In einer Liga, in der das extreme Pressing mittlerweile üblich war, entwickelte Guardiola auch taktische Kniffe, um ihm zu begegnen. Schon bei Barça hatte er den defensiven Mittelfeldspieler Sergio Busquets manchmal in die Abwehrreihe zurückgezogen, um Überzahl gegen die pressenden gegnerischen Stürmer zu erzeugen, und in Deutschland wurde diese Methode unverzichtbar. Philipp Lahm und später Xabi Alonso waren derart geschickt darin, sich übergangslos in die Abwehr zurückzuziehen, dass manchmal kaum zu erkennen war, ob die Bayern mit einer Dreier- oder Viererkette spielten.

In Guardiolas erstem Bundesligaspiel gegen Borussia Dortmund, das der FC Bayern auswärts mit 3:0 für sich entschied, schlüpfte der Mittelfeld-/Abwehrspieler Javi Martínez in die Rolle eines zweiten zentralen Stürmers. Die Münchner spielten lange Bälle auf ihn und Mandžukić, um die Probleme aus der Anfangsphase des Champions-League-Finales zu vermeiden, als sie nicht in der Lage gewesen waren, dem Dortmunder Pressing etwas entgegenzusetzen. Sie überspielten einfach die gesamte Pressing-Struktur der Schwarzgelben. Dieses Vorgehen war jedoch untypisch für Guardiola, und später (insbesondere nach der Ankunft von Alonso) versuchten die Bayern, sich dem gegnerischen Pressing mit schnellen Passstafetten zu entziehen.

Die Nationalmannschaft spielte natürlich ähnlich. Jürgen Klinsmann, der vor der WM 2006 den Anstoß zu einer Modifikation der deutschen Spielweise gegeben hatte, sprach viel über die »sofortige Rückeroberung des Balls«, und sein ehemaliger Assistent und Nachfolger Joachim Löw war ein Anhänger der »aktiven Balleroberung«. Bei der WM 2014 verzichtete die deutsche Mannschaft darauf, ständig aggressiv zu pressen, aber in bestimmten Situationen erwies sich diese Taktik dennoch als entscheidend. Das beste Beispiel war das vierte deutsche Tor beim 7:1-Sieg über Brasilien im Halbfinale. Nachdem Kroos den dritten Treffer erzielt hatte, spielten die Brasilianer den Ball nach dem Anstoß zurück zum Strafraum, um den Spielaufbau von hinten heraus zu beginnen, doch Kroos lief von der Mittellinie sofort in Richtung Sechzehner, nahm Fernandinho, der mit dem Gesicht zum eigenen Tor von Dante angespielt wurde, den Ball ab, spielte einen Doppelpass mit Khedira und schob den Ball ins Tor.

In den folgenden Jahren eroberten Pressing und Gegenpressing den europäischen Klubfußball, doch bei den großen Nationalmannschaftsturnieren waren sie relativ selten zu sehen. Die EM 2016 war ein langweiliges Turnier, bei dem sich die meisten Mannschaften in die eigene Hälfte zurückzogen und abwarteten, um sich dem gegnerischen Druck zu entziehen. Deutschland stemmte sich gegen den Trend. Im Viertelfinale gegen Italien, das Löws Mannschaft im Elfmeterschießen für sich entschied, wechselten die Deutschen das System, um die drei italienischen Innenverteidiger direkt zu attackieren. Auch im Halbfinale gegen Frankreich griff Deutschland früh an und drückte den Gegner tief in seine Hälfte, verlor jedoch aufgrund individueller Abwehrfehler mit 0:2.

Die Bundesligasaison 2015/16 war die erste nach Jürgen Klopps Abschied von Borussia Dortmund. Kurz darauf übernahm er das Traineramt beim FC Liverpool und brachte das Gegenpressing in die englische Liga, aber in Deutschland wurde deshalb nicht weniger gepresst. Der andere Revolutionär, Rangnick, saß nun auf der Trainerbank des erst 2009 gegründeten RB Leipzig, einer aufstrebenden Macht im deutschen Fußball. Er führte den Klub mit einem besonders aggressiven, temporeichen Stil zum Aufstieg in die Bundesliga und wechselte anschließend in die Position des Sportdirektors. Gleich in der ersten Saison im Oberhaus wurde Leipzig unter Rangnicks Nachfolger Ralph Hasenhüttl Vizemeister.

Klopps Einfluss war mittlerweile in der Spielweise der meisten Bundesligamannschaften zu erkennen. »Das Gegenpressing wurde in den vergangenen Jahren zur deutschen Institution und Klopp zum Vorbild für zahllose Trainer«, schreibt Tobias Escher in seiner Geschichte der deutschen Fußballtaktik, *Vom Libero zur Doppelsechs*. »Mittlerweile spielt jedes deutsche Bundesliga-Team in der einen oder anderen Ausprägung mit Gegenpressing. [...] Klopp entwickelte einen neuen Standard, den wir heute auf fast allen Bundesliga-Plätzen sehen. In der Saison 2015/16 spielten mindestens zehn der achtzehn Bundesliga-Teams Klopp-Fußball.«

Es ist Teil von Klopps Vermächtnis, dass im europäischen Fußball heute nicht der naheliegende rein englische Terminus »counter-pressing«, sondern das deutsche Mischwort »Gegenpressing« gebräuchlich ist. Alle Welt kennt den Ursprung des Konzepts und ist sich der Tatsache bewusst, dass der deutsche Fußball zum ersten Mal, seit Franz Beckenbauer die Rolle des offensiven Liberos erfand, eine echte taktische Innovation hervorgebracht hat.

18
Neuerfindung

Anders als die früheren deutschen Weltmeistermannschaften, die um einen herausragenden Spieler wie Fritz Walter, Franz Beckenbauer oder Lothar Matthäus aufgebaut waren, war der Jahrgang 2014 eine egalitäre, harmonische Truppe. Es wäre schwierig, einen einzelnen Helden herauszupicken.

Nach dem WM-Finale gab es sechs aussichtsreiche Kandidaten für die Heldenrolle. Die Autoren der Schlagzeilen wählten Mario Götze, der das Siegtor gegen Argentinien erzielte, während Kapitän Philipp Lahm, der den Pokal entgegennahm, am häufigsten auf den Fotos zu sehen war. Die beherrschende Figur im Finale war Bastian Schweinsteiger, der Lionel Messis Wirkung zwischen den Linien auf ein Mindestmaß verringerte. Toni Kroos war insgesamt der beständigste deutsche Spieler im Turnier, während Thomas Müller der erfolgreichste Torjäger der Mannschaft war. Und Manuel Neuer belegte in jenem Jahr bei der Wahl zum Ballon d'Or hinter Ronaldo und Messi den dritten Platz.

Es gab zwei bemerkenswerte Gemeinsamkeiten zwischen diesen sechs deutschen Stars. Die Erste war offenkundig: Götze, Lahm, Schweinsteiger, Kroos, Müller und Neuer spielten allesamt für Bayern München. Aber es gab auch eine stilistisch bedeutsame Übereinstimmung: Der Triumph bei der WM 2014 war ein Ergebnis der Neuerfindung der Fußballgroßmacht Deutschland. Die deutsche Nationalmannschaft machte ihren Ruf als langweilige und mechanische Truppe vergessen, indem sie einen erfinderischen Offensivfußball spielte – und diese sechs Spieler waren Meister der Neuerfindung.

Dies war das zweite WM-Turnier in Folge, bei dem Pep Guardiolas Einfluss auf die siegreiche Mannschaft unübersehbar war. Im Finale 2010 hatten der spanischen Startelf sechs Spieler angehört, die in der abgelaufenen Saison in den Reihen von Guardiolas FC Barcelona gestanden hatten. Im Jahr 2014 standen ebenfalls sechs Spieler auf dem Platz, die in dieser Saison für Guardiolas Mannschaft gespielt hatten. In diesem Fall war es Bayern München (der sechste Bayer in der Startelf war Jérôme Boateng, Götze wurde später eingewechselt). Guardiola lenkte die Karriere vieler Stammspieler der Bayern in eine andere Richtung. Der deutsche Nationaltrainer Joachim Löw war ein gewiefter Taktiker, der brillante Lösungen für strategische Probleme fand, aber da er mit seiner Mannschaft nur wenig Zeit auf dem Trainingsplatz verbringen konnte, hatte er keine Möglichkeit, die Spieler so zu prägen wie ein Vereinstrainer. Da Guardiolas Bayern drei Meistertitel in Folge gewannen, ohne sich zu verausgaben, hatte der Trainer die Möglichkeit zu gewagten taktischen Experimenten, die der Nationalelf später zusätzliche Optionen eröffneten: Es hatte sich herausgestellt, dass einige Schlüsselspieler der Bayern auch eine vollkommen andere als ihre angestammte Position ausfüllen konnten. Natürlich hatten nicht alle Umstellungen in der deutschen Auswahl ihren Ursprung in Guardiolas Experimenten, aber sein Einfluss war unübersehbar.

Deutschland setzte sich im Endspiel gegen Argentinien durch, obwohl es in dieser Begegnung eine Reihe verletzungsbedingter Ausfälle im Mittelfeld verkraften musste. Zunächst musste Sami Khedira kurz vor dem Anpfiff passen. Seinen Platz nahm der junge Christoph Kramer ein, der in einem Vorbereitungsspiel erstmals im Nationaltrikot aufgelaufen war und im WM-Finale zum ersten Mal in einem Wettbewerbsspiel auf dem Platz stand. Aber auch Kramer fiel frühzeitig aus: Nach einer Viertelstunde rammte ihm der argentinische Innenverteidiger

Ezequiel Garay die Schulter gegen den Kopf; Kramer spielte trotz der brutalen Kollision weiter, aber nach einer weiteren Viertelstunde wurde klar, dass er eine schwere Verletzung erlitten hatte: Er fragte Schiedsrichter Nicola Rizzoli, ob dies das Finale sei. Rizzoli informierte Mannschaftskapitän Schweinsteiger, und nach Rücksprache mit der deutschen Bank wurde Kramer vom Feld genommen.

Ersetzt wurde er durch den Außenstürmer André Schürrle, weshalb Deutschland umstellen musste. Mesut Özil rückte in eine zentrale Position an der Seite von Schweinsteiger und Kroos, was bedeutete, dass Deutschland nun ohne die Kraft und Energie Khediras und Kramers auskommen musste – zwei ähnliche Spieler, die Zwillingsbrüder Lars und Sven Bender, waren bereits vor der Endrunde durch Verletzungen ausgefallen. Der normalerweise exzellente Kroos musste ein schwieriges Spiel mit ungewohnten Aufgaben durchstehen und hatte Glück, dass eine völlig misslungene Kopfballrückgabe zu seinem Torwart nicht zum 1:0 für Argentinien führte, weil Gonzalo Higuaín frei stehend vor Neuer verschoss. Als die Defensive um ihn herum auseinanderzufallen drohte, nahm Schweinsteiger das Heft in die Hand.

Der erste der sechs deutschen Helden zeigte eine herausragende Leistung. Der Bayern-Spieler riss die Partie an sich, spielte mehr Pässe als jeder andere und stoppte in zwei entscheidenden Situationen Messi: Im ersten Fall fing er eine Hereingabe ab, im zweiten eine Torvorlage für Ezequiel Lavezzi. Obwohl er schon nach einer halben Stunde verwarnt wurde, beherrschte er die Zone vor der Abwehr. Angesichts von Schweinsteigers Dominanz sah sich Messi gezwungen, auf den Flügel auszuweichen oder zu versuchen, in den Rücken der deutschen Abwehr zu gelangen. Nach einem Faustschlag von Sergio Agüero in einem Luftduell beendete Schweinsteiger das Finale mit einer Platzwunde unter dem rechten Auge, die am Spielfeldrand geklammert werden musste, was ihn endgültig zum Helden machte. Bei seinem ersten WM-Turnier, der Endrunde in Deutschland im Jahr 2006, hätte sich wohl niemand vorstellen können, dass er eines Tages eine solche Leistung zeigen würde, denn damals hatte die Öffentlichkeit ein ganz anderes Bild von Schweinsteiger gehabt.

Zu Beginn seiner Karriere strapazierte dieser talentierte Spieler die Geduld seiner Coachs, zeigte wenig Interesse an harter Trainingsarbeit und nahm den Fußball nicht ernst. Er sorgte eher mit seiner Kleidung, seinen Haarschnitten und einem nächtlichen Besuch im Bayern-Whirlpool (mit einer angeblichen »Cousine«) für Aufsehen als mit seinen Leistungen auf dem Platz. Schweinsteiger war ein unbeständiger Flügelspieler, der bei Bayern München im Allgemeinen auf der rechten, in der deutschen Auswahl jedoch oft auf der linken Seite zum Einsatz kam. Gelegentlich gab er vorzügliche Zuspiele in den Strafraum, aber er war nicht in der Lage, einem Spiel seinen Stempel aufzudrücken. Es hatte nicht den Anschein, als würde es ihm je gelingen, sein großes Potenzial auszuschöpfen.

Das änderte sich vollkommen, als die Bayern im Jahr 2009 Louis van Gaal engagierten. Van Gaal wollte mit reinrassigen Flügelspielern an der Seitenlinie spielen, aber da er von Schweinsteigers Fähigkeiten überzeugt war, setzte er ihn an der Seite des harten Mark van Bommel im zentralen Mittelfeld ein. Schweinsteigers Spielweise änderte sich grundlegend: Er bewies ein beeindruckendes Spielverständnis, positionierte sich intelligent und diktierte die Partien. »Die größte Veränderung für mich ist, dass ich endlich auf meiner besten Position spielen darf«, erklärte er auf die Frage nach seiner Verwandlung. »Ich hatte stets einen schweren Stand bei Trainern, die der Meinung waren, andere Spieler wie Jens Jeremies, Niko Kovač, Owen Hargreaves und Michael Ballack hätten eher einen Anspruch auf diese Position. Daher bin ich van Gaal dankbar.« Nachdem Michael Ballack wegen einer Verletzung für die WM-Endrunde 2010 ausgefallen war, übernahm Schweinsteiger in Südafrika die zentrale Rolle im deutschen Mittelfeld, wo er mit Sami Khedira ein vorzügliches Gespann bildete. Löw bezeichnete ihn als »emotionalen Leader« der Mannschaft.

Mit dem Positionswechsel änderte sich auch seine Einstellung: Größere Verantwortung auf dem Feld brachte größere Verantwortung abseits des Platzes mit sich. Manche Beobachter führten das nur halb im Scherz auf den Einfluss von Bundeskanzlerin Angela Merkel zurück, die bei der EM 2008 beim Spiel gegen Österreich neben ihm auf der Tribüne saß; Schweinsteiger war aufgrund einer roten Karte in der vorangegangenen Partie gegen Kroatien für ein Spiel gesperrt worden. »Sie hat mir gesagt, dass ich nicht wieder so eine Dummheit machen soll«, erklärte Schweinsteiger. »Wenn die Bundeskanzlerin etwas sagt, dann muss man es tun.« In mehreren Karikaturen in der *Zeit* wurden die beiden beim Austausch von Liebesbriefen dargestellt, und nach dem Finalsieg bei der WM 2014 umarmten sie sich innig.

Der Erste, der Schweinsteiger ins zentrale Mittelfeld gestellt hatte, war jedoch Joachim Löw gewesen. Im Jahr 2007 hatte Löw die Fußballanhänger mit seiner Entscheidung schockiert, den Bayern-Spieler in einem EM-Qualifikationsspiel gegen Wales in einer zentralen Position spielen zu lassen. In einem ansonsten wenig brillanten Mittelfeldquartett, dem neben dem Münchner Marcell Jansen, Thomas Hitzlsperger und Roberto Hilbert angehörten, war Schweinsteiger der beste Mann auf dem Platz und zog im Mittelfeld die Fäden. Es dauerte zwei Jahre, bis er auch im Verein auf diese Position wechseln durfte, aber es war Löws Entscheidung im Jahr 2007, die seine Reifung zu einem der besten zentralen Mittelfeldspieler der Welt einleitete. Ein Positionswechsel hatte alles verändert, und obwohl dies einige Jahre vor dem Beginn der Phase der deutschen Vormachtstellung geschah, wurde der »emotionale Leader« zu einem Rollenvorbild für seine Mannschaftskollegen: Er war ein Spieler, der sich neu erfunden hatte.

Aber einige von Schweinsteigers Mannschaftskollegen erfanden nicht nur sich selbst neu: Sie erfanden ihre Rolle neu. Das nervenaufreibendste Spiel auf dem Weg zum WM-Titel war überraschenderweise die Begegnung mit Algerien, das sich durch eine sehr gut organisierte Defensive, koordiniertes Pressing und Schnelligkeit im letzten Drittel auszeichnete. Gegen Deutschland zeigte der Außenseiter eine ausgezeichnete Leistung und wandte eine intelligente Konterstrategie an, die beinahe von Erfolg gekrönt gewesen wäre.

Die Algerier stürzten sich im Rudel auf die deutschen Mittelfeldspieler und schlugen nach Ballgewinn lange Bälle in den Rücken der Abwehr auf ihren einzigen Stürmer Islam Slimani, der die Verteidiger Shkodran Mustafi und Per Mertesacker dank seiner Schnelligkeit ein ums andere Mal stehen ließ. Die Algerier hatten jedoch nicht damit gerechnet, dass Manuel Neuer einen unvergesslichen Torwartauftritt hinlegen würde, der in der Geschichte der WM-Turniere seinesgleichen sucht. Und das, obwohl er kaum eine klassische Parade zeigen musste. Seine besten Szenen hatte er als Libero – am Ende kam er auf zwanzig Ballberührungen außerhalb seines Strafraums. Er war Deutschlands zweiter WM-Held.

Es gab in der WM-Geschichte durchaus Beispiele für Torhüter, die sich derart aktiv am Spielgeschehen beteiligt hatten, aber diese Keeper waren eher durch Angeberei aufgefallen: Unvergessen ist der peinliche Fehler des Kolumbianers René Higuita im Spiel gegen Kamerun 1990. Bei Neuer war das anders: Er war manchmal nahe daran, überlaufen zu werden, womit ein Stürmer freie Bahn zum verwaisten Tor gehabt hätte, aber seine Entscheidungen erwiesen sich letzten Endes stets als richtig. Als er nachher mit dem englischen Ausdruck »Sweeper-Keeper« (also

Libero-Torwart) konfrontiert wurde, lachte er, denn er hatte diesen sich hübsch reimenden Ausdruck noch nie gehört. Jetzt verkörperte er diese Rolle.

Die deutschen Torhüter waren selten innovativ. Sepp Maier, der legendäre Bayern-Torwart der sechziger und siebziger Jahre, war ursprünglich Stürmer gewesen und fühlte sich durchaus wohl mit dem Ball am Fuß, aber das berühmteste Beispiel für einen deutschen Torwart, der am Strafraumrand ins Spielgeschehen eingriff, war Toni Schumachers berüchtigter Bodycheck gegen den Franzosen Patrick Battiston im Halbfinale der WM 1982. Ansonsten entsprach die Spielweise der deutschen Torhüter dem fußballerischen Stil ihres Landes: Es war solide, funktional und altmodisch.

Das änderte sich vor der WM-Endrunde 2006, als Bundestrainer Jürgen Klinsmann die Wahl zwischen Oliver Kahn von Bayern München und Jens Lehmann von Arsenal hatte, die beide bereits 36 Jahre alt waren. Kahn stand seit einem Jahrzehnt bei den Bayern im Tor, war vier Jahre früher als bester Spieler der WM in Japan und Korea ausgezeichnet worden (obwohl er Ronaldos Führungstor im Finale verschuldet hatte) und hatte bereits 84 Einsätze in der Nationalelf vorzuweisen. Lehmann kam nur auf 29 Spiele in der deutschen Auswahl, war von einem europäischen Klub zum anderen gezogen und galt als fehleranfällig. Die beiden Rivalen lieferten sich eine erbitterte Auseinandersetzung um den Platz im deutschen Tor. Der große Sepp Maier, der mittlerweile in der Nationalmannschaft für das Torwarttraining zuständig war, sprach sich öffentlich für Kahn aus. Klinsmann war derart verärgert, dass er Maier durch Andreas Köpke ersetzte, der beim EM-Triumph 1996 in England das deutsche Tor gehütet hatte. Dieser Personalwechsel erwies sich als entscheidend: Köpke, Klinsmann und Löw einigten sich auf Lehmann. Die Gründe für die Entscheidung waren in erster Linie taktischer Natur, wie Köpke erklärte: »Beide Torhüter haben außergewöhnliche Fähigkeiten. Wir sind jedoch überzeugt, dass Jens Lehmann besser zu unserer Spielphilosophie passt.« Lehmann war ein besserer Ausputzer, während Kahn auf der Linie blieb.

»Oliver Kahn hat in einem Interview mal erzählt, das er, um sich zu konzentrieren, irgendwann angefangen hat, während des Spiels immer nur auf den Ball zu kucken«, erinnerte sich Lehmann später. »Erst da habe ich wirklich verstanden, warum Kahn viele Situationen nicht schon vorher gesehen und entschärft hat. Wer nur auf den Ball kuckt, weiß allein, wo er ist, nicht, wo er sein wird.« Deutschland wurde aktiv, statt nur zu reagieren, und Lehmann war der Richtige für diese Spielweise. Bei der Heim-WM 2006 wurde er im Elfmeterschießen, das ein denkwürdiges Viertelfinale zwischen Deutschland und Argentinien entschied, mit Paraden gegen Roberto Ayala und Esteban Cambiasso zum Helden (Andreas Köpke hatte ihm zuvor einen Zettel zugesteckt, auf dem der Torwarttrainer die bevorzugten Ecken der argentinischen Spieler notiert hatte). Kahn seinerseits gab seinen Rücktritt aus der Nationalelf bekannt, so dass Lehmann auch noch bei der EM 2008 im deutschen Tor stand. Ab der WM 2010 war Manuel Neuer Deutschlands Nummer eins.

Es war eine folgerichtige Stabübergabe, denn Lehmann hatte das Tor von Schalke 04 gehütet, als Neuer die Nachwuchsmannschaften des Vereins durchlief. Neuer bezeichnete Lehmann als eines seiner Vorbilder: »Als Jugendlicher bin ich extra früher ins Stadion, ich wollte sein Aufwärmen und seine Übungen sehen.« Später nannte er seinen Vorgänger sogar einen »Revolutionär«, der »den modernsten Torwartstil in Europa« gehabt habe. Sein zweites Vorbild war natürlich Edwin van der Sar, der erste mitspielende Torwart im modernen europäischen Fußball.

Neuer stand fünf Jahre im Schalker Kasten und beeindruckte die Fußballexperten in der Champions-League-Saison 2010/11, in der er mit seinen Paraden wesentlichen Anteil am Halbfinaleinzug der Gelsenkirchener hatte. Dann wagte er den Sprung nach München, womit er ein Tabu brach. Rund 6000 Bayern-Fans protestierten in der Allianz Arena gegen seine Verpflichtung und hielten Schilder mit der Aufschrift »Koan Neuer« hoch. Aber Neuer brachte das Münchner Publikum mit überzeugenden Leistungen zwischen den Pfosten und zunehmend auch außerhalb des Strafraums rasch auf seine Seite.

Neuer galt stets als spielfreudiger Torwart, aber die Ankunft Guardiolas ermöglichte es ihm, sich noch aktiver am Spiel zu beteiligen. Die Abwehrkette der Münchner rückte nun noch weiter auf und stand durchschnittlich 43,5 Meter vom eigenen Tor entfernt – die Mannschaft hatte sich bereits in der Vorsaison sehr aggressiv positioniert, aber damals hatte die Distanz nur 36 Meter betragen. Während seine Vorderleute das Spiel in der gegnerischen Hälfte aufbauten, passte Neuer seine Position in jedem Augenblick der des Balles und der Abwehrkette an und bewegte sich im Einklang mit den Verteidigern auf dem Feld auf und ab. Manchmal bezog er nicht weniger als 14 Meter vor dem Strafraum Stellung, und mit seiner Ballsicherheit bescherte er den Zuschauern einige unvergessliche Augenblicke. In einem Spiel gegen Hertha BSC klärte Neuer, indem er den Ball mit dem Kopf über einen heranstürmenden Angreifer lupfte, aufspringen ließ und in aller Seelenruhe zu Jérôme Boateng köpfte. In einem anderen Spiel gegen denselben Gegner erhielt er die Gelegenheit, einen Einwurf auszuführen, nachdem ein langer Ball der Berliner ins Seitenaus geflogen war. Unter Druck von Gegenspielern schlug er regelmäßig Cruyff-Haken, und im Jahr 2014 bewies er in einem Spiel gegen Eintracht Frankfurt sein Ballgefühl, als ihn sein linker Außenverteidiger Juan Bernat mit einem hüfthohen Rückpass an der Strafraumgrenze in Bedrängnis brachte: Neuer löste das Problem, indem er den Ball vor einem anstürmenden Gegenspieler mit der Ferse zu Xabi Alonso weiterleitete.

Neuer war kein gewöhnlicher Torwart. Löw sagte einmal, er hätte problemlos im Mittelfeld spielen können, und Miroslav Klose war überzeugt, als Stürmer sei er gut genug für die zweite Liga – Neuer war allerdings der Meinung, die vierte Liga sei realistischer.

Natürlich war auch Neuer nicht fehlerlos, und seine Spielweise sah manchmal gefährlich aus. Bei Bayerns 0:4-Heimniederlage gegen Real Madrid im Jahr 2014 verschätzte er sich zweimal beim Herauslaufen, wodurch er Gareth Bale und Cristiano Ronaldo Schüsse auf das leere Tor erlaubte; Bales Versuch aus 35 Metern geriet zu hoch, Ronaldos flog aus einer ähnlichen Distanz am Pfosten vorbei. Ein ähnlicher Fehler in einem Ligaspiel eröffnete Joshua Guilavogui die Möglichkeit, von der Mittellinie auf das verwaiste Tor zu schießen, nachdem Neuer sich in die gegnerische Hälfte verirrt hatte, doch der Wolfsburger traf nur den Pfosten. Aber er verschätzte sich nur selten.

Der Auftritt im Achtelfinale der WM 2014 gegen Algerien ist Neuers berühmtester, denn in diesem Spiel rettete er seine Mannschaft in vier entscheidenden Momenten. In den ersten Minuten der Partie wurde Slimani auf der linken Außenbahn mit einem langen Pass angespielt. Neuer lief von der Strafraumgrenze los, um den Ball abzufangen, aber Slimani lenkte das Leder mit der ersten Berührung am deutschen Torwart vorbei. Als der Stürmer aus spitzem Winkel schießen wollte, gelang es Neuer, den Ball außerhalb des Strafraums mit einer Grätsche entscheidend abzulenken.

Und das war nur der Anfang. In einer anderen Situation gelang es Mertesacker, Slimani in höchster Not den Ball wegzuspitzeln, aber das Spielgerät rollte in den Lauf des Mittelfeldspielers Sofiane Feghouli, der mit Boateng um die Wette lief, um den Ball zu erreichen – doch Neuer war bereits aus dem Strafraum herbeigeeilt und beförderte das Leder mit einer Grätsche ins Seitenaus. Später lief Neuer bei einem Diagonalpass auf Slimani erneut heraus und rettete mit einem spektakulären Hechtkopfball. Zwei Minuten vor dem Ende der regulären Spielzeit gelang ihm eine ähnliche Rettungstat gegen Feghouli.

Es war nicht ungewöhnlich, dass ein Torhüter außerhalb seines Strafraums klärte, aber Neuer legte die Rolle des mitspielenden Torwarts besonders frei aus. Insbesondere bei der ersten Grätsche gegen Slimani lief Neuer, der weit herausgekommen war und sich zunächst etwas verschätzt hatte, Richtung eigene Torauslinie, womit es sich eher um eine klassische Rettungstat des letzten Verteidigers als um eine vorwärts gerichtete Abwehraktion eines aggressiven Torwarts handelte. Nach Deutschlands Triumph erklärte er, seit Jahren so zu spielen, nur habe die Weltmeisterschaft weltweite Aufmerksamkeit für seine Spielweise geweckt. »Unser Spiel gegen Algerien ist in Erinnerung geblieben, weil ich so oft aus dem Strafraum kommen und als Feldspieler agieren musste.« Neuer erklärte, weit vor dem Tor Position bezogen zu haben, weil seine Innenverteidiger Mertesacker und Mustafi nicht besonders schnell waren, und wies darauf hin, dass er vom nassen Rasen profitiert habe, weil die langen Pässe zu ihm durchrutschten.

»Wenn eine Mannschaft in der gegnerischen Hälfte zu spielen versucht und die Abwehrspieler weit aufrücken, muss der Torwart ebenfalls hoch aufrücken«, sagte Löw. »Wenn ein Spieler beim Konter einen Pass über 55 Meter spielen kann, braucht man einen Torhüter, der weiter aufrücken kann. Neuer hat dieselben technischen Fähigkeiten wie seine Mitspieler. Er hat ein Gespür für das Feld und ein Gefühl für Distanzen.«

Im deutschen Fußball hatte der mitspielende Torwart nicht unbedingt Tradition, aber die Entwicklung dieses Spielertyps wurde in Deutschland weiter vorangetrieben als in jedem anderen Land. Nicht umsonst war dies das Land, das in der Vergangenheit auf einen Libero fixiert gewesen war, der nicht nur als Ausputzer, sondern als Spielgestalter agiert hatte; mittlerweile war der Libero ausgestorben, da die Mannschaften mit einer Abwehrkette und mit Abseitsfalle spielten. Auf die Frage, ob er schon einmal einen Spieler gesehen habe, der besser hinter der Abwehr aufräumte, antwortete Torwarttrainer Köpke: »Vielleicht nur Beckenbauer.« Eine deutsche Zeitung brachte nach dem Spiel gegen Algerien auf der Titelseite eine Fotomontage, in der Neuers und Beckenbauers Gesichter miteinander verschmolzen waren. Neuers offensive Spielweise sollte also nicht nur als Neuerfindung des Torwarts, sondern auch als Neuerfindung des Liberos verstanden werden.

Beckenbauer selbst war weniger begeistert. Auf den Vergleich angesprochen, antwortete Kaiser Franz: »Ich würde sagen: Nicht der bessere Libero. Aber der bessere Ausputzer, der den Gegner wegfegt. Ja, Manuel Neuer hat in einigen Situationen wie ein Feldspieler gerettet. Er ist dabei volles Risiko gegangen. Zweimal hat er Glück gehabt, dass er genau den richtigen Zeitpunkt für die Attacke erwischt hat. Wenn er zu spät gekommen wäre, hätte er vom Platz fliegen können. Bei allem Lob für seine tolle Leistung: Mir ist es lieber, Neuer bleibt gegen Frankreich mehr im Tor.« Dies war eine Reminiszenz an die frühere, konservative Philosophie, die Deutschland hinter sich gelassen hatte. Später waren viele Beobachter der Meinung, Neuer habe im Finale Glück gehabt, ungestraft davongekommen zu sein, als er an der Strafraumecke einen hohen Ball weggefaustet hatte und dabei mit dem heranstürmenden Higuaín zusammengestoßen war.

Neuers Funktion als Ausputzer wurde ein so unverzichtbarer Bestandteil des Spiels der Mannschaft, dass sie die Aufstellungen seines Vereinstrainers beeinflusste. Guardiola zog es angesichts gefährlicher gegnerischer Sturmreihen im Allgemeinen vor, einen zusätzlichen Verteidiger aufzustellen: eine Dreierkette gegen ein gefährliches Sturmduo, eine Viererkette gegen drei Stürmer. Angesichts der Fähigkeiten seines Torwarts schlug er einen anderen Weg ein. In seiner zweiten Saison bei Bayern München war Guardiola im Halbfinale der Champions League bei seinem früheren Klub Barcelona zu Gast und startete mit einer gewagten Aufstellung. Dem gefährlichsten Sturm Europas mit Leo Messi, Luis Suárez und Neymar begegnete Guardiola mit einer Dreierkette, die aus Rafinha, Boateng und Medhi Benatia bestand.

Einige Jahre früher hätte der Katalane in dieser Situation zweifellos eine Viererkette aufgestellt. Aber jetzt sah er in Neuer eine ausreichende Absicherung, was es den Münchnern erlaubte, zu Beginn des Spiels weit aufzurücken und sieben gegen sieben zu pressen. Barça antwortete mit einer für diese Mannschaft ungewöhnlichen Zahl langer Pässe, und Neuer musste zweimal außerhalb seines Strafraums ausputzen. Doch Guardiola hielt nicht lange an diesem ungewöhnlichen System fest, sondern stieg nach einer Viertelstunde auf eine Viererkette um, wobei sich Bernat auf der linken Seite zurückfallen ließ. Am Ende verloren die Bayern durch drei späte Tore, darunter ein denkwürdiger Heber Messis über Neuer, mit 0:3. Doch die Startformation zeigte, dass Guardiola die Möglichkeit sah, die Zahl der Abwehrspieler zu verringern, weil er Neuer als elften Feldspieler betrachtete.

Vor dem Torwart setzte Guardiola weiterhin auf unkonventionelle Innenverteidiger. Beim FC Barcelona hatte er Javier Mascherano in einen Verteidiger umfunktioniert, und gelegentlich brachte er auch Yaya Touré und Sergio Busquets in der Hintermannschaft. Die Logik war so wie zuvor bereits bei Cruyff und van Gaal: Da seine Mannschaft die meiste Zeit den Ball habe und die Abwehr auf Höhe der Mittellinie spiele, erfülle ein Innenverteidiger in seiner Mannschaft eine vergleichbare Funktion wie ein Mittelfeldspieler in anderen Teams. Bei den Bayern setzte er Javi Martínez ähnlich ein, zudem machte er den dynamischen Allrounder Joshua Kimmich zu einem Verteidiger, während die Außenverteidiger Bernat, Lahm, Rafinha und David Alaba lernten, im zentralen Mittelfeld zu spielen.

Diese Außenverteidiger wurden damit Elemente einer weiteren revolutionären Neuerung. Guardiola fand bei Bayern München das beste Außenverteidigerpaar der Welt vor: Lahm auf der rechten und Alaba auf der linken Seite. Beide waren in der Lage, die üblichen Aufgaben auf dieser Position zu erfüllen, die Außenbahnen zu verteidigen und mit energischen Vorstößen ins Angriffsdrittel Überzahlsituationen zu schaffen oder den Außenstürmern Arjen Robben und Franck Ribéry die Möglichkeit zu geben, nach innen zu ziehen. Aber beide besaßen zudem ein ungewöhnliches Talent im Ballbesitzspiel.

Von dem früheren Liverpool-Verteidiger Jamie Carragher stammt die Sentenz, niemand wolle wirklich Außenverteidiger werden: Wer auf dieser Position spiele, sei entweder ein gescheiterter Außenstürmer oder ein verkrachter Innenverteidiger. Bei Lahm und Alaba lagen die Dinge offenkundig ein wenig anders. Wenn überhaupt, waren sie gescheiterte zentrale Mittelfeldspieler, aber natürlich trifft das Wort »gescheitert« hier nicht zu. Lahm spielte im Nachwuchs des FC Bayern regelmäßig im Zentrum, und Alaba verwandelte sich erst im Lauf seiner fußballerischen Entwicklung unter van Gaal in einen linken Außenverteidiger. In einer Phase, als er an Hoffenheim verliehen war, spielte Alaba im zentralen Mittelfeld, und auch in der österreichischen Nationalmannschaft nahm er regelmäßig diese Position ein. Sowohl Lahm als auch Alaba wären wahrscheinlich bei jedem anderen Bundesligaverein zentrale Mittelfeldspieler geworden, aber die Bayern hatten derart viele talentierte Spieler für diese Positionen, dass die beiden stattdessen zu Außenverteidigern wurden. Ihre ungewöhnliche taktische Intelligenz eröffnete Guardiola nun neue Möglichkeiten.

Die Struktur von Guardiolas Formationen unterliegt komplexen Regeln des Positionsspiels. Er legt ein Gitter über das

Spielfeld und vermeidet es in der Ballbesitzphase, zu viele Spieler auf einer Linie zu positionieren – sei es vertikal oder horizontal. Diese Anordnung verhindert leicht vorhersehbare Querpässe, ermöglicht homogene Bewegungen der Mannschaft und führt dazu, dass die Spieler gleichmäßig über das Feld verteilt bleiben und bei Ballverlust sofort zum Pressing übergehen können. Eine goldene Regel dieser Struktur lautet, dass Außenverteidiger und Flügelstürmer nie auf derselben vertikalen Linie positioniert sein sollten. Das bedeutet im Allgemeinen, dass der Außenstürmer nach innen rücken wird, wenn der Außenstürmer zur Seitenauslinie zieht. Guardiola stellte diese Regel jedoch auf den Kopf.

Wie die meisten seiner taktischen Experimente in Deutschland entsprang diese Idee Guardiolas Bedürfnis, sich gegen Konter abzusichern. Im modernen Fußball war es üblich geworden, dass Mannschaften, die den Ballbesitz dominierten, mit beiden Außenverteidigern Druck auf die gegnerische Abwehrreihe ausübten, um das Spiel in die Breite zu ziehen. Allerdings konnten Ballverluste bei dieser Spielweise katastrophale Folgen haben: Oft klaffte zwischen Innenverteidiger und Außenverteidiger ein Loch von 45 Metern, in das der Gegner vorstoßen konnte. Die Außenverteidiger waren plötzlich aus dem Spiel: Sie standen zu hoch und zu weit draußen, weshalb sie keine Chance mehr hatten, rechtzeitig zurückzueilen, um einen Konter aufzuhalten. Daher entschloss sich Guardiola, die Außenverteidiger nicht aufrücken zu lassen, damit sie ihre Mitspieler auf dem Flügel hinterlaufen konnten, sondern sie nach innen zu ziehen, so dass sie sich in der Ballbesitzphase neben dem defensiven Mittelfeldakteur in zentrale Mittelfeldspieler verwandelten. So bildeten die fünf defensiven Spieler der Bayern – die vier Verteidiger und der defensive Mittelfeldspieler – bei Ballverlust eine kompakte Einheit, die dem Gegner keine Räume in den Schnittstellen, sondern nur auf den Außenbahnen zugestand.

Keine andere Mannschaft hatte Außenverteidiger, die so spielen konnten. Lahm und Alaba hatten kein Problem damit, den Ball mit dem Rücken zum gegnerischen Tor anzunehmen, was etwas ganz anderes war, als weit draußen an der Seitenlinie angespielt zu werden und freien Raum in der gegnerischen Hälfte vor sich zu haben. Dass Alaba überhaupt auf der linken Seite spielte, hatte er Louis van Gaal zu verdanken, der 2010 über den damals Siebzehnjährigen gesagt hatte: »Er ist ein linker Außenverteidiger, auch wenn er selbst das nicht denkt.« Allgemein hatte der Holländer ein Faible für Spieler die sowohl im Zentrum als auch auf der linken Außenbahn eingesetzt werden konnten. Bei seiner Ankunft 2009 brachte er den Kroaten Danijel Pranjić aus der Ehrendivision mit; nachdem die Bayern im Januar 2011 den defensiven Mittelfeldspieler Luiz Gustavo verpflichtet hatten, machte van Gaal sich sofort daran, den Brasilianer umzuschulen. Bei einem 1:0-Sieg über Inter Mailand im Februar bot er Luiz Gustavo als Linksverteidiger und Pranjić im zentralen Mittelfeld auf, bevor er sie aus nicht erkennbaren Gründen nach nur fünf Spielminuten die Positionen tauschen ließ. Zuvor hatten die Bayern von 2002 bis 2009 den großartigen Zé Roberto in ihren Reihen gehabt (seine Zeit in München wurde von einem einjährigen Intermezzo bei Santos unterbrochen), der sich sowohl im zentralen Mittelfeld als auch links wohlfühlte. Nach seinem Wechsel zum HSV startete Zé Roberto dort einige Male als Linksverteidiger, bevor er ins zentrale Mittelfeld rückte, ein Positionswechsel, der zu jener Zeit sonderbar wirkte, aber die Einführung jener Rolle ankündigte, die sein Ex-Klub »erfinden« sollte, eine Rolle, für die es eigentlich keine Bezeichnung gab. Manchmal war von Spielern in den »Halbräumen« die Rede, aber die englische Bezeichnung »half-back« trifft es vielleicht am besten.

Bevor Guardiola begann, seiner Mannschaft diese revolutionäre Struktur zu verpassen, hatte er Lahm zu Beginn seiner ersten Saison in Deutschland bereits als herkömmlichen Mittelfeldspieler eingesetzt. Mit dieser Entscheidung löste er eine Debatte aus, denn Lahm spielte seit einem Jahrzehnt auf der Außenbahn, manchmal als rechter und manchmal als linker Verteidiger. Im Zentrum war er seit seiner Jugend nicht wieder eingesetzt worden. In der Saisonvorbereitung hatte er als Achter die Aufgabe gehabt, sich auf dem gesamten Feld auf und ab zu bewegen, woran er von der Außenbahn gewöhnt war, aber im Supercup-Spiel gegen Borussia Dortmund beorderte Guardiola ihn auf den Posten des Sechsers, was größere Positionsdisziplin von ihm verlangte und ihm die Verantwortung für die Spielverlagerungen gab. Es war eine grundlegende Transformation – der an eine dynamische Außenposition gewöhnte Lahm musste sich auf einer statischeren Position im Zentrum zurechtfinden –, aber Guardiola traute es ihm zu, denn sein neuer Kapitän war in seinen Augen »der vielleicht intelligenteste Spieler«, mit dem er je gearbeitet hatte.

Lahm gewöhnte sich daran, in eine Vielzahl verschiedener Rollen zu schlüpfen. In Guardiolas erster Partie gegen Jürgen Klopps Dortmund, das die Münchner mit 3:0 für sich entschieden, spielte er zunächst im defensiven Mittelfeld, dann als Box-to-Box-Mittelfeldspieler und schließlich als Rechtsverteidiger – alles im selben Spiel. Ein Kommentator bezeichnete den Bayern-Kapitän scherzhaft als »verteidigenden Mittelfeldflügelstürmer«. Er war ein wahrhaft universeller Spieler, der auf dem Flügel aggressiv hinterlaufen oder das Spiel aus dem Zentrum gestalten konnte. »Der Fußball hat sich verändert«, erklärte Lahm. »Man findet heute kaum noch Spieler, die nur auf einer Position spielen können. Moderne Fußballer sind sehr flexibel. Vor zehn oder fünfzehn Jahren gab es viele kräftige und große Spieler, aber heute gilt das nur noch für die Torhüter und Innenverteidiger und vielleicht für den Mittelstürmer. Alle anderen auf dem Feld sind im Grunde Mittelfeldspieler.«

Genau das war eines von Guardiolas Zielen beim FC Barcelona gewesen.

Alaba spielte eine andere Rolle. Obwohl er daran gewöhnt war, in seiner Nationalmannschaft eine echte Mittelfeldrolle innezuhaben, bot Guardiola ihn in jener ersten Saison nicht als herkömmlichen Mittelfeldspieler auf, sondern er spielte – zumindest auf dem Papier – links hinten. Im Lauf der Zeit wurde jedoch klar, dass Alaba, anders als unter Jupp Heynckes, nicht mehr so bereitwillig zur gegnerischen Grundlinie vorstieß, sondern bei Ballbesitz der Bayern eher in die Mitte zog. Indem er den gegnerischen Außenstürmer zwang, ihm nach innen zu folgen, öffnete er Räume, in die sich Franck Ribéry zurückfallen lassen konnte, um sich unbehelligt vom gegnerischen Rechtsverteidiger als Anspielstation anzubieten.

Im Lauf der Saison stabilisierte Guardiola dieses System. Lahm spielte manchmal in einer Hybridrolle, halb als Rechtsverteidiger und halb als zentraler Mittelfeldspieler – als Halbraumspieler. Lahm lobte rückblickend seinen früheren Trainer Heynckes, war jedoch der Meinung, dass die Bayern im Lauf der Zeit ausrechenbar geworden waren: »Jetzt spielen wir ein bisschen anders« erklärte er, »und das ist gut so. Für die Außenverteidiger ist es großartig, weil wir die Erlaubnis haben, uns überall dort in einen Angriff einzuschalten, wo es uns am besten scheint. Wir können uns nach innen bewegen, nach außen gehen, und wir haben die Erlaubnis, fast ständig anzugreifen.«

Spätestens mit dem 4:0-Sieg über Schalke im September 2013 stand fest, dass die Außenverteidiger der Bayern nicht länger als Abwehrspieler betrachtet werden konnten. Sie waren Teil des Mittelfeldblocks. In diesem Spiel war Lahm im Mittelfeld für die Absicherung zuständig, während Alaba und Rafinha auf den Seiten spielten. Das System war tatsächlich ein 2-3-4-1. Alaba und Rafinha hatten die Freiheit, bei Bedarf nach innen zu rücken und in anderen Situationen den ballführenden Mitspieler in Richtung Torauslinie zu hinterlaufen.

In seiner extremsten Ausprägung war das System jedoch 2014 bei einem 3:1-Sieg im Champions-League-Viertelfinale gegen Manchester United zu bestaunen. Guardiola war mit der Struktur seiner Mannschaft im Achtelfinale unzufrieden gewesen, denn in der Auseinandersetzung mit Arsenal hatten sich die Bayern anfällig für die schnellen Konter der Engländer gezeigt. Daher erhielten Alaba und Lahm diesmal weniger Freiheiten. Sie rückten nach innen und bildeten die äußeren Punkte einer Raute, deren Basis Toni Kroos darstellte; den vorderen Punkt besetzte Mario Götze. Ribéry und Robben waren jeweils für einen Flügel zuständig, und Thomas Müller und Mario Mandžukić spielten in der Spitze. Es war ein bemerkenswertes System, das Guardiola in der Mannschaftsbesprechung als 2-3-3-2 bezeichnete. Er erklärte seinen Spielern die Aufstellung einen Tag früher als gewohnt, weil es länger dauerte, dieses System zu verstehen und auf dem Platz umzusetzen. Aber die Formation erwies sich als gut durchdacht, denn trotz der Abwesenheit der verletzten Thiago Alcántara und Bastian Schweinsteiger funktionierte das Passspiel der Bayern im Mittelfeld, und die Außenstürmer hatten mehr Platz auf den Flügeln.

Um die Wahrheit zu sagen, wirkten die Bayern ein wenig schwerfällig, und das Konstrukt lief deutlich runder, als Götze durch Rafinha ersetzt wurde und Lahm endgültig ins Mittelfeld gerückt war. Nachdem Patrice Evra die Mannschaft von David Moyes mit einem brachialen Sonntagsschuss in Führung gebracht hatte, drehten Mandžukić, Müller und Robben das Spiel. Keines der drei Münchner Tore war eindeutig ein Produkt des ungewöhnlichen neuen Systems, fest steht jedoch, dass es den Bayern fast über die gesamte Spielzeit die Dominanz sicherte und den Engländern keinerlei Konterchancen eröffnete.

Martí Perarnau berichtet, Guardiola habe den Sieg mit einer Flasche Champagner gefeiert, weil er ihn seinem ungewöhnlichen System zuschrieb. Der Auftritt der Bayern war nicht dominanter und das Ergebnis nicht ungewöhnlich hoch, denn hier hatte der klare Tabellenführer der Bundesliga gegen ein Team gespielt, das in der Premier League in jener Saison nicht über den siebten Platz hinauskommen sollte. Aber Guardiola war begeistert, weil er seine Strategie weiterentwickelt und zur Definition einer fast vollkommen neuen Position beigetragen hatte: »Meine Vorstellung von der Rolle der Außenverteidiger hat sich in Deutschland geändert«, erklärte er anschließend. »Ich sehe sie nicht mehr auf der Außenbahn, sondern eher als äußere Mittelfeldspieler.«

Diese Neuerung war eine Reaktion auf die rasanten Konter, mit denen sich Guardiola in der Bundesliga konfrontiert sah. Aber der Trainer, der die Bayern in der Vorsaison zum Meistertitel geführt hatte, war nicht vollkommen überzeugt: »Den Deutschen fällt es schwer, diese Idee zu verstehen«, sagte Jupp Heynckes, »denn die beiden Innenverteidiger sind auf sich gestellt, und die Außenverteidiger stehen direkt neben Kroos. Das ist ein Schachzug, den der deutsche Fußball ein wenig schockierend findet.«

Bundestrainer Löw versuchte nicht, Guardiolas Halbraumspieler in die Nationalmannschaft zu übernehmen, aber ihm gefiel die Idee, Philipp Lahm – den dritten WM-Helden – im zentralen Mittelfeld einzusetzen. Auf dieser Position spielte Lahm in den ersten vier Spielen in Brasilien, aber da er nicht überzeugen konnte, kehrte er anschließend auf die rechte Abwehrseite zurück, was sowohl ihm persönlich als auch dem Spiel der Mannschaft zugutekam. Allerdings waren Bastian Schweinsteiger und Sami Khedira zu Beginn des Turniers nach Verletzungen noch nicht in Bestform, und in dieser Situation half Lahms Vielseitigkeit der deutschen Mannschaft, eine schwierige Phase zu überstehen. Das wäre nicht möglich gewesen ohne Guardiolas Experimente bei Bayern München.

Der vierte Held war Toni Kroos. Guardiola hatte ihm eine ganz andere Rolle zugewiesen als Heynckes. In der Saison 2012/13 hatte Kroos weit vorne gespielt und in der Position des Zehners den Mittelstürmer unterstützt. Guardiola änderte die Ausrichtung des Mittelfelds und kehrte die Position von Kroos um: Er machte ihn zu einem tief stehenden Spielmacher und übertrug ihm die Rolle, die er selbst in seiner Zeit als Spieler eingenommen hatte. »Im Lauf der Jahre bin ich Schritt für Schritt nach hinten gewandert, und für mich ist das in Ordnung«, sagte Kroos.

Nur wenige Spieler konnten sämtliche Rollen im Mittelfeld so gut spielen wie Kroos, und in Brasilien bewegte er sich irgendwo zwischen tief stehendem Spielgestalter und Achter. In einem Mittelfeld, das ständig umgebaut wurde, war er die einzige Konstante, Deutschlands beständigster Spieler im Turnier, der sich als zuverlässiger Passgeber aus dem Rückraum erwies und gelegentlich nach vorn marschierte. Seine Auftritte sicherten ihm einen Vertrag bei Real Madrid, wo er ebenfalls auf beiden Positionen vorzügliche Spiele zeigte.

Im Sturm hatte sich unterdessen eine interessante Situation ergeben. Der Trainerstab der Nationalmannschaft hatte begonnen, den Kader vor Länderspielen in einer unkonventionellen Form zu veröffentlichen und statt in vier nur noch in drei Segmente zu unterteilen: Tor, Abwehr sowie Mittelfeld/Angriff. Die bis dahin übliche Trennung zwischen Mittelfeld und Sturm war verschwunden. Das war durchaus sinnvoll, denn schließlich fand sich im deutschen Kader manchmal nur ein einziger echter Stürmer – Miroslav Klose –, und dessen Konkurrenten um einen Platz in der Startelf waren Thomas Müller und Mario Götze, zwei Spieler, die oft als Mittelfeldspieler eingestuft wurden. Das weckt Erinnerungen an Vicente del Bosques Aussage,

David Silva, Andrés Iniesta und Cesc Fàbregas seien Stürmer. In den beiden dominanten Nationalmannschaften Europas gab es fast keine echten Spitzen mehr.

Thomas Müller, der erfolgreichste Torschütze Deutschlands bei der WM 2014, der deshalb als fünfter Held gelten muss, war der faszinierendste deutsche Spieler. Er war nicht einfach vielseitig; vielmehr war es schlicht unmöglich, ihn einzuordnen. Er war eine Mischung aus offensivem Mittelfeldspieler, rechtem Außenstürmer und Mittelstürmer. »Es gefällt mir nicht, wenn ich als Stürmer bezeichnet werde, so sehe ich mich eigentlich nicht«, sagte Müller. »Ich bewege mich gerne dahinter zwischen den Linien in den Schnittstellen des gegnerischen Mittelfeldes. Da wo es dem Gegner wehtut. Ich bin eine Mischung aus Mittelfeldspieler und Stürmer.« Für Guardiola war Müller fast nicht zu coachen, weil er auf dem Feld praktisch nur seinem Instinkt folgte, und Müller hatte dem Trainer klargemacht, dass es ihm am besten gefiel, keinerlei Verpflichtungen zu haben. Das war unvereinbar mit Guardiolas striktem Positionsspiel.

Müller hatte keine Lust, diszipliniert im Mittelfeld zu bleiben, und war nicht trickreich genug, um auf dem Flügel zu spielen. Es war schwierig, zu definieren, was genau seine Stärken waren (wenn man vom Toreschießen -vorbereiten absah), und wenn er in der Spitze eingesetzt wurde, wirkte er ungelenk, da er in dieser Position der Möglichkeit beraubt wurde, im letzten Augenblick seine typischen Vorstöße in den Strafraum zu unternehmen. »Thomas ist ein sehr unorthodoxer Spieler«, sagte Löw, »und man kann seine Laufwege kaum vorhersehen.« Niemand verstand diesen Spieler richtig. Die beste Beschreibung seiner Spielweise lieferte Müller selbst.

»Es fällt schwer, Ihre Art mit einem anderen Spieler zu vergleichen. Kennen Sie vielleicht einen?«, wurde Müller in einem Interview mit der *Süddeutschen Zeitung* gefragt. »Nein, irgendwie bin ich schon ein Unikat«, antwortete er. »Es gibt Dribbler, die sich ziemlich ähnlich sind, auch Stürmer, aber was bin eigentlich ich?« Der Journalist der SZ ließ nicht locker »Ja, was ist Müller?« Er wurde für seine Hartnäckigkeit belohnt. »Hm. Tja, was bin ich?«, sagte Müller nachdenklich. »Raumdeuter? Ja, ich bin ein Raumdeuter. Das wäre doch eine gute Überschrift, oder?«

Es war nicht einfach eine gute Überschrift. Der Begriff setzte sich zur Beschreibung einer vollkommen neuen taktischen Rolle durch. Nur zwei Jahre später hatten die Spieler im beliebten Computerspiel »Football Manager« die Wahl zwischen fünf Rollen für Außenstürmer: angreifender Flügelspieler, äußerer Mittelfeldspieler, äußerer Zielspieler, äußerer Spielmacher – und Raumdeuter. Müller hatte seine Position definiert und ihr einen Namen gegeben. Die deutsche Sprache ist bekannt für die Vielzahl zusammengesetzter Wörter, mit denen Konzepte beschrieben werden, für die in anderen Sprachen ein ganzer Satz benötigt wird. Nun hatte sie eine Bezeichnung für einen fließend die Positionen wechselnden, vielseitigen, torgefährlichen Angreifer gefunden.

Bei der WM feierte Deutschlands Raumdeuter einen optimalen Einstand und erzielte im ersten Spiel gegen Portugal drei Tore. Im WM-Halbfinale gegen Brasilien stellte Müller seine Fähigkeiten als Raumdeuter beim oben bereits angesprochenen 2:0 eindrucksvoll unter Beweis. Nach einem Einwurf rechts auf Höhe des Strafraums passte er in die Mitte zu Kroos – und stürmte von rechts parallel zur brasilianischen Abwehrkette in den Strafraum. Diese ungewöhnliche Bewegung hebelte die gesamte brasilianische Abwehr aus. Kroos fand Müller mit seinem perfekt getimten Zuspiel zwischen den gegnerischen Innenverteidigern hindurch auf Höhe des Elfmeterpunkts. Doch statt zu schießen, legte Müller für den kreuzenden Klose ab, der zum 2:0 traf. Einmal mehr hatte Müller den Raum auf seine ganz eigene Art gedeutet.

Müller schloss das Turnier mit dem Silbernen Schuh ab, der sehr gut zu dem Goldenen Schuh passte, den er vier Jahre früher gewonnen hatte. Wie Neuer, der mittlerweile in aller Welt nur noch der »Sweeper-Keeper« genannt wurde, und Lahm, der den von Guardiola erfundenen Halbraumspieler verkörperte, war Müller ein subtiler taktischer Revolutionär.

Und schließlich war da der sechste Held: Mario Götze. Zu jener Zeit galt er allgemein als ein zukünftiger Weltstar. Er war der erste Spieler, den Guardiola nach München geholt hatte, weil er seinen neuen Messi in ihm sah. In Dortmund hatte Götze im offensiven Mittelfeld gespielt, aber Guardiola wollte eine falsche Neun aus ihm machen. Doch Götze konnte sich bei Bayern München nicht durchsetzen: Er litt unter zahlreichen Verletzungen, kehrte nach Guardiolas Abschied im Jahr 2016 nach Dortmund zurück und wurde von Löw nicht einmal in den Kader für die WM 2018 aufgenommen.

Guardiolas Entschlossenheit, ihn zu einer falschen Neun zu machen, wirkte sich bei der WM 2014 trotzdem auf die deutsche Mannschaft aus. Gelegentlich setzte Götze in dieser Rolle Glanzlichter, so zum Beispiel bei seiner Rückkehr nach Dortmund, als Guardiola ihn zum ersten Mal als falsche Neun einsetzte und Götze das Führungstor erzielte. Also sah auch Löw die Möglichkeit, ihn in der Spitze zu bringen. Beim Turnier in Brasilien stand Götze dreimal in der Startelf und bildete mit Müller und Özil die Angriffsreihe. Die drei tauschten laufend die Positionen, um den Gegner zu beschäftigen. Doch als sich Löw entschloss, wieder mit einem klassischen Mittelstürmer zu spielen, musste Götze Klose den Vortritt lassen.

Aber der mittlerweile 36-jährige Klose konnte im Finale gegen Argentinien unmöglich 120 Minuten durchhalten, weshalb der Bundestrainer kurz vor dem Ende der regulären Spielzeit Götze zu sich rief. Später erinnerte sich Löw an die Worte, die er seinem Jungstar mitgegeben hatte: »Ich habe ihm gesagt: Zeige der ganzen Welt, dass du besser bist als Messi! Zeige, dass du ein Spiel entscheiden kannst.« Er bezeichnete Götze als »Wunderkind«, als einen Spieler, »der immense Möglichkeiten hat«. Götze kam nach der regulären Spielzeit als zentraler Stürmer ins Spiel, und als André Schürrle sieben Minuten vor dem Ende der Verlängerung über den linken Flügel vorstürmte, entzog Götze sich den argentinischen Abwehrspielern, drang in den Strafraum ein, nahm Schürrles Flanke mit der Brust an und netzte aus spitzem Winkel volley ein.

Abgesehen davon, dass es ein technisch brillantes Tor (mit seinem schwächeren linken Fuß) war, hatte es eine verblüffende taktische Hintergrundgeschichte. Guardiola hatte in Barcelona für Messi die Rolle der falschen Neun entwickelt und nach seinem Wechsel zu den Bayern Götze geholt, um ihn zu seinem neuen Messi zu machen. Nun hatte Löw diesen Spieler im WM-Finale gegen Messis Argentinien eingewechselt, ihn aufgefordert, zu beweisen, dass er besser war als der Argentinier – und Götze hatte das Siegtor in der Position geschossen, die er dank Messis Einfluss eingenommen hatte.

Im Jahr 2012 hatte die Fachwelt erwartet, Deutschland werde dank der Orientierung am spanischen Stil Spanien als beherrschende Fußballnation Europas ablösen. Es war nicht dazu gekommen. Doch im Jahr 2014 lösten die Deutschen die Spanier ab und schlugen Argentinien – nicht zuletzt dank des spanisch-argentinischen Einflusses auf ihr Angriffsspiel.

Umschaltmoment: Deutschland → England

Im Jahr 2016 feierte der englische Fußball den überraschendsten Meister seiner Geschichte. Das von Claudio Ranieri trainierte Leicester City – für den die Buchmacher zu Saisonbeginn eine Quote von 5000/1 angeboten hatten – ließ im Titelrennen sämtliche Favoriten hinter sich.

Es war eine unglaubliche Geschichte, ein wirklich unvorstellbarer Triumph, der in der ganzen Welt Bewunderung weckte. Zugleich war er aber auch ein Beleg dafür, dass die Premier League unbedingt einen Neustart brauchte. Die großen Klubs, die sich anders als der tapfere Underdog Leicester teurere Superstars leisten konnten, waren gescheitert, weil ihre Trainer nicht auf der Höhe gewesen waren – und die schwachen Leistungen der englischen Vertreter in den europäischen Wettbewerben deuteten ebenfalls darauf hin, dass England den Anschluss verloren hatte.

Das änderte sich, als die angesehensten Trainer Europas einer nach dem anderen auf die Insel wechselten. Als Erster kam Jürgen Klopp, der Borussia Dortmund zu zwei deutschen Meistertiteln geführt hatte und in der Saison 2015/16 zum FC Liverpool wechselte. Der leidenschaftliche, lebhafte Klopp wirkte von Anfang an wie der richtige Mann für die Reds und bewies mit einem dramatischen 4:3-Sieg über seinen Ex-Klub Dortmund im Viertelfinale der Europa League, dass er tatsächlich sehr gut zu Liverpool passte.

Zu diesem Zeitpunkt hatte Manchester City bereits bestätigt, dass Pep Guardiola, der dreimal die spanische Meisterschaft, dreimal den deutschen Meistertitel und zweimal die Champions League gewonnen hatte, Bayern München verlassen und sich in der Premier League zu Klopp gesellen würde. Großen Anteil an seinem Wechsel nach Manchester hatten einige alte Freunde aus Barcelona, die mittlerweile für City arbeiteten. Die beiden Trainer, die so viel dazu beigetragen hatten, die Bundesliga zu einem faszinierenden Wettbewerb zu machen, setzten ihre Auseinandersetzung nun in England fort.

Außerdem konnte Guardiola in der Premier League seine in Spanien gewachsene Feindschaft mit José Mourinho pflegen, der mittlerweile auf der Trainerbank beim Stadtrivalen Manchester United saß, nachdem er mitten in der Saison 2015/16 von Chelsea auf die Straße gesetzt worden war. Sein Ansehen hatte unter dem Rauswurf an der Stamford Bridge gelitten, aber Mourinho konnte immer noch auf acht Meistertitel in vier verschiedenen Ligen und zwei Champions-League-Siege verweisen.

Unterdessen hatte Chelsea Antonio Conte verpflichtet, der in Italien drei Meistertitel mit Juventus Turin geholt hatte und gut zu einem Klub zu passen schien, dem ein attraktiver Stil weniger bedeutete als seinen Meisterschaftsrivalen und dessen Anhänger zufrieden waren, wenn die Mannschaft mit Strategie und List Spiele gewann.

Auch bei anderen englischen Spitzenklubs prägten ausländische Trainer den Stil. Arsène Wenger trainierte immer noch Arsenal, Mauricio Pochettino wirkte Wunder bei Tottenham, und Ronald Koeman, der dreimal die niederländische Eredivisie gewonnen hatte, war von Southampton zu Everton gewechselt. Dies war die spannendste und vielfältigste Mischung von Trainern in der Geschichte der Premier League. Leicesters unglaublicher Erfolg sollte sich nicht wiederholen.

Ranieris Mannschaft hatte in 38 Spielen 81 Punkte geholt. Die drei folgenden Meister erzielten dann mit 93,1 bzw. 98 Punkten drei der vier besten Werte in der Geschichte der Premier League. Leicesters Erfolg sollte nicht schlechtgeredet werden, aber die Ankunft der besten europäischen Trainer hob das Niveau der

Liga deutlich. In der Saison 2018/19 wurde dann endgültig klar, dass der deutsche Fußball die Vormachtstellung an England verloren hatte. Die Premier League stellte nicht nur vier von acht Viertelfinalisten in der Champions League, wobei drei dieser Teams im Achtelfinale (mit einem Torverhältnis von insgesamt 17:3) deutsche Mannschaften ausgeschaltet hatten, sondern später sogar alle vier Finalisten der beiden Klubwettbewerbe – ein Novum in der europäischen Fußballgeschichte. Chelsea besiegte Arsenal im Endspiel der Europa League mit 4:1, drei Tage später setzte sich Liverpool im Champions-League-Finale mit 2:0 gegen Tottenham durch.

Die englische Phase, die nun begann, unterschied sich grundlegend von der niederländischen, italienischen, französischen, portugiesischen, spanischen und deutschen Ära. Der englische Fußball entwickelte keinen eigenen Spielstil, sondern wurde durch unterschiedliche Einflüsse aus den führenden Fußballnationen Europas verändert. So brachte die Premier League eine Reihe von Strategien und Geschichten hervor, die all jenen, die den europäischen Fußball im letzten Vierteljahrhundert aufmerksam verfolgt hatten, vertraut vorkamen.

7
FOOTBALL
(2016-20)

19
Der Mixer

In keiner anderen europäischen Liga fand man im Jahr 2016 eine ähnlich faszinierende Sammlung herausragender Trainer wie in der englischen – doch keiner dieser Trainer war Engländer. Daher war es nicht nur unmöglich zu behaupten, die Rückkehr der Premier League ins Rampenlicht habe mit dem Aufstieg eines englischen Spielstils zu tun, sondern es wurde sogar immer schwieriger, in der Eliteklasse überhaupt noch einen »englischen Stil« zu erkennen.

Die übrigen Europäer haben eine klare Vorstellung vom englischen Fußball. Die Italiener bezeichnen einen großzügigen Schiedsrichter, der überharten Körpereinsatz nicht abpfeift, als »englischen Schiedsrichter«. Der ehemalige Barça-Verteidiger Eric Abidal sagte einmal über Andrés Iniesta: »Er rettete mich unentwegt aus Schwierigkeiten. Man gab ihm den schlimmsten Pass, einen dieser ›englischen Pässe‹, und konnte sich darauf verlassen, dass er ihn trotzdem unter Kontrolle bringen würde.« Sogar auf der Insel selbst wird ein Trainer der alten Schule, der sich auf die einfachen Dinge beschränken will, eingehende taktische Analysen ablehnt, von seinen Spielern harten Körpereinsatz verlangt und eine Vorliebe dafür hat, das Mittelfeld mit langen Bällen zu überbrücken, als Vertreter des »englischen Stils« bezeichnet. Doch Mitte der zehner Jahre gab es unter den Trainern der englischen Spitzenklubs keinen mehr, der einen solchen Stil verfocht, und selbst die zweite Liga wurde mehr und mehr von ausländischen Trainern beherrscht, die ihren Mannschaften eine taktisch anspruchsvolle Spielweise beibrachten.

Eine Gruppe von Premier-League-Trainern verfocht weiterhin mehr oder weniger überzeugt den klassischen englischen Stil. Da war zum Beispiel Sam Allardyce, der zu Beginn dieser Phase die Nationalmannschaft betreute (allerdings endete seine Amtszeit nach nur einem Spiel, nachdem Videoaufnahmen aufgetaucht waren, auf denen er erklärte, wie die Regeln des englischen Verbands für Spielertransfers umgangen werden konnten). Nach seinem Rauswurf übernahm er die Mannschaft von Crystal Palace und anschließend den FC Everton, aber in Erinnerung geblieben sind vor allem seine früheren Etappen bei den Bolton Wanderers und den Blackburn Rovers, unscheinbaren Klubs aus Nordwestengland, die, gemessen an ihrer finanziellen Leistungsfähigkeit, mit dem von Allardyce verfochtenen direkten Spiel mit langen Bällen eine Weile ungemein erfolgreich waren. Allardyce war ein durchaus innovativer Trainer, was den Einsatz der Sportwissenschaft anbelangt; allerdings wandte er diese Methoden lediglich an, um den altmodischen Fußball seiner Mannschaften effizienter zu machen.

Ein weiterer Coach der alten Schule war der Waliser Tony Pulis, der West Bromwich Albion betreute, jedoch vor allem durch seine Zeit bei Stoke City bekannt geworden war, das nach dem Aufstieg in die Premier League im Jahr 2008 als »das neue Bolton« bezeichnet wurde. Pulis hatte wenig für das Ballbesitzspiel übrig: Seine Stoke-Mannschaft war berüchtigt für die extrem weiten Einwürfe Rory Delaps. Stoke war derart abhängig von dieser Waffe, dass die Mannschaft oft hohe Bälle auf die Außenstürmer spielte, nur um die gegnerischen Verteidiger dazu zu nötigen, den Ball ins Seitenaus zu köpfen, damit Delap den Ball in den Strafraum schleudern konnte. Die Mannschaft erzielte ihre Tore vorzugsweise aus Standardsituationen, hatte zahlreiche hoch aufgeschossene Spieler in ihren Reihen und galt als die körperbetonteste Truppe der Liga. »Das ist eigentlich kein Fußball mehr – es ist eher wie Rugby gegen den gegnerischen

Torhüter«, sagte Arsène Wenger über den harten Körpereinsatz der Stoke-Angreifer bei Eckbällen und Freistößen. Im Jahr 2016 brachte Pulis seine Methode zu West Brom, wo er hinten manchmal vier Innenverteidiger aufstellte. Vorne brachte Mittelstürmer Salomón Rondón bei einem 3:1-Sieg über Swansey City das Kunststück zuwege, einen lupenreinen Hattrick mit Kopfbällen zu erzielen – er war erst der zweite Spieler in der Geschichte der Premier League, dem das gelang. Diese Leistung sprach Bände über den bevorzugten Angriffsspielzug von Pulis.

Und dann war da Sean Dyche, der den FC Burnley im Jahr 2016 zum zweiten Mal ins Oberhaus des englischen Fußballs führte und mit einer biederen, mit englischen Spielern gespickten Mannschaft nicht nur den Klassenerhalt schaffte, sondern Burnley in der Saison 2017/18 sogar auf den siebten Platz führte. Dyche kann als weiterer Vertreter des traditionellen englischen Fußballs gelten. Burnley war ein würdiger Nachfolger von Allardyce' Bolton Wanderers und Pulis' Stoke City: Die Mannschaft verließ sich auf hohe Bälle auf die Stürmer, verteidigte tief mit hartem Körpereinsatz und wollte den Ball lieber nicht haben. »Vor etwa fünf Jahren tauchte der Mythos auf, mit dem Ballbesitz könne man Spiele gewinnen«, erklärte Dyche kichernd, nachdem seine rustikale Truppe zu Beginn der Saison 2016/17 den FC Liverpool sensationell mit 2:0 geschlagen hatte.

Unter Dyche spielte Burnley in den ersten beiden Spielzeiten nach der Rückkehr ins Oberhaus die meisten Fehlpässe aller Premier-League-Mannschaften, aber in der Saison 2018/19 wurde es in dieser Statistik von Neil Warnocks Cardiff City »übertroffen«. Warnock war ein weiterer Anhänger langer, hoher Bälle und konzentrierte sich darauf, Standardsituationen möglichst effizient zu nutzen. Auf Kritik an seinem Stil antwortete er so: »Was wollen die Fans sehen? Wollen sie Schüsse aufs Tor sehen, oder wollen sie, dass wir den Ball an der Mittellinie hin- und herschieben?« Cardiff hatte den Aufstieg in die Premier League mit einer Passquote von nur 57 Prozent geschafft, was sogar für die zweite englische Liga ein alarmierend niedriger Wert war.

Außer Dyche und Warnock gab es in der Premier League in der Saison 2018/19 nur noch zwei weitere englische Trainer. Roy Hodgson ließ bei Crystal Palace gelegentlich einen offensiven Fußball spielen und stellte immer direkte Flügelstürmer auf, aber er galt trotzdem als vorsichtiger Trainer, der sich wenig für den Ballbesitz interessierte. »Ein Großteil des Ballbesitzes entfällt auf Pässe zwischen den Abwehrspielern oder zwischen Mittelfeld und Abwehr«, erklärte Hodgson in seiner kurzen Zeit als englischer Nationaltrainer. »Daher messe ich den Statistiken, insbesondere der zu den Spielanteilen, keine besondere Bedeutung bei.«

Allardyce, Pulis, Dyche und Warnock vertraten die klassische englische Fußballphilosophie, aber ihre wichtigste Funktion in der Entwicklung des Spiels auf der Insel bestand darin, gegen die Ausbreitung des Ballbesitzspiels zu protestieren und sich gegen die Versuche zu sperren, dem raubeinigen Körpereinsatz Grenzen zu setzen.

Es gibt viele Gründe für die Fixierung der Engländer auf einen direkten, körperbetonten Fußball. Das Klima hat zweifellos zur Entwicklung dieses Stils beigetragen: Unter den sieben großen europäischen Fußballnationen ist England das Land, in dem die Spieler am häufigsten mit starkem Regen und heftigem Wind konfrontiert sind; der Wind kann die Flugbahn hoher Bälle unberechenbar machen, und der Regen sorgte in der Vergangenheit oft dafür, dass das Spielfeld zu schlammig für ein präzises Passspiel war. In den Stadien der Premier-League-Klubs ist der Rasen heute zwar zumeist in einem ausgezeichneten Zustand, aber der Einfluss schlechter Spielfelder an der Basis darf nicht unterschätzt werden.

Das körperbetonte Spiel in England ist teilweise mit dem Einfluss des Rugby zu erklären, eines Sports, der seinen Ursprung im Fußball hat und einige grundlegende Aspekte mit ihm teilt. Rugby ist ein Vollkontaktsport, dessen Anhänger gerne betonen, er sei deutlich härter als Fußball, weshalb englische Fußballer seit je ihre Männlichkeit beweisen müssen, in dem sie besonders robust in die Zweikämpfe gehen. Rugby wiederum ist die traditionelle Wintersportart an den Privatschulen, während der Fußball historisch ein Sport ausschließlich für die Arbeiterklasse ist, was anderswo in Europa nicht gilt. In England wurde dem Fußball traditionell mit einer gewissen Geringschätzung begegnet, betrachtete man ihn doch als Sportart, die einer wissenschaftlichen Herangehensweise unwürdig war. Im englischen Fußball herrscht daher weiterhin ein tief verwurzelter Antiintellektualismus, und bis vor Kurzem wurde die Qualität eines Trainers ausschließlich daran gemessen, wie gut er seine Spieler motivieren konnte und welche Fähigkeiten er in der Menschenführung besaß. Sein taktisches Verständnis spielte kaum eine Rolle.

Die Entwicklung der englischen Fußballtaktik wurde über Jahrzehnte hinweg von Charles Hughes geprägt, der in den siebziger Jahren in der Football Association (FA) für die Trainerausbildung verantwortlich war. Hughes machte einen selektiven Gebrauch von Statistiken, um seine These zu belegen, hohe Bälle in die Spitze seien besonders wirkungsvoll. Seiner Meinung nach ging es im Fußball vor allem darum, den Ball in den gegnerischen Strafraum zu schlagen und dabei die »Positions of Maximum Opportunity« zu finden, aus denen, statistisch betrachtet, besonders viele Treffer erzielt wurden. Diese Vorstellung veranlasste die englischen Trainer dazu, ihre Spieler dazu anzuhalten, »in den Mixer zu gelangen«, wobei mit »Mixer« der von zahlreichen Spielern bevölkerte Strafraum gemeint war, in dem sich im Getümmel Torchancen ergeben würden. Zum

Schaden des englischen Fußballs wurden Hughes' Thesen zu wörtlich genommen, obwohl einige seiner Konzepte durchaus bis heute Gültigkeit beanspruchen können. Beispielsweise war er ein Verfechter eines aggressiven Pressings.

Die von Hughes propagierte Methode, den Ball hoch in den gegnerischen Strafraum zu schlagen, um dort nach Möglichkeit zweite Bälle zu verwerten, verdeutlicht, dass es im englischen Fußball eher um das Territorium als um den Ballbesitz ging – eine weitere Parallele zum Rugby. Noch im Jahr 1990 leugnete Hughes die Bedeutung des Ballbesitzes und erklärte, der Weltfußball bewege sich »seit fast dreißig Jahren in die falsche strategische Richtung«. Diese bemerkenswerte Aussage war leider typisch für die englische Vorstellung vom Spiel. Seit damals wechseln sich in England Phasen des Stillstands mit verzweifelten Versuchen ab, den Anschluss an den modernen Fußball zu gewinnen, aber zumindest in der modernen Ära brachte England keinerlei Innovationen hervor.

Seit Howard Wilkinsons Triumph mit Leeds United in der Saison 1991/92 (der letzten Saison vor der Einführung der Premier League) hat kein englischer Trainer mehr den heimischen Meistertitel errungen. Noch aufschlussreicher ist, dass dies auch das letzte Jahr vor der Einführung der Rückpassregel war. Die von Wilkinson trainierte Leeds-Mannschaft spielte einen extrem direkten Fußball, der sehr unter der Regeländerung litt. »Bis dahin hatte unser Torwart John Lukic Rückpässe einfach mit den Händen aufgenommen und aus der Luft weit nach vorn geschlagen«, erinnert sich Mittelfeldspieler Steve Hodge. »Aber nun musste Lukic den Ball vom Boden wegschlagen, weshalb er nicht mehr weit genug flog. Wir waren sehr viel weniger gefährlich, weil der Ball nicht mehr bis zum gegnerischen Strafraumrand kam oder per Kopf dorthin weitergeleitet werden konnte, sondern im Mittelfeld herumsprang. Außerdem griffen die anderen Mannschaften Lukic jetzt früh an und zwangen ihn, den Ball rasch wegzuschlagen.« Es ist bemerkenswert, dass die Tatsache, dass ein Torwart den Ball nicht mehr weit genug in die gegnerische Hälfte befördern konnte, die englische Meistermannschaft derart in Schwierigkeiten brachte, aber tatsächlich waren viele englische Mannschaften von dem Problem betroffen. Leeds United stürzte in der folgenden Saison schließlich auf den 17. Platz ab, und mehr als ein Vierteljahrhundert später wartet die Premier League immer noch auf ihren ersten englischen Meistertrainer.

Wie sieht der typisch englische Stil heute aus? Nun, er ist seit Jahrzehnten weitgehend unverändert, obwohl die oberste Spielklasse mittlerweile von Ausländern beherrscht wird – zuerst kamen ausländische Spieler, dann Trainer und schließlich Eigentümer. Der englische Fußball bringt einfach nicht genug erstklassige Spieler oder Trainer hervor, um die Spitzenklubs davon abzuhalten, sich im Ausland nach Alternativen umzusehen. Die Weiterentwicklung wird auch dadurch gebremst, dass die Engländer traditionell eine Abneigung dagegen haben, den Kanal zu überqueren und fern der Heimat ihr Glück zu versuchen, sondern lieber auf der Insel bleiben und sich über mangelnde Chancen in den englischen Klubs beklagen. Das hemmt nicht nur ihre Entwicklung, sondern führt auch dazu, dass es kaum Möglichkeiten gibt, einem englischen Stil im Ausland zur Geltung zu verhelfen. Selbstverständlich hat auch die hartnäckige Erfolglosigkeit der Nationalmannschaft bei den großen Turnieren – deren Scheitern oft eher auf taktische Defizite als auf einen Mangel an individueller Qualität zurückzuführen war – kaum dazu beigetragen, im Ausland Werbung für den englischen Fußballstil zu machen, wohingegen die multinationale Premier League Anhänger in aller Welt hat.

Während der klassische englische Stil mittlerweile nur noch von den grauen Mäusen der Premier League oder den Abstiegskandidaten gepflegt wird, repräsentierten die Spitzenmannschaften in der Saison 2016/17 jene Philosophien, die im vergangenen Vierteljahrhundert für die anderen großen Fußballnationen Europas typisch gewesen waren. Bei den sieben Topclubs haben seither Trainer gearbeitet, die den Stil der sechs zuvor dominierenden Länder (also der Niederlande, Italiens, Frankreichs, Portugals, Spaniens und Deutschlands) auf der Insel repräsentierten.

Die niederländische Phase (1992-1996) wurde von Ronald Koeman verkörpert, dem ausgezeichneten Freistoßschützen und spielenden Verteidiger in Johan Cruyffs Barcelona und in der Elftal, der in der Saison 2016/17 den FC Everton trainierte. Koeman hatte seine Spielerkarriere 1997 beendet und als Assistenztrainer für den niederländischen Verband und den FC Barcelona gearbeitet, bevor er in seiner Heimat zunächst Ajax Amsterdam und anschließend den PSV Eindhoven und Feyenoord Rotterdam übernahm (in dieser Zeit gewann er drei Meistertitel). Außerdem war er kurzzeitig beim FC Valencia und bei Benfica Lissabon tätig.

Anfangs verfocht Koeman das klassische niederländische Modell: hoch stehende Abwehrreihe, aggressives Stören und Spielaufbau von hinten heraus. In der Saison 2014/15 kam er nach England, wo er Mauricio Pochettino als Trainer des FC Southampton ablöste und den Klub in seiner ersten Saison auf den siebten und in der zweiten auf den sechsten Platz führte, was zugleich Southamptons beste Platzierung seit drei Jahrzehnten war. Wie nicht anders zu erwarten, stellte Koeman vor allem die Abwehr von Southampton sehr gut ein. In der Saison 2014/15 hatte sein Team die zweitbeste Hintermannschaft der Liga und ließ nur ein Tor mehr zu als die Defensivspezialisten von Chelsea. Doch während José Mourinhos Meistermannschaft stets sehr tief stand, arbeitete Southampton mit einer Abseitsfalle nach holländischem Vorbild.

Koeman wirkte Wunder bei dem belgischen Leihspieler Toby Alderweireld, der aus dem Ajax-Nachwuchs kam. Alderweireld hatte sich bei Atlético Madrid nicht im Defensivsystem von Diego Simeone zurechtgefunden, aber bei Southampton blühte er auf. Als Alderweireld zu Pochettinos Tottenham wechselte, holte Koeman als Ersatz seinen Landsmann Virgil van Dijk, der erklärte, inwiefern er von Koeman profitieren könne: »Er war selbst ein toller Spieler«, sagte van Dijk über seinen Trainer. »Ich habe ihn nie selbst auf dem Platz gesehen, aber natürlich habe ich Videos gesehen, und die Geschichten sind bekannt. Ich kann von ihm lernen.« Van Dijk entwickelte sich im Lauf der Jahre zum dominantesten Innenverteidiger der Premier League.

Nach seinem Wechsel zu Everton im Sommer 2016 gelang Koeman mit seiner neuen Mannschaft ein guter Start. Die Stadtrivalen von Jürgen Klopps Reds holten aus den ersten fünf Spielen 13 Punkte. Everton spielte mit zwei geradlinigen Außenstürmern, Yannick Bolasie und Kevin Mirallas, und hatte mit Leighton Baines und Séamus Coleman das vielleicht beste Paar offensiver Außenverteidiger in der Premier League. Die Abwehrreihe rückte sehr weit auf, und Torwart Maarten Stekelenburg, der bei Ajax ausgebildet worden war und unter Koeman in der ersten Mannschaft der Amsterdamer gespielt hatte, fungierte als Ausputzer hinter der Abwehr. Koeman verglich seinen Ansatz oft mit dem Cruyffs: »Wenn ich Entscheidungen fällen muss, frage ich mich immer noch manchmal, was er in dieser Situation tun würde, denn er war wirklich eine große Inspiration«, erklärte Koeman in seiner ersten Saison bei Everton, die der Klub auf dem sechsten Tabellenplatz abschloss.

Größeren Einfluss auf den englischen Fußball hatte die Entwicklung bei Manchester City, das mittlerweile von Pep Guardiola trainiert wurde, Koemans altem Mitspieler und Zimmergenossen bei Barcelona. Ein Vierteljahrhundert später führten Koeman und Guardiola gemeinsam den niederländischen Stil in der Premier League ein, wobei Koeman einige von Guardiolas

Trainingseinheiten übernahm. »Ich kenne Ronald sehr gut und habe großen Respekt vor ihm als Spieler, Trainer und Mensch«, sagte Guardiola. »Ich habe von ihm gelernt. Im Lauf der Jahre haben wir viel über das Spiel und die richtige Spielweise gesprochen. Wir sind in vielen Dingen derselben Meinung.«

Guardiola bestand darauf, dass seine Mannschaft im klassischen cruyffschen Stil aus der Abwehr herausspielte, und seine erste wichtige Entscheidung bei Manchester City bestand darin, Joe Hart, den Stammtorhüter des englischen Nationalteams, darüber zu informieren, dass er auf seine Dienste verzichten würde. Der Grund war, dass Hart kein guter Ballverteiler war. Ersetzt wurde er durch Claudio Bravo, der aus Barcelona kam und daran gewöhnt war, sich am Spielaufbau zu beteiligen. Bravo entsprach Cruyffs Vorstellungen: Er spielte extrem weit vom Tor entfernt und bewies außergewöhnliche Ruhe am Ball, ließ jedoch auf der Linie einiges zu wünschen übrig. In einer schwierigen Phase in seiner ersten Saison bei City musste der Chilene nicht weniger als 14 von 22 Torschüssen passieren lassen, bevor er zur Saison 2017/18 durch den extrem beeindruckenden Brasilianer Ederson ersetzt wurde, der sehr gut im Spielaufbau war und exzellente lange Bälle schlug. Der aus Everton geholte Innenverteidiger John Stones war ein ähnlicher Fall: Er war gut am Ball, aber es mangelte ihm an den Fähigkeiten eines echten Verteidigers. Sowohl Stones als auch der Brasilianer Fernandinho, ein defensiver Mittelfeldspieler, wechselten manchmal zwischen Abwehr und Mittelfeld hin und her. Es war eine ungewöhnliche Rolle, die an Frank Rijkaards Spielweise bei Ajax unter Louis van Gaal und an Guardiolas Rolle bei Barça erinnerte, wo er sich unter Cruyff oft hatte zurückfallen lassen, um Koeman bei dessen Vorstößen den Rücken freizuhalten.

Anfang der neunziger Jahre waren das Spiel mit einer hoch stehenden Abwehrkette und der Spielaufbau von hinten heraus typisch »niederländische« Konzepte gewesen, aber mittlerweile gehören sie zum Standardrepertoire jeder Mannschaft, die sich in England am Titelrennen beteiligen will. Ein gutes Beispiel ist Tottenham Hotspur, wo der argentinische Trainer Mauricio Pochettino bis zu seiner Entlassung im Herbst 2019 eine niederländische Spielweise verfocht, die Guardiolas Ansatz nicht unähnlich war. Pochettino hatte sich viel von Marcelo Bielsa abgeschaut, einem weiteren Argentinier, den Guardiola neben Cruyff und Juanma Lillo zu seinen Traineridolen zählt (Bielsa tauchte später in der zweiten englischen Liga bei Leeds United auf). Pochettino war, wie erwähnt, Koemans Vorgänger bei Southampton gewesen, wo er ein aggressives Pressing eingeführt und die Abwehrreihe angehalten hatte, weit aufzurücken; das erklärt, warum Koeman so gut mit dieser Mannschaft zurechtkam.

Nach seinem Wechsel zu Tottenham baute Pochettino dort in der Saison 2014/15 das beste Innenverteidigergespann der Liga auf. Es ist aufschlussreich, dass sowohl Alderweireld als auch sein Landsmann und Nationalmannschaftskollege Jan Vertonghen aus dem Nachwuchs von Ajax stammten, wo sie auch zusammen in der ersten Mannschaft gespielt hatten, weshalb sie einander blendend verstanden und wussten, wie man in der Nähe der Mittellinie verteidigt. Schließlich spielte eine regelrechte Ajax-Abwehrreihe in der Premier League, denn als Pochettino zu der Überzeugung gelangte, dass Tottenham einen dritten Innenverteidiger brauchte, fiel seine Wahl auf den Kolumbianer Davinson Sánchez – der aus Amsterdam geholt wurde. Vor diesem Hintergrund war es aus Sicht neutraler Beobachter eine besonders gemeine Pointe, dass sich die Spurs 2019 in einem spektakulären Champions-League-Halbfinalduell aufgrund der Auswärtstorregel gegen das niederländische Team durchsetzten, obwohl sie insgesamt bereits 0:3 zurückgelegen hatten. Zwar war Lucas Moura mit einem lupenreinen Hattrick der Star des Abends, Ajax' eigentliches Problem hatte jedoch darin bestanden, dass seine technisch hoch veranlagten Verteidiger in der Luft wenig gegen Fernando Llorente ausrichten konnten, einen physisch starken Angreifer, der quasi das altmodische englische Ideal eines Mittelstürmers verkörperte.

Unterdessen wandte Guardiola in Manchester ein weiteres klassisches niederländisches Konzept an: das Spiel auf den Flanken in die Breite ziehen. Das kam ein wenig unerwartet. Bei Barcelona hatte Guardiola Außenstürmer eingesetzt, die im Rücken der gegnerischen Abwehr nach innen stießen, um Pässe in die Schnittstellen zu verwerten, und bei Bayern München hatte er mit »umgekehrten« Flügelstürmern gearbeitet, die nach innen zogen, um auf Höhe der Strafraumgrenze mit ihrem starken Fuß den Abschluss zu suchen. Aber bei City spielte nun der rechtsfüßige Raheem Sterling auf der rechten und der linksfüßige Leroy Sané auf der linken Außenbahn, und beide hatten die Aufgabe, die vorstoßenden Mitspieler auf der Höhe des Fünfmeterraums mit flachen Vorlagen zu versorgen. Mit dieser Taktik erzielte City viele Tore, wobei die Flanken entweder vom anderen Flügelstürmer oder von Sergio Agüero verwertet wurden, dem Rekordtorschützen des Klubs.

Koeman seinerseits musste bald nach Beginn seiner zweiten Saison in Everton wieder den Hut nehmen, denn vom niederländischen Einfluss war im Spiel seiner Mannschaft kaum noch etwas zu sehen. Nach seiner Entlassung bei Everton wurde ihm in seiner Heimat die Aufgabe übertragen, die Elftal, die sowohl die EM-Endrunde 2016 als auch die WM 2018 verpasst hatte, wieder auf Kurs zu bringen. Obwohl es den Niederlanden an talentierten Offensivspielern mangelte, zeigte die Elftal unter Koeman bald beeindruckend gute Leistungen, was teilweise daran lag, dass er die Entwicklung der Ajax-Nachwuchsspieler Matthijs de Ligt und Frenkie de Jong förderte, die sich dadurch auszeichneten, dass sie am Ball auch unter gegnerischem Druck die Ruhe bewahrten. Insofern war es nur logisch, dass de Ligt, ein robuster Verteidiger, sich 2019 Juventus anschloss, während der technisch starke tiefe Spielmacher de Jong nach Barcelona wechselte. Bedenkt man, dass der Bondscoach zudem auch noch auf Virgil van Dijk zurückgreifen konnte, unterstrich dies, dass die Niederländer sich nach wie vor darauf verstanden, mitspielende Verteidiger wie Koeman auszubilden.

Als Vertreter der italienischen Phase (1996-2000) kam Antonio Conte in die Premier League, der seinerzeit als kampfstarker Mittelfeldspieler Juventus Turin angeführt hatte. Conte beendete seine aktive Laufbahn im Jahr 2004 nach dreizehn Jahren bei Juve und verbrachte die folgenden Jahre im Trainerausbildungszentrum Coverciano, wo er eine Abschlussarbeit mit dem Titel »Überlegungen zum 4-3-1-2 und zur Video-Auswertung« vorlegte. Nach seinen Lehrjahren bei kleineren Klubs in Arezzo, Bari, Bergamo und Siena kehrte er im Jahr 2011 als Trainer nach Turin zurück. Juventus war ein gefallener Riese, der nach der Verbannung in die zweite Liga infolge des »Calciopoli«-Manipulationsskandals im Jahr 2006 wieder in die Serie A zurückgekehrt war und sich in der oberen Tabellenhälfte festgesetzt hatte, in den beiden vergangenen Spielzeiten jedoch nicht über zwei siebte Plätze hinausgekommen war. Mit Conte auf der Trainerbank gewann der Klub auf Anhieb drei *scudetti* in Folge, wobei er in der ersten Saison unbesiegt blieb.

In diesem ersten Jahr ließ Conte anfangs in einem 4-4-2 mit aggressiven Flügelspielern agieren, doch nach der Hälfte der Saison stieg er auf ein 3-5-2 um, das dem Ende der neunziger Jahre in Italien üblichen Schema entsprach, als sich die Dreierkette gegen die Viererkette durchgesetzt hatte. Conte konnte sich auf drei ausgezeichnete Innenverteidiger stützen: die aggressiven Manndecker Andrea Barzagli und Giorgio Chiellini spielten an der Seite des technisch begabteren, spielstärkeren Leonardo Bonucci. Es war kein echtes Catenaccio-System mit strikter Manndeckung, aber die Italiener verteidigten immer noch klarer Mann gegen Mann als ihre europäischen Rivalen, und Bonucci spielte praktisch als Libero. Im Jahr 2014 führte Conte in der italienischen Nationalmannschaft dasselbe System ein, und zwar mit denselben drei Juve-Verteidigern. Die Azzurri waren eine von nur zwei Mannschaften, die bei der EM 2016 mit einer Dreierkette spielten, unter anderem bei ihrem taktisch imponierendsten Auftritt im Turnier, dem 2:0-Sieg über Spanien im Achtelfinale; im Viertelfinale schied Italien dann jedoch im Elfmeterschießen gegen Deutschland aus.

Nach der EM-Endrunde übernahm Conte den FC Chelsea, wo er anfangs in dem defensiven 4-3-3 spielen ließ, das seit José Mourinhos erster Amtszeit das Standardsystem der Londoner war. Unter Conte begann Chelsea die Saison 2016/17 mit drei Siegen, musste sich anschließend jedoch mit einem Unentschieden bei Swansea City begnügen. Nach einer Heimniederlage gegen Liverpool gerieten die Blues beim Stadtrivalen Arsenal bereits in der ersten Hälfte mit 0:3 in Rückstand. In dieser Situation entschloss sich Conte, zu einem 3-4-3 überzugehen. »Diese Entscheidung änderte unsere Saison«, erinnerte er sich später. Obwohl es im Emirates nicht mehr gelang, das Spiel zu drehen, blieb Conte bei diesem System. Chelsea gewann die folgenden dreizehn Spiele und kletterte vom achten auf den ersten Tabellenplatz. Am Ende gewannen die Londoner den Meistertitel mit 93 Punkten, was die bis dahin zweithöchste Punktzahl in der Geschichte der Premier League war.

Die Dreierkette in der Abwehr war nicht Contes ursprünglicher Plan, aber er arbeitete in Chelsea mit mehreren Neuzugängen, die für dieses System geeignet waren. Durch die Verpflichtung von Marcos Alonso, der in Italien beim AC Florenz als linker Außenverteidiger gespielt hatte, hatte Conte eine Option für Flankenläufe, weshalb er den bisherigen Linksverteidiger César Azpilicueta als rechten Innenverteidiger einsetzen konnte, der jene Art von defensiver Vielseitigkeit an den Tag legte, die italienischen Trainern so wichtig ist. Der nach zwei Jahren bei Paris Saint-Germain überraschend nach London zurückgekehrte David Luiz war ebenfalls eher für eine Dreierkette geeignet. Der Brasilianer hatte als herkömmlicher Innenverteidiger nie überzeugt, aber in diesem System spielte er Bonuccis Rolle sehr gut. Er deutete nicht nur das Spiel richtig und räumte hinter seinen Kollegen auf, sondern wurde auch Chelseas tief stehender Aufbauspieler, der den Ball in die gegnerische Hälfte führte oder lange Diagonalpässe spielte. »Der zentrale Verteidiger muss taktischer sein, mehr nachdenken, die richtige Position finden und die Abwehrkette kommandieren«, erklärte Conte, womit er im Grunde einen Libero beschrieb.

Gegner, die in der Abwehr mit einer Viererkette spielten, hatten Contes 3-4-3-System wenig entgegenzusetzen. Die Hauptgefahr kam über die Außenbahnen, wo Pedro Rodríguez oder Willian bzw. der brillante Eden Hazard weit draußen an der Seitenlinie begannen, um nach innen zu ziehen und die gegnerischen Außenverteidiger zu zwingen, ihnen zu folgen. Das wiederum öffnete Raum für Vorstöße der hängenden äußeren Mittelfeldspieler Alonso und Victor Moses. Chelsea griff mit fünf Spielern an – zu diesem Quartett kam noch der Mittelstürmer Diego Costa – und übte beträchtlichen Druck auf die gegnerische Viererkette aus. Gleichzeitig schirmte sich die Mannschaft mit drei Innenverteidigern und zwei defensiven Mittelfeldspielern gut gegen Konter ab.

Die gegnerischen Trainer erkannten schließlich, dass man Chelseas 3-4-3 am besten bekämpfen konnte, indem man es einfach spiegelte, wobei die hängenden äußeren Mittelfeldspieler den hängenden äußeren Mittelfeldspielern des Gegners folgten. Die erste Niederlage mit diesem System erlitten die Blues gegen Tottenham, das ebenfalls im 3-4-3 spielte. Und je mehr Mannschaften dieses System wählten, desto mehr Trainer gingen dazu über, es zu spiegeln. In der vorangegangenen Saison war in der Premier League 31-mal eine Mannschaft mit einer Dreierkette ins Spiel gegangen. Im Jahr 2016/17 stieg diese Zahl auf 130 – an den ersten sechs Spieltagen, das heißt vor Contes Umstieg auf das 3-4-3, war diese Formation nur achtmal zu sehen gewesen.

Aufschlussreich ist, welche Mannschaften bereits vor Contes Umstieg auf die Dreierkette mit diesem System spielten. Koemans Everton hatte die Saison in dieser Formation begonnen – was natürlich daran lag, dass sich Koeman seinerzeit als Spieler in Barcelona daran gewöhnt hatte. Die anderen beiden Trainer, die mit einer Dreierkette spielen ließen, waren Landsleute von Conte, die zuvor zur Verbreitung der Dreierkette in Italien beigetragen hatten. Francesco Guidolin hatte mit einem aufregenden 3-5-2 bei Udinese Wunder gewirkt und trainierte jetzt Swansea City. Walter Mazzarri hatte Napoli mit einem 3-4-3 zu einem Titelanwärter gemacht und ließ dieses System jetzt beim FC Watford spielen. Guidolin und Mazzarri hatten die Formation schon vor Conte in der Serie A eingeführt und ihm in Italien zum Durchbruch verholfen, und nun hatten sie es in die Premier League gebracht.

Doch erst Contes 3-4-3 brachte wirklich Bewegung in die taktische Ausrichtung der Premier League. »Wir gingen mit einem anderen System in die Saison, aber nach einer Weile wurde mir klar, dass wir in manchen Situationen nicht die richtige Balance hatten«, erklärte Conte später. »Also wechselten wir zum neuen 3-4-3-System. [...] Ich wusste immer, dass die Mannschaft im 3-4-3 spielen konnte. Ich hatte diese Möglichkeit immer im Hinterkopf; ich kannte die Charakteristika der Spieler, weshalb dieses System eine Alternative war, als ich mit dem Klub die Saison plante.«

Chelsea gewann als erste Mannschaft seit Everton 1963 die Meisterschaft mit einer Dreimannabwehr. Die taktischen Experimente eines italienischen Trainers hatten der Dominanz der

Viererkette nach einem halben Jahrhundert ein Ende gemacht. »Die Leute erkennen vielleicht nicht, was Antonio hier in der Premier League geleistet hat«, sagte Guardiola bewundernd. »Er führte eine andere Art des Offensivspiels ein, mit fünf Mann hinten, ein anderes System. Viele Mannschaften, sogar Arsenal, mussten sich ganz schön anstrengen, bis sie es erfolgreich imitieren konnten. Er ist ein Meister der Taktik. Ich glaube, Contes Einfluss auf den englischen Fußball wird von Dauer sein – da bin ich sicher.«

Guardiola erwähnte Arsenal nicht zufällig: Dass Conte in seiner ersten Saison mit Chelsea nicht das Double holen konnte, lag nur an einer Niederlage gegen die Gunners im Finale des FA Cups – und Arsène Wenger war für diese Begegnung auf ein 3-4-3 umgestiegen. Bis dahin war er in mehr als tausend Spielen nicht von der Viererkette abgewichen, aber jetzt sah er sich gezwungen, Chelseas System zu kopieren, und nutzte es, um Contes Mannschaft im Wembley-Stadion zu besiegen.

Wenger war natürlich der Vertreter der französischen Phase (2000-2004). Mittlerweile waren viele von Wengers Methoden, die bei seiner Ankunft auf der Insel Mitte der neunziger Jahre revolutionär gewesen waren, entweder allgemeine Praxis oder veraltet, und als sich Wenger 2018 nach 22 Jahren von Arsenal verabschiedete, war der Klub ins Mittelmaß abgerutscht. Der französische Einfluss auf das Offensivspiel der Gunners war jedoch weiterhin beträchtlich. Wenger hatte in seinem letzten Jahr zweimal den Transferrekord des Klubs gebrochen: Zuerst hatte er Alexandre Lacazette von Olympique Lyon geholt, einen talentierten, schwer auszurechnenden Allroundstürmer, der sowohl dem Ball entgegenkommen als auch in den Rücken der Abwehr vorstoßen konnte, und anschließend hatte er Pierre-Emerick Aubameyang von Borussia Dortmund abgeworben. Aubameyang hatte sich wie vor ihm sein Vater für die Nationalmannschaft Gabuns entschieden, aber er war in Frankreich aufgewachsen und ausgebildet worden und galt als typischer moderner französischer Stürmer, dessen Hauptmerkmal sein höllisches Tempo war.

Bei seiner Ankunft in London wurde Lacazette nach dem Vermächtnis der früheren französischen Arsenal-Stürmer – Nicolas Anelka, Sylvain Wiltord und vor allem Thierry Henry – gefragt. »Anelka und Wiltord waren ein bisschen vor meiner Zeit«, antwortete er, »ich war noch sehr jung, als sie ihren besten Fußball spielten. Was Henry betrifft, so war ich natürlich immer ein Fan von ihm und verfolgte seine Karriere aufmerksam. Er ist ein großes Vorbild für mich.«

Aubameyang hatte mehr Ähnlichkeit mit Henry als Lacazette, vor allem, weil er auf der linken Seite spielte und vorzugsweise nach innen zog, um in den langen Winkel zu vollenden. Daher war es durchaus passend, dass er Henrys Trikotnummer 14 erbte. Nachdem Aubameyang bei einem 4:2-Sieg im Derby gegen Tottenham ein schönes Tor erzielt hatte, verwies sein Mannschaftskollege Aaron Ramsey auf die Parallelen zu Henry: »Im Training macht er das die ganze Zeit«, erklärte der Waliser. »Er schiebt den Ball einfach in den Winkel, aber mit einem schönen Tempo. Das erinnert mich an Thierry Henrys Abschlüsse.« Auch Wenger verglich Aubameyang aufgrund seiner »ausgezeichneten Laufwege« mit seinem großen Vorgänger. Nach Wengers Abgang brachen die Gunners ihren Transferrekord erneut, dieses Mal für Nicolas Pépé, einen weiteren in Frankreich geborenen Außenstürmer, der gerne vom (allerdings rechten) Flügel nach innen zog und den Abschluss suchte. Damit verfügte Arsenal nun über einen schnellen französischstämmigen Dreimannsturm.

Wenger zog in seinem zweiten Jahrzehnt bei Arsenal im Allgemeinen tief stehende Spielmacher klassischen defensiven Mittelfeldspielern vor, aber anderswo in der Premier League waren französische Wasserträger zu bewundern. N'Golo Kanté hatte

2015/16 in Leicesters außergewöhnlicher Meistermannschaft mit seiner schier unerschöpflichen Energie Aufsehen erregt. Nach der Saison wechselte er zu Chelsea, wo er eine ähnliche Rolle übernahm und als erster Spieler in der Geschichte der Premier League in zwei aufeinanderfolgenden Spielzeiten mit verschiedenen Klubs den Meistertitel holte. In beiden Jahren kam er auf mehr Balleroberungen und abgefangene Bälle als jeder andere Spieler in der Liga. »Ich muss vorausahnen, ob unser Angriff abgefangen wird, und wissen, was zu tun ist, um den Konter zu unterbinden«, erklärte er. »Es ist wichtig, in jedem Moment darüber nachzudenken, was passieren könnte, sowohl offensiv als auch defensiv.«

Kantés Aufbauspiel war sauber, aber nicht unbedingt kreativ, und er schaltete sich nur gelegentlich in einen Angriff ein. Er war der klassische französische *domestique*, der sich wie einst Didier Deschamps und Claude Makélélé sowohl im Verein als auch in der Nationalmannschaft nicht zu schade war, die Drecksarbeit zu übernehmen. In der Équipe Tricolore setzte ihn sein Trainer Deschamps bei der WM 2018 im defensiven Mittelfeld ein, und Makélélé pries regelmäßig die Qualität seines Nachfolgers. »Die Leute sprechen von der Makélélé-Rolle, aber ich bin alt, und es ist an der Zeit, sie in Kanté-Position umzubenennen«, sagte er. »N'Golo hat es verdient.«

Kanté war auf der Insel ungemein populär und wurde in der Saison 2016/17 zum Spieler des Jahres gewählt. Seine Fähigkeiten als Balleroberer wurden im englischen Fußball höher geschätzt als anderswo. Als Contes Nachfolger Maurizio Sarri Kanté in eine offensivere Rolle vorzog, wirkte sich dies negativ auf die Ergebnisse von Chelsea aus, denn Kantés Balleroberungen fehlten der Mannschaft sehr.

Kantés früherer Klub Leicester ersetzte ihn durch einen anderen Franzosen, Nampalys Mendy, der schon beim AS Monaco unter Claudio Ranieri gespielt hatte. »Als ich Ranieri zum ersten Mal begegnete, nannte er mich den ›neuen Makélélé‹«, erzählte Mendy. Aber jetzt wollte Ranieri ihn zum neuen Kanté machen. Später bildete Mendy ein defensives Mittelfeldgespann mit Wilfred Ndidi, der ähnliche Balleroberungsstatistiken vorzuweisen hatte wie Kanté und in der Saison 2017/18 mehr Tacklings machte als jeder andere Spieler in der Premier League. Zu diesem Zeitpunkt war es in England bereits eher unüblich, zwei rein defensive Mittelfeldspieler aufzubieten, aber Leicester wurde mittlerweile von dem Franzosen Claude Puel trainiert. Der war seinerzeit bei Monaco unter Arsène Wenger selbst ein harter defensiver Mittelfeldspieler gewesen und bevorzugte weiterhin das alte französische Modell mit mehreren balleroberenden Mittelfeldakteuren.

Der wichtigste Vertreter der portugiesischen Phase (2004-08) war natürlich José Mourinho. Er kehrte im Jahr 2013 auf die Insel zurück und holte in der zweiten Saison mit Chelsea die Meisterschaft, wurde dann jedoch in einem katastrophalen dritten Jahr mitten in der Saison vor die Tür gesetzt. Seine nächste Station war Manchester United. Seine Mannschaften spielten weiterhin defensiver als seinerzeit der FC Porto: In seiner zweiten Saison in Old Trafford ließ United in 38 Spielen nur 29 Tore zu, was die zweitbeste Defensivstatistik der Liga war. Allerdings erzielte die Mannschaft auch nur 54 Tore, während die fünf Klubs, die United in der Meisterschaft hinter sich ließen, allesamt auf mindestens 77 Treffer kamen.

In K.-o.-Wettbewerben war Mourinho mit seiner defensiven Taktik nach wie vor sehr erfolgreich: Er gewann erst den Ligapokal und anschließend die Europa League mit einem 2:0-Finalsieg über Ajax Amsterdam. In diesem Spiel überließ Chelsea dem Gegner erwartungsgemäß den Ball und spielte auf Konter. In Mourinhos zweiter Saison lief es besser für United, das am Ende Vizemeister wurde. Den Titel sicherte sich Manchester City mit großem Vorsprung, aber es gelang den Red Devils, dem Stadtrivalen die verfrühte Meisterfeier im Etihad Stadium zu verderben, indem sie nach 0:2-Rückstand noch einen 3:2-Auswärtssieg feierten, so dass sich Guardiolas Spieler noch zwei weitere Wochen gedulden mussten, bevor sie den Champagner öffnen durften.

Aber dieses Zwischenspiel veranschaulichte lediglich, was aus Mourinho geworden war: Er stand für nichts Positives mehr, sondern war nur noch der Anti-Guardiola. Bei United erlebte Mourinho einmal mehr ein schwieriges drittes Jahr und musste erneut mitten in der Saison seine Koffer packen. Auch bei Real Madrid und Chelsea hatte er sich in der dritten Saison mit Schlüsselspielern überworfen. Man konnte nicht umhin, sich an die berühmte Aussage von Béla Guttmann zu erinnern, jenes Mannes, der in den fünfziger und sechziger Jahren den portugiesischen Fußball geprägt hatte: »Die dritte Saison ist tödlich.«

Der portugiesische Fußball beeinflusste auch andere Premier-League-Klubs. Marco Silva, der Hull City, den FC Watford und Everton trainierte, äußerte die Überzeugung, Trainer wie er hätten in England nur dank der früheren Erfolge Mourinhos eine Chance: »Er machte sehr gute Werbung für die portugiesischen Trainer«, erklärte Silva. »Er feierte fantastische Erfolge mit Chelsea, Inter Mailand und Real Madrid und öffnete im Ausland viele Türen [...]. In Portugal gab es auch früher sehr gute Trainer, die jedoch zumeist in ihrer Heimat blieben. José änderte das.«

Einer von Mourinhos Schützlingen war Nuno Espírito Santo, der seinerzeit Ersatztorhüter in der Porto-Mannschaft gewesen war, mit der Mourinho die Champions League gewonnen hatte. Espírito Santo war der allererste Klient des Agenten Jorge Mendes. Im Jahr 2017/18 stieg er als Trainer mit den Wolverhampton Wanderers in die Premier League auf, bevor er den Klub in der Folgesaison in die Europa League führte. In Zusammenarbeit mit Mendes holte Espírito Santo eine Reihe portugiesischer Spieler zu den Wolves, und in einem Spiel stellte er nicht weniger als sieben seiner Landsleute auf.

Espírito Santo war der erste ehemalige Spieler Mourinhos, der als Trainer in die Premier League kam, aber viele ehemalige Mitglieder von Mourinhos Trainerstab hatten das bereits früher geschafft. André Villas-Boas beobachtete jahrelang für seinen Landsmann gegnerische Mannschaften und übernahm später als Trainer Chelsea und Tottenham. Brendan Rodgers, der nach Stationen bei Swansea City und in Liverpool im Februar 2019 Leicester übernahm, lernte während dessen erster Zeit bei Chelsea viel von dem Portugiesen, und Mourinhos früherer Assistent Steve Clarke saß für einige Zeit auf der Trainerbank von West Bromwich Albion. John Terry und Frank Lampard, die beiden Symbolfiguren von Mourinhos erstem Chelsea-Team, begegneten sich 2019/20 an der Stamford Bridge als Kontrahenten: Nachdem Lampard ein Jahr lang den Zweitligisten Derby County trainiert hatte, war er nun Cheftrainer von Chelsea, während Terry bei Aston Villa als Assistent von Dean Smith fungierte. Erwähnenswert ist auch, dass einige Trainer die taktische Periodisierung, die ebenfalls zu Mourinhos Vermächtnis in England zählt, in ihre Trainingsmethodik einbauten.

Und dann verließen die wichtigsten Vertreter der ersten vier Phasen der Reihe nach die Insel.

Koeman wurde im Oktober 2017 vom FC Everton entlassen, Wenger und Conte gingen Ende der Saison 2017/18, und Mourinho wurde im Dezember 2018 von Manchester United auf die Straße gesetzt. Damit waren (bis Mourinho nach Pochettinos Rauswurf im November 2019 Tottenham Hotspur übernahm) nur noch die Repräsentanten der letzten beiden Phasen übrig, nämlich der spanischen und der deutschen. Tatsächlich wurde die Premier League mittlerweile von Pep Guardiolas Manchester City und Jürgen Klopps Liverpool beherrscht.

Es ist schwierig, Guardiolas persönlichen Einfluss auf den englischen Fußball einzuschätzen, denn die Premier League versuchte bereits seit Jahren, sich etwas vom FC Barcelona und der spanischen Nationalmannschaft abzuschauen, und viele Trainer auf der Insel hatten längst begonnen, dem Ballbesitz größeren Wert beizumessen. Die Statistiken zu den Spielanteilen sind aufschlussreich: In den zehn Jahren zwischen der Saison 2003/04 und der Spielzeit 2013/14 stieg die durchschnittliche Passquote in der Premier League von 70 auf 81 Prozent. Mehr als die Hälfte des Anstiegs der erfolgreichen Zuspiele um 11 Prozentpunkte war in nur drei Spielzeiten zu beobachten, nämlich in den Saisons 2009/10 bis 2011/12. Das war die Phase der unangefochtenen Dominanz von Barcelona und Spanien. Die führenden englischen Klubs hatten bereits auf unterschiedliche Art versucht, Barças Stil zu kopieren: Spiel aus der Abwehr heraus, geduldigerer Spielaufbau, technisch bessere Spieler im Mittelfeld und gelegentlicher Einsatz einer falschen Neun. Zudem hatten die Spieler David Silva, Santi Cazorla, Cesc Fàbregas und Juan Mata den spanischen Einfallsreichtum direkt in England auf den Rasen gebracht.

Doch Guardiola selbst versuchte in England dann eigentlich gar nicht, eine sonderlich spanische Spielweise einführen. Zunächst einmal war der spanische Stil, zu dessen Definition er beitrug, nachhaltig von der niederländischen Spielweise beeinflusst, wie wir an seinem Einsatz von echten Außenstürmern bei Manchester City und daran gesehen haben, dass Guardiola weiterhin darauf bestand, den Ball aus der Abwehr herauszuspielen. Wichtiger war jedoch, dass Guardiola vor seiner Ankunft in England drei Jahre in der Bundesliga verbracht hatte und zugab, dass sich seine Vorstellungen dort grundlegend verändert hatten. Nachdem er zunächst die Barça-Spielweise auf den FC Bayern hatte übertragen wollen, war er schließlich zu einem Kompromiss zwischen dem spanischen und dem deutschem Stil gelangt. Und dieses Modell wendete er nun bei Manchester City an.

In Manchester stützte sich Guardiola von Anfang an auf ein System, das unter seinem Vorgänger Manuel Pellegrini undenkbar gewesen wäre. Pellegrini hatte normalerweise in einem 4-2-3-1 spielen lassen, in dem sowohl David Silva, ein geschmeidiger Spielmacher, als auch der direktere Kevin De Bruyne Teil des Trios waren, das hinter Sergio Agüero spielte. Aufgrund zahlreicher Verletzungen spielten Silva und De Bruyne unter Pellegrini nicht regelmäßig zusammen, aber wenn sie es taten, wirkte City nie harmonisch – die Mannschaft verlor an Breite und wurde zu berechenbar. Doch kaum jemand hatte etwas gegen die Rollen einzuwenden, in denen Silva und De Bruyne eingesetzt wurden – die meisten Trainer hätten sie genauso spielen lassen wie Pellegrini.

Ganz anders Guardiola. Er änderte die Struktur des Mittelfelds sofort und ging zum 4-3-3 über, das auch bei Barça und den Bayern seine Grundformation gewesen war. Dadurch verwandelte sich Fernandinho in den einzigen defensiven Mittelfeldspieler, eine Rolle, die er nie zuvor gespielt hatte. »Ich glaube, Fernandinho kann auf zehn Positionen spielen«, sagte Guardiola vor Beginn seiner ersten Saison in England. »Er hat die Qualität, um überall zu spielen. Er ist ein schneller Spieler, intelligent, aggressiv und stark in der Luft.« Dass der Brasilianer nun vor der Abwehr stand, führte folgerichtig zu einer weiteren für Guardiola typischen taktischen Entscheidung: Yaya Touré wurde nicht mehr benötigt. So wie Guardiola ihm 2010 Sergio Busquets vorgezogen hatte, zog er ihm 2016 Fernandinho vor.

Touré kam auch nicht auf einer der vorderen Positionen zum Einsatz. Stattdessen übertrug Guardiola Silva und De Bruyne klassische Funktionen im Mittelfeld, wo sie für den Spielaufbau verantwortlich waren, anstatt nur die entscheidenden Pässe im letzten Drittel zu spielen. Nun hatten die Citizens ein sehr technisches Mittelfeldtrio, wie man es in der Premier League noch nicht gesehen hatte. Die Frage war, ob sich dieses Mittelfeld im körperbetonten englischen Fußball würde behaupten können, denn auf der Insel werden die direkten Duelle härter geführt, der Boden ist oft schwerer, und der dichtgedrängte Terminplan in der Weihnachtszeit verlangt den Spielern alles ab. Aber Guardiola war nicht bereit, Kompromisse zu schließen.

Hier entstand anscheinend etwas wirklich Neues. Silva und De Bruyne waren daran gewöhnt, mit dem Rücken zum gegnerischen Tor zwischen den Linien zu spielen und dabei sowohl die hintere Linie als auch die Stürmer im Auge zu behalten. Jetzt stürmten sie gemeinsam durch das Mittelfeld und tauschten dabei Pässe aus. Beide änderten ihre Spielweise und verkörperten Guardiolas Mischung des spanischen und deutschen Stils. Silva war der spanische Techniker und begann, Andrés Iniesta zu ähneln, gegnerischen Tacklings auszuweichen und eher den vorletzten als den letzten Pass zu spielen.

Der Belgier De Bruyne war im Februar 2012 vom FC Chelsea verpflichtet worden, hatte dann aber zweieinhalb Jahre in der Bundesliga verbracht: Erst wechselte er im Sommer 2012 auf Leihbasis nach Werder Bremen, und nachdem er in der Hinrunde 2013/14 bei Chelsea unter Mourinho nur unregelmäßig zum Einsatz gekommen war, wurde er an den VfL Wolfsburg verkauft, in dessen Kontermannschaft er eine herausragende Rolle spielte. In der Saison 2014/15, als Guardiolas Bayern mit zehn Punkten Vorsprung auf Wolfsburg den Titel holten, wurde De Bruyne zum Spieler des Jahres in der Bundesliga gewählt. Er agierte geradliniger und war körperlich stärker als Silva, und seine gefährlichen Vorlagen waren meist keine Steilpässe, sondern Flanken. »Es ist eine andere Rolle«, sagte De Bruyne. »Es ist eine kleine Veränderung, aber es ist in Ordnung. Der Trainer hat seine eigene Taktik. Ich spiele nicht als Zehner, sondern als freier Achter mit viel Spielraum in alle Richtungen.« Ähnlich wie Thomas Müller hatte De Bruyne seine eigene Rolle erfunden und benannt: die des »freien Achters«.

Um zu verhindern, dass seine Mannschaft im Mittelfeld überrannt wurde, wenn De Bruyne und Silva weit vorstießen, griff Guardiola manchmal auf die in München angewandte Taktik zurück, die Außenverteidiger nach innen zu ziehen. Aber mit den Spielern, die Guardiola im ersten Jahr in Manchester auf diesen Positionen zur Verfügung hatte, funktionierte das nicht wirklich gut. In dieser Saison qualifizierte sich City nur mit Ach und Krach für die Champions League.

In Guardiolas zweiter Saison funktionierte es sehr viel besser. Er hatte Kyle Walker von Tottenham geholt, aber anstatt sich an Vorstößen zu beteiligen und den ballführenden Spieler zu hinterlaufen, um in den Rücken der Abwehr zu gelangen, nahm Walker manchmal eine Position in einer Dreierabwehrkette ein. Auf dem anderen Flügel sollte Benjamin Mendy vorstoßen, der aufgrund von Verletzungen jedoch den Großteil der Saison 2017/18 verpasste. In Ermangelung eines zweiten echten Linksverteidigers schulte Guardiola den linksfüßigen Box-to-Box-Mittelfeldmann Fabian Delph um, der sich auf der Halbraumposition neben Fernandinho natürlich gut zurechtfand. Der junge offensive Mittelfeldspieler Oleksandr Sintschenko sowie Rechtsverteidiger Danilo wurden ebenfalls manchmal auf der linken Abwehrseite eingesetzt; beide nahmen eng definierte Positionen ein, um die »freien Achter« abzusichern, während der Linksaußen Leroy Sané auf seiner Seite für die nötige Breite im Spiel sorgte. Zudem zeigte City nun an beiden Enden des Feldes mehr technische Qualität: Mittelstürmer Sergio Agüero verbesserte sich im Kombinationsspiel, und Torwart Ederson war eine deutliche Verstärkung gegenüber Bravo.

Viele Beobachter bezweifelten, dass Guardiola mit einer derart technischen Mannschaft die englische Meisterschaft würde gewinnen können. Doch Manchester City sorgte in der Saison

2017/18 für neue Bestmarken und erreichte als erste Mannschaft 100 Punkte in der Premier League. Die Citizens stellten mit 106 Treffern auch einen Torrekord auf und gewannen neunzehn der ersten zwanzig Spiele (die einzige Ausnahme war ein 1:1 gegen Koemans Everton, ein Spiel, in dem City die gesamte zweite Hälfte zu zehnt spielen musste). Im Grunde hatte City die Meisterschaft vor Weihnachten gewonnen, und in der zweiten Saisonhälfte wurde eigentlich nur noch darüber diskutiert, ob die Mannschaft unbesiegt bleiben und auch den Europapokal gewinnen würde.

Keines der beiden Ziele erreichte City, denn in beiden Fällen stand ihm derselbe Gegner im Weg: Jürgen Klopps Liverpool. Die Reds beendeten im Januar mit einem 4:3-Sieg Citys Serie ungeschlagener Spiele und warfen Manchester im Viertelfinale der Champions League mit einem Gesamtergebnis von 5:1 aus dem Bewerb. Beide Duelle ähnelten einander: Liverpool kam wie ein Wirbelwind aus der Kabine und beherrschte die Anfangsphase beider Spielhälften, bevor City im Lauf der jeweiligen Halbzeit die Oberhand gewann. Beim 4:3-Sieg traf Liverpool in der 9. Minute der ersten sowie in der 14., 16. und 23. Minute der zweiten Hälfte. Die Tore von City fielen in der 40. Minute der ersten sowie in der 39. und 45. Minute der zweiten Hälfte. Im Hinspiel des Champions-League-Viertelfinals überrannte Klopps Mannschaft City in der Anfangsphase und führte nach einer halben Stunde uneinholbar mit 3:0. Das Spiel veranschaulichte den unterschiedlichen Charakter der beiden Mannschaften: City dominierte den Ballbesitz und versuchte, den Gegner mit langen Passstafetten müde zu spielen, während Liverpool die Gegenseite wie einst Klopps Dortmund mit ungeheurer Energie überwältigte, obwohl die Mannschaft ihr atemberaubendes Tempo nicht über das ganze Spiel aufrechterhalten konnte.

Klopp war im Oktober 2015 zum FC Liverpool gestoßen, und die Mannschaft hatte schon im ersten Spiel, einem torlosen Unentschieden gegen Tottenham, das für den Deutschen charakteristische aggressive Pressing gezeigt. Das Pressing war anfangs der einzige Inhalt von Klopps Trainingseinheiten, was dazu führte, dass die Reds zwar schnell den Ball eroberten, dann jedoch nicht wussten, was sie damit anfangen sollten. In seiner Coaching-Zone feierte Klopp Ballgewinne in der gegnerischen Hälfte theatralisch. »Ich bin zufrieden, denn in den ersten zwanzig Minuten haben wir früh gestört und waren sehr aggressiv«, sagte er nach seinem Debüt in der Premier League, einem 0:0 bei Tottenham Hotspur. »Wir waren ein bisschen nervös, wenn wir den Ball hatten, was daran lag, dass unser Puls ein bisschen zu hoch war.«

Wie in Dortmund verzichtete Klopp auch in Liverpool auf rein defensive Mittelfeldspieler und setzte stattdessen auf spielstarke Box-to-Box-Spieler wie Jordan Henderson, die aufrücken und die Gegenspieler unter Druck setzen konnten, anstatt sich unmittelbar vor der Abwehr auf die Absicherung zu beschränken. Der deutsche Begriff »Gegenpressing« wurde rasch in den englischen Fußballjargon aufgenommen, und ein Jahr nach seiner Ankunft in Liverpool trat Klopp, der sich in Deutschland einen Namen als didaktischer Fußballkommentator gemacht hatte, in der Sky-Sendung *Monday Night Football* auf, um seine Interpretation des Konzepts zu erklären. Für einen Abend wurde er erneut zum TV-Experten und bewegte auf einem digitalen Bildschirm Figuren umher, um zu veranschaulichen, wie sich sein Mittelstürmer positionieren sollte und welchen Laufweg er wählen musste, um das Passspiel der Gegenseite zur Seite zu lenken, damit seine Mitspieler die gegnerischen Außenverteidiger dort einschnüren konnten. Anhand von Diagrammen zeigte er, dass Liverpool auf mehr Sprints und Balleroberungen kam als jedes andere Team in der Premier League. »Kein Spielmacher kann so gut sein wie eine Gegenpressingsituation«, wiederholte Klopp.

In seinen ersten beiden Jahren zeigte Liverpool oft herausragende Leistungen in großen Spielen gegen technisch beschlagene Gegner, die mit dem Pressing in die Knie gezwungen wurden. Klopps erster großer Sieg war ein 4:1 gegen das zu jener Zeit noch von Pellegrini betreute Manchester City – allerdings hatten die Reds in der Vorwoche zu Hause gegen Crystal Palace verloren. Dies wurde zu einem Muster: Gegen Mannschaften, die einen direkten Fußball spielten, gelang es Klopps Truppe nicht, hoch zu pressen und tief in der gegnerischen Hälfte den Ball zu erobern – und Liverpools Ballbesitzspiel war nicht ausgereift genug, um tief stehende Abwehrreihen zu knacken. Außerdem verteidigte die Mannschaft direkte Spielzüge schlecht und ließ zu viele Gegentore aus Standards zu.

Doch Schritt für Schritt entwickelte sich Liverpool zu einer Mannschaft, die mehr als nur pressen konnte. Mit der Verpflichtung der Außenstürmer Sadio Mané und Mohamed Salah, der in seiner Debütsaison Torschützenkönig der Premier League wurde und sich den Titel in der folgenden Saison mit Aubameyang und Mané teilte, verbesserte Klopp das Konterspiel seines Teams. Liverpool eignete sich ein geduldigeres und zweckmäßigeres Ballbesitzspiel an, und die Spieler lernten, die gegnerische Abwehr mit klugem Kombinationsspiel zu überwinden. Außerdem beseitigte der Verein seine Schwächen in der Abwehr, nicht zuletzt durch die Ankunft Virgil van Dijks, des bei seiner Verpflichtung teuersten Innenverteidigers der Welt, und des Torwarts Alisson Becker; der Brasilianer ersetzte den Deutschen Loris Karius, der im Champions-League-Finale 2018 mit schweren Fehlern zwei Gegentore verschuldet hatte. In der Saison 2018/19 war Liverpool so weit, ernsthaft um den Meistertitel zu kämpfen, und während die Mannschaft weiterhin mit einer unglaublichen Intensität in die Spiele gehen konnte, war das Pressing nicht länger ihre einzige Waffe.

Der Übergang zu einem intelligenteren Ballbesitzspiel deutete darauf hin, dass sich Klopp einiges bei Guardiola abgeschaut hatte. Ein Beleg dafür war die Position, in der er Roberto Firmino einsetzte. Der Brasilianer war als offensiver Mittelfeldspieler an die Anfield Road gekommen, anscheinend um Christian Benteke und Daniel Sturridge mit Pässen zu versorgen. Aber Benteke wurde rasch verkauft, und Sturridge spielte nur noch eine Nebenrolle. Tatsächlich wurde Firmino Liverpools falsche Neun, das nordenglische Gegenstück zu Barcelonas Leo Messi. »Es gibt viele verschiedene Stürmertypen«, erklärte Klopp. »Roberto ist ein sehr offensiver Spieler, also ist er ein Stürmer. Die Leute fragten mich: ›Was ist mit Firmino? Wir brauchen eine echte Sturmspitze!‹ Roberto *ist* eine Sturmspitze. Viele Sturmspitzen sind 1,60 Meter groß – Lionel Messi, was ist er? Firmino kann spielen und Tore schießen, er ist flexibel und in ausgezeichneter körperlicher Verfassung. Wann immer er in den Strafraum geht, passiert etwas.« Nachdem er in den ersten beiden Spielzeiten an der Anfield Road die Nummer 11 getragen hatte, bekam Firmino nun das Trikot mit der 9, was seinen Rollenwechsel unterstrich. Er begann, mehr echte Knipsertore zu schießen, beteiligte sich stärker am Pressing und ließ sich häufiger zurückfallen, um am Spielaufbau teilzunehmen.

Ein Tor der Reds bei einem 3:0-Sieg über Bournemouth im Februar 2019 ist ein schönes Anschauungsbeispiel für Klopps Philosophie. Drei Liverpool-Spieler – Mané, Naby Keïta und Andy Robertson – setzten Jordon Ibe an der Seitenlinie unter Druck, Mané spitzelte ihm den Ball weg, Keïta leitete ihn an Robertson weiter, der auf den heranstürmenden Mittelfeldspieler Gini Wijnaldum flankte, und dieser traf mit dem rechten Außenrist. Wijnaldum hatte Platz für seinen Vorstoß in den Strafraum gehabt, weil Firmino zwischen den Linien Position bezogen und den gegnerischen Innenverteidiger Steve Cook herausgelockt hatte. Das Tor war ein Beispiel für die beiden wichtigsten Merkmale von Klopps Liverpool: das energische

Pressing zur schnellen Balleroberung, gepaart mit dem subtilen, raumöffnenden Stellungsspiel einer falschen Neun.

In der Saison 2018/19 waren die Reds Manchester City dicht auf den Fersen: Obwohl sie sehr starke 97 Punkte holten, verpassten sie den Titel knapp. Hätten sie beim Auswärtsspiel in Manchester ein Unentschieden geholt (das Klopp-Team verlor in einem engen Match unglücklich mit 2:1), wären sie ungeschlagen Meister geworden, bei einem Sieg gar mit 100 Punkten. Über diese Enttäuschung trösteten sie sich dann freilich mit dem Gewinn des Champions-League-Titels hinweg. Nachdem sie an einem dieser typischen denkwürdigen Abende an der Anfield Road eine 3:0-Niederlage in Barcelona in ein 4:3 verwandelt hatten, gewannen sie anschließend in einem enttäuschenden Finale 2:0 gegen Tottenham. Manchester City hatte die Meisterschaft geholt, Liverpool den Henkelpott – möglicherweise hätten sie sich schnell auf einen Tausch einigen können, immerhin wartete Guardiola seit seiner Zeit in Barcelona auf einen europäischen Titel, während die Reds in der Premier League noch nie die Meisterschaft geholt hatten.

Allerdings kristallisierte sich im Verlauf der neuen Saison bald heraus, dass Liverpool wohl nicht mehr lange auf den Titel würde warten müssen, Klopps Truppe erwies sich als unaufhaltbare Maschine. Plötzlich klang es aberwitzig, dass die Reds einmal als reines Pressingteam gegolten hatten, verfügten sie nun doch über das komplette Paket: Ihr Aufbauspiel war genauso beeindruckend wie ihr Gegenpressing und ihre Konter. Nachdem klassische Flanken eine Zeit lang aus der Mode gekommen waren, verhalfen Linksverteidiger Andrew Robertson und sein Gegenüber Trent Alexander-Arnold dem Konzept mit ihren explosiven Läufen und punktgenauen Hereingaben zu neuer Popularität. Alexander-Arnold entwickelte sich zu Liverpools eigentlichem Spielmacher. Er schlug nicht nur präzise Flanken, sondern spielte chirurgische Schnittstellenpässe oder lupfte den Ball raffiniert in den Rücken der gegnerischen Abwehr, bisweilen gar mit seinem schwächeren linken Fuß.

Auch wenn die gegnerischen Teams versuchten, Klopps Mannschaft mit ihren eigenen Waffen zu schlagen, also mit Kompaktheit und Intensität, fanden die Reds exzellente Lösungen. Sie konnten die gegnerische Formation mit langen Bällen überspielen – ein besonders denkwürdiges Beispiel lieferte Virgil van Dijk beim Achtelfinalrückspiel 2019 in München, als er Mané mit einem feinen 50-Meter-Pass bediente, den der Senegalese elegant verwertete. Ein weiteres wichtiges Instrument in ihrem Werkzeugkasten waren die häufigen Seitenverlagerungen, die Robertson und Alexander-Arnold spielten, wenn der Gegner versuchte, sie mit seitlichem Pressing an der Auslinie zu isolieren. Wahrscheinlich hatte noch nie ein Team so regelmäßig auf dieses Mittel gesetzt, höchstens die brasilianische Nationalmannschaft mit Roberto Carlos und Cafu um die Jahrtausendwende.

Die Detailversessenheit von Klopps Trainerteam war ebenfalls bemerkenswert, man engagierte mit Thomas Gronnemark sogar einen Spezialisten für Einwürfe, die bald gefährliche Standardsituationen darstellten und für die man clevere Varianten entwickelte. Dass die Spieler weiter werfen konnten, trug ebenfalls zu der erwähnten Fähigkeit bei, das Spiel schnell zwischen den Außenverteidigern zu verlagern, die nun die kreativsten Akteure der Mannschaft waren. Nach einem Sieg gegen Leicester am zweiten Weihnachtsfeiertag, dem sogenannten »Boxing Day«, hatte Liverpool die Meisterschaft schon nach der ersten Hälfte der Saison praktisch in der Tasche. Das 4:0, bei dem Alexander-Arnold einen Treffer erzielte und zwei weitere vorbereitete, war bis dahin ihre beeindruckendste Leistung in dieser Spielzeit.

Klopp und Guardiola hatten ihre Teams effektiv in die besten Mannschaften Europas verwandelt. Sie hatten sich über Jahre gegenseitig inspiriert, und beide ließen eine Mischung aus dem deutschen und dem spanischen Stil spielen. Gleichzeitig mussten sie sich jedoch auch dem englischen Stil anpassen. Guardiola war anfangs ratlos, als ihm klar wurde, wie wichtig die Standardsituationen im englischen Fußball waren: »Ich verstand den englischen Fußball an dem Tag, an dem ich mir zu Hause ein Spiel zwischen Swansea City und Crystal Palace ansah«, erzählte er Mitte seiner ersten Saison lachend. »Neun Tore, acht aus Standards. Das musst du unter Kontrolle bringen, und wir sind gegenwärtig nicht dazu imstande. Acht Tore aus Standards – Ecken, Freistöße, Einwürfe –, das ist der englische Fußball, und ich muss mich anpassen, denn das ist neu für mich. Natürlich gibt es auch anderswo Eckbälle, aber sie haben keinen so großen Einfluss auf das Spiel.«

Was Guardiola auf der Insel gar nicht behagte, waren Tacklings, über die er sich immer wieder geringschätzig äußerte: »Ich bin kein Trainer für Tacklings. Ich trainiere keine Zweikämpfe«, maulte er nach einem 2:4 gegen Leicester. »Ich will, dass wir versuchen, gut zu spielen und Tore zu schießen. Was soll das mit den Tacklings?«

Ein großes Problem für ihn waren die »zweiten Bälle«, das heißt Situationen, in denen der Ball nach einem Zweikampf für kurze Zeit herrenlos ist. »Oft befindet sich der Ball mehr in der Luft als auf dem Rasen, und ich muss mich anpassen«, räumte Guardiola bei einer anderen Gelegenheit ein. »In München sprach ich mit Xabi Alonso über die Premier League, und er sagte: ›Du musst dich anpassen. Es kommt auf die zweiten Bälle an, die zweiten Bälle!‹ Aber in Wahrheit muss man lernen, mit den zweiten Bällen, den dritten und den vierten Bällen umzugehen. Damit hatte ich mich vorher nie beschäftigt, denn in Barcelona oder in Spanien versuchen die Spieler mehr oder weniger, die Situationen spielerisch zu lösen. Deshalb gewannen sie Weltmeisterschaften, Europameisterschaften, Champions-League-Titel, die Europa League, jedes Mal, all die Jahre. In Deutschland war das Spiel körperbetont, aber nicht wie hier [...]. Die Mannschaften sind größer, stärker, physischer, und du musst dich anpassen und von diesen Bedingungen ausgehen.«

Nach einem 2:1-Sieg gegen Arsenal im Dezember 2016 erklärte Guardiola, er habe gezielt zweite Bälle trainieren lassen – und das sogar vor einem Spiel gegen eine technisch gute Mannschaft wie Arsenal. »In den letzten drei Tagen haben wir auf dem Trainingsplatz zweieinhalb Stunden am richtigen Verhalten bei zweiten Bällen gearbeitet«, erklärte er. »Es funktioniert. Hier gehört das zum Spiel. Man muss kompakt stehen, um die zweiten Bälle kontrollieren zu können, und in den letzten Spielen haben wir uns diesbezüglich verbessert.«

Auch Klopp wurde von der Realität in der Premier League überrascht, obwohl er sich in Deutschland wiederholt bewundernd über den »englischen Fußball« geäußert hatte. Besonders das Wetter und der Körpereinsatz waren eine Herausforderung für ihn. »Der englische Fußball ist nicht schneller als der deutsche – vielleicht gibt es hier ein paar Sprints mehr –, aber der Stil ist anders, was vor allem mit dem Wetter zu tun hat«, erklärte er. »Der Wind kann in England ziemlich extrem werden. Das kennen wir in Deutschland nicht, und es bedeutet, dass man einfache Lösungen finden muss. Ausländische Spieler müssen sich an den Wind gewöhnen, und auch ich muss meinen Fußballstil anpassen. Man ist oft gezwungen, die Dinge einfach zu halten. Und hier gibt es sehr viel mehr Zweikämpfe um die zweiten Bälle. Die englischen Schiedsrichter pfeifen anders als ihre deutschen Kollegen.«

Aus dieser Äußerung klingt Klopps Missfallen über die Härte der Zweikämpfe in England heraus. Seine Abneigung gegen überharten Körpereinsatz wurde unübersehbar, als Liverpool im Dezember 2018 gegen den von Sean Dyche trainierten FC Burnley antreten musste. Klopps Mannschaft gewann 3:1, verlor jedoch Joe Gomez durch einen Unterschenkelbruch, der den Verteidiger monatelang außer Gefecht setzte. »Wir haben das Spiel gewonnen, aber die körperlichen Attacken ab der ersten Minute, die Grätschen auf nassem Rasen – ich denke, der Schiedsrichter hätte wirklich früher etwas unternehmen müssen«, klagte Klopp hinterher. »Die Verletzungsgefahr ist groß. Das war hart. Man erwischt den Ball, sehr schön, aber es ist wie Bowling, denn man erwischt auch den Gegenspieler. Das ist vier- oder fünfmal passiert.«

Dyche, der Vertreter des altmodischen englischen Stils, wehrte sich. »Ich denke, das Timing in einigen Zweikämpfen war toll«, sagte er, um dann die in England weiterhin anerkannte traditionelle Spielweise zu verteidigen: »Du musst den Ball erobern, du musst den Gegenspieler attackieren. Ich glaube nicht, dass es in diesem Land viele Fans gibt, die ein körperloses Spiel sehen wollen.« Das war ein durchaus angebrachter Hinweis, jedenfalls wenn man die Vorlieben der englischen Fußballanhänger mit denen der deutschen oder spanischen verglich. Ausländer, die sich bei ihrer Ankunft in England ausschließlich auf die Technik stützen, seien es Spieler wie Cristiano Ronaldo oder Trainer wie Pep Guardiola, werden angehalten, sich eine gewisse Härte anzueignen. Natürlich wollen die englischen Fußballfans technisch begabte ausländische Spieler sehen, aber sie erwarten, dass sich die Ausländer der neuen Umgebung anpassen.

Mannschaften, die gegen den Abstieg kämpfen, sind weiterhin auf eine körperbetonte Spielweise, auf Zweikampfhärte, Standardsituationen und zweite Bälle angewiesen, aber auf der höchsten Ebene gehört dieser Zugang der Vergangenheit an. Und während der englische Fußball immer noch keine Spitzentrainer hervorgebracht hat, hat er eine Generation talentierter, technisch ausgezeichneter Spieler vorzuweisen, und das englische Nationalteam drang bei der WM 2018 bis ins Halbfinale vor – das beste Resultat seit der Gründung der Premier League.

Nationaltrainer Gareth Southgate, der den Posten nach Sam Allardyces unrühmlichem Abschied beinahe zufällig erbte, konzentrierte sich darauf, eine Mannschaft mit technisch begabten Akteuren aufzubauen, darunter zahlreiche junge Spieler, die in der U-21 auf sich aufmerksam gemacht hatten. Southgate galt bei seiner Ernennung nicht als Startrainer – sieht man von der U-21-Nationalmannschaft ab, hatte er lediglich eine Zeit auf der Bank von Middlesbrough vorzuweisen, die bereits ein Jahrzehnt zurücklag; unter seiner Führung war der Klub abgestiegen, und nach wenigen Monaten in der zweitklassigen Championship musste Southgate gehen. Aber seine gut durchdachte Strategie machte ihn unerwartet zum Nationalhelden und sicherte den Three Lions neue Sympathien. Die Einflüsse der führenden Premier-League-Trainer auf seinen Ansatz waren unübersehbar.

England spielte bei der WM 2018 in einem ungewöhnlichen System, einem 3-5-2, das manchmal auch als 3-3-2-2 beschrieben wurde. In der Torwartfrage machte es Southgate Guardiola nach und strich Joe Hart, der in der WM-Qualifikation noch regelmäßig im Tor gestanden hatte, nicht nur aus der Startaufstellung, sondern gleich aus dem Kader für das Turnier. Stattdessen schenkte er Jordan Pickford vom FC Everton das Vertrauen, weil dieser gut am Ball war und die Stürmer mit präzisen Abschlägen in Szene setzen konnte.

In der Abwehr spielte England zum ersten Mal seit Southgates aktiver Zeit mit einer Dreierkette. Wenige Jahre früher wäre das noch fast undenkbar gewesen, aber da fast jede englische Spitzenmannschaft mittlerweile mit dem von Conte auf der Insel eingeführten System experimentiert hatte, war es durchaus sinnvoll. Gary Cahill, der unter Conte bei Chelsea regelmäßig auf der linken Seite in der Dreierkette gespielt hatte, gehörte dem Kader zwar an, aber Southgate bevorzugte Harry Maguire von Leicester. John Stones, der sich unter Guardiola bei Manchester City weiterentwickelt hatte, diente als Anspielstation und brachte den Ball gut nach vorn, während sein Vereinskollege Kyle Walker, der manchmal in der Dreierkette aushalf, rechts spielte. Früher hatte Walker als echter offensiver Außenverteidiger gegolten, und Southgate hätte ihn in der Nationalmannschaft kaum auf die defensivere Position gestellt, wenn er ihn nicht bei Manchester City dort gesehen hätte.

Kieran Trippier und Ashley Young wurden als Außenverteidiger den naheliegenden Optionen Walker und Danny Rose vorgezogen, was vor allem an ihren Fähigkeiten bei Standardsituationen lag. Sie waren der englischste Bestandteil der Mannschaft, und sechs der elf Tore Englands im Turnier entsprangen Freistößen und Eckbällen; dazu kamen drei Elfmeter.

Die Entwicklungen in der Premier League wirkten sich auch auf die Struktur des englischen Mittelfelds aus. Jordan Henderson war der einzige defensiv ausgerichtete Spieler in dieser Zone, eine Rolle, die er bei Liverpool erst nach Klopps Ankunft übernommen hatte. Neben ihm agierten Dele Alli von Tottenham und Jesse Lingard von Manchester United. Beide galten als abenteuerlustige Spieler, die eher in der offensiven Reihe eines 4-2-3-1 als im zentralen Mittelfeld zu Hause waren. Aber Guardiolas technischer Ansatz bei Manchester City hatte die englische Vorstellung von einem Mittelfeldtrio beeinflusst, weshalb Alli und Lingard als »freie Achter« spielten, um De Bruynes Ausdruck zu verwenden: Sie stießen unentwegt ohne Ball hinter die gegnerische Abwehr vor. In der Spitze war Harry Kane gesetzt, der Torschützenkönig der WM-Endrunde wurde, obwohl seine vorrangige Rolle im Spiel darin bestand, Räume für Raheem Sterling zu öffnen, der sich unter Guardiola daran gewöhnt hatte, als zentrale Spitze eingesetzt zu werden.

Man darf den Siegeszug, der England bis ins Halbfinale führte, nicht überbewerten. Die Three Lions besiegten lediglich Tunesien, Panama und Schweden und spielten gegen eine ordentliche kolumbianische Mannschaft unentschieden, bevor sie sich gegen ihre Gewohnheit im Elfmeterschießen durchsetzten. Hingegen unterlagen sie den Schwergewichten Kroatien und Belgien. Sie besiegten in diesem Turnier keinen wirklichen Titelkandidaten. Doch nach der WM errang England einen vielversprechenden 3:2-Auswärtssieg gegen Spanien in der neu eingeführten Nations League. In dieser Partie kombinierten Kane, Sterling und Marcus Rashford ausgezeichnet, und dank mehrerer schöner Konter ging England mit einer 3:0-Führung in die Pause. Die Mannschaft bewies taktische Intelligenz sowie Präzision bei ihren schnellen Kontern, und obendrein stellte Eric Dier mit einem rustikalen Körpereinsatz gegen Sergio Ramos, der ihm früh eine gelbe Karte einbrachte, die Traditionalisten zufrieden. »Das schöne Spiel? Nein. Wir hetzen die britische Bulldogge auf sie«, lautete die prägnante Analyse von Burnley-Trainer Dyche. »Praktisch alle Kommentatoren erklärten, Diers Tackling habe dem Spiel eine Wende gegeben. Ein Tackling? Ist das denn erlaubt? Wir hören seit Ewigkeiten, dass der Spielausgang davon abhängt, ob du vierhundert Pässe spielen kannst. Wer kann sich noch erinnern, wann er das letzte Mal gehört hat, dass ein Tackling über den Spielausgang entschied? Wer weiß, vielleicht beginnt jetzt eine Revolution, und wir dürfen wieder den Körper einsetzen.«

In der Saison 2019/20 kam es in der Premier League zu einer Art Renaissance britischer Trainer. Nun bekamen jedoch nicht länger die üblichen Verdächtigen die üblichen Jobs, sondern eine Generation aufregender neuer Coaches betrat die Bühne. Chelsea verpflichtete Frank Lampard, der angesichts einer Transfersperre aus der Not eine Tugend machte und einer Reihe englischer Youngster sein Vertrauen schenkte, darunter dem Angreifer Tammy Abraham, dem Spielmacher Mason Mount sowie den Verteidigern Reece James und Fikayo Tomori. Nachdem der Klub seine Nachwuchsakademie jahrelang sträflich vernachlässigt hatte, schien der Verein nun eine klarer definierte Identität zu entwickeln.

Der Nordire Brendan Rodgers wiederum kehrte nach einer erfolgreichen Zeit bei Celtic Glasgow in die Premier League zurück und baute in Leicester eine attraktive Mannschaft auf. Jamie Vardy konnte im Sturm wieder glänzen, außerdem setzte Rodgers mit James Maddison und Youri Tielemans zwei, mit Kevin De Bruyne gesprochen, »freie Achter« ein, die aus dem Mittelfeld in den Angriff vorstießen. Dean Smith implementierte bei Aston Villa mit Jack Grealish und John McGinn auf den Achterpositionen ein ähnliches System.

Doch es gab noch zwei weitere, erfrischend neue englische Gesichter in der Premier League. Brighton ernannte Graham Potter, der sich in Schweden einen Namen gemacht hatte, wo er Östersunds FK mit einem proaktiven, ballbesitzorientierten Ansatz aus der vierten Liga in die Europa League geführt hatte. Potter unterzog das Team, das zuvor unter Chris Hughton eher defensiv agiert hatte, einer Generalüberholung und schuf eine taktisch abenteuerlustige Mannschaft mit vielen guten Technikern und mehreren Spielmachern, die immer wieder unvermittelt zwischen den gegnerischen Linien auftauchten. Den vielleicht innovativsten Ansatz gab es jedoch bei Sheffield United zu bestaunen. Chris Wilder, der mit den Blades aus der dritten Liga in die Premier League aufgestiegen war, setzte auf ein ungewöhnliches 3-5-2-System, in dem die äußeren der drei Verteidiger, Jack O'Connell und Chris Basham, immer wieder auf den Außenbahnen vorstießen. Diese Läufe waren Teil einer Strategie, die darauf abzielte, Überzahlsituationen auf den Seiten herzustellen, und hatten Wilders Team schon in der Aufstiegssaison beträchtlichen Beifall eingebracht. Das System erwies sich auch in der Premier League als erfolgreich, und die Blades entwickelten sich bereits in ihrer ersten Spielzeit zu einem ernsthaften Anwärter auf einen Europapokalplatz.

All diese Beispiele deuteten darauf hin, dass sich der englische Fußball im Großen und Ganzen in Richtung einer positiven, technischen Spielweise bewegte. In den letzten Jahren wurde zudem versucht, genau zu definieren, wie englische Mannschaften spielen sollten: Die FA hat unter dem Titel »England-DNA« eine Reihe von Leitlinien herausgegeben, in denen »die Spiel- und Trainingsphilosophie englischer Mannschaften« beschrieben ist.

In diesen Leitlinien heißt es, die im deutschen Modell betonte Konzentration auf das Pressing sei »ein wichtiger Bestandteil der England-DNA«, und auch der spanische Stil findet Anerkennung: »Englische Teams versuchen, den Ballbesitz zu dominieren.« Die englischen Nachwuchszentren bringen mittlerweile so wie die portugiesischen zahlreiche Flügelspieler hervor, und die englische Nationalmannschaft ist wie die französische mit zahlreichen schnellen Spielern gesegnet. Im Dokument »England-DNA« ist auch der für die Arbeit des italienischen Nachwuchszentrums in Coverciano charakteristische Grundsatz festgehalten, »eine Vielfalt von Spielstilen und Formationen« zu entwickeln. Und den englischen Torhütern wird in Anlehnung an die niederländische Spielweise eine »Schlüsselrolle« im Ballbesitzspiel zugesprochen.

Im Grunde ist die »DNA des englischen Fußball« nichts anderes als eine Synthese aus verschiedenen modernen europäischen Spielstilen – was in England passiert, spiegelt lediglich die Trends im übrigen Europa wider, das Land erweist sich als Importeur von Ideen. Es lohnt, sich Charles Hughes' Einschätzung aus dem Jahr 1990 in Erinnerung zu rufen, laut der sich der Weltfußball dreißig Jahre lang in die falsche Richtung bewegt habe. Heute machen sich die Engländer nicht länger über das lustig, was im internationalen Fußball in den letzten drei Jahrzehnten passiert ist, sondern sie nutzen diese Entwicklungen als Inspiration auf der Suche nach einer eigenen Identität.

Nachwort

In gewissem Sinn hat die fußballerische Identität eines Landes heute geringere Bedeutung als je zuvor. Nachdem es ein Vierteljahrhundert lang kein Champions-League-Sieger geschafft hatte, den Titel zu verteidigen, holte sich Real Madrid mit Trainer Zinédine Zidane zwischen 2016 und 2018 dreimal in Folge den Henkelpott.

Eine fußballerische Identität dieser Mannschaft war jedoch kaum zu erkennen, und ihre Spielweise hatte keine Beziehung zum Stil eines bestimmten Landes. Real Madrid war weder eine typisch spanische Mannschaft, noch spielte sie im Stil des Heimatlandes ihres Trainers, so wie Johan Cruyffs Barcelona niederländisch oder Fabio Capellos Real Madrid italienisch gewirkt hatte. Zidane war Franzose, aber seine Spielweise hatte sich in Italien und später in Spanien erheblich verändert.

Auch die Spieler Reals kamen aus zahlreichen Ländern. Der Torhüter war aus Costa Rica, die Abwehrspieler stammten aus Spanien, Frankreich und Brasilien, im Mittelfeld zogen ein Brasilianer, ein Kroate und ein Deutscher die Fäden, und im Sturm tummelten sich abhängig von der Taktik, die Zidane für eine Partie wählte, Spieler aus Portugal, Frankreich, Wales und Spanien. Dies war die vielleicht kosmopolitischste Elf der modernen Ära, aber angesichts von drei Europapokaltriumphen in Serie beklagten sich die Fans nicht darüber, dass die Mannschaft nicht ausgeprägt spanisch spielte – und tatsächlich überhaupt keinen erkennbaren Stil hatte.

Aber die Fußballanhänger wollen nicht nur, dass ihre Mannschaft Trophäen gewinnt. Die Fans besingen vergangene Triumphe, aber sie besingen auch die Geschichte ihres Klubs und den Stolz auf ihre Heimat. Das kommt teilweise darin zum Ausdruck, dass die Anhänger von ihrer Mannschaft verlangen, so zu spielen, wie der Klub traditionell gespielt hat – und diese Identität wird zweifellos davon geprägt, in welchem Land eine Mannschaft spielt.

Sogar Johan Cruyff, der dogmatischste Philosoph des modernen Fußballs, dessen Vorstellung von der richtigen Spielweise überall auf dem Kontinent Anhänger gefunden hat, forderte, der Stil einer Mannschaft müsse der Mentalität ihrer Heimat entsprechen: »Um sich zu verbessern, darf man nicht kopieren, was in Spanien oder Italien passiert, sondern man muss sich selbst betrachten. Und sich selbst zu betrachten bedeutet, die eigenen Fähigkeiten zu erkennen und die eigenen Mängel zu beheben. Man kann nicht verlangen, dass ein Deutscher wie ein Holländer oder ein Italiener spielt«, sagte er. »Ich kann nicht als Holländer in England oder Italien auftauchen und so Fußball spielen, wie es mir gefällt. Nein. Man spielt den Fußball, den das Publikum sehen will.«

Auch die Uefa spricht sich für stilistische Heterogenität aus: »Die Mission der Uefa für den Basisfußball beruht auf der grundlegenden Überzeugung, dass der Fußball allen gehört«, erklärte der europäische Verband im Jahr 2018. »Da die Stärke des Fußballs in seiner Basis liegt, ist die Uefa zudem davon überzeugt, dass es unerlässlich ist, die lokalen, regionalen und nationalen Identitäten des Fußballs zu erhalten.« Die Verantwortlichen sind bemüht, dafür zu sorgen, dass sich die Mannschaften zu ihren Wurzeln bekennen und weiterhin vielfältige Stile pflegen.

Diese Vielfalt ist nicht nur für den Fußball selbst wichtig. Dieser Sport ist für Millionen Menschen in Europa die beste Möglichkeit, etwas über ihre Nachbarländer zu lernen. Ob das Thema nun das liberale niederländische Bürgertum, das multikulturelle Frankreich oder der katalanische Separatismus ist: Der Fußball und der fußballerische Stil sind oft das Erste, was

Menschen über andere Länder lernen. Dieser Sport ist ein Fenster zu anderen Kulturen und ein wertvolles Artefakt. Im europäischen Fußball stehen Länder einander als Gegner gegenüber, aber die Auseinandersetzung dauert nur neunzig Minuten. In einem umfassenderen Sinn trägt der Fußball dazu bei, die Nationen einander näherzubringen.

Ausgewählte Literatur

Agnew, Paddy, *Forza Italia. The Fall and Rise of Italian Football*, London: Ebury 2006.
Ancelotti, Carlo, *Il mio albero di Natale. Storia e schemi dell'allenatore più vincente in Europa*, Mailand: Rizzoli 2013.
Ancelotti, Carlo, *Quiet Leadership. Wie man Menschen und Spiele gewinnt*, München: Penguin 2017.
Auclair, Philippe, *Thierry Henry. Lonely at the Top: A Biography*, London: Macmillan 2012.
Balagué, Guillem, *Pep Guardiola. Die Biografie*, München: Bertelsmann 2012.
Balagué, Guillem, *Messi*, London: Orion 2013.
Balagué, Guillem, *Cristiano Ronaldo*, London: Orion 2016.
Ball, Phil, *Morbo: The Story of Spanish Football*, London: WSC Books 2001.
Barend, Fritz, *Ajax, Barcelona, Cruyff: The ABC of an Obstinate Maestro*, London: Bloomsbury 1998.
Bergkamp, Dennis, *Stillness and Speed: My Story*, London: Simon & Schuster 2013.
Bliss, Dominic, *Erbstein: Football's Forgotten Pioneer*, London: Blizzard Books 2014.
Borst, Hugo, *O, Louis: In Search of Louis van Gaal*, London: Yellow Jersey Press 2014.
Brassell, Andy, *All or Nothing: A Season in the Life of the Champions League*, Oxford: Trafford 2006.
Burke, Greg, *Parma: A Year in Serie A*, London: Gollancz 1998.
Burns, Jimmy, *Barca: A People's Passion*, London: Bloomsbury 2000.
Burns, Jimmy, *La Roja. Eine Geschichte des spanischen Fußballs*, Göttingen: Verlag Die Werkstatt 2013.
Caioli, Luca, *Ronaldo. Die Geschichte eines Besessenen*, Göttingen: Verlag Die Werkstatt 2018.
Cameron, Colin, *Football, Fussball, Voetbal*, London: BBC 1995.
Condò, Paolo, *Duellanti*, Mailand: Baldini & Castoldi 2016.
Cox, Michael, *The Mixer: The Story of Premier League Tactics, from Route One to False Nines*, London: HarperCollins 2017.
Cruyff, Johan, *Mein Spiel*, 2. Aufl., München: Droemer 2016.
Dauncey, Hugh und Geoff Hare, *France and the 1998 World Cup*, London: Frank Cass 1999.
Della Pietra, Ray und Giancarlo Rinaldi, *Football Italia*, London: Virgin 1993.
Desailly, Marcel, *Capitaine*, Paris: Stock 2002.
Digby, Adam, *Juventus. A History in Black and White*, Huddersfield: Ockley Books 2015.
Djorkaeff, Youri, *Snake*, Paris: Editions Grasset 2006.
Duff, Alex und Tariq Panja, *Football's Secret Trade: How the Player Transfer Market Was Infiltrated*, Chichester: John Wiley & Sons 2017.

Dugarry, Christophe, *Le foot*, Paris: Editions Hugo & Cie 2009.
Eriksson, Sven-Göran, *Sven: My Story*, London: Headline 2013.
Escher, Tobias, *Vom Libero zur Doppelsechs. Eine Taktikgeschichte des deutschen Fußballs*, Reinbek: Rowohlt 2016.
Ferguson, Sir Alex, *Meine Autobiografie*, Hamburg: Edel Books 2014.
Fieldsend, Daniel, *The European Game. The Secrets of European Football Success*, Edinburgh: Arena 2017.
Fitzpatrick, Richard, *El Clasico: Barcelona v Real Madrid*, London: Bloomsbury 2012.
Foot, John, *Calcio: A History of Italian Football*, London: HarperCollins 2006.
Fort, Patrick und Jean Philippe, *Zidane. De Yazid à Zizou*, Paris: Editions de l'Archipel 2017.
Franck, Dan, *Zidane. Le roman d'une victoire*, Paris: Editions Robert Laffont & Plon 1999.
Glanville, Brian, *The Story of the World Cup*, London: Faber & Faber 2014.
Goldblatt, David, *The Ball Is Round: A Global History of Soccer*, London: Penguin 2007.
Gullit, Ruud, *How to Watch Football*, London: Penguin 2016.
Hawkey, Ian, *Di Stéfano*, London: Ebury 2016.
Hesse, Ulrich, *Tor! The Story of German Football*, London: WSC Books 2002.
Hesse, Uli, *Bayern. Creating a Global Superclub*, London: Yellow Jersey Press 2016.
Honigstein, Raphael, *Der vierte Stern. Wie sich der deutsche Fußball neu erfand*, Berlin: Ullstein 2016.
Honigstein, Raphael, *»Ich mag's, wenn's kracht«. Jürgen Klopp*, Berlin: Ullstein 2017.
Hunter, Graham, *Barca: The Making of the Greatest Team in the World*, Glasgow: BackPagePress 2012.
Hunter, Graham, *Spain: The Inside Story of La Roja's Treble*, Glasgow: BackPagePress 2013.
Ibrahimović, Zlatan, *Ich bin Zlatan. Meine Geschichte*, München: Malik 2013.
Iniesta, Andrés, *The Artist: Being Iniesta*, London: Headline 2016.
Jankowski, Timo, *Matchplan Fußball. Mit der richtigen Taktik zum Erfolg*, Aachen: Meyer & Meyer Sport 2014.
King, Jeff, *Bobby Robson's Year at Barcelona*, London: Virgin 1997.
Kormelink, Henny, *Die Trainingsphilosophie von Louis van Gaal und den Ajax-Trainern*, Leer: bfp Versand Anton Lindemann.
Kundert, Tom, *A Journey through Portuguese Football*, Lissabon: Chiado 2013.
Kundert, Tom, *The Thirteenth Chapter: From Eusébio to Ronaldo – Portugal's 50-Year Journey from Football Minnows to European Champions*, Lissabon: Chiado 2017.
Kuper, Simon, *Football against the Enemy. Oder: Wie ich lernte, die Deutschen zu lieben*, Göttingen: Verlag Die Werkstatt 2009.
Kuper, Simon, *The Football Men: Up Close with the Giants of the Modern Age*, London: Simon & Schuster 2007.
Lahouri, Besma, *Zidane: Une vie secrète*, Paris: Flammarion 2008.
Lawrence, Amy, *Invincible: Inside Arsenal's Unbeaten 2003-2004 Season*, London: Penguin 2014.

Lebouef, Frank, *Destin, quand je te tiens*, Paris: Flammarion 2002.
Lehmann, Jens, *Der Wahnsinn liegt auf dem Platz*, Köln: Kiepenheuer und Witsch 2010.
Lizarazu, Bixente, *Lizarazu*, Paris: Grasset 2007.
Lourenço, Luis, *José Mourinho – Made in Portugal: The Official Biography*, Stockport: Dewi Lewis 2004.
Lowe, Sid, *Fear and Loathing in La Liga: Barcelona vs. Real Madrid*, London: Yellow Jersey Press 2013.
Lyttleton, Ben, *Elfmeter. Die Kunst des perfekten Strafstoßes*, Göttingen: Verlag Die Werkstatt 2015.
Lyttleton, Ben, *Edge: Leadership Secrets from Football's Top Thinkers*, London: HarperCollins 2017.
Makélélé, Claude, *Tout simplement*, Paris: Editions Prolongation 2009.
Marcotti, Gabriele, *Capello: Portrait of a Winner*, London: Transworld 2010.
Martin, Simon, *Sport Italia: The Italian Love Affair with Sport*, London: Taurus 2011.
Meijer, Martin, *Guus Hiddink: Going Dutch*, London: Random House 2006.
Meijer, Martin, *Louis van Gaal: The Biography*, London: Ebury 2014.
Michels, Rinus, *Teambuilding*, Leeuwarden: Uitgeverij Eisma 2001.
Montague, James, *The Billionaires Club: The Unstoppable Rise of Football's Super-Rich Owners*, London: Bloomsbury 2017.
Neveling, Elmar, *Jürgen Klopp. Echte Liebe*, München: Copress 2011.
Özil, Mesut, *Die Magie des Spiels. Und was du brauchst, um deine Träume zu verwirklichen*, Köln: Bastei Lübbe 2017.
Perarnau, Marti, *Herr Guardiola. Das erste Jahr mit Bayern München*, München: Kunstmann 2014.
Perarnau, Marti, *Pep Guardiola. Das Deutschland-Tagebuch*, Wals: Ecowin 2016.
Petit, Emmanuel, *À fleur de peau*, Paris: Editions Prolongations 2008.
Pires, Robert, *Footballeur: An Autobiography*, London: Yellow Jersey Press 2004.
Pirlo, Andrea, *Ich denke, also spiele ich*, München: Riva 2015.
Ramsay, Arnaud, *Laurent Blanc*, Paris: Editions Fetjaine 2012.
Reng, Ronald, *Matchdays. The Hidden Story of the Bundesliga*, London: Simon & Schuster 2013.
Rinaldi, Giancarlo, *I Classici del calcio*, Dumfries: Selbstverlag 2015.
Rivoire, Xavier, *Arsène Wenger: The Authorised Biography*, London: Aurum Press 2007.
Rouch, Dominique, *Didier Deschamps: Vainqueur dans l'âme*, Paris: Edition 1 2001.
Ruhn, Christov, *Le Foot: The Legends of French Football*, London: Abacus 2000.
Sacchi, Arrigo, *Calcio totale*, Mailand: Mondadori 2006.
Saha, Louis, *Thinking Inside the Box: Reflections on Life as a Premier League Footballer*, Kingston upon Thames: Vision 2012.
Seban, Alexandre, *Les bleus à l'Euro*, Paris: De Boeck Superieur 2016.
Siguero, Santiago, *Zinedine Zidane: Magia blanca*, Madrid: Al Poste 2015.
Theiner, Egon und Elisabeth Schlammerl, *Trapattoni*, Wien: Egoth Verlag 2008.
Thuram, Lilian, *8 Juillet 1998*, Paris: Anne Carriere 2004.

Torres, Diego, *The Special One: The Dark Side of José Mourinho*, London: HarperCollins 2014.
Totti, Francesco, *Mo je faccio er cucchiaio*, Mailand: Mondadori 2006.
Trapattoni, Giovanni, *Coaching High Performance Soccer*, Spring City: Reedswain 1999.
Trezeguet, David, *Bleu ciel*, Paris: Hugo Sport 2016.
Vella, Christian, *Roger Lemerre: Les Bleu au cœur*, Paris: Editions du Felin 2002.
Vialli, Gianluca, *The Italian Job: A Journey to the Heart of Two Great Footballing Cultures*, London: Transworld Press 2006.
Vieira, Patrick, *Vieira: My Autobiography*, London: Orion 2006.
Wahl, Grant, *Football 2.0. How the World's Best Play the Modern Game*, Glasgow: BackPage 2018.
Williams, Tom, *Do You Speak Football? A Glossary of Football Words and Phrases from Around the World*, London: Bloomsbury 2018.
Wilson, Jonathan, *Revolutionen auf dem Rasen. Eine Geschichte der Fußballtaktik*, Göttingen: Verlag Die Werkstatt 2012.
Wilson, Jonathan, *Outsider. Eine Geschichte des Torhüters*, Göttingen: Verlag Die Werkstatt 2014.
Wilson, Jonathan, *Angels with Dirty Faces: The Footballing History of Argentina*, London: Orion 2016.
Winner, David, *Oranje brillant. Das neurotische Genie des holländischen Fußballs*, Köln: Kiepenheuer & Witsch 2008.
Zauli, Alessandro, *Soccer: Modern Tactics*, Auburn Hills: Data Reproductions 2002.

Dank

Ein weiteres Mal ist es ein großes Vergnügen gewesen, mit Jack Fogg und seinen Kollegen bei HarperCollins zusammenzuarbeiten. Ich danke Mark Bolland, Simon Gerratt und Alan Cracknell für ihre unverzichtbare Arbeit hinter den Kulissen. Simeon Greenaway schulde ich Dank für das Design eines weiteren wunderbaren Covers. Orlando Mowbray und Josie Turner bin ich dankbar für ihre Marketing- und PR-Arbeit. Meinem Literaturagenten Chris Wellbelove danke ich dafür, dass er mich ermutigte, ein zweites Buch in Angriff zu nehmen.

Ich schulde zahlreichen Personen Dank, die den Großteil der Recherchen angestellt haben, auf denen dieses Buch beruht. Vielen dieser Personen bin ich nie begegnet. Ahmed Abdel-Hamid half mir dabei, Dutzende Spiele auf Video zu studieren, und lieferte mir detaillierte taktische Analysen. Ich danke ihm sehr für seine Unterstützung und dafür, dass er mir während der Afrikameisterschaft Ägypten gezeigt hat.

Ich brauchte auch oft Hilfe bei der Übersetzung wichtiger Texte. Besonders schwierig war der Abschnitt über Italien: Alessandro Pugliese, Steve Mitchell und Gregory Caltabanis stellten ausgezeichnete Zusammenfassungen von Spielzeiten in der Serie A zusammen, und Jan Mazza übersetzte Interviews für mich. Will Beckman stellte umfangreiche Nachforschungen an und wusste von Haus aus viel über den italienischen Fußball. Jack Unwin gab mir Zugang zum umfangreichen Archiv von *Football Italia* in London. London Kim stellte mir ein bemerkenswert detailliertes Dossier über die Geschichte von Juventus Turin in den neunziger Jahren zur Verfügung.

Priya Ramesh half mir im Gegenzug dafür, dass ich ihr bei einem Auftritt von Wolf Alice ein paar Bier spendierte, beim

Abschnitt über die Niederlande, und Ali Maxwell verbrachte seinen »freien« Sommer damit, die französische Fußballliteratur zu durchforsten, um die Makélélé-Rolle richtig zu verstehen. Tiago Estevao klärte mich über den portugiesischen Fußball auf, und Rob Hunt war so freundlich, einige Interviews zu übersetzen. Lewis Ambrose übersetzte einige wichtige deutsche Texte für mich, und Tom Ross steuerte einige Korrekturen bei.

Ich danke Jack Lang, Rupert Cane, Duncan Alexander, Tom Williams, Rupert Fryer, Luke Lacey, Mark Sadler, Rob Fielder und Frida Fagerlund für die bereitwillige Beantwortung meiner Fragen. Jamie Cutteridge brachte mehr als hundert Ausgaben des Magazins *World Soccer* von Poole zu einem Spiel des FC Kingstonian. Das Video zu »Hard to Explain« von den Strokes inspirierte mich dazu, den Abschnitt über England als »Rückblende« zu gestalten.

Die Bibliografie enthält eine ausführliche Liste meiner Quellen, aber ich möchte die Arbeiten von David Winner, Tom Kundert, Guillem Balague, Graham Hunter, Marti Perarnau und Raphael Honigstein hervorheben, die maßgebliche Bücher über die hier behandelten Länder und Mannschaften geschrieben haben. Ich lernte auch viel von René Marić und Adin Osmanbasic, die das Niveau der taktischen Analyse im Internet deutlich gehoben haben.

Ich möchte auch jenen danken, die in all den Jahren über den europäischen Fußball berichtet haben: James Richardson hat vielen von uns mit seiner Sendung *Football Italia* eine neue Welt erschlossen, und auch die Arbeit von Simon Kuper, David Goldblatt, Gabriele Marcotti, Andy Brassell und Jonathan Wilson ist eine große Inspiration. Es war ein Vergnügen, Artikel aus drei Jahrzehnten im Magazin *World Soccer* zu studieren, das eine großartige Informationsquelle ist und in den Tagen vor dem Internet im Grunde die einzige Publikation war, in der sich britische Liebhaber dieses Sports über den ausländischen Fußball informieren konnten.

Außerdem danke ich all den Personen, denen ich bereits in meinem vorhergehenden Buch dankte, und zwar aus denselben Gründen wie damals, obwohl meine Eltern besondere Erwähnung verdienen, weil sie mir beharrliche moralische Unterstützung gegeben haben und weil sie einen funktionierenden Drucker besitzen. Ich danke auch den Machern von der *Totally Football Show*, die mir die Möglichkeit gaben, meine Mitarbeit an der Sendung zweimal für einen Monat zu unterbrechen, um dieses Buch fertigzustellen.

Schließlich danke ich all denen, die mir Feedback zu meinem ersten Buch *The Mixer* gegeben haben. Es war sehr lehrreich, die Rezensionen auf Amazon und Goodreads zu lesen, den Instagram-Hashtag zu verfolgen und zu beobachten, welche Abschnitte in der E-Book-Ausgabe besonders häufig markiert wurden. Die positiven Kommentare der Leser zu jenem ersten Buch bewegten mich dazu, zwei Jahre kaum etwas anderes zu machen, als an diesem hier zu arbeiten.

Namenregister

Abraham, Tammy 518
Abramowitsch, Roman 227, 235
AC/FC Parma *siehe* Parma Calcio
Agüero, Sergio 352, 359, 452, 492, 504, 506
Ajax Amsterdam 13-24, 26, 32, 34-37, 39-43, 45-53, 56-63, 67-75, 78-80, 85, 88, 91, 94, 97, 104f., 117, 217, 283, 324, 332, 446, 488-492, 500
Alaba, David 402, 425, 439, 463, 465, 467f.
Alba, Jordi 336, 368
Albertini, Demetrio 124, 431
Alberto, Carlos 93, 249, 257, 260
Alcántara, Thiago 324, 391, 419, 468
Alderweireld, Toby 488f., 491
Alexander-Arnold, Trent 511f.
Algerien (Nationalmannschaft) 413, 455, 459-461
Allardyce, Sam 482-484, 516
Alonso, Xabi 315, 319, 326f., 329, 332-335, 371, 373, 380f., 388, 410, 423f., 442, 447f., 458, 494f., 513
Alves, Dani 324, 371, 373f., 378, 384, 386, 389-391
Amoroso, Márcio 121f., 129f.
Amoruso, Nicola 92, 105
Ancelotti, Carlo 70, 90, 114-116, 134, 136, 144, 158, 202, 240, 375
Anderson 276f.
Anderson, Sonny 34, 185
Anelka, Nicolas 170-174, 176-178, 184, 186f., 196, 260, 498
Aragonés, Luis 316-319, 325f., 329, 331, 339f., 350f.
Arbeloa, Álvaro 371, 373, 388
Argentinien (Nationalmannschaft) 45, 72f., 178, 182, 210, 331, 342f., 346, 348f., 394, 396, 409, 414, 450-452, 457, 473f.

Arsenal London 49, 79, 164, 171-179, 183, 185, 205-207, 222-224, 226f., 240, 242, 274, 289f., 293, 297, 314, 320, 410, 422, 435f., 439, 456, 468, 476f., 494, 497f., 514
Athletic Bilbao 25, 340, 344, 363, 367, 440
Atlético Madrid 97, 106, 156, 316, 322, 341, 343, 359, 367, 370, 489
Aubameyang, Pierre-Emerick 425, 497f.
AJ Auxerre 20, 59, 178f., 181
Ayala, Roberto 72, 130, 158, 457

Baggio, Dino 113
Baggio, Roberto 87, 102, 111-113, 115f., 130-132, 134, 138-140, 154, 191, 195
Baía, Vítor 196, 248, 260f.
Ballack, Michael 428, 453
FC Barcelona 8, 13, 15, 17-20, 23-33, 36, 40f., 52, 63-66, 68, 70, 74-77, 79, 86, 93-96, 122, 191, 217, 226, 241, 274, 282-285, 287, 292, 297, 299, 303-305, 309, 311-316, 319-330, 332f., 335-337, 340-349, 351, 353-364, 366-393, 395, 400-403, 405f., 418-425, 432-434, 438-441, 446f., 451, 462, 467, 474, 481, 488-490, 492f., 496, 503f., 510f., 513, 521
Baresi, Franco 70, 141, 151f., 431
SSC Bari 89, 117, 138, 493
Barjuán, Sergi 77, 86
Barthez, Fabian 169, 176, 186, 207, 232
Basham, Chris 519
Basten, Marco van 13, 45, 47f., 71, 145, 212, 289
Batistuta, Gabriel 124, 127-129, 281
Bayer Leverkusen 97, 188, 208, 416
Bayern München 8, 36, 74, 76, 97, 99-101, 185, 315, 324, 366, 394-396, 400-408,

417-425, 435, 437-440, 443-448, 450-454, 456, 458 f., 462-470, 473-475, 492, 503-506
Beckenbauer, Franz 67, 185, 212, 216, 422, 427 f., 430, 449 f., 461
Beckham, David 206, 230, 271
Begiristain, Txiki 29, 303 f.
Benatia, Medhi 462
Benfica Lissabon 71, 142, 149 f., 228, 235, 243, 254, 256, 261 f., 275-277, 280, 285, 288, 313, 488
Bento, Paulo 196, 281, 335
Benzema, Karim 371, 386, 388, 390, 422
Bergkamp, Dennis 13, 17, 45-50, 72 f., 75, 173, 193, 224
Bergomi, Giuseppe 141, 148, 156
Berlusconi, Silvio 127, 133, 161, 197
Bernat, Juan 458, 462 f.
Bielsa, Marcelo 178, 440, 491
Bierhoff, Oliver 120-126, 133
Birindelli, Alessandro 86 f., 108 f.
Blanc, Laurent 158, 169 f., 174, 178
Blankenburg, Horst 68
Błaszczykowski, Jakub 404, 406 f., 434
Blind, Danny 23, 51, 53, 62, 69, 71 f., 104 f.
Boateng, Jérôme 420, 425, 444, 451, 458 f., 462
Boban, Zvonimir 52, 124-127, 132 f., 191
Boer, Frank de 51, 53, 72-74, 79, 104
Boer, Ronald de 44, 52 f., 62, 85
Bokšić, Alen 92 f., 104, 106, 117, 137
FC Bologna 110, 115, 122, 130
Bommel, Mark van 313, 320, 332 f., 453
Bonucci, Leonardo 493-495
Borussia Dortmund 91, 103, 106, 366, 395, 403-408, 419 f., 423-425, 431, 433-439, 441-447, 449, 466, 473, 475, 497, 507 f.
Braafheid, Edson 74
Brasilien (Nationalmannschaft) 113, 145, 169 f., 192, 205, 210 f., 228, 262, 265-268, 274, 279, 348, 396, 400, 413 f., 416 f., 448, 472, 512
Bravo, Claudio 490, 506

Brehme, Andreas 154
Brescia Calcio 118, 120, 122, 139, 310
Brighton & Hove Albion 519
Buffon, Gianluigi 124 f., 139, 155, 160, 211
FC Burnley 483, 514, 518
Busquets, Carles 63-65, 77, 314
Busquets, Sergio 63, 314 f., 321, 323-329, 331, 333 f., 354, 357, 359 f., 368, 372, 389, 440, 447, 462, 504
Butragueño, Emilio 76, 340

Cafu 86, 128 f., 132, 512
Cagliari Calcio 92, 120, 138
Cannavaro, Fabio 125, 141, 148, 156, 159 f., 353
Cantona, Eric 178, 221
Capdevila, Juan 317 f.
Capello, Fabio 52, 95-100, 128, 145, 158, 310, 521
Carlos, Roberto 86, 96, 98, 152, 208, 229-231, 512
Carvalho, Ricardo 247 f., 260, 269, 294, 376
Casillas, Iker 211, 333, 374, 384, 386-388
Celta Vigo 30, 33, 228, 232
Chapuisat, Stéphane 106
FC Chelsea 42, 66, 115, 223, 226 f., 230 f., 233-236, 240, 251-253, 257 f., 275 f., 280, 297, 303, 322, 370, 375 f., 392, 395, 416, 476 f., 488, 494-497, 499-502, 505, 516, 518
Chiesa, Enrico 115, 127 f.
Cissé, Djibril 178 f., 184 f., 187
Clairefontaine (Ausbildungszentrum) 88, 165, 172, 186
Conceição, Sergio 228, 266, 281
Conte, Antonio 42, 88, 106, 202, 476, 493-497, 499, 502, 516
Costa, Jorge 176, 196, 247 f., 260
Costa, Rui 127 f., 191, 193, 261, 263-265, 268-271, 273 f., 280 f., 283
Costacurta, Alessandro 70, 124, 148, 156, 158

Costinha 196, 249, 260, 264, 270, 273
Couto, Fernando 176, 261
Coverciano (Ausbildungszentrum) 88-90, 117, 493, 520
Cruyff, Johan
   als *Spieler* 15, 17-19, 23, 25, 28, 42, 47, 56, 58, 190, 342, 379, 427, 458
   als *Trainer* 13-21, 23-42, 45 f., 50, 56-59, 63-65, 68 f., 72, 74-77, 79, 122, 241, 304, 309 f., 314, 316, 321, 332, 334, 375, 379, 462, 488-491, 521 f.
Crystal Palace 221, 482, 484, 509, 513

D'Alessandro, Andrés 345
Dänemark (Nationalmannschaft) 23, 47, 55, 158, 160, 169, 174, 182, 205, 412
Davids, Edgar 22, 51 f., 62, 78 f., 108, 260
De Bruyne, Kevin 504-506, 517, 519
Deco 250, 260, 263-266, 268-271, 274 f., 277, 293, 315, 320, 369, 409
De Gea, David 60 f.
Del Bosque, Vicente 229, 267, 325-331, 333-337, 357 f., 363 f., 375, 387, 394, 470
Del Piero, Alessandro 85, 87, 92 f., 102, 106-110, 116, 135 f., 195, 198, 201
Delvecchio, Marco 119, 129, 198
Deportivo La Coruña 28, 97, 240, 248, 251, 322
Desailly, Marcel 53, 169, 181, 207, 217, 224
Deschamps, Didier
   als *Spieler* 8, 93, 103-105, 107, 164, 169, 173, 194, 199, 216-227, 229-233, 499
   als *Trainer* 8, 233-235, 240, 248, 257, 499
Deutschland (Nationalmannschaft) 8, 36, 42, 47, 68, 120, 169, 190, 274, 279, 302, 315, 319, 330 f., 351, 358, 394-396, 399, 408-417, 428, 448, 450-457, 460 f., 469-474, 494
Diarra, Lassana 354, 378, 410
Dijk, Virgil van 489, 493, 509, 512
Di Livio, Angelo 86-88, 103 f., 106 f., 156
Di María, Angel 352, 376, 378, 381

Diouf, El-Hadji 180-183, 185
Di Stéfano, Alfredo 340, 342, 354, 367
Djorkaeff, Youri 170, 175 f., 193-195, 221, 232
Dugarry, Christophe 175 f., 193, 198, 219
Dunga 217, 228, 277
Dyche, Sean 483 f., 514 f., 518

PSV Eindhoven 13, 26, 47, 49, 57, 72, 75, 488
Elber, Giovane 101
FC Empoli 90, 118, 126
England (Nationalmannschaft) 79, 155, 173, 191, 206, 270, 272, 274, 294 f., 331, 394, 409, 414, 490, 515-518, 520
Erdoğan, Recep Tayyip 410
Eriksson, Sven-Göran 137 f., 149-154, 157
Espanyol Barcelona 66, 349
Eto'o, Samuel 322, 353-355, 360, 362, 369 f.
Eusébio 272, 282, 289
FC Everton 476, 482, 488-490, 492, 496, 501 f., 507, 516

Fàbregas, Cesc 313-315, 318 f., 324, 330, 333-337, 347, 351, 363-365, 368, 387-389, 391, 471, 503
Ferguson, Alex 27, 289-291, 293-297, 322 f., 362
Fernández, Luis 216, 224, 232
Fernandinho 416, 448, 490, 504, 506
Ferrara, Ciro 88, 102-104, 158
Ferrer, Albert 27, 77, 86, 283, 313
Feyenoord Rotterdam 13, 17, 49, 68, 488
Figo, Luís 32, 34, 50, 196, 209, 228 f., 255, 261, 265, 268-270, 280-285, 287-289, 291-294, 297 f., 301
Firmino, Roberto 510
AC Florenz 80, 88, 111, 118, 124, 127 f., 138, 150, 158, 281, 494
Frade, Vítor 244-246, 252
Frank, Wolfgang 430 f.
Frankreich (Nationalmannschaft) 8, 79, 156, 160-165, 169-187, 189 f., 192-194, 198,

200 f., 204-207, 210, 214, 216, 219-221, 224 f., 227, 231-234, 260, 274, 301, 315, 335, 339, 350, 364, 448, 461, 499
Fresi, Salvatore 108, 152-155
Fuser, Diego 125, 129, 154

Gaal, Louis van 15, 17-23, 25, 32-37, 40-44, 46, 48, 50-53, 58 f., 62 f., 66, 68 f., 71-74, 79, 85, 105, 241 f., 284, 303, 310 f., 332, 453, 462 f., 465, 490
Gago, Fernando 354, 373
George, Finidi 21, 44, 51, 85 f., 189
Geovanni 34, 36
Girondins Bordeaux 76, 183, 199 f.
Giroud, Olivier 170
Goikoetxea, Andoni 344
Gomes, Nuno 196 f., 225, 270 f., 274, 281-283
Gómez, Mario 401, 412
Götze, Mario 404, 406, 417, 419, 438, 442, 444, 450 f., 468, 470, 473 f.
Govou, Sidney 184 f., 187
Grealish, Jack 519
Griechenland (Nationalmannschaft) 9, 207, 232, 236, 269, 273, 318, 359, 412, 429
Grindel, Reinhard 411
Gronnemark, Thomas 512
Großkreutz, Kevin 404, 406-408, 434 f., 437
Guardiola, Pep
 als *Spieler* 50, 55, 75-77, 139, 226, 231, 304, 309, 310-315, 320, 325, 346, 379, 423, 490
 als *Trainer* 41, 52, 75 f., 144, 244, 258, 303-305, 309, 311-315, 319-324, 326, 328 f., 334, 346 f., 351-357, 359 f., 363, 369-374, 377, 379 f., 382 f., 388, 390-392, 396, 400 f., 417-426, 432-434, 446 f., 451, 458, 461-471, 473-476, 489-492, 497, 501-506, 510-517
Guivarc'h, Stéphane 170, 178

Gullit, Ruud 43, 66, 71, 145, 280
Gündoğan, Ilkay 443, 445
Guttmann, Béla 243, 501

Hagi, Gheorghe 23, 29 f., 32
Hansa Rostock 99
Hart, Joe 490, 516
Hasenhüttl, Ralph 449
Häßler, Thomas 192
Henderson, Jordan 508, 517
Henry, Thierry 165, 170-179, 182-187, 193, 196, 198, 204-207, 211, 260, 284, 322, 349, 354 f., 360, 362, 371, 498
Hernández, Xavi 226, 241, 274, 309, 311-315, 317-322, 324-329, 331, 333 f., 336, 338, 354, 357, 359, 362, 368, 374, 377-379, 381, 384, 387-389, 400, 402, 408
Herrera, Helenio 142, 144, 149
Heynckes, Jupp 228, 401 f., 408, 417, 423, 438, 440, 467, 469 f.
Hierro, Fernando 96, 98, 229, 340
Higuaín, Gonzalo 373, 442, 452, 461
Higuita, René 60 f., 455
Hilbert, Roberto 454
Hitzlsperger, Thomas 454
Hodgson, Roy 119, 148 f., 152 f., 429, 484
Hoek, Frans 58 f.
Hoeneß, Uli 394
Honigstein, Raphael 413, 430
Houllier, Gérard 171, 179, 181, 190
Hughes, Charles 485 f., 520
Hummels, Mats 405, 416, 425, 431, 438, 442, 445

Ibrahimović, Zlatan 35, 50, 355-358, 360, 362, 372 f., 419
Iniesta, Andrés 274, 309, 312-315, 317 f., 320-326, 329, 333 f., 336 f., 354, 357, 364, 368, 384, 386, 388, 393, 440 f., 471, 481, 505
Inter Mailand 45, 49, 80, 100, 107-109, 118 f., 122, 128, 130-132, 138 f., 142-144, 148 f., 152-155, 158, 195, 251, 257, 283,

298f., 355, 357, 374-376, 391f., 394, 409, 429, 465, 501
Inzaghi, Filippo 93, 106-108, 110, 116, 135-137, 202, 281
Italien (Nationalmannschaft) 9, 42, 48, 93, 113, 143, 145, 147f., 154-156, 159-164, 172, 176, 192f., 211f., 225, 279, 315f., 318, 335-337, 351, 365, 395, 412f., 448, 494
Iuliano, Mark 88, 103f., 108f., 158, 160

Jacquet, Aimé 170f., 194
James, Reece 518
Jansen, Marcell 454
Jong, Frenkie de 492f.
Jugoslawien (Nationalmannschaft) 160
Jugović, Vladimir 103, 131
Juventus Turin 60, 78, 80, 85-88, 91, 93f., 99, 102-111, 116f., 119-121, 126-128, 130, 133-138, 143f., 156-158, 161, 163, 172f., 188, 190, 195, 199-204, 209f., 217, 220f., 223, 228, 439f., 476, 493f.

Kaká 263, 371f.
Kanté, N'Golo 233, 498-500
Kanu, Nwankwo 52f., 79
Karembeu, Christian 170, 217, 222f., 227
Kehl, Sebastian 407f., 441
Khedira, Sami 376, 380f., 392, 410, 412, 414-416, 442f., 448, 451f., 454, 469
Kimmich, Joshua 462
Klinsmann, Jürgen 99-101, 154, 448, 456
Klopp, Jürgen 244, 403-408, 424, 430-438, 441-446, 449, 466, 475f., 489, 502, 507-512, 514f., 517
Klose, Miroslav 331, 414-416, 459, 470, 472f.
Kluivert, Patrick 22, 52f., 71, 75, 79
Koeman, Ronald 29, 70, 74-77, 476, 488-493, 496, 502, 507
Kopa, Raymond 165, 189f., 198
Köpke, Andreas 456f., 461
Kovács, Ştefan 117, 446

Kramer, Christoph 451f.
Krol, Ruud 16, 67f.
Kroos, Toni 400, 414-416, 423, 438f., 448, 450, 452, 468-470, 472
Kuijlen, Willy van der 47

Lahm, Philipp 408, 414-416, 420, 447, 450, 463, 465-469, 473
Lakies, Carsten 100
La Masia (Nachwuchszentrum) 65, 77, 304, 309, 312f., 346, 348, 352, 362f., 372, 419
Lampard, Frank 271, 502, 518
Lattek, Udo 344
Laudrup, Michael 23-25, 28-32, 50
Lazio Rom 80, 117f., 120, 124f., 129, 133, 136-138, 149, 151f., 154, 157f.
Lebœuf, Frank 169, 181
US Lecce 120, 122, 133f.
Leeds United 486f., 491
Lehmann, Jens 319, 456f.
Leicester City 173, 475f., 499f., 502, 512f., 516, 519
RB Leipzig 449
Lemerre, Roger 164, 170f., 174-176, 178, 182, 193, 195, 198, 223
Lewandowski, Robert 404, 406-408, 420, 425, 435f., 438, 441-443
Liédson 278, 300
Ligt, Matthijs de 492
Lillo, Juanma 310, 491
Linder, Kurt 46
Lineker, Gary 340
Lippi, Marcello 85-88, 90-94, 98, 102-108, 110, 116, 130-132, 134, 138, 158, 199, 201f., 220, 223, 228
Litmanen, Jari 40, 49-51, 53, 62
FC Liverpool 171, 179, 181, 185, 315, 323, 346, 351, 371, 449, 463, 475, 477, 483, 489, 494, 502, 507-512, 514, 517
Lizarazu, Bixente 169, 176, 181, 195, 198, 335
Llorente, Fernando 330, 363f., 492

Löw, Jogi 331, 399, 411-413, 416, 448, 451, 454, 456, 459 f., 469, 471, 473 f.
Luiz, David 414, 417, 495
Luiz Gustavo 465

Maddison, James 519
Maier, Sepp 456
AC Mailand 14, 28, 52 f., 70 f., 78, 80, 95, 102, 104, 107, 113, 118 f., 122-127, 130, 132 f., 138, 142-148, 156, 158, 161, 217, 224, 240, 263, 320, 324, 357, 371, 446
1. FSV Mainz 05 424, 430 f.
Makélélé, Claude 203, 207, 217, 227-233, 499 f.
Maldini, Cesare 115, 146 f., 152 f., 155-157
Maldini, Paolo 70, 124, 126, 141, 146-148, 156, 158, 160, 431
Malesani, Alberto 90, 130
Manchester City 184, 315, 475 f., 489 f., 492, 500, 502-504, 506 f., 509, 511, 516 f.
Manchester United 27, 60 f., 64, 87, 179, 184, 186, 221, 239, 248, 251 f., 276 f., 289-297, 322, 354, 362, 371, 422 f., 468, 476, 500-502, 517
Mancini, Roberto 137, 151, 154
Mandžukić, Mario 419 f., 438 f., 445, 447, 468
Mané, Sadio 509 f., 512
Maniche 249 f., 260, 264, 269, 271 f., 274
Maradona, Diego 105, 129, 185, 199, 210, 212, 283, 344-346, 348 f.
Marcelo 370, 373 f., 385, 387 f., 414 f.
Marlet, Steve 184-187
Martínez, Javi 76, 423, 425, 438, 440 f., 443, 447, 462
Mascherano, Javier 76, 323 f., 462
Materazzi, Marco 137, 211 f.
Matthäus, Lothar 100, 154, 428, 450
McAllister, Gary 191
McCarthy, Benni 239, 257
McGinn, John 519
Meireles, Raul 335
Mendes, Jorge 275-277, 501 f.

Mendes, Pedro 249, 260
Menotti, César Luis 101, 343
Menzo, Stanley 57-59, 61
Mertesacker, Per 455, 459 f.
Messi, Lionel 210, 288, 305, 313, 321-326, 341, 345-349, 351-366, 370 f., 373 f., 378, 380 f., 384, 386, 388 f., 391, 419, 421, 424, 432, 439, 450, 452, 462, 473 f., 510
Metsu, Bruno 180-182
Metzelder, Christoph 353 f.
Michels, Rinus 15 f., 22, 24, 38-40, 42 f., 50, 57, 68, 117, 283, 320, 332, 379, 446
Mijatović, Predrag 96, 98, 110
Milla, Roger 60
AS Monaco 159, 172, 183, 185, 226 f., 234, 240, 248-251, 256, 499 f.
Montero, Paolo 102, 104, 134, 158
Morientes, Fernando 248
Mount, Mason 518
Moura, Lucas 491
Mourinho, José 8, 233-236, 239-242, 244-258, 260, 264-266, 275 f., 278, 285, 289, 298, 303-305, 357, 369, 374-388, 390-395, 409 f., 441-443, 476, 488, 494, 500-502, 505
Müller, Gerd 340
Müller, Thomas 401 f., 414 f., 420, 425, 445, 447, 450, 468, 470-473, 506
Mustafi, Skhodran 455, 460

Nani 261, 297 f., 300 f.
FC Nantes 217-219, 227
Navas, Jesús 330, 335
SSC Neapel 80, 118, 344
Nedvěd, Pavel 209, 225
Neeskens, Johan 39
Negredo, Álvaro 363-365, 371
Nesta, Alessandro 120, 141, 151 f., 156, 160
Neto, José 243 f., 254
Neuer, Manuel 60, 406 f., 435, 444, 450, 452, 455, 457-462, 473
Newell's Old Boys 345 f.
Neymar 325, 362, 424, 462

Niederlande (Nationalmannschaft) 13-16, 23 f., 35, 37, 40-42, 45, 47, 60, 67 f., 71, 74, 79, 160, 162, 175, 193, 272, 274, 279, 283, 293, 320, 330, 332-334, 412, 488, 492
Nistelrooy, Ruud van 184, 293-295

O'Connell, Jack 519
Oliveira, Cândido de 242 f.
Olympique Lyon 184 f., 240, 251, 371, 497
Olympique Marseille 163, 191, 204, 217, 219, 227, 232, 234, 251, 366, 437
Ortega, Ariel 129, 191, 345
Östersunds FK 519
Overmars, Marc 21, 43 f., 51, 62, 79
Özil, Mesut 331, 376, 378, 380 f., 387, 389, 391 f., 400, 408-414, 416 f., 422, 441 f., 452, 473

Paciência, Domingos 254, 257, 280
Paciência, Gonçalo 254
Paris Saint-Germain 104, 172, 183, 234, 366, 495
Parma Calcio 20, 80, 102, 107, 113-116, 119, 121, 124 f., 129 f., 132, 138 f., 144, 157, 159
Pauleta 183, 261, 270, 282
Pedroto, José Maria 243 f., 254
Pelé 210, 212
Pellegrini, Manuel 372-374, 378, 441, 504, 509
Pepe 277, 335, 376, 380 f., 384 f., 391, 441
Pépé, Nicolas 498
Perarnau, Martí 418, 423, 469
Pérez, Florentino 228, 230 f., 328, 371, 374 f., 379
AC Perugia Calcio 103, 120, 126, 131, 134, 136-138
Peruzzi, Angelo 106, 126, 128
Pessotto, Gianluca 85-87, 103, 192
Petit, Emmanuel 165, 169, 196, 198, 222 f., 225-227, 231 f.
Pettersson, Stefan 44, 46 f.

Pinto, João 197, 261, 280, 287
Piqué, Gerard 313, 328, 337, 362, 368, 371, 379, 386 f., 389, 391, 402
Pires, Robert 176, 196 f., 205-207, 232
Pirlo, Andrea 199, 315, 318, 412, 440
Platini, Michel 165, 190-192, 195, 197-200, 211 f., 216
Pochettino, Mauricio 476, 488 f., 491, 502
FC Porto 234 f., 239 f., 242-245, 247-252, 254-260, 262-264, 266, 268 f., 271, 275-277, 285, 293, 299, 303, 324, 376, 409, 500 f.
Portugal (Nationalmannschaft) 159, 175 f., 184, 191, 193, 195-197, 211, 225, 233, 235 f., 243, 260-274, 277-283, 291, 293 f., 299-302, 315, 330, 335, 365, 376, 380, 412, 472
Postiga, Hélder 239, 270 f., 299
Potter, Graham 519
Prandelli, Cesare 337, 365
Pranjić, Danijel 465
Pulis, Tony 482-484
Puyol, Carles 211, 331, 333, 368 f., 371, 389

Quaresma, Ricardo 285-287, 289 f., 292, 297-301
Queiroz, Carlos 231, 261, 276, 279 f., 290, 294, 296, 302, 376

Rafinha 462 f., 467 f.
Ramos, Sergio 328, 370, 382, 391, 422, 518
Rangnick, Ralf 430 f., 446, 449
Ranieri, Claudio 258, 475 f., 499 f.
Raúl 96-98, 193, 208, 228 f., 339 f., 350, 370, 376, 380
Ravanelli, Fabrizio 85, 91, 94, 137
Real Madrid 9, 25-28, 31 f., 76, 91, 93, 95-100, 110, 131, 142, 152, 155, 174, 188-191, 200-204, 208-210, 217, 221, 228-230, 234, 240, 251 f., 255 f., 278, 282-284, 287, 298, 300, 305, 322, 327 f., 335, 340, 342 f., 349 f., 353 f., 366-380, 382-392, 395, 400,

409f., 412, 422-424, 441-444, 459, 470, 501, 521
Real Sociedad San Sebastián 33
Reckers, Max 34
Recoba, Álvaro 130f., 138
Rehhagel, Otto 99, 273, 429
Reiziger, Michael 51, 53, 62, 73f., 79
Reus, Marco 406, 411, 413, 435f., 445
Ribéry, Franck 401-404, 406f., 417, 420f., 439, 445, 463, 467f.
Ricardo 267, 272-274
Ricken, Lars 106
Rijkaard, Frank 23, 49, 51-53, 69-72, 74, 145, 303, 312, 320, 332, 348f., 355, 490
Riquelme, Juan Román 345, 348, 352
Rivaldo 32f., 50, 191, 263, 348
Robben, Arjen 333, 401-404, 406f., 417, 420f., 439, 445, 463, 468
Roberto, Zé 97f., 131, 465, 510
Robertson, Andrew 511f.
Robson, Bobby 240f., 253f., 257, 303
Rocco, Nereo 142-144, 146f., 153
Rodgers, Brendan 519
Rodríguez, Pedro 325, 330, 335, 337, 357-359, 361-364, 368, 372-374, 378, 382, 384f., 390, 495
AS Rom 80, 118-120, 122, 128f., 132, 134, 150, 158, 201f., 281, 296, 310
Romário 23, 26-33, 46, 183
Ronaldinho 263, 348f., 351
Ronaldo 93, 95, 108f., 119, 121, 130f., 154, 158, 173f., 183, 208, 228f., 263, 415, 456
Ronaldo, Cristiano 8, 210, 236, 261, 268f., 271-273, 275f., 283, 285-301, 305, 335, 366, 371-373, 376, 378, 380-383, 386, 389-392, 410, 422, 441f., 450, 459, 515
Rooney, Wayne 294, 297
Roxburgh, Andy 264
Roy, Bryan 21, 43
Rufer, Wynton 74

Sacchi, Arrigo 14, 70, 80f., 89, 95, 112-114, 117, 120, 123, 130, 143-149, 156f., 160, 320, 377, 431, 446
Saha, Louis 184, 186f.
Salah, Mohamed 509
Sammer, Matthias 428
Sampdoria Genua 75, 78, 89, 101, 126, 129, 149f.
Sánchez, Alexis 362f., 388f., 392
Sánchez, Hugo 340
Sané, Leroy 492, 506
CA San Lorenzo de Almagro 341f.
Santini, Jacques 184, 206f.
Santo, Nuno Espírito 276, 300f., 349, 501f.
FC Santos 324, 419, 465
Sar, Edwin van der 51, 59-63, 65, 79, 105, 457
FC Schalke 04 457
Schmeichel, Peter 55, 61, 174f.
Schmelzer, Marcel 404, 441
Scholes, Paul 248, 296
Scholl, Mehmet 100f.
Schürrle, André 412, 416f., 452, 474
Schweinsteiger, Bastian 407, 412, 417, 423, 435, 438f., 445, 450, 452-455, 468f.
Scolari, Luiz Felipe 262-276, 291
Seedorf, Clarence 22, 51-53, 72, 78f., 98, 131f., 138, 260
Senegal (Nationalmannschaft) 180, 182
Senna, Marcos 315, 317, 319
FC Sevilla 97, 349, 363, 369
Sheffield United 519
Silva, David 315, 317, 319, 329f., 334, 336f., 364, 408, 471, 503-506
Simão 269-271, 284f., 287, 292, 297
Simeone, Diego 119, 137, 367, 489
Simone, Marco 53, 113, 137
Simoni, Gigi 109, 118, 153-155
Smith, Dean 502, 519
Sneijder, Wesley 315, 409
Sousa, Paulo 103, 159, 220, 261
FC Southampton 488

Southgate, Gareth 516 f.
Spanien (Nationalmannschaft) 8, 55, 175, 193-195, 197, 211, 235, 267, 270, 272, 302, 305, 309, 315-319, 326-337, 339-343, 346, 350 f., 357 f., 364 f., 368, 377, 387, 394-396, 399 f., 451, 474, 494, 503, 518
Sparta Rotterdam 19, 61, 69
Sporting Lissabon 69, 235, 240, 242, 262, 273, 275-278, 280, 282-291, 297, 300 f.
Stade Reims 189
Sterling, Raheem 492, 517 f.
Stoitschkow, Hristo 23-33, 75
Stoke City 482 f.
Stones, John 490, 516
Suárez, Luis 462
Subotić, Neven 431, 445
Šuker, Davor 96 f.

Tacchinardi, Alessio 88, 102, 104, 107
Tanzi, Calisto 114 f.
Tassotti, Mauro 70, 147
Tello, Cristian 391
Terry, John 502
Tevéz, Carlos 297
Thuram, Lilian 139, 159, 169, 181, 196, 232
Tielemans, Youri 519
Tomori, Fikayo 518
Torres, Fernando 317-319, 337, 339 f., 350 f., 358, 363 f., 385
Torricelli, Moreno 85-87, 103
Tottenham Hotspur 239, 370, 476 f., 489, 491, 495, 498, 502, 506, 508, 511, 517
Totti, Francesco 93, 118-120, 128 f., 151, 193, 198
Touré, Yaya 323, 372, 462, 504
Trapattoni, Giovanni 99-102, 127, 143-146, 156, 158, 162
Trezeguet, David 161, 171-173, 176-179, 182, 184, 186 f., 207, 212
Tschechien (Nationalmannschaft) 111, 160, 175, 280

Tuchel, Thomas 424 f.
FC Turin 43, 48

Udinese Calcio 103, 120-123, 125, 496
União Leiria 245, 247, 287

Valdano, Jorge 343 f., 371, 373
Valdés, Víctor 65, 372, 388, 392
FC Valencia 97, 99, 208, 225, 315 f., 322, 345, 367, 381, 488
Vardy, Jamie 519
Vasović, Velibor 39, 68
Verón, Juan 129, 137, 151
VfL Wolfsburg 345, 402, 505
Vialli, Gianluca 85, 90 f., 94, 223
Vieira, Patrick 175, 178, 180, 194, 196, 206, 211, 222-227, 232
Vieri, Christian 92, 104-106, 130-132, 139, 160, 281
Vilanova, Tito 347, 355, 387
Villa, David 317 f., 325, 330, 339 f., 350 f., 357-360, 362-364, 368, 379, 386 f.
FC Villarreal 315, 322, 360 f., 372
Villas-Boas, André 254-258, 502
Vitória Guimarães 243, 275 f.

Walter, Fritz 450
Warnock, Neil 483 f.
Weah, George 102, 113, 123-126, 183
Weidenfeller, Roman 445
Wenger, Arsène 159, 164, 171 f., 174, 206, 223, 298, 328, 335 f., 476, 483, 497 f., 500, 502
Werder Bremen 74, 249, 409, 505
West, Taribo 108 f., 154
Wilder, Chris 519
Wilson, Jonathan 60, 344, 446
Wiltord, Sylvain 161, 175-178, 184-187, 198, 206, 498
Winter, Aron 47, 154

Xavier, Abel 176, 196 f.

Zaccheroni, Alberto 90, 120-127, 132 f., 158
Zambrotta, Gianluca 103, 160 f.
Zamorano, Iván 108 f., 119, 130 f., 139
Zeman, Zdeněk 116-120, 122, 151 f.
Zickler, Alexander 101
Zidane, Zinédine 87, 93 f., 102-108, 110, 116, 134-136, 161, 163-165, 170, 174-176, 182, 188-213, 215-217, 219-224, 228 f., 231 f., 255, 274, 371, 375, 385, 521
Ziege, Christian 99
Zoff, Dino 118, 157-162
Zola, Gianfranco 114 f., 134, 154
Zubizarreta, Andoni 25 f., 29, 63-65